天津通史专题研究丛书　　万新平 总主编

近代天津教育图志

（上）

张绍祖 / 主编

天津出版传媒集团
天津古籍出版社

图书在版编目（CIP）数据

近代天津教育图志 / 张绍祖主编. — 天津：天津古籍出版社，2013.12
（天津通史专题研究丛书）
ISBN 978-7-5528-0176-7

Ⅰ. ①近… Ⅱ. ①张… Ⅲ. ①教育史－天津市－近代－图集 Ⅳ. ①G529.5-64

中国版本图书馆CIP数据核字(2013)第176055号

近代天津教育图志

张绍祖/主编

出版人/张玮

*

天津古籍出版社出版

（天津市西康路35号　邮编300051）

http://www.tjabc.net

三河市国源印刷厂印刷

全国新华书店发行

开本 787×1092 毫米　1/16　印张 52.25　插页 32
2013 年 12 月第 1 版　2013 年 12 月第 1 次印刷
ISBN 978-7-5528-0176-7
定　价：230.00元（全二册）

《近代天津教育图志》编委会

编委会名单

编委会主任　　万新平　靳润成

副 主 任　　徐广宇　白文源　荣　华　李　培　张　静

委　　员　　（按姓氏笔画排列）

于　滨　王秋岩　王昆江　王振良　王勇则

尹树鹏　卢元楷　由国庆　李　刚　刘桂芳

曲振明　张文琴　张绍祖　张建虹　何新生

岳　宏　周利成　孟令梅　赵晓光　侯福志

章用秀　薛东风

主　　编　　张绍祖

编　　辑　　（按姓氏笔画排列）

于　滨　王昆江　尹树鹏　刘桂芳　张文琴

张建虹　岳　宏　周利成　孟令梅　赵晓光

薛东风

总　序

万新平

盛世修史是我国的文化传统。编纂《天津通史》是天津市广大干部群众和专家学者期盼已久的文化盛事。2004年12月，在纪念天津设卫建城600周年之际，《天津通史》编纂工作正式启动，这是跨入21世纪后天津历史学界的一件大事，是一项具有重要现实意义和学术价值的划时代的文化建设工程。

《天津通史》作为天津市哲学社会科学重大研究项目，坚持以马克思列宁主义、毛泽东思想、邓小平理论、"三个代表"重要思想和科学发展观为指导，以唯物史观为主导，完整把握天津历史发展的脉络，全面分析天津历史变迁的特征，深入总结天津发展的规律，深刻论述天津在中国历史发展中的地位和作用。这项工程对进一步推进天津改革开放和现代化建设，挖掘地方历史文化资源，推动文化建设和学术研究的发展，进而提高天津城市文化品位，都具有十分重要的作用。

编纂地方通史历来是一个地区文化建设的重要标志性工程。近年来，地方通史编纂工作方兴未艾，北京、上海、重庆、河北、山东、山西、湖北、贵州等省市都相继编辑出版了大型地方通史。天津是我国历史文化名城，有许多独特的历史发展轨迹和特点。在古代，天津从军事重镇逐步成为畿辅名城，具有中国封建城市发展的典型意义。在近代，天津是近代中国的缩影，所谓"近代中国看天津"就是对天津近代重要历史地位的一种通俗的概括。比如，天津是近代帝国主义列强侵略中国的战略要地，是中国人民反抗外来侵略的重要战场，是近代中国政治势力角逐的主要舞台，是近代中国海陆军建设的重要基地,是中国北方城市近代化的发源地,是中国共产党领导北方白区革命斗争的重要中心,是中国北方最大的进出口贸易口岸和工商业经济中心。中西社会思潮在此交汇,新式文化教育由此兴起,一批思想家、教育家和文人巨匠聚集津门,从而形成汇纳百川、包容中外的社会人文环境和历史文化积淀。新中国成立后,在社会主义建设历程中,天津克服了发展中的种种艰难曲折,取得了令人振奋的显著成就。改革开放以来,天津进入了社会主义现代化建设快速发展的新时期。在党的领导下,全市广大干部群众,在中国特色社会主义伟大旗帜指引下,解放思想,开拓创新,求真务实,团结奋进,努力建设国际港口城市、北方经济中心和生态宜居城市,不断开创改革开放和社会主义现代化建设的新局面。天津正在迅速崛起,成为推动环渤海经济圈发展的强大引擎。

回顾历史,在中国社会由一个建基于古老农业文明之上的传统社会,逐步向以高度发达的、以工业文明为标志的现代社会转变的历史进程中,天津占有突出的地位,起了很重要的作用,拥有极为丰厚的历史文化底蕴。中国城市发展进程中的成就与局限、经验与教训、发展与曲折、突破与障碍,都集中反映到天津这一历史文化名城身上,使天津的演变成为中国城市变迁的重要代表。通过编纂《天津通史》,对天津历史进行深入的研究,可以更深刻地认识中国城市发展的复杂性和多样性,不仅可以深入地研究天津、认识天津、展示天津,而且可以更深入地研究中国、认识中国、展示中国。

编纂《天津通史》是一项凝聚集体智慧和力量的系统工程,是在前人基础上的升华和提高,是在新的起点上的开拓和创新。所以,必须牢固树立精品意识,力求在理论构架、学术观点、研究方法和史实资料上有所创新,有所突破;必须组织一批素质优良、功力深厚、作风扎实的专家学者集体攻关。因此,从专题研究着手,从基础资料起步,是做好该工程的基本路径。要坚持对天津历史发展进程进行全方位、综合性的研究,把各个时期、各个阶段天津地区变迁的历史全貌,真实地加以展现和记述,深入地总结天津城乡地区的政治、军事、经济、社会、文化诸方面的发展进程。不仅要研究和叙述天津的规模、形制、建筑和环境,更需要研究和分析其经济特征、文化渊源、社会结构、人口变化、居民素质等发展和演变的内涵;不仅要注重天津与周边地区,乃至与华北、西北、环渤海地区的关系和互动,还要关注天津与国内其他区域中心城市、东北亚地区乃至世界各国的相互关系;不仅要着重叙述天津本身在政治、军事、经济、文化和社会诸方面的演变史实,并从中得出符合客观实际的带有规律性的认识,还要反映出不同时期天津在全国的地位和影响。要高度重视天津历史资料的搜集和积累。史料是史学研究的基础。应该看到,前人已经收集整理了大量的天津历史资料,但从编写大型多卷本通史的需要来看,还有相当大的差距。如历代实录、通鉴、类书、文集、方志中有关天津地区的史料,开埠以来各个时期的大量档案文献,特别是散失在国外档案馆、图书馆收藏的有关天津的外国租界、领事馆、教会活动的文件、报告、调查和私人日记、信件等,近现代中外文报刊中关于天津的记述,以及反映天津历史的考古和现存文物资料等,都需要进行全面系统的征集整理工作,以使《天津通史》编纂工作建立在坚实完备的史料基础之上。

为此,我们根据《天津通史》编纂工作的需要,将国内外专家学者对天津历史研究的重要成果汇编为"天津通史专题研究丛书";将经过专家整理的较为珍贵的中文历史档案和文献资料选编为"天津通史资料丛书";将征集到的有重要价值的外文历史档案和书刊资料编译为"天津通史编译丛书"。这三种丛书的编辑出版,不仅有利于提高《天津通史》的研究和编纂工作水平,同时可以把一些重要的研究成果和珍贵的历史资料及时介绍给学术界和广大读者,对深入地了解天津,认识天津,研究天津,将发挥积极的不可或缺的作用。

天津大学(前身北洋大学堂 1895)广场

天津大学教学楼(标志性老建筑)

原北洋工学院南楼(今河北工业大学内)

原北洋大学团城(今河北工业大学内)

南开大学(前身天津私立南开大学 1919)

南开大学思源堂

南开大学芝琴楼

河北医科大学(前身北洋医学堂 1893)校本部外景照

河北工业大学(前身河北省立工业学院 1903)主楼

承德石油高等专科学校(前身河北省立工业学院高职部 1930)

天津市政法干部管理学院(市委、市政府认定为河北省立法商学院继承校 1906)

河北师范大学(前身河北省立女子师范学院 1906)校门

天津美术学院(前身河北省立女子师范学院 1906)

河北农大秦皇岛水产学院(前身直隶水产讲习所 1910)

河北大学(前身天津工商大学 1921)

天津外国语大学(校址前身天津工商大学 1921)逸夫楼

天津外国语大学（天津工商学院主楼）

天津财经大学教学楼（前身市立商科职业学校　1939）

天津医学高等专科学校(前身长芦女医学堂 1908)

中等学校

南开中学(前身南开学校1904)南校区

天津市南开中学1907年建成的伯苓楼

11

航拍耀华中学(前身私立耀华学校 1927)校园照片

耀华学校校门照片

天津市第一中学(前身天津市立中学 1947)新貌

新华中学(前身圣功女中 1914)新貌

新华中学圣功楼

实验中学（前身工商附中 1923）新貌

工商附中(今实验中学)旧址

天津市第二十一中学(前身法汉学校 1895)新貌

天津市第二十一中学(前身法汉学校 1895)老建筑

汇文中学(前身私立汇文中学 1890)新貌

中等学校

天津二十中学(校址前身天津英国文法学校 1905)老建筑

天津二十中学(前身私立浙江中学 1938)新貌

天津九十中学(前身天津新学书院、新学中学 1902)

天津第十一中学(前身圣约瑟女校 1914)

天津十九中学(前身旅津广东学校 1920)

天津市第二南开中学(前身南开女中 1923)

天津四十一中学(前身私立志达中学 1933)新貌

刘冠雄旧居(志达中学旧址 今财经大学分校)

中等学校

海河中学（前身德华中学 1907）

天津三中（前身官立中学堂 1901）校舍全景图

天津市铃铛阁中学(校址前身官立中学堂 1901)

天津五中(前身建德工科职业学校 1945)校园新貌

红桥区泰达实验中学(前身山西旅津中小学 1945)

天津九中(前身普育女学 1905)新貌

天津九中(原普育女子中学)老城旧址

天津崇化中学(前身私立崇化中学 1947)

天津育红中学(前身南开学校小学部 1928)

南开大学附属中学(前身南开大学职工子弟小学 1946)新貌

天津铁路一中(前身扶轮中学 1918)南石楼始建于1922年

天津铁路一中(前身扶轮中学 1918)北石楼始建于1920年

天津木斋中学(前身私立木斋中学 1932)

天津市美术中学(校址前身河北省立工业学院)

天津第五十七中学 (前身女二中 1939)鸟瞰图

天津第五十七中学(前身女二中 1939)综合楼

天津第二十八中学(前身私立养正中学 1947)

天津三十二中学(前身私立正风中学 1946)新校区

天津葛沽第一中学(前身私立津东中学 1947)新貌

天津塘沽一中(前身津宁中学 1946)教学主楼

天津汉沽一中(前身私立长芦中学 1946)

天津蓟县一中(前身蓟县初级中学 1941)

天津芦台一中(前身宁河县中学校 1913)

天津宝坻一中老校新貌

天津市实验小学(前身十区十一保国民学校 1948)

南开区中营小学(前身官立模范两等小学堂 1906)

中营小学竹生亭

和平区万全小学（前身天津共立学校 1900）

红桥区文昌宫民族小学(前身天河师范附属小学堂 1905)

北辰区新普育学校(前身私立温氏普育女子小学 1930)

天津聋人学校(私立葆真聋哑学校 1928)

津南区高庄子小学(前身李氏私立小学堂 1907)

现存于高庄子小学新校内的李氏小学堂旧校门

和平区劝业场小学(前身私立圣功小学校 1914)

和平区昆明路小学(前身私立燕达小学 1934)

和平区西康路小学(前身东亚小学 1939)

和平区新华南路小学(前身私立培育小学 1936)

和平区岳阳道小学(前身私立竞存学校 1911)

和平区耀华小学(前身耀华学校小学部 1927)

河西区土城小学(前身民立第三十九小学堂 1905)

河西区台湾路小学(前身德国侨民学校 1909)

河西区同望寄宿小学(前身八里台小学 1929)

河西区上海道小学(前身天然小学 1948)

河西区东楼小学(前身私立东楼小学 1925)

河西区灰堆小学(前身天津造纸总厂职工子弟学校 1946)

红桥区丁字沽小学(前身区立丁字沽小学 1933)

红桥区红桥小学(前身究真、仰山小学堂 1906 育真小学 1926)

南开中心小学(前身南开学校小学部 1928)

河北区铁路一小(前身天津扶轮公学第一小学 1918)

河东区第一中心小学(前身市立第三十小学 1926)

河东区靶档村小学(前身市立第三十五小学 1930)

西青区杨柳青第一小学(前身天津县民立第十三小学堂 1910)

北辰区安光小学(前身私塾 1885)

东丽区正心小学(前身私立正心小学 1946)

蓟县第一小学（前身蓟县两等小学堂 1905）

天津静海实验小学（前身静海县立模范小学 1942）

幼稚园

和平区鞍山道小学(前身天津日本幼稚园 宫岛幼稚园 1909)

和平保育院(前身"马背摇篮" 1946)

南开区第二幼儿园(前身市立师范学校附属幼稚园 1934)

和平区第十一幼儿园(前身私立培才小学幼儿园 1927)

幼稚园

河西区第一幼儿园(前身宏恩幼儿园 1948)

天津市教委(前身天津市教育局　1928　现睦南道28-30号)

天津市教委(前身天津市教育局　1928　现新华路255号)

原天津市教育局旧址(曾为庄乐峰故居　现花园路 10 号)

天津博物馆(前身天津教育品陈列所　1904　天津广智馆　1925)

天津美术馆(前身天津市美术馆　1930)

天津图书馆文化中心馆(前身直隶图书馆等　1908)

天津自然博物馆（前身北疆博物馆 1921）

北疆博物馆1921年（现天津外国语大学院内）

天津图书馆复康路馆(前身直隶图书馆等 1908)

天津市图书馆旧址(原天津人民图书馆 1948 今天津市文化局)

目 录

上

综述 …………………………………………………………………………… (1)

第一部分 人物

李鸿章 ………………………………………………………………………… (3)
周　馥 ………………………………………………………………………… (4)
袁世凯 ………………………………………………………………………… (5)
崔廷献 ………………………………………………………………………… (6)
盛宣怀 ………………………………………………………………………… (8)
严　复 ………………………………………………………………………… (10)
卢木斋 ………………………………………………………………………… (11)
丁家立 ………………………………………………………………………… (12)
严　修 ………………………………………………………………………… (14)
林墨青 ………………………………………………………………………… (16)
金韵梅 ………………………………………………………………………… (18)
周学熙 ………………………………………………………………………… (20)
温世霖 ………………………………………………………………………… (22)
胡家祺 ………………………………………………………………………… (23)

李金藻 ·· （24）
刘宝慈 ·· （26）
陈宝泉 ·· （28）
张伯苓 ·· （30）
邓庆澜 ·· （34）
徐克达 ·· （36）
齐国梁 ·· （38）
马千里 ·· （40）
赵天麟 ·· （42）
梅贻琦 ·· （44）
魏元光 ·· （47）
张元第 ·· （49）

第二部分 学校

一、洋务学堂
  天津水雷学堂 ·· （53）
  北洋电报学堂 ·· （55）
  北洋水师学堂 ·· （56）
  北洋武备学堂 ·· （58）
  博文书院 ·· （60）
  北洋医学堂 ·· （61）

二、高等院校
  北洋大学堂 ·· （63）
  北洋巡警学堂 ·· （69）
  天津新学书院 ·· （72）
  北洋军医学堂 ·· （76）
  河北省立工业学院 ·· （77）
  河北省立法商学院 ·· （82）
  河北省立女子师范学院 ·· （87）
  河北省立水产专科学校 ·· （90）
  天津高等商业学堂 ·· （94）
  直隶私立法政专门学校 ·· （95）
  天津私立南开大学 ·· （96）
  天津工商大学 ·· （101）

国立国术体育师范专科学校	(105)
天津私立育德学院	(107)
天津私立达仁学院	(109)

三、中等学校

圣路易中学	(111)
汇文中学	(112)
北洋大学堂二等学堂	(115)
法汉学校	(116)
官立中学堂	(119)
南开学校	(123)
天津自立电报学堂	(128)
私立普育女子中学	(129)
英国文法学校	(132)
北洋客籍学堂	(133)
长芦官立中学堂	(135)
天河师范学堂	(136)
北洋师范学堂	(139)
严氏保姆讲习所	(141)
天津中等商业学堂	(142)
图算学堂	(145)
中州学堂	(146)
德华普通中学	(147)
天津师范传习所	(149)
长芦女医学堂	(150)
天津音乐体育传习所	(153)
中西女中	(154)
私立觉民中学	(157)
宁河县中学校	(158)
河北省立宝坻新集初级中学校	(159)
圣功女中	(160)
圣约瑟女校	(164)
私立老西开学校	(165)
扶轮中学	(167)
广东学校	(171)
大沽海军管轮学校	(176)

中日中学	(177)
日本青年学校	(179)
松岛日本高等女学校	(180)
私立苏联中学	(181)
天津美国学校	(182)
南开女中	(183)
工商附中	(186)
天津国民生计学校	(190)
私立河东中学	(191)
私立通惠商科职业学校	(194)
河北省立天津女子中学	(195)
天津犹太学校	(198)
私立慈惠学校	(199)
私立究真中学	(203)
私立耀华学校	(205)
私立河北中学	(210)
私立中山中学	(212)
私立达生助产学校	(213)
私立济华高级护士职业学校	(214)
私立三八女子职业学校	(215)
私立大同中学	(217)
天津私立中国医学传习所	(219)
私立树人中学	(220)
天津市市立医院女子助产看护学校	(221)
天津市市立师范学校	(223)
天津旅津安徽公学	(225)
私立木斋中学	(226)
私立中山公学	(229)
私立特一中学	(230)
天津日本商业学校	(233)
私立志达学校	(235)
私立志生助产职业学校	(239)
私立慈泽中学	(241)
私立进修学校	(243)
益世高级护士职业学校	(245)
私立众成商科职业学校	(247)

私立中正中学 (250)

私立达文中学 (251)

私立渤海中学 (254)

私立浙江中学 (256)

天津日本中学 (257)

天津特别市市立女子师范学校 (258)

私立含光女子中学 (259)

私立通澜中学 (261)

市立女中 (262)

市立商科职业学校 (264)

蓟县初级中学 (265)

杨村师范学校 (266)

私立仁爱高级护士职业学校 (267)

私立山西旅津中学 (269)

建德工科职业学校 (271)

天津市立高级助产职业学校 (272)

私立天和医院附设高级护士学校 (274)

私立庐山中学 (276)

私立正风中学 (277)

津宁中学 (279)

私立长芦中学 (281)

天津市立中学 (282)

私立崇化中学 (285)

私立养正中学 (287)

私立建华中学 (289)

私立培英中学 (290)

私立力行中学 (292)

天津市立介寿中学 (294)

私立津东中学 (296)

中央医院附设高级护士职业学校 (298)

私立平实中学校 (300)

立信高级会计职业学校 (301)

下

四、初等学校

私立仰山小学堂 …………………………………………………………（303）
天津成美馆 ………………………………………………………………（305）
安立甘教会学校 …………………………………………………………（307）
芦台镇小学堂 ……………………………………………………………（308）
天津共立学校 ……………………………………………………………（309）
静海县立高等小学堂 ……………………………………………………（314）
民立第八两等小学堂 ……………………………………………………（315）
民立第一小学堂 …………………………………………………………（316）
民立第二小学堂 …………………………………………………………（318）
北仓蒙养小学堂 …………………………………………………………（320）
天津日本芙蓉小学校 ……………………………………………………（322）
城隍庙小学 ………………………………………………………………（326）
行宫庙小学 ………………………………………………………………（329）
河北大寺小学 ……………………………………………………………（330）
慈惠寺小学 ………………………………………………………………（332）
药王庙小学 ………………………………………………………………（334）
民立第六两等小学堂 ……………………………………………………（336）
直指庵小学 ………………………………………………………………（338）
实习工场 …………………………………………………………………（340）
天河师范附属小学堂 ……………………………………………………（342）
放生院小学 ………………………………………………………………（344）
西方庵小学 ………………………………………………………………（345）
玉皇庙小学 ………………………………………………………………（346）
营务处小学 ………………………………………………………………（349）
圣慈庵小学 ………………………………………………………………（350）
民立第三十九小学堂 ……………………………………………………（353）
私立普育女子小学堂 ……………………………………………………（355）
严氏女学 …………………………………………………………………（356）
汉沽小学堂 ………………………………………………………………（358）
育德庵小学 ………………………………………………………………（359）
初等工艺学堂 ……………………………………………………………（361）
蓟县两等小学堂 …………………………………………………………（362）

北洋高等女学堂……………………………………………………………………（363）
官立模范两等小学堂………………………………………………………………（366）
广北小学……………………………………………………………………………（371）
堤头村小学…………………………………………………………………………（374）
江苏公立旅津公学…………………………………………………………………（375）
民立第五小学堂……………………………………………………………………（376）
私立诚正男校………………………………………………………………………（378）
私立贞淑女学………………………………………………………………………（379）
民立艺徒学堂………………………………………………………………………（380）
私立李氏小学堂……………………………………………………………………（381）
陈家沟小学…………………………………………………………………………（383）
民四女学……………………………………………………………………………（386）
如意庵小学堂………………………………………………………………………（388）
官立模范单级小学…………………………………………………………………（390）
德国侨民学校………………………………………………………………………（391）
私立崇德小学………………………………………………………………………（393）
官立第九女子小学…………………………………………………………………（394）
私立浙江小学………………………………………………………………………（395）
民立第十三小学堂…………………………………………………………………（397）
直隶第一女子师范学校附属小学校………………………………………………（398）
私立竞存学校………………………………………………………………………（400）
私立汇文第二小学…………………………………………………………………（401）
私立务本女学校……………………………………………………………………（402）
私立圣功小学校……………………………………………………………………（404）
北塘贫民小学………………………………………………………………………（407）
大佛寺小学…………………………………………………………………………（408）
贫民半日学社………………………………………………………………………（410）
旧县署西国民小学校………………………………………………………………（411）
私立模范小学………………………………………………………………………（412）
私立木斋小学………………………………………………………………………（413）
私立阎氏小学………………………………………………………………………（415）
私立澄衷小学………………………………………………………………………（417）
私立怀谦小学………………………………………………………………………（418）
私立育英小学………………………………………………………………………（419）
天津扶轮公学第一小学……………………………………………………………（420）
私立储英小学………………………………………………………………………（422）

天津韦驮庙乙种商业学校……（423）
宁河县立塘沽中心小学……（424）
北洋纱厂子弟小学……（425）
私立淑成初级小学……（426）
私立勤敏小学……（427）
私立三义庄女子小学……（428）
私立秀山小学……（431）
私立南开小学……（432）
私立种德小学……（433）
私立紫竹林华商公会小学校……（434）
私立达仁女学……（435）
私立崇善东社小学……（437）
私立新民小学……（438）
私立赵氏小学……（439）
天津日本寻常高等小学校……（440）
区立西楼小学……（441）
私立姚家台小学……（442）
私立敏儒小学……（443）
私立三民初级小学……（444）
市立第四十小学……（446）
明星小学……（447）
私立东楼小学……（449）
私立怀益小学……（450）
私立箕成小学……（451）
市立第三十小学……（453）
育真小学……（455）
私立正德小学……（456）
私立美育小学……（458）
私立培才小学……（459）
耀华学校小学部……（461）
私立葆真聋哑学校……（464）
私立南开学校小学部……（468）
南开章氏实验小学校……（470）
天津私立培植小学……（471）
私立育民小学……（473）
私立时文小学……（474）

市立第三十三小学校⋯⋯⋯⋯⋯⋯⋯⋯⋯⋯⋯⋯⋯⋯⋯⋯⋯⋯⋯⋯⋯⋯⋯⋯⋯⋯⋯⋯（475）
市立第三十五小学校⋯⋯⋯⋯⋯⋯⋯⋯⋯⋯⋯⋯⋯⋯⋯⋯⋯⋯⋯⋯⋯⋯⋯⋯⋯⋯⋯⋯（477）
市立第三十六小学校⋯⋯⋯⋯⋯⋯⋯⋯⋯⋯⋯⋯⋯⋯⋯⋯⋯⋯⋯⋯⋯⋯⋯⋯⋯⋯⋯⋯（480）
私立弘仁小学⋯⋯⋯⋯⋯⋯⋯⋯⋯⋯⋯⋯⋯⋯⋯⋯⋯⋯⋯⋯⋯⋯⋯⋯⋯⋯⋯⋯⋯⋯⋯⋯（481）
私立木兰小学⋯⋯⋯⋯⋯⋯⋯⋯⋯⋯⋯⋯⋯⋯⋯⋯⋯⋯⋯⋯⋯⋯⋯⋯⋯⋯⋯⋯⋯⋯⋯⋯（482）
温氏私立普育女子小学⋯⋯⋯⋯⋯⋯⋯⋯⋯⋯⋯⋯⋯⋯⋯⋯⋯⋯⋯⋯⋯⋯⋯⋯⋯（483）
私立子欣小学⋯⋯⋯⋯⋯⋯⋯⋯⋯⋯⋯⋯⋯⋯⋯⋯⋯⋯⋯⋯⋯⋯⋯⋯⋯⋯⋯⋯⋯⋯⋯⋯（486）
私立惠迪小学⋯⋯⋯⋯⋯⋯⋯⋯⋯⋯⋯⋯⋯⋯⋯⋯⋯⋯⋯⋯⋯⋯⋯⋯⋯⋯⋯⋯⋯⋯⋯⋯（487）
私立成城小学⋯⋯⋯⋯⋯⋯⋯⋯⋯⋯⋯⋯⋯⋯⋯⋯⋯⋯⋯⋯⋯⋯⋯⋯⋯⋯⋯⋯⋯⋯⋯⋯（488）
私立山东公学小学⋯⋯⋯⋯⋯⋯⋯⋯⋯⋯⋯⋯⋯⋯⋯⋯⋯⋯⋯⋯⋯⋯⋯⋯⋯⋯⋯⋯（489）
私立沈氏小学⋯⋯⋯⋯⋯⋯⋯⋯⋯⋯⋯⋯⋯⋯⋯⋯⋯⋯⋯⋯⋯⋯⋯⋯⋯⋯⋯⋯⋯⋯⋯⋯（490）
私立福婴小学⋯⋯⋯⋯⋯⋯⋯⋯⋯⋯⋯⋯⋯⋯⋯⋯⋯⋯⋯⋯⋯⋯⋯⋯⋯⋯⋯⋯⋯⋯⋯⋯（491）
市立师范学校附属小学⋯⋯⋯⋯⋯⋯⋯⋯⋯⋯⋯⋯⋯⋯⋯⋯⋯⋯⋯⋯⋯⋯⋯⋯⋯（492）
私立慈佑小学⋯⋯⋯⋯⋯⋯⋯⋯⋯⋯⋯⋯⋯⋯⋯⋯⋯⋯⋯⋯⋯⋯⋯⋯⋯⋯⋯⋯⋯⋯⋯⋯（493）
区立丁字沽小学⋯⋯⋯⋯⋯⋯⋯⋯⋯⋯⋯⋯⋯⋯⋯⋯⋯⋯⋯⋯⋯⋯⋯⋯⋯⋯⋯⋯⋯（494）
私立崇仁小学⋯⋯⋯⋯⋯⋯⋯⋯⋯⋯⋯⋯⋯⋯⋯⋯⋯⋯⋯⋯⋯⋯⋯⋯⋯⋯⋯⋯⋯⋯⋯⋯（495）
私立立德小学⋯⋯⋯⋯⋯⋯⋯⋯⋯⋯⋯⋯⋯⋯⋯⋯⋯⋯⋯⋯⋯⋯⋯⋯⋯⋯⋯⋯⋯⋯⋯⋯（497）
白庙小学⋯⋯⋯⋯⋯⋯⋯⋯⋯⋯⋯⋯⋯⋯⋯⋯⋯⋯⋯⋯⋯⋯⋯⋯⋯⋯⋯⋯⋯⋯⋯⋯⋯⋯⋯⋯（498）
私立燕达小学⋯⋯⋯⋯⋯⋯⋯⋯⋯⋯⋯⋯⋯⋯⋯⋯⋯⋯⋯⋯⋯⋯⋯⋯⋯⋯⋯⋯⋯⋯⋯⋯（499）
私立瀛洲小学⋯⋯⋯⋯⋯⋯⋯⋯⋯⋯⋯⋯⋯⋯⋯⋯⋯⋯⋯⋯⋯⋯⋯⋯⋯⋯⋯⋯⋯⋯⋯⋯（500）
私立若瑟小学⋯⋯⋯⋯⋯⋯⋯⋯⋯⋯⋯⋯⋯⋯⋯⋯⋯⋯⋯⋯⋯⋯⋯⋯⋯⋯⋯⋯⋯⋯⋯⋯（501）
私立谦德小学⋯⋯⋯⋯⋯⋯⋯⋯⋯⋯⋯⋯⋯⋯⋯⋯⋯⋯⋯⋯⋯⋯⋯⋯⋯⋯⋯⋯⋯⋯⋯⋯（502）
天津市立短期小学校⋯⋯⋯⋯⋯⋯⋯⋯⋯⋯⋯⋯⋯⋯⋯⋯⋯⋯⋯⋯⋯⋯⋯⋯⋯⋯⋯（503）
私立培育小学⋯⋯⋯⋯⋯⋯⋯⋯⋯⋯⋯⋯⋯⋯⋯⋯⋯⋯⋯⋯⋯⋯⋯⋯⋯⋯⋯⋯⋯⋯⋯⋯（504）
市立贺家口小学⋯⋯⋯⋯⋯⋯⋯⋯⋯⋯⋯⋯⋯⋯⋯⋯⋯⋯⋯⋯⋯⋯⋯⋯⋯⋯⋯⋯⋯（506）
私立今是小学⋯⋯⋯⋯⋯⋯⋯⋯⋯⋯⋯⋯⋯⋯⋯⋯⋯⋯⋯⋯⋯⋯⋯⋯⋯⋯⋯⋯⋯⋯⋯⋯（507）
陈塘庄短期小学⋯⋯⋯⋯⋯⋯⋯⋯⋯⋯⋯⋯⋯⋯⋯⋯⋯⋯⋯⋯⋯⋯⋯⋯⋯⋯⋯⋯⋯（508）
市立北阁西小学⋯⋯⋯⋯⋯⋯⋯⋯⋯⋯⋯⋯⋯⋯⋯⋯⋯⋯⋯⋯⋯⋯⋯⋯⋯⋯⋯⋯⋯（509）
天津第二日本寻常高等小学校⋯⋯⋯⋯⋯⋯⋯⋯⋯⋯⋯⋯⋯⋯⋯⋯⋯⋯（511）
私立同孚小学⋯⋯⋯⋯⋯⋯⋯⋯⋯⋯⋯⋯⋯⋯⋯⋯⋯⋯⋯⋯⋯⋯⋯⋯⋯⋯⋯⋯⋯⋯⋯⋯（516）
中纺公大小学⋯⋯⋯⋯⋯⋯⋯⋯⋯⋯⋯⋯⋯⋯⋯⋯⋯⋯⋯⋯⋯⋯⋯⋯⋯⋯⋯⋯⋯⋯⋯⋯（517）
第九十七简易小学⋯⋯⋯⋯⋯⋯⋯⋯⋯⋯⋯⋯⋯⋯⋯⋯⋯⋯⋯⋯⋯⋯⋯⋯⋯⋯⋯⋯（519）
市立第五十一小学⋯⋯⋯⋯⋯⋯⋯⋯⋯⋯⋯⋯⋯⋯⋯⋯⋯⋯⋯⋯⋯⋯⋯⋯⋯⋯⋯⋯（520）
汉沽日资钟渊启明农场小学⋯⋯⋯⋯⋯⋯⋯⋯⋯⋯⋯⋯⋯⋯⋯⋯⋯⋯⋯⋯（522）
东亚小学⋯⋯⋯⋯⋯⋯⋯⋯⋯⋯⋯⋯⋯⋯⋯⋯⋯⋯⋯⋯⋯⋯⋯⋯⋯⋯⋯⋯⋯⋯⋯⋯⋯⋯⋯⋯（523）
大和日本小学⋯⋯⋯⋯⋯⋯⋯⋯⋯⋯⋯⋯⋯⋯⋯⋯⋯⋯⋯⋯⋯⋯⋯⋯⋯⋯⋯⋯⋯⋯⋯⋯（526）

天津三笠日本小学校……(530)
私立民智第二小学……(531)
私立晓岚小学……(533)
私立民智女子小学……(534)
蓝卍慈第四小学校……(536)
天津县杨柳青镇立小学文昌阁分校……(537)
私立春日小学……(538)
私立樱南小学……(539)
私立德馨小学……(541)
私立培新小学……(542)
私立鸣远小学……(543)
私立崇华小学……(544)
六区第十、十一保国民学校……(545)
三区十一保国民学校……(547)
私立昆骥小学……(548)
私立正心小学……(549)
十区十一保国民学校……(551)
私立天然小学……(554)
其他初等学校一览……(556)

五、幼稚园所
严氏保姆讲习所附设蒙养院……(572)
普育女学附属蒙养院……(573)
私立蒙养园……(575)
北洋官立第一蒙养院……(576)
卢氏蒙养院……(577)
天津日本幼稚园……(579)
直隶女子师范学校附属蒙养园……(585)
北洋纱厂小学及幼稚园……(586)
明星小学幼稚园……(587)
私立培才小学幼稚园……(588)
私立新民小学幼稚园……(589)
市立第三十四小学第一幼稚园……(590)
天津幼儿保育会附属保姆班幼稚园……(591)
市立师范学校附属幼稚园……(592)
私立慈惠幼稚园……(596)

天津基督教女青年会幼光幼稚园…………………………………………………（598）
南大幼稚园………………………………………………………………………（599）
东亚小学附属幼稚园……………………………………………………………（600）
天主教幼稚园……………………………………………………………………（602）
私立博爱幼稚园…………………………………………………………………（603）
私立育颖托儿所附属幼稚园……………………………………………………（604）

六、其他教育机构

长芦育婴堂………………………………………………………………………（605）
直隶学务公所……………………………………………………………………（607）
直隶工艺总局……………………………………………………………………（609）
天津教育品陈列馆………………………………………………………………（610）
华北博物院………………………………………………………………………（612）
天津考工厂………………………………………………………………………（613）
天津府县劝学所…………………………………………………………………（615）
天津县教育会……………………………………………………………………（616）
直隶图书馆………………………………………………………………………（617）
中国地学会………………………………………………………………………（619）
天津县教育局……………………………………………………………………（621）
直隶省教育厅……………………………………………………………………（622）
天津中华武士会…………………………………………………………………（624）
天津工业售品总所………………………………………………………………（625）
天津社会教育办事处……………………………………………………………（626）
天津博物院………………………………………………………………………（629）
天津工余补习学校………………………………………………………………（631）
北疆博物院………………………………………………………………………（632）
天津崇化学会……………………………………………………………………（635）
天津市教育局……………………………………………………………………（639）
天津市市立图书馆………………………………………………………………（641）
天津特别市公共体育场…………………………………………………………（643）
天津市立美术馆…………………………………………………………………（646）
天津市立民众教育馆……………………………………………………………（648）
河北省立民众教育试验学校……………………………………………………（649）
天津国学研究社…………………………………………………………………（650）
河北省体育场……………………………………………………………………（651）
天津国际英华文打字学校………………………………………………………（652）

天津图书馆……………………………………………………………………（653）

第三部分 文物

题词 题字 题诗 赠言……………………………………………………………（657）
校歌 班歌 年级歌 毕业纪念歌…………………………………………………（662）
校旗 班旗………………………………………………………………………（667）
校训………………………………………………………………………………（670）
校徽………………………………………………………………………………（674）
校钟………………………………………………………………………………（676）
印模………………………………………………………………………………（678）
碑刻………………………………………………………………………………（679）
教具………………………………………………………………………………（682）
奖状 奖章 纪念章 奖牌 奖品…………………………………………………（689）
信函 信封………………………………………………………………………（691）
委任令 聘书……………………………………………………………………（693）
证明书 登记证 合格证书………………………………………………………（694）
毕业证书 结业证书 修业证书…………………………………………………（695）
会员表 资历表 履历表 签名簿…………………………………………………（703）
课程表……………………………………………………………………………（706）
调查表 保证书…………………………………………………………………（707）
学生证 上课证…………………………………………………………………（709）
笔记 作业 试卷 毕业论文………………………………………………………（710）
通知书 成绩报告书 考试成绩清册……………………………………………（711）
传单 入场券 领讲义券…………………………………………………………（713）
收费证 收据 存根 执照 案目……………………………………………………（714）
老照片……………………………………………………………………………（715）

第四部分 文献

奏折………………………………………………………………………………（725）
章程 简章 规则 学则……………………………………………………………（729）
专刊 年鉴………………………………………………………………………（732）
档案………………………………………………………………………………（733）
行文 致辞 报告…………………………………………………………………（736）
学校一览…………………………………………………………………………（737）

校刊 年刊 ……………………………………………………………………（738）
教科书 讲义 …………………………………………………………………（741）
同学录 校友录 纪念刊 ………………………………………………………（744）
改良年画 ……………………………………………………………………（748）
杂志 …………………………………………………………………………（749）
报影 …………………………………………………………………………（750）

附录

近现代天津各时期学校统计表
  表1：清同治元年至光绪二十四年(1862—1898)天津府县学校
    一览表……………………………………………………………（757）
  表2：清末宣统三年(1911)天津县全境存在的各种学堂 ……………（761）
  表3：民国十九年至二十二年(1930—1933)天津市学校一览表 ……（768）
  表4：1947—1948年天津市学校一览表 ………………………………（781）
  表5：近现代教会和外国人在津设立的学校……………………………（804）
提供照片、图片的单位及个人…………………………………………………（811）
参考文献 ………………………………………………………………………（813）

后记 …………………………………………………………………………（820）
近代天津教育单位分布示意图

综　述

尹树鹏

天津是近代中国新式教育的重要发祥地。1860年天津开埠后，西方新式教育迅速传入天津。在此后的八十多年中，无论在发展速度、规模和发展质量上，天津始终是近代中国新式教育的先进地区，其新潮的教育思想、新式的教育制度、新颖的教学内容，都在社会上起到了示范和引领的作用，为近代中国新式教育的发展做出了突出的贡献。

天津早期新式教育的发生、发展

天津开埠后，成为中国北方联系世界的前沿。天津作为京师门户，又是直隶总督兼北洋大臣的驻地，重要的战略地位和开放的城市空间强化了天津文化开放、多元、包容的特征，为新式教育的发生、发展提供了优于其他众多城市的条件，特别是提供了政治、思想、人才等社会优势。天津的政治优势源于其城市地位及诸位北洋大臣手中握有的刚性权力。北洋重臣李鸿章、王文韶、袁世凯及其僚属周馥、盛宣怀、严修等众多洋务派实力人物直接看到了清帝国与域外的差距，真实感受到国力衰弱带来的危机，明确提出中国要自强必须培养人才，要培养人才必须改革传统的科举制度，积极推动兴办新式学堂；思想优势源于最早一批在海外留学归来的知识分子落户天津，参与了洋务教育实践。他们在天津这个洋务运动中心的舞台上，传播了向西方学习的新思想、新理念，向社会发出了批判旧制度、培养新人才的号召。1895年，严复在天津《直报》先后发表《论世变之亟》《原强》《救亡决论》及《辟韩》等政治论文，对专制政体进行了尖锐的抨击，并首次介绍了斯宾塞的教育理论，提出"鼓民力、开民智、兴民德"的主张。而"开民智"的根本办法是废除八股，提倡西学等改良主义理论。严复等人的教育主张在天津这块土地上最先得到响应，为新式教育的创立和发展提供了重要的理论支撑；人才优势源于从地方最高官员到社会贤达对新式教育的发展都有一种瞻前的战略眼光并形成了自觉的行动。这种人才优势的达成得益于天津作为通商口岸的社会条件，也得益于对教育改革达成共识的一批洋务官员、社会贤达和新式知识分子。这些人有职权、有胆识、有才能，共同积极推动新式教育的发展。在天津开埠不到半个世纪的时间里，他们大力倡导、创办和发展新式教育，形成了新式教育发展的第一个高潮。

在洋务运动中率先创办早期军事学校。1871年，李鸿章上奏筹议海防折，力陈轮船机器、铁路、电报诸事，在所必办。同时他建议对科举考试稍加变通，另开洋务进取一科，以资造就。在海防省份主张均宜设立洋学局，分为格致、测算、舆图、火轮、机器、兵法、炮法、化学、电气学数门，选择通晓时务大臣为主管，延请博学西人为教师。1876年，他在天津机器制造局内开设了电气水雷学堂。1880年，他甩开清政府的旧规陈章，直接在天津创办了北洋水师学堂，1881年学堂建

成时被外界誉为"实开北方风气之先,立中国兵船之本",学制五年,是中国北方第一所海军学校。在此毕业的学生很多成为北洋海军的骨干人才和近代军政界的知名人士。同年9月16日又建立了与之配套的北洋电报学堂,为中国培养出第一批电信通讯人才。到1900年该校教职工皆由中国人担任,到1904年共毕业三百余名学员,遍及全国各大电信局,为中国电信事业的发展奠定了人才基础,也使天津成为中国最早的电信通讯网中心。1881年在天津建立了医学馆,1893年改名为北洋医学堂,1913年改名为直隶医学专门学校,1915年又改为海军军医学校,为中国培养出第一批正规军医。1885年又建成北洋武备学堂,成为中国第一个新式的陆军学校,培养出了中国最早一批具有现代军事素养的陆军将领,其中许多人成为袁世凯新练陆军的主要将领。当时,天津率先建成的军事专科学校在数量上和规模上都领先于国内各省。

1894年的中日甲午之战以中国惨败告终,丧权辱国的《马关条约》使全国上下形成了维新变法、救亡图强的社会思潮。在这种思潮的影响下,开办新式学校成为维新变法运动中的重要内容。1895年5月光绪皇帝下达了一系列创立新式学堂的诏谕。津海关道盛宣怀通过直隶总督王文韶,禀奏光绪皇帝设立新式学堂。1895年10月2日,光绪皇帝钦准成立天津北洋西学学堂,并由盛宣怀任首任督办,校址在天津海河西岸大营门外梁家园村博文书院旧址。1896年北洋西学学堂正式更名为北洋大学堂,这是中国第一所命名为"大学堂"的高等学校。

天津北洋西学学堂创办之始就按照美国模式办学,在课程设置、教学内容、教科书、教学方法上,全面引进西方教育模式。学堂设立头等学堂(大学本科)、二等学堂(预科),学制各为四年。头等学堂设法律学、土木工程学、采矿冶金学、机械工程学,二等学堂设英文、数学、各国史鉴班,并于1898年又特设铁路班,1903年又增设法文、俄文译学班,1906年又增设师范科。天津北洋大学堂的创建为中国新式大学的建立起到了早期的示范作用。此间,天津还设立了育才馆、俄文馆、芦汉铁路学堂等一批新式学校。一些外国传教士开设的教会学校也相继成立。

清末新政时期新式教育全面兴起

历经义和团运动和八国联军入侵的庚子事变后,清政府陷入内外交困的境地。为了改变困境,清政府于1901年4月宣布实行"新政",陆续实行在政治、经济、教育等方面的改革。在直隶总督袁世凯的推动下,天津成为清末"新政"的中心城市。兴办新式教育的高潮自上而下有序展开,并普及到村镇、社区。天津新式教育发展进程有其特点,即最早由政府兴办的专门学校和高等院校率先展开,继而是各级师范院校的设立,最后到初等教育在天津地区全面铺开,走的是一条政府主导、官员积极行动、社会贤达助推、基层百姓响应的发展格局。1902年由袁世凯下令动用库银五万两在西沽武库重建北洋大学堂。同时适应新政需要的各种学堂相继兴建。1902年开始先后创办北洋巡警学堂、北洋军医学堂、北洋工艺学堂、北洋武备速成学堂、北洋法政学堂、北洋女医学堂。为加快培养各级教学人才,重视对师范学堂的建设。1905年6月创建天河师范学堂,9月又奏请设立北洋师范学堂并在新开河北岸规划出校区,与北洋法政学堂毗邻。各种简易师范、速成师范、保姆讲习所也相继成立。更为突出的是在地方贤达的推动下,掀起废庙兴学的热潮,各级新式中小学相继创办。1900年9月,严修、林墨青、王竹林募捐在旧城里创办了东一、东二、西一、西二、北一五个学塾。1902年改为民立第一两等小学堂,随后又创办民立第二两等小学堂,为天津民立小学之始。1901年冬,高凌雯、王世芸等建立了天津首座中学——天津普通学堂。1903年改为"天津官立中学堂"。1903年在西北角城隍庙创建的官立两等小学堂为官办小学之始。之后,建立了河北大寺小学堂、盐官厅小学堂(行宫庙小学)、慈惠寺小学堂、药王庙小学堂,至1907年创办官立小学堂16处。1904年,天津成立了最早的官立女子小学堂——官一女学堂,时隔不久,共创办了官立女子小学堂11处。当时天津的许多旧有寺庙都改成男女小学堂。在普及的基础上,天津又建成了有示范作用的模范校,以提高和引领众多小学的教育质量。1906年天津官立模范两等小学堂(今中营小学)建成开学。1916年改名为直隶模范小学校,1928年又更名为河北省第一模范小学。该校是一所符合当时国际标准的模范校。校内设有回廊相连的多间教室,有风雨操场,有筵宾室,有钢琴等进口的教具和器材,由日本留学回国的刘宝慈任校长,是中国少有的特色学校。从1901年到1911年,天津县范围内共有大学堂1所、高等专科学堂3所、男小学堂89所、女子学堂23所,其中北洋女师范学堂、北洋高等女学堂、北洋(长芦)女医学堂、北洋女子公学、严氏保姆讲习所等为专科学校,其余皆为女子小学堂。还有其他各类学堂24所、蒙养园3所、洋学堂6所,无论是数量还是规模均处于全国领先地位,形成了天津新式教育发展的第二个高潮。在这个时期,天津的新式教育实现了从早期的以培育军事人才的专门教育走向以提高国民素质的普通教育和基础教育的重要转变。

民国时期新式教育持续发展

1912年中华民国临时政府成立,新学制颁布实施,在教学内容上,废除了讲经读经及颂扬清政府的内容,缩短了中小学的修业年限。天津的专门学校和大学做了调整和改制。除北洋大学外全部取消了北洋的冠名,相应改为直隶冠名,并进一步加强实业教育。建于1910年的直隶水产讲习所于1912年迁入河北种植园新址,改称直隶水产学校。天津中等商业学堂也易名为"公立甲种商业学校",迁至东马路。这期间,天津工商界人士及社会贤达积极捐资助学。1919年9月,私立南开大学创建。1922年南开大学在八里台村得地七百余亩建设新校,1923年8月正式迁入,成为北方私立大学中实行男女同校的第一家。天津在这个时期共增加了各类中学二十余所,各类小学四十多所。著名的有:扶轮中学、河东中学、耀华学校、河北中学(民德中学)等。到1927年,天津共有各类学校245所。

1928年至抗日战争前,社会相对平稳,天津教育在良好的基础上进入了稳定的发展和提高阶段。1928年6月,国民政府将天津改为天津特别市,直隶省改为河北省;天津四郊改为天津县。因行政区划的变更使学校隶属关系随之发生了变化。冠以"直隶省"的学校皆改为"河北省立",如1933年天津工商大学改称河北省私立天津工商学院。此期间为天津高等院校发展最快时期,公办大专院校已达5所,私立大专院校2所,这些学校在科研、教学、为社会经济发展服务等方面都达到了最佳状态。许多私立中等学校又有增加,天津市市立师范学校也于1930年建成。到1936年天津中等学校已达26所。此期间也是天津教育投入最多的时期。天津市政府每月将天津市教育经费由天津卷烟税直接拨付市教育局6万元作为补充经费。教育经费的增加,

不仅使市立中小学扩大了班次,增添了设备,而且对私立中小学也给予了补助。同时,还规定了小学教职员的薪级和加俸的办法。到1934年,河北省的教育经费仅次于全国最富足和人口密度最大的江苏省。这种局面一直维持到抗日战争前,为天津教育的持续发展提供了资金保障。

天津的教育事业在七七事变后到1945年受到日本侵略者的局部破坏。1937年天津沦陷,北洋大学和被炸的南开大学、河北省立女子师范学院等被迫外迁。河北省立工业学院被解散。私立天津工商学院得以保留并有较大的发展。其余各类学校都只能在日伪当局的管控下艰难维持。但因天津特殊的地理位置,没有太多的战事,随着城市人口的增加,对教育的需求仍使一些学校得以建立。1939年创建了私立天津达仁学院、私立达文中学、私立含光女子中学、市立商科职业学校、私立仁爱高级护士职业学校。这些学校规模不大,经费不丰。从1937年至1945年小学增加了36所。新建的小学有不少是工厂子弟小学,教学内容被日伪当局增加了"大东亚共荣"等奴化教育课程,中等以上的学校派入了由日本人担任的训育主任,并推行日语教学,学生被迫参加"勤劳奉仕"等体力劳动。国办小学经费普遍缩减,许多校长为员工工资和办学经费四处奔走。日本特工对抵制日本奴化教育的学校领导人进行暗杀,如1938年发生了著名爱国教育家、耀华学校校长赵天麟被暗杀的事件。当时国共联合抗日,在教育系统各自秘密开展抗日宣传活动。租界内有的学校仍悬中国国旗,唱三民主义国歌,宣传爱国抗日、抵制日货,拒绝使用日伪教材。1941年底太平洋战争爆发后,日伪当局强行接收租界,对抗日活动进行了更加严酷的镇压。

日本投降后,天津教育因基础扎实恢复很快并有了短暂的新发展。国立北洋大学、南开大学、河北省立女子师范学院相继回迁复课。河北省立工业学院、河北省立法商学院及河北省立水产专科学校相继复校,高等学校很快得到了恢复。同时又迁来了国立国术体育师范专科学校、河北省立医学院等。扶轮中学、南开中学等相继复校,并增加了一些规模不大的中等学校,如介寿中学、崇化中学、养正中学等。公私立小学也有所增加。内战爆发后,物价飞涨带来的教职员工实际收入的减少,引发了多次抗议和游行。教育系统广大师生在中国共产党的领导下与旧政权进行了各种斗争,并积极保护学校。1949年1月15日天津解放时,各级各类学校被完整地保留下来。

教会学校本地化提升了天津整体教育质量

天津开埠后,伴随着西方宗教文化的传播,教会学校相继在天津建立,成为天津近代教育的重要组成部分。这些学校既传播西方宗教思想,也传播西方工业革命后产生的新科学、新技术、新文化。教育对象由最初主要面向外侨子弟和教徒子弟,逐渐转为面向社会平民开放。随着天津城市各项事业的发展,这些教会学校吸纳了大量天津知识精英介入,促进了这些学校的天津本土化,并保持着自己的特点。

1860年,美国基督教传教士亨利·柏(Henry Blodget)第一个在天津建立了"小书房",教中国儿童读书识字,传播"福音"。而后天主教会、基督教会纷纷在天津建立宗教场所,并附带学校。1887年建立了圣路易中学,1890年建立了成美馆(汇文中学前身),1895年建立了法国学堂(后改名法汉中学）。1900年以后，各国租界相继建立，教会学校又有更大的发展。1903年基督教青年会创办了普通中学堂，1905年英国安立甘教会建立了英国文法学校（今第二十中学址），1907年德国人建立了德华中学、1909年建立了中西女中、1914年建立了圣功女学（今新华中学、劝业场小学）、圣约瑟女校（今第十一中学址），1922年俄国东正教建立了露西亚学校、1926年建立了究真中学等。这些学校的分布多与宗教场所毗邻，体现上述特点最明显的是以西开教堂为中心的老西开地区和以岗纬路教堂为中心的岗纬路地区。即便是在非租界地区，基本都能保证每个教堂附近都有教会小学，在教堂附近也尽量做到建有中学，如1906年在基督教西沽教堂附近建立了究真小学、仰山女学。1926年究真小学、仰山女学迁至岗纬路地区，升格为究真中学、仰山女中。西沽教堂附近"究真"、"仰山"旧址建立了育真小学。外国教会也创办了大学，如1921年法国天主教在英租界马厂道（今马场道）始建天津工商大学，于1923年9月25日正式开学。这些教会学校因为有西方背景，故而能在旧中国社会动荡的年代中不受干扰。又因经费充足、设施完善、师资水平较高，故教学质量上乘。尤其外语教学水平一流，文体活动新颖活跃。日本帝国主义因早有侵略中国的野心，又因在日本占领期间侨民剧增，故而建立的学校最多，主要是为日益增多的日侨服务，同时也为侵华战争服务，抗战胜利后大都收归国有或停办。教会学校在融入天津教育体系的过程中，为提升天津总体教育实力发挥了独特作用，丰富了天津的教育资源，强化了天津近代教育开放、多元与包容的特点。

天津对中国教育现代化的贡献

天津是近代中国新式教育的重要发祥地，在兴办新式教育的过程中，天津做出了许多先试先行的独特贡献。

第一，率先提出了普通教育的概念。1905年清政府正式成立学部，严修任左侍郎。他做的第一件事是上《奏请颁布教育宗旨折》。在这个奏折中，他首次提出了"普通教育"这一新命题，认为"中国振兴学务，固宜注重普通之学"。"普通云者，不在造就少数人才，而在造就多数之国民"，所以要"全国之人，无人不学"。为了具体推行普通教育，他于次年即致函天津知县章师程，要先行"调查学龄儿童之确数，以渐谋义务教育之普及"，及"试行于一县，而递推于全国"。另外，他还首次系统地提出了道德教育、军国民教育、实用教育的概念，认为"中国民质之所最缺而亟宜针砭以图振起者有三：曰尚公，曰尚武，曰尚实"。这些思想无疑是当时中国国内先进的教育理念。普通教育这一概念即含有原始的义务教育理念。

第二，名校的建设走在中国的前列。北洋大学堂为中国第一个国立综合性大学，其所设的文、理、工、法诸学院水平极高，其中水利和建筑专业一直领先于国内。南开大学为全国第四座私立大学，有极其浓厚的人文精神，为中国培养了大批优秀人才，其经济专业密切联系社会实际，而化学、数学等理科始终处于中国的高端。河北工业学院是中国第一个工学一体的工科大学，河北水产专科学校是中国第一个系统研究水产的专业学校。至于南开中学、扶轮中学、耀华中学及众多教会兴办的知名中学在中国教育界均占有显著地位。而模范小学是全国少有的小学名校，受到黄炎培先生的高度赞扬。

第三，最先建立教育行政机构。为适应府州厅县遍设学堂的形势，1902年袁世凯率先在直隶建立学校司，"为通省学务总汇之所"，下设：专门教育处、普通教育处、编译处。1904年严修任直隶学校司督办，同年学校司改称直隶学务处。1905年直隶学务处由保定迁至天津，成为管理全省新式教育的行政机构，并于1906年由学部推广到全国。

第四，为中国教育现代化培养了一大批优秀人才。天津无论是向国外派遣研学新式教育的留学生，如陈哲甫、李琴湘、郑菊如、刘宝慈等10人到日本宏文书院留学师范专业，还是出国考察各国新式教育的官员和学者，如严修、张伯苓等，他们都是中国最早的一批教育家。天津为此做出了重大贡献。这些教育家有的致力创新教育思想，有的善于制度设计，有的专于教育管理，有的取得卓著的学术成就，还有的从事最基础的工作，如中华民国最早的小学语文和修身教科书都有他们参与编著。

第五，丰富多彩的社会教育领先于全国。1915年，天津社会教育办事处成立，林墨青任负责人，有计划地开展了社会改良工作。在各方支持下，房屋、设备、图书、经费都得到落实，并出版了《社会教育星期报》。1925年天津社会教育办事处改名为"广智馆"，1905—1906年建立了4个宣讲所。1928年又改名"民众教育馆"，直至新中国成立后它们都成为各区文化馆的基础，在开展科学普及、提倡移风易俗、传播新思想、倡导爱国主义等方面发挥了极大的作用，成为天津新式教育社会化的又一种模式和亮点。因为社会教育不但能针对学校，而且还惠及了大众百姓，因而产生广泛的社会作用。在经济、科学落后，文盲众多的社会条件下，用直观手段传播新思想简便而高效。早在1912年，严修、王劭廉、林墨青、蔡儒楷、汪笑侬在天津发起了戏剧改良工作，用戏剧传播新思想新文化，为天津成为中国话剧的摇篮打下了坚实的基础。早在1906年，学务公所社会科就发出指令，开始对群众乐于接受的年画进行改良，达到用最直白的手段来传播新风俗。当时选用石印年画为主要载体，并指派阎子阳为这一活动的主创人员。这些新年画运用当时最先进的石印技术印制，色彩艳丽，画面逼真，制版快而效果好。这一活动在中国版画史上被称为改良年画。画面内容针对当时公认的社会"四害"，即鸦片、赌博、早婚、嫖妓。而后又在更广义的内容上宣传科学知识、破除迷信、诚实守信等进步思想。这一活动在政府推动下迅速流行起来，一直延续到民国初年，对改良社会风气起了积极作用。当时这些做法曾被全国各地积极效仿。

第六，最早推动教育立法、入宪的城市。1903年在天津成立的直隶教育总会为全国最早的教育团体。1915年由直隶教育总会发起成立的全国教育联合会，于4月23日至5月12日在天津召开第一次代表大会。此会通过了将义务教育列入宪法、请设各省教育厅、将每学年三学期改为两学期、军国民教育实施方法和实业教育进行计划等多项提案报教育部。这次会议在天津召开，表明了天津在全国教育发展中的重要地位，为义务教育法制化和新式教育制度设计作出了历史贡献。

近代以来，天津新式教育的发展是中国近代教育史中的精彩篇章。回顾这一历程，深入总结经验教训，对促进今天天津教育事业的持续发展有着重要的借鉴价值。

(2013年1月2日)

第一部分

人

物

1870年刚调任直隶总督时的李鸿章

李鸿章（1823—1901），字少荃，安徽合肥人，1870年出任直隶总督兼北洋通商大臣。李鸿章在天津设有行辕，天津成为他推行洋务运动的基地。洋务教育是随着洋务事业的开创和发展而发展的。洋务教育主要是办科学技术学校、军事学校、外国语学校和派遣留学生等。李鸿章为了培养能使用先进科学技术和军事装备，并能使用机器生产的科学技术人才，先后在天津创办了天津水雷学堂、北洋电报学堂、北洋水师学堂、北洋武备学堂、北洋医学堂等。从1876年起，先后向德、英、法、日、美等国选派留学生。洋务教育开天津新式教育的先河，为天津近代教育的发展揭开了序幕。

天津李公祠

光绪十一年(1885)，李鸿章为武备学堂经费事宜所上的奏折首页

津海关道周馥

周馥(1837—1921),字务山,号兰溪,原籍安徽建德县(今东至县)人。周馥自1871年协助李鸿章办理洋务30年,深受倚重。李鸿章死后,他署理直隶总督兼北洋通商大臣。周馥一生致力教育,创办了不少著名的书院与学堂,为天津近代教育事业做出了重大贡献。清光绪七年(1881)六月,李鸿章委其署津海关道,次年初奏保实授津海关道兼北洋行营翼长。举凡洋务运动中之建水师、造轮船、铺铁路、开煤矿、架电报线路、造枪械弹药,以及创建集贤书院、博文书院、北洋电报学堂,主办北洋水师学堂、北洋武备学堂等,周馥无不参与,并做出成绩。民初主政者黎元洪、冯国璋、段祺瑞等,皆出其门下。他还培养了掌握先进技术和经验的一代新人。

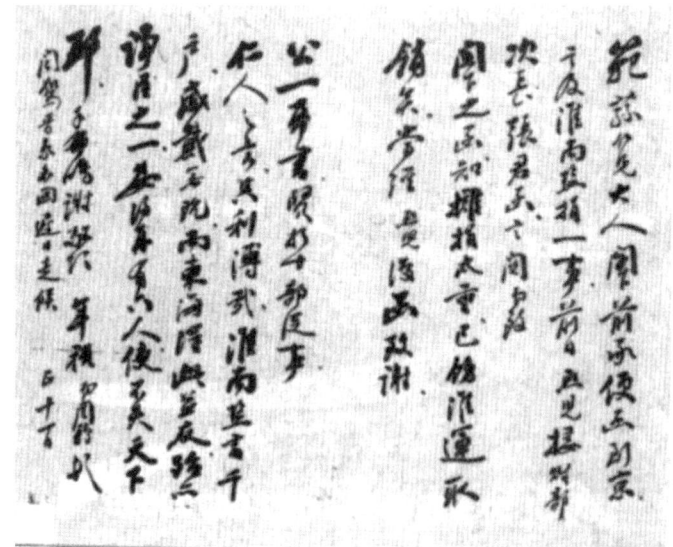

周馥致严修信函原件

周馥及其在津家族合影(1919年或1920年)

袁世凯(1859—1916),字慰亭(又作慰庭),号容庵,河南项城人。1901年袁世凯继任直隶总督兼北洋大臣。他认为:"致治必赖于人才,人才必出于学校,古今中外莫不皆然。"光绪二十八年(1902)袁世凯率先在直隶建立了学校司。1904年委任严修为直隶省学校司督办,称:"吾治直隶之政策,曰练兵、兴学。兵士我自任之;学则听严先生之所为,吾供指挥而已。"袁世凯聚财有道,多方解决办学资金之匮乏问题。在"新政"时期,天津教育领先直隶,名列全国前茅,成绩卓著可观。直到民国初年,仍在全国保持着领先地位。

袁世凯

袁世凯题写"天津民立第二小学堂"

袁世凯与其全体子孙合影

天津特别市第二任市长崔廷献

崔廷献(1875—1942),字文澄,山西省寿阳县人。崔廷献1928年9月出任天津特别市第二任市长。他认为教育是政治、经济的基础。委邓庆澜任市教育局长,接收县立小学、社会教育机关。从天津地方卷烟税中每月拨专款6万元,并成立"天津市教育专款保管委员会"。创办天津市立师范学校,依靠民众的社会力量,举办平民教育学校,成立了天津特别市义务教育委员会。选派天津市籍的大学毕业生分赴德国、英国、美国,学习市政、色染、纺织和教育。创办了天津市第一职业补习学校。成立市立图书馆、美术馆、民众教育馆、公共体育场等,推动天津教育发展形成一个高潮。

崔廷献的《创设天津特别市市立师范学校记》

1930年9月14日,比利时首相万德威尔(左三)到南开大学讲演,与崔廷献市长(右二)、张伯苓校长(右一)等合影

崔廷献市长签名照

1930年5月23日马大夫医院北楼落成典礼(前排右三为崔廷献市长)

崔廷献塑像(阳泉保晋文化园)

中国高等教育之父盛宣怀

盛宣怀(1844—1916),字杏荪,别号愚斋,江苏武进人。盛宣怀提出了"西学体用"的教育思想和"自强首在储才,储才必先兴学"的教育主张。1895年9月19日,盛宣怀向清光绪皇帝上奏《拟设天津中西学堂章程禀》,这是我国第一个大学办学章程,建议引进西学,开办大学。他在奏折中提出:"职道之愚,当直赶紧设立头等学堂、二等学堂各一所为继起者规式。"同时,他积极与美国学者丁家立酝酿筹办新式高等学堂,效法西方培植高级人才,于1895年10月2日亲手建立了我国近代第一所大学——北洋大学堂。北洋大学堂的创办,不仅推动了我国第一个近代学制的产生,还为我国高等学校初创时期体系的建立起到了示范作用,开启了中国近代高等教育之先河。

盛宣怀(居中坐着左三)、丁家立(居中坐着左二)与北洋大学堂部分教师合影

《津海关道盛宣怀票拟创办西学学堂事》奏折。光绪皇帝朱批："该衙门知道"光绪二十一年（1895）八月十二日副本（完整版）

严复

严复(1854—1921),原名宗光,字又陵,又字几道,福建侯官(今闽侯)人。严复是中国近代著名的教育家,曾被梁启超誉为"于中学西学皆为我国第一流人物"。1880年李鸿章调其到天津担任北洋水师学堂总教习(教务长),1889年升为会办(副校长),1890年升任总办(校长)。1896年7月严复创办中国最早的俄文学校——天津俄文馆,并任总办,开创了天津俄语教育的先河。1897年他和王修植、夏曾佑等人在天津共同创办天津第一份中文报纸《国闻报》,发表维新言论。天津是严复的第二故乡,他在天津的时期是他人生的辉煌期。他翻译赫胥黎的《天演论》一书,被誉为"中国西学第一"。毛泽东把洪秀全、康有为、严复、孙中山列为中国共产党诞生以前向西方寻找真理的一派人物。

《国闻报》创刊号

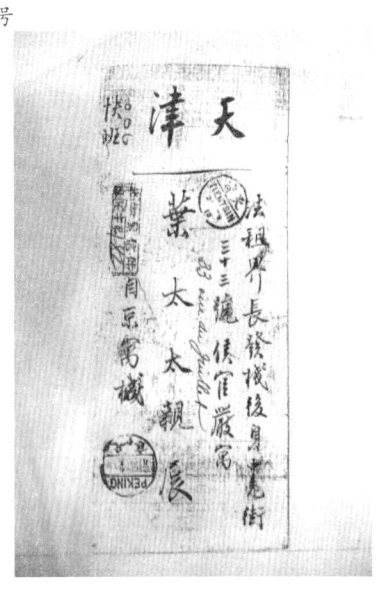

严复信封

严复对联

卢木斋

卢木斋(1856—1948)字勉之,湖北沔阳人。卢木斋是中国著名的教育家、藏书家、刻书家。1885年任北洋武备学堂算学总教习。1903年任直隶学务处督办兼保定大学堂监督。1905年率领代表团赴日本考察学务。转年任直隶提学使,三年后调任东北奉天提学使。辛亥革命后回到天津,以办实业支持办教育,以办教育救中国。曾创办天津、保定、奉天图书馆,又设立师范、法政、农工商医、美术、水产各专门学校几十所,以及官立中、小学几百所。在天津兴办有:卢氏蒙养园、卢氏小学、木斋中学。1927年向南开大学捐款10万元兴建木斋图书馆。他以自己的实干精神和财力带动了天津近代教育事业的发展。

天津私立木斋学校新校舍奠基纪念石

1927年卢木斋向南开大学捐资10万元修建的木斋图书馆

佩带双龙宝兴勋章的
丁家立博士

丁家立(1857—1930),美籍著名教育家。1857年丁家立生于美国波士顿城。在美国达特茅斯大学毕业后,进入欧柏林大学研究院,获得神学硕士学位。1882年来华。1886年丁家立在天津开办了一所不带宗教色彩的中西书院,自任校长。1895年参与北洋大学堂筹建并出任总教习11年。1902年为西沽复校立大功。他为中国近代高等教育的起步与发展做出了历史性的贡献。他先后获得中国政府颁发的三等一级双龙勋章、二等三级双龙勋章、二等嘉禾勋章。他曾兼任留美学堂监督、直隶高等学堂总教习、直隶全省西学督办等职。著有《英文法程》《亚洲地理》等教科书。

1895年丁家立创建北洋大学堂的
规划英文手稿(上海图书馆藏)

1923年丁家立与北洋大学回国留学生合影

1895年丁家立博士拟登《申报》《直报》草底一件(上海图书馆藏)

1895年丁家立创建北洋大学堂的规划书(上海图书馆藏)

近代天津教育图志

严 修

严修(1860—1929),字范孙,号梦扶,天津人。中国近代教育的先驱。1894年授贵州学政,提倡新学,曾奏请开经济特科。1897年任满假归,热心在乡梓兴学。以家宅为基地创办不同层次、不同类别的学校。在创办包括大学、中学、女学、小学等南开学校体系的过程中,每走一步无不倾注着他的精力与心血,被尊为南开"校父",是南开学校体系的奠基者。他是新政时期天津教育事业发展的倡导者、组织者。1904年他应直隶总督袁世凯之约,督办直隶学务处。1905年学部初立,诏署该部侍郎,任职4年,颇多建树。入民国后,他对地方教育、实业、自治、公益等事,竭力赞助。晚年组织城南诗社、崇化学会。他是我国近代教育史上有重大贡献的爱国教育家,对变革封建教育,倡导新式教育做出了突出的贡献。

14

1918年,严修先生赴美考察教育,归国途经日本,12月17日在东京新中学会与南开、水产两校留日学生摄影留念(第一排左第三人为周恩来、第六人为杨扶青,第二排左第一人为张伯苓、第二人为严修、第三人为章宗祥、第四人为孙凤藻)

严修《甲辰日记》(《第二次东游日记》)封面(手迹,天津图书馆藏)

严修先生手书对联

严修先生与侄曾孙文禄合影

真素楼门楼匾额 严修题写

南开学校创办人严范孙先生铜像

严范孙先生铜像(南开大学校园内)

林墨青

林墨青(1862—1933),名兆翰,以字行,天津人。林墨青是天津著名的教育改革家。他热心兴学,1902年首创天津民立第一小学堂,翌年又创办天津民立第二小学堂,为天津私立新制小学之始。1904年他受任直隶学务处参议、津郡学务处总董、劝学所总董,并经直隶总督袁世凯专折奏奖内阁中书衔。他"废庙兴学","立学之始,以小学为先;小学以家教为先,家教以女学为先"。不数年间,他创办官、公、民立小学堂数十处,并设简易师范、体操音乐传习所,使天津的兴学事业一时在国内称冠,故有"学校林立"之说,推动了天津近代教育的发展。他积极发展天津的社会教育,1915年任《社会教育星期报》社长,1925年创立天津广智馆并任馆长。晚年与严修组织崇化学会、城南诗社、存社等,推动了天津的国学研究。

林墨青旧居(中营前街,旧名神机库18号)

林君的兴学碑记

林君兴学碑记碑文

高凌雯撰文 华世奎书丹

自国家遘庚子之难,人咸欲救危亡,莫急于学。而天津旧有之学,大率教成材,备时需。欲为根本之图,则莫急于小学。严公范孙主此议,林君墨青承其旨而力行之,兼管并举,天津兴学之名于以著。小学必设于都市,故先以会文、问津两书院改为之,二者所费,醵自士绅。于时别筹费而择地以建者,首城隍庙,后复益以营务处。于是城之四衢皆有学:其在城东者,曰盐关厅、曰西方庵、曰过街阁;在城西者,曰慈惠寺、曰育德庵、曰放生院;城北占地广,故建置多,曰河北大寺、曰药王庙、曰直指庵、曰玉皇庙、曰堤头;惟城南稍后,以民户稀也。自癸卯以迄丙午春,竭经营奔走之劳,凡为民立小学二,官立小学十有三。复于期间置一简易师范、四宣讲所、各半日学堂,而女学亦权舆于此。会君为学务处参议,未几县劝学所立,仍为总董事,凡所设施岁有增益。越二年出游日本,既归国,属办社会教育,兼管十一女校,遂以广智馆长终。君之办学也,其初固重小学矣,既又知不教于家,徒教于塾无益也。于是更重女子之学。既而又知虽教于家,终夺于外,而一傅众咻之患不可以不除,于是凡风俗之蠹足害人心者,必思有以矫其失而归于正。虽至猥屑身贬,抑而不辞,盖劳心瘁神,视兹事若性命者达三十年,至是而君已颓然老矣。当始莅事,其时人习故常,而忽有改弦易辙之举,闻者怀疑,当者腾谳,甚至僧察道观,一见君则惴惴以为大祸将至。及其后出入相遇,多君所成就之人,拱而立者道相属也。君讳兆翰,墨青其字,天津县学附生,以办学功,奖内阁中书衔,卒于癸酉。翌年,其友高凌雯为之记,将以勒诸石,俾乡人思之有所式焉。铭曰:事有创始人或尼,榛荆遮道动辄踬。壮夫掉臂忘难易,欲观成效察其既。乡校牲牲桑梓谊,前有作者后莫愧。谓予不信征传记,诲人子弟诵谁嗣。

岁在甲戌冬十一月立石

金韵梅

金韵梅(1864—1934),浙江宁波人。曾用名金雅梅、金阿妹、金雅妹。金韵梅是中国公办护理教育的先驱、中国第一位女留学生。1881年她赴美国纽约女子医科大学留学。1885年以第一名的优异成绩毕业,先后在纽约、佛罗里达和华盛顿的医院工作。1888年底回国,在厦门、广州、成都等地开设私人诊所,行医20年,成为一名深受人们欢迎和崇敬的女医生。1907年,出任天津公立女医局局长。次年,长芦盐运使司创办中国第一所公立护士学校——天津公立女医局附设女医学堂,出任堂长兼总教习,致力于医学和护理教育事业,献身我国医护人才的培养工作。1915年辞职赴美,后回国定居北京,积极参加知识界的社会活动和慈善事业。1934年3月因肺炎在北京协和医院逝世。

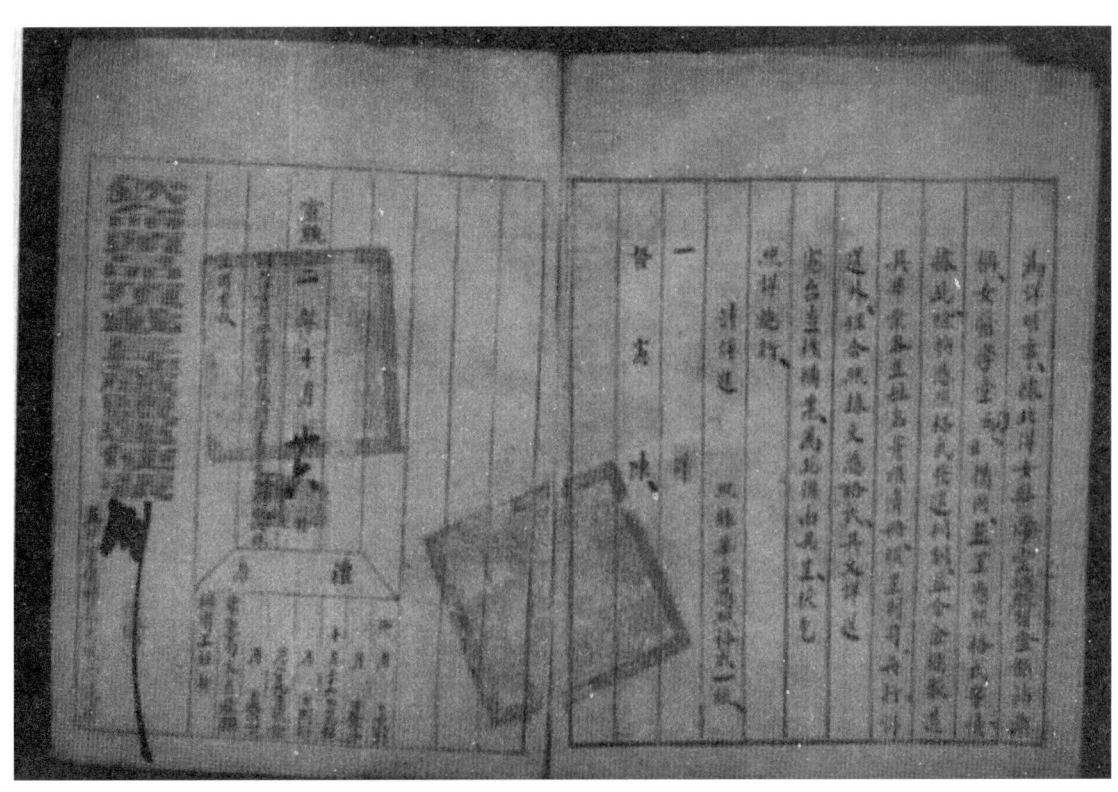

1911年金韵梅为拟定毕业生凭照格式事致长芦盐运使张镇芳禀文

1911年金韵梅拟定的毕业生凭照格式

金韵梅墓碑

金韵梅墓碑背面谨录

谨录教育部甲字第一百四十二号捐资兴学奖状：北平市已故金韵梅，先后捐助私立燕京大学价值一万五千元之房屋地基，暨现金六千二百元；又捐助天津木斋学校洋文书籍一百五十余卷，约值千元；共计达二万元以上。按照《捐资兴学褒奖条例》之规定，特授予一等奖状，此证。教育部长王世杰。

中华民国二十三年

周学熙

周学熙(1865—1947),字缉之,号止庵,安徽至德(今东至)人。中国著名实业家,近代实业教育的先驱。1894年中顺天乡试举人。初官于浙江,后为山东候补道员。1901年入直隶总督袁世凯幕下,受派主持北洋实业,是袁在经济方面的得力助手。其认为中国要"富强",必须"从军事、教育、经济"三个方面得以振兴,走兴学办校的道路。1903年8月,他创办了天津工艺局,任总办,又先后创办了高等工业学堂、实习工厂、图算学堂、教育品制造所、劝业铁工厂等。从1903年到1908年,他兴工振商,名声大振。1912年和1915年他两度出任北洋政府财政总长,1918年后创办耀华玻璃公司、华新纺织公司等。著有《周止庵先生自叙年谱》《东游日记》《止庵诗存》等。

周学熙与北洋工艺学堂聘任的外籍教员、技术人员合影

周学熙墓志铭

温世霖

温世霖(1870—1935),字支英,天津人。清末秀才。天津水师学堂肄业。1905年创办天津最早的民办女校——普育女学堂。温氏是教师世家,其母徐肃静任"普育"校长,是天津最早的女教育家,孙中山题赠"民国贤母"匾额。原配夫人安桐君任蒙养园园长,子温祖荫任教务主任。1910年12月,他被推举为"全国学生界请愿同志会"会长。他率领学界同志会学生三千多人向督署请愿,被遣戍新疆。在押解途中写了《昆仑旅行日记》。在新疆发表《民主社会之建设》等言论。辛亥革命后返天津,后当选为众议院议员。1916年积极参加天津人民反对法帝国主义强占老西开的斗争。1923年当选为国会议员。后去广东投靠孙中山,任广东军政府参事。返回天津后,继续从事教育和社会公益事业。

温世霖《昆仑旅行日记》

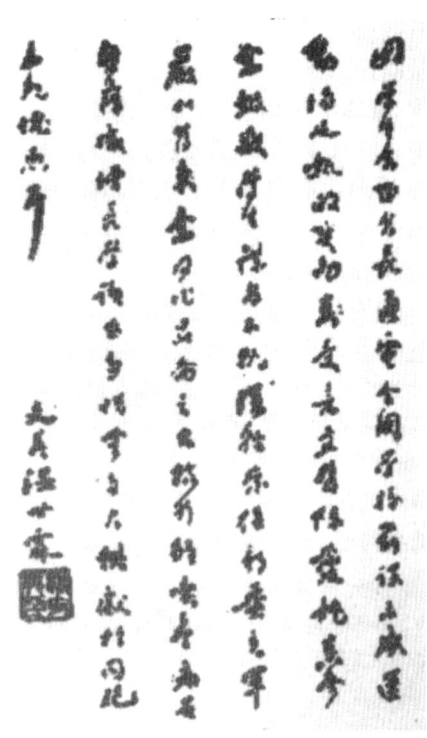

著名教育家温世霖手迹

胡家祺

胡家祺（1870—1929），字玉荪、玉孙，天津人。清朝举人。1903年秋东渡日本留学，毕业于宏文书院速成师范科。转年任天津师范讲习所讲师、天津府中学堂（今天津三中）监督（校长）。1905年创办天河师范学堂并任监督，1906年出任天津教育会会长。1907年创立天津师范传习所，并当选为天津县议事会副议长。1909年当选顺直咨议局议员。1912年继任直隶省第一师范学校校长，亲作校歌词。1914年6月调往北京教育部任职，后任直隶省教育厅厅长、江苏省教育厅厅长等职。1929年因病逝世。据统计，新中国成立前河北108个县中有三分之一县的教育局长为其弟子。1935年校友会集资为其铸像立碑，表达了津门弟子对老校长的怀念。

1903年10月天津首批留日师范生照片，其中前排左五为胡家祺

学生在1935年敬立的胡玉荪像碑前留影

李金藻

李金藻(1871—1948),字芹香,又署琴湘,别号择庐,天津人。天津近代教育家、学者、诗人。1903年赴日入宏文书院师范科。1912年出任直隶巡按使公署教育科主任。1917年任职于直隶社会教育办事处。1919年出任大营门中学校长。转年应聘为铁路扶轮教育会顾问、教育部编审员。1921年出任江西省教育厅长。1929年出任河北省教育厅主任秘书兼天津广智馆馆长。1935年改任河北省第一图书馆馆长、天津市教育局长。1936年任河北省政府委员兼教育厅长。抗战军兴,曾一度赴河南郾城为流亡学生筹立临时中学。1947年夏创建天津私立崇化初级中学,任董事长。晚年致力于社会教育、诗词创作、戏曲改良,担任过城南诗社社长。著作有《择庐诗稿》《择庐联稿》《天津乡贤赞》等。

1929年李金藻(前右三)王斗瞻(前左四)与天津"城西画会"成员

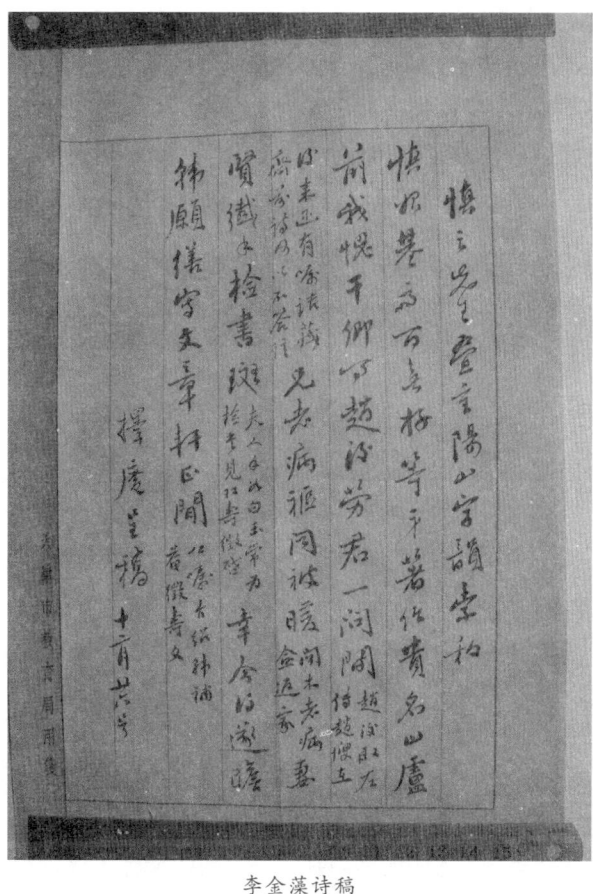

李金藻诗稿

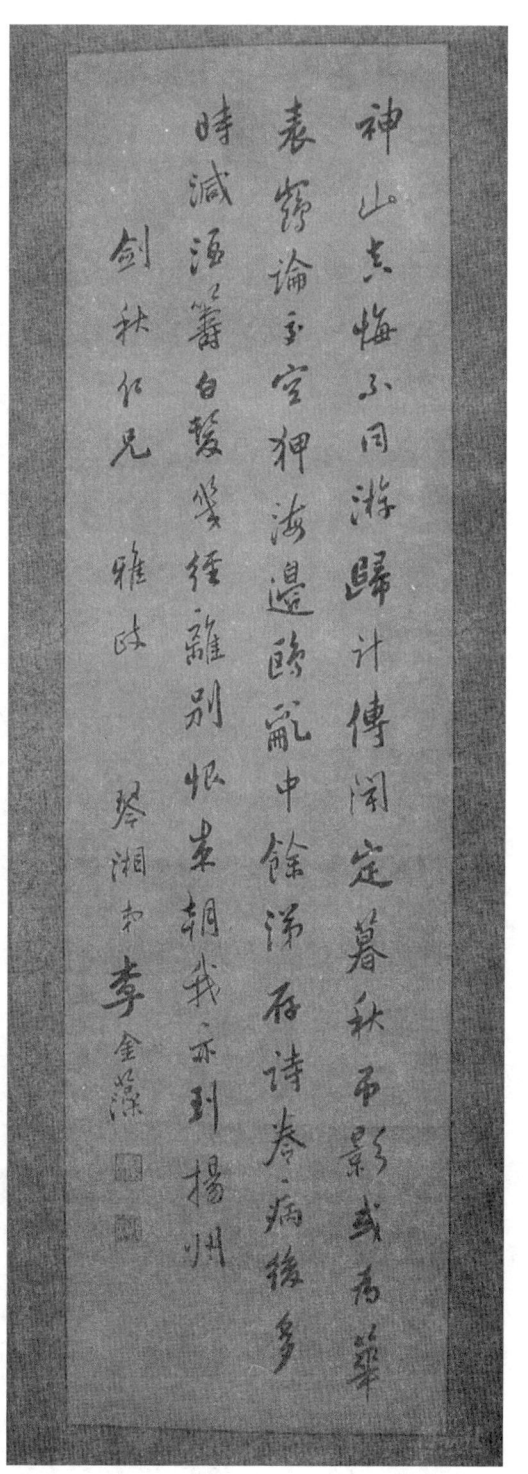

李金藻书法立轴

刘宝慈

刘宝慈(1873—1941)字竺笙,又名竺僧,天津人。1894年参加"甲午秋闱",得中第72名举人。1901年被聘为"普通学堂"汉文教习。1901年经严修推荐,与陈哲甫、李琴湘、郑菊如、陈筱庄等留学日本宏文书院。1906年被袁世凯聘为"天津两等模范学校"堂长。对教师的备课、讲课督导甚严,还经常听课,和教师共同研究教学计划。对学生爱如己出,不单是对他们的学业关心至极,且对学生在校的一切活动都时时照顾。其终生从事小学教育,办学成绩斐然,在教育界享有极高威望。袁世凯为表彰其办学有方,奖以"为国育才"匾额。1941年8月患脑出血不幸去世。各界人士及师生为之建立石碑、石像及"竹生亭"以资纪念。

竹生亭

天津模范小学校长刘君碑记

天津模范小学校长刘君碑记

直隶提学使傅增湘撰文 教育总长江安傅增湘 河北高等女学校长吕碧城书丹

光绪己酉余以天幸对策科进士大夫相识一官蹢廊

刘君兰生其人也余君自幼谐陋深入埃胸起怀古非常非钟鼎朝廷以待邦贤士大夫相国设蒙养院津沪一带咸徒川之

先是丁巳余适幕官新学之始有之令自辄谓陋深两院志思君谁而以不朽者闻行金所畏廷君教设以天下而扁余已首府人文

亲子同出于门下或奔走京师不过几年之别大厦乃复独当于朝廷大用保定移设得大奇於不与官近办事者数十人
任事数年谋新邦辞不避劳谓制年有慰劳其时亦主他校又曰官领翼匾觉刼人以

雇议知始面逾直难阅小学人为各小学其北洋取其故文昌濒所能正是曰圣功殿

校之推厘以而授然小人情所保厚狂亦又国家率先亲君皆伊始革化粟效欲期小学初基开县高大学中学门各所

夹见真意遇人情余此所同志所住所不己其未及见君效泽道爱人津人士之深已

中华民国二十一年秋八月立石

陈宝泉

陈宝泉(1874—1937),字筱庄,天津人。近代教育改革家。1902年任天津民立第一小学堂教员。同年协助严修创办天津师范讲习所。1903年由严修保送到日本留学,专攻速成师范科。1904年回国后,历任天津地区各小学教务长,并创设单级小学堂,旋入直隶学校司。1905年底,随严修到清廷学部任职,官阶由主事升至郎中。1910年,擢升为学部实业司司长。1912年7月,被教育部任命为北京高等师范学校校长,参与民国初年教育改革。1920年冬调任教育部普通教育司司长。1922年,参与制定"壬戌学制",并任中华教育文化基金委员会委员。1923年任教育部教育次长兼普通教育司司长。1928年离开教育部。1929年,任天津市政府参事。1930年底任河北省政府委员兼教育厅厅长。1937年7月病逝。

陈宝泉(1903年留学日本)

陈宝泉出任北京高等师范学校校长(1912—1920)

丁卯夏五
中國近代學制變遷史
寶泉自著

陈宝泉著《中国近代学制变迁史》

河北省立水產學校校刊祝詞

川澤宜鱗 崇拜地官 五會之濱 漁業壽閭
數器不入 魚龍拾物 滂池海洋 規模遠遊
清室末葉 水產設校 倡首盧公 次蒞業過
維張孫李 偕赴亞歐 改錯考鏡 是詢是訪
任榮修沒 不憚毛坡 雛鳳賓劍 一新紀元
校史沿革 盤根錯節 從趨以人 辛恢偉業
學歷專門 業諄富強 為弟追驥 世界之光
課程從區 製造漁撈 創拾不鉅 似久列饒
十華海線 九千里長 天廩之富 為吾居藏
速國方略 注重漁港 建設使命 責在吾黨
壽考具齊 开辟魚鹽 抵徵船艦 挽我利权
校利所材 蒐羅寫有 海肉風門 不厭富虔

陳寶泉敬祝

陈宝泉为《水产学报》祝词

张伯苓

张伯苓(1876—1951),名寿春,天津人。我国近代著名教育家。北洋水师学堂毕业。1898年应严修之聘,教严氏家馆。1901年兼教王奎章家馆。1904年10月合并严、王二馆,成立敬业中学堂。1907年迁新址改称南开中学堂。1917年赴美入哥伦比亚大学师范班研究大学教育,并进行实地考察。翌年回国后,开始筹备南开大学,1919年正式成立,于1923年迁八里台新址。1923年成立南开女子中学。1928年成立南开小学。至此南开学校成为一个包括大学、中学、女中和小学的4部系列学府。1931年成立南开经济研究所,次年成立应用化学研究所。1936年在重庆成立南渝中学。1937年七七事变后,南开大学迁昆明,与北京大学、清华大学合组西南联大,其任校务委员会常委。新中国成立后,张伯苓于1950年由重庆回天津,次年病故。

严修与张伯苓

张伯苓与弟子邓颖超、刘清扬、赵德宝、陈学荣(从右至左)

1928年11月24日,在国民饭店南开学校董事、教职员工及部分学生代表为张伯苓赴欧美考察饯行

张伯苓校长赴欧美考察教育归来在机场与夫人王淑贞及四位公子合影

张伯苓校长和张彭春主任

张伯苓创办私立中学堂（南开中学前身）致严修的信函

1931年张伯苓在第十五届华北运动会主席台上讲话

1921年张伯苓于"南开"大钟前留影

张伯苓与美籍教员艾伯特、学生周恩来等1916年摄于南开学校

张伯苓为学生足球比赛开球

张伯苓(右)和喻传鉴

邓庆澜

邓庆澜(1880—1960),字澄波,天津人。1903年任城隍庙小学教员。1904年受严修委托筹设单级小学堂,任堂长,为北方提倡单级教授之始。1905年官费赴日留学,加入同盟会。归国后,先后任天津县第一学区教育委员及第一区劝学员、直隶省立单级教员讲习所总务主任。1907年起先后任天津县立师范传习所所长、天津劝学所视学、天津县教育学会会长等职。1928年任天津特别市教育局局长。任职期间,争取到教育专款,接管了原县属的各官立男、女小学,举行了天津首次留学生考试,创建了市立师范学校、市立图书馆、市立美术馆、市立民众教育馆、市立公共体育场等。抗战胜利后,恢复天津市师范学校并任校长。1949年11月,邓庆澜调任天津市立第一图书馆任馆长。1954年被聘为天津文史研究馆馆员、市政协委员。1960年12月病逝。

邓庆澜故居(原黄家花园福顺里)

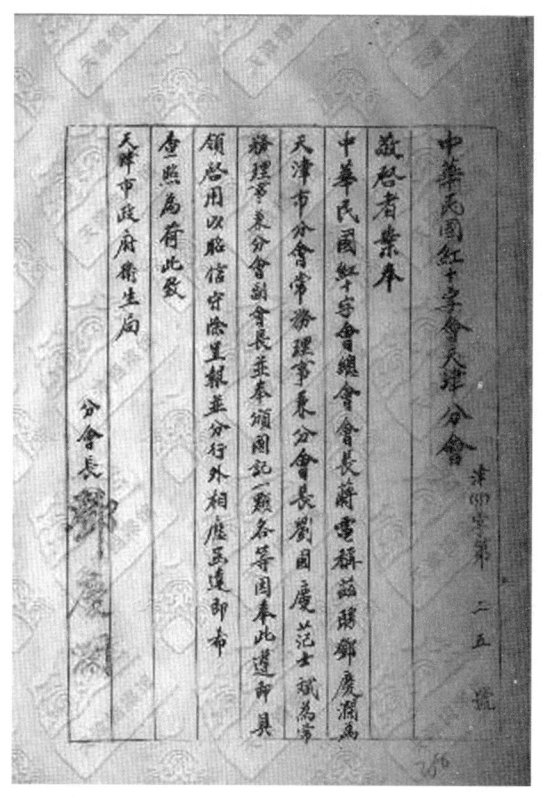
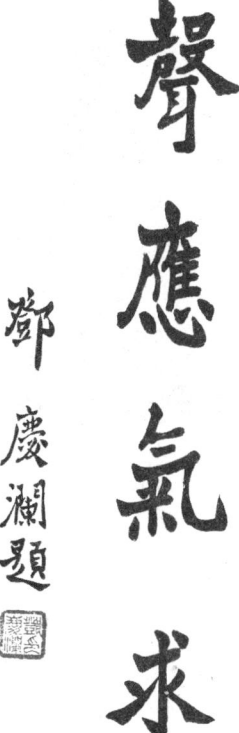

邓庆澜被聘为中华民国红十字会天津分会分会长的聘书

1935年邓庆澜为工商学院赠言

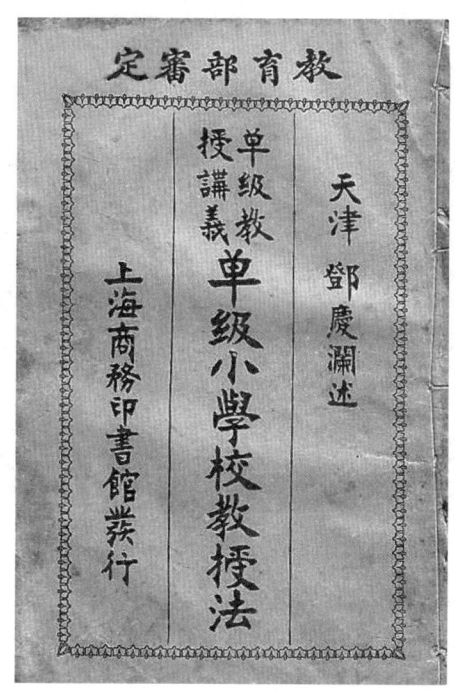

邓庆澜述《单级小学校教授法》

邓庆澜题《天津市工业统计(第二次)》

徐克达

徐克达(1880—1962),字指升,天津人。天津近代著名商职教育家。徐克达16岁经乡试考取前清贡生,后在严修创办的天津县师范讲习所求学深造。1906年任天津公立中等商业学堂国文兼书法教员,兼任监学。1916年任校长,直至1952年72岁时退职,是深受学子爱戴的老校长。徐克达从教46年,担任甲商、育才商职的校长近40年。他为人耿直,廉洁清贫;以校为家,勤于工作;含辛茹苦,艰苦创业;任用贤才,尊师重教;重视理论,注重实践;革新教育,改进教学。他把毕生精力献给了商科职业教育事业。1953年他被聘为天津文史研究馆馆员,1960年12月因病逝世,终年78岁。

徐克达为第四十七班毕业书写的赠言

徐克达校长签署的奖状

1936年12月《商职月刊》第3卷第4期《校园》徐克达(指升)校长讲《青年应具的修养》

徐克达为毕业生王文起书写的赠言

齐国梁

齐国梁(1884—1968),字璧亭,山东宁津人。著名女子师范教育家。1907年毕业于保定高等师范,考入北洋大学堂师范班。1909年毕业后被资送日本广岛师范留学。1911年冬回国参加辛亥革命,曾任宁津县高等学校校长、保定师范教员。1913年再赴日完成学业,入广岛高等师范研究科深造,1915年毕业,获得学士学位。1916年1月任直隶第一女子师范学校校长。1921年9月留学美国斯坦福大学,获文学学士、教育学硕士学位;又入哥伦比亚师范学院研究两年。1926年留美归来,继任校长。1928年9月调任河北省教育厅科长。1929年被聘为河北省立女子师范学院院长。1937年8月率领员生迁移兰州,任国立西北师范学院分院院长并兼家政系主任。抗战胜利后,1946年回天津继任女师学院院长。新中国成立后任河北省政协副主席等职。

齐国梁任院长的河北省立女子师范学院

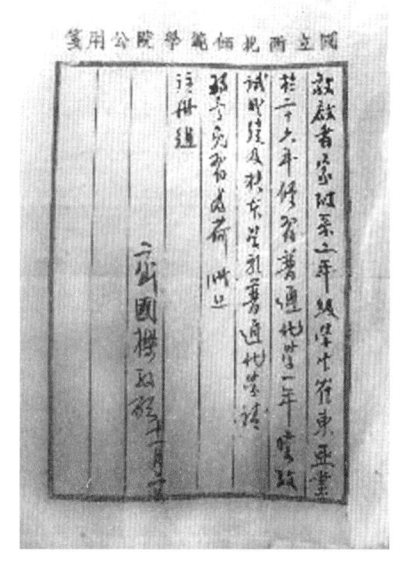

齐国梁签署的证明信

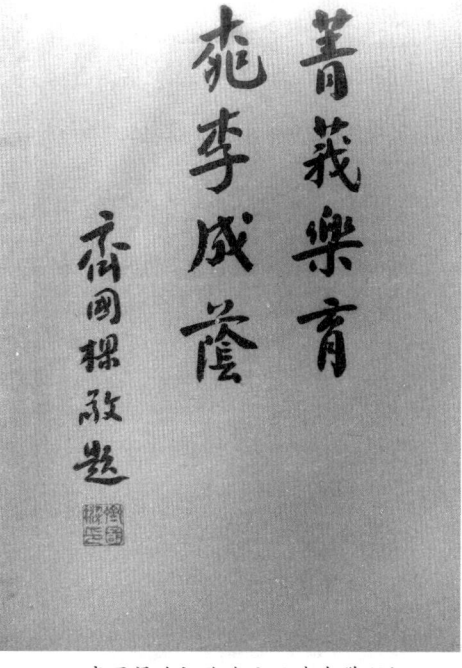

齐国梁为河北省立天津中学题词

齐国梁为慈惠学校题词

马千里校长

马千里(1885—1930),名仁声,祖籍浙江绍兴,1885年1月24日生于天津,曾就读南开中学。马千里1904年考入北洋大学堂俄文专修师范班,1906年毕业。曾在南开中学和直隶第一女子师范学校任教,既是周恩来的老师,又是邓颖超的老师。1916年在女师任学监并执行校务。1919年五四运动爆发,任"天津各界联合会"副会长、"抵制日货委员会"主席,曾与马骏、周恩来等先后被捕入狱,在狱中进行了绝食等斗争。1921年创办达仁女校,任校长,邓颖超等被聘任教。他还积极帮助邓颖超等人组织女星社,协助刘清扬等创办《妇女日报》。1927年北伐战争之后,马千里出任河北省立一中(现天津市第三中学)校长。马千里为爱国教育事业贡献了毕生精力,于1930年病逝。

马千里纪念碑

天津各界联合会全体职员合影(前排左起第八人为马千里)

1920年7月17日,马千里(三排右一)和周恩来(四排右二)、于方舟(四排右一)、马骏(二排右五)、郭隆真(一排右一)等获释后合影

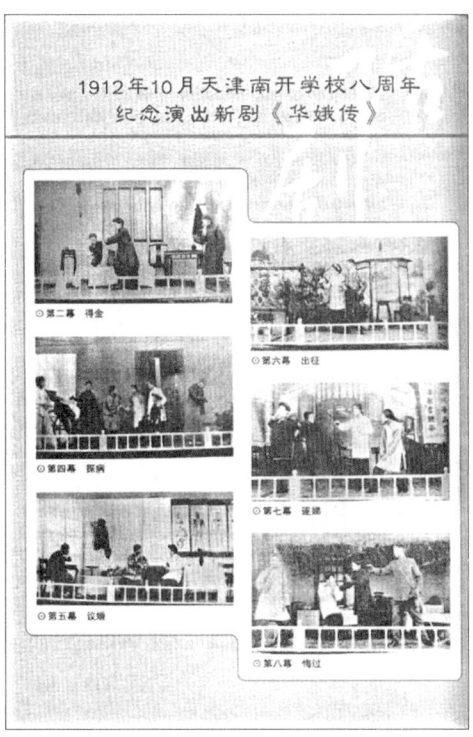

南开新剧团演出《华娥传》，马千里饰华娥

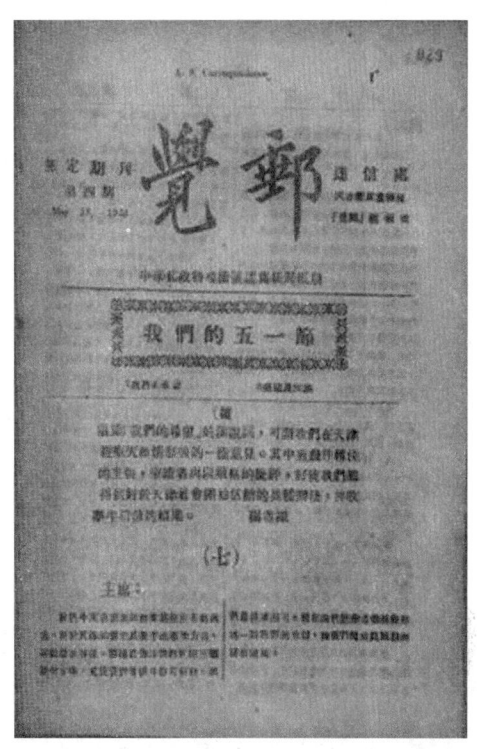

1920年马千里创办《新民意报》，1923年5月出版副刊《觉邮》第四期

《朝霞》为马千里创办的《新民意报》文艺副刊

《星火》为马千里创办的《新民意报》副刊

赵天麟

赵天麟(1886—1938),字君达,天津人。赵天麟1906年以北洋大学第一批官费留学生留学美国,获美国哈佛大学法律博士学位。回国后执教北洋大学,民国后出任北洋大学校长。1916年曾积极参加天津人民反对法帝国主义强占老西开的斗争,被推选为维持国权国土会副会长及"晋京请愿力争代表"。1920年1月受聘为开滦矿务局协理。1931年被选为天津英租界工部局董事会华人董事。1934年出任"天津公学"(耀华学校前身)校长。1937年抗日战争爆发后,他利用学校设在英租界的有利条件,开设特班,招收了被迫停办的南开中学等校的失学学生一千余人。他坚持对学生进行抗日爱国教育,抵制日伪政权的奴化教育,支持学生在校内宣传爱国和抗日,引起了日本侵略者的嫉恨。1938年6月27日被日本特务暗杀。

1947年为纪念赵君达校长将耀华学校图书馆命名君达堂

赵天麟校长在运动会上讲话

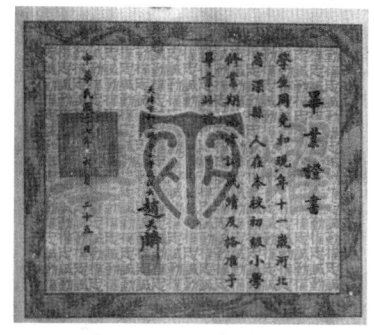
赵天麟校长签署的毕业证书

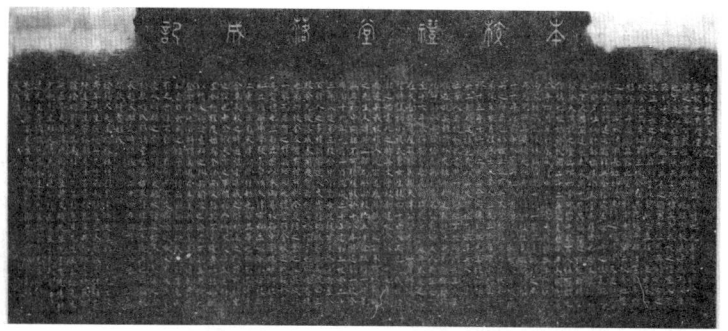
1935年4月9日赵天麟撰《本校礼堂落成记》铭文

著名教育家赵天麟在办公

赵天麟烈士像

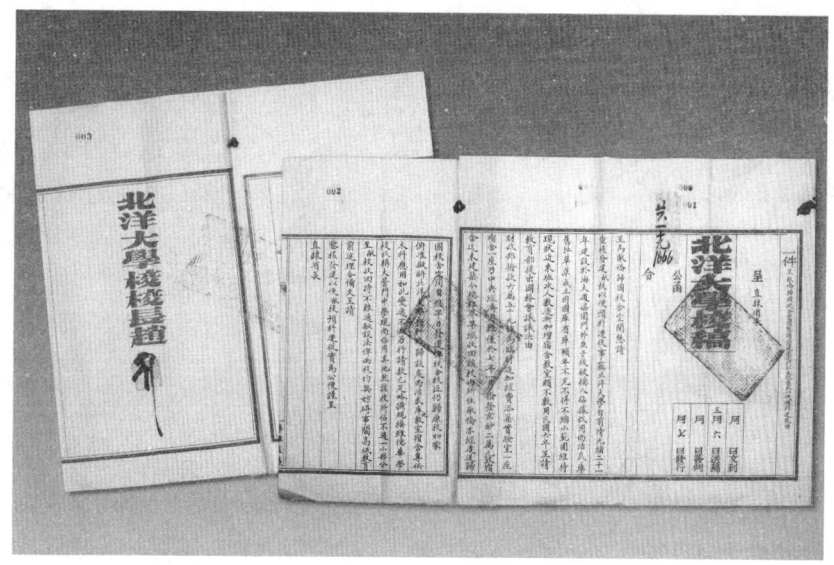
著名教育家赵天麟手迹

梅贻琦

梅贻琦(1889—1962),字月涵,天津人。1889年12月29日出生于天津。1904年入敬业中学堂就读,为第一班学生,南开中学首届毕业生。1909年以优异的成绩考取第一批清华庚款留美公费生,入麻省威斯特工业学院读电讯工程学,1914年毕业,获工学学士学位。回国后,1914年到北京清华大学任教,1926年出任清华改制后的首任公举教务长。1931年任清华大学校长至1948年12月,连任长达17年之久。这期间,1938年至1946年任清华大学、北京大学、南开大学联合组建的国立西南联合大学校务委员会常务委员兼主席。1949年以后,在美国精心保管清华大学基金。1955年由美国赴台湾筹建台湾新竹清华大学并担任校长,并创办清华原子科学研究所。1962年5月19日在台北台湾大学医院病逝。

1918年,南开学校首届毕业生梅贻琦等在毕业十周年之际,为学校捐建纪念牌并合影留念

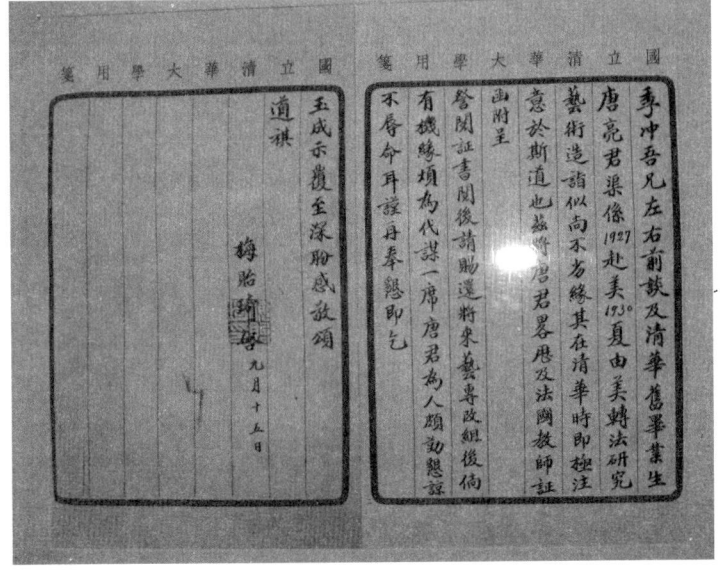

梅贻琦写的推荐信

梅贻琦向"清华"台湾南部同学会讲话

梅贻琦题字

1920年梅贻琦、韩咏华与长女梅祖彬

1939年，梅贻琦全家在昆明东寺街住所合影(后排左起：梅贻琦、韩咏华、梅祖彤；前排左起：梅祖芬、梅祖彦、梅祖彬、梅祖杉)

近代天津教育图志

1945年，主持西南联大的梅贻琦（左二）与张伯苓（左四）等人合影

魏元光

魏元光(1894—1958),字明初,直隶南乐(今河南南乐)人。1911年考入直隶高等工业学堂附设之中学实科。1915年毕业后考入直隶公立工业专门学校应用化学正科。1918年毕业后在直隶工业试验所化学工业课任技士。1920年,赴美留学,1922年获赛罗科斯大学理科硕士学位后,在纽约市舍瑞恩皮革公司等做研究工作。1924年5月回国,受聘直隶公立工业专门学校任化学教员;1926年9月接任校长。1929年5月受聘为河北省立工业学院第一任院长。1936年赴南京筹建国立中央工业职业学校,任筹备主任。1938年秋末迁至重庆沙坪坝建校。新中国成立后历任平原师范学院总务长、化学系教授、平原省政协副主席等职。著有《我国工业教育历史的检讨》《调整我国工业教育制度刍议》《工业教育学制之回顾与前瞻》等。

魏元光任院长的河北省立工业学院

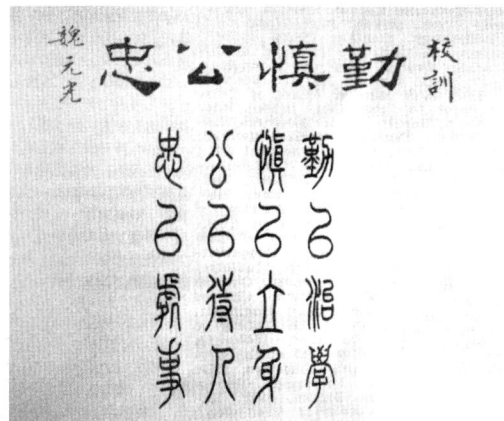

魏元光为国立中央工业职业学校题写的校训

1935年河北省立工业学院魏元光院长(前排右十三)与各系毕业生和全体教授合影

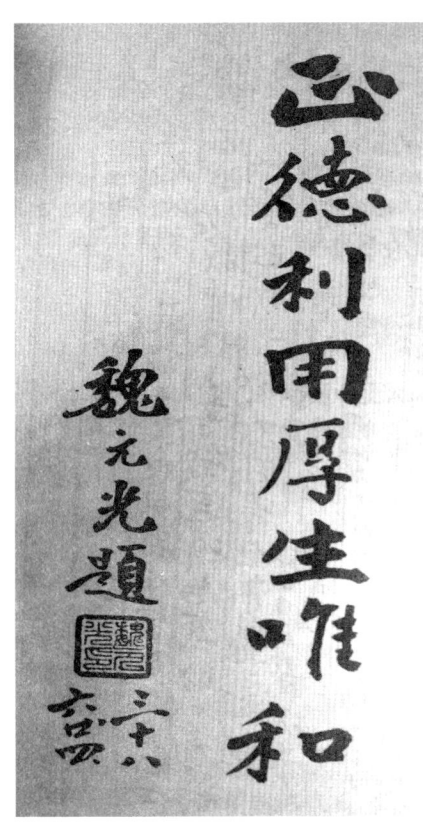

魏元光为河北省立天津中学题词

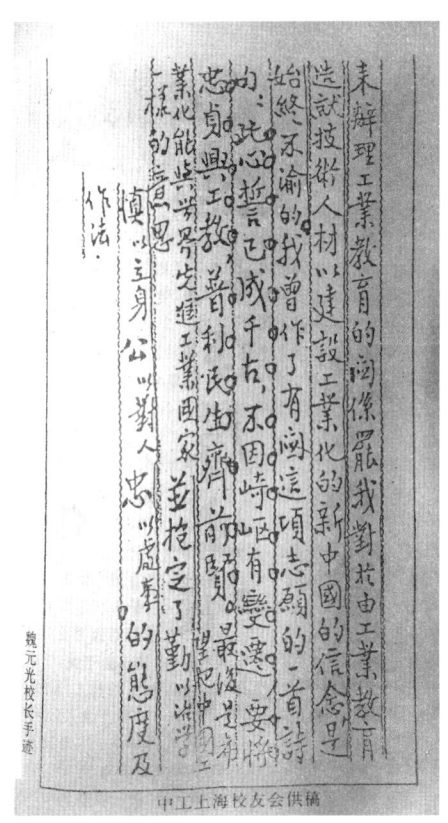

魏元光先生手迹

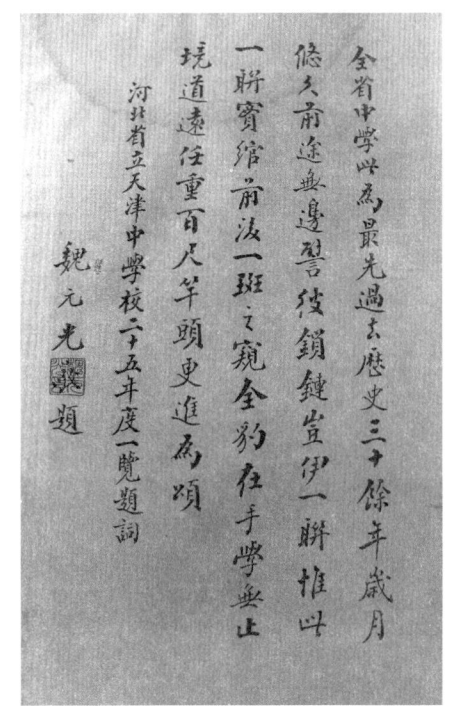

魏元光先生手迹

张元第

张元第(1898—1952),字崧冠,祖籍天津。天津水产"三杰"之一,早年有"南侯(侯潮海)北张(张元第)"之说。1916年张元第毕业于直隶省立甲种水产学校。1917年被选派日本留学,考入日本农商务省东京水产讲习所制造科,1922年毕业。回国任直隶省立甲种水产学校制造科主任。1928年任中央大学农学院水产学校教务主任。1929年担任河北省立水产专科学校制造组主任,转年任校长。1931年编辑出版我国最早的水产学术刊物《水产学报》。还主编过《河北省渔业志》。他认为职业教育为立国之本。1942年任天津第三中学校长,坚持对学生进行抗日爱国教育。抗战胜利后,复任河北省立水产专科学校校长,兼任冀鲁区海洋渔业督导处主任、天津鱼市场主任。新中国成立后,继任河北水产专科学校校长,被聘为河北省政协委员。

1917年送别毕业生张元第等10人留学日本留影

张元第著《河北省渔业志》

张元第亲自购置的渤海一、二号外海实习渔轮

张元第主持创办的我国最早的《水产学报》

第二部分

学校

一、洋务学堂

天津水雷学堂

　　天津水雷学堂是清光绪二年（1876）由李鸿章创办，附设于天津机器制造局。光绪四年（1878）十月十八日，李鸿章在其所上"关于机器局经费的奏报"中称："臣以水雷为海防要需，于光绪二年四月（1876年5月）已延订西士，选募生童，就局内（东机器局）添设电气水雷局教练一切。"所谓"延订西士"，就是聘请外国教习；所谓"选募生童"，就是招收少年学子；这个电气水雷局简称水雷学堂，是中国的第一所水雷学堂，为中国早期海军培养了一批水雷电气技术人才。

天津水雷学堂师生合影

水雷学堂设于天津东机器局内

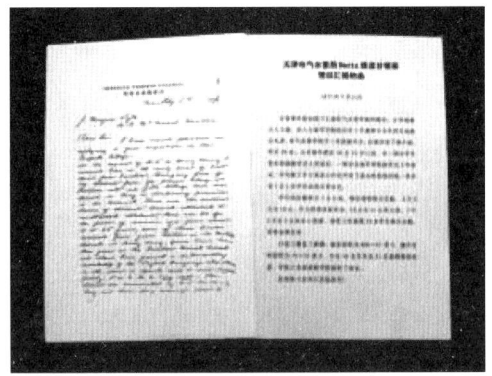
组建天津水雷学堂的档案

1885年天津机器局《鱼雷图解秘本》刻本和1890年天津机器局《鱼雷图说》刻本

北洋电报学堂

北洋电报学堂教习梁敦彦

北洋电报学堂于清光绪六年(1880),由直隶总督兼北洋大臣李鸿章在天津创办。10月6日开学。学堂聘用丹麦大北电信公司技师任教,教授"电学与发报技术",训练关报生。1882年,梁敦彦被李鸿章分配到天津北洋电报学堂教英文。该学堂原打算1883年后停办,因各地来函要求继续办下去,1886年9月,又在法租界紫竹林(今吉林路与承德道一带)建校舍,增聘法国、英国、丹麦教师。1895年时,该校有学生50名,分作4个班。北京同文馆学生庆常兼任该校提调并兼英文教习,璞尔生教授技术课,张青崇、谭志祥为助教习,兼教中文。该学堂从开办到1895年,毕业生约为300名,他们是我国电讯事业的先驱者,为我国早期的电讯事业做出了重大的贡献。

北洋电报学堂

北洋水师学堂

北洋水师学堂

北洋水师学堂是我国近代最早建立的一所正规化的海军学堂，位于城东八里的贾家沽道东机器局迤西（今解放军军事交通学院）。清光绪六年（1880）七月，李鸿章奏准设立，翌年七月落成。总办为吴赞诚。严复任总教习，后升为会办、总办。学生120名，分驾驶、管轮两门，设英国文字、地舆图说、算术、代数、几何、三角、驾驶诸法、测量天象、重学、化学、格致等课程，学制五年，注重理论联系实际，建有一座观星台，供学习天文课的学生登高测望。该学堂被推崇为"实开北方风气之先，立中国兵船之本"。给北洋水师充实了技术人才，谢葆璋、郑汝成、伍光建、沈寿坤、王劭廉、黎元洪、张伯苓、温世霖等均是该校的毕业生。1900年八国联军入侵，该校毁于战火。

北洋水师学堂总办严复

北洋水师学堂学员

北洋水师学堂正教习萨镇冰

北洋水师学堂首届毕业生谢葆璋（冰心之父）

水師學堂

水師學堂設在機器東局之旁，堂室宏敞整齊不下一百餘椽，樓臺掩映，花木參差，藏修遊息之所無一不備，另有觀星臺一座，以備學習天文者登高測

(清)《津门杂记》所载北洋水师学堂

北洋武备学堂

　　北洋武备学堂是中国第一所新式陆军学堂。北洋武备学堂创建于清光绪十一年（1885）正月，初暂就天津水师公所，后设在英界之杏花村对河唐家口旧柳墅行宫（原河东区教育局一带），是由直隶总督李鸿章奏陈清廷派杨宗濂建立的。此学堂仿效德国陆军学校，教师也由德国军官充当。学生系由各处营弁挑选而来，有一百数十名，多是骁健精敏之才。课程分学科、术科两种。学习一年以后，派回各营量才使用。北洋军阀重要人物段祺瑞、冯国璋、曹锟、吴佩孚、王士珍等都是出于此校。光绪十三年（1887），该学堂数学教官华蘅芳自制成我国第一个氢气球。光绪二十三年（1897），该学堂增设铁路工程科。光绪二十六年（1900）六月，八国联军进攻该学堂，几十名学生顽强抵抗，壮烈牺牲。该学堂被敌军占领而辍办。

北洋武备学堂外景（图为1900年八国联军烧毁后景象）

北洋武备学堂明信片

1900年建成的俄国花园渡口（天津解放后更名为大光明渡口），沟通原英俄两租界交通。图为海河东岸英租界渡口，从图中可以清楚地看到被八国联军摧毁的北洋武备学堂残垣

李鸿章为创办北洋武备学堂事给清廷的奏章(1885年)

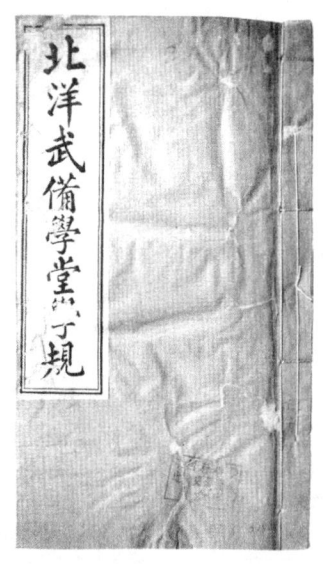

《北洋武备学堂校规》

李鸿章颁发给北洋武备学堂优等生的勋章

北洋武备学堂的教鞭

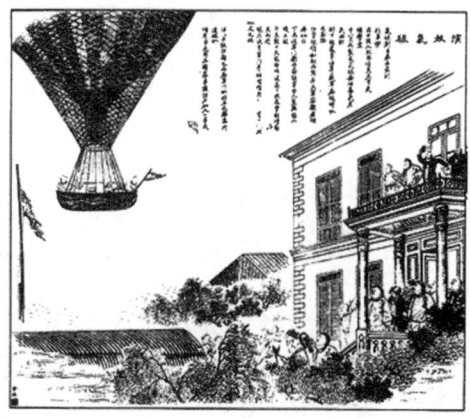

1887年北洋武备学堂演试气球

上海《申报》1887年9月7日所刊《演试气球》中写道："外洋气球最为行军利器，今春周玉山(注:周馥)观察购到两具，安置(北洋)武备学堂择期试放。……随由该堂教习孙筱楂学博景廉、姚石荃参军锡光、卢木斋大令靖独运匠心，略仿西法，自造小气球。经总办杨艺芳(注:杨宗濂)观察于昨日督同试放……"

博文书院

博文书院是天津第一所培养外语人才的学校。清光绪十二年（1886）四月，周馥与英籍德人、天津海关税务司德璀琳禀请李鸿章批准建立博文书院（英文为吞纳学院）。德璀琳召集外国商人，希望能赞助创办博文书院，得到大家响应。总税务司赫德筹银5 000两，自捐银2 000两，德璀琳捐银2 000两。院址在"东圩门外"临近海河一带（今解放南路海河中学、解放南园等地），建造了一座德国日耳曼式风格的楼房作为教学楼，延聘外籍教师丁家立等授课，"招学生习洋文"，学生为高层次的中国知识分子，以培养当时急需的译员后备人才。李鸿章"拨付巨款"，周馥"自捐三千两"以襄助之。德璀琳充任襄办。天津译员之盛，实自此始。清光绪十四年（1888）三月，周馥调任直隶按察使后，因为办学方向意见不一致、经费筹措困难等一系列问题长期得不到解决，最后把校舍抵押给了德华银行，周馥称院址"由德国买受"。1895年在此建北洋大学堂。

博文书院

海河中学校史馆博文书院碑

博文书院创办人周馥

博文书院创办人德璀琳

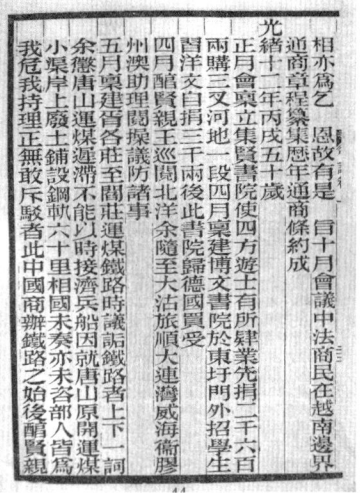

《民国周玉山先生馥自订年谱》中有关博文书院部分

北洋医学堂

北洋医学堂是中国创办最早的国立医学堂。其前身是1881年直隶总督李鸿章在北洋施医局创办的医学馆。光绪十九年(1893)十二月，李鸿章委派法国军医梅尼在"医学馆"基础上创建北洋医学堂，专门培养军医人才。地点在法租界海大道(大沽北路原第十七中学旁)。林联辉医生任校长。教学人员由中外医生担任。该校课程设置按照西方医学校的标准，一切费用从海防经费中动用。1931年改名为直隶医学专门学校。1915年9月，直隶省利用停止招生的直隶高等师范学校部分经费和校舍，在保定重新建立了独立的直隶公立医学专门学校(沿革为今河北医科大学)。同年10月，原校址收归海军部管辖，改为海军军医学校。该医学堂附属北洋医院是天津最早的公立医院。

1881年李鸿章在北洋施医局创办医学馆

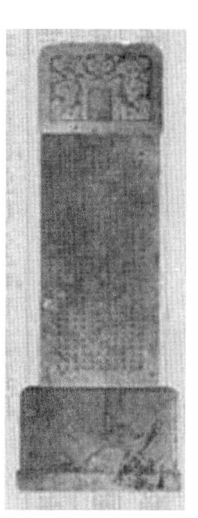

施医院纪念碑

北洋医学堂

北洋医学堂首任监督
林联辉

北洋医学堂学友会合影

北洋医院

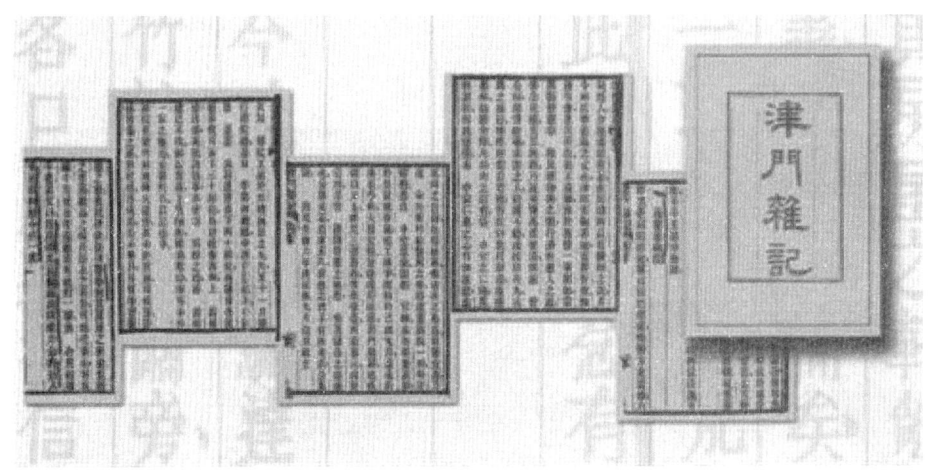
清人张焘的《津门杂记》记载了创办医学馆与医院的经过

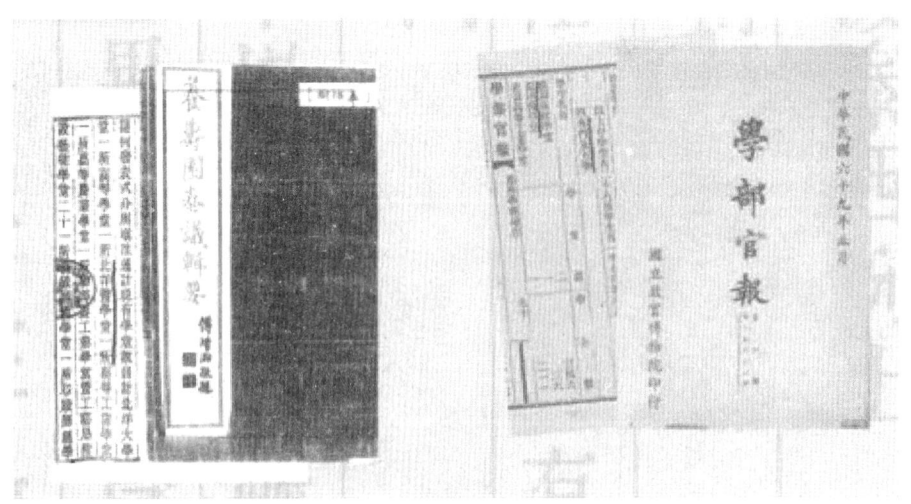
清政府《学部官报》十四期和《养寿园奏议辑要》记载：北洋医学堂属于大学教育层次，是中国近代第一所官办高等西医院校

二、高等院校

北洋大学堂

北洋大学堂即今天的天津大学,它是中国第一座新型大学,校址在天津大营门外梁家园村(今海河中学及毗连的解放南园一带)。清光绪二十一年(1895),津海关道盛宣怀创建天津北洋西学堂,后又正式命名为北洋大学堂。北洋大学堂分为头等学堂与二等学堂,1900年因八国联军入侵停办。北洋大学堂1902年迁至西沽武库复校,1911年辛亥革命后改称北洋大学校。1914年又改称国立北洋大学。赵天麟任校长,学堂以"实事求是"为校训。后学堂曾改名为北洋工学院。抗战期间,北洋大学迁至西安,与北平大学、北平师范大学合组西北联合大学。抗战胜利后,于1946年1月恢复北洋大学。期间,冯熙运、刘仙洲、茅以升、蔡远泽、李书田、张含英等先后任校长。1951年9月,北洋大学与河北工学院合并更名为天津大学。北洋大学以"严谨治学,严格要求"的校风和爱国民主的优良革命传统闻名于世,至2010年,建校115年来,为我国培养了20万余名高层次人才。

北洋大学堂外景(今海河中学及毗连的解放南园一带)

近代天津教育图志

北洋大学主楼（今河北工业大学址）

1903年建成的北洋大学堂大楼的正门

1931年建成的新校钟楼

盛宣怀

北洋大学堂创办人　首任监督

丁家立

北洋大学堂总教习

北洋大学堂教务提调王邵廉

赵天麟
国立北洋大学校长

冯熙运
国立北洋大学校长

刘仙洲
国立北洋大学校长

茅以升
北洋工学院院长

蔡远泽
北洋工学院院长

李书田
北洋工学院院长

潘承孝
西北工学院院长

金问洙
国立北洋大学代理校长

张含英
国立北洋大学校长

19世纪末20世纪初，北洋大学堂学生作军事演习

1912年北洋大学部分教职员合影

团城——北洋大学教师宿舍

北洋大学40周年校庆时李书田与教职员合影

北洋大学堂首届毕业生

1911年北洋大学法律乙班合影

1909年第一批庚款留美学生合影

北洋大学1948年毕业师生合影

北洋大学早期博物馆

北洋大学早期实验室

北洋大学图书馆内景

北洋大学建筑模型陈列室

北洋大学矿冶学实习

建于1935年的北洋大学飞机实验室

北洋大学学生的体育课

1925年北洋大学学生摄影协会会员合影

北洋大学学生在1919年的五四运动中

1947年5月20日北洋大学师生举行"反饥饿、反内战"游行

北洋巡警学堂

北洋巡警学堂是天津最早的警察学校,其前身为天津警务学堂。清光绪二十八年(1902)直隶总督袁世凯委派天津巡警总监赵秉钧设立,堂址在河北堤头村(原堤前小学址)。翌年底,保定警务学堂并入后,更名为北洋巡警学堂,迁校址于东门外南斜街(原天津市第三十六中学址),由日本警官三浦喜传任总教习,日、英、德警官分充教习。该学堂主要任务是造就通省巡警官弁。每期招生二三百人,学制1—2年。1915年该学堂改组为直隶省警察传习所,隶属于直隶省警务处;不久改隶天津警察厅,改称天津警察教练所;1937年改为天津甲种警察教练所;1945年恢复天津警察训练所,地址在迪化道(鞍山道原天津公安学校);1948年2月,改称天津市警察学校。

北洋巡警学堂石匾

巡警总局(前身北洋巡警学堂)

东浮桥西侧的巡警总局——北洋巡警学堂曾建在此

直隶警务公所(曾为北洋巡警学堂)

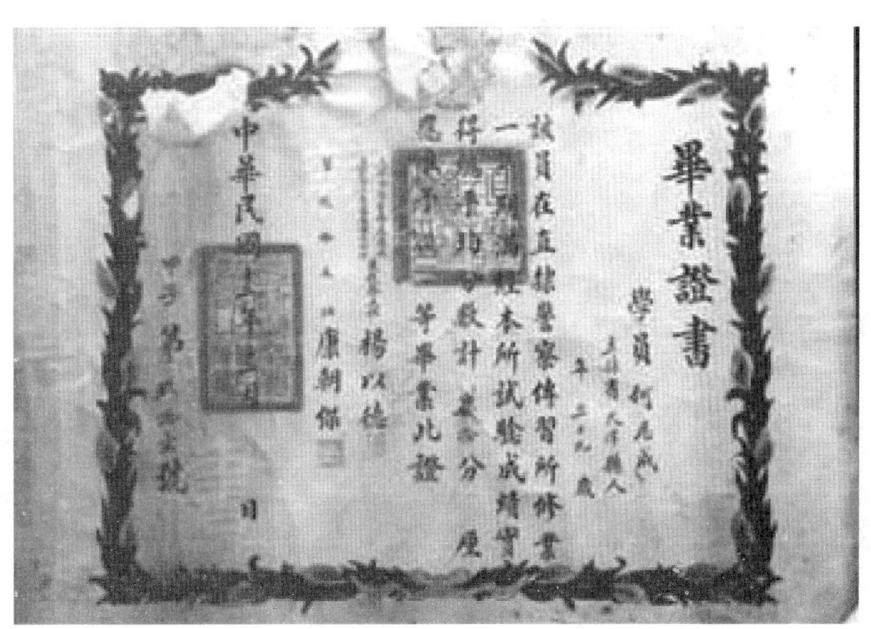

直隶警察传习所毕业证书

第二部分 学 校

天津新学书院

天津新学书院于清光绪二十八年(1902)由英国基督教伦敦会创办,院址在法租界海大道(大沽路原天津市第十七中学址)。新学书院前身为养正书院,创始人及第一任院长为赫立德博士。书院初为大学学制,设有格致、博学、化学专门、文学专门等学系,学制四年,并附设中学班,学制也是四年。书院设备完善,附设华北博物院。书院师资力量雄厚,并多为外籍教师。在初期有学生125人,1928年学生达400多人。1929年赫立德等人回国,栾嘉立任院长。1930年改为天津私立新学中学,相继由马尚功、黄荣良、黄宗法、傅尚霖、黄作霖(黄佐临)、黄道任校长。1941—1946年间先后改为三中、二中。书院以英语和体育水平高而著称。物理学家袁家骝、《红楼梦》英译者杨宪益、电影戏剧艺术家黄佐临均毕业于该校。书院的沿革为天津市第九十中学,旧址为天津市第十七中学。

天津新学书院青灰色古堡式校舍

天津新学书院明信片(摄于1905年前)

天津新学书院小礼堂

新学书院化学实验室,李爱锐在此做实验教学

李爱锐

新学书院创办人、首任校长赫立德博士

新学书院院长戴乐仁

任新学校长时的黄作霖(黄佐临)

新学中学黄文卿(黄道)校长

黄佐临校长与1934年毕业班师生的合影（中坐者为黄佐临）

天津新学中学运动员在全市中小学运动会获奖后合影

天津三中（新学中学址）高三毕业同学全体合影

天津新学书院全体教员合影

天津新学书院1915年中学毕业生

市立二中校门(1946年新学中学址)

北洋军医学堂

北洋军医学堂是天津最早的陆军军医学校。该学堂于清光绪二十八年(1902)十一月,由袁世凯主持创办,初设在天津南斜街原浙江会馆,招学生40名。光绪三十二年(1906),改属陆军部军医司,改名为天津陆军军医学堂。同年12月迁入河北黄纬路新校址。新校址为欧式建筑,能容纳学生200人。时有学生150余名,分为3个班。由徐华清任总办,聘日本驻军医院院长正平贺次郎为总教习。教习由日本人和中国人担任。该校为北洋陆军培养军医。光绪三十三年(1907),第一期学生35名毕业,分配于北洋各镇,全都担任官职。民国元年(1912),改校名为天津陆军军医学校,分普通医学科(四年毕业)和军医本科(五年毕业),面向全国招生。1917年该校迁往北京。

北洋军医学堂监督全绍清

北洋军医学堂副监督(帮办)、中国检疫防疫事业的先驱、中国第一代公共卫生学家——伍连德

北洋军医学堂总办徐华清

1906年北洋军医学堂发给该校毕业生刘国庆的毕业证书

天津陆军军医学校(前身北洋军医学堂)

河北省立工业学院

　　河北省立工业学院前身是直隶高等工业学堂,为天津最早的高等实业学堂。初名北洋工艺学堂。创办于清光绪二十九年(1903)二月,初址在天津旧城东南隅贡院及草厂庵庙址。由直隶总督袁世凯委任天津知府凌福彭任总办,招生30名。次年九月,改名为直隶高等工业学堂(也叫直隶高等工艺学堂),由工艺总局经办,周学熙任监督。初分正科和速成科。光绪三十四年(1908),迁入河北黄纬路新校址。1913年改为直隶公立工业专门学校。1928年改称河北省立工业专门学校。次年,升格为河北省立工业学院,魏元光任院长。1937年7月天津沦陷后,该院被日军强行解散,改作陆军医院。抗战胜利后复校,1946年改名为河北省立工学院。1950年该校更名为河北工学院。转年8月与北洋大学合并,改名为天津大学。1958年7月,河北工学院在天津河北区元纬路复校,1995年升格为河北工业大学。

直隶高等工业学堂监督周学熙

直隶高等工业学堂监督邢端

直隶高等工业学堂鸟瞰图

师生在高等工业学堂大门前合影(1905年)

高等工业学堂教习在讲课

高等工业学堂机械工场车工部

直隶高等工业学堂毕业生合影（1905年）

李叔同1910年任直隶高等工业学堂图绘教员

李叔同在直隶高等工业学堂时的书法

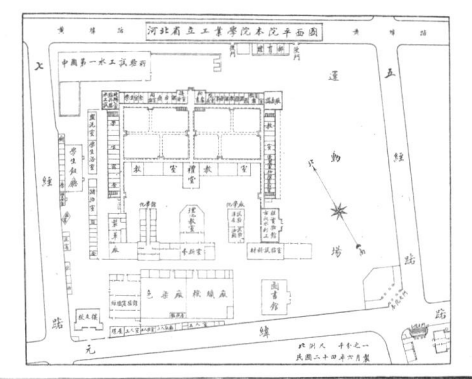
河北省立工业学院本院平面图

河北省立工业学院

河北省立工业学院正门

河北省立工业学院分院大门

河北省立工业学院物理化学实验室

河北省立工业学院机制厂

首任院长魏元光

院长路荫桎(1946年)

院长赵玉振(1948年)

1934年河北省立工业学院市政水利系讲师、水工实验所设计者、水工博士李斌都

中国第一个水工实验所(1935年)

1935年河北省立工业学院毕业生与教师合影

1935年河北省立工业学院各系毕业生和全体教授合影

化学系教授、抗日英雄杨十三

讲师、华北抗日联军副司令员洪麟阁

中共天津地委早期领导人卢绍亭
(后右一)与同学合影

我国工人运动先驱、校友黄爱

河北省立法商学院

　　河北省立法商学院前身是北洋法政学堂，为我国最早的法政专门学校。清光绪三十二年（1906）六月，直隶总督袁世凯委黎渊为监督。校址在河北堤头村河坝下（今河北区志成道）。第一期招职、绅两班，职班为司法科，绅班为行政科，为简易速成性质，学制1年；第二期设专门科，有政治和法律两门，学生200名。1912年改称北洋法政专门学校。1914年，保定法政专门学校、天津高等商业专门学校并入该校，改称直隶公立法政专门学校，设法律、政治、商业三科。1928年8月，改称河北省立法商专门学校。1929年4月，改组成立河北省立法商学院。1937年2月被解散。1947年暑假复校。1952年院校调整，该院法商两系并入北京法政学院和天津南开大学。该校是中国共产党主要创始人李大钊的母校。

1906年北洋法政学堂开办伊始，地方官员与中外教职人员的合影

北洋法政学堂总教习吉野作造

北洋法政专门学校读书时的李大钊

李大钊收藏的北洋法政专门学校校景照片，照片上是其亲笔写的说明

李大钊(二排左四)与北洋法政专门学校直隶省本科同学的合影

北洋法政专门学校的校舍旧址,李大钊曾住在楼下

直隶法政专门学校

直隶法政专门学校校门

直隶法政专门学校戏剧社成员合影

中华全国铁路总工会第三次代表大会全体代表在直隶公立法政专门学校门前合影

1921年9月,直隶法政专门学校在河北公园(今中山公园)迎送新旧校长

河北省立法商学院校门

河北省立法商学院礼堂内景

河北省立法商学院礼堂外景

河北省立法商学院图书馆外景

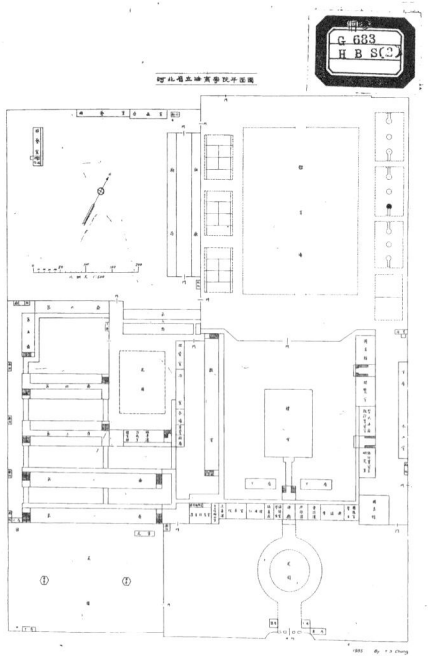
河北省立法商学院平面图

院长吕复　　　　　院长顾德铭　　　　　院长吴家驹　　　　　院长杨亦周

河北省立法商学院全体教职员学生合影(20世纪30年代)

河北省立法商学院师生合影(1949年初)

河北省立法商学院法庭实习

河北省立法商学院银行实习

河北省立法商学院法律学会

河北省立法商学院商学会

河北省立法商学院西乐社

河北省立法商学院国剧社

河北省立法商学院篮球队

河北省立法商学院足球队

河北省立女子师范学院

　　河北省立女子师范学院前身北洋女师范学堂,创建于清光绪三十二年(1906)四月,傅增湘任监督。堂址在天津河北督署西(今河北区天纬路天津美术学院)。该校为初等及高等小学堂培养女教员并促进女学的发展。初招学生46人,于是年农历四月二十二日开学。1912年春,改名为北洋女师范学校;次年5月更名直隶女师范学校。1916年1月,齐国梁任校长,改名为直隶第一女子师范学校。1928年9月,又改名河北省立第一女子师范学校。1929年增设河北省立女子师范学院。1930年秋,院校合并,总称河北省立女子师范学院。该院附设师范、中学、小学、幼稚园四部。1937年七七事变后南迁。抗战胜利后于1946年返津复校。1949年夏,国立国术体育师范专科学校并入该校,改建为河北省立师范学院(今河北师范大学、天津美术学院前身)。

"女师"创办人、首任学堂总理傅增湘(1906—1910)

创办于1906年的北洋女师范学堂

北洋女师范学堂开学留影

曾任"女师"校长的李家桐、傅增湘、吴鼎昌、张伯苓合影(自右至左)

北洋女师范学堂1907年毕业证书

1920年邓颖超(后排左四)毕业于直隶第一女师

河北省立女子师范学院院长齐璧亭

河北省立女子师范学院

河北省立女子师范学院附中大门

河北省立女子师范学院教学楼

河北省立女子师范学院图书馆

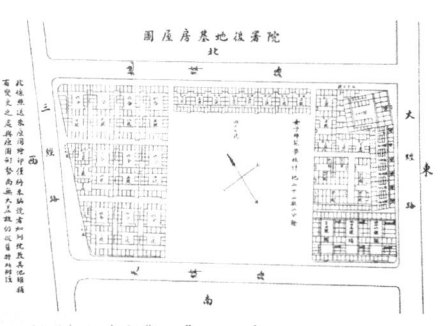
20世纪20年代"女师"位置示意图

"女师"学生绘画场面

1932年河北省立女子师范学院体育馆落成

1936年"女师"杜隆元(前排左三)张汇兰(中排右五)参加中华体育考察团在柏林考察

河北省立女子师范学院获体育锦旗

河北省立水产专科学校

河北省立水产专科学校的前身是直隶水产讲习所,创办于清宣统二年(1910),为我国首创水产教育机关。直隶水产讲习所隶属于劝业道,假河北黄纬路天津长芦中学堂旧址开课,有学生96名,分渔捞、制造两科,开学后请准改为水产学堂,孙凤藻(子文)为堂长。1912年3月迁入河北种植园新校址。1914年4月,改为直隶省立甲种水产学校。1929年5月改为河北省立水产专门学校。是年10月,又改称河北省立水产专科学校,张元第为校长。1937年"七七事变"后该校停办。抗战胜利后,1946年在原址复校。1952年全国高校院校调整,学生转入上海水产学院和山东大学水产系。1958年天津市组建天津水产学院,1961改名为天津水产专科学校。1965年更名为河北水产学校,现为河北农业大学海洋学院。

河北省立水产专科学校正门全景

河北省立水产专科学校外景
(左侧为渔捞组实习信号帆缆之船桅)

发起人卢木斋先生

发起人孙多森先生

创办人兼首任校长孙凤藻(子文)

第二任校长张品题(仲元)

天津水产三杰之一
河北水专校长张元第

天津水产三杰之一
著名水产专家郑恩授

天津水产三杰之一
著名水产食品专家刘纶

河北省立水产专科学校创立21周年师生合影(1931年)

河北水专教学大楼

化学定性分析室、化学定量分析室

渔捞组渔具实习

制造组食品制造实习

操艇实习

白河号内河调查汽艇

1915年巴拿马赛会银质奖牌

1915年巴拿马赛会银质奖牌

1915年巴拿马赛会奖凭

河北水专国术团

河北水专田径赛选手

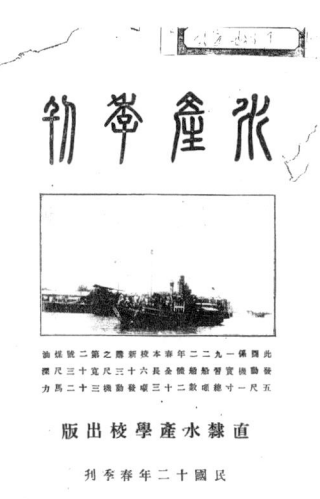
《水产季刊》1923年出版

《直隶省立甲种水产学校一览》(严修署检)

《河北省立水产专科学校一览》于右任题

天津高等商业学堂

　　清宣统二年(1910),天津中等商业学堂已创办5年,完全科第一届学生毕业。此时正值位于天津府北一里新开河北(今河北区志成道中学及天津外国语学校)的北洋师范学堂停办,奉令改设为天津高等商业学堂,也称直隶高等商业学堂,并以天津中等商业学堂完全科首届毕业生为学员。民国三年(1914)六月,直隶省当局决定将天津高等商业专门学校与保定法政专门学校一起并入北洋法政专门学校,北洋法政专门学校改称直隶公立法政专门学校,设法律、政治、商业三科。

直隶高等商业学堂

直隶私立法政专门学校

　　直隶私立法政专门学校创始于1912年8月,校址在河北公园(今中山公园)右侧。该校设法科、蒙文科。首任校长齐树楷,字东齐,直隶蠡县人。继任校长孙松龄、王秉嘉。主任孙松龄、武绳绪、李志敏。法科教员中有大律师张务滋。张务滋字洽升,上海人,北京大学毕业,担任刑法、宪法、国际公法课。1915年时,在学人数达500余人,"呈如火如荼之势"。1919年夏遭大火,校舍全毁。全校师生同心协力进行恢复,终于如期开学。正如李志敏主任在1919年暑假后开学典礼所说:"吾校被火焚毁一空,凡物质一无所余,所余者唯有诸同仁之精神。"创办十年,造就学生遍布立法、司法、行政各界,在津服律师职务者尤为著名。1922年暑假合并于河北大学。

校长齐树楷

大雪中的直隶私立法政专门学校

主任李志敏(秀夫),曾任直隶公立法政专门学校校长

《直隶私立法政专门学校同学录》

天津私立南开大学

1918年严修、张伯苓赴美考察教育归来，即筹集资金创办天津私立南开大学，遂于1919年4月在南开中学南空地建二层楼房为大学校舍。9月25日，举行开学典礼，张伯苓为校长，共录取学生周恩来、马骏等96名，分文、理、商三科。1920年秋开始招收女生。成为北方私立大学中男女同校的第一家。1922年，得八里台村地四百余亩，起建新校舍，转年迁入新校舍，到30年代初，南开大学，俨然有"现代大学"的规模。到抗战前夕，该院已是拥有3个学院、12个系和2个研究所的高等学府，学生429人，教职员110人。1937年7月底，校舍遭日寇炸毁，迁往长沙、昆明，与北大、清华合组西南联大。1946年10月在津复校，设文、理、工、商4个学院16个系，学校改为国立。新中国成立后，天津南开大学发展为天津最大的综合院校，全国重点高等院校。

早期的南开学校大学部（今南开中学内）

20世纪20—30年代南开大学校门

南开大学开学纪念。第二排中间有创办人严修、校长张伯苓等

南开大学全景

南开大学大中路

李秀山铜像与秀山堂

南开大学秀山堂

南开大学百树村,又名禁城

20世纪二三十年代南开大学思源堂

南开大学木斋图书馆

南开大学化学实验室

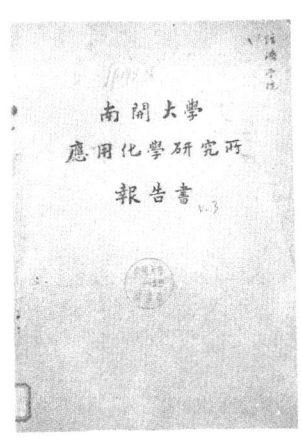
南开大学应用化学研究所报告书

应用化学研究所研制的真空蒸发器

数学系主任姜立夫

物理系主任饶毓泰

化学系主任邱宗岳

南开经济研究所所长何廉

南开应用化学研究所所长张克忠

历史系主任蒋廷黻

大学部主任黄钰生

外文系代主任司徒月兰

被日军飞机炸毁的南开大学秀山堂

被日军飞机炸毁的南开大学水塔

被日军飞机炸毁的南开大学木斋图书馆

抗战时期南开大学学生步行到长沙

1946年南开大学学生抗议美军暴行游行

天津工商大学

天津工商大学筹创于1920年,是献县的法国耶稣会在天津创办的一所专科大学。1921年选定英租界马厂道(今河西区马场道天津外国语大学)为校址。1923年9月25日正式开学,分工、商两科,学制预科2年,本科4年。1933年改名为河北省私立天津工商学院。1943年又增设女子文学院,设有文学系、史地系、家政系。该院附设北疆博物馆。1948年改名为津沽大学,校长刘乃仁。1951年人民政府接管,定名国立津沽大学。1952年院系调整,商学院并入南开大学;原天津教师进修学院并入津沽大学,在原址改组为天津师范学院。1958年扩建为天津师范大学,1960年定名为河北大学。河北大学1970年迁往保定,原校址改为天津外国语学院(今天津外国语大学)。

天津工商大学(今天津外国语大学址)

天津工商大学商学院大楼正面观

天津工商大学入口处(1925年)

天津工商学院门匾

院长华南圭

院长刘乃仁

天津工商学院院长楼

女院主任孙家玉先生

工商学院女院成立纪念（1943年）

水利学家高镜莹

建筑大师沈理源

建筑大师慕勒

音乐家张肖虎

纺织学教授赵光宸

经济学家齐思和

天津工商大学1930班毕业同学全体摄影

天津工商学院1938年毕业班师生合影

工商学院足球队

工商学院乒乓球队

天津工商学院图书馆

天津工商学院图书阅览室

物理实验室附属小工厂

天津工商学院铁工厂一角

天津工商学院商品陈列室

天津工商学院学生宿舍

国立国术体育师范专科学校

国立国术体育师范专科学校简称"国体",1933年秋在南京成立。1937年7月,日军轰炸南京,该校先后迁往长沙、昆明、四川。1946年7月迁校于天津。校址在北站原河北体育场(北站体育场,已拆)。是年年底开课。1947年夏,在天津、北平、青岛、沈阳招生,转年又在天津、北平两处招生。此时,三年制专科及五年制专科共有学生300多人。1949年夏,该校与河北省立女子师范学院合并成为河北省立师范学院(今河北师范大学)。

建于1933年的原河北省体育场(北站体育场),1946年国立国术体育师范专科学校(简称"国体")从南京迁此为校舍

校长张之江将军

1934年,第十八届华北运动会在河北体育场举行

《国立国体师专校刊》,刊名为张之江题

1934年中央国立体专篮球队

1936年1月在新加坡华侨总会国体篮球队合影(左起李震中、吴文忠、张长江、张长清、唐宝堃等)

1938年国立体专组成的中国篮球队在各国比赛留影

欢送李震中进入"国立体专"

1938年"国体"代表中国篮球队在马来亚怡保市留影(左起刘振元、高长明、张长江、张长清、李国锐、宫邦杰)

天津私立育德学院

　　天津私立育德学院创办于1937年七七事变之后。由靳云鹏、孟遂安、崔汉声、姜般若等人联络爱国人士和英国人白克德在英租界内组建。曾用名"天津学院"、"天津大学"、"育德大学"。1941年12月太平洋战争爆发后被勒令停办。抗战胜利后，于1947年复校，改名为"私立育德法商学院"。校址在徽州道李善人公园（今人民公园）。陈仙洲、夏勤先后为院长，姜般若为院务长。孙科、李烛尘等十余人为校董，居正为董事长。学院以讲授经济管理为主，分为本科与专科。1949年董事长为李济深、院长为姜般若、教务主任为李慕白。该院设有法律学、财经学、政治学三个系和化学工业、农产加工两个专修班。有教职工12名，学生126名。后迁建设路（今人民礼堂附近）。1951年8月，因经费无法解决而解散。

董事长李济深　　　　　　　院长姜般若　　　　　　　教务主任李慕白

育德学院财经学系毕业生及教授合影

育德学院校园

育德学院藏书楼

育德学院集体学习室

育德学院宿舍一瞥

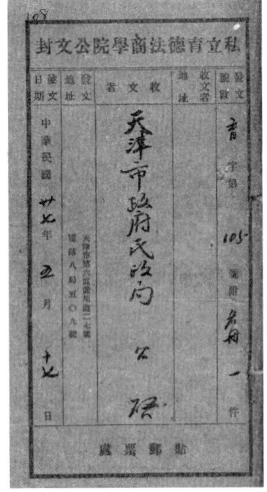
天津私立育德法商学院向市民政局的报告

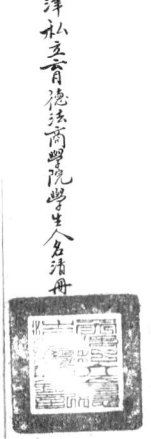
1948年度天津私立育德法商学院学生名册

天津私立达仁学院

私立达仁学院初名达仁学塾。1939年达仁学院为适应青年求学的需要而创办,初址在英租界海大道(今大沽路)。创办人张维民(卓然),院长袁贤能。该校因教学质量较高而受欢迎,求学者日益增多,迁址到徐州道。这是一座大楼,教学条件有所改善。1942年定名天津达仁经济学院。该院分计划财政、企业管理和经济学三个学系,增聘胡鲁声、沈唏、龙吟、李宝震等经济学者为讲师,聘请知名律师张士骏为院长,学生达200多人。1946年10月间由垦业银行董事长沈克接任院长。1949年时,院长祖英椿,有学生313名,教职工39名。1952年并入津沽大学。

天津私立达仁学院(南院台北路12号)

天津达仁学院东院(徐州道4号)

院长袁贤能

(1939—1942)

院长张士骏

(1942—1946)

院长祖英椿

(1949—1951)

近代天津教育图志

经济学家丁洪范

会计学家李宝震

经济史学家傅筑夫

图书馆

教室门庭

教职工宿舍

三、中等学校

圣路易中学

圣路易中学于清光绪十三年（1887）由天津的法国天主教会开办。校址在法租界圣路易路（营口道原滨江医院住院部，现为快捷酒店），专门向外国侨民的子弟教授法语、英语和商业知识。光绪十七年（1891），由北京教区邀请来华的天主教圣母文学会修士接管。1920年，法国天主教会创办麦诺斯特兄弟会学院，开设英文和法文班，后归为圣路易中学。

圣路易中学

圣路易中学教习

校友、著名表演艺术家英若诚

校友、著名眼科医生倪忠信

汇文中学

　　汇文中学前身是成美学堂,也叫成美馆,创建于清光绪十六年(1890),是天津最早的学校之一。创办人是美国传教士倭克牧师,由美国基督教美以美会主办。第一任校长是美国人布朗。校址在海大道(今大沽路)。1901年,由圣约翰管理学校,改称圣约翰学校。1911年迁校址于南门外南关下头(荣安街汇文中学)。1913年改称成美中学校,并设小学部。1919年改称汇文中学,相继任外籍校长的有美籍袁布德、文安思、康敦瑞等。1927年,由刘馨庭(刘芳)博士任校长,为第一任华人校长。1942年,敌伪时期改称天津特别市市立第二中学校。1945年又改为天津市立第一中学校。1947年8月,原汇文中学复校。1952年12月,改为天津市第十八中学。1990年恢复汇文中学校名。

汇文中学20世纪30年代校门

汇文学校在法租界大沽路创办时之校舍

20世纪30年代汇文学校校园

董事长杨庆鋆(韶九)

董事长雍涛(剑秋)

校长宝复礼

首任华人校长文科学士、
神学博士刘芳(刘馨廷)

汇文中学校1928年高中毕业班

生物室一角

理化室一角

图书馆之一角

高科英文打字班

汇文中学校国乐团弦乐部

初中文学研究会（前排中间是刘芳校长）

在操场学生列成 H.W，即汇文之简写

1927年汇文中学校春季运动会

汇文中学篮球队

汇文中学校足球第一队

北洋大学堂二等学堂

　　北洋大学堂二等学堂是天津也是全国最早的公立中学。清光绪二十一年(1895)由天津道盛宣怀奏办，10月2日开学。二等学堂是北洋大学堂预科，相当于大学附中，设英文、数学、各国史鉴等课程，学制4年。总办蔡绍基。地点在大营门的梁家园(今解放南路海河中学及毗连的解放南园一带)。

北洋大学堂二等学堂总办蔡绍基

北洋大学堂(1895—1900)校舍

法汉学校

　　法汉学校是一所专为信教的中国子弟开设的学堂,创办于清光绪二十一年(1895),是由法国驻华公使施鄂兰及法国驻津总领事杜士兰授意紫竹林教堂创办的。初址在紫竹林教堂,初名法国学校,又名法文学堂。1897年,该校隶属于法国工部局,迁址于法国工部局(今解放北路市粮食局)旁。办学宗旨是为法国机关、企业培养通晓法语的工作人员。初招收学生两班,每班20名至25名。1902年该校曾一度迁往望海楼,1907年改名法国工部局学校,1916年迁址西开教堂前新建校舍,改名法汉学校。1929年,该校向中国政府申请立案,许日升任校长,但大权仍掌握在法籍传教士葛子琦手中。1951年,西开初级中学并入,1952年向阳中学并入,是年由政府接管,改名为天津市第二十一中学。

法国工部局学校(法汉学校前身)

法汉学校(1929年西开教堂对面)

法汉学校校匾

法汉中学钤记印模

法汉学校正面校舍

校长许日升

教务主任(前校长)葛子琦

校董孟少臣

校董李志年

校董李魁元

校董周振东

1939年全体中小学教职员合影

1939年毕业师生合影

法汉学校运动会

1939年法汉学校足球队

1939年法汉学校篮球队

1939年法汉学校小学部获奖合影

1929年法汉学校的戏剧演出活动

官立中学堂

官立中学堂创办于清光绪二十六年(1901),位于西北城角稽古书院旧址,为天津有名的铃铛阁。1904年胡家祺任监督,转年王用熊继任监督,改校名为"天津府中学堂"。1913年改名为"直隶省立天津中学校"。三年后改名为"直隶省立第一中学校"。1928年改校名为"河北省立第一中学校",马千里、李邦翰相继任校长。1933年改称"河北省省立天津中学校"。1940年改为天津特别市市立第一中学校。1945年仍归省属,恢复河北省立天津中学校。天津解放后改为天津第三中学。1960年迁至丁字沽一号路向东道新校址。为我市重点中学。毕业生中有革命家于方舟、韩致祥、安幸生等;原广东省委第一书记任仲夷;原卫生部副部长黄树则;戏剧家焦菊隐、洪深、石羽;语言学家张志公;医学家朱宪彝、顾学勤等。

河北省省立天津中学校校门

河北省省立天津中学校礼堂

创办人之一高凌雯

创办人之一王世芸

首任校长胡家祺

校长王用熊

校长李邦翰

河北省立第一中学校教职员合影

天津府中学堂1905年毕业生合影

普通科毕业同学(1918年)

商科毕业同学(1918年)

1933年第三十三次初中毕业生合影纪念

河北省立第一中学1933年第三十三次高中毕业生合影纪念

物理仪器室

生物实验室

旅京清华直一中学同学会

直一留日同学会

海军医学校直一同学会

天津卫三宗宝之一——铃铛阁
(仿)铃铛阁铃铛(郑菊如先生赠)

稽古碑

天津府正堂稽古书院告示碑拓片

南开学校

　　南开学校初名"私立中学堂"、"私立敬业中学堂",创办于清光绪三十年(1904)10月17日,由天津近代著名教育家严范孙、张伯苓为实现"教育救国"的理想而创建,为天津最早的私立中学。当年招收学生73名,分两班上课。次年终改称"私立第一中学堂",并设师范班。1906年,津绅郑菊如捐助"南开"空地十余亩;严范孙、王益孙、卢木斋等集银26 000两,兴建新校舍。1911年2月,北洋客籍学堂、长芦中学堂并入,一度改称公立南开中学堂。1912年4月改称天津南开学校,1928年易名私立南开中学。1937年7月该校被日寇炸毁,被迫迁至重庆,与南渝中学合并,改为重庆南开中学。抗战胜利后,返津原址复校,称天津市私立南开中学。1952年改为市立十五中学,1960年3月恢复南开中学。该校为全国、市重点中学,是周恩来的母校。著名校友有马骏、梅贻琦、曹禺、屈武、林枫、马千里、时子周等。

私立第一中学堂(1907年)

张伯苓校长与严、王两馆学生合影

"南开"前身"严馆"

南开校父严修

南开校长张伯苓

南开校董王益孙

喻传鉴（校务）

华午晴（会计）

孟琴襄（庶务）

伉乃如（秘书）

南开"四大金刚"

中学部主任张彭春(仲述)

体育部主任章辑五

董守义和"南开五虎"

严修题签天津南开学校全体师生合影(1915年)

张伯苓(前排右五)与南开教职员合影

严修题签敬业乐群会全体摄影(1915年)

1908年私立第一中学堂第一届毕业生合影

《天津南开学校第十次毕业同学录》刊载的周恩来照片和小传

南开学校新剧团主要演员合影

南开新剧团团长张彭春（左）指导曹禺出演新剧

天津私立南开中学参加1936年"五二八"大游行胜利归来

1937年7月被日军飞机轰炸的天津私立南开中学

1938年的重庆南开中学校门

南开学校楼内的整容镜,上方有"容言格止"

南开学校礼堂内景(1921年)

南开学校图书馆外文部

南开学校南楼

南开学校西斋宿舍

天津自立电报学堂

　　天津自立电报学堂创办于清光绪三十年(1904)8月。系由创办人孙洪伊捐款,电政大臣批准开办的。创办人、校长罗朝汉(字云章),校址初设东门内仓廒,定名天津自立电报学堂,并报前学部备案。嗣校务扩充,毕业生成绩优良。电政大臣特给以津贴,北洋大臣指示地方官拨给天津寺庙公产"护饷关帝庙"作为校址。于清光绪三十四年(1908)改为天津公立电报学堂。有学生3个班,计80余人,学习期限4年。1938年时,校名为天津私立电报学校(天津市私立电报职业学校),校长罗椿林,有学生3个班。1940年6月底,该校因造就通讯人才,遭日寇摧残而停办。随即天津私立通澜中学移入。

创办人孙洪伊

创办人、校长罗云章

设于护饷关帝庙的自立电报学堂遗址

私立普育女子中学

　　私立普育女子中学前身为普育女学,是私立普育女学堂的简称,为天津最早的民立女学之一。清光绪三十一年(1905),由天津近代教育家温世霖创办,校址初在城内二道街荣家胡同,开班时仅有学生五六人,温世霖之母徐肃静任校长,被孙中山誉为"民国贤母"。1906年春,迁校址于鼓楼东沈宅东院,学校初具规模。后复迁址于南门西板桥胡同,扩大班次,添设蒙养园,温世霖的夫人安桐君任园长。1924年温世霖之子温祖荫任教务主任。1933年设女中部,次年改组为私立普育女子中学。1952年由政府接管,改名为天津女三中,迁校址于南门内大街41号(广东会馆址)。后改称天津九中(曾称中山中学)。2003年9月,中山中学迁出,与天津市第六十七中学合并,仍称天津九中。

普育女学校校门

普育女学校校舍

普育女学校礼堂

普育女学校教室

创办人温世霖

校长刘绛雯

普育女学课堂

普育女学实验课

普育女中1948年高中毕业生与师长合影

普育女中1948年初中毕业生与师长合影

教导主任范绍韩

范绍韩主任为普育女中毕业生题赠别语

天津市私立普育女子中学校调查表

英国文法学校

英国文法学校是一所专供外国人子女上学的学校,建成于清光绪三十一年(1905),地点在怡丰道(今湖北路第二十中学址),前身是建于19世纪90年代初的安立甘教会学校,也称天津高等小学、英国公学,由英国租界学校管理委员会管理,有教员4名,学生约40名。1906年学校支出经费9700元。1918年春,转交英国工部局管理。学校分幼稚园、初等小学、高等小学。学校发展很快,1915年有学生63人,到1925年已有学生250人。该校分3个学期,每学期约13周。先后担任校长的有:克尔喀贺布、吉迟、杜纳、吴德禄等。1941年太平洋战争爆发后被日本当局接收,改为"日本公学"。日本投降后复校,天津解放时停办。校友中有著名记者爱泼斯坦、著名作家约翰·赫赛等。

天津英国文法学校校舍

天津英国文法学校(今二十中学址)主楼

天津英国文法学校低年级学生(1928年)

校友爱泼斯坦

北洋客籍学堂

　　北洋客籍学堂于清光绪三十一年(1905)受直隶总督袁世凯之命开设。建校目的在于集中官吏子弟,授以中等程度教育。校址在河北督署西(今天津美术学院址)。首任监督为蔡儒楷。该校有130余人,分为3个学级,一学级为法文班,二学级为英文班,三学级为中文班。学生年龄从十二三岁到二十二三岁。有教员12名,经费每月1000两。学生全部自费,有住宿条件,收住90余名。住宿者每月征收8元,其他人每月征收6元。建有风雨操场。1911年,直隶提学使傅增湘将该校并入私立第一中学堂(南开中学前身),而该校旧址由北洋女师范学堂迁入。

北洋客籍学堂师生合影

首任监督蔡儒楷

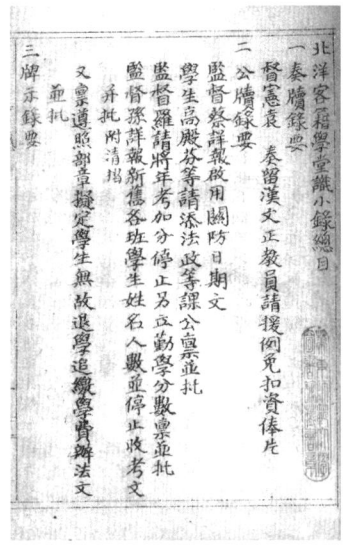
《北洋客籍学堂识小录》

北洋客籍学堂教习方地山

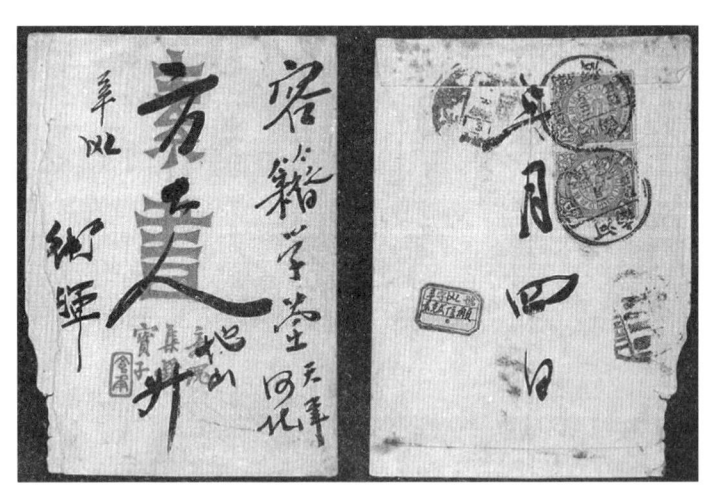
寄给方地山的信函(1909年)

长芦官立中学堂

长芦官立中学堂于清光绪三十一年（1905）由长芦盐运使陆嘉榖设立，校址在北门内运署西，供盐商子弟入学。学生约50人，全部住宿，免收学费、伙食费。知府汪开祉为监督，有教员4人。本学堂在邓善沽设长芦小学堂，委任宋明善经办。本学堂内有银行专修所，所址在河北黄纬路，约有学生40名。1906年周学熙继任盐运使，将该中学堂迁入河北黄纬路，专修所改为专修班。此时候补知府杨亦僖为副监督，举人王介学为总务长。1911年该学堂甲班毕业，专修班也毕业。是年，天津提学使傅增湘将此校并入私立第一中学堂（南开中学前身）。

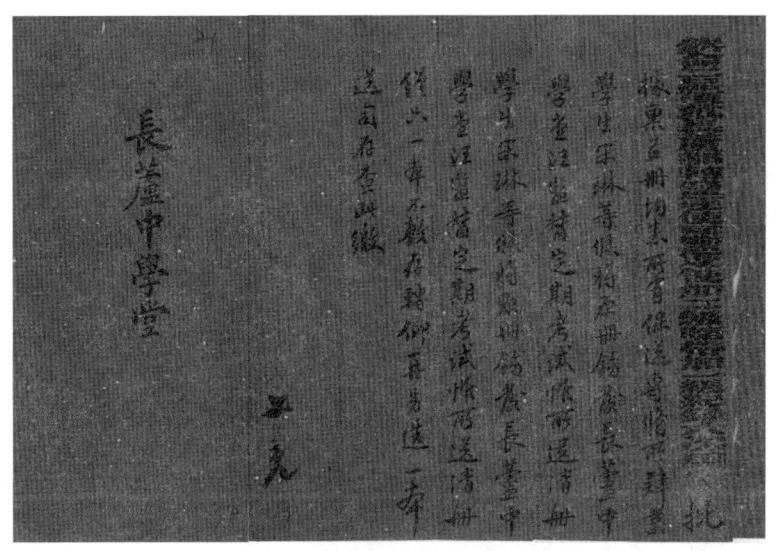

长芦中学堂档案

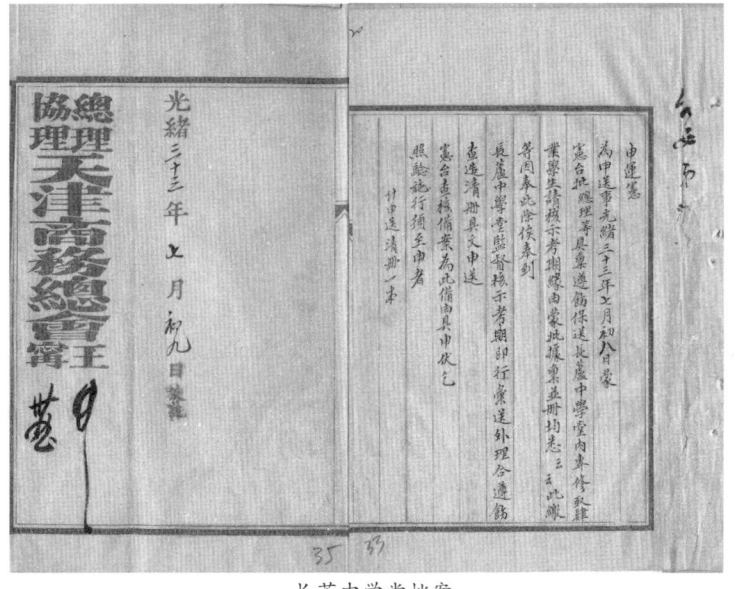

长芦中学堂档案

天河师范学堂

天河师范学堂,也叫天津初级师范学堂,是天津最早的师范学校。清光绪三十一年(1905)6月,由胡玉荪(家祺)创办。堂址在天津城西北角文昌宫北洋校士馆内(红桥区西北角回民小学)。设有完全科、本科、简易科三种。1907年改名为天津两级师范学堂,1910年改称直隶省立第一师范学堂,并辟东南城角草厂庵作分堂。1912年改堂为校,1914年迁校址至河北公园学务公所旧址。1920年复移于新开河。1928年改称河北省立第一师范学校,杨绍思任校长。1933年改称河北省立天津师范学校。1937年七七事变后,天津沦陷,该校停办。1939年前后在双庙街太阳宫复校。1942年并入天津市立师范学校。抗战胜利后原址复校。1952年改为河北省立师范学院附中。校址后为河北区志成道中学。

1907年天津各官小保送初级师范学生合影(桥上共10人,左起第四人为贾金章)

1905年建天津两级师范学堂(天河师范学堂)正门,天津著名书法家孟广慧书。拍摄于1907年(右起第一人为贾金章)

清宣统二年(1910)任士珍在直隶省第一师范学堂毕业时在校园留影。照片中,两本书,一碗饭,同学们说:读书是为了吃饭(就业),吃饭不忘读书。另有一层意思是:当时天津只有师范学堂管吃管住,要好好读书。

天河师范学堂校舍

校长杨绍思（征甫）

河北省立天津师范学校校门

河北省立天津师范学校教职员与学生合影

河北省立天津师范学校礼堂

河北省立天津师范学校各科办公室

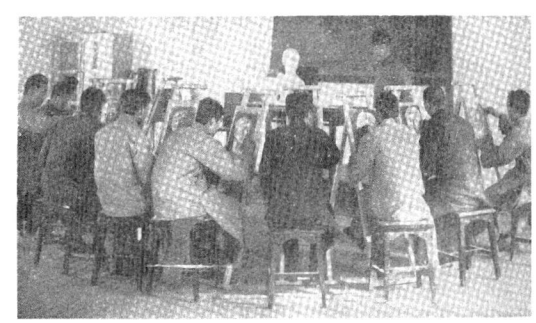
河北省立天津师范学校绘画练习

河北省立天津师范学校木工作业

河北省立天津师范学校技巧运动

河北省立天津师范学校音乐练习

河北省立天津师范学校图书阅览

河北省立天津师范学校学生食堂

河北省立天津师范学校学生宿舍

河北省立天津师范学校服务手册

北洋师范学堂

　　北洋师范学堂是天津最早的师范学校之一，由直隶总督袁世凯创立，校址在天津府北一里新开河北(河北区志成道中学址)。清光绪三十一年(1905)10月开学。招生范围包括直隶、山东、河南、山西及东北三省。该校占地200多亩，风景优美，环境宜人。以培养中学堂及初级师范学堂的教师为主，也担负着培养小学教师的任务。科目分为优级完全科、专修科、初级简易科。开办之初，专修科有300人，初级简易科有100人。1910年，该学堂停办，改设天津直隶高等商业学堂。

北洋师范学堂

北洋师范学堂监督李士伟

北洋师范学堂全堂职员合影(前右五为日本教育家、文学士中岛半次郎，他从1905—1909年任该学堂总教习，教授心理学、伦理学课程，月俸350元大洋)

专修科预科补习学生的结业证书

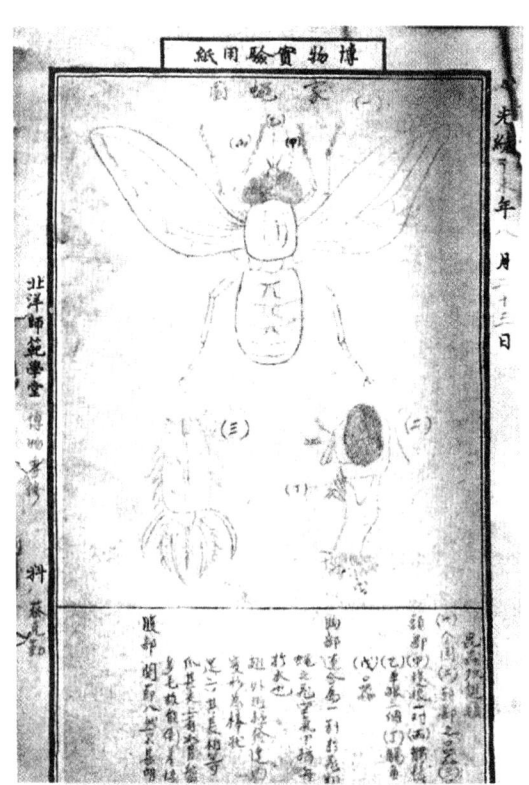

博物专修科学生蔡克勤的图画本

严氏保姆讲习所

严氏保姆讲习所是天津最早的幼儿师范学校。其创建于清光绪三十一年(1905),创办人是天津近代著名教育家严修,所址在西北角文昌宫西四棵树严宅内。该所专门培养幼儿教育师资,聘日籍女教师大野铃子主持。她教的课程有保育法、音乐、弹琴、体操、游戏、手工等,尤以弹琴为主。大野不会中文,由学生中日文程度较高的严智蠙(严修长女)当翻译。其他英文、算术、生理、化学、国文等课程由南开学校校长张伯苓及该校教师执教。该所有学生20余名,分成两个班,学制3年。在毕业生中有张祝春、刘清扬、韩咏华等,为我国第一批幼教工作者,对津京幼教事业的发展起了促进作用。1908年因大野铃子回国而停办。

1922年卞俶成、严智蠙全家照。严智蠙(中坐者)为严氏保姆讲习所日籍女教师大野铃子的翻译

早期毕业生刘清扬

早期毕业生张祝春

早期毕业生韩咏华

天津中等商业学堂

　　天津中等商业学堂是天津最早的商业学校。该学堂成立于清光绪三十二年(1906)7月,由长芦盐纲公所纲总兼天津商务总会总理的王竹林捐资筹建,天津商业会议所李子赫创办。目的是为建立高等商业学堂准备学员,并为商业培养新式财会人才。校址在东门南二道街对过芦纲公所内。学科分为简易科(二年)和完全科(五年)。1908年时有学生120名。每月经费500两,从商业会议所支给。1914年春,易名为天津公立甲种商业学校,简称"甲商",迁校址于东马路,徐克达任校长。1928年奉令改称天津公立商科职业学校。1937年改为天津私立育才高级商科职业学校,学制5年。1949年天津解放后,先后改名天津私立育才财经学校、天津私立育才普通中学,1952年改为天津市三十六中学。1955年迁至东门外水阁大街。

育才高级商科
职业学校门景

主要创始人、董事长王竹林

校长徐克达先生

校董周乾济先生

教务主任杨淑敏先生

事务主任华以恪先生

学无止境

周乾济

周乾济先生题词

静以修身
俭以养德

杨淑敏

杨淑敏先生题词

同堂聚首五载於兹切磋琢磨朝斯夕斯
诸君毕业志切匡时坐言起行将见贲施
任重道远学者所知心精力果毅策駆驰
献身社会前程出奇光荣母校异日可期
第五十一班同学毕业纪念

华以恪

华以恪先生题词

珠算教员庄子良

国文教员萧维三

英文教员丁世衡

数学教员张莘农

宁静致远

庄子良

庄子良题词

第五十一班同学毕业纪念
相观而善

维三萧纲题

萧维三题词

五十一班同学
时时检讨一己
永勿故步自封

丁士衡

丁世衡题词

第五十一班同学毕业纪念
世路崎岖自必省言省事
人情反覆还须慎始慎终

张莘农赠言

张莘农题词

天津市私立育才高级商科职业学校第五十一班毕业师生合影

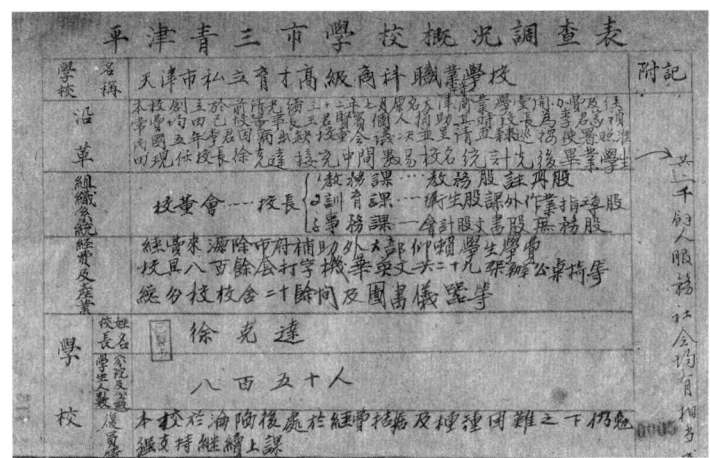

天津市私立育才高级商科职业学校调查表

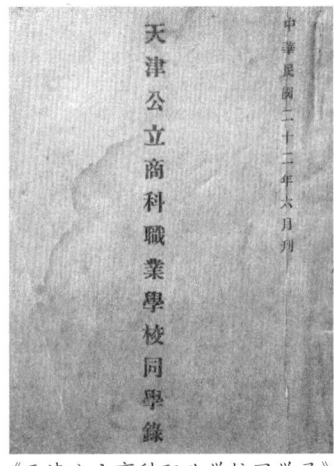

《天津公立商科职业学校同学录》

图算学堂

图算学堂是北洋劝业铁工厂所办学堂。其由天津近代实业教育家周学熙创建,归工艺总局管理。图算学堂开设于清光绪三十二年(1906)八月,堂址在河北窑洼。该学堂开办的目的是以实地训练来培养中级实用人才。学堂以半工半读的形式,是天津最早的中等技术学校,被誉为"华北机匠的摇篮",津沽机械工人的发源地。清光绪三十三年(1907)十月时,该厂及学堂有匠目4名,工匠66名,高等学徒30名,工徒120名。铁工厂所设6个科目为机器科、木样科、翻砂科、铸铁科、电镀科、铆锅科。教学方法:一是"匠艺贵精,不贵多";二是"固重图算,尤重实修"。图算学堂成为天津最早由工厂办学校的成功典范。

图算学堂附设于北洋劝业铁工厂,图为北洋劝业铁工厂

北洋劝业铁工厂车间

图算学堂师生合影

中州学堂

中州学堂的"中州"指河南,是为河南人子弟而设。其建于清光绪三十二年(1906),校址在河北大经路(今中山路)中州会馆。有教员 8 名,学生约 60 名。分为三个学级:一学级为初小程度,二学级为高小程度,三学级为中学程度。每月经费银约 700 两,由捐赠款维持之。学生全部住宿,伙食费及住宿费每月征收四元零八十分,学费免于征收。1929 年,在此旧址建立了天津私立震中中学校。内部组织系初中三个年级,附设高小一班,男女兼收,有学生约 100 余人。董事长余同甲,校长张励夫。1932 年爱国将领任应岐任董事长。

震中中学校校长张励夫

震中中学校董事长任应岐将军

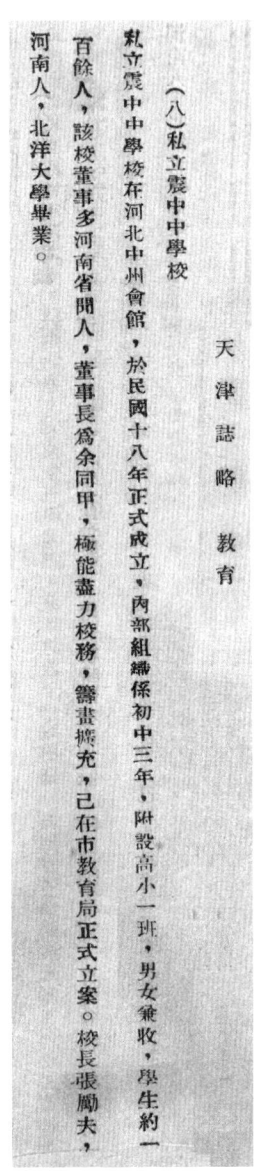

《天津志略》关于私立震中中学校的记载

(八)私立震中中学校

私立震中中學校在河北中州會館,於民國十八年正式成立,內部組織係初中三年,附設高小一班,男女兼收,學生約一百餘人,該校董事多河南省門人,董事長為余同甲,極能盡力校務,籌畫擴充,已在市教育局正式立案。校長張勵夫,河南人,北洋大學畢業。

天津誌略 教育

德华普通中学

　　德华普通中学建于清光绪三十三年（1907），校址在德租界威廉街（今河西区解放南路）大营门外原北洋西学学堂内（今海河中学址）。该校是德国驻津领事馆控制下的文化教育机构。校长及教员均为德国人，他们大多数能说流利的中国话。经费主要来自德国捐款。该校的建校目的在于培养亲德人才，毕业后介绍到德商洋行工作，或升入上海同济大学后再送往德国留学。该校曾培养出教育家李邦翰、企业家李勉之等学之骄子。1914年以前，该校有学生百余人。1918年德国战败后，在校学生纷纷退学、转学。1919年由天津教育界著名人士李金藻出面，将该校接管，改组为大营门中学，李金藻出任校长。

天津德华中学校友会第一届职员合影

天津德华中学校友会成立纪念
（1918年10月10日）

拔 河 比 赛

　　这是珍藏在海河中学校史馆的一张老照片。背景是具有浓郁日耳曼风格的德式学校建筑。在操场上正在举行着一场激烈的拔河比赛，德国与中国教师担任裁判，从中国教师和学生的装束，特别是甩在身后的大辫子，清楚地告诉我们这张老照片摄于清末1907—1911年间。

德华中学学生在操场集合观看表演

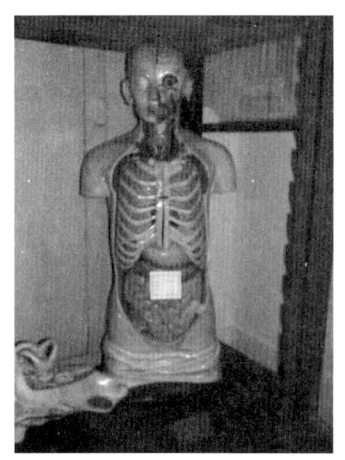

德华学校生物教学模型

德华学校物理教学仪器

德华学校1912年老课本

天津师范传习所

天津师范传习所隶属于天津劝学所、天津教育会管理。其成立于清光绪三十三年(1907),经费由天津劝学所支付。所址初在西北角文昌宫天津两级师范学堂(天河师范学堂)内。所长邓庆澜。该所集中在职教员于夜间讲授的是小学教员所必修的学科。一年后,经考试合格者发给证书。该所是天津最早的教师进修学校之一。在该所成立前3年,即清光绪三十年(1904),天津近代著名教育家严范孙曾创设师范讲习所,约陈筱庄、刘竺笙、胡玉荪、李琴湘、陶硕甫等人为讲师,毕业学员60人。据1925年6月16日天津《大公报》记载:天津师范传习所师生在1925年的"五卅运动"中曾组织沪案后援会,并发表宣言。

天津师范传习所所长邓庆澜

设于天河师范学堂内的天津师范传习所

长芦女医学堂

　　清光绪二十八年（1902），袁世凯在天津创办北洋女医院，聘我国最早的女留学生金韵梅为首任院长，院址在东门外水阁大街（原南开区妇幼保健院）。借用天津育婴堂的一部分房屋，经费由海关按月拨给700元。清光绪三十四年（1908），金韵梅创办北洋女医院附设之长芦女医学堂，也称北洋女医学堂，任堂长，为中国第一所公立女子护士学校。1916年，袁世凯病逝后，由天津近代著名教育家严范孙等人接办，芦纲公所每月拨给经费。该院改名为天津女医院，学校改名为天津女医院附设护士学校。是年，金韵梅辞去院长、校长职务，由康爱德、曹丽云、丁懋英相继任院长兼护校校长。

金韵梅校长

长芦女医学堂

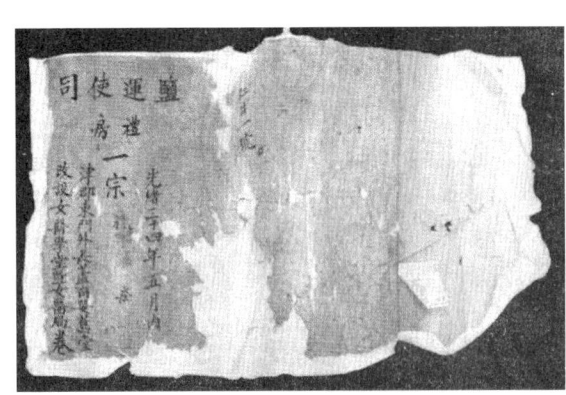

清长芦盐运使司档案记载了
长芦女医学堂建校过程

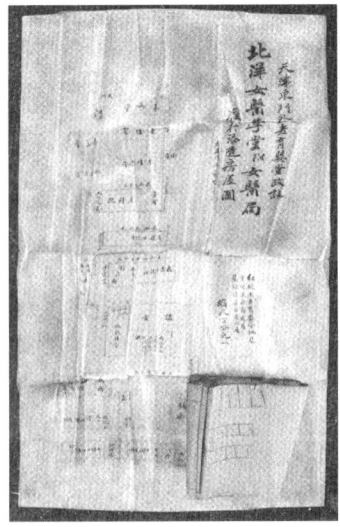

长芦女医学堂1908年筹建
时绘制的《应行添造房屋图》

康爱德校长　　　　　曹丽云校长　　　　　丁懋英校长

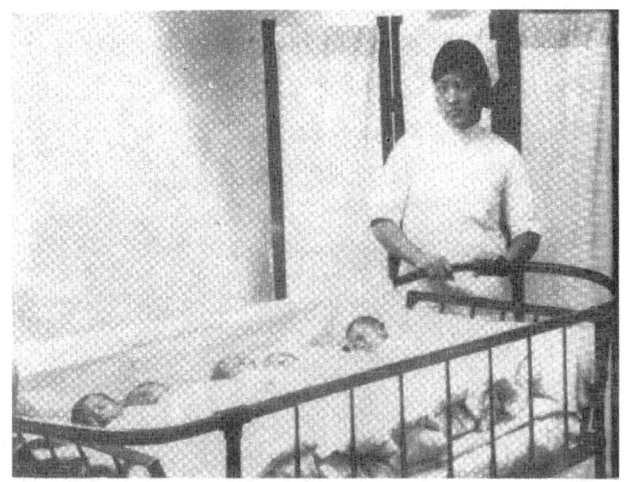

天津公立女医院哺乳室

1914年该校教习钟茂芳（中间带燕帽者）出席在上海召开的"中华护士会第一次全国代表大会"时与参会代表的合影

丽云高级助产学校调查表

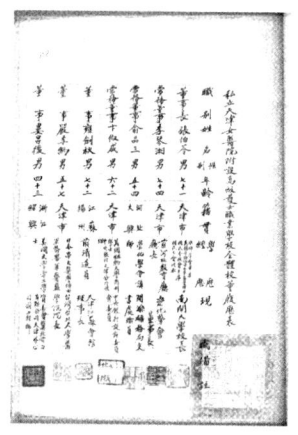

私立天津女医院附设高级护士职业学校第二届董事会名册(董事长:张伯苓)

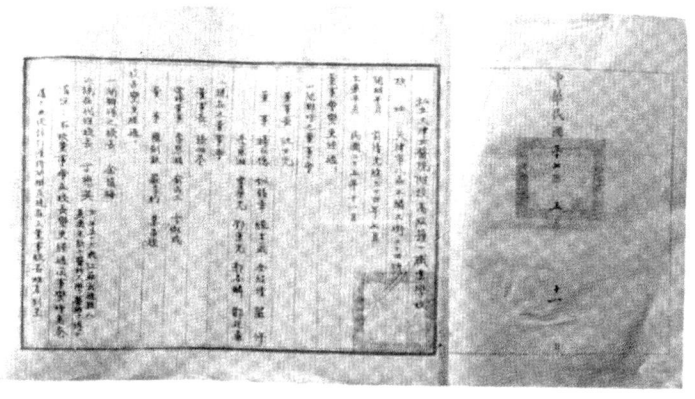

私立天津女医院附设高级护士职业学校首届董事会名册(董事长:汪士元)

天津音乐体育传习所

　　天津音乐体育传习所成立于清光绪三十四年(1908)1月,所址在河北大经路(今河北区中山路)劝业会场东直隶学务公所后面。该所是天津也是全国最早培训音体教师的学校。该所管理为李侨,教员有村冈祥太郎、齐滕传奇、王承瀛、张玉斌。首期学员为高等科26人,学制二年,开设唱歌、乐典、和声学、独唱、中西管乐、洋琴、风琴、洋弦、钢琴、生理、游戏、体操、竞技、轻器械等。经费由天津劝学所拨。培养了天津最早的一批小学音乐、体育教员。1928年,天津设市后,天津教育局创办天津市立音乐体育传习所。首届招收学员80名,分甲、乙两班,学制一年半。校址借用河东中学教室,所长张幼宸。学校开设音、体、美等14门课程。

天津音乐体育传习所音乐班师生合影

天津音乐体育传习所体育班师生合影

音乐体育传习所女生正在练习

音乐体育传习所男生拉提琴场面

中西女中

　　中西女中简称"中西"。该校创办于宣统元年(1909),是美国基督教美以美会办的一所教会学校。原校址在法租界海大道(大沽路),1915年迁到南关下头(原南门外大街长征中学)新校址,占地面积25市亩。校长刘馨廷(刘芳)为美国留学博士,管理校务颇有经验,兼私立汇文学校校长。该校办学有特色,采取灵活多样的学分制,注重英语教学与音乐教学。1942年该校与仰山女子中学合并,改组为天津女二中。1947年在原址复校,仍称中西女中。1952年改为五四女子中学,1957年又更名天津市第六女子中学,1966年改名长征中学。现该校已不存在。

中西女中校门

中西女中大礼堂

校长刘馨廷博士

校长谭新铭

教务主任范爱德

天津中西女子中学校
1939班毕业纪念

1923年毕业生合影

1941年高中毕业生合影

1930年用英语演出了莎士比亚的剧作《如愿》
(《皆大欢喜》),金韵之(丹尼 左二)扮演女主角罗莎琳

1936年12月25日国文老师范绍韩
先生编剧《一片爱国心》演出剧照

林秀莲老师（后排右一）培养的运动队获1940年天津市集体体操舞蹈队团体冠军

恩亲会会场家长在观看学生演出

教师办公楼

图书馆

理化实验室

美丽校园里的大钟

家政实验室

幼稚园

私立觉民中学

　　私立觉民中学创办于1912年10月,创办人为颜斌、刘汝贤、王崇义,初名昭宗祠小学。校址在河北昆纬路东四经路至东六经路之间的海军昭忠祠旧址。设初小和高小各一班,仅为辛亥革命烈士子弟而设,后来逐步放宽了入学范围。王鸿敏为校长。1915年创建中学,校址迁到中山公园北便门内,原直隶省教育厅址(今河北区少年宫)。该校校训为"勤俭"二字,校风淳朴,学校对学生要求严格。王鸿敏病故后,由王铁庆任校长。1937年七七事变后,校舍被日寇占据,师生入耀华中学,该校停办。26年中,该校共培育了青少年近万名,毕业生中有知名人士周汝昌等。1948年复校,天津解放后,改为天津四中,1951年2月并入天津二中。

黄花岗七十二烈士之一林觉民

觉民中学遗址(现河北区少年宫)

《河北省私立觉民中学校暨附设完全小学同学录》(1935年4月)

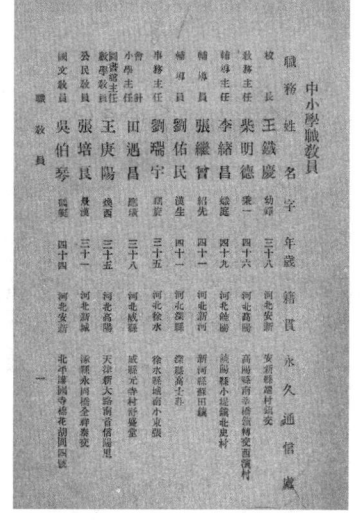
觉民中学教职员名录

宁河县中学校

宁河县中学校创建于1913年8月20日。首倡者为刘壬三先生,目的是推行"平民教育",以实现"教育救国"的理想。首任校长为张石葛(又名张世阁、张作楷)。校址在芦台镇北街西头董家宅院中。1919年3月,河北省教育厅派教育家杜书田任校长,直到1948年芦台解放,共计掌校达30年。学校创建之初,因校址窄小,经费不足,前途堪忧。杜校长莅任后,经过不懈努力,在1924年8月建成新校舍。新校舍是平房建筑,坐落在芦台东大营蓟运河南岸,占地40余亩。校训"勤慎朴洁"。校歌是:"广厦平开芦水岸,大辟寒士尽欢颜。好从实际求生活,不把虚名误少年。勤劳作,苦钻研,准备身心发展。前途努力莫迁延,三载一瞬间!"

校长杜书田(1890—1956)

宁河县中学校

河北省立芦台中学校

河北省立宝坻新集初级中学校

河北省立宝坻新集初级中学校于1913年由宝坻县士绅创办,就兴善寺为校址。初办时仅有小学部,1914年始改办中学,校名为宝蓟中学校。至1923年归省辖,改名为河北省立第二十中学校。1933年更名为河北省立宝坻新集初级中学校。校长申广义。有初级中学3个班,学生113名,教员6名,职员6名,每年经费预算10800元。

河北宝坻第一中学(原宝坻新集初级中学)

崇化中学师生代表访问宝坻新集中学

圣功女中

圣功女学校是为解决租界幼女入学问题，由李鲁宜、杨荩仁、英实夫等在1914年6月创办的。这是一所天主教会女子学校。校址初设英租界义庆里，校舍3间，招收小学学生70名，编低、中、高三班，夏景如为校长。1915年秋，迁校址于海大道（今大沽路）美以美会旧址。1916年，复迁于法租界26号路（今滨江道原劝业场小学址）。1917年起附设师范班。1929年在英租界44号（今河北路）黄家花园附近租校舍，改师范为中学部。1941年中学部迁至英租界陶园（今马场道新华中学），小学部在滨江道原址。是年在蚌埠道设小学部分校，俗称"小圣功"。同年在总校增设幼稚园。"圣功"师资力量雄厚，教学质量高，以对学生要求严格、校舍整洁著称。

圣功女中

圣功女中门前

创办人兼校董
李鲁宜神父

创办人兼校董
杨仁址神父

校董兼会计
司义方神父

校董王祝三（郅隆）

首任校长夏景如　　二任校长李仲武　　三任校长德玉珍　　四任校长范恩鲲

校务长文克彬院长　　教务主任王慰三　　教务主任朱仲愚　　体育主任张霭遐

日语教员步子方　　数学教员老芸香　　理化教员邵淑庄　　国文教员李曜林

 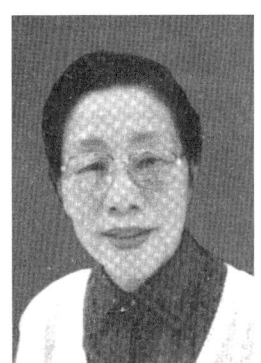  

王福重　　　　　　张庄容　　　　　　杨静蕴　　　　　　司徒敏

1939年天津圣功女中高三全体合影

1943年圣功女子中学毕业生

阅览室

运动场

圣功女中春游

课外活动跳舞蹈

防空训练

圣功女中宿舍（今睦南道20号）

圣约瑟女校

圣约瑟女校创建于1914年,设在大法国路(今解放北路),由圣芳济圣母会管理。其前身是遣使会仁慈堂修女们任教的走读兼寄宿的学校。1918年迁移到杜总领事路(今和平路)与威尔顿路(今承德道)拐角处。1923年在萨工程师路(今山西路第十一中学址)建成新校舍。马丽·莉莲负责学校工作。学校分法文班与英文班。法文班有幼稚园、预备班、中级和高级班;英文班有幼稚园、初级班、文法班和高级班。该校一直由天主教会圣约瑟女修院管理,校长满德斌。1951年政府接管,更名为天津第四女子中学。1972年改名为天津市第十一中学。

圣约瑟女校老楼(1923年)

圣约瑟女校老楼

圣约瑟女校师生

圣约瑟女校餐厅以及马丽·莉莲校长

私立老西开学校

　　私立老西开学校前身为天主教徒周振东、李鹤鸣、孙子寿等在1908年法租界紫竹林教堂院内创办的培德小学,俗称天主堂小学。1913年由天津教区捐赠地皮10.4亩,在老西开建造新校舍,并增设高小,改成私立老西开初高等小学校。1916年8月25日又成立天津私立老西开中学,校址在西宁道17号,1921年3月19日呈奉天津市教育局颁发的第137号训令准许立案,校长刘品一(文贵),继任校长高季暹、苏国璋。1946年7月13日,改名为私立西开初级中学。有4个班,267名学生,12名教员。1951年西开小学与法汉小学合并为西开小学,后改名五区第七小学、和平区西宁道二小、南营门总校、西宁道小学。西开中学于1951年并入法汉中学。

1908 培德小学堂
建于紫竹林教堂

1914年西开小学楼房落成

天津市西开私立初等高等小学校职董师生合影

苏国璋校长

法汉学校特刊纪念

特办法汉
设立津门
历史悠久
学子华华
宣扬文化
指导迷津
养成国器
福利人群
前途进展
亘古无垠

苏国璋敬题

苏国璋校长题词

1939年大水中的西开小学

扶轮中学

扶轮中学是我国创建最早的一所铁路中学,全称为天津扶轮公学第一中学。1918年11月4日开学,是为解决铁路职工子弟入学困难问题而建立。校址在河北五马路北头。第一任校长顾宝埏、继任校长黄传霖、陈述修、张新虞等。1922年5月,易名为交通部扶轮第一中学校,旋即改称交通部部立天津扶轮中学校。1928年起,初中改为双轨制;高中分普通科与商科,在校生约400人。1937年日寇侵占天津,部分教职员转移大后方。抗战胜利后,于1946年11月4日复校。新中国成立后,改称天津铁路职工子弟中学,校长雷杜。1964年改称天津铁路一中。扶轮中学师资力量雄厚,各项制度完善,特别注重基础课教学,重视文体活动。著名数学家陈省身毕业于"扶轮",他曾说过:"我的数学事业是从扶轮开始的。"

北门(1935年)

操场全景

北楼教室全景

南楼教室全景

创办人叶恭绰　　　首任校长顾宝埏　　　校长陈述民

国文教师董秋芳　英语教师焦实斋　国文教师刘瑶章　训育主任杨绍萱

铁道部立天津扶轮中学校1935年高中毕业生合影

第一届第一班学生陶葆楷(后排右一)与同学合影

旧制第五届理科毕业合影(前左三为陈省身)

1948年学生在上体育课

校篮球代表队全体队员

扶轮中学十周年纪念时文艺演出

《扶轮》校刊

1933年学校春运会奖章

广东学校

1920年夏,广东会馆董事长陈祝龄、广东音乐会会长麦次尹等议设私立旅津广东学校,以利乡人子弟入学,几经筹划,借广东会馆为校址开办小学,此为该校之缘起。因同乡多寓居英法租界,学校远在城里,1921年春,经乡人赞助,在法租界26号路(今滨江道)购地3亩兴建校舍。转年落成,可容800余人。1926年秋添设初级中学。1930年移中学于英租界广东路(今唐山道)崇仁里旁,学生增至1000余人,后又设立女校。1949年时有中学班17个,其中高中班8个,初中班9个,学生883人,教师29人。校长相继为吴远基、周树基、罗光道等。1952年由政府接管,更名天津市第十九中学,后迁校址于河北路。滨江道校址改为滨江道中学。

广东中学女校景

广东中学男校景

私立旅津广东学校小学校舍正门

创办人陈祝龄

创办人麦次尹

董事长王远询

首任校长吴远基

第二任校长周树基

第三任校长罗光道

第四任校长胡梓川

中学部主任王则民

教务主任赵子丰

事务主任陈云章

会计主任吴佩球

旅津广东小学(民国)二十九年度高级毕业班师生合影(1940年6月)

天津私立旅津广东中学第三届毕业生合影(1942年)

天津旅津广东中学女中部初中毕业班师生合影（1944年6月5日）

广东中学男校篮球队

广东中学女校篮球队

广东中学参加孙中山先生追悼会

广东中学参加反饥饿、反内战游行

校长周树基章　　校长罗光道章　　天津市私立广东女校转学证书

大沽海军管轮学校

民国九年（1920）4月，大沽造船所所长、海军中将吴毓麟为培养船舶修造人才，提议设立大沽海军管轮学校，定额60名，分为3个班，经费由业务收入项下支付。海军部"以学生考试程度尚欠完备"为由，令改为"海军大沽艺徒学校"，学生毕业分派各厂。校址设在大沽造船所内的海神庙，吴毓麟兼任校长，聘请海军部职员陈源亭、徐裕源、朱佩如等兼充教员。同年10月，陈杜衡接任校长职务。1922年4月学校失火，即停办。

大沽海军管轮学校校长吴毓麟（兼）

大沽海军管轮学校设在海军大沽造船所内

中日中学

中日中学原名天津同文书院,于1921年12月由日本东亚同盟会捐资创立,校址在南门外海光寺内(原天津师范大学北院)。范源濂为名誉校长,学校实权掌握在总务长江藤荣吉之手。1926年5月,添设校董会,更名中日中学,改聘沈廉士教授为校长,还聘请著名学者钱玄同、钱稻荪、周作人、穆木天等来校任教。学校分事务、教务两部。该校以保送日本留学来号召,在校人数经常达300余人。该校对学生思想控制很严。1927年后增添了经学课,灌输封建道德思想。但是在1929年秋至1930年春,该校师生走出校门,参加了反对日本侵略的示威游行。1935年成立高级农业部,招收第一班学生23名。该校1945年8月停办。

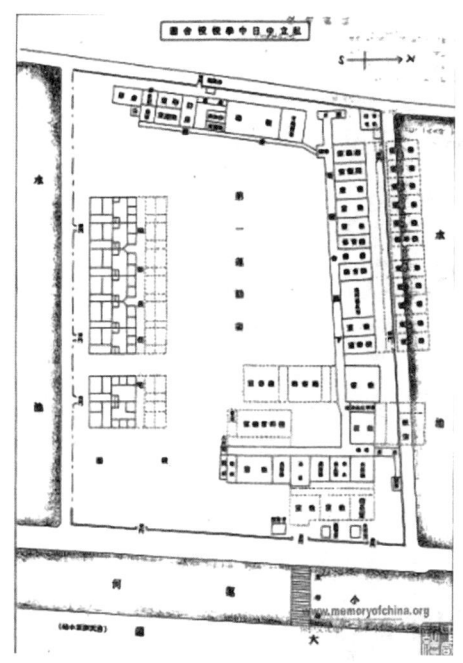

私立中日中学校校舍图

自运动场远望中日中学校全景

私立中日中学校学生寄宿舍

中日中学校正门(文华桥)

中日中学校教职员合影

中日中学教员、人民教育家徐楚波

私立中日中学校第十二班高级毕业师生合影（1938年）

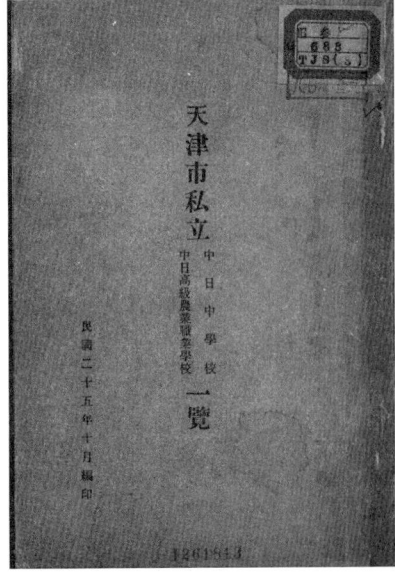
《天津市私立中日中学校、中日高级农业职业学校一览》

日本青年学校

日本青年学校创建于 1921 年 4 月(一说创建于 1931 年 4 月),校长 1939 年是山川真,1940 年是千叶右近。1940 年 5 月时,有 13 名教职员,10 个班级,298 名学生。校址在日租界芙蓉街(今和平区河北路)26 号。

1939 年大洪水天津(日本青年学校前)

天津日本青年学校毕业纪念(1944 年)

松岛日本高等女学校

　　松岛日本高等女学校前身为天津高等女校,是一所私立学校,建于1921年。1927年该校因经费困难,移交居留民团管理,遂成为公立学校。随着入学女生的增加,在松岛街(哈密道)、淡路街(甘肃路)交汇处建立独立校舍。1930年由天津共益会经营,校名改称天津日本高等女学校。1937年因学生激增,增加大讲堂兼风雨操场,并增建4间特别教室。到1937年,有教师12名、嘱托9名、书记1名,班级9个,学生279名。1941年改名为松岛日本高等女学校。1944年9月,为保证居住在白河(海河)以北的宫津、松岛两高等学校女生的上学安全,该校借用河北月纬路的春日日本国民学校的新校舍上课,11月又转移到黄纬路的马公祠上课。

日本松岛高等女子学校校舍

日本松岛高等女子学校校舍

日本高等女学校入学纪念(1940年)

日本松岛高等女子学校学生送别藤本先生合影

私立苏联中学

　　私立苏联中学前身为俄国露西亚学校,创办于1922年,创办人是天津东正教堂的本堂司祭卫克托尔。他协同俄侨协会,由白俄富商巴图也夫、库拉也夫等出资,在旧俄租界兴建了幼儿园、子弟小学、医院、图书馆、养老院等。学校称为露西亚学校。1930年发展为7年制中学,迁到了英租界11号路(今建设路),改名俄侨中学。1948年3月,该校向天津市教育局申请立案,于同年4月准予立案,校名改为私立苏联中学。法人为父兄会(会长耶芳诺夫,苏联籍),修业年限为10年。学校有幼稚园、小学、中学。校长布士阔夫。共有学生85名(男37名,女48名),其中苏联籍75名,旧俄籍6名,波兰籍2名,菲律宾籍1名,美籍1名。该校教室宽敞,设备完善。

远处的私立苏联中学(前身俄国露西亚学校)

天津美国学校

天津美国学校于1922年开办。地点在英租界马厂道(马场道)。该校采用美国学制,有幼稚园和8个年级,招收5—13岁儿童入学,毕业后可以免试进入美国任何高中。学校每年有3个学期,每学期12周。学费标准是幼稚园每学期40元,一、二年级50元,三、四、五年级60元,七、八年级66.67元。该校对学生国籍没有限制,有英、美、犹太人等子弟,但美籍学生可以减收25%的学费。先后担任校长的是玛丽·史密斯和海伦·史密斯姐妹。

天津美国学校

犹太人家的孩子能够进天津美国学校读书,他们与同学友好相处

摄于20世纪30年代

南开女中

私立南开女中即私立南开学校女中部,创建于1923年9月。1922年冬,北京、天津各校学生数十人联名呈函张伯苓校长,请求设立女子中学。1923年春,天津诸女校学生周仲铮、王文田、华冰如等见于男女教育之不平等,又请求张伯苓校长设立女校。经多方协商,由严范孙老友言仲远捐款为始建费,租赁校舍于南开六德里。成立时有学生70余人,分两个班。1925年夏,建新校舍,学生增至约300人。1937年7月28日女中部被炸毁。1946年在甘肃路松岛女子高等学校旧址复校。1953年改名为天津市女七中。1959年改名为天津市医科大学附属中学。1962年又改名为天津南开女中。1968年改名为东方红中学。1985年定名为天津市第二南开中学。

南开学校女中部梅美德主任
(1930—1937年)

张伯苓校长与梅美德主任在南开女中操场上

南开女中

南开女子中学校教学楼和操场

张伯苓与南开女中学生在一起

1936年卢乐山(卢木斋之孙女,教育家)与南开女中同班同学(1928年考入)重聚合影

南开女中1936年班全体合影

南开女中1937班毕业前全体同学在女中小操场合影

1937年部分同学在南开女中影壁前

南开女中何一桂老师与同学在藤萝架下

南开女中初三篮球队(二排左一为徐和先生)

南开女中学生在第十七届华北运动会上

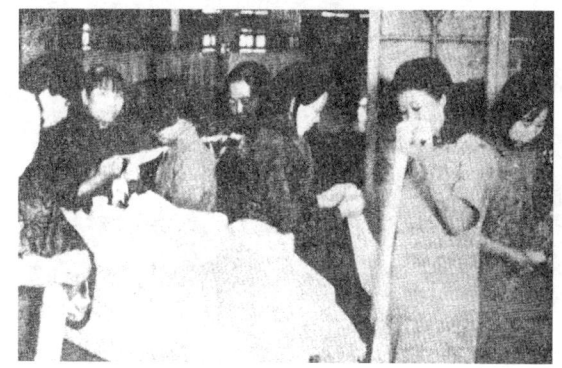
天津南开女中学生为抗日将士捐制绷带

日本松岛高等女子学校入学纪念(1940年)1946年南开女中在松岛高等女子学校校址复校

工商附中

1921年，献县的法国耶稣会在天津正式创建了一所大学——天津工商大学，校址在英租界马厂场道（今河西区马场道天津外国语大学）。1923年秋，设大学预科。1930年停办预科，改设附属高级中学。1931年又增设初中部，建初中楼，从此定名为天津私立工商大学附属中学。1933年改名为河北省私立天津工商学院附属中学（简称工商附中）。1948年改名为津沽大学附属中学（简称津沽附中），齐振国任中学部主任。新中国成立后，1952年改为天津市师院男附中，潘强为校长。1954年夏，迁至平山道校址，改名天津市第六十中学。1960年与十一中学合并，改名为天津师院附中。"十年浩劫"中，改名为天津市平山道中学。1981年，改名为天津市实验中学。

工商附中校门

1935年工商学院附属初中大楼

天津工商学院附中教学楼

工商附中教学楼一角

刘廼仁　　翼兹凌　　卫如多　　王俊德　　齐振国

新中国成立前工商附中校领导

1945年工商附中领导人和教职工合影

吴玉如　　刘宝华　　张秉真　　佘和贵　　刘惠民

张德真　　巨景昌　　萧瞻岚　　P.Denis　　P.Doyon

第二部分　学校

P.Archen　　　　　Mr.T.A.Bovcott　　　　　P.Deltour　　　　　P.Watine

工商附中部分教师

天津工商学院附中学生赴保定军校军训（1935年）

1947年工商附中篮球队成员合影

工商附中足球队

工商附中学昆曲社全体成员

工商附中学生戏曲表演

材料实验室

热机实验室

天津国民生计学校

　　天津国民生计学校创办于1924年,校址在八里台南开大学附近,创办人张国体,并任校长。聘请骆公权为教务主任,还请一些银行界、教育界的头面人物为董事。该校专收贫寒子弟,不收学费,教学程度介于旧时高等小学和初级中学之间,目的是授予学生能谋生的粗浅知识。初招学生一二百名,所设的课程主要有算术、国文、珠算,以及浅近的英文、史地等。学校的经费全靠张国体向银行、银号劝善募款。1929年春,聘郑廷玺为校长,改名为光明中学,酌收最低学费,以勉强维持。1930年后,该校由市教育局接管。

教育家、教务主任——骆公权

私立河东中学

私立河东中学创建于1923年8月,校址在河东特别二区二马路(今河北区民主道)。初创时在河东普及小学校内,设立初级中学两班,不收学费,并租东侧一所楼房作为学生宿舍。1924年改组为河东中学,组织了董事会,校长为蒋冶亭。是年增设一个师范班。不久,李荣培继任校长。当时有学生近200人,分4个班。1929年在天津市教育局立案,每月得到补助费400元。教务主任先后为康辅德、时子周。李荣培离任后,姚金章、王采芹等继任校长。新中国成立后,该校曾一度更名和平中学,后与私立含光中学合并为天津市第二十六中学。河东中学以师资水平高著称,有著名教师李慰农、戴育三、李体乾、郑紫宸、李康侯、张幼宸等。

校门

校舍之一隅

校长姚金章

教务主任刘次青

训导主任张问溪

史地教员王德培　　物理教员高绅林　　英语教员王则民　　英语教员王书田

语文教员王荫浓　　化学教员孙绳武　　音乐教员傅培元　　美术教员贾汝桓

劳作教员李康侯　　数学教员邢世泽　　数学教员杜联沅　　国文教员姚礼门

天津市私立河东中学校高中第二届、初中第二十三届毕业生全体摄影（1947年）

河东中学初中第二十三届毕业同学全体合影(1947年6月)

河东中学第二十五届甲组毕业生
师生留影(1949年5月3日)

天津市私立河东中学师长
合影(1948年5月5日)

河东中学学校概况调查表

私立通惠商科职业学校

　　私立通惠商科职业学校的校址在法租界巴黎道（今吉林路），创办于1924年，创办人为陈永寿。陈永寿是广东南海人，文科学士，曾任新学书院教员、直隶省第一中学英文股主任。学校初收学生3个班共百余人，嗣后学生人数历年增加，到1932年时有学生330余人，分为7个班。经费来源于基金2万元的息金，计年入息金2000元；全年学费19000元，总计21000余元。1937年因学生锐减，经费入不敷出而停办。

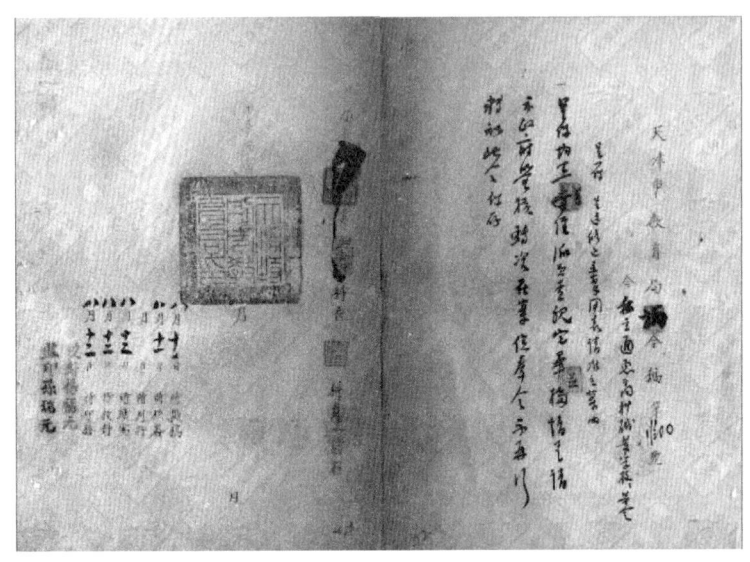

为修正立案用表准立案事给私立通惠商科职业学校指令

（1932年8月11日）

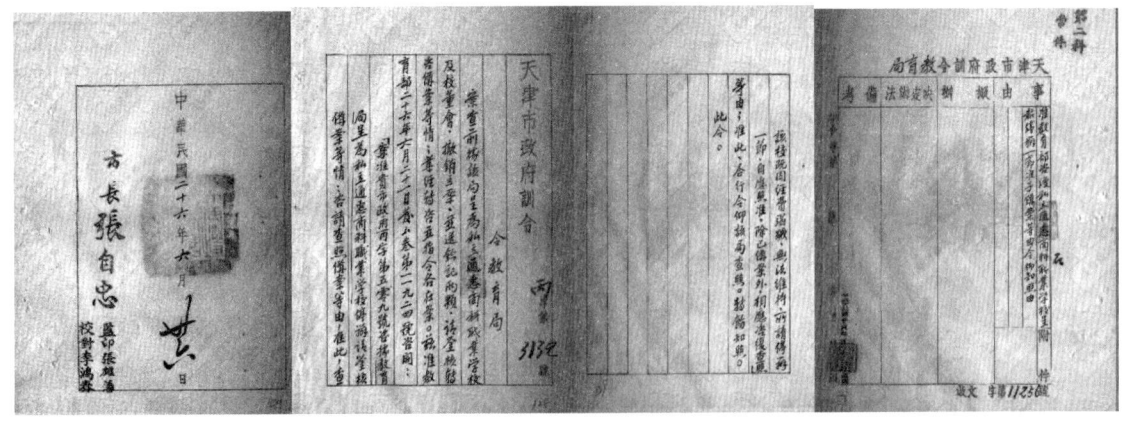

为私立通惠商科职业学校停办准予备案事给天津市教育局训令

（1937年6月26日）

河北省立天津女子中学

　　1924年4月,直隶省教育厅张瑾厅长见本省向无女子中学,拟在特别一区大营门外,用大营门中学旧址,接用美术学校经费,创设直隶省立第一女子中学校。经省议会通过,7月初旬委步子方为校长。每年经费5000元,占地90亩,包括今海河中学及毗连的解放南园等,环境优美,学校设备完善。10月10日开学。1927年设高中部,步以诚任校长。1928年改校名为河北省立第一女子中学校。1933年奉令改校名为河北省立天津女子中学。有学生9个班,270余人,教职员20多人。1948年时,校长为李淑敏,有学生642名,教职员45名。1949年天津解放后改名为天津市第一女子中学。1968年始招男生,又因濒临海河,故更名天津市海河中学,为市重点中学之一。

绿树掩映下河北省立第一女子中学
摄于20世纪30年代初

河北省立天津女子中学
摄于20世纪40年代末

直隶省立第一女子中学
首任校长步子方

直隶省立第一女子中学
第二任校长步以诚

河北省立天津女子中学1948届初中毕业典礼师生合影

河北省立天津女子中学（女一中）全体民青同志合影（摄于1949年）

河北省立天津女子中学模型标本室

河北省立天津女子中学实验室

河北省立天津女子中学一部分在沦陷
时曾一度为市特别一区公署(1938年)

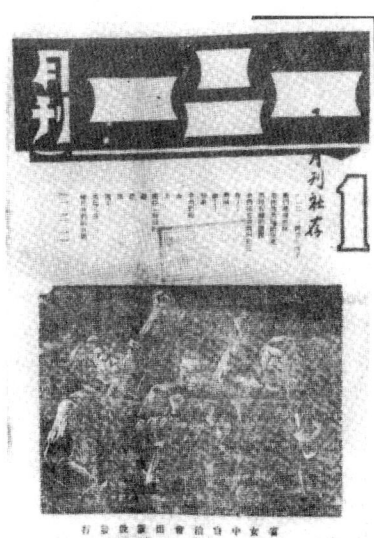

省女中自治会出版的刊物
《一二一》月刊创刊号

天津犹太学校

　　天津犹太学校是专门为天津犹太人子女提供就学机会的外侨学校。该校成立于1925年10月,地址在旧英租界维多利亚道(今解放北路)126号。该校设初等科、中等科及高等科,还设有幼稚园。该校用英语授课,所设课程有犹太历史、希伯来语言文学,还有英语、数学、物理、化学等各种基础学科。该校高等科毕业生可以到欧美的大学继续深造。该校图书馆藏书2400册。1936年时,该校有110名学生和15名教师。该校大多数学生享受义务教育,学校的经费主要来源于捐赠,在新年的犹太人社交聚会中筹得。犹太人重视教育,"学校在,民族存"是他们的忠实信条。

天津犹太学校学生在课堂

天津犹太学校师生(1926年)

1935年10月天津犹太学校师生与校委会成员

天津犹太学校师生(1937年)

1943年12月天津犹太学校教员和部分学生(第一排中为日语教员)

犹太钢琴教师奥珂小姐与她的学生们(摄于1932年)

私立慈惠学校

　　天津私立慈惠学校创建于 1926 年,校长余宗毅,校址在天津英租界 10 号路(今和平区保定道)。当年 10 月 10 日开学,有教室 5 间,学生 10 多名,教职员 4 名。先有小学部,后添幼稚园,1938 年设中学部。招学生 110 名,男生两个班,女生两个班。小学部为三轨制。1939 年时,已有校舍百余间,教职工 50 多人。学校校舍宽宏,有礼堂、图书馆、运动场。新中国成立前夕,有 7 个班,376 名学生,22 名教职员。新中国成立后,慈惠中学停办(一说并入第二十中学)。慈惠小学与达文小学于 1952 年合并为建设小学。1956 年改为保定道小学。今为耀华小学。

慈惠学校校门

慈惠学校中学部之外观

天津市私立慈惠学校校长
余宗毅先生

余宗毅校长之小立深思

慈惠学校校董、教职员合影

天津市私立慈惠中学校成立纪念合影（1938年）

天津市私立慈惠中学校第一届毕业师生合影（1941年）

天津市私立慈惠中学校1941年夏全体师生合影

慈惠学校中学部第六届毕业师生合影

天津市私立慈惠小学校第十八届毕业班师生合影(1946年)

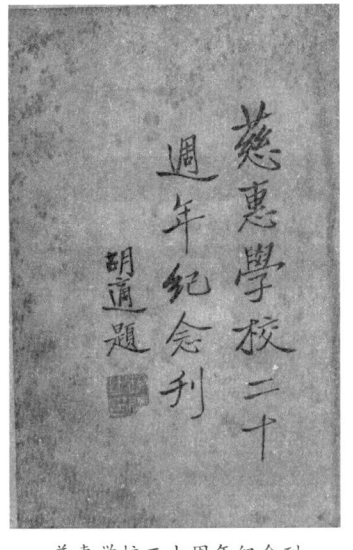
慈惠学校二十周年纪念刊
胡适题词

慈惠学校致杜建时市长参加校春运会的邀请函

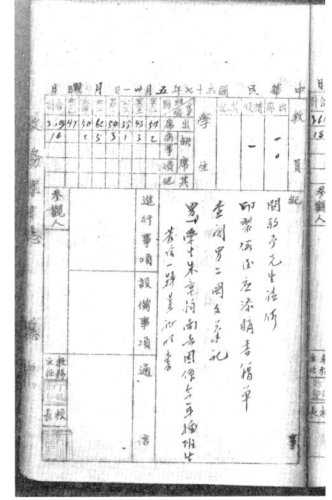
《慈惠中学教务课日志》（1948年4月）

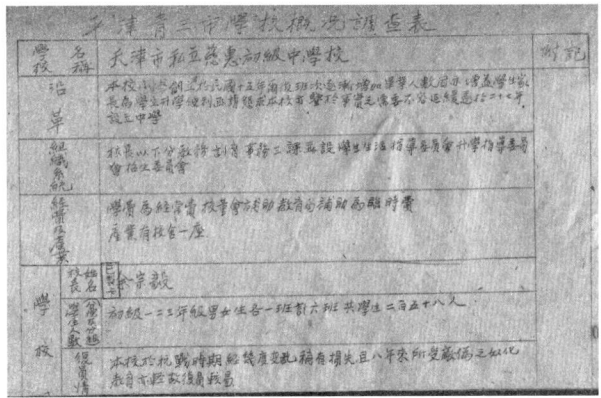
慈惠初级中学概况调查表

私立究真中学

　　私立究真中学最早可追溯到1860年，美国公理会传教士柏·亨利在天津东门外天后宫建立的小书房。几年后发展为一所教会小学，起初无正式校名，校址在杨柳青。1889年迁到紫竹林，有学生二三十人，分男女两部。1906年，在西沽北运河西岸龙王庙建新校舍，学校扩建为六年制小学，此时男生部始称究真小学，女生部始称仰山小学。辛亥革命前后，究真小学始建中学部。1926年正式成立私立究真中学，在河北公园(今中山公园)后昆纬路兴建新校舍。有学生6个班，约200人，校长李清贤。1942年该校停办。1946年复校，到1949年学生已达千人以上。1952年，与私立平实中学合并，更名为私立建设中学。同年底，市政府接管改名为天津市第三十中学。

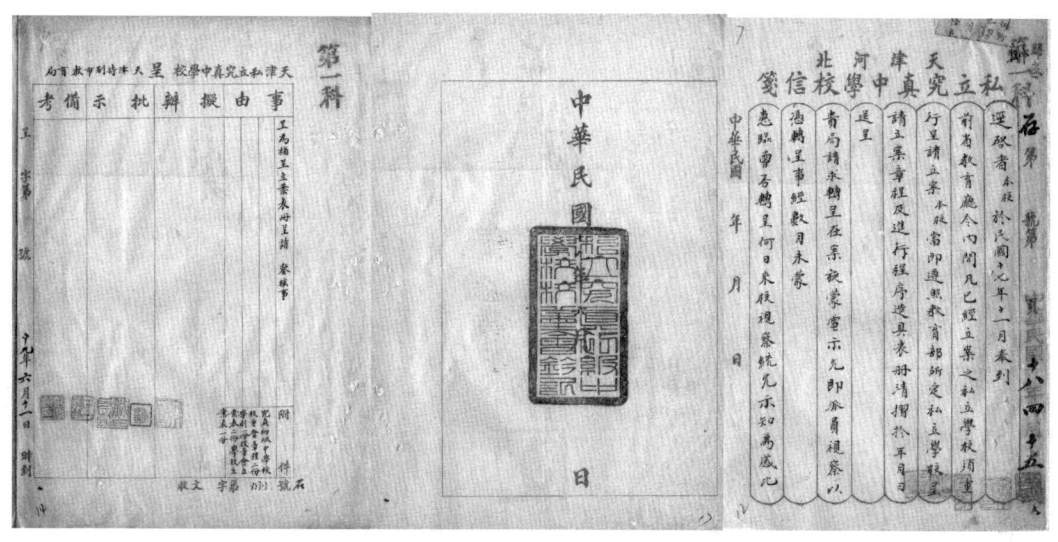

天津河北私立究真中学立案事

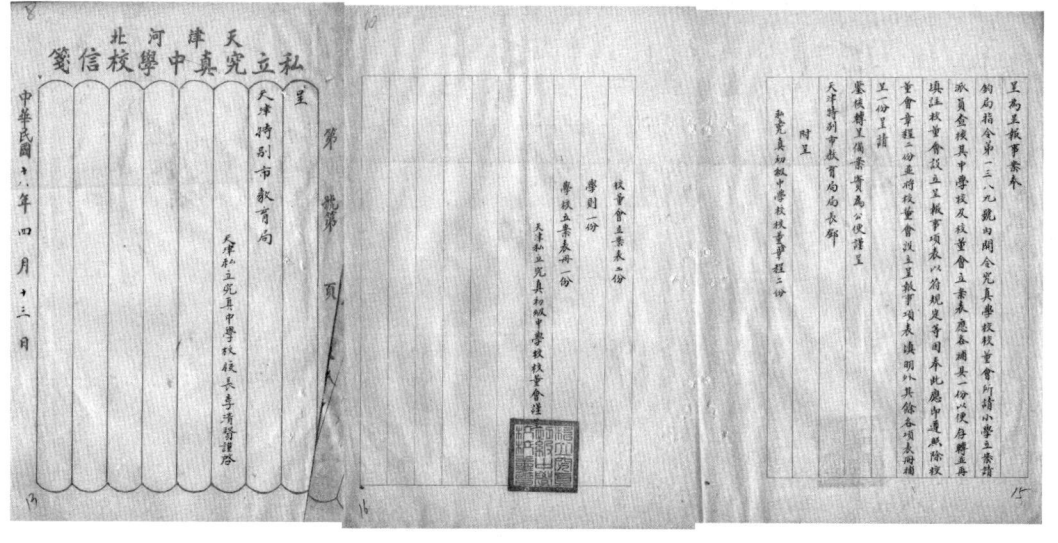

天津河北私立究真中学立案事

天津河北私立究真中学立案事

建设中的究真学校

建成的究真学校

究真学校塔楼

究真学校学生在做体操

究真学校学生在跳交谊舞

究真学校学生在跳远

私立耀华学校

私立耀华学校是由英租界内中国人为争取子女的求学权力而发起建立的,初名天津公学,该校创建于1927年4月,创办人是著名实业家庄乐峰,首任校长王龙光。初址在戈登道(今湖北路),9月1日开学,招男女生46名,教师4名,为复式初级小学。转年迁至红墙道(英文学校旧址,今新华路公安医院址),扩充为初、高级两级小学,严松章继任校长。因学生日益增多,在围墙道(今南京路)觅得53亩洼地作为新校址。从1929年开始动工,到1938年全部竣工,包括5座校舍、大礼堂、体育馆、健身房、图书馆等。1934年,爱国教育家赵天麟继任校长;转年改为耀华学校。设男中部、女中部和小学部。1952年12月改为十六中学和五区第五小学。1988年恢复耀华中学名称。

天津公学初址在戈登路(今湖北路)
(1927年)

天津公学迁址在红墙道(今新华北路)
(1928—1929年)

墙子河畔正在建设的耀华学校

1935年扩建后改名耀华学校

创办人庄乐峰

第二任校长严松章
（1928—1934年）

第三任校长赵天麟
（1934—1938年）

第四任校长金伯平
（1938—1939年）

第五任校长陈晋卿
（1939—1947年）

第六任校长俞大酉
（1947—1949年）

校董事会成员吴连珀

校董事会成员德斯（英籍）

校董事会成员郑慈荫

校董事长吴鼎昌　　　管理委员龚仙舟　　　管理委员倪幼丹

中学教务主任　　　名师钱伟长　　　名师王斗瞻　　　名师张肖虎
樊圃

名师娄钟英　　　名师陶继安　　　名师王瑜庭　　　名师李希侯

名师莫桂新　　　名师刘崇一　　　名师姚恩汉　　　名师李文珍

何作艇先生在物理实验室向同学们演示实验

沈尔林先生上化学课

1938年4月"耀华社"全体成员

丰富多彩的文艺活动

1947年耀华国剧社在礼堂演出《四五花洞》

屡获全市女子篮球冠军的校代表队

1948年耀华师生在南大参加纪念五四活动后合影

耀华党员与"民青"成员合影

地下党领导的反内战、反饥饿运动的一些文件

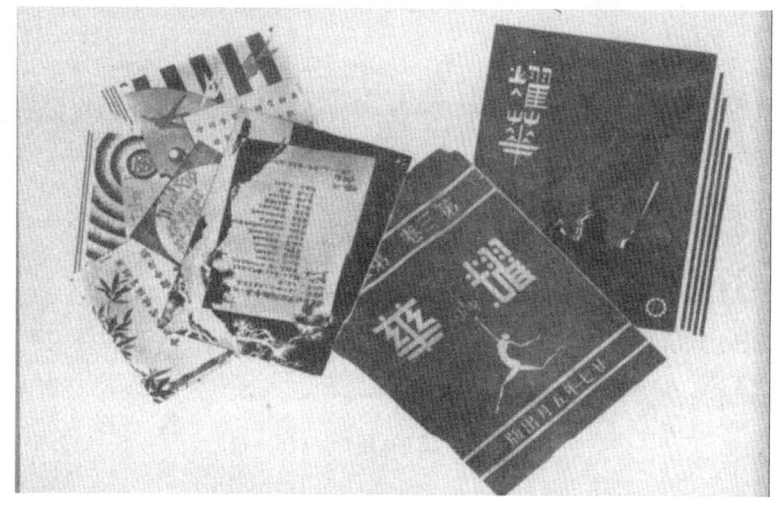

学生会创办的《耀华》刊物

私立河北中学

私立河北中学成立于1927年春,最初校址在大胡同南口药王庙小学校内。学生宿舍在大红桥打蛋公司。当年秋,宿舍迁到元纬路口。创办人康辅德,任校长。他曾任河东中学教导主任、天津县教育局督学。他学识渊博,经验丰富。学校有学生百余人,曾在直隶省教育厅立案。1928年改名为私立民德中学,并向河北省政府索得原直隶督署小学(河北三马路)为校址。1929年1月又在市教育局立案,每月得到补助费600元。当时有学生200多人,分为4个班。该校校训为"明德新民"。该校校规严,学风正,教师素质高。1935年10月改名天津私立民德初级中学校。1936年全市中学生会考获第一名。1937年7月日寇入侵天津,该校被炸毁,荡然无存。后经学校同仁努力,在英租界联合筹办私立进修中学。

河北中学大门

河北中学东院走道

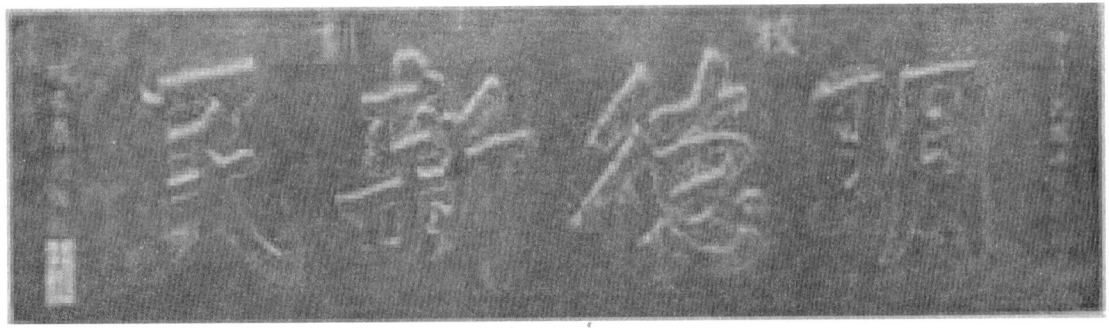

校长康辅德题校训"明德新民"

创办人、校长康辅德(牖民)

河北中学获得天津中等以上学校第五次联合运动会优胜时的合影

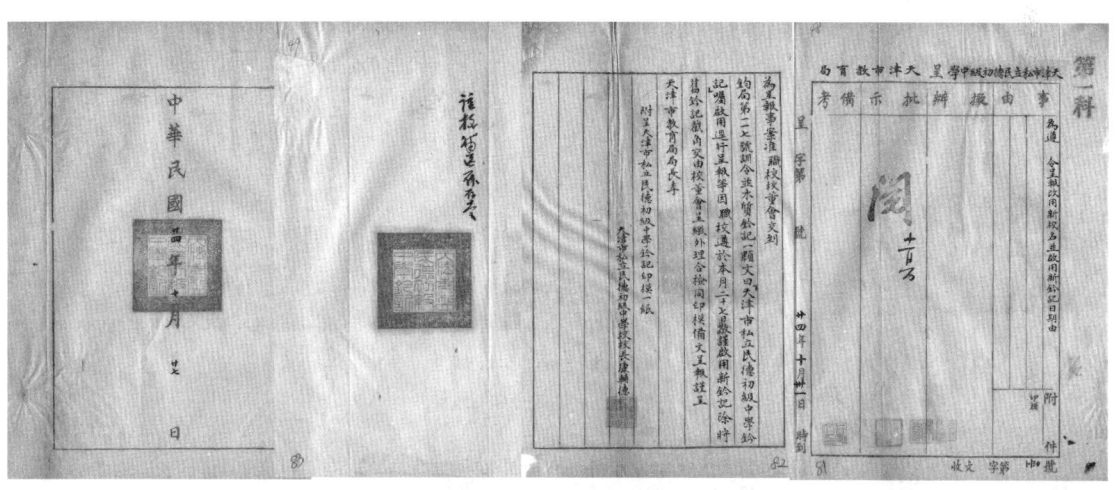
天津市私立民德初级中学改用新校名启用新钤印事

河北中学的校训和口号

《民德女中》创刊号（1936年）

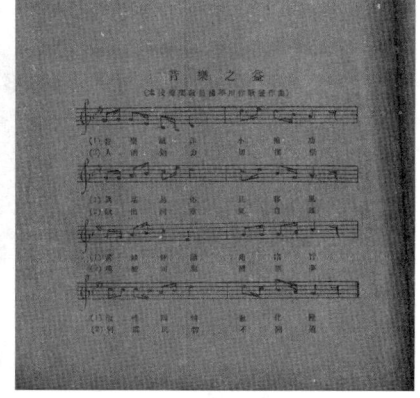
《音乐之益》歌谱

私立中山中学

　　天津中山中学校于 1927 年由高峥嵘创办,校址初在法租界 20 号路(今和平区哈尔滨道)。因为当时天津被军阀褚玉璞控制,对外校名为英文补习学校。1928 年 6 月,蒋介石联合阎锡山打败了奉系军阀,占领了天津后,公开使用中山中学之校名,并迁移校址于河北宇纬路云贵会馆。该校有初级 3 个班,高级 1 个班,共有男女学生 104 人。1930 年高峥嵘校长辞职南下,继任校长为刘不同先生、蒋逸霄女士。

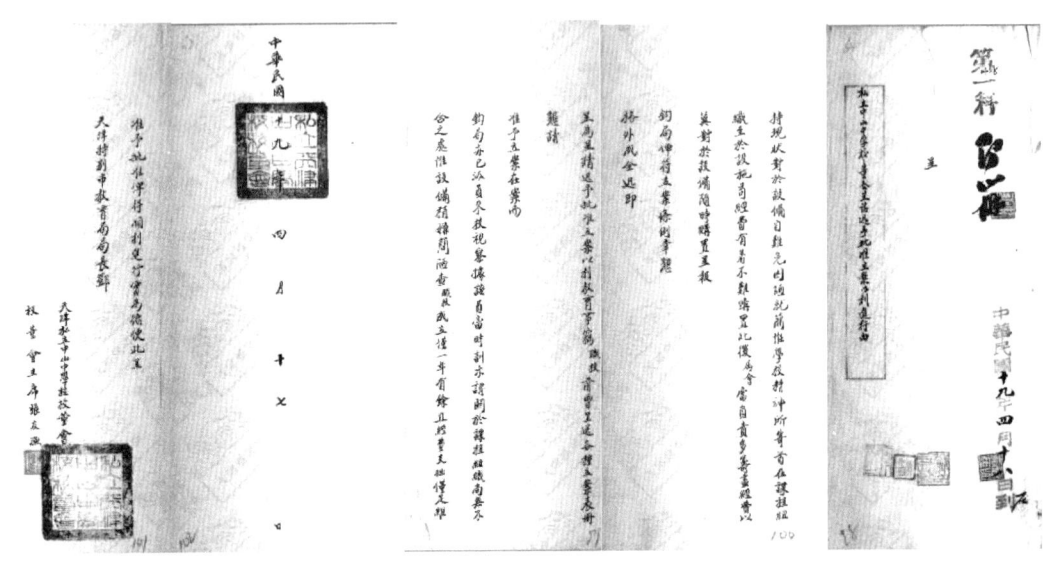

为学校立案事致天津私立中山中学校指令(附中山中学校呈)

校长刘不同

校长蒋逸霄

中山中学门景

私立达生助产学校

私立达生助产学校成立于1928年7月,校址在东门外袜子胡同。该校以提倡助产教育,造就助产人才兼普及妇女医学知识为宗旨。校长孙维椿。该校本科两年毕业,继续学习为研究科6个月毕业。本校招考初中毕业或有同等学历经考试合格者。每学年招考一次,招收20名。每学年分两个学期,每日授课3小时,实习4小时。该校附设实习医院,名称为达生医院,特设产科床位5具,以资学生作病房实习之用。学生每人每学期实习接生平均5次。1930年时,有学生16人,计分两级,每级8人。该校经费每年需9150元,由校董会每年捐助2000元,医院收入6200元,加上学杂费等维持。

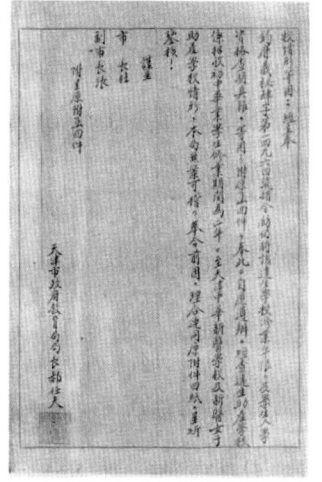
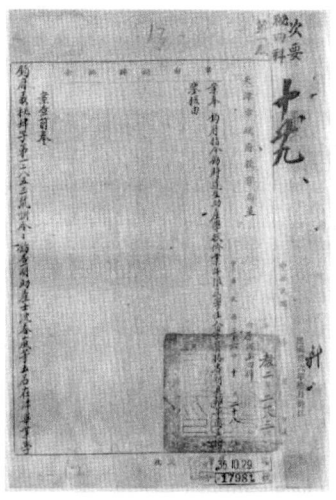

天津市教育局局长郝任夫向市长杜建时、副市长张廷谔呈报达生助产学校修业年限及学生入学资格

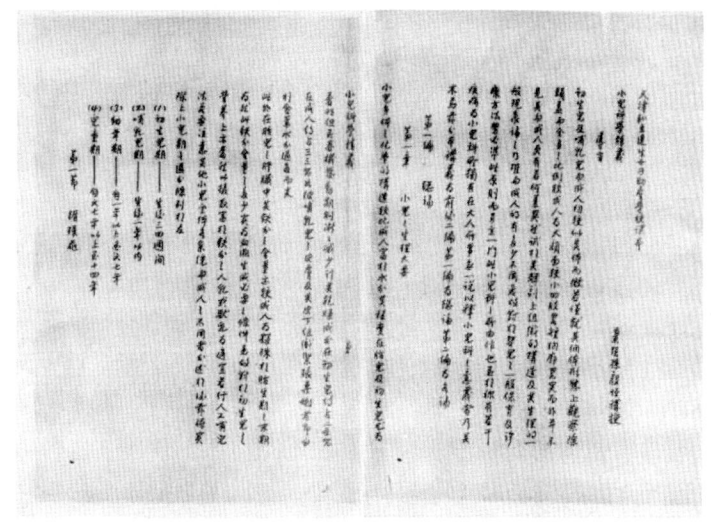

天津私立达生女子助产学校课本《小儿科学精义》片段

私立济华高级护士职业学校

私立济华高级护士职业学校附设于天津马大夫纪念医院,成立于1929年。1937年在护士学会取得合法地位后,学校以"私立济华高级护士职业学校"名称向天津市教育局申请立案,同年7月26日呈准立案。校址在一区(今和平区)大沽路马大夫医院内,校长张李明贞。1941年太平洋战争爆发后,该校被日本人占据,改为"同仁会天津诊疗所"。1945年11月复校,黄道为董事长,张李明贞仍为校长。1948年时,该校有3个班,43名学生,25名教职员。该校自成立至1949年天津解放,共有16届毕业生,148人,成为新中国成立前后天津各大医院的医护骨干。

校长张李明贞

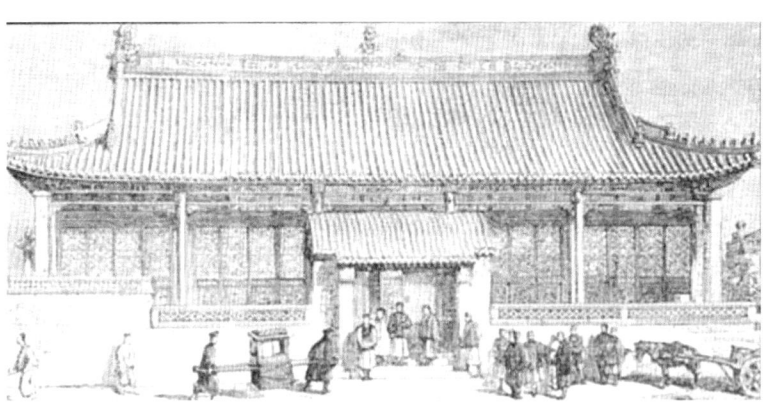

建于19世纪80年代的天津马大夫医院

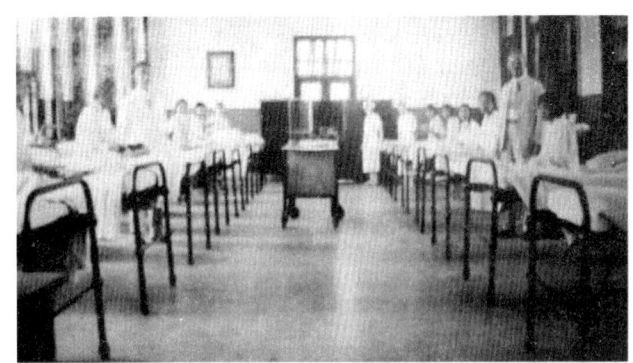

济华护校学生在病房实习

私立济华高级护士职业学校毕业生照

私立三八女子职业学校

　　1929年冬,曹陈寒蕊(大总统曹锟夫人)女士为提倡女子教育、发展女子职业教育,特捐款创办天津私立三八女子职业学校。学校于1931年1月成立董事会,3月8日开学。该校实行三三制,校址在日租界秋山街(今锦州道)20号。该校董事会董事皆国内名人,有商震、陈宝泉、李书田、齐国梁、鲁荡平、王文典、卢宠之等。校长张人瑞。1935年9月,迁校址于英租界广东路(今唐山道)荣仁里1号。1936年3月张人瑞病逝,沈慧儒继任校长。又迁校址于英租界19号路(今河北南路)31号。不久,又迁至宇纬路,改名天津私立三八女子初级中学。

校长张人瑞

校董商震

校董王文典

校董鲁荡平

校董卢宠之

校董曹陈寒蕊

1931年秋始业全体师生合影

1931年3月8日开学日师生来宾合影

全体教师合影

教务处，坐者为教务长唐际清

图书室之一隅

校长张人瑞女士养蜂实习

私立大同中学

　　私立大同初级中学于1929年8月创建,校址在英租界张庄大桥(曾为和平区南京路和平区电大工作站)。该校于1933年7月11日奉市教育局第362号训令、市政府第1449号训令、河北省教育厅第278号咨复准予立案,并转教育部备案。校长郝擢先。1937年七七事变后,郝擢先参与领导国民党华北地下工作。1942年3月19日,郝擢先被日寇茂川特务机关逮捕,由主任律秉纯代理校长。抗战胜利后,郝擢先校长于1945年12月19日呈请市教育局准予复职,重新组织校董会。董事长王任远,校董有刘不同、刘宸章、杨绍思等。1948年时,该校有6个班,350名学生,14名教职员。1949年时,该校有4个班,154名学生,13名教职员。

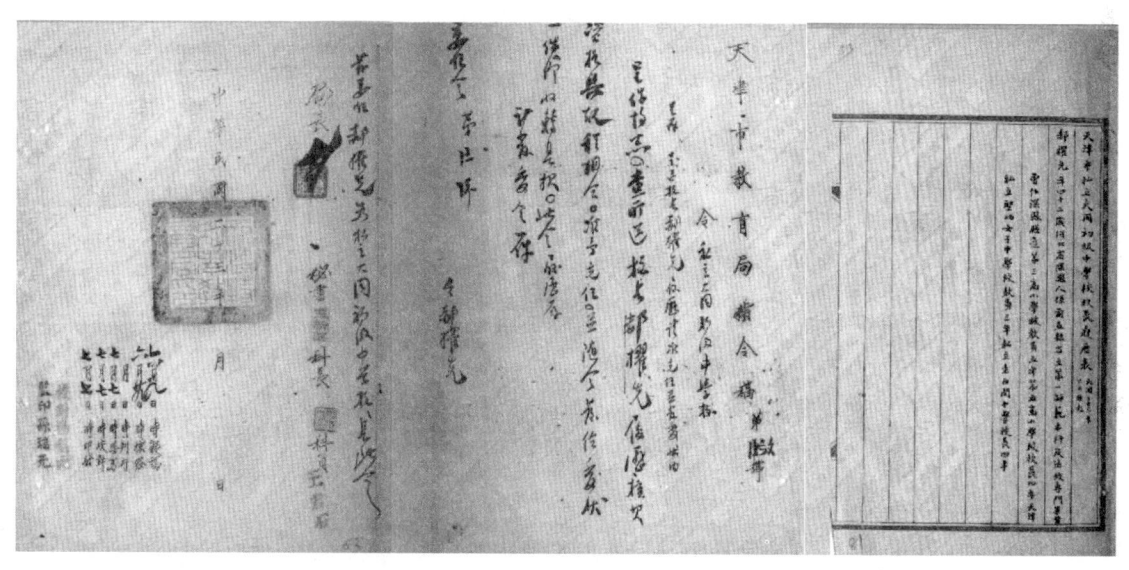

为准予郝擢先充任私立大同初级中学校校长事致该中学的指令及致该员的委托令(附呈履历表)(文件级)

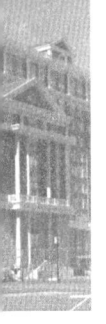

平津青三市学校概况调查表

项目	内容	附记
学校名称	天津市私立大同初级中学校	
沿革	天津租界因受敌伪特殊环境不能指望政府外人筹措而文化教育乃不受其影响故本校筹设于此，于民国卅八年间创办，以大同大学天津校友在天津主办大同中学之经验，于卅八年开筹备，并于同年秋开始招生入学，成立大同中学校，同时创办初级教育以收容因人口增加学龄儿童日众之中小学之需要，并于卅七年秋抗敌工作期间本校即遭受日伪忌视，以种种刁难取销同组社及随便停办工作达三十余次，终日人尚未退出本市就被迫停办	
组织系统	校董事会最高职权推举校长总揽一切校务下设主任分掌事务训育教务各事宜	
经费长养	经费除由基金生息及学杂费请求教育局补助外概由校董会负担之	
学校现况（校长姓名学生人数经营情况原学生情况）	郝援先 初中部学生二百人 小学部学生二百五十八 本校抗战时期参加抗敌工作极积贡献甚巨除女中部被敌摧毁停办外男中部小学亦未受打击，民卅四年八月十五日敌人投降后于本年一月间校长郝援先脱难返校，协同人积极恢复现已呈报天津市教育局核准复校惟女中部尚须一时恢复 教育界人员普通困苦私立学校眼难尤甚个人生活尚难措措眷养家务更成问题学生方面本市多商家子弟生活丰裕	
胜利前概况（包括抗日运动）	在胜利前校长郝援先在复兴社做抗日工作多年训育主任集伯龙在中央电台天津站担任工作，主任郝妆铃参加复旦秋教育步志学参加三民主义青年团均于抗战期间曾被敌特务机关逮捕	
改进意见	本校复员后元气未足元气一时难以恢复尚于初筹建设方面困难极重，董事在重庆未归须发，甚苦而精神建设方面立刻复员勇往直前以期铸造新青年并与新中国同步迈进以期达到建筑健全国民之基础	
备考	本校女中部业于卅二年十二月在抗战期间被敌摧毁得办小学部已附属在本校男中部因此仅列一表	

大同初级中学概况调查表

天津私立中国医学传习所

　　天津私立中国医学传习所是天津也是全国第一所私立中医学校。该所成立于1930年，创始人是华北地区名医陈曾源（号泽东），所址在东门内文庙东箭道5号。学校分日、夜两班，日班称完全科（大方脉），4年毕业；夜班称速成班，两年毕业，每晚授课。学校选用统一教材，学员除听课外，每周写一篇简要论文。陈曾源先生亲自授课。该校完全科共办3期，每期40人。该校毕业生人才济济，津城名医蔡汉卿、纪良臣、李润田、孙绍山、邢春林、张共琢、鲍树生等皆毕业于此校。1939年陈曾源先生逝世，其子陈士纯继续办学。1941年陈士纯去世，该校停办。

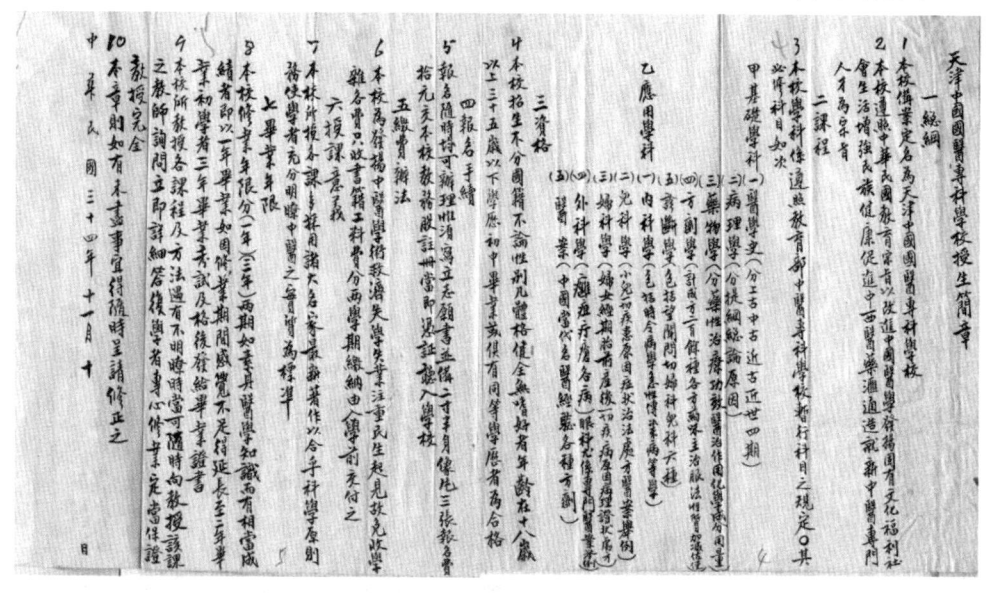

天津中国国医专科学校授生简章

1936年天津市私立中国医学传习所毕业证书

私立树人中学

私立树人初级中学建校于1930年秋,校址在英租界10号路(今保定道)球场(今新华路体育场)旁。附近多系中上等住户,教学环境较好。校舍有教室5间,光线充足。另有办公室、教员休息室、图书馆等。体育场平坦适用。校长刘崇壹,新学书院毕业。教导主任潘彼得,训育主任张子藩。黄佐临曾一度在该校义务任教。该校初为四年旧制,有学生5个班,148人,系单式编制。1931年改行三三新制,高中设文、理、商三科。该校全年收入预算16671.07元,来源于学费、董事会捐助、杂项收入等。

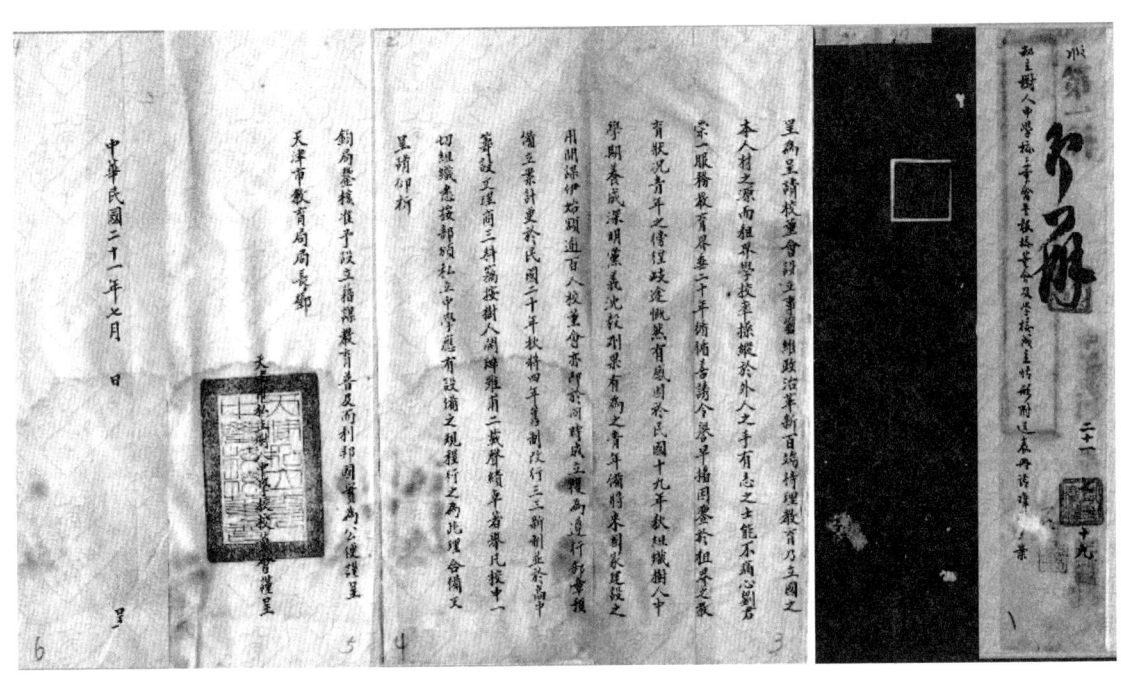

私立树人初级中学校校董会呈报校董会及学校成立情形附送表册请准予立案
（1932年7月19日）

天津市立医院女子助产看护学校

　　1930年6月20日天津市立医院成立,李允恪为首任院长。9月创立天津市立医院附设女子助产看护学校,李允恪任校长。1935年市立医院更名为天津市立第一医院。1937年6月,该校与天津市政府助产学校(1930年8月建,创办人、校长戴静琳,创办人、教务主任凌文爱,初在河东金汤桥右侧河沿的一所楼房内)合并改为天津市立第一医院附设护士助产学校。1946年招收高中毕业生,更名为"天津市立第一医院附设高级护士职业学校",佘韫珠任校长。1950年9月1日,该院与市立总医院附设高级护士职业学校合并为天津市立高级护士职业学校,迁址到鞍山道。1951年9月改名天津市第一护士学校,1955年改名为天津市护士学校。

天津市立医院附属女子助产看护学校

天津市立第一医院
附设高级护士职业学校

校长李允恪
(1930—1943)

校长徐殿元
(1943—1945)

校长佘韫珠
(1945—1950)

1947年市立第一医院附属高级护校首届学员毕业合影

新中国成立前护校教师讲授解剖学大意

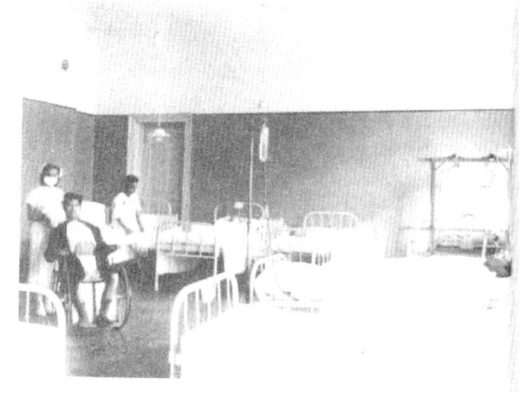

新中国成立前护校学生在医院中实习

天津市政府助产学校毕业证书
（1932年）

天津市立第一医院高级护士职业
学校毕业证书（1937年）

天津市市立师范学校

天津市市立师范学校成立于1930年8月,校址在河东特二区三马路西头海河沿(曾为河北区海河东路天津市第二十六中学)。1929年春,市长崔廷献命天津市教育局局长邓庆澜筹建该校。邓庆澜委托天津市教育界知名人士时子周直接操办创建事宜并任校长。"市师"以造就本市小学师资为目的,除设师范本科外,还依据地方需要附设师范本科职业班、完全师范班、幼稚师范班、义务师范班等。1937年7月天津沦陷后,该校停办。1938年2月,在新开河"省师"校址复校。1946年,在下瓦房大沽南路原日本吉野小学址恢复"市师",邓庆澜任校长。新中国成立后发展迅速,"文革"期间停办。1978年扩建为天津师范专科学校(现合并于天津师范大学)。

首任校长时子周

天津市市立师范学校(河东特二区三马路西头海河沿)

"市师"孤松剧团座谈会留影
(1937年5月)

"市师"孤松剧团全体团友合影

早期校友、著名导演梅阡

早期校友、著名演员石羽

"市师"校长林振声

"市师"三年五班师生合影(1940年)

天津日本吉野小学1944年毕业纪念，1946年"市师"迁校于日本吉野小学址

天津旅津安徽公学

　　天津旅津安徽公学于1930年10月11日正式成立,校址在河北安徽会馆,该校以教导旅津安徽同乡失学子弟为目的。公推龚仙舟为董事长,周实之、舒季达、周新甫、郭治平、倪幼丹、吕镜欧、裴仲璟、蔡仲祥为常务董事,同时推举王揖老为校长,张公衡为副校长。不久,张公衡因事南下,复推举汪瑞芬代理副校长。初设初中一年级一个班。1930年末,招收初中二年级及高小、初小各一个班,共有学生120余名。1931年4月改名为"安徽中学",由校董会呈请天津市教育局正式立案,校董会诸君力争皖省政府令准"津开教育基金保管委员会",分拨该校大洋3000元,学校得此款维持到第二学期。因无经费来源,于1933年12月31日宣布暂时停办。

天津旅津安徽公学董事长龚仙舟

天津旅津安徽公学校址为天津安徽会馆

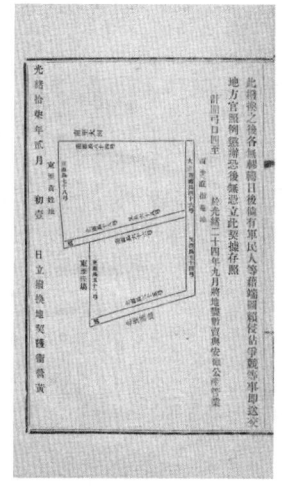

安徽公学院署后地基房屋图

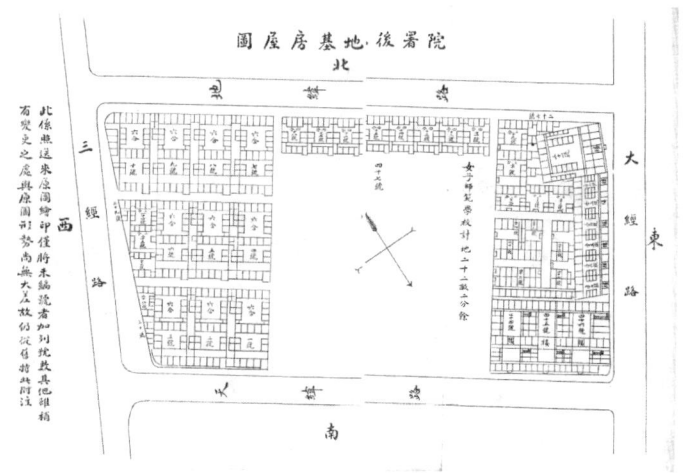

天津安徽会馆全图,安徽中学曾建于此

私立木斋中学

　　私立木斋中学的前身是木斋学校,校址在意租界小马路(今河北区民权路木斋中学址)。学校自1932年增设中学部,1938年扩大为木斋中学。学校首任校长为卢木斋三女卢定生(留美),1939年秋始设高中部。为建新校舍曾一度搬迁到英租界浙江公学校舍上课。1942年建成三层教学楼,学校迁回。卢氏五女,南开大学毕业生卢毅仁接任校长。1948年时有14个班,597名学生,37名教职员,19间教室。该校具有优良的革命传统,积极参加抗日救国运动。新中国成立后继续由私人承办。1952年底由市政府接管,命名为天津第二十四中学。1953年天津第二十五中学(前身为私立渤海中学)并入该校。2012年10月12日建校80周年,恢复校名"木斋中学"。

老校舍

老校舍

老校舍

老校舍

老校舍

创办人卢木斋

首任校长卢定生
(1932—1942)

第二任校长卢毅仁
(1942—1957)

教职员合影(1942年)

新校舍落成合影(1942年12月6日)

初中第五届毕业生同乐会师生合影

师生合影

初中男生五届毕业师生合影(1939年)

初中女生五届毕业师生合影(1939年)

木斋中学高中第三届、初中第十届毕业师生合影(1944年)

木斋中学初中十四班师生合影(1948年)

私立中山公学

　　私立中山公学是为纪念孙中山先生之伟绩，提倡三民主义化教育，培养健全人才，于1932年2月创建。校址在河北大经路(今河北区)公园旁。校长胡定远。学校先行开办初级中学部，招学生三班。1934年4月，设商科职业部，对外称天津私立中山公学商科职业学校，设高、初级两班。高级班修业5年，授与较深之商业知识、技能，并培养其继续深造之能力；初级班修业两年，授与较简单的商业知识、技能，以养成其从事商业之能力。高、初班均招收高小毕业生或具有相当程度者。1935年3月，该校迁到法租界35号路(今山西北路68号)，办学条件有了较大改善。

天津私立中山公学

私立特一中学

私立特一中学创办于1932年,校址在特一区(今河西区)苏州道,这里环境幽静,交通便利。学校得名一因在特一区,二因办学之主张与方法与众不同。董事长钮元伯,校长程抱信。当年9月5日开学,第一学期招学生仅12名,第二学期增到24名。1933年秋季添办一附属两级小学,招生120名;中学生增至51名。1935年教育部和天津市教育局准予立案。转年,中小学部共12个班,在校生860余人。沦陷期间,学校备受摧残。抗战胜利后,学校有发展,1946年时,有10个班,520名学生,16名教职员。校址改在大沽路。新中国成立后,1949年7月,政府接管,改名天津市立工业职业学校。

董事长钮元伯先生

特一中学中学部成立纪念师生合影(1932年9月)

副董事长兼司库李津阁先生

校长程抱信先生

小学部主任单贵我先生

校董常小川先生　　　校董娄鲁青先生　　　校董郑菊如先生

中学部全体师生合影

初中部第三届毕业同学师生合影

天津市私立特一中小学全体师生合影（1936年4月）

小学部第三届毕业生暨教职员合影

中学部得奖学生合影

小学部学生自治会全体会员合影

天津日本商业学校

　　天津日本商业学校设立于1932年11月。转年4月1日在日本公会堂举行开学典礼,任命若菜佐为校长。4月4日暂借日本租界芙蓉街青年会馆作为临时校舍,举行授业典礼。1933年7月8日被文部大臣、外务大臣命为在外指定学校。1934年转移到芙蓉街(今河北路)旧共立医院遗址,1936年迁到淡路街(今甘肃路)、宫岛街(今鞍山道)拐角处的新校舍(抗战胜利后曾为南开大学东院,新中国成立后,曾为天津教育学院,现为新组建的天津汇文中学校址)。该建筑整体为钢筋混凝土框架结构,地下一层,地上五层,内部设日式地板和推拉门,房间分合自如,冬暖夏凉。一期工程后,校区又多次补充修建。继任校长为大泽富士雄。1937年学校有教谕12名,嘱托9名,书记1名,有学生221名。1939年底有教职员22名。从1944年3月停止招生,总共招收了九届学生。该校是天津日租界的名校,学业精良,文体活动也相当活跃,培养出了不少人才。

天津第二日本寻常小学校天津日本商业学校第一期工程落成纪念

天津日本商业学校第一期工程校舍外观

天津日本商业学校第一期工程校庭侧外观

天津日本商业学校同级学友

天津日本商业学校第一期工程讲堂内部

1939年大洪水时的天津日本商业学校

私立志达学校

天津私立志达学校系1933年7月创立,转年2月附设初高级小学,校址在天津市英租界五十六号路(敦桥道,今西安道)69号,1936年中学部分迁到特一区(今河西区)马厂道49号(今马场道151号),是民国首任海军总长刘冠雄的故居,环境清静无扰。校长先后为张淑洵、张冠五、陈存诚等。原设初中部,1937年秋增设男女高一双轨,至1943年女中取消,只留男中,单式编制高一、二、三共3班。该校于1938年购妥校址基地,1941年开始建筑校舍楼,1945年大部分建成,陆续购置设备,20世纪40年代末期已具规模。1948年有12个班,759名学生,36名教职员,12间教室。50年代初,该校由政府接管,更名为天津市第二十二中学,其后并入天津市第四十一中学,原校址现为天津财经大学分校。

天津私立志达中小学西安道校门

天津私立志达中学马场道校门

志达学校中楼

志达学校西楼

志达学校前楼

志达学校前操场

天津市私立志达中学校第一届校董会纪念合影（1939年2月19日）

天津市私立志达学校校董会成立纪念合影（1941年5月25日）

校长张冠五先生

校长陈存诚先生

教务主任李又融　　训育主任李介眉　　事务主任吕锦堂　　体育主任刘文林

 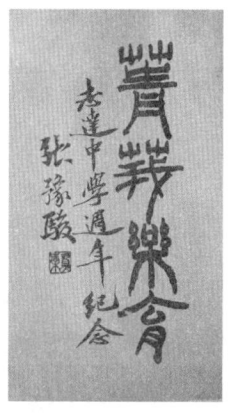 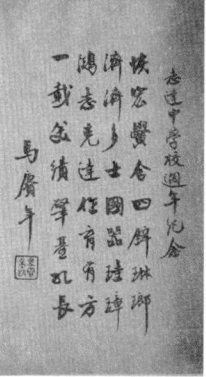 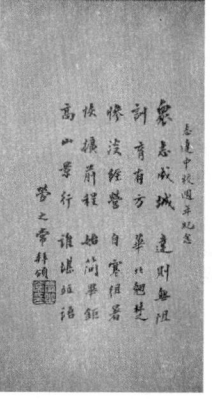

李蒸题词　　　　张豫骏题词　　　　马赓年题词　　　　劳之常题词

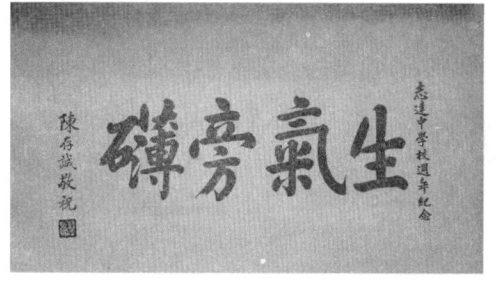 

陈存诚题词：生气旁礴　　　　　　魏益三题词

天津市私立志达中小学周年纪念师生合影（1934年12月2日）

高中第一届毕业合影

高中第一届毕业女生合影

小学部第六届毕业师生合影

志达学校1942年度小学毕业班全体师生合影

私立志生助产职业学校

私立志生助产职业学校于 1935 年春开始筹办，同年 7 月呈请立案，1937 年 6 月天津市教育局准予立案。校址在鼓楼北大街 94 号。抗战胜利后，迁至一区（今和平区）河北路 105 号。董事长张廷谔、副董事长陈锡三，董事张伯苓、吴清源、邓庆澜、雍剑秋、夏景如、程抱信等。董事兼校长邓志恩（女 1902 年生，山东齐鲁大学医科毕业）。1948 年时，该校有 3 个班，50 名学生，24 名教职员。是年，邓志恩与其丈夫张春生赴港，校务由其弟邓志浩主持。新中国成立后，于 1951 年 5 月，市卫生局接管该校，改为天津市第二助产学校。转年，并入市立高级助产学校。从 1935 年至 1951 年，招收学生 15 个班，培养了助产专业学生 112 名，邓氏姐弟对提倡新法接生做出了有益的贡献。

私立志生高级助产职业学校毕业生合影

私立志生高级助产职业学校并入市立高级助产学校后师生合影

天津市立高级助产学校首任校长柯应夔

天津市立高级助产学校学生合影

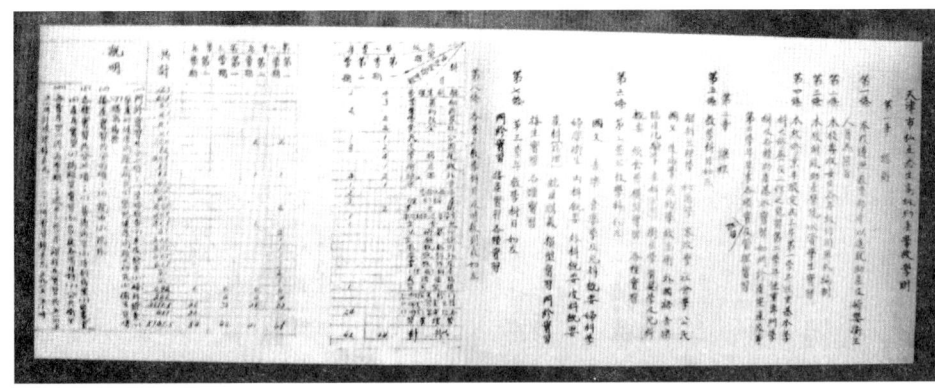

私立志生高级助产职业学校学则

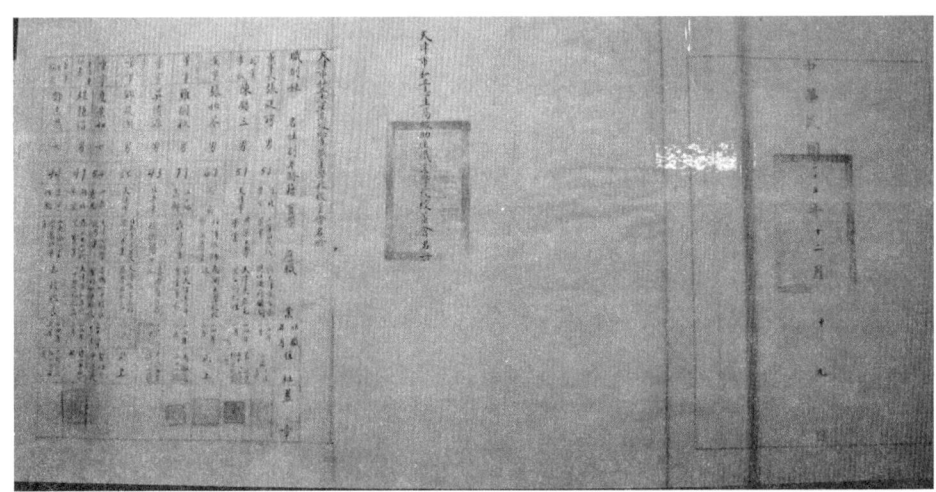

私立志生高级助产职业学校董事会名册

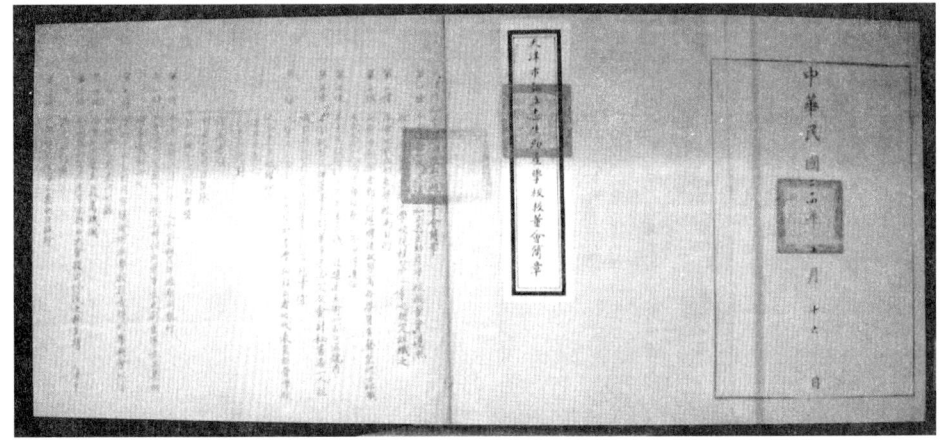

私立志生高级助产职业学校董事会简章

私立慈泽中学

　　1936年间,由蓝卐字会联络津沽热心教育的人士,为解决三义庄一带高小毕业生升学难的问题而筹建私立慈泽中学。但正在筹划之时,适值1937年七七事变,遂致中辍。抗战期间,于1941年6月创设天津私立慈泽中学。校址在特别一区(今河西区)花园路(今徽州道)。董事长贾长仁,校长孟石如,下设教务、训导、事务、体育四处。录取新生130余人,计初中一年级男生两个班、女生一个班。1942年该校扩建校舍,扩建后分为男中部、女中部、小学部。至1945年时,共有男女学生约480人。该校校训为"礼义廉耻"。新中国成立后,1952年改为天津市立第二十三中学;1960年宁波道小学迁入该校址,更名河西区人民公园小学。

《慈泽中学高中第三届毕业同学录·师生合影》

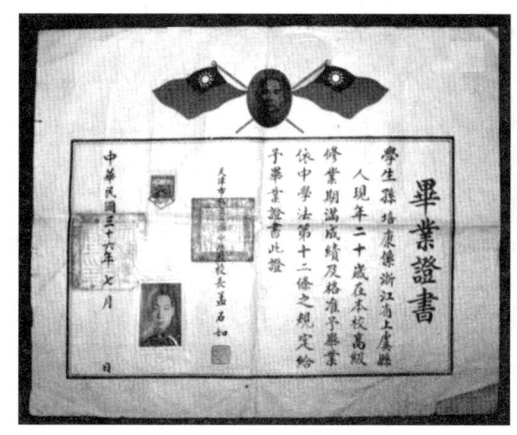

慈泽中学毕业证书

《慈泽中学第三届毕业同学录》

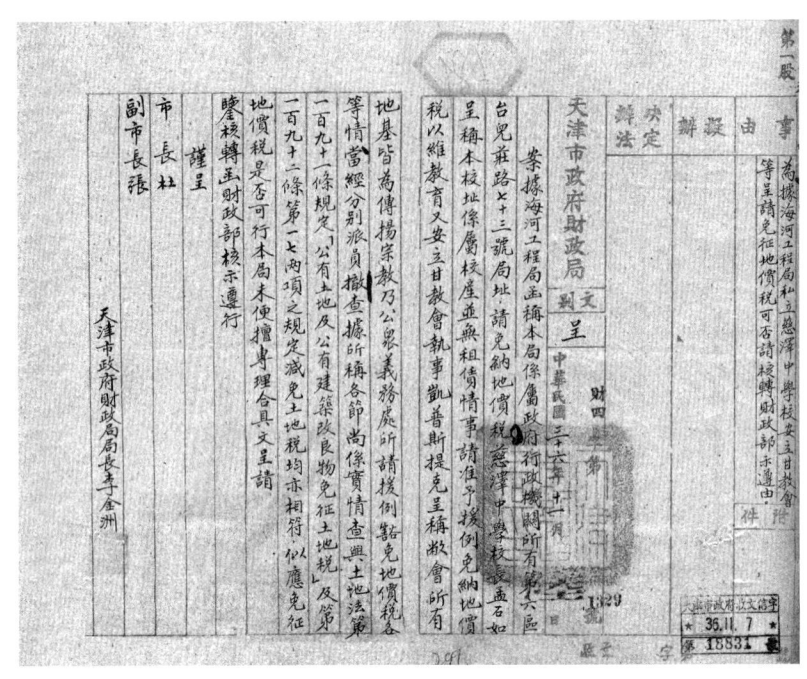

1947年11月，市财政局为免除私立慈泽中学地价税事呈市政府文

1946年慈泽中学概况调查表

私立进修学校

1937年七七事变后,日寇进犯天津,天津私立民德中学因校舍毗连市政府被炸毁,校舍荡然无存,民德中学被迫停办。该校教员华克信、韩义亭、田永庆、吴逸宗等人为救济津市数千名失学学生,就招集原肄业于民德中学各年级学生,在英租界海大道(今大沽路)于1937年9月22日创办天津私立进修学校,并在旧英工部局先行备案。该校可谓民德中学之化身。董事长张序庭,校长田茂典,继任校长华克信。1948年时,有8个班,341名学生,23名教职员。新中国成立后,该校址曾改为五区第九小学、和平区大沽路小学。

校门

南楼

宿舍一角

1942届毕业生

秘书任龙文　　　教务主任齐植栋　　　事务主任韩义亭　　　会计主任张子年

高小第五班毕业师生合影（1942年6月）

初中第五班男生毕业师生合影
（1942年6月）

初中第五班女生毕业师生合影
（1942年6月）

益世高级护士职业学校

　　私立益世高级护士职业学校(前身为天津妇婴医院护士学校,成立于1914年)1937年1月组建,校址在七区南关大街(今和平区南门外大街)215号卫理公会妇婴医院内(曾为长征医院)。于同年6月18日呈准立案。董事长杨肖彭,任天津青年会主任及总干事;校长诸葛文屏,女,河北通县人,曾赴美国芝加哥和纽约市医院护士进修班进修,在天津医护界有一定的声望。1937年七七事变后,医院、学校均被日寇占用。抗战胜利后,于1946年9月复校,开始上课。

天津妇婴医院护士学校

天津妇婴医院护士学校诸葛文屏校长

私立天津益世高级护士职业学校潘景芝校长

私立天津益世高级护士职业学校"五·一二护士节"纪念活动

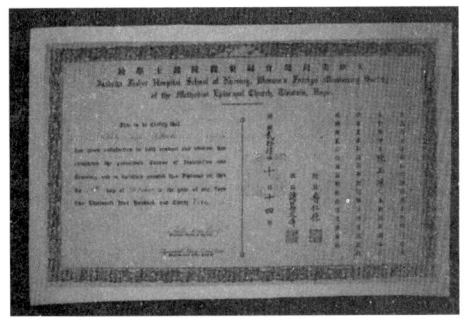
天津妇婴医院护校毕业文凭

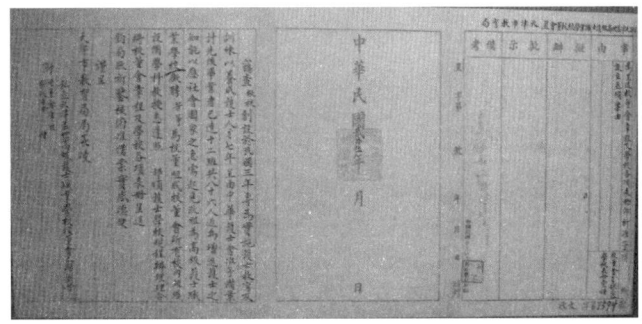
私立天津益世高级护士职业学校申请备案文件

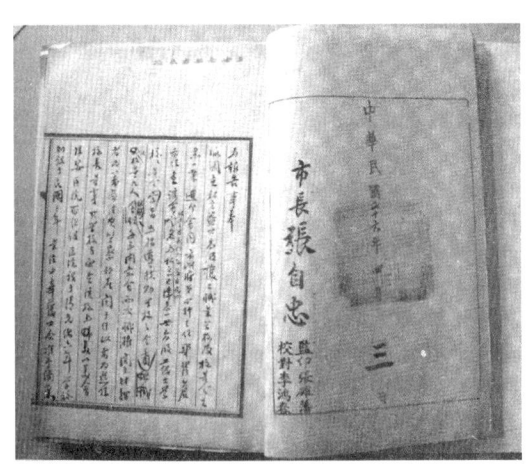
天津妇婴医院护校易名私立天津
益世高级护士职业学校的批示

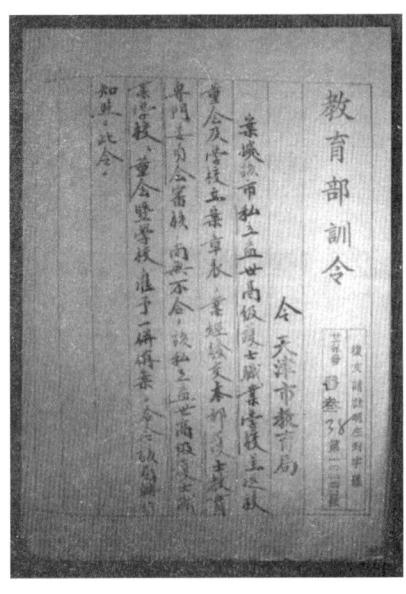
教育部批文

私立众成商科职业学校

　　私立众成商科职业学校创建于1937年,校址在法租界巴黎道(今和平区吉林路),校舍为三层楼房一座。校董事会董事长李廷玉,校长王振纲。是年9月15日开始授课。招有初级一年级新生4个班,计学生160名。该校采用三三制编制,初高级各三年毕业。1946年时,该校有5个班,共计127名学生。继任校长姚书城、陈鹭洲、丁鸿勋。该校设教导、事务二处,各设主任一人。该校董事会有基金800万元,储蓄生息及学生学费收入为经费的主要来源。1948年时,有7个班,271名学生,28名教职员。

法租界巴黎道(今吉林路)校门

图书室

董事长李廷玉

校长兼教务主任丁鸿勋

事务主任任光玺

教务员唐石父

教员龚望

"铁算盘"庄守正

教员备课室

上课情形

做早操

叠罗汉

篮球比赛跳球

篮球队员

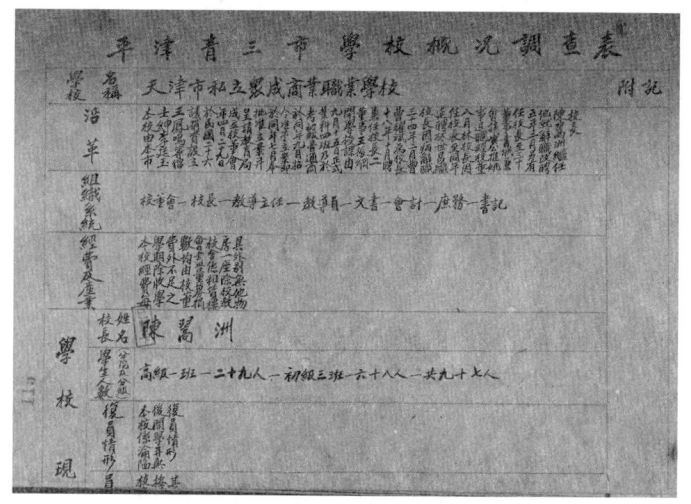
天津市私立众成商业职业学校概况调查表

1945年第一学期学习成绩报告单

私立中正中学

私立中正中学的前身为私立天申中学,创立于民国二十六年(1937),董事长孟遂安、校长崔汉声。该校分男、女中学部,附小学部。男中部在六区(今河西区)李善人公园(今人民公园)旁。1947年迁到六区厦门路。女中部在一区(今和平区)赤峰道73号。1946年5月陈淑贞继任校长。同年7月9日改名为私立中正中学、中正小学,陈仙洲继任校长。新中国成立后,男中部校址改为河西区木材管理处。女中部,曾改为私立津华女子中学,1952年该校与私立浙江中学合并改为天津第二十中学,1955年迁到湖北路今二十中学址。原校址现为和平区赤峰道小学。

董事长靳云鹏①

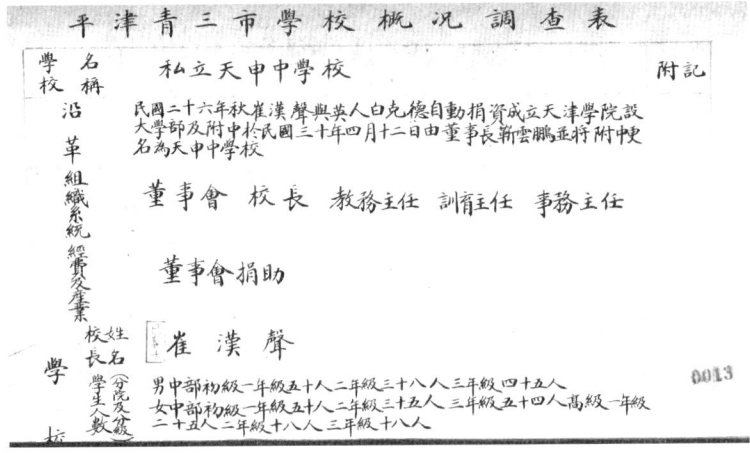

私立天申中学校概况调查表

————

①另一说见调查表。

私立达文中学

私立达文中学于1937年由美国人鲍维廉创办,原名为美国神召会伯特利学校。初为小学,设在河北。1937年冬假十区(今和平区)南京路中合小学原址,创设中学部;1938年暑假移十区岳阳道;1940年暑假迁到杜鲁门路(今建设路)98号。后鲍维廉因日寇封锁租界,无奈引退归国。归国前,董事长姜般若由鲍维廉手中将全部校产买下,至1940年改组为私立达文中学。校长谭冠俊。该校在后方国民党政府教育部备案,美国各大学承认其证件。1945年因经费不足,中学部停办,仅存小学。1946年恢复中学部。继任校长为李书香、李星原、王俞等。新中国成立后,1952年,在该校址组建新沽财经补习学校。1954年改为大沽路小学附设初中班。1956年更名为天津市第五十九中学。

校门

校舍之外观

 董事长兼校长 谭冠俊
 教务兼训育主任 韩寿彭
 事务主任 杨汝泉
 体育主任 郭凤山
 小学主任 沈爱伦

 董事李鹤仙
 董事方祯亭
 董事齐任之
 董事杨冠民
 董事徐叔沛

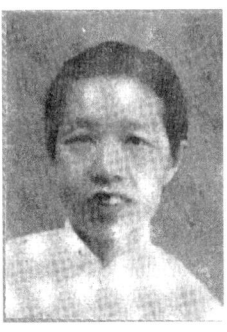 国文教员徐凌影
 国文教员杨坚白
 图画教员冯朋弟
 生物教员冯武光

 物理实验
 化学实验

天津达文学校(1941年度)校田径代表队

学生漫画作品

高三毕业生 卞学达制

学生篆刻作品

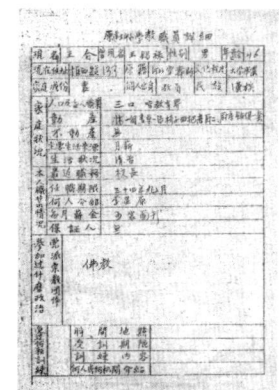 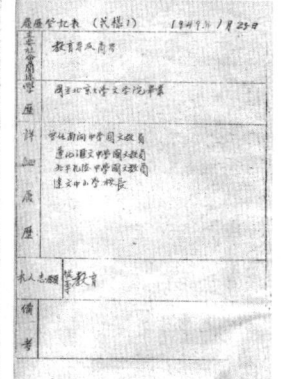 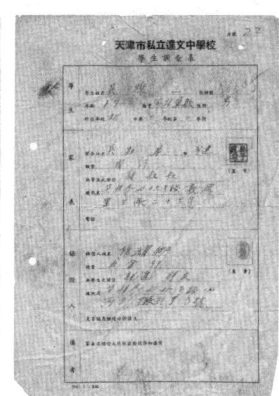 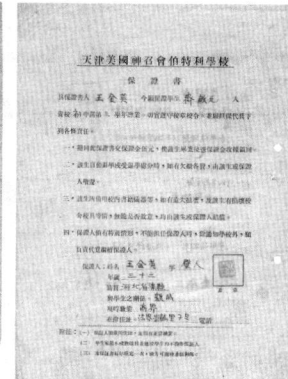

王俞校长简历表　　达文中学学生调查表　　伯特利学校学生保证书

私立渤海中学

　　河北省立天津中学校教员杨敬一(英文)、宋廷琦(数学)、汪桂年(国文)及夏琴西等本着"天下兴亡,匹夫有责"之意,筹设天津私立渤海中学,于1937年10月29日成立。1938年4月成立校董会,董事长为邓庆澜。学校初址在河东三马路(今河北区进步道),1937年寒假迁到大马路(今建国道)8号。首任校长杨敬一,继任校长宋廷琦。为初高级完全中学。该校教学注意诱导启发,力促学生德、智、体、群、美五育之发展。学校以教师教学水平高,学生学习刻苦而著称。1948年,有12个班,471名学生,30名教职员,14间教室。新中国成立后,1952年底由政府接管,命名为天津市第二十五中学。1953年并入天津第二十四中学(今木斋中学)。

首任校长杨敬一

渤海中学《海风》十周年校庆特刊校歌

渤海中学《海风》十周年校庆特刊校训 董事题名

天津市私立渤海中学校教职员一览表

天津私立渤海中学校概况调查表

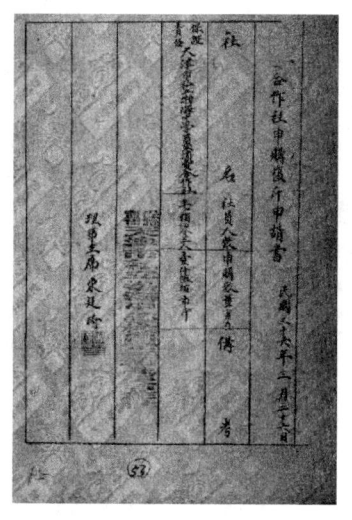

天津私立渤海中学
校合作社申购盐斤申请书

私立浙江中学

天津私立浙江中学设立于1938年8月,为初级中学。1941年度第一学期增设高级中学。校址在河北路267号,与私立浙江小学合用。分男中部和女中部。因校舍紧张,在河北路、营口道租用房屋。该校师资力量强。董事长为王文典,校长姒艮成。1946年7月,王秉三代理私立浙江中小学校长。校长以下设教务、事务、训育、会计各股。该校在新中国成立前是天津市较具规模的私立学校之一,校风纯朴,师生关系融洽。1948年时,该校有13个班,559名学生,38名教职员,15间教室。校址:男中部在营口道81号;女中部在河北路290号。1952年,该校与津华女子中学合并为天津市第二十中学。

董事长王文典

1942年天津市私立浙江中学校刊《蕾》第2期

天津市私立浙江中学校概况调查表

天津日本中学

天津日本中学约建于1938年。校址在天津私立南开大学思源堂。

天津日本中学校旧校舍（思源堂）

天津日本中学校新校舍（第二校舍）

天津日本中学校学生
在六里台做组字体操

天津日本中学校学生在日本神社前
举行入学纪念

1942年天津日本中学校学生
在海光寺兵营接受训练

天津日本中学校在山海关临海学校

天津特别市市立女子师范学校

　　天津特别市市立女子师范学校创办于1938年10月,由河北省教育厅厅长兼天津市教育局局长陶尚铭批准建立。校长蒋汾同。校址在河西梁家园(今海河中学址)。小学部在特一区(今河西区)杭州道(杭州道小学址),由郑朝熙任校长,并组织"学生家长助校委员会",动员社会名流及工商业者协助办学。1942年1月天津特别市市立女子师范学校并入位于新开河省师旧址的天津市立师范学校。小学部更名为天津市第五十一小学(市师附小前身)。

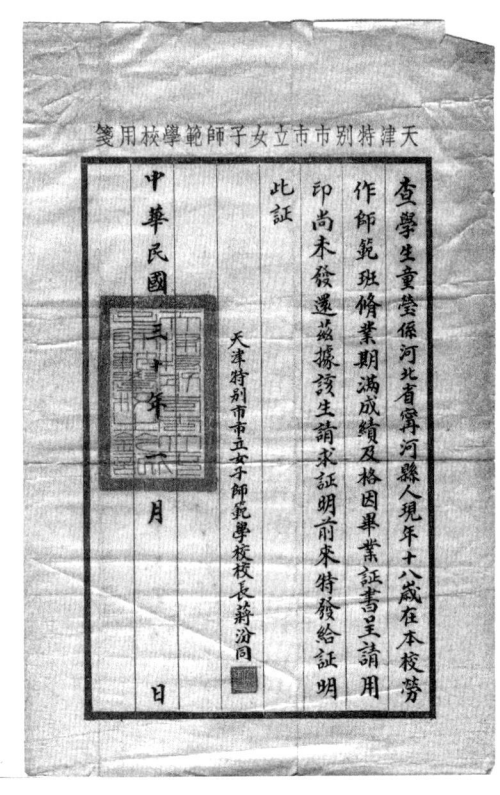

天津特别市市立女子师范学校证明信

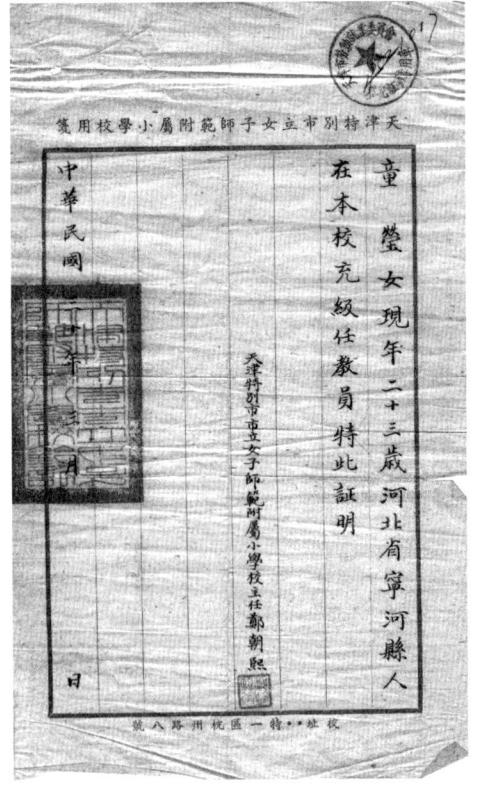

天津特别市市立女子师范附属小学校证明书

私立含光女子中学

　　天津私立含光女子中学简称"含光女中"。"含光"源于《周易》"含弘光大"和"含万物而化光"之句。该校创办于1939年9月。名誉董事长为李实忱(字廷玉),董事长张星桂,创办人、校长为张淑纯女士。学校初址在意租界南东马路(今民生路南端),开始招初一、初二和高一3个班,每班20人,全校学生共60余人,教职员10余人。1946年初迁入意租界四马路(今光复道民族路口)新校舍。到1948年上半年时,该校有7个班,233名学生,22名教职员,4名工友,有7间教室。1952年私立河东中学和私立含光女子中学合并,一度改叫和平中学,同年由政府接管更名为天津市第二十六中学,迁往女二中校址(老市立师范址)。原含光女中旧址改为河北区光复道小学。

名誉董事长李实忱

董事长张丹忱

校长张淑纯

私立舍光女子中学校校舍之外观

1941年春天津私立舍光女子中学校师生全体合影

私立通澜中学

  天津私立通澜中学于 1939 年 9 月创办，原借用北门西小大院胡同民房 4 大间作为校舍。次年 6 月底移入北门内户部街（前电报学校旧址）。董事会董事长为邓庆澜，董事会由董事 13 人组成。校长齐通侯，兼代教务主任并任英文课。"通澜"校名来源于齐通侯的"通"字，加其妻孙家澜的"澜"字。该校为初级中学，一年级暂分甲、乙两组，共 4 班，197 名学生。新中国成立后，该校曾先后改为天津市三十七中学、东北角小学一分校、南开区运署西街小学、龙城小学。

校长齐通侯

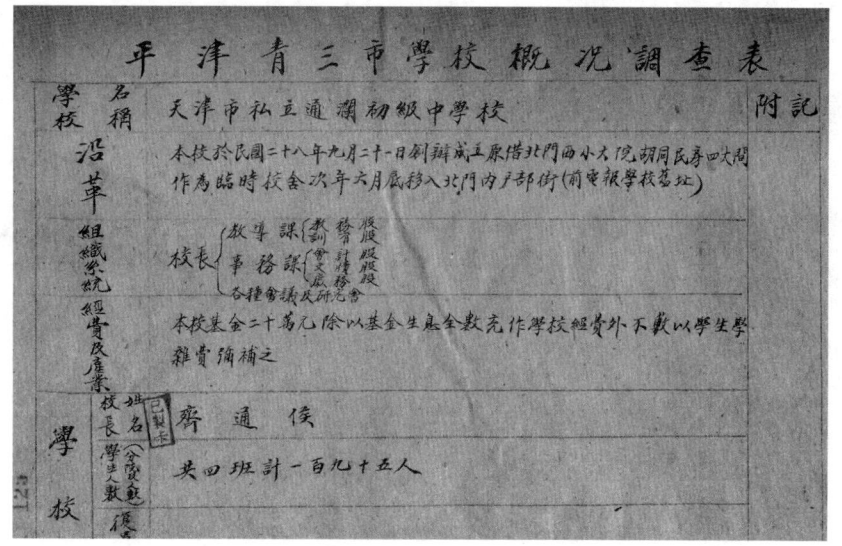

天津市私立通澜初级中学概况调查表

市立女中

　　天津市立女中始建于1939年，初名天津特别市市立第二女子中学校，校址在特二区三马路西口（今河北区进步道西口天津市第二十六中学校址），是原市立师范学校的校舍，有礼堂，校舍十分讲究。校长蒋汾同。抗战胜利后，改名天津市立女子中学。校长黎绍芬。该校具有优良的革命传统，1947年5月建立了中共地下党支部，领导学生运动，开展对敌斗争，迎接天津解放。1948年，校长为何肇葆，有18个班，894名学生，48名教职员，17间教室。新中国成立后学校由市政府接管，后改称天津市第二女子中学。后几度搬迁，1969年更名为天津市第五十七中学。

天津特别市市立第二女子中学校初中第三学级毕业纪念合影（1944年6月）

天津市立女子中学高中第三届初中第四届毕业全体师生合影(1949年6月24日)

女二中地下党支部
书记刘格平(1944年)

女二中学生参加爱国学生运动

天津特别市市立第二女子中学校
于湖春的毕业证书(1943年)

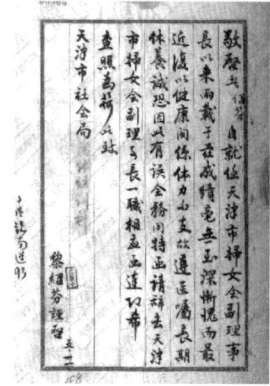

黎绍芬校长笔迹

市立商科职业学校

天津特别市市立商科职业学校从1939年秋筹备,1940年7月招生,录取初中新生150名,9月2日开学。首任校长是天津知名老教师王义森(炳书),继任校长董亦儒、穆瑾如、邵铁汉(刚如)。校址开始暂借位于新开河志成道的市立师范学校南院(原"省师")上课。创办初期只设初中班。1944年4月迁入河北月纬路(市政府原址)。1943年暑假后增设高中部。该校师资水平相当高。1949年1月,天津解放后,人民政府接管了市立商职,改称"天津市财经学校"。1952年,迁至河西区徽州道。在院校调整合并中,私立众成商职和私立育才职校合并。1958年迁至珠江道,南开大学经济类专业并入,升格为河北财经学院,后改名天津财经学院,今为天津财经大学。

市立商科职业学校全体筹备人员合影(1940年8月)
(筹备处设于草厂庵市一小学内)

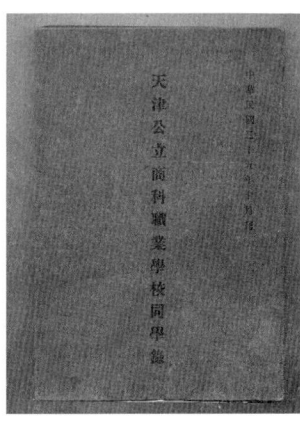

《天津公立商科职业学校同学录》(1936年10月刊)

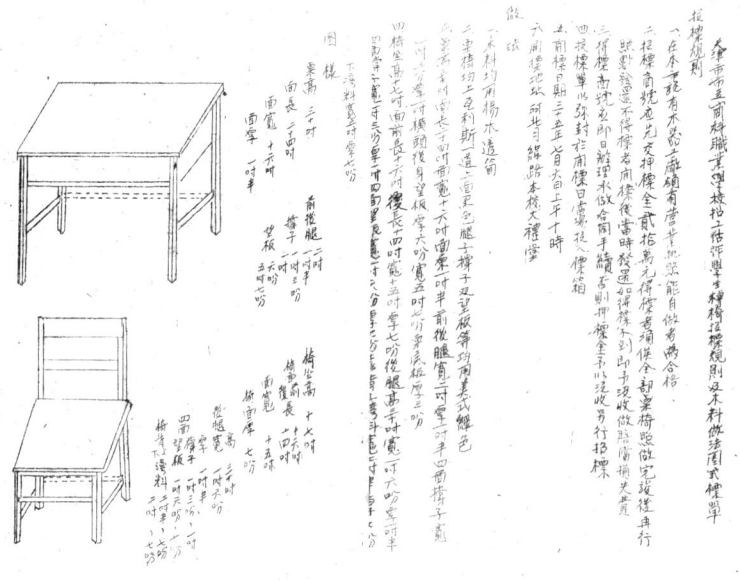

1946年市立商科学校招工制作学生座椅规则及木料、做法图式标单

蓟县初级中学

蓟县初级中学前身是渔阳书院,位于现蓟县城关镇迎宾路,创建于清乾隆五十七年(1792),创建人为知州刘念拔。清光绪三十一年(1905),改为两等小学堂,将原有书院的学租改充学校经费,任命赵彤宣为校长,成为蓟县的第一所新式小学堂。民国时期,改称县立第一完全小学(简称一高),20世纪20年代,迁至城内文庙东院。渔阳书院旧址建蓟县乡师。1941年,蓟县公署在此创建了蓟县初级中学(今蓟县一中)。该校20世纪50年代被确定为河北省重点中学,1978年被确定为天津市首批重点中学,2002年示范性高中建设通过市级验收。学校占地面积95 000平方米,建筑面积51 000平方米。现有48个教学班,在校生3 291人,教职工265人。

省立蓟中全体模范生合影于老校门

蓟县一中文艺宣传队在老校舍前演出

杨村师范学校

　　杨村师范学校建校于1942年8月,原名"河北省立杨村简易师范学校",隶属于河北省政府教育厅。创办人有诸葛喆(号二吉,杨村人,南开大学毕业,曾任杨村小学总部教员。在南开中学读高中时与周恩来是同学)、杜和庭(杨村人,曾于1930年创办杨村女子小学,为校董、校长,兼任杨村民众教育馆平民教育干事)、张静波(毕业于北京师范大学,任杨村民众教育馆馆长)、邰兰波(杨村地方士绅)、柳世平等。校长张静波。该校分简师与后师。简师为小学六年级毕业后报考,学制四年;后师为初中毕业后报考,学制三年。1945年日本投降后,遂将简师班改为三年制,后师班还是三年制。20世纪50年代,简师班停招,全部招收初中毕业生,真正成了华北地区培养师资的中高等学府。后发展为天津师大杨村分校。

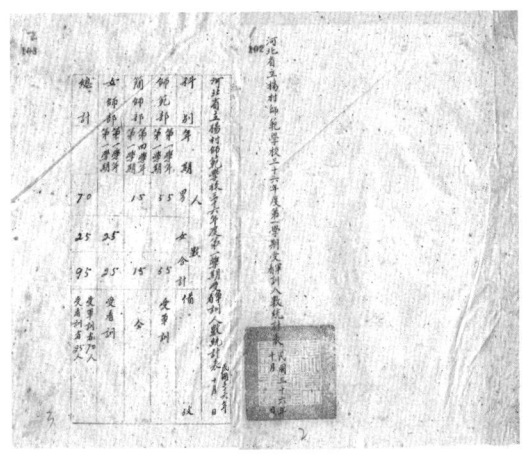

河北省立杨村师范学校1947年度第一学期军训人数统计表

杨村师范学校学生艺术演出团演出维吾尔族新年舞

私立仁爱高级护士职业学校

天津私立仁爱高级护士职业学校创设于 1943 年 9 月 1 日，校址在一区（今和平区）营口道 210 号西开天主教医院内。由波兰人海伦·琴纳尔创办。学校环境宁静，设备完善，校容整洁，校风纯朴。董事长夏景如，校长马振静。学生 1 个班，37 名。修业年限为 3 年。1948 年 5 月 7 日天津市教育局准予立案。1951 年由人民政府接收，改名为中国红十字会分会附属护校。1952 年并入天津市第一护士学校（1954 年改名天津护士学校，今天津医学高级专科学校）。

建校初期的私立仁爱医院护校

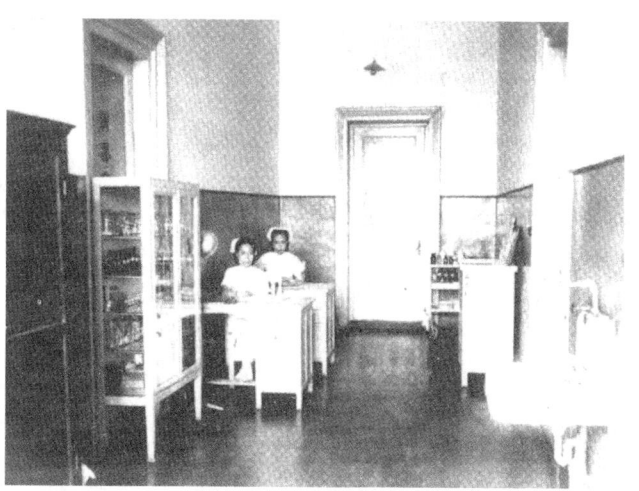

私立仁爱医院护校学生在医院中实习

私立仁爱医院护校设于天津法国医院（原中心妇产科医院）内

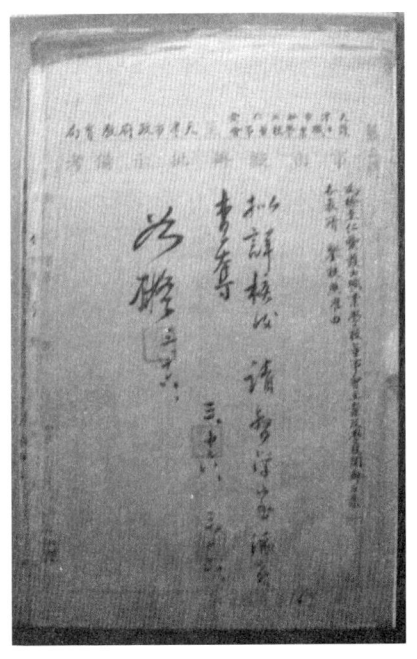

私立仁爱高级护士职业学校学则

天津市教育局批准私立仁爱高级护士职业学校

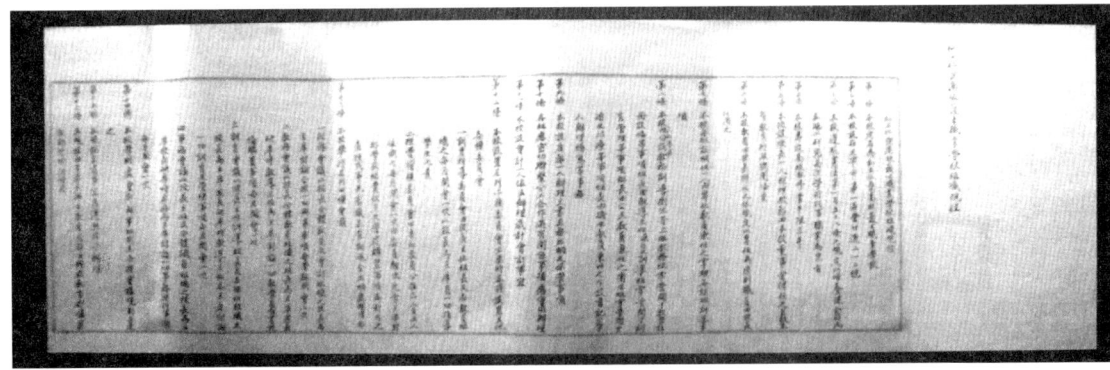

私立仁爱护士高级职业学校组织规程

私立山西旅津中学

　　私立山西旅津中学于1945年4月由傅秉鉴、金玉斋等负责成立校董会,并于同年7月成立学校,招生中学一班50人,9月准予立案。1946年8月添设中学一班40人。校址在八区(今红桥区)锅店街126号山西会馆内。以会馆的春秋楼为中心,有礼堂、教室、办公室、图书室,还有足球场、排球场。董事长樊世荣,校长傅秉鉴(镜如)。学校经费来源于山西旅津同乡会拨款、捐款及学生学费等。1948年时学校有4个班,176名学生,19名教职员,5间教室。山西旅津小学也设于山西会馆内。新中国成立后改为天津二十九中学、北门东小学。20世纪70年代改为北门东中学(今泰达实验中学)。

山西会馆木匾额

天津永信蔚号同人在山西会馆关圣戏楼院合影(1929年)

天津体育协进会第七届执行委员会全体合影
（前排左一傅秉鉴是私立山西旅津中学校长）

私立山西旅津小学校第一届初级
毕业师生合影纪念（1941年7月）

天津市私立山西旅津小学校第二届
初级毕业师生合影纪念（1942年7月）

天津市私立山西旅津小学校初级第三
届毕业典礼全体师生合影（1943年7月）

建德工科职业学校

　　天津私立建德工科职业学校(今天津第五中学)创办于1947年(一说1945年),校址在九区三官庙街。校长曹希彬。教务主任吕凤楼,训育主任尹玉辉,事务主任宋挹青。附设实习工厂于1947年10月27日开工。1948年,该校有4个班,190名学生,14名教职员,10间教室。校长曹希彬兼任私立建德小学校长。建德小学在七区桃下厂6号,1946年时,有10个班,676名学生,16名教职员。

私立建德工科职业学校校门

私立建德工科职业学校操场

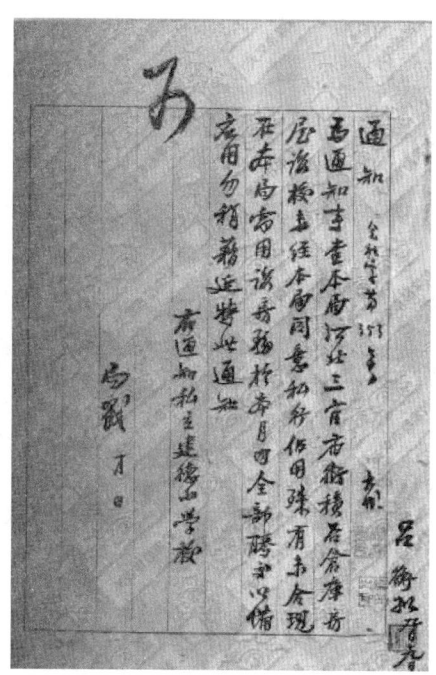

天津市社会局致私立建德小学校通知

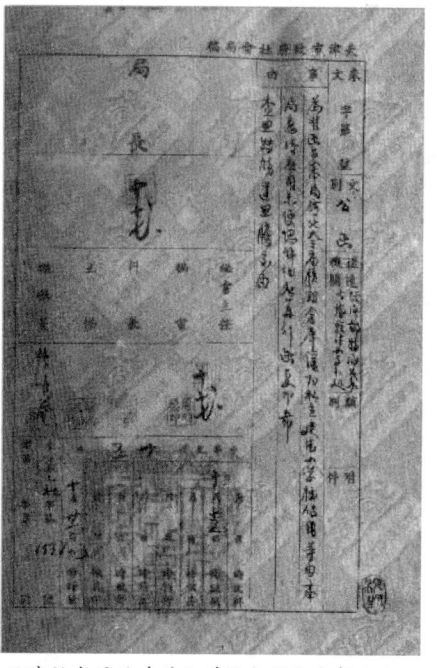

天津社会局就建德小学校占用仓库事的致函

天津市立高级助产职业学校

　　天津市立高级助产职业学校成立于1946年8月1日,校址初在第一区(今和平区)热河路26号市立产科医院内,后移绥远路(今林西路)8号上课。院长柯应夔。学生分为两班,每班30人。另设一高级专修班。学校9月1日开学,学生一面学习助产、护理等课程,一面在市立产科医院实习。教务主任孙丕贞(兼主任医师),训导主任刘淑荣、周逸潜,事务主任贺云涛。1948年12月柯应夔辞职,周日序接任校长。1952年3月天津市第二助产学校(前身私立志生高级助产职业学校)并入该校,该校于1954年并入天津市护士学校(今天津医学高级专科学校)。

天津市立高级助产职业学校首任校长柯应夔

天津市立高级助产学校学生合影

天津市立高级助产学校师生合影(第一排右二周日序校长)

天津市立高级护士职业学校学生在校门前合影

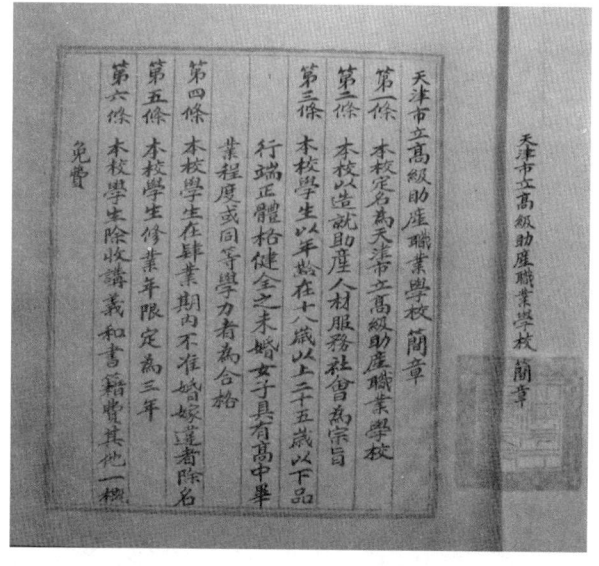
天津市立高级助产职业学校简章

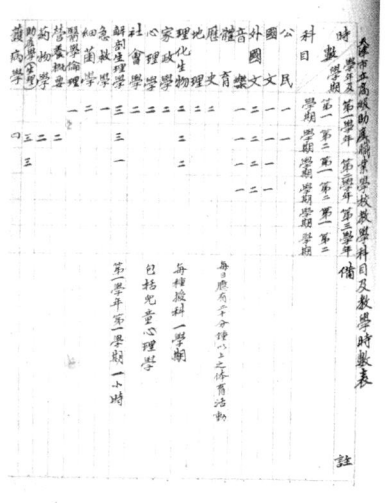
天津市立高级助产职业学校教学文件

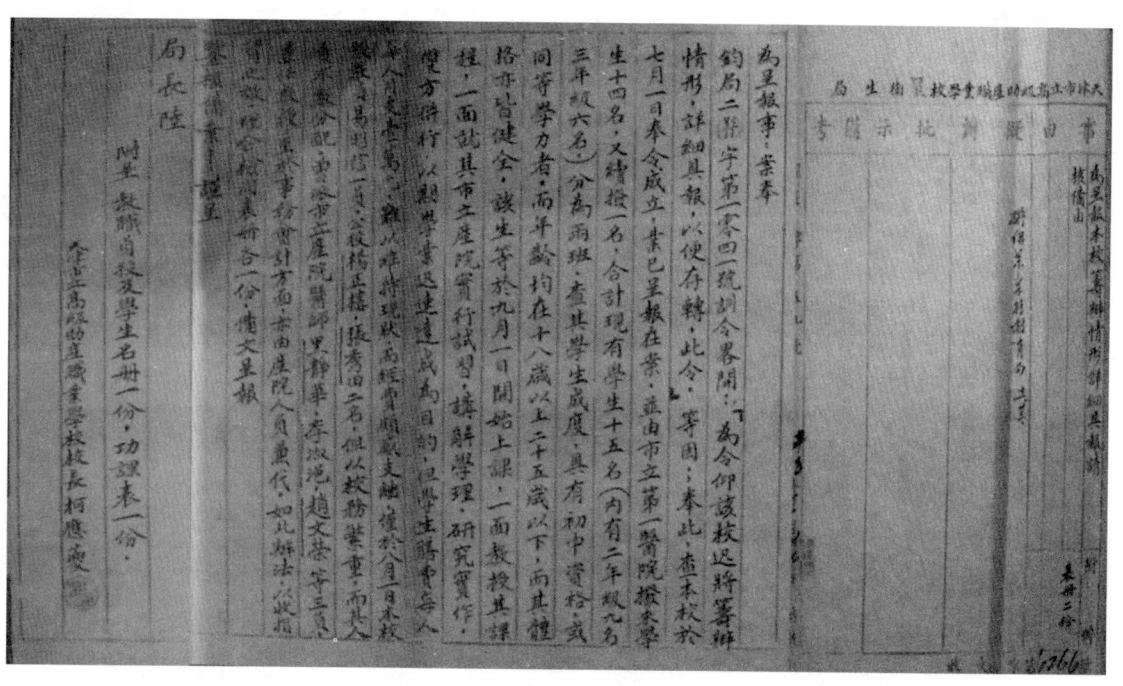
天津市立高级助产职业学校校长柯应夔向天津市教育局呈报筹办情况

私立天和医院附设高级护士学校

　　天津私立天和医院附设高级护士职业学校于1946年秋季组建,校址在马场道326号。初收学生12人。董事长徐世章,校长朱奉真女士,继任校长邓家栋、张纪正。教务长郑慧雅女士,任课医师、护士共15人。学生的膳食均由本校供给,不收学杂费,修业3年。修习科目采用教育部颁发、中国护士学会规定的课程。学校的实习医院为天和医院(马场道209号)。学校在1948年时,有2个班,17名学生,14名教职员。1953年改为天津市立第二护士学校,1955年并入天津市护士学校(今天津医学高级专科学校)。

校长张纪正与子张道博在
天和医院护校门前留影

私立天和医院护校学生在校门前合影

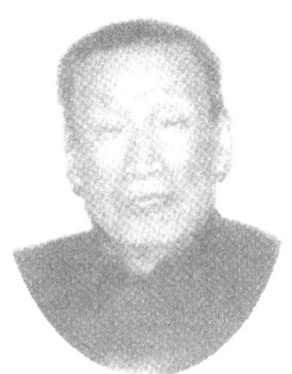

私立天和高级护
士学校邓家栋校长

私立天和高级护士学校毕业生合影

私立天和医院护士学校兼职教师

天津天和医院护士学校毕业证书

天津第二护士学校第一届毕业班合影

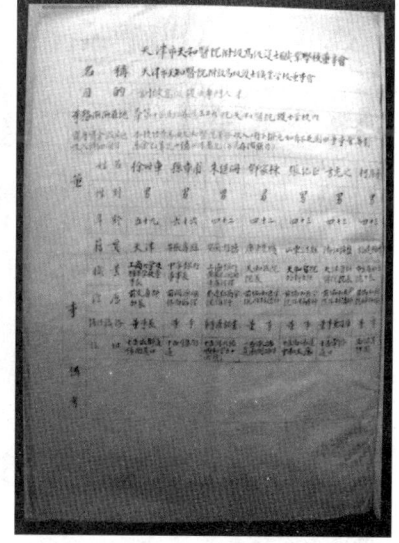
私立天和高级护士学校董事会名单

私立庐山中学

1946年，宋雁题、刘宸章等以纪念抗战前国民党庐山训练为名义，向李鸿章之孙李家琛借用坐落在河北区四马路口的李公祠前院东房三间，筹建天津私立庐山中学，宋雁题任校长。时招初一1个班，男女生共18名。1947年7月，组成庐山中学校董事会，董事长郑廷玺。自创办到1949年，每年只招收一班学生，约二三十人。1949年，由宋文萍代校长。1950年由陈调甫（著名企业家）、孟广明（中国大戏院经理）等人资助办学，聘李家琛为名誉校长。1952年5月更名为天津私立向前中学。同年底，由国家接办，更名为天津市第三十三中学。

私立庐山中学校址李公祠

资助私立庐山中学办学的"油漆大王"陈调甫

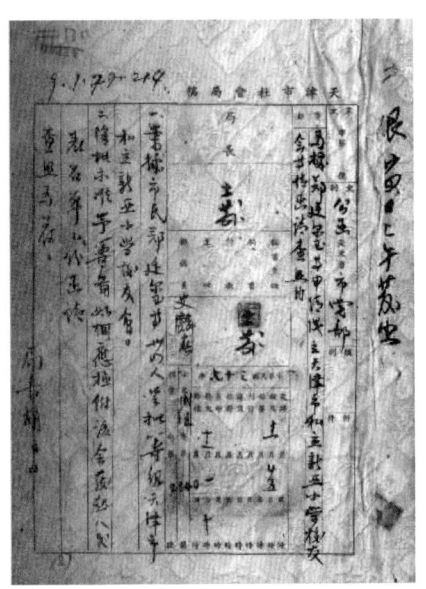

庐山中学董事长郑廷玺等申请成立
私立新亚小学校友会事致市党部函

私立正风中学

天津私立正风初级中学于1947年8月,由王任远、李涵中等9人发起组织董事会,董事长王任远。董事李珊枝为辅助该校发展,将自有房地产四所（一区宁夏路玉山里1—4号,估价8000万元）全部捐赠,作为该校基金。1947年12月6日天津市教育局准予立案,并转呈教育部备案。校长李涵中。校址原设六区（今河西区）南昌路8号,后迁在二区（今河北区）民族路34号,1948年7月鉴于经济拮据,校舍又被国民党军队占用,暂时停课。1949年天津解放后又迁第五区（今河东区）大直沽一号路22号。1952年,该校有8个班,409名学生,29名教职员,其中16名教师。校址在四区（今河东区）大王庄十二经路9号。1952年12月23日政府接办该校,改名为天津市第三十二中学。

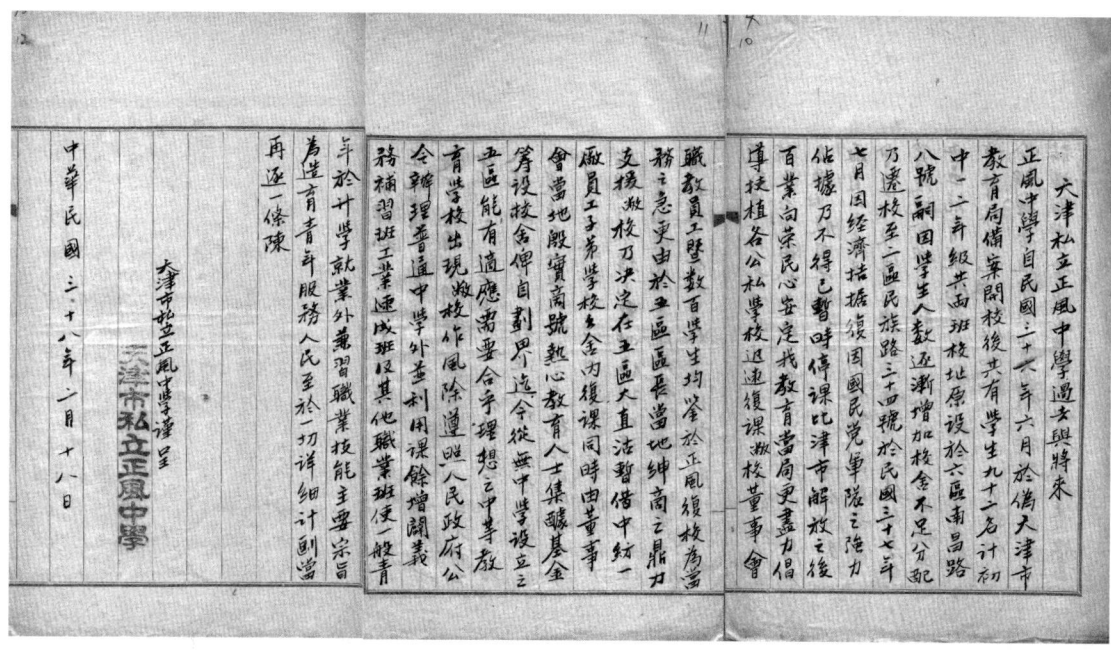

档案《天津私立正风中学的过去与将来》

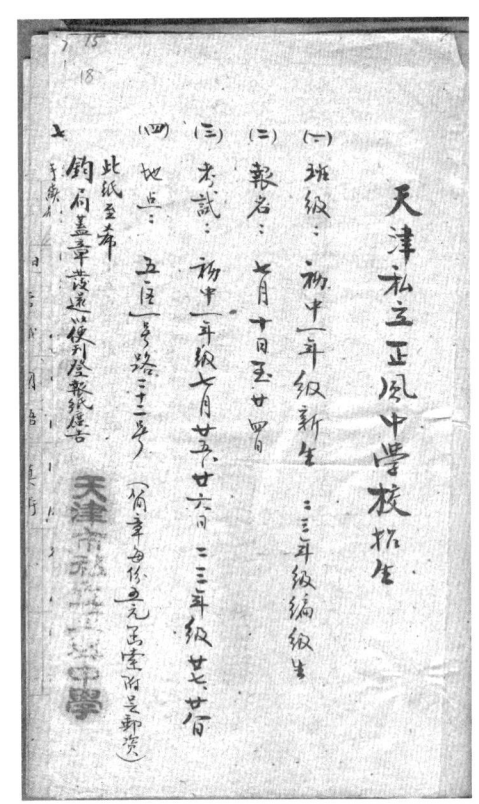

天津私立正风中学校招生简章

天津私立正风中学校招生报告

津宁中学

1946年，塘大盐业实业家李光锐(又名李廷玉)创办私立津宁中学，其时招收了一个教学班，学生30多人，有教员10余人。经费靠学生交纳学费和河北省第二专署补助。校址在塘大区三民街甲一号(原法国大院营房)。董事长高在田。在校董事会下设校长，具体负责学校全面工作，学校设教导、训育、总务三处。1949年8月25日，人民政府派向阳、赵干接管津宁中学，与私立四维中学合并，定名"天津市立塘大中学"。原有教师大部分留任，同时取消"公民"、"童子军"、"军训"等课程，并以老解放区经验为基础，制定了一系列规章制度。1951年，迁至塘沽草场街16号(今塘沽一中址)。1952年8月更名为"天津市塘沽中学"(今塘沽一中前身)。

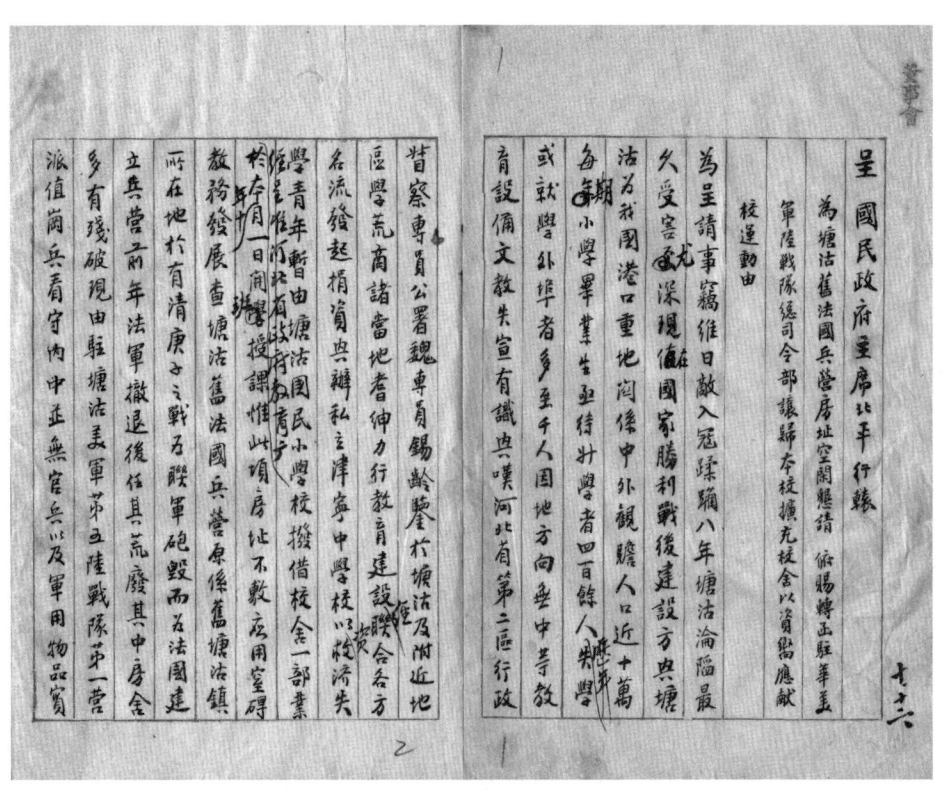

津宁中学档案

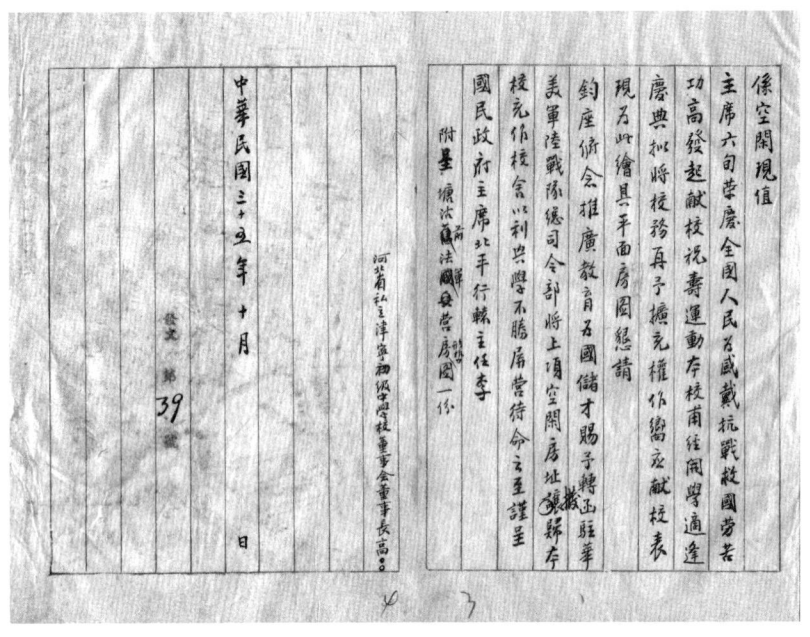

津宁中学档案

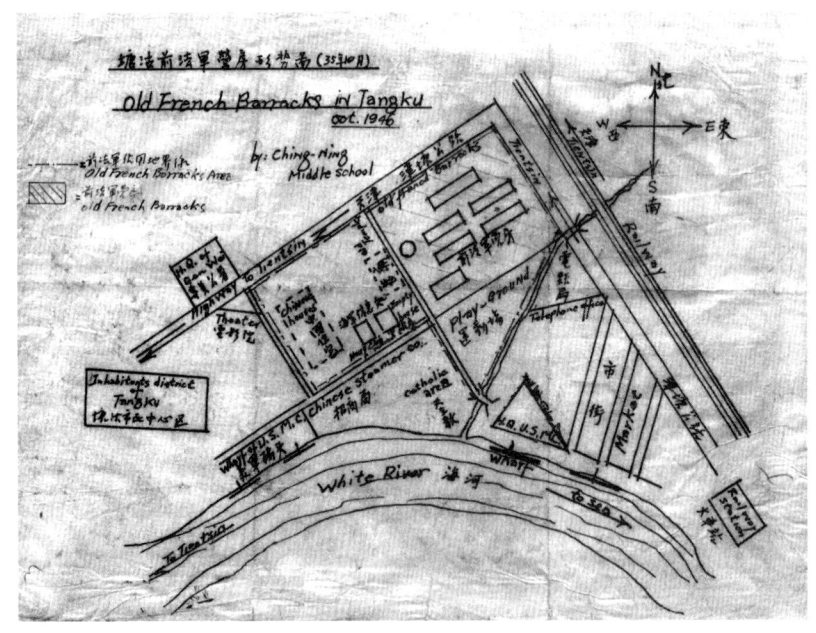

津宁中学校址塘沽前法军营房形势图（1946年）

私立长芦中学

私立长芦中学创建于1946年,原为汉沽地区盐业资本家以给蒋介石祝寿为名出资兴办,由国民党宁河县书记长刘惠文出面筹办,并出任校长。学校建成后,由国大代表唐紫园(宗坊)专程去南京国民政府备案。并请陈立夫题写了"私立长芦中学"的校匾。校训为"仁公知勇、重以修能"。校址在汉沽寨上秦家台街58号。建校之初的三年时间内,共招收学生140人。1948年底,汉沽解放后,更名为河北省汉沽镇私立长芦中学(今汉沽一中前身)。

汉沽一中(私立长芦中学)老校门

1948年师范教育家卢幼忱(右)任私立长芦中学国文教员

天津市立中学

　　天津市立中学成立于1947年8月,是由天津第一中学(校址在原汇文中学)和第二中学(校址在原十七中学)合并而成。校址在西安道旧英国营房(今天津一中校址)。该校是当时天津市唯一的一所市立中学。首任校长韩秋圃,继任校长赵文藻(亚夫)。教务主任范恒曙,训育主任刘承祺,体育主任王梓固,事务主任钟联埙。该校师资力量雄厚,教学质量高,还一贯重视文体活动,有比较强的体育师资、宽阔的体育场地和较全的体育器械,涌现了不少优秀运动员。1948年时,该校有41个班,2070名学生,90名教职员,45间教室。天津解放后,市政府正式命名该校为天津市第一中学。

天津市立中学校门

天津市立中学前身是天津英国驻屯军兵营

校长赵文藻

1948年前后,天津市立中学部分教职工合影①

---

　　① 根据九十多岁的赵秉诚三排左起第7人指认,第一排右起第5人为体育教师柳占发,第二排右起第2人为副校长边叔扬、第5人为教务主任范恒曙、第6人为校长赵文藻,第三排左起第6人为教务处李复声。

天津市立中学学生进入新校舍后留影

天津市立中学学生进入新校舍后留影

天津市立中学学生进入新校舍后留影

天津市立中学学生进入新校舍后留影

1947年前后，汇文、新学两校相继要回校址复校，1947年5月8日，市立一中、二中的学生在地下党的领导下迅速开展要校舍的斗争

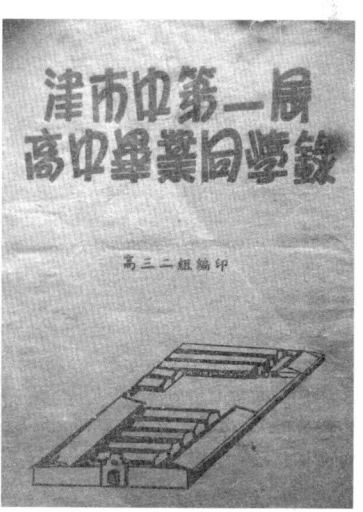
《津市中第一届高中毕业生同学录》高三二班编印

要校址斗争中涌现出的坚定沉着的学生领袖
左起：田增佩、宋堃、王辉

学生自办木刻杂志《吐露》创刊号

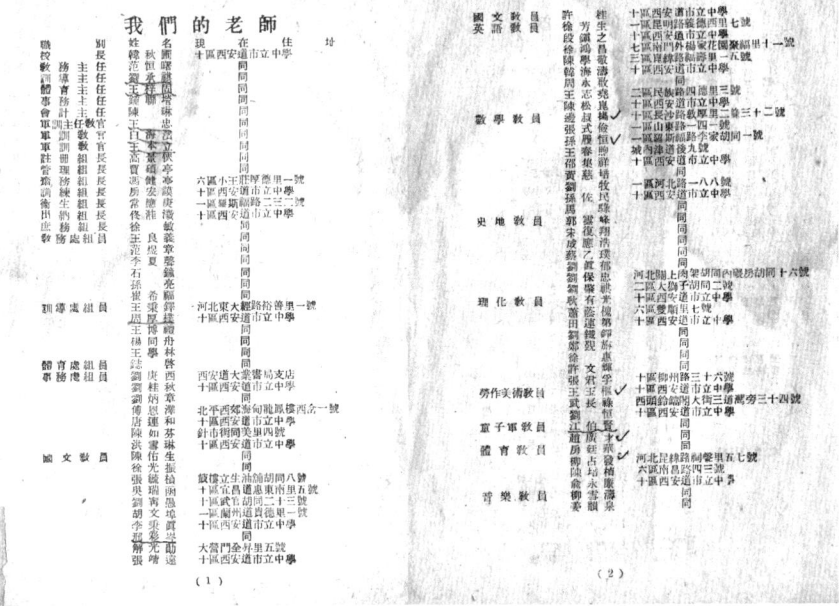

天津市立中学教职员名录

天津市立中学的教室原是英国兵营的营房

1949年天津市立中学改名天津市第一中学

私立崇化中学

　　天津私立崇化中学的前身是创办于1927年的崇化学会。1947年夏,经李琴湘等先生积极筹划,于9月1日私立崇化初级中学正式开学。李琴湘为董事长,王斗瞻等为董事,校长先为郭蔼春,后易李孟高,教导主任为龚作家。校址在天津东门外文学东箭道1号,以文庙为校舍,有学生3个班,142名学生,22名教职员,5间教室。随着新中国成立后教育事业的发展,不断扩大招生,将文庙东西两庑和大成门外的乡贤名宦祠扩充为教室。1952年,由政府接办,经过改组,成为天津市第三十一中学。

崇化中学董事长李琴湘

崇化中学校长郭蔼春

建在天津文庙内的崇化中学

文庙为校园,天津教育史传佳话

崇化中学教师集会　　　　　　崇化中学20世纪40年代课堂

1948年崇化中学预算表

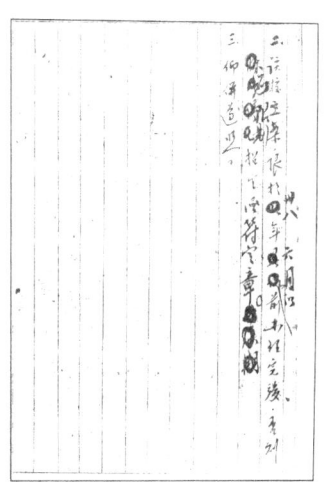
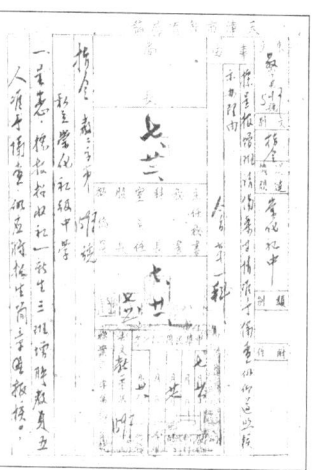

1948年天津市教育局给崇化中学的批复文件

私立养正中学

　　天津私立养正初级中学创办于1947年8月,校址在四区(今河东区)李地大街。其前身为天津私立养正小学。天津市教育局(教二字第132号)指令准予开办。校长邢席儒,教导主任于翔。1948年第一学期,招一年级新生3个班,学生报名异常踊跃。增聘教员6人,职员1人,校役1人。1948年时,有3个班,178名学生,11名教职员。1949年时,有4个班,155名学生,13名教职员,其中9名教员。1952年12月23日政府接办该校,改名为天津市二十八中学,迁校址于新开路振昌里。

天津国货售品所董事长、私立养正中小学创办人之一宋则久

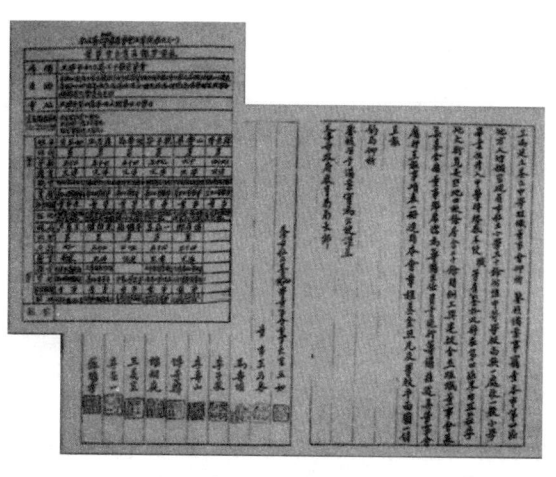

养正中学申办立案文件影印件

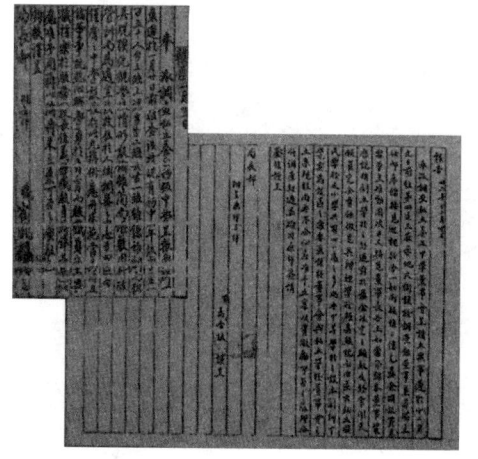

市教育局派员调查报告影印件

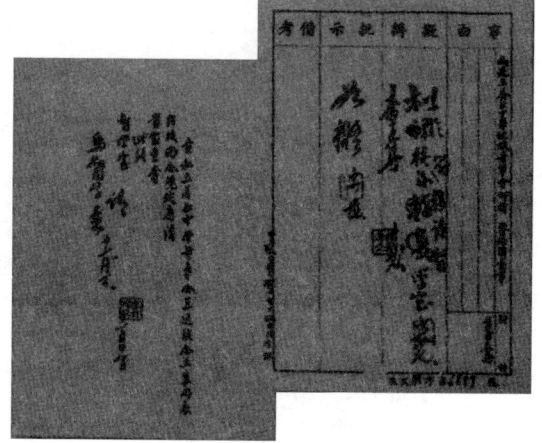

市教育局郝任夫局长批文影印件

近代天津教育图志

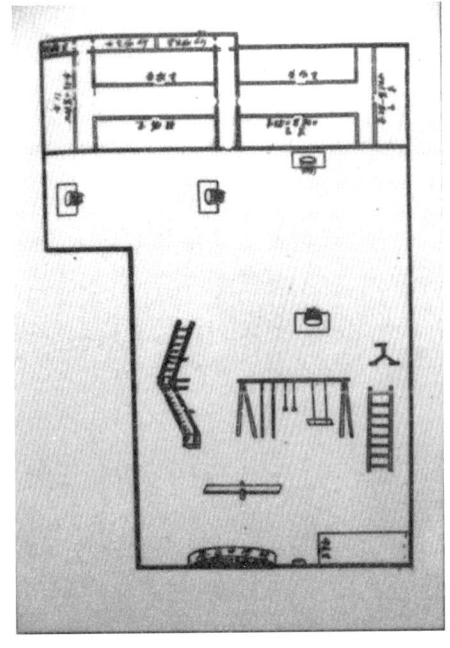

养正中学平面图

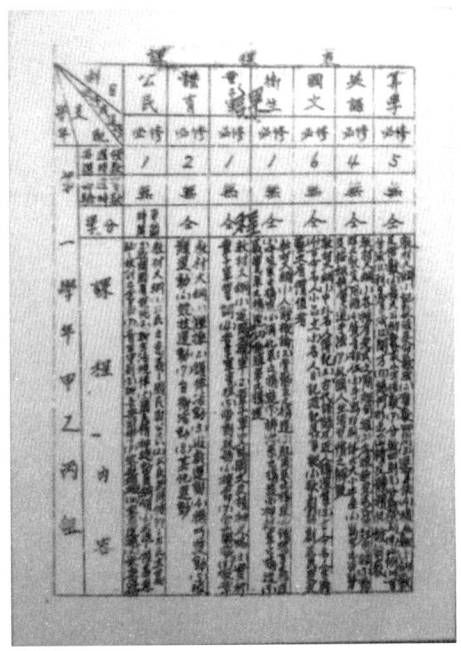

功课表

部分教职工花名册

私立建华中学

天津私立建华中学于 1947 年 9 月开办,开办费 8 亿元。校址在十区(今和平区)南宁路 25 号。董事长段茂瀚,校长曹葆清。教导主任许枚九,事务主任刘泽忱。该校校舍坚固,设备完善。初招学生 191 名,初中、高中各两班,学制为初高中三三制。该校于 1948 年 9 月 20 日,由天津市教育局转教育部(中字第 54872 号)文,准予备案。此时有学生 189 人,分 4 个班,教职员 21 名,有 6 间教室。有 50 余名住宿学生。1949 年 10 月,该校有 6 个班(高级 3 个班,初级 3 个班),学生 159 名(高级 64 名,初级 95 名),教职员 21 名,其中教员 15 名。1951 年 4 月该校并入慈泽中学。该校址后为天津幼儿师范学校。

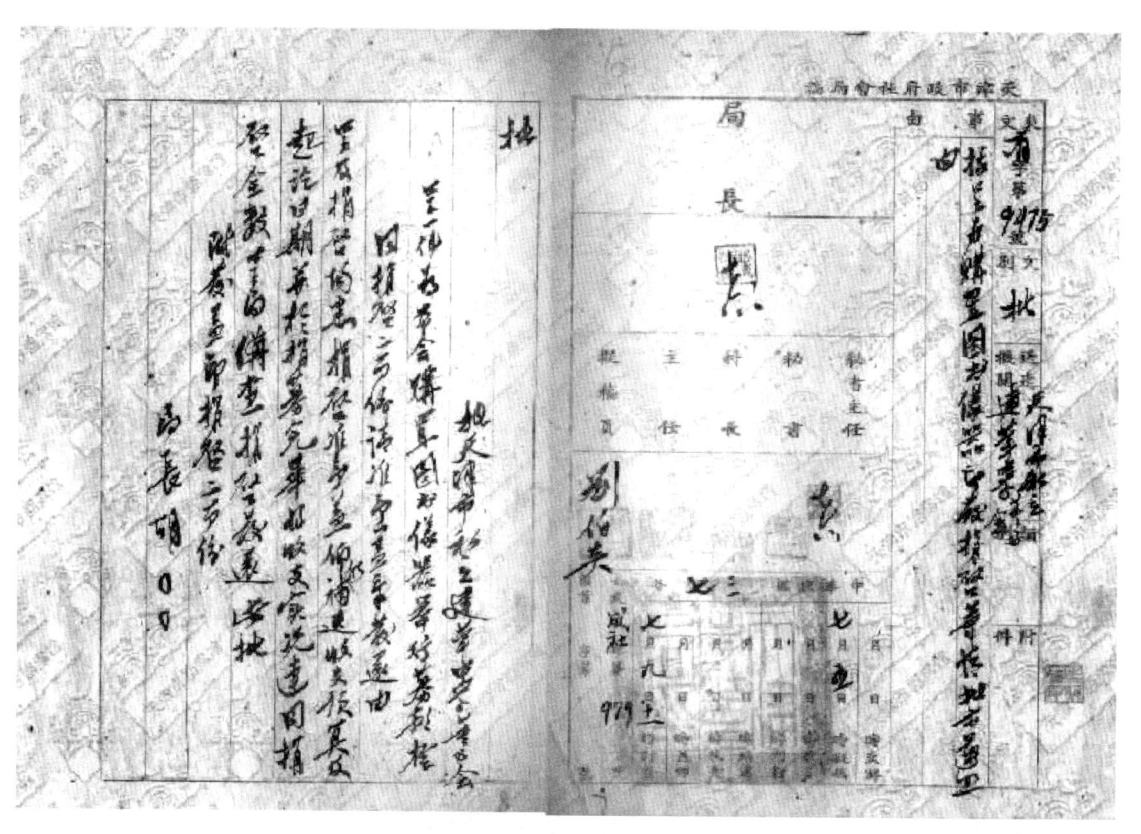

天津市社会局胡梦华局长对购买图书仪器印发捐启事致天津市私立建华中学董事会的批示

私立培英中学

　　天津私立培英中学于1947年9月发起创立，同年12月奉天津市教育局令准予董事会立案，所设学校亦准先行开学授课，旋教育部亦指令准予备案（中字第2659号）。该校址坐落于一区（今和平区）新兴路13号。交通便利，环境清静。该校董事长为王任远，王任远、张鸿杰、肖士瑜为创办人。该校校长张伯英，教导主任为肖滋美，事务主任为丁秉勋。时有高中1个班，初中5个班，共6个班，298人。设备比较完善。经费来源有三：一由校董会筹募，二为学杂费收入，三为基金之息金。该校提倡简朴勤俭的校风，有各种规则。该校址曾为鞍山道与新兴路口的天津市职工医学院。

培英中学董事长王任远先生

培英中学校长张伯英先生

培英中学校舍

培英中学校舍

培英中学校训

1947年9月11日培英中学全体教职员合影

私立力行中学

　　天津私立力行中学于1947年春季由王任远、蔡逸九、刘泽民、刘继良、张毓桂发起，至7月筹备完竣，8月聘请蔡逸九为校长，开始招生，至10月11日正式上课。教育部(中字第2968号指令)准予立案。该校位于一区(今和平区)万全道1号。校舍为最新式工字形四层楼房。该校董事长王任远。教务主任张少庸，训育主任李健之，事务主任吴信之。有职员12人，教员19人。初中一年级有3个班，初二初三年级各1个班，共计5个班，学生290人；高中一年级2个班，学生87人。全校总共有学生377人。经费支出系由基金利息(3.888亿元)及学杂费收入(7.15亿元)，再不足由董事会筹拨。该校址现为天津市第十九中学一部分。

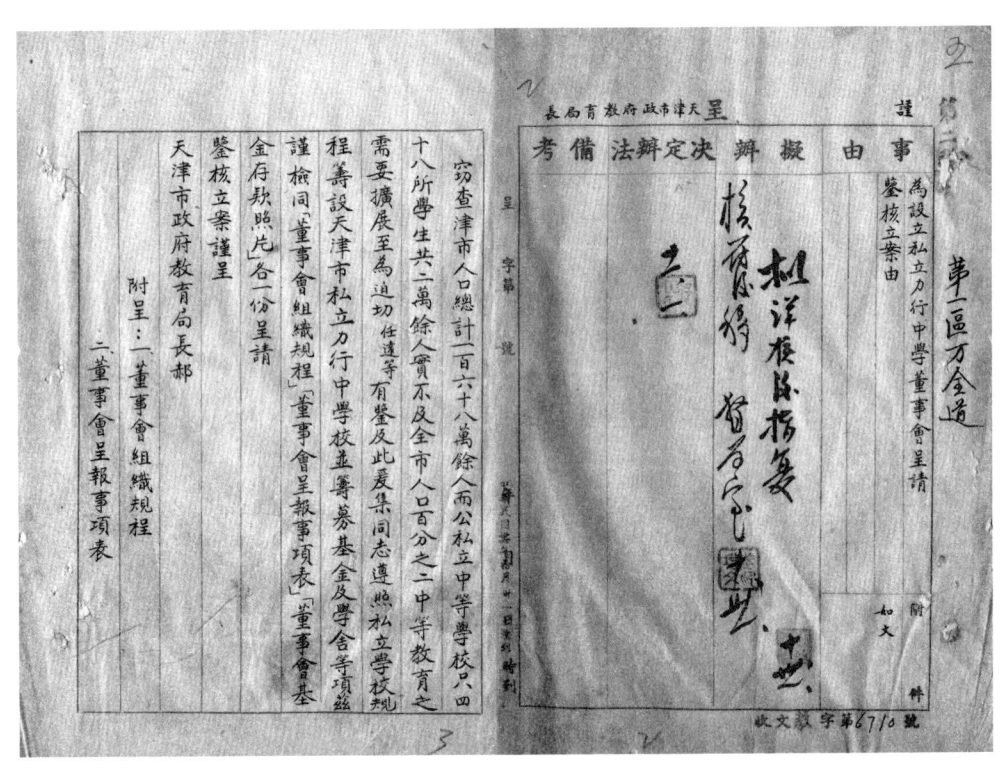

为设立私立力行中学董事会呈请鉴核立案由

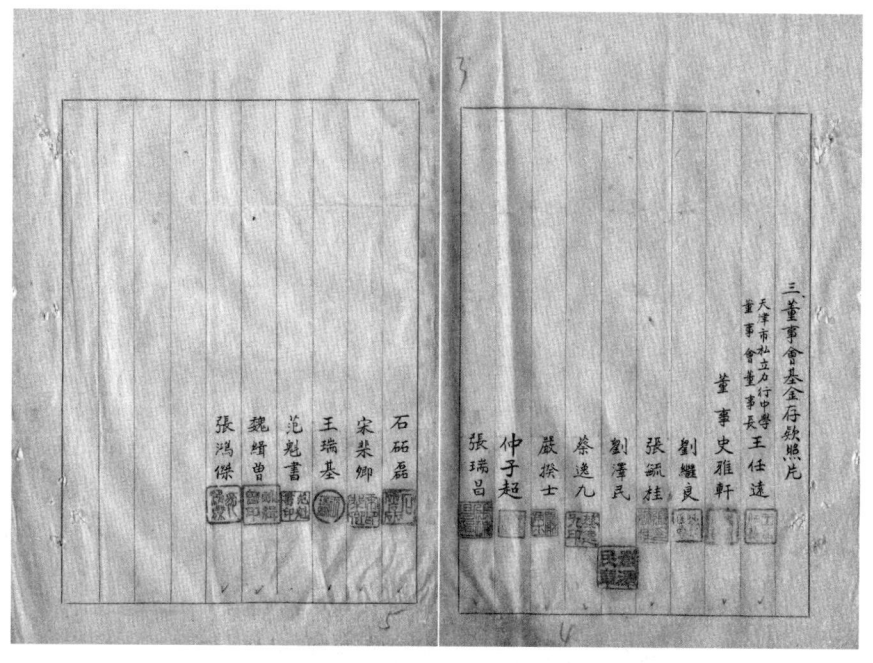

私立力行中学董事会名单

私立力行中学校呈请立案调查报告书

天津市立介寿中学

　　天津市立介寿中学前身(今天津第二中学前身)系于1947年为蒋介石寿辰募捐所得而办,校址初设在河北月纬路(天津十中北院)。校长梁文壇。1949年1月15日天津解放后由市政府接管,3月命名为天津市第二中学。1949年夏初搬到河北昆纬路(原为沦陷时期"日本三笠国民学校"),当时为初中校。1951年2月,天津四中(原私立觉民中学,校址为现河北区少年宫)并入该校,遂改为完全中学。1954年、1973年和1991年学校对校舍进行了扩建、改建和美化。为市级重点完全中学。该校素以教学质量高而著称。

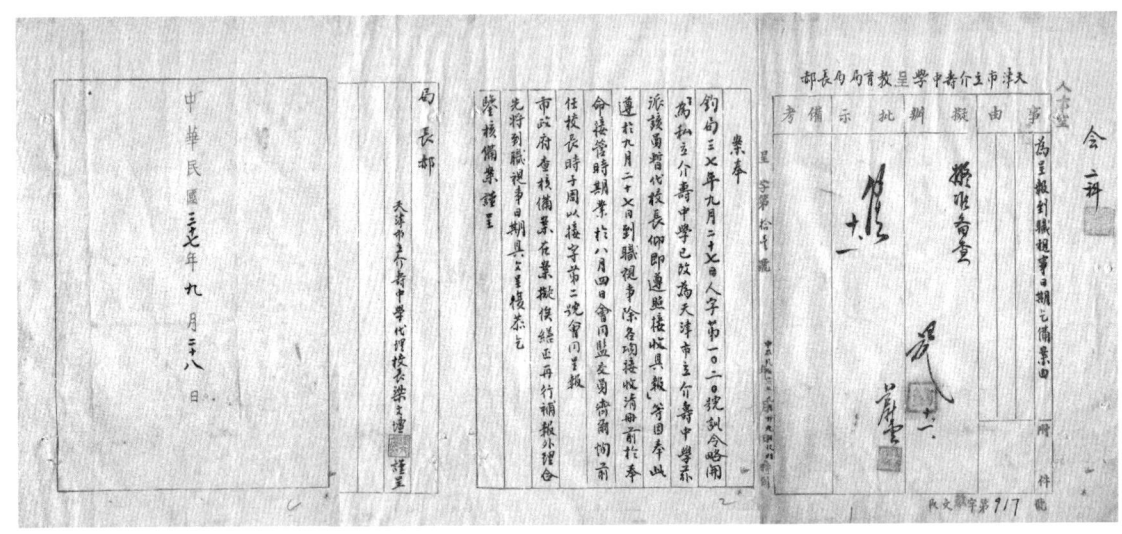

天津市立介寿中学档案:视事日期备案

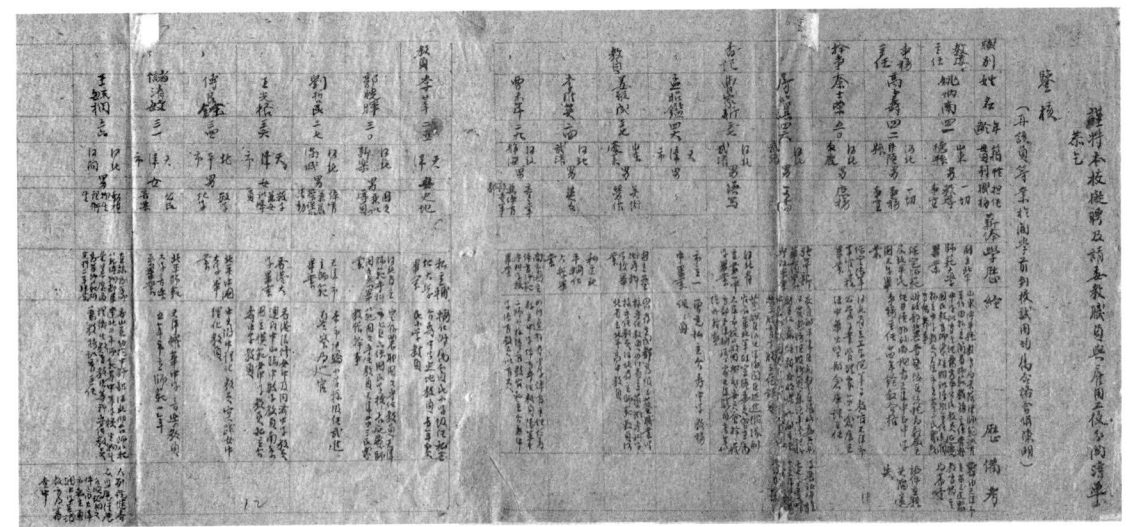

天津市立介寿中学档案:拟聘教职员清单

20世纪50年代初天津市第二中学(前身市立介寿中学)校门

第二部分 学校

私立津东中学

葛沽一中的前身为清光绪三年(1877)筹建的津东书院。1947年2月,葛沽镇的几位乡绅为解决孩子小学毕业后要到路途遥远的市区求学的困难,在位于津东书院的葛沽官立小学开设初中班;1948年2月,初中班与官立小学分离,迁往葛沽保国民学校暂驻,即今葛沽镇南大街63号,校名为"私立津东中学",校长龚如鉴。1948年底葛沽镇解放,该校被人民政府接收,隶属天津县,改名为"天津县葛沽中学校"。1949年初改称"天津县县立葛沽中学校"(今葛沽一中前身)。

葛沽中学校(津东书院原址校舍)

津东书院原址葛沽中学校门前

在津东书院旧校址葛沽中学全体师生欢送投考军校同学纪念合影

在津东书院原校舍留影（1952年）

私立津东中学校址津东书院仅存木刻《朱子家训》

中央医院附设高级护士职业学校

　　中央医院附设高级护士职业学校创办于1947年6月,创办人包艾靖、陈路得。同年8月招生,招生对象为高中毕业生,学制三年。校址在迪化道(今鞍山道)中央医院内一所小楼。校长包艾靖,教务主任陈路得。1949年天津市卫生局接管中央医院,后改名天津市立总医院,学校随之改为天津市立总医院附设高级护士学校,校长陈路得。1950年并入天津市护士学校。1947—1949年共招收3班学生,1950年第一班17名学生毕业,其他两个班合并到天津市护士学校。

天津市立总医院附设高级护士职业学校陈路得校长

天津市立总医院高级护士职业学校

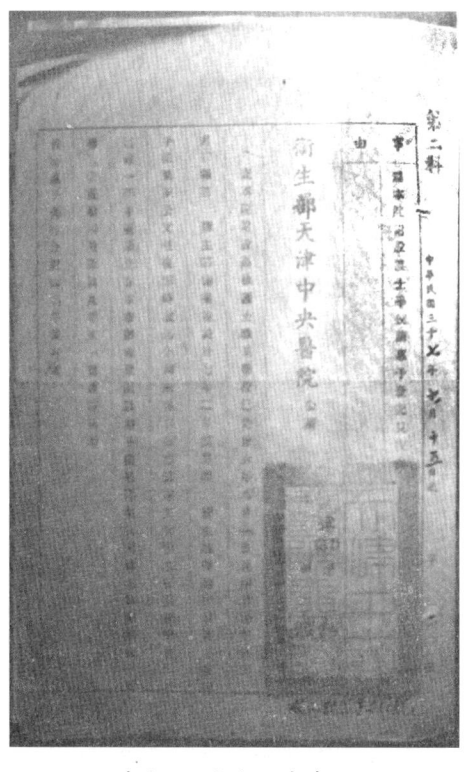
中央医院护校立案请示函

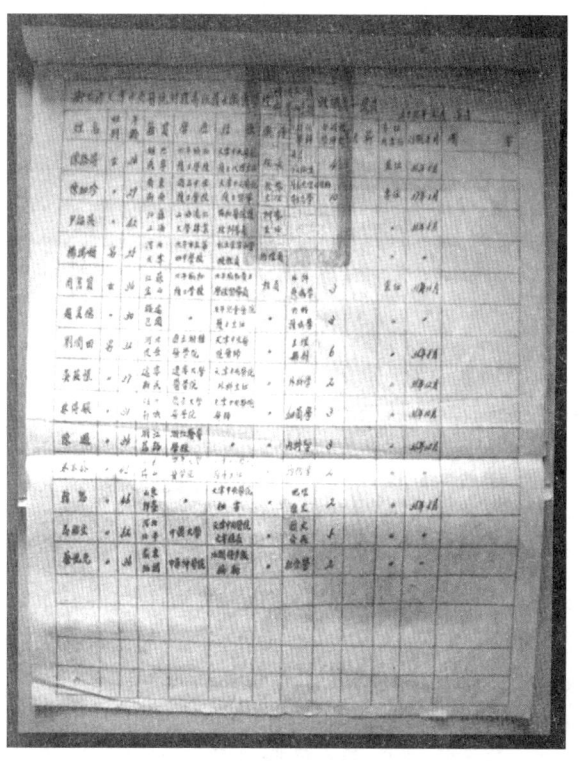
中央医院护校教职员登记表

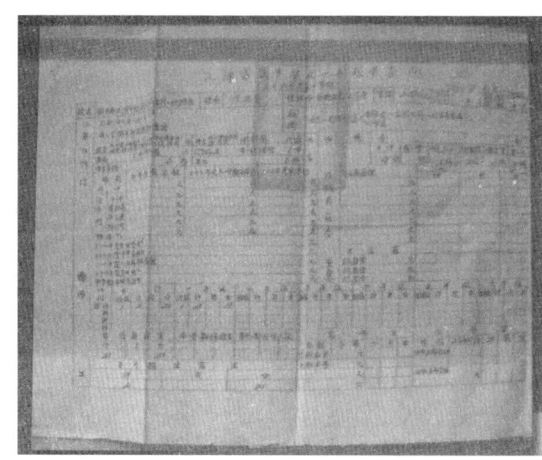
中央医院护校报告表

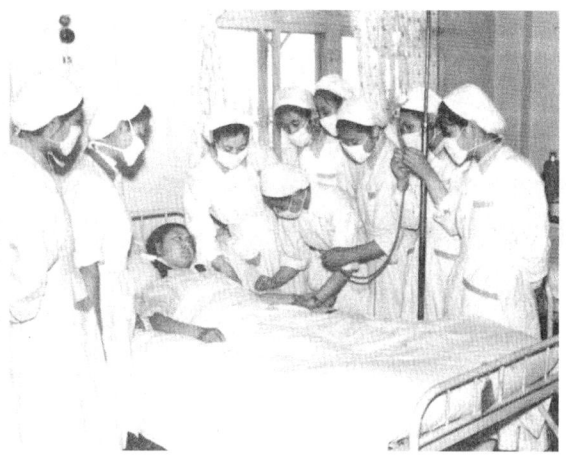
护校学生在病房实习

私立平实中学校

天津市私立平实中学校1947年10月由任述原创办,并任校长。校址在天津市昆纬路62号,这里远离嚣市,尚为僻静。校舍系旧式住宅四合院,共有房屋12间,其中办公室3间,门房1间,职员宿舍1间,教室7间。另有跨院2个,有房12间,房屋极狭窄,为学生宿舍及厨房。校门外有空地一块,作为操场。校董会由9人组成,董事长邓庆澜,董事徐克达、黄道、李藩侯、张元第、方宏谟、杨山、郑恩绶、任述原。学校行政组织分教务、训导、事务三处。有学生385人,初中一、二、三年级各一班,高中一、二年级各一班。学生上午上课,下午教室供小学部使用。1952年,私立究真中学与私立平实中学合并,更名为私立建设中学。同年底,市政府接管改名为天津市第三十中学。

天津市私立平实中学教职员合影

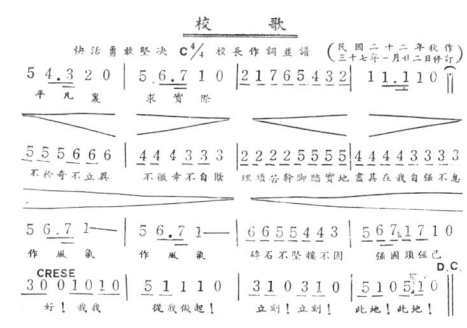

私立平实中学校歌

天津市私立平实中学校同学录

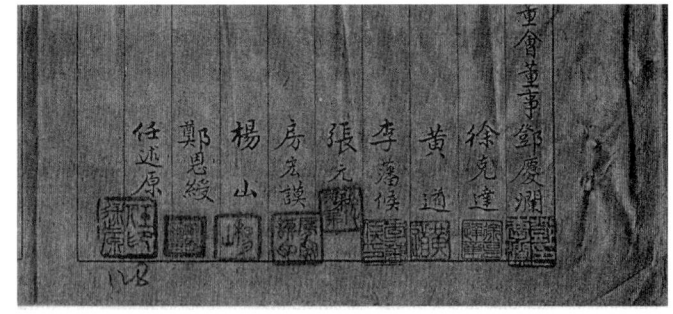

天津市私立平实中学校董事会董事名单、印章

立信高级会计职业学校

　　天津立信高级会计职业学校简称天津立信会计分校,创办于1948年初。校址在吉林路众成商业职业学校内。校舍是一幢三层楼,学校利用其晚上空闲时间订约租用。校址后迁至新华北路52号。第一期择优录取了150来名学员,第二期招收学员300多名。学员多是各界在职人员。该校校长由享有"中国会计之父"美誉的著名经济学家潘序伦博士担任。教务主任管锦康和总务主任丁苏民主持日常工作。校董会由天津工商界著名人士李烛尘(董事长)、周叔弢、朱继圣等组成。1951年该校停办。学校建校时间不长,但培养了数以千计的财会人员,多年来,他们在会计岗位上为社会主义建设贡献力量。

董事长李烛尘

董事朱继圣

董事周叔弢

校长潘序伦

私立立信高级会计职业补习学校招生简章

天津通史专题研究丛书　　万新平 总主编

近代天津教育图志

（下）

张绍祖 / 主编

天津出版传媒集团
天津古籍出版社

四、初等学校

私立仰山小学堂

私立仰山小学堂是直隶（今河北省）全省开创最早的教会女子小学，始建于 1866 年。由美国公理会传教士山嘉利夫妇创办，初名教会小学，设初小 4 个班，校址在杨柳青。1899 年，迁至紫竹林（今天津文化局一带），又于 1906 年迁至西沽教堂前，扩建为六年制小学。不久，山嘉利夫人逝世。为纪念她，该校正式命名为仰山小学（女校）。1926 年秋，又迁到河北冈纬路新校舍。校长李清贤先生。有 6 个班，144 名学生。1929 年添设初级中学，1930 年被批准立案，定名私立仰山初级中学，1942 年中学停办。1952 年底，仰山小学与鉴修小学、锺贞小学、智丛小学、新大路小学合并为三区三十一小学，后改名为河北区昆纬路第二小学。

Charles Alfred Stanley 和 Ursula Johnson Stanley
美国公理会传教士山嘉利夫妇

山嘉利夫人墓碑　　　　　　　山嘉利夫人碑文

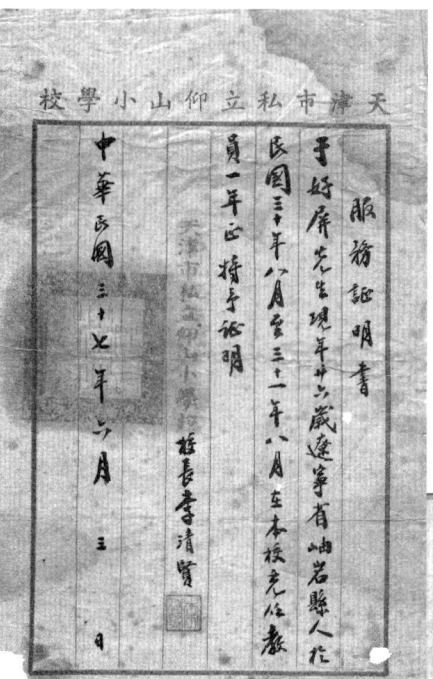

天津私立仰山小学校服务证明书
校长李清贤

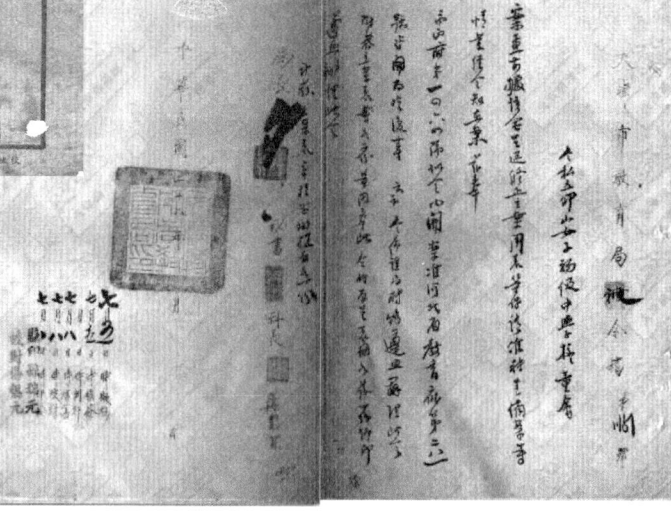

1933年7月8日天津市教育局为该校修正立案章表等件诸多不合等事致天津私立仰山初级中学校校董会的训令

天津成美馆

天津成美馆为天津最早的教会小学校之一,创建于1890年,创办人为美国传教士倭克牧师,校址在海大道(今大沽路),初招学生10人。该校属于美国基督教会美以美会。该校后来发展情况详见中等学校:天津汇文中学。

天津成美馆在法租界海大道
创办时之校舍

汇文学校南关下头小学部
讲室(教学楼)

汇文学校小学部李天贵主任

汇文学校学生会、青年会合办之平民学校

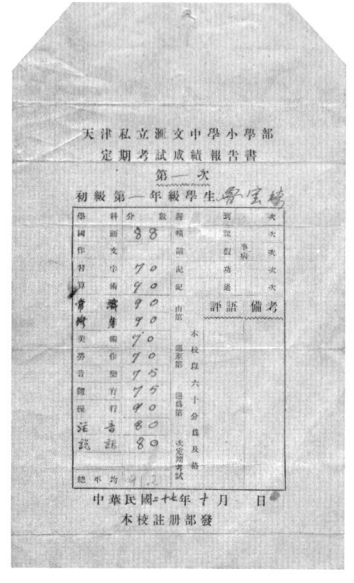

汇文中学小学部定期考试成绩报告书（1938年）

大水中的成美学校（1917年 汇文学校前身）

安立甘教会学校

天津安立甘教会学校是英租界最早的小型学校,成立于19世纪90年代初期,校址在马厂道安立甘教会内。1900年义和团运动高潮时该校停办。1902年在老天津俱乐部新建了一所学校。1905年建成,该校招收寄宿生和走读生。后来只收走读生。到1915年有学生63名。不久,英国工部局接管了这个学校,称为"天津学堂",为英工部局办的学校。后来该校发展情况,详见中等学校:天津英国文法学校。

安立甘教堂位于泰安道与浙江路转角处,安立甘教会学校曾建在此

芦台镇小学堂

芦台镇小学堂(今芦台镇第一小学)始建于1897年。由我国著名语言学家,汉语拼音创始人王照(芦台镇人,当时任光绪礼都主事)创办的我国第一所"州县地方小学堂",校舍用"三官庙"改建而成。1912年改名为芦台镇两等小学校,由清末秀才、绅士陈体仁任校长,4个教室,8名教师,200余名学生。不久,又更名为芦台镇完全小学,崔硕辅任校长20年左右。后又改名为芦台中心国民小学,沈怀玉任校长,教室增至12间,教职工18人,学生400人。新中国成立后改名为芦台中心完小、芦台镇第一小学。

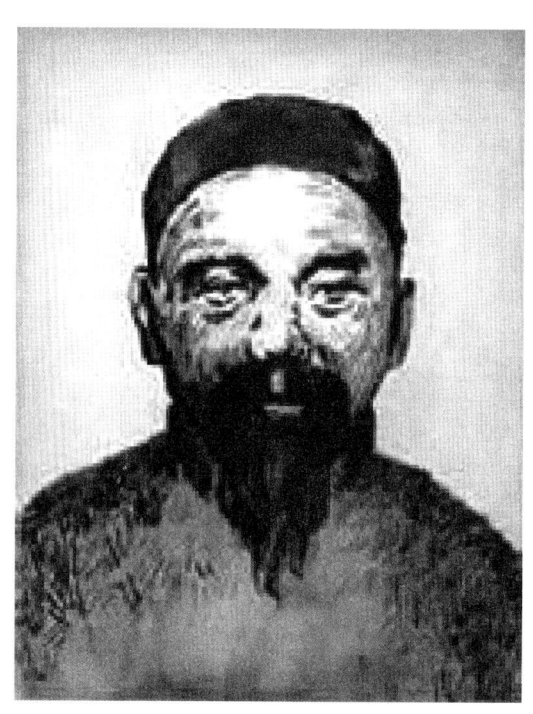

王照

天津共立学校

天津共立学校前身叫日出学馆（取"日出扶桑"，即日本），开学典礼举行于1900年12月23日，校址在日租界闸口（即今和平区辽北路），原为风神庙。创办人、校长是隈本实道太尉（日军司令部宪兵队长），招收在日本领事馆、警察署等机关内工作的华人子弟，目的是培养亲日的下一代，训练日语人才。日语课由日本军人担任，中文课由中国私塾老师担任。1904年，改名为天津普通学堂，校长改由井上、楼原两少佐先后继任。1906年改为由华人为主的董事会管理，改名为天津高等学堂。1908年增设共立小学；1912年，两校合并，改称天津共立学校；1928年迁至伏见街（今和平区万全道）。抗战胜利后，改为一区中心国民学校；新中国成立后，改名为一区中心小学。现为和平区万全小学。

日出学馆

共立学校校舍

天津共立学校校舍

35班毕业时摄影于天津共立学校门口（1944年）

共立小学三神庙前合影（1943年6月）

共立小学操场

《京津日日新闻》1945年1月15日

《京津日日新闻》1945年1月17日

校理事会理事方若

校理事会理事高凌蔚

校理事会理事王揖唐

校理事会理事吴鼎昌

校理事会理事曹汝霖

校理事会理事陆宗舆

天津市第一区中心国民学校
校长康辅德（1946—1947）

1948年《第二次中国教育年鉴》《抗战时期文教人士忠贞与殉难事迹》记载康辅德校长忠贞事迹

天津市共立学校校歌

天津共立学校初级科毕业证书（1928年）

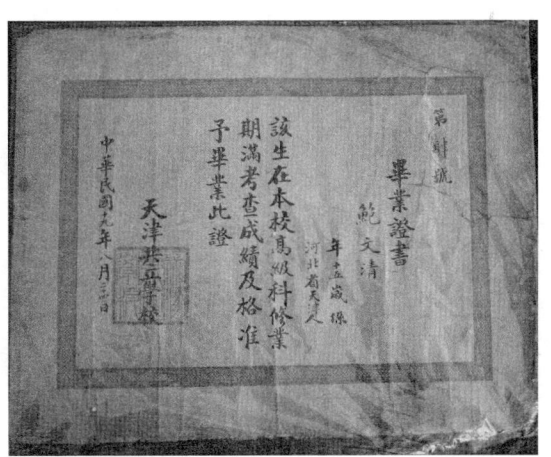

天津共立学校高级科毕业证书（1930年）

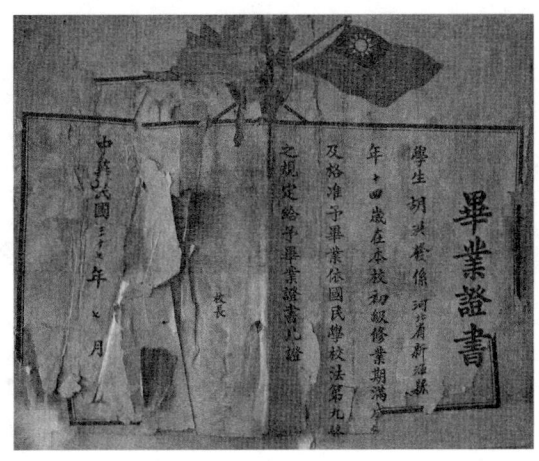

天津市一区中心国民学校胡洪发毕业证书 1948年7月 校长蒋鼎宇

静海县立高等小学堂

　　静海县立高等小学堂前身瀛海书院。清光绪二十七年（1901），诏令改为静海县立高等小学堂。该学堂无统一教材和正规学制，除经学外，增设了算学、地理、体育等部分新学科。1913年改为静海县立第一两级小学校（简称第一完小），张干廷出任首任校长。聘任当地高水平的教师任教。如教师范立中为秀才出身，后毕业于两湖师范，文化造诣深，精通音乐。他亲自为该校作校歌。1937年"七七事变"后，日军侵占静海，将该校占作兵营，学校被迫迁出。1943年迁回，改名为"模范小学"。抗战胜利后，改名为"永丰街小学"、"第一中心小学"。新中国成立后，又更名为"静海镇第一完全小学"。1962年，被定为河北省重点小学，并被誉为"小宝塔"。1985年定名为静海县实验小学。

静海县立第一两级小学校校门(1942年)

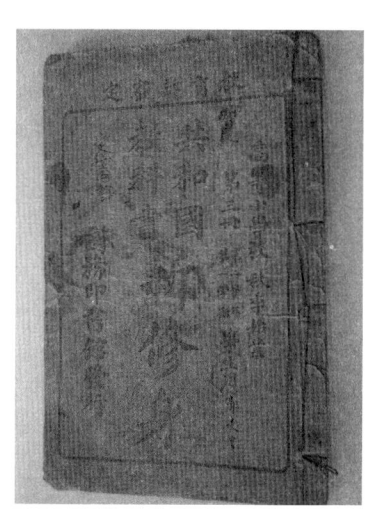

1913年出版的新修身教科书

静海县立第一完全小学高级第二十一班毕业师生合影留念(1941年)

民立第八两等小学堂

　　天津县民立第八两等小学堂是创建于1902年的新式学堂,由穆祥和提供校舍,穆兴俊提供经费,校址在穆庄子敬善胡同。后称天津县立第六十四小学(1933)、公立第五小学、区立穆家庄小学(1937)、天津市立第七十一小学、私立天穆小学(1945)、天津市三区三十三保国民学校(1947)。1951年称天穆村小学,1962年称天穆小学,1972年迁现址,1975年拆建天穆第一小学(现址)和第二小学(原址)。1985年和1986年第二小学、第一小学先后更名民族小学和天穆小学。2008年民族小学并入天穆小学。2010年柳滩小学并入天穆小学。

私立天穆小学校长
王瞳(1945年)

天穆村小学校门(1952年)

20世纪40年代毕业生、"世界蛙王"穆祥雄

民立第一小学堂

　　天津民立第一小学堂是天津最早的私立小学堂,创办于1902年10月。校址在东门内仓廒街会文书院旧址(曾为南开区仓廒街小学)。创办人为严范孙、林墨青、王竹林、李子赫、王寅皆等。其前身为严范孙办的"西一"、"西二"和林墨青等办的"东一"、"东二"这几个半新式私塾(蒙养学塾)。学堂拓为五斋,小学两斋、蒙学三斋,至1904年重定学级,分高等小学和初等小学。该堂教员多系津门教育界之名流,如陈宝泉、刘蓉生、孟琴襄等。民国初年,改为天津私立第一小学校,校长陈星彩,有学生720人。新中国成立后,该校曾叫东群小学、七区第二十一小学、仓廒街小学、德善里小学、南开区仓廒街小学。

天津民立第一小学堂师生合影(1903年)

校长陈星彩(天纪)

天津私立第一小学校脚球部(足球队)

(摄于1914年)

天津私立第一小学毕业证书（1937年）

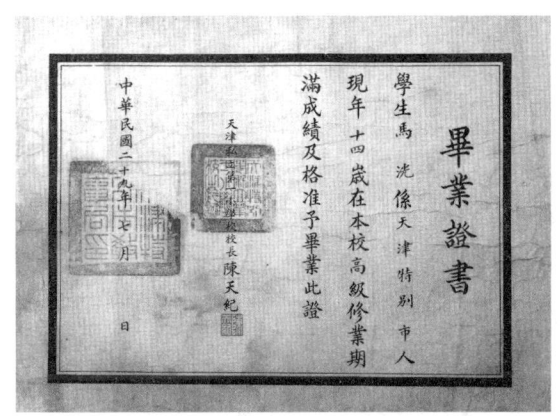

天津私立第一小学校毕业证书（1940年）

祁宝利保存其父天津县民立第一小学堂毕业证书

清宣统三年（1911）十二月二十日颁发

民立第二小学堂

　　天津民立第二小学堂创建于1902年,由天津三绅士卞宝廉、卞世清、张炳邀同林墨青创办。校址初在东马路迤南路东育婴堂。卞、张三士绅担任款项,林任事务,堂长胡家琦。1903年搬到文庙,初办时有学生约60人。1904年又搬到问津书院(曾为南门里小学)。1906年郭俊城为堂长。1912年,改校名为天津私立第二小学校。1915年,该校改组另聘卞耀昌、卞蕃昌等叔侄六人为校董。该校曾用名:问津小学。1948年时,校长周佩馨,有17个班,376名学生,13名教员。新中国成立后为南开区南门里小学。

天津民立第二小学堂(前身问津书院)

问津书院牌匾

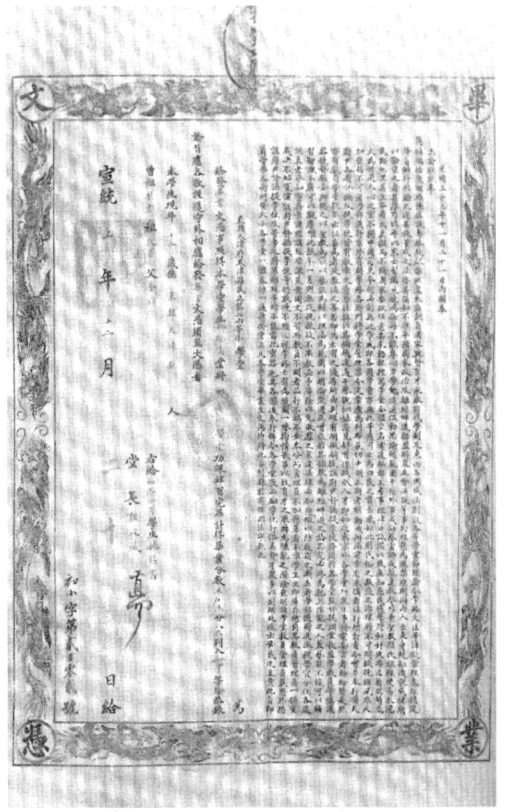

天津县民立第二两等小学的毕业文凭

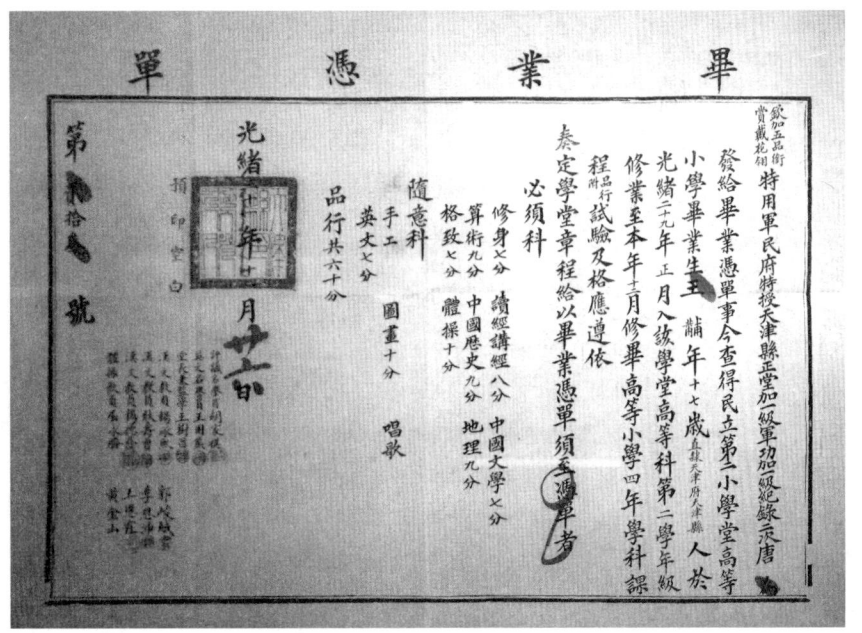

光绪三十一年(1905)民立第二小学堂毕业文凭

北仓蒙养小学堂

北仓蒙养小学堂（今北仓小学前身），1902年由孙洪伊创办的，校址在北仓村原关帝庙旧址。后由北仓人赵化民、盐商胡氏出资另成立"私立民生小学"。1948年12月，津武县六区公所接管公、私立学校、私塾及教会学校，合并为"津武县第六区北仓完全小学校"。1949年后迁到北运河堤边，1973年由政府出资在京津公路495号兴建平房为校舍，1985—1996年新建、扩建实验楼共三层。2004年由于旧村改造，区教育局在原延吉道小学校址扩建新教学楼，并于2004年7月11日迁入。延吉道小学与北仓小学合并，成为新的北仓小学。

北仓蒙养小学堂创办人孙洪伊

1949年北仓小学教师节合影

1952年春,北仓小学教师与教育局同志合影

1952年春,北仓小学预备室一角

北仓小学学生在上唱游课

北仓小学秋令营开营典礼

天津日本芙蓉小学校

天津日本芙蓉小学校的前身是天津日本寻常高等小学校，最早可追溯到1902年由日本基督教信仰者团体在闸口旧商谈会会场开设的家庭私塾性质的学校。1906年3月21日教育费负担者大会决议在福岛街（今多伦道）新建校舍，并于1907年竣工，校名改称"天津寻常高等小学校"，有学生85名。于1914年5月在芙蓉街（河北路）填埋8400平方米的地基，1918年9月新校舍完工，学生全部转移到芙蓉街校舍（今十九中学址）。1936年改称天津第一寻常高等小学校。1939年底改名为日本芙蓉小学校。校长1939年8月前是池田武南，后为木村谦。1940年5月，教师40人，学生31个班1310人。

天津第一日本寻常小学校
（今十九中学址）

天津第一日本寻常小学校全景

日本第一小学六年级学生内地
（日本国内）旅行（1939年5月）

日本第一小学六年级学生内地（日本国内）旅行（1939年5月）

日本第一小学六年级学生内地（日本国内）旅行（1939年5月）

日本第一小学六年级学生内地（日本国内）旅行（1939年5月）

日本第一小学六年级学生内地（日本国内）旅行（1939年5月）

日本第一小学六年级学生内地（日本国内）旅行（1939年5月）

日本第一小学六年级学生内地（日本国内）旅行（1939年5月）

天津日本芙蓉小学校 40 期毕业纪念（1943 年）

天津日本芙蓉小学 35 期生
（1940 年）

天津日本芙蓉小学 4 年级学生（1938 年）

天津日本芙蓉小学师生合影

天津日本芙蓉小学音乐获奖

天津日本芙蓉小学校校长（右二）

天津日本芙蓉小学学生在真光电影院（今曙光影院）门前留影

天津日本芙蓉小学（在1939年大洪水时拍摄）

天津日本芙蓉小学北京北海旅行

天津日本芙蓉小学校远足

城隍庙小学

城隍庙小学是天津最早的官立小学,于1903年由袁世凯指令开办,校址在城西北隅城隍庙。8月14日开学庆典时,直隶总督袁世凯、直隶学务处督办严范孙及通城官长都到会。校长先后由华泽元、戴元龄、顾寅昌、孙世琛、高恩荫、刘贤章等担任。1923年时,该校有学生630人,分高级4班,用文言;初级10班,用白话。有教职员22人,其中有4名女教员,教员皆师范毕业。1929年改称为天津市立第十小学。抗战胜利后,该校分为天津市第八区第十四国民学校和第十五国民学校。新中国成立后合并为八区第一中心小学,后为府署街中学和南开区西北角小学。

城隍庙小学堂所在地(城隍庙正门)

西北角小学拆迁前(原城隍庙后殿)

城隍庙小学遗址(天津市南开区外国语中学)

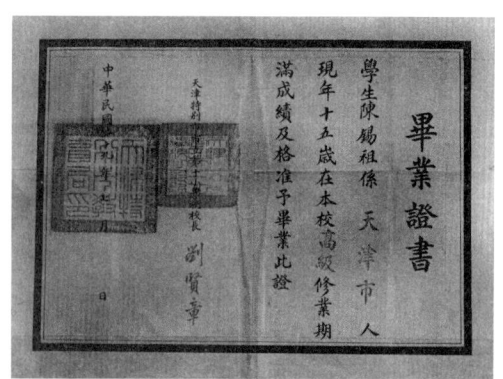
市立十小毕业证书(1940年)

《市十校刊》创刊号
(1931年6月)

《市十校刊》编辑部职员合影(1931年)

市立第十小学春季远足旅行团旅行城北西沽村合影(1931年4月)
(一)出发(二)升旗(三)落旗(四)拔营(五)归途

祝詞

劉賢章

翳維我校　開辦最先　科學藝術　教育淵源　歷史悠久　蔚為奇觀
來學濟濟　勵志翩翩　欲將所得　編為校刊　與高彩烈　有為青年
惟我主張　不尚空談　行成業精　夫然後言　奇文欣賞　析疑窮研
日新月異　勇往直前　不怠不輟　久而彌堅　今茲發軔　永誌弗諼

祝詞

李中介

孤陋寡聞　梵然獨學　共襄聯襟　洒自總角　精金躍冶　良玉韞璞
淬礪琢磨　藥寶在握　如脫春筍　如茁畹蘭　風起雲涌　蔚為校刊
何憂智短　何慮才難　發揚踔厲　滂洋鉅觀　載道以文　賢哲羽翼
會友以文　交遊繩墨　濬我新思　灌彼普識　深我筆耕　膈彼芽塞
闡明主義　譬若朝陽　潤色市十　此其濫觴　終始一貫　各盡所長
吾校之幸　黨國之光

市十校刊

市立第十小學校長劉賢章及李中介老師為《市十校刊》創刊祝詞

行宫庙小学

　　行宫庙小学原名盐官厅小学,为天津最早的官立小学之一,创办于1903年11月。校址在盐官厅。后搬到行宫庙(在今河北区粮店街),改名为行宫庙小学。创办初期仅有国民班(相当于初小)。1904年6月才加高小班。校长庞文源。1923年时,有学生340人,分为7个班,有教职员12人。1929年,该校改名为天津市立第二十八小学,校长曹慧筠。抗战胜利后,改名为第二区第七保国民学校,1948年时,有12个班,814名学生,19名教职员,校长赵秉贞。新中国成立后,曾改名为二区第三小学,后改为河北区粮店街小学。

粮店街小学(原行宫庙小学)

校舍1996年12月拆迁前夕

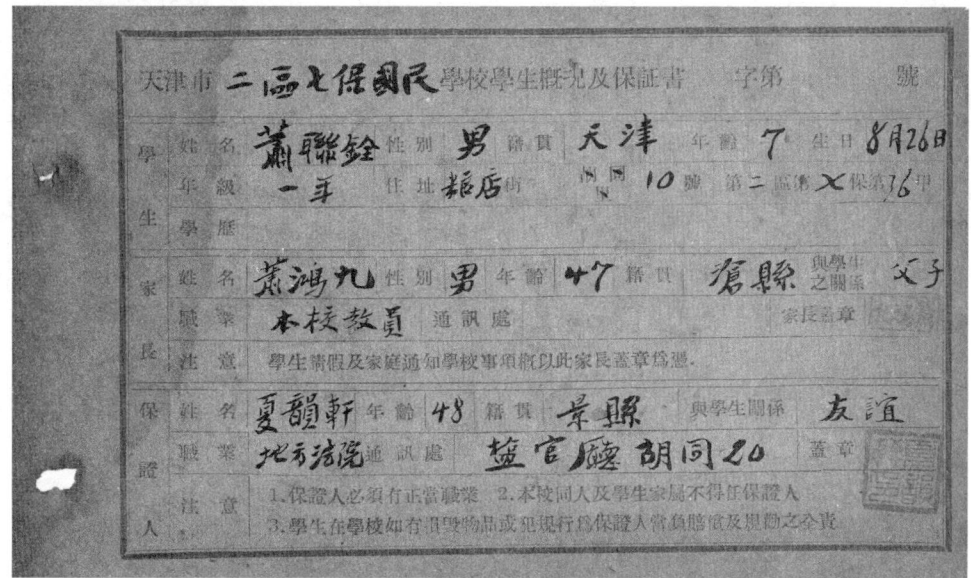

二区七保国民学校学生概况及保证书

河北大寺小学

　　河北大寺即白衣大寺,原名观音寺,地势宽大。河北大寺小学于1902年,由天津县知县唐则禹同罗正钧、林墨青、卞禹昌等共同创办。在同年9月13日开学。常年经费由运库工巡捐局、银元局、县署清丈公所董事会拨给。校址在河北关上大寺(红桥区大寺前街)。首任校长杨以芳,继任校长金其昌、邵明孙、赵宾桐、岳恩贵等。1923年时,有学生340人,分8个班。1929年改名为市立第十六小学,此时甘露寺小学、官一女学并入该校,校长温祖武。抗战胜利后,改为第九区中心国民学校,校长张鸿藻。1948年时,有20个班,1 272名学生,29名教职员。新中国成立后,改名为第九区中心小学、第八区中心小学、红桥区第一中心小学、红桥区河北大寺小学。

天津河北大寺小学校1926年7月高级科第十七次毕业师生合影

1935年7月天津市市立第十六小学校初级第二十二届毕业师生合影

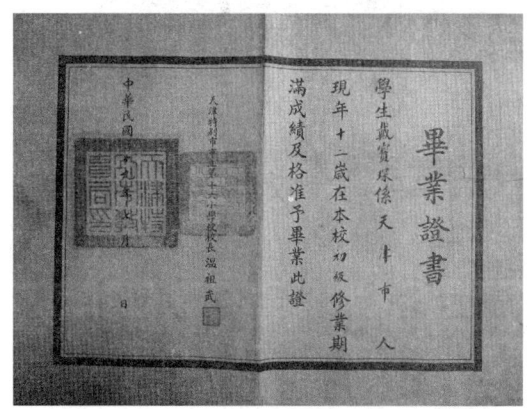

天津市市立第十六小学校毕业证书(1940年)

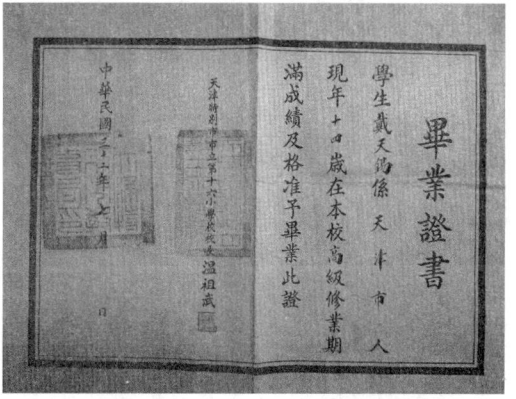

天津市市立第十六小学校毕业证书(1943年)

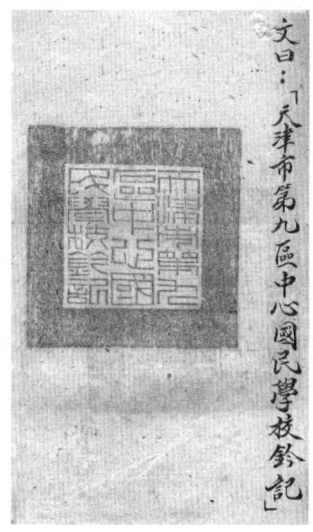

"天津市第九区中心国民学校钤记"印模

慈惠寺小学

　　慈惠寺旧名慈惠庵,是明朝周遇吉的家祠旧址。1900年,八国联军攻占天津后,法国兵占据为驻兵之地,退兵后改为巡警局。清光绪三十年(1904)4月,办学总董林墨青、卞禹昌呈请总办学务唐则禹、学办学务罗正钧将慈惠寺改为学堂——慈惠寺小学。1906年又附设半日学堂。1923年时,有学生420人,高小3班,初小5班,教员12人,职员3人。初任校长臧守义,继任校长张际和。1929年该校改校名为天津市立第十一小学,校长石承濂(著名画家)。抗战胜利后,改名为天津市第八区第十八保国民学校,校长宋君模。1948年时,有20个班,1167名学生,31名教职员。天津解放后,改名为第八区中心小学。1953年时,改为红桥区第二小学。从1961年改为红桥区中心小学。

1915年"世博"美术馆中国陈列部,照片中的花卉条屏为校长石承濂获金奖的作品

任士珍(1890—1966),慈惠寺小学教务主任,一生从事小学教育

天津市立第十一小学校校长石承濂奖励给优异毕业生任秉淑的奖品

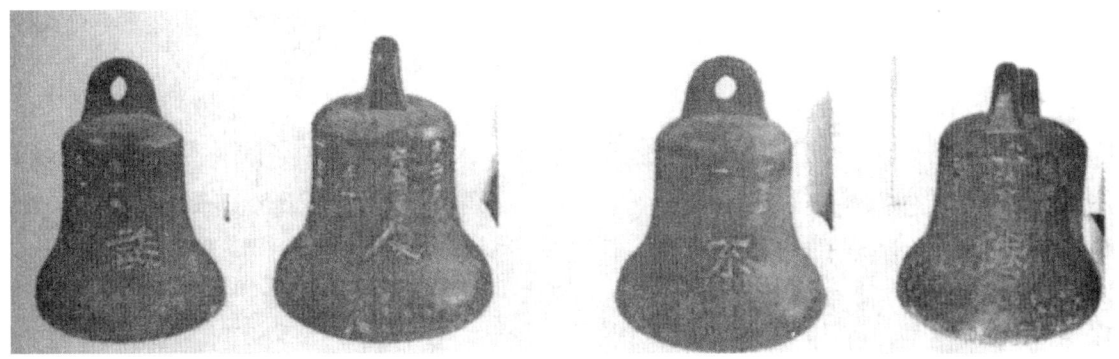

慈惠寺小学1931年第22届毕业生赠送给母校的铜钟,四面刻有"诲人不倦"和老校友名字

西头慈惠寺小学学生照

教务主任任士珍1943年为学生王玉福题词

学如逆水行舟 不进则退

玉福女弟存念
聘之 辛亥八月

1950年慈惠寺小学师生在大殿前合影

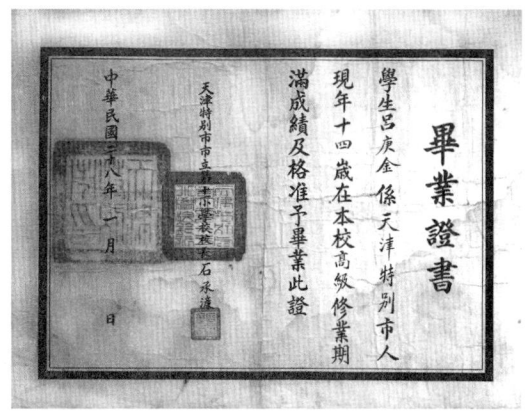

天津特别市市立第十一小学校毕业证书(1939年)

药王庙小学

药王庙小学是天津最早的官立小学之一,创建于1904年5月,校址在河北金华桥东药王庙内。校长王士奎。1923年时,有学生485名,9个班,家庭多系商界。有教员13人,除英文、体操教员外,全是直隶第一师范学校毕业生。是年10月,天津爱国教育家马千里兼任该校校长。该校注重对学生进行爱国主义教育,实行级主任制,重视写作教学。1929年改名为天津市立第二小学,校长刘恩波。抗战胜利后,改名为第八区第二保国民学校,校长戴蕴璋,有10个班,582名学生,16名教职员。新中国成立后,改为第八区第一小学。随着城市规划,此校迁至金钟桥街50号新楼,叫红桥区大胡同小学。原校址曾改为红桥区第十六幼儿园。

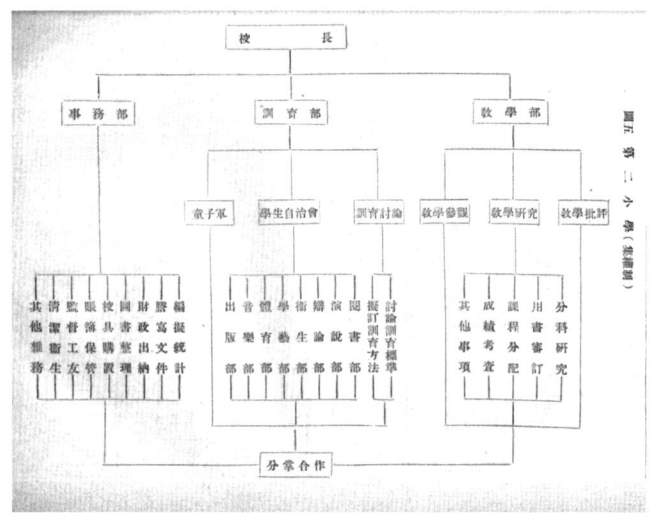

天津市第二小学组织系统图(集权制)

天津特别市市立第二小学校毕业证书(1944年)

天津市立第二小学校毕业证书（1946年）

天津市第八区第二保国民学校毕业证书（1948年）

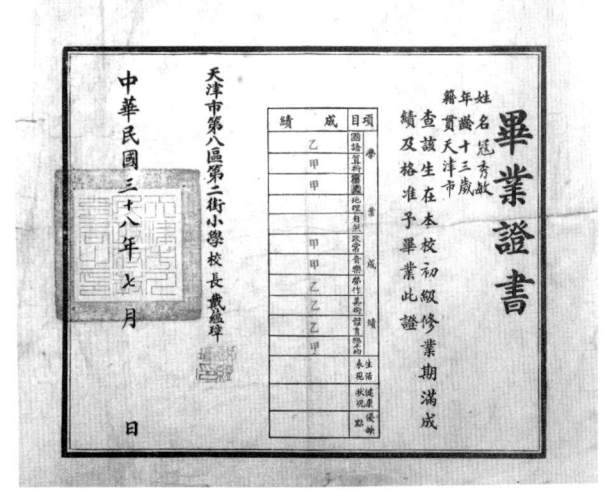

天津市第八区第二街小学校毕业证书（1949年）

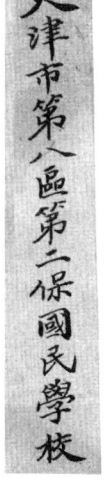

"天津市第八区第二保国民学校钤记"印模

民立第六两等小学堂

民立第六两等小学堂俗称"大学堂",创办于1904年,校址在河东大直沽,由一座姑子庙改建而成。创办人为李雅香、李子和。李雅香乃清末举人,直隶省议员。李子和乃清末秀才,著名书法家,与华世奎齐名,出任校长。1911年时,有学生170人,教职员12人。后来,学生人数发展到300人左右,最多时达500人。该校教学水平高,名声在外,远近子弟争先恐后来该校上学。新中国成立后,更名为河东区大直沽中街小学。1951年增设分校。1959年原河东区图书馆宿舍划归该校。1963年,学生人数达到1400余人。曾为河东区重点小学。

民立第六小学堂创办人、校长李耀曾(雅香)

民立第六小学堂创办人、书法家、教师李学曾(子和)

天津民立第六两等小学堂(1908年)高等第四学年毕业学生全班合影

"民六"(大直沽中街小学)童子军合影

李学曾书联(赵则予收藏)

李学曾书小学中学通用习字帖

李学曾书字帖
思深虑远 学固业勤

李学曾书字帖
孝亲 敬长 颜欧 结构

第二部分 学 校

直指庵小学

直指庵小学是天津最早的官立小学堂之一,创办于1904年,校址在河北直指庵(曾为河北区天纬路小学址)。创办人是天津著名实业家周学熙,天津著名教育家严范孙、林墨青。校长宋寿彤(号祝庭),留学于日本宏文书院。1929年改名为天津市立第二十三小学,校长张恩宠,有学生196名(男生),教员15名。1946年改称第三区第二保国民学校,校长先后为韩树林、王仲清,有14个班,849名学生,21名教职员。新中国成立后更名为三区第一小学;1956年改称河北区东窑洼小学;1974年改为天纬路中学;1981年始称河北区天纬路小学。

天津直指庵小学校门

天津直指庵小学校园拆前为天津市河北区天纬路小学东院

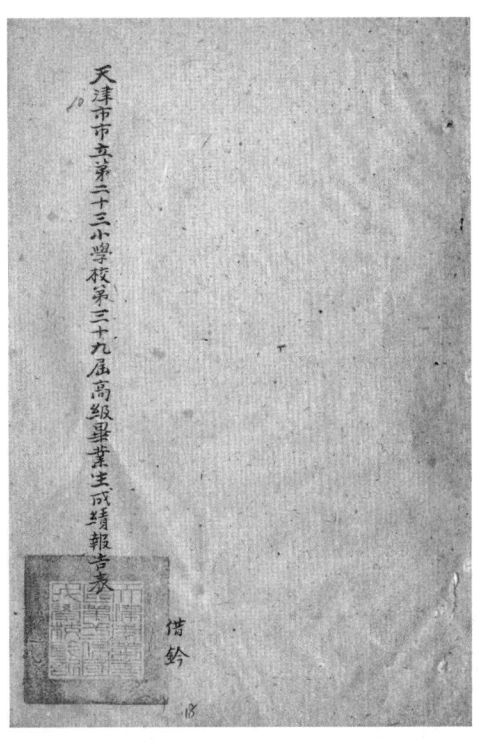
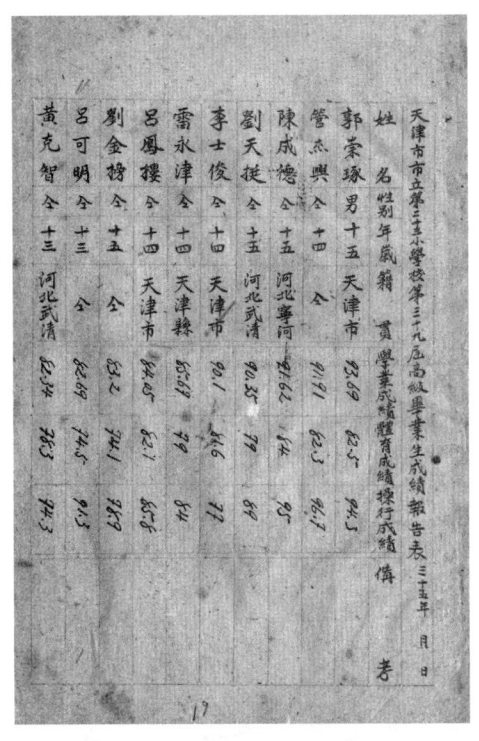

天津市市立第二十三小学第三十九届高级毕业生成绩报告表

直隶天津县直指庵小学校毕业证书（1926年）

实习工场

　　实习工场是高等工业学堂的实习场所,以传习手艺,提倡各项实业为宗旨。该场参仿艺徒学堂章程,为各公司培养工匠。实习工场可谓天津最早的初级技工学校。实习工场创办于1904年9月,场址在河北窑洼孙家花园旁。本工场收容工徒900名,分为机织、织巾、染色、刺绣、提花、图画、制皂、制燧、木工、瓷器等数科。工徒分甲班、乙班,甲班试以书算,乙班试事膂力。本工场备讲堂一处,工徒每日须分班讲习书课一点钟。其功课由高等工业学堂各教习兼理。每日作业时间为10至12小时。考试分月考、季考、大考三项。本工场工徒分官费和自费两种,毕业后,自费工徒去留自便,官费工徒须在本场效力三年。该场曾达官费工徒600余人,自费工徒200—300人。

实习工场

1904年设在黄纬路一带的实习工场

实习工场的厂房

实习工场机织科

1910年南洋劝业会上实习工场的产品陈列

1910年实习工场参加南洋劝业会荣获的奖章

1911年第六次展览会优待票

1905年天津银元局为实习工场制造的铜钟

天河师范附属小学堂

　　1905年6月,天河师范学堂为了便于学生实习,创办天河师范附属小学堂,校址在城西北隅文昌宫辅仁书院旧址。初办时只有一个班,30名学生。1909年增设高小。1910年改为直隶第一初级师范附属小学堂第一部。1916年添招女生,男女合班。1923年时,有8个班,440名学生,13名教职员。主任是李恩佑。校训是勤朴。1928年改校名为河北省立第一师范学校附属小学堂第一部。1933年改称河北省立天津师范附属小学第一部。新中国成立后,改为八区第二十三小学,校长穆庆瑞。该校校歌由李叔同(弘一法师)撰写歌词:"文昌在天,光明之光,地灵人杰校士场,初学根本实且强,精神腾跃成文章,君不见七十二沽水源远流长。"

1930年,河北省立第一师范学校附属小学堂第一部在体育比赛大会上表演长杆操

胡定九老师与学生王守恂、张家彦、刘肃然、郑梦武合影

老校友刘肃然忆李叔同作词的校歌

河北省立天津师范学校附属小学毕业证书(1938年)

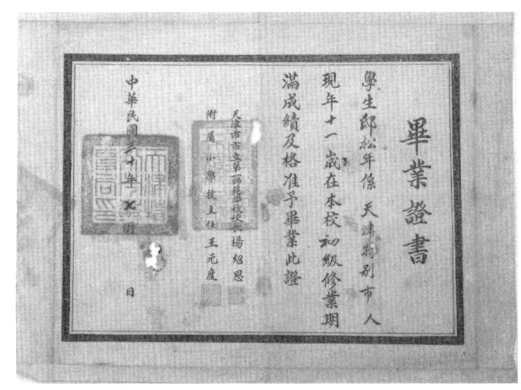
天津市市立第一师范学校附属小学毕业证书(1941年)

校刊《文昌》第八期

校刊《文昌宫》第十期

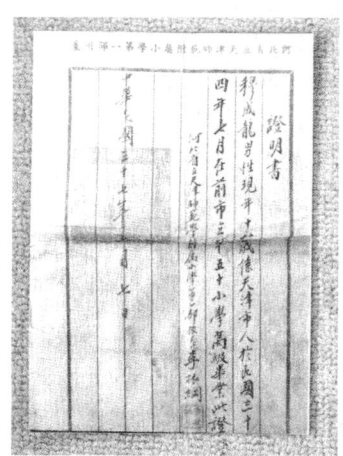
河北省立天津师范附属小学第一部的证明书

八区二十三小学演出合唱,后为老校舍楼

放生院小学

放生院小学是天津最早的十六所官立小学之一，创建于1905年，校址在西头梁家嘴放生院。堂长马骏元。1923年时，有学生295人，教职员14人。占地约10亩，全年经费4656元。1929年改校名为市立第十九小学，校长高恩荫。1938年时，有学生433名，教员19名。抗战胜利后，改校名为第八区中心国民小学。1948年时，有12个班，743名学生，20名教职员。新中国成立后，改校名为第八区第十四小学。1956年改为放生院小学，1966年改为东方红小学。后改为红桥区朱家花园小学，校长陈连平。

"天津市第八区中心国民学校钤记"印模

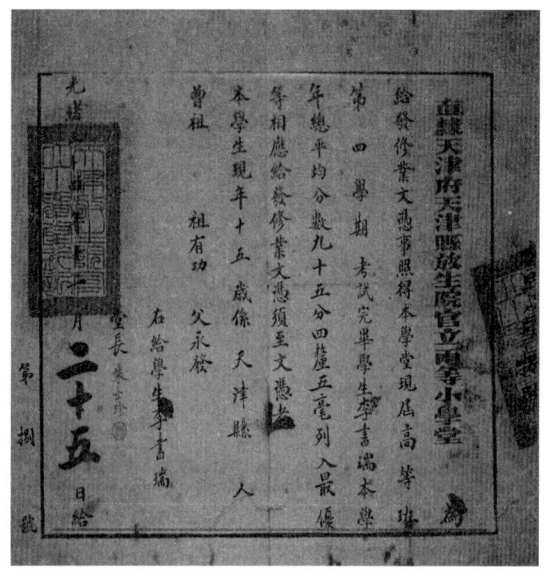

直隶天津府天津县放生院官立两等小学堂毕业文凭(1908年)

西方庵小学

西方庵小学堂是天津最早的官立十六校之一,成立于 1905 年 11 月,校址在河东西方庵。袁世凯亲笔为该校题写了匾额。校长为吴家齐,天河师范学堂毕业。1923 年时,该校有学生 350 人,7 个教学班,13 名教员。1929 年,改校名为天津市立第二十七小学,校长曹耀奎。1938 年时,有学生 262 名,教员 15 名。抗战胜利后,改名为第二区第九国民学校,校长刘士扬,有 8 个班,532 名学生,13 名教职员。新中国成立后,改名为第二区第四小学,校址曾为河北区十字街小学分校。

1922 年 9 月,西方庵小学校第四次同学会来宾会员合影(在西方庵两级官小学堂前)

玉皇庙小学

　　玉皇庙小学为袁世凯督直时天津最早的16所官立小学之一,成立于1905年11月,校址在河北玉皇庙,校长苏廷赞(子襄)。1923年时,有7个班,357名学生,15名教员。学生多来自乡间,商界占70%。该校占地1909平方尺,有教室7间,是旧庙宇改建。1929年改为市立第十七小学。1938年时,有学生356名,教员14名。抗战胜利后,改名为第九区第七保国民学校,校长叶文涛,有11个班,769名学生,16名教职员。新中国成立后,改名为九区第三小学,后改为红桥区河北大街小学。旧校址在城市规划中拆除,起建居民住宅楼。

校长苏子襄先生

校长叶文涛先生

天津市市立第十七小学校高级第二十五届毕业师生合影(1938年7月)

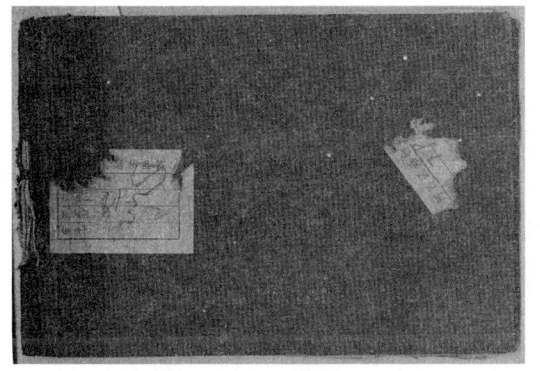

天津市市立第十七小学校同学录(1938年)

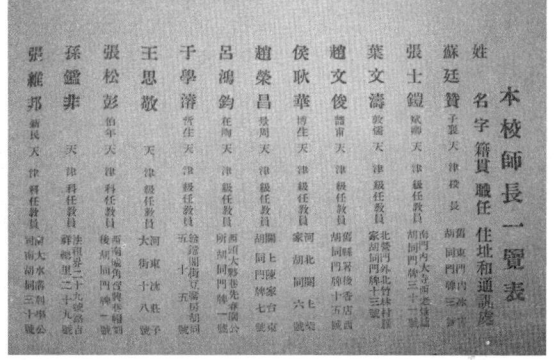

本校师长一览表

石桥玉皇庙常住碑记拓片

天津市立第十七小学校(玉皇庙小学校)毕业证书(1944年)

第九区第七保国民学校档案：为修建校舍呈送捐启事报市社会局

营务处小学

营务处小学是天津最早的官立十六校之一,创建于1905年12月,校址在东门内,校长穆祥和。1923年时,有8个班,500多名学生,11名教员。该校经费为5 160元,占地3亩多。1929年时,改名为市立第三小学,校长张万祥。1938年时,有394名学生,18名教员。抗战胜利后,改为第七区第四保第一国民学校。1948年时,有12个班,698名学生,20名教员。新中国成立后,改名为七区第二小学、东门里小学、东门里中学。

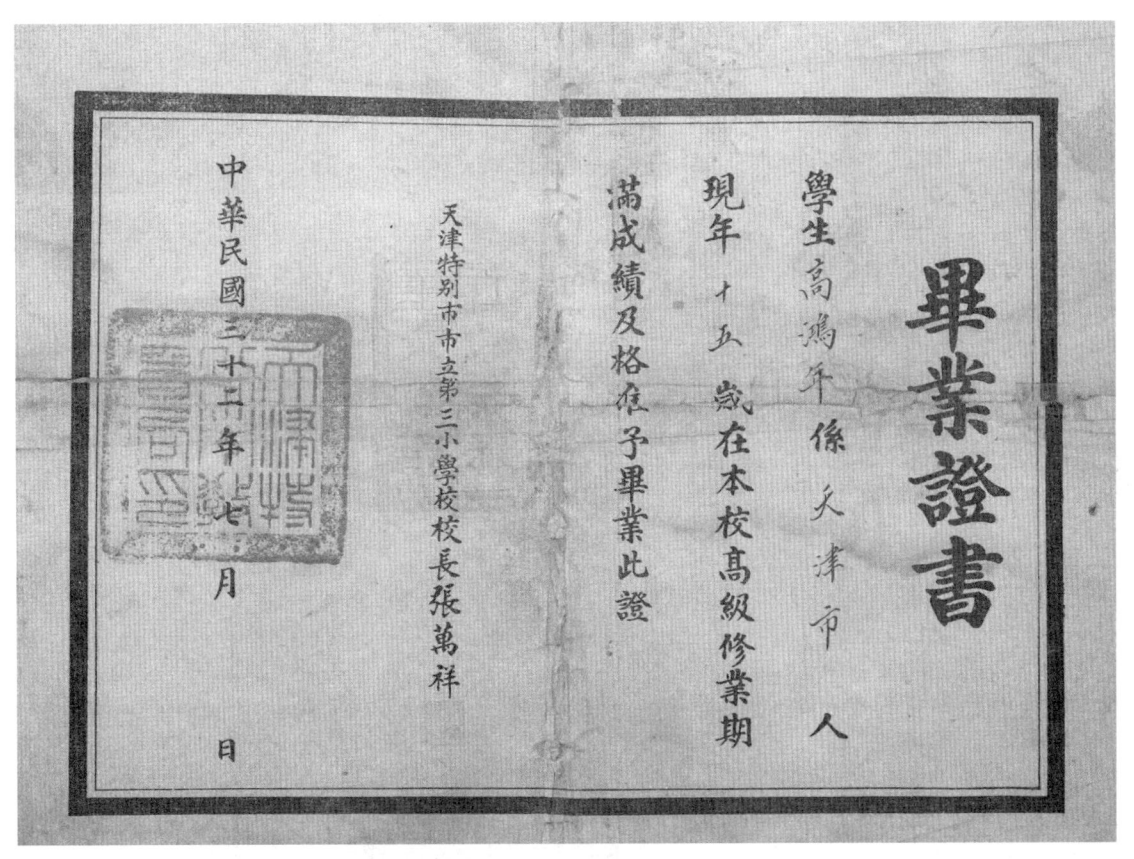

天津特别市市立第三小学校毕业证书(1943年)

圣慈庵小学

圣慈庵小学是天津最早的十六处官立小学之一,创立于1905年(清光绪三十一年),堂址在河东圣慈庵内(今河北区学堂街)。1929年1月1日起,天津市内城隍庙等148所公私小学属辖移交天津特别市教育局管理,该校改为市立第二十九小学,校长高镜寰。1937年时,有教员12人,学生286人,每月经费759元。1946年,改为第二区第五保国民学校,校长王志廉,有8个班,414名学生,12名教职员。1948年时,有9个班,487名学生,14名教职员。新中国成立后,改名为二区第二小学,曾为河北区庆安街小学。1936年10月19日鲁迅逝世后,11月1日天津文艺界百余人在该校礼堂曾举办追悼会。

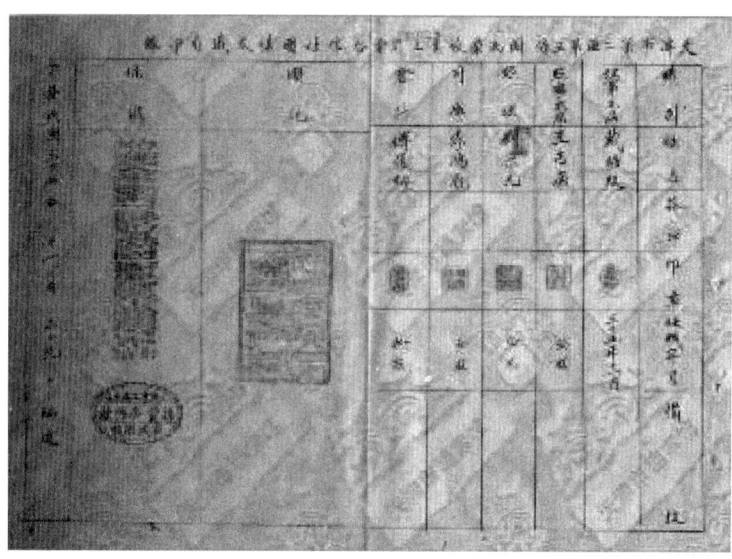

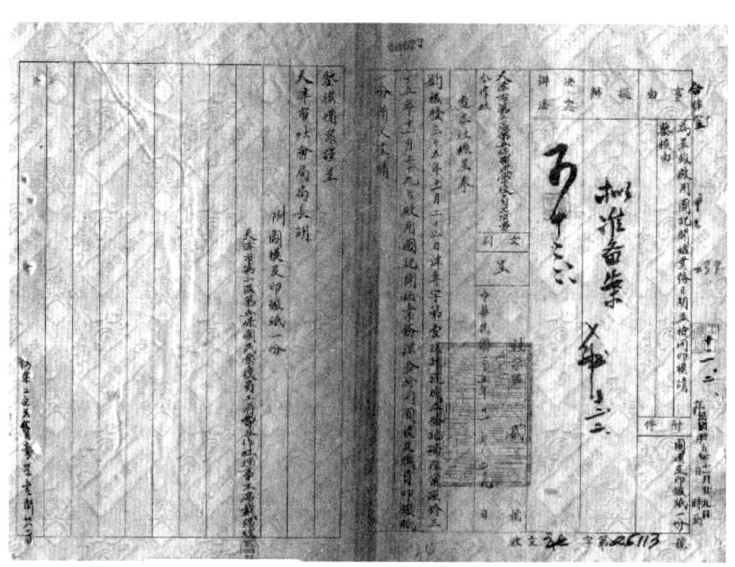

第二区第五保国民学校(前身市立第二十九小学、圣慈庵小学)档案:呈件及图模

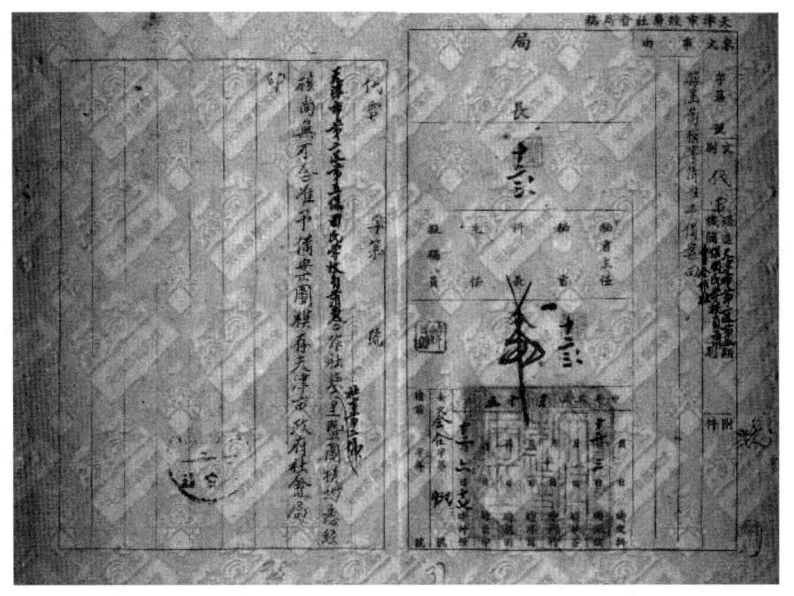

1946年12月3日，天津市政府社会局局长为启用图记准予备案事致市第二区第五保国民学校员工消费合作社代电

1936年11月2日《益世报》报道日前在圣慈庵小学（市立二十九小学）举行鲁迅逝世追悼会消息与照片

1936年11月2日《大公报》报道在圣慈庵小学（市立二十九小学）举行鲁迅逝世追悼会消息

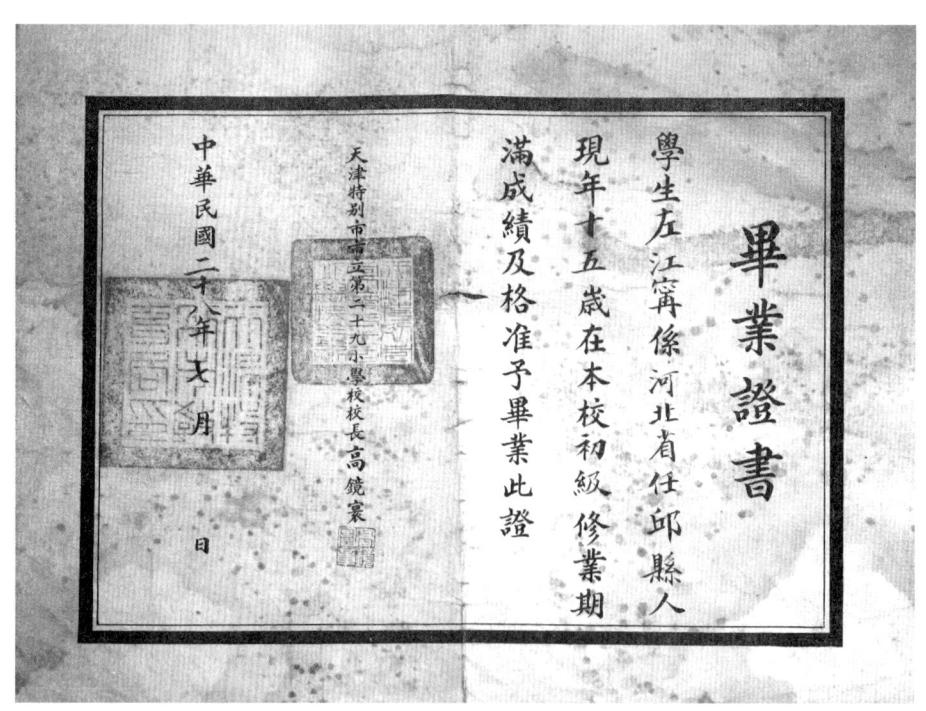

天津特别市市立第二十九小学校毕业证书（1939年）

民立第三十九小学堂

民立第三十九初等小学堂始建于1905年,堂址在土城村药王庙。原系土城村首户刘姓家塾,后改为土城村私塾,村内儿童均可入塾就读。初改为新式学堂时称天津民立第三十九初等小学堂,先后设立初级班、高级班、女子小学部。1944年5月,改为市立第八十七小学。1946年8月,改为六区第二十九保国民学校,校长田凤翔。1948年时,有8个班,435名学生,13名教职员。新中国成立后,于1949年改名为六区二十九街小学;同年10月,更名为六区第七小学,私立怀德小学并入。1950年振华小学并入。1956年更名为六区土城小学。该校现名河西区土城小学,校址在大沽南路933号。该校为"足球传统学校",被誉为"足球健儿的摇篮"。

土城小学(前身市立第八十七小学校)校门

土城小学在老校址建的新校舍(1989年)

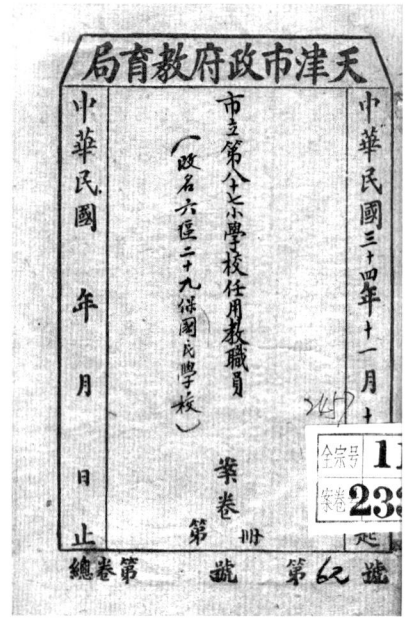

市立第八十七小学校（土城小学前身）任用教职员案卷

市立第八十七小学校（土城小学前身）呈报市教育局档案

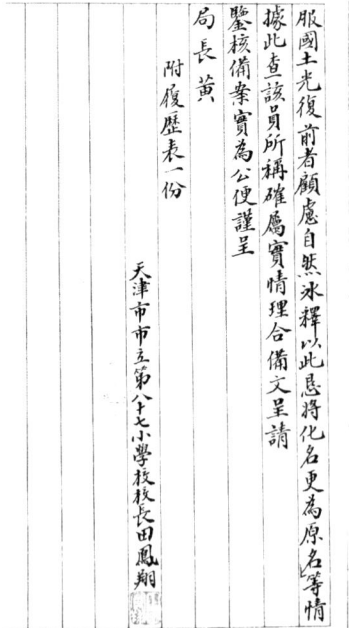

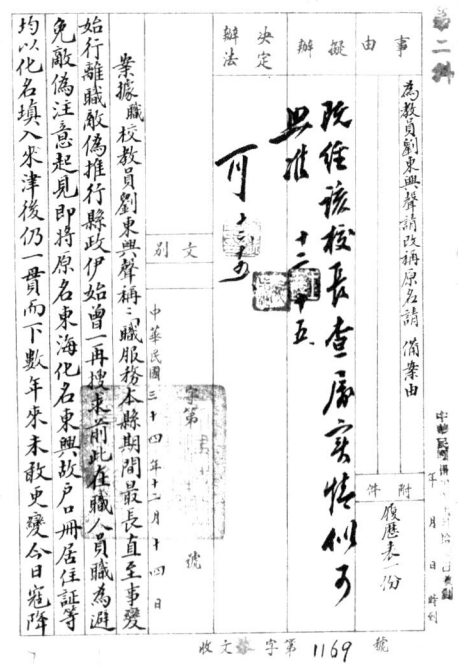

市立第八十七小学校（土城小学前身）校长田凤翔呈请备案函

私立普育女子小学堂

　　天津私立普育女子小学堂的前身是天津私立普育女学堂,为天津最早的民立女学。1905年由天津近代教育家温世霖创办。校址最初在城内二道街荣家胡同,开办时仅有学生五六人。温世霖之母徐肃静任校长。1906年春,迁校址于鼓楼东沈宅东院,学校初具规模,学生增至50人。天津最早的女教师陆闸哉、张伯苓之妹张祝春任教。1906年夏复迁校址于南门西板桥胡同,起盖校舍,扩大班次。1923年时,全校共有9个教学班(高小4个班,初小5个班),有学生400人。1924年,温世霖之子温祖荫由美归来,兼任该校教务主任。该校从创办到1931年共毕业学生1000余人。

私立普育女子小学堂遗址(板桥胡同12号)

私立普育女子小学堂女教师
陆闸哉(左二)

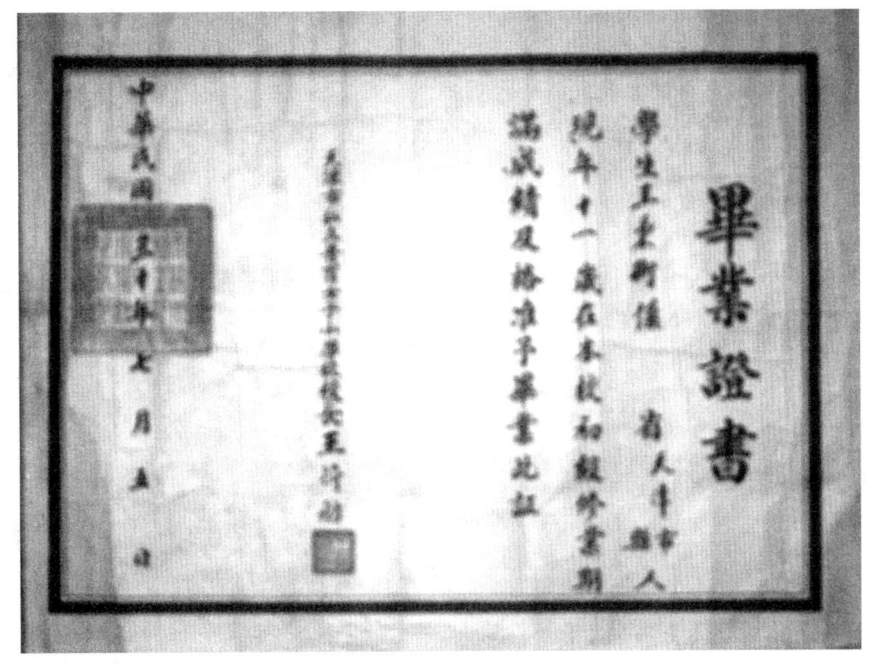
天津私立普育女子小学校毕业证书(1941年)

严氏女学

严氏女学是天津最早的私立女子小学之一,1905年由天津近代著名教育家严范孙创建,校址在西北角文昌宫西四棵树严宅内。设高小(三年)、初小(四年)两级,设置国文、英文、日文、数学、理化、史地、音乐、图画等课程。还有劳动课,如洗衣、缝纫、纺纱、织布以及织毛巾等。还教学生用旧音节记法唱歌。严淑琳(严修之妹)任监学。初小教员有韩升华、韩咏华等。高小只办了一班,有13名学生。该班任教的教师均为当时天津教育界知名人士,如华海门、时子周、戴育三、张星六等。该校不仅在天津开风气之先,也是全国较早的女子学校之一。

严修先生遗照

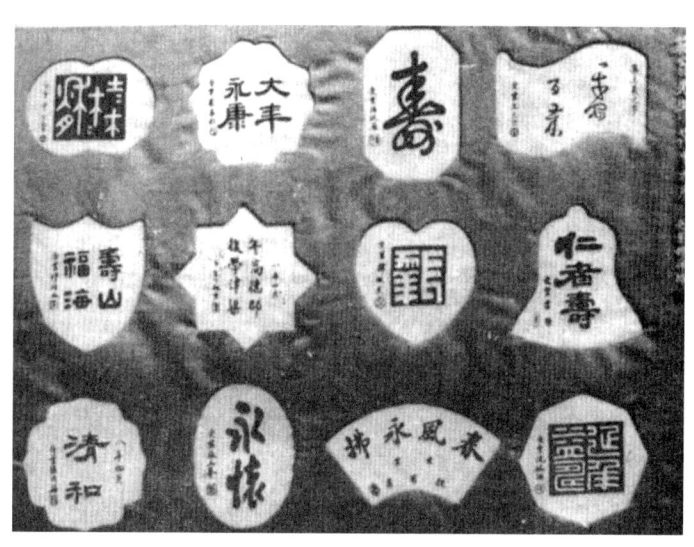

严修先生60岁生日时,严氏女学等学子绣制或书或篆刻贺寿之词,以表心意

严氏女学

严氏女学讲室

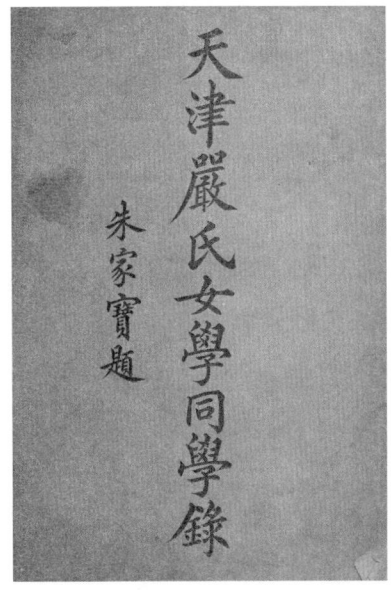

《天津严氏女学同学录》
朱家宝题

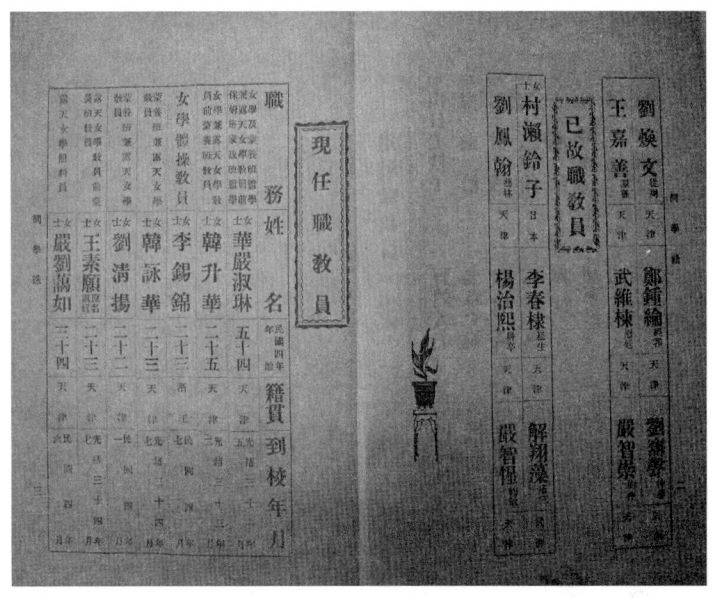

天津严氏女学时任教职员、已故教职员

天津严氏女学退职教职员

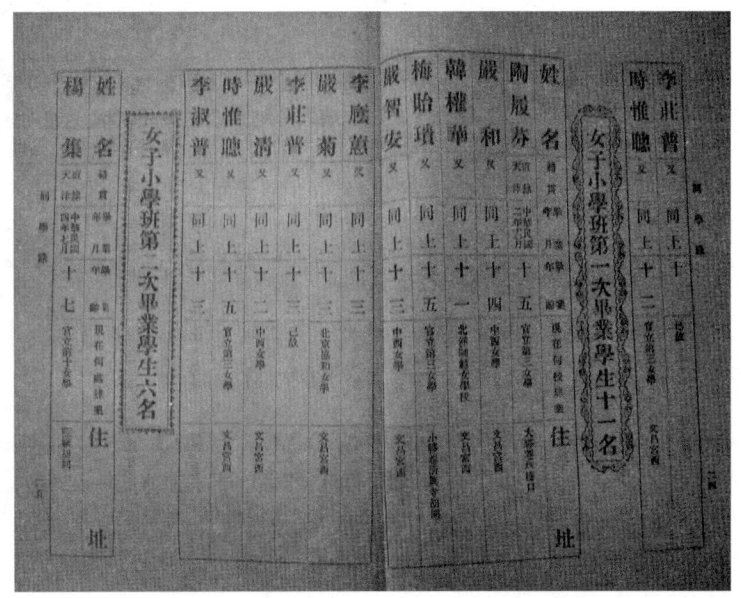

天津严氏女学第一次毕业学生11名、第二次毕业学生6名

汉沽小学堂

今汉沽第一小学。汉沽小学堂创建于1905年,一说创建于1908年。后改名汉沽完全小学、汉沽第一国民学校、汉沽小学、汉沽第一小学等校名,为汉沽几代人所熟知,是汉沽教育史上的标志。多年前,因城市建设,坐落在汉沽文化西街的汉沽一小停办。2010年汉沽盐场小学(建于1958年,位于汉沽文化东街8号)正式更名为汉沽第一小学,让汉沽一小这一具有百年历史的学校重获新生。

汉沽小学堂

育德庵小学

育德庵小学是天津最早建立的十六校之一,创建于清光绪三十一年(1905),校址在西头老店育德庵。1923年时,有学生336名,分为8个班,其中高小3班,初小5班,教职员13名。学校经费全年6 000元。占地22 925方尺。1929年改名为市立第十八小学,校长胡永年。1938年时,有234名学生,15名教职员。抗战胜利后,改名为第八区第三十四保国民学校。1948年时,有13个班,780名学生,21名教员。天津解放后,改为第八区第十二小学,后又改为红桥区先春园小学、红桥区教师进修学校、红桥区回民幼儿园。

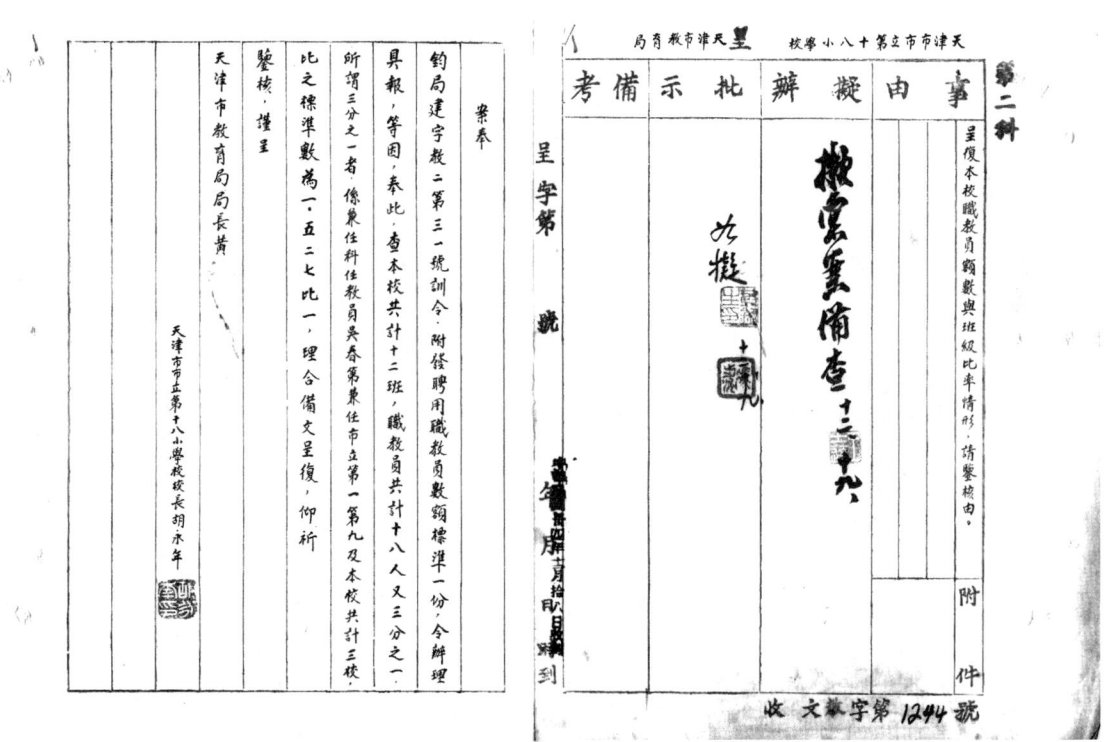

天津市市立第十八小学校(前身育德庵小学堂)校长胡永年呈天津市教育局函

第八区第三十四保国民学校（前身育德庵小学）教员穆端芹调查表

初等工艺学堂

　　天津初等工艺学堂归工艺总局管辖,于清光绪三十一年(1905)开设,堂址在东门外玉皇阁。设染织、漆工等科,有学生93人,分成4个班。修业年限为3年,毕业后预定进入高等工艺学堂。1913年,该校改为天津乙种工业学校,设化学工艺科。校长王南复,继任校长杨文卿。1946年8月5日,改为天津市私立立人初级工科职业学校,另设立天津市私立立人小学校。1947年有化学工业科学生77名。校名改为天津市私立立人初级化学科职业学校。天津解放后,于1956年该校改为城厢区玉皇阁小学。同年天后宫小学并入。1958年改为东北角小学二分校。1962年改为南开区玉皇阁小学。

天津初等工业学堂设于玉皇阁(1905年)

初等工业学堂招考
1905年7月25日《大公报》

蓟县两等小学堂

清光绪三十一年（1905），由浙江绍兴人赵葆墀（字彤宣）创立。其前身为清康熙年间的渔阳书院，1905年8月命名为蓟县两等小学堂，有11名教员，8个班学生。后几易其址其名，县立第一完全小学、县立女子完全小学、独乐寺小学、蓟县女子文庙小学、蓟县城内完全小学、蓟县县立第一国民中心小学、蓟县师范附属小学。1978年至2011年名为蓟县城关小学，2012年1月正式更名为蓟县第一小学，有182名教师，3200多名学生。

独乐寺小学（前身蓟县"两等小学堂"）旧址

蓟县城关小学原貌

蓟县城小同人合影

蓟师附小七八班舞蹈比赛留影

北洋高等女学堂

北洋高等女学堂于清光绪三十一年(1905)奉直隶总督袁世凯之命而设。校址在河北西窑洼。校舍的新建费用达 14 000 两,每月经费 700 两。有学生约 70 名,分为 3 个学级,年龄从十二三岁到二十七八岁。有住宿设施,约有 30 人住宿。每月学费,学习英语为 3 元,其他的为 1 元。有教员 9 名,其中有德国、美国女教员各 1 名。1916 年,该校停止招生,毕业生升入直隶第一女子师范学校。直隶第一女子师范附属小学校迁入该校址。该校址曾为河北区西箭道小学。

1910 年,北洋高等女学堂举办游艺会的场面

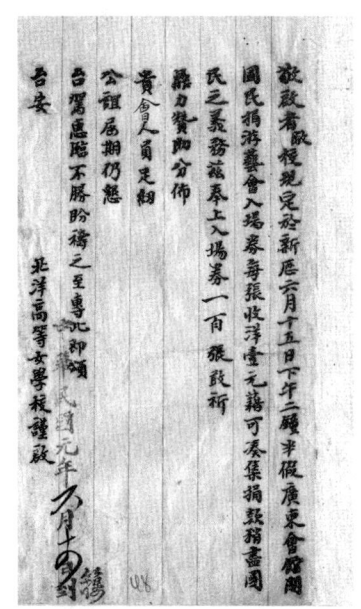

北洋高等女学校信笺

北洋高等女学校信封

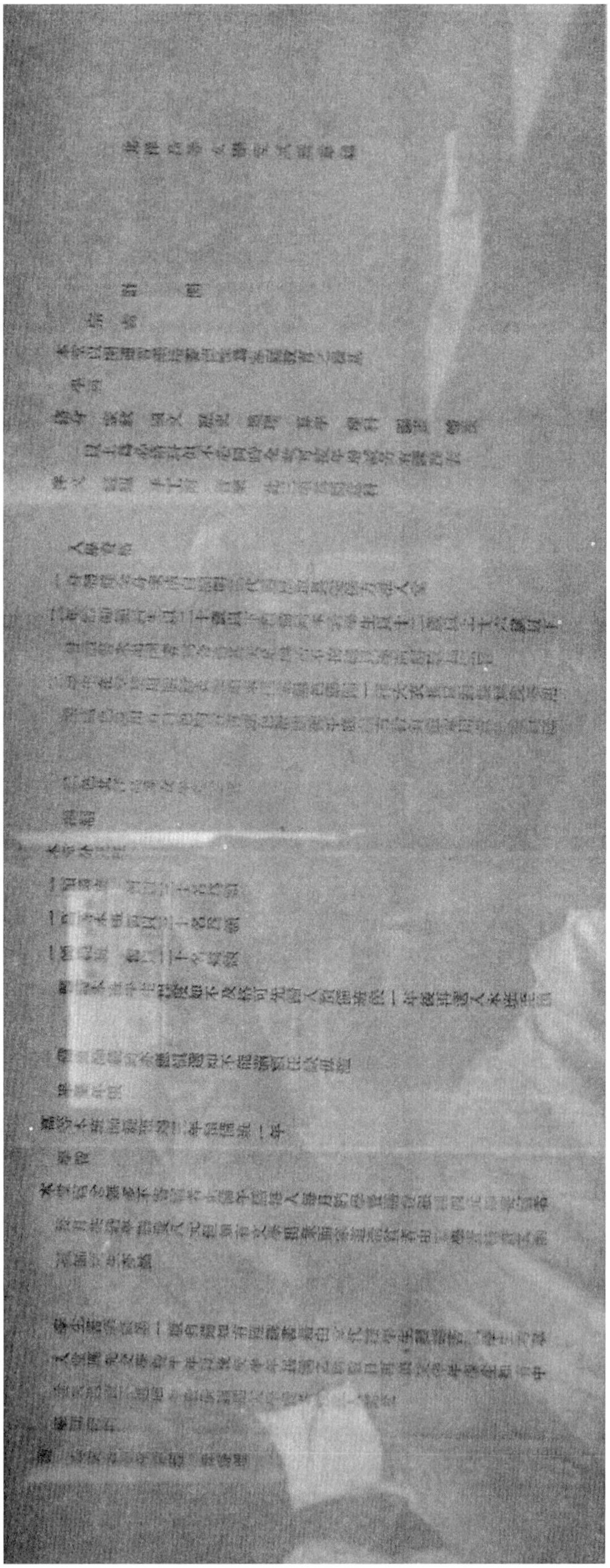

近代天津教育图志

364

1905年袁世凯在天津设立北洋高等女子学堂试办章程

財政部收到北洋高等女學校經募國民捐款清單

一 北洋高等女學校學生捐款

梁靑蘭 芝苓 各一元

朱碧雲 十元

劉鑲德 一元

周琳 二元

言忠芸 一元

許新 十元

薛素貞 二元

龔佩英 二元

陸慈蓮 二元

李智珠 二元

高公英 二元

許珍 二元

許乃貞 一元

柳兆芳 五角

祝良仙 四元

張慈 二元

政府公報 通告 四月二十七日第三百四十九號

《北洋高等女學校招生并增設女子職業科廣告》1912年3月26日《大公報》

1913年《政府公報》刊載的《財政部收到北洋高等女學校經募國民捐款清單》

官立模范两等小学堂

天津模范小学创立于清光绪三十二年(1906)3月5日,初名为天津官立模范二等小学堂,简称天津模范小学。清末举人、近代著名教育家刘宝慈任堂长,堂址在城内鼓楼西中营(神机库)。校舍宽敞,设备齐全,为同类学校之仅见。1916年4月,改称直隶省模范小学校;1917年3月,改称直隶省立第一模范小学校;1928年改名为河北省立第一模范小学校;1946年改名为天津实验小学;1947年改名为河北天津师范附属小学第二部;1951年时称河北省天津师范学校附属小学;1952年改名为河北师范学院二附小;1956年改名为南开区中营小学。校友中有知名人士梅贻宝、朱宪彝、焦菊隐、任仲夷等。

首任校长刘宝慈

直隶第一模范小学

1985年以前的前排建筑

原校舍钟楼

全体教职员合影(1920年)

刘子毅先生

汪绍卿先生

苑序桥先生

张子瀛先生

苏毅民先生

高绍琪先生

刘景勋先生

邵继堂先生

刘政升先生　　　　　　　李石如先生　　　　　　　吉廼占先生

直隶第一模范小学第十五次　　　河北省立第一模范小学第
毕业生合影（1920年）　　　　　二十八次毕业生合影（1933年）

1948年河北省立天津师范学校附属小学第二部毕业同学师生合影

河北省立第一模范小学四年九班师生合影(1940年)

(自右向左前排)郭延益 魏三雄 刘士佳(后排)孟宪培 赵英杰 赵家彝
(1948年)

官立模范小学校王培斌修业证书
(1914年)

直隶第一模范小学校卞慧新毕业证书
(1925年)

河北省立第一模范小学校吕埙毕业证书（1936年）

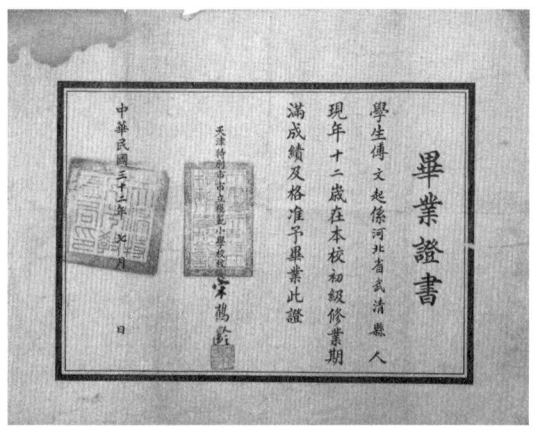

天津特别市市立模范小学校傅文起毕业证书（1943年）

河北省立天津师范附属小学校第一部第二十二次毕业生甲组一览

广北小学

广北小学是天津最早的官立十六校之一,建于清光绪三十二年(1906)闰四月,初租西南角广仁堂北养病所旧址为校舍,建广北初级小学堂。1909年添设高小班,改为广北两等小学堂。1912年改名为广北初等高等小学校。1914年又改为广仁堂北高等国民小学校。1917年搬到东南城角劝学所后院。1918年8月,与草厂庵学校合并为广北高等国民小学校。校长戴蕴璋。1929年改为市立第一小学,校址在草厂庵。抗战胜利后,改为第七区中心国民学校,校长汪含英。1948年时,有14个班,989名学生,22名教员。天津解放后,改名为第七区中心小学,校址在草厂庵曹家胡同1号。后沿革为城厢区二中心小学、天津市二十九中学、南开区东南角小学、东南角学校、东南角中学。

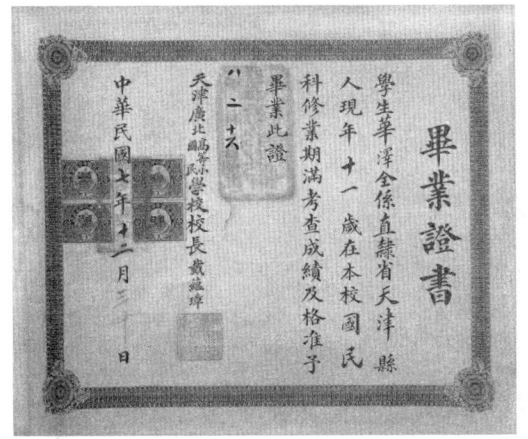

天津广北国民学校毕业证书(1918年)

天津广北小学校毕业证书(1928年)

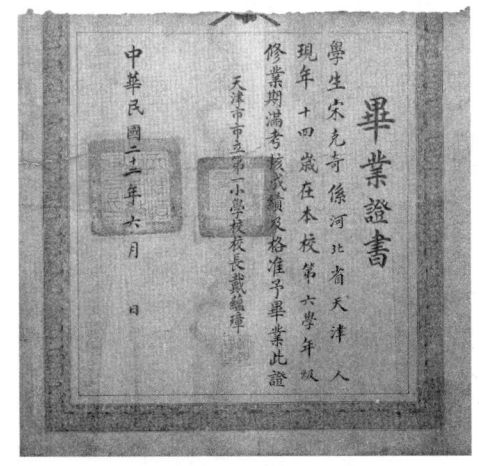

天津市市立第一小学校毕业证书
(1933年)

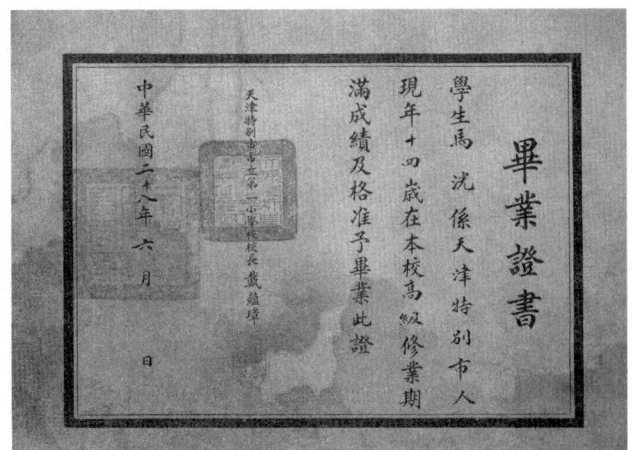

天津特别市市立第一小学校毕业证书
(1939年)

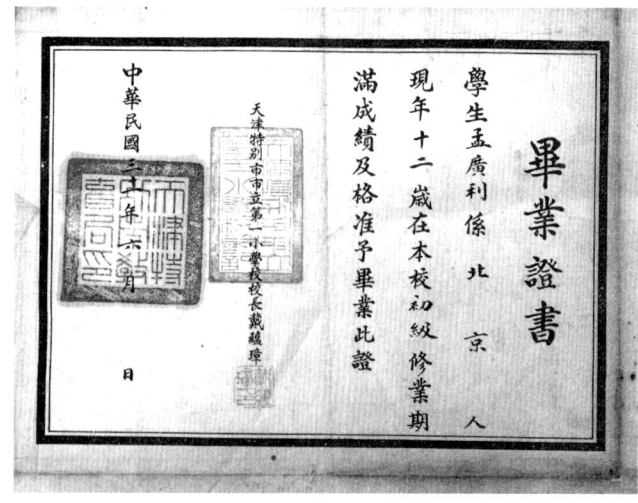

天津特别市市立第一小学校毕业证书（1942年）

《市一四十届毕业同学录》

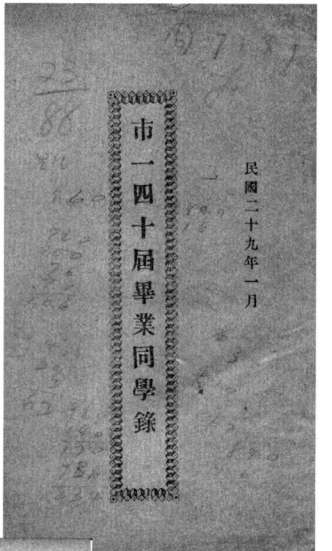

诸位老师题名录

诸位老师题名录

《天津特别市市立第一小学校植树专号》

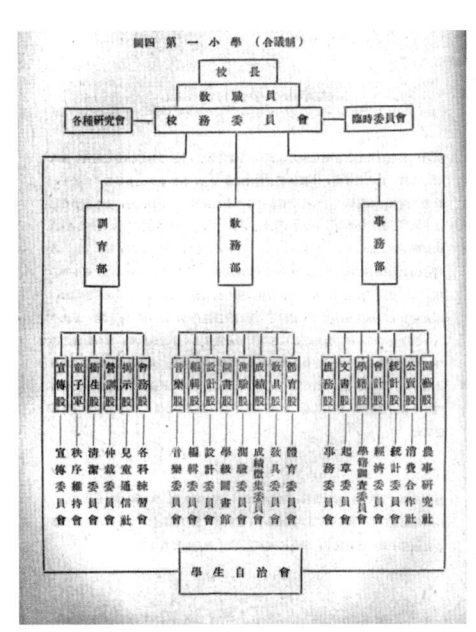

天津市立第一小学组织系统图(合议制)

"天津市第七区中心国民学校钤记"印模

堤头村小学

　　堤头村小学是天津最早的官立十六校之一,创立于清光绪三十二年(1906)。校址在河北堤头村江绅住宅。清末光绪年间江绅败落,宅宇归公,1900年后为警务学堂堂址。1906年改为堤头村小学,初任校长耿述曾,继任校长宋寿彤、王廷珍、陈振藻。1923年时,有学生270人,分为6个班,有教员8人。该校注重小字和珠算,珠算在小学会考中获奖。1929年改为市立第二十一小学,校长赵其骏。1938年时,有270名学生,14名教员。抗战胜利后,改名为第三区第二十五保国民学校,有12班,824名学生,19名教员。该校后为河北区堤前小学。

市立第二十一小学校长赵其骏

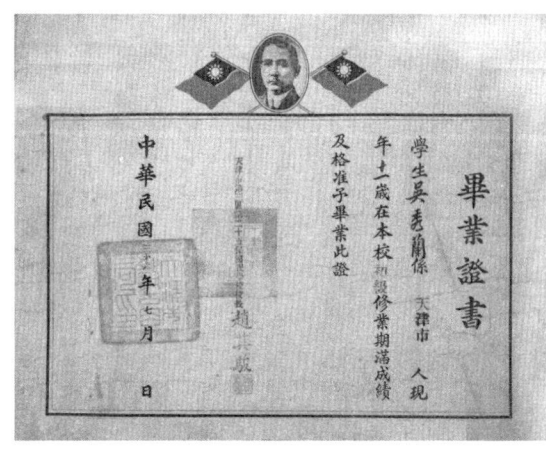

天津市第三区第二十五保国民学校
毕业证书(1947年)

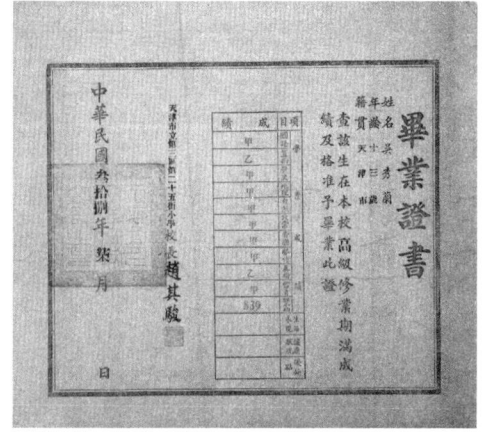

天津市立第三区第二十五街小学校
毕业证书(1949年)

江苏公立旅津公学

江苏公立旅津公学清光绪三十二年(1906)2月1日设立,堂址在城里仓廒街江苏会馆,堂长嵇镜(候补知县)。该校试办章程规定:本校专为江苏旅津子弟谋教育普及而设,专收江苏旅津子弟,分设初等、高等两级,皆定4年毕业,以60人为足额,分甲乙两班。年龄初等8岁至12岁,高等10岁至16岁。1907年暑假添招甲、乙、丙三班。该旅学于1910年前后停办。1937年间,江苏会馆曾拟再办学,因经费困难而未成。1948年6月18日才成立江苏旅津小学校,校址在第八区东马路仓廒街36号,董事长阮性言,董事有雍剑秋、庄乐峰、朱轶人等,校长沈唏。

江苏会馆界碑(翁同龢题字)
江苏公立旅津公学所在地

江苏旅津小学校
董事长阮性言呈函

民立第五小学堂

　　天津县民立第五小学堂创办于清光绪三十二年（1906），原名蒙忠学堂，创办人及名誉校长是著名教育家温世霖，校址在宜兴埠首局胡同。首任校长李炳南，继任校长马阜、杨树屏、温瀛士。校训为"勤劳、真实"。后改名天津县民立第二小学、天津市区立宜兴埠小学、天津特别市第九十三小学、天津三区第十三小学。该校在天津解放后与宜兴埠士范小学、宜兴埠第十二小学二校先后合并为宜兴埠小学（今北辰区宜兴埠第一小学）。

创办人、名誉校长温世霖

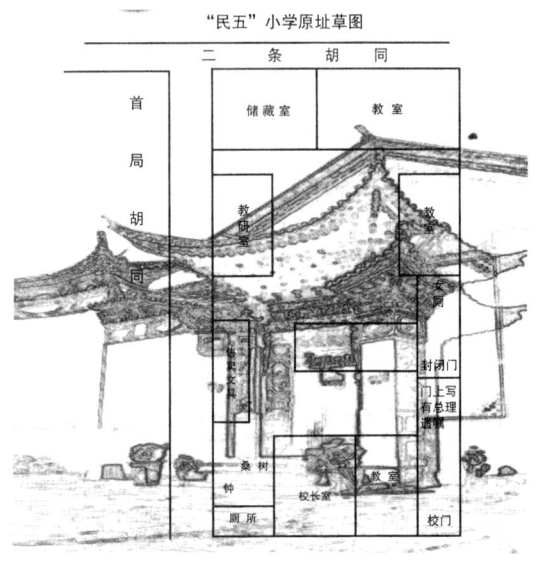

"民五"小学原址草图

宜兴埠"民五"小学校歌

歌曲：轶名

2/4

1 2 1 3　5 6 5 3　1.2 3 4 5 6 5
美 哉, 宜 兴, 地 广, 民 众, 南 接 金 阜 临 新 河,

3. 1 3 2 1　1　6·6 1 6 5　5
前 途 日 益 红。　巍 巍 我 笑 兮,

6·5 1 2 1 3　3　5 6 5 3 3 2·1 6 1 6
北 乡 之 先 声,　　学 业 务 真 实, 养 成 勤 劳

5　5　5 6 5　1 2 1 3　5·1 3 2
风,　学 生 学 生 好 自 为, 有 志 事

1 1
竟 成。

宜兴埠"民五"小学校歌

名师从这里造就

马阜　为我校第二任校长，曾写下"宜子宜孙，兴家兴国"的对联贴在校门口，引起民众震动，对当地人民重视文化教育起到了一定的宣传作用。马校长系当时天津著名书法家，"一笔"虎字写的最为出色。二十年代曾在上海从事书法活动。

温瀛士　(1895-1960) 号阆仙，为温家宝总理之祖父，系宜兴埠民五小学首期学生，学业期满后考入河北省师范学校。1915年毕业后即全身心投入宜兴埠的教育事业。20几岁就担当起了校长的重任。一生从教40载，曾任多门学科的教学，多年担任民五小学校长。他以温世霖的办学精神为楷模，亲手创办宜兴埠女子普育学堂和宜兴埠士范小学。曾于解放前在天津县教育科任职，后升任为天津县教育委员，督学。

忆往昔，名校长从这里起步：马阜　温瀛士

毕业生杨学涵

毕业生林松年

毕业生林榕年

私立诚正男校

　　私立诚正男校创办于清光绪三十二年（1906年），校址在河北望海楼，该校与私立贞淑女学以教堂相隔。1937年时，校长师觉先，有教员6名（男），学生82名，教室5间。1946年时，名誉校长与私立贞淑女学同是望海楼总管神甫司仪方（法国人）。校长王际五，有8个班，372名学生，12名教员。1948年时，有8个班，440名学生，12名教员，8间教室。1950年该校与私立贞淑女学合并为私立先锋小学，两校打通。1952年政府接办改为三区第八小学。1956年改名为狮子林第一小学。20世纪80年代，随医院路的拓宽，原"贞淑"部分被扩建为道路，于原"诚正"部分新建一座教学楼，于1987年竣工使用。

诚正男校

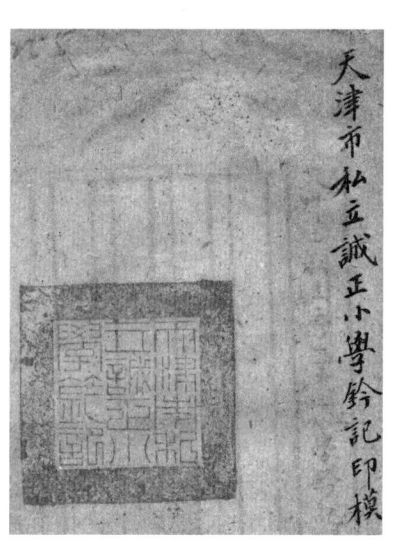

"天津市私立诚正小学钤记"印模

天津私立第一诚正小学校师生合影（1914年）

天津私立诚正第三初等小学校合影

私立贞淑女学

私立贞淑女学创办于清光绪三十二年(1906),校址在河北望海楼。1923年时,有学生112人,幼稚园幼儿50人。学校有初小2个班,高小1个班,初级师范2个班。学生年龄不齐,最小六七岁,最大者十三四岁。有教职员15人,男教员7人,多系保定高师毕业;女教员8人,为天津女师或本校师范班毕业。校长丁守训,保定高师国文部毕业。占地约4亩许,校舍讲究,有5间教室,还有成绩室、接待室、小操场等。全年经费2500元,向天主教会领取。1946年时,名誉校长为望海楼总管神甫司仪方(法国人),校长刘鸿逵,有7个班,252名学生,11名教员。1950年该校与私立诚正小学合并为私立先锋小学。1952年改为三区第八小学。1956年改名为狮子林第一小学。

1906年建成的私立贞淑女学

私立贞淑女学

汤作霖在贞淑小学

天津私立第一贞淑高等女小学校天津私立仁爱承德女小学校合影(1914年)

民立艺徒学堂

民立第一艺徒学堂创办于清光绪三十二年(1906年),堂址在河北关下北极寺内。民立第二艺徒学堂也于1906年创办,堂址在河北关下广济补遗社。招收婺妇之子女40人,教授修身、国文、算术、体操等,并兼习纺织粗线。民立第三艺徒学堂于1907年创办,堂址在杨柳青药王庙,堂长姚寓藻。招收80名贫民子弟分班上课,除督行实习织布外,还设修身、国文、手工、图画、习字、体操等课程。这三个艺徒学堂都是天津最早的民立初级技工学校,是在天津工艺总局的提倡、劝办下创办的。

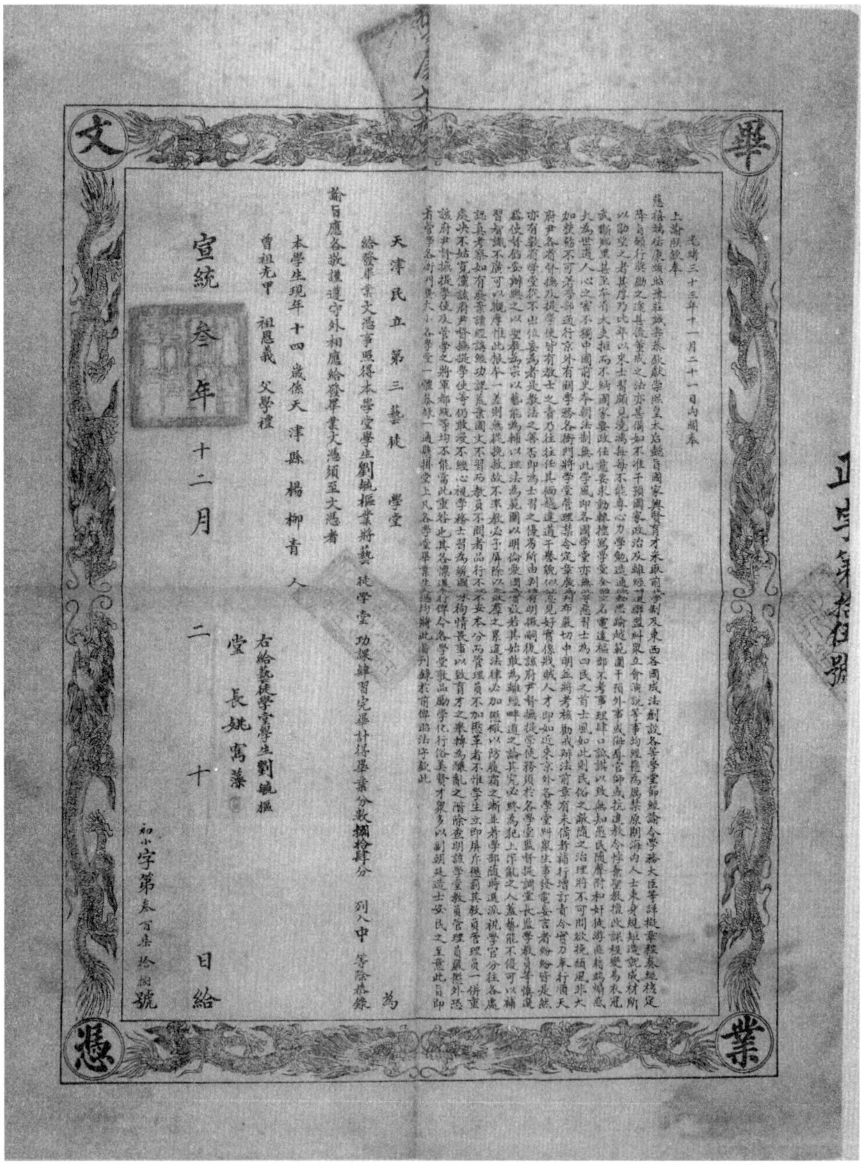

天津民立第三艺徒学堂毕业证书(1911年)

私立李氏小学堂

　　私立李氏小学堂是今津南区高庄子小学前身。1907年创办的"天津县高庄子李氏私立小学堂",曾获清王朝钦赐嘉奖,后又得民国总统袁世凯赐"敬教劝学"镏金大匾。周恩来总理在南开中学读书时曾来过这里。创办人李德清,其家族出资15 000两白银创办,兴建校舍,购置教学设备,聘请名师。校址坐落在高庄子村东老海河西岸。坐北朝南,校门上方校名为袁世凯所题。过堂门厅上方悬木匾一块,盈尺大字:"师资永赖"为华世奎所题。校舍布局是正方,房屋为青砖结构,是津南最早的新式学堂。该校与南开中学多有往还,1916年初,李氏小学邀约南开中学学生到高庄举行篮球和足球赛。张伯苓亲率新剧团骨干时子周、周恩来等到该校进行编剧活动。周恩来暑假时两度到该校野游。到1949年新中国成立,由国家接管改为公办。

李氏小学堂创始人
李德清

李氏小学堂正门

李象橡
(李德清长子 周总理同窗)

1941年3月天津县私立高庄小学校全体师生合影

《一念差》主要演员合影：右起第二人为周恩来同志

《一念差》主要演员合影。右起第二人为周恩来同志

《一念差》第一幕

周恩来、李福景等1916年到高庄李氏小学编写《一念差》活动的报道（《校风》）

7月9日

高庄编剧记　李福景

溽暑云迈，始业期开。回首假中往事，不禁兴致索然，而其中尤令余眷念不置者，厥惟高庄编剧事，姑述之如下，聊志回鸿之一顾耳。

七月九日，校中新剧团诸公，有高庄之行。余以居津，得偕行焉。先是吾校每岁新剧稿本，例由开学后始行编纂，而时道事繁，间有潦草之处。今夏校长以演剧关系学校名誉，不得不慎稿本之选择，幸暑假有暇，大可利用。因思高庄距津不远，虽无名山胜景，而林木之幽深，民风之朴厚，亦足以悦目娱心，遂买舟往焉。同行十一人，约两钟许至。是盖余至之第二次也。停留于庄内李氏私立小学校中，凡居四日，每日三两成群，搔首构思。余枯肠无物，无非空中楼阁，强成一二残破稿本以塞责。然已太苦已。事暇或旅行三数里外，或泛舟河渠之中，或观学校，或观稻田，又或促膝谈心，比晚则拱月坐，互评稿本，可则尔，不可则去。数日中，中选者只三耳。久居无益，遂归。归即病魔缠身，奄奄床第者八九日，医药数次，始愈。盖余初无大疾，因返时舟小而搭客众，受热颇重，遂罹是疾。乘兴而去，败兴而返，殆余之谓欤。

[编者说明]　李福景比周恩来同志晚两届，一度同住一个宿舍。

（1916年10月《敬业》学报第五期《童子声》栏7—8页）

李福景：《高庄编剧记》（1916年7月9日）

陈家沟小学

陈家沟小学是天津最早的十六处官立小学之一,创立于清光绪三十三年(1907),校址在河东陈家沟子娘娘庙(建于元代延佑年间)。1911年,该校称为官立陈家沟两等小学堂,有教员7人,职员5人,高等学生33人,初等学生195人,经费2984两银。1923年时,有7个班,400余名学生,11名教员,校长王士奎。1929年改名为市立第二十二小学,校长黄玉麒,有17名教员,454名学生,每月经费1103.84元。该校师资力量强。抗战胜利后,改名为第二区第十四保国民学校。1948年时,有14个班,1244名学生,23名教职员。新中国成立后,改名为二区第七小学,校长唐云,继任校长郭鸣琴。后为河北区陈家沟小学。

市立第二十二小学
校长黄玉麒

天津有天后宫、陈家沟娘娘庙等,在废庙兴学中曾建有天后宫、陈家沟等小学堂

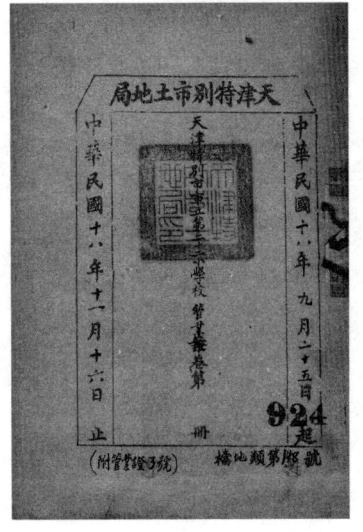

市立第二十二小学校营业证

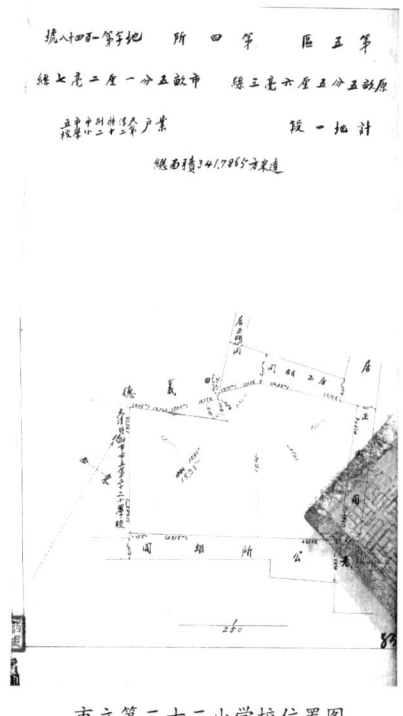

市立第二十二小学校位置图

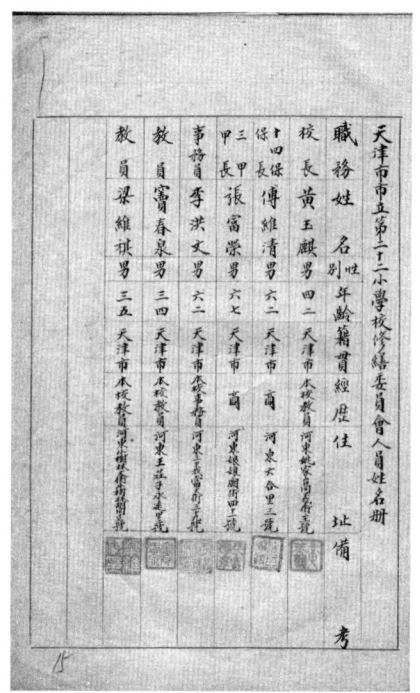

市立第二十二小学校修缮委员会人员姓名册

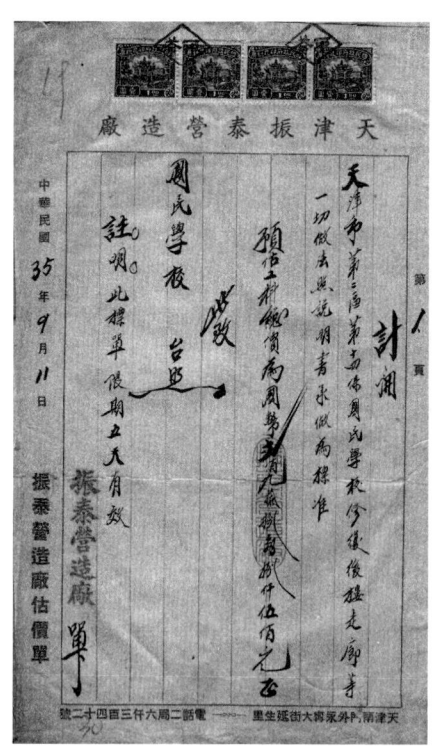

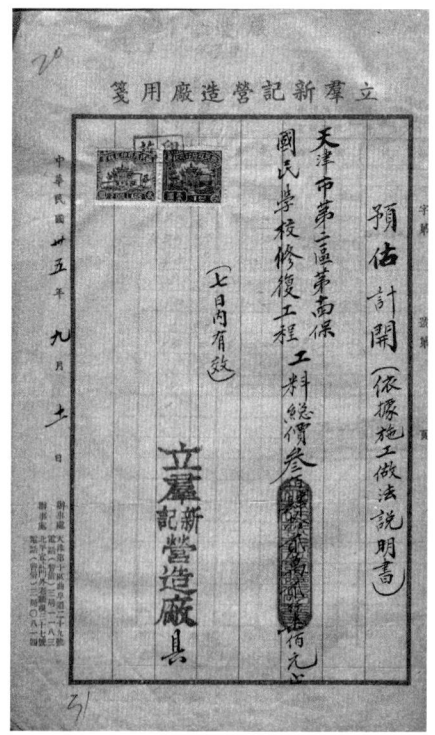

第二区第十四保国民学校预估工料总价

天津市第二區第十四保國民學校學生用桌椅樂助委員會章則

一、定名 本會由各委員分別向各士紳說明事由各士紳樂助並不攤派故命名為天津市第二區第十四保國民學校學生用桌椅樂助委員會

二、所有各提倡樂助士紳均為本會發起人

三、本會共推主任委員一人總理本會一切任務

四、本會主任委員以下設宣傳保管監製文書四股

五、每股推股長一人股員若干人負本股責任

六、宣傳股辦理宣傳事由接洽士紳並收集款項隨交保管股

七、保管股接收宣傳股收進之助款存放於銀行或有關之處

第二区第十四保国民学校学生用桌椅乐助委员会章则

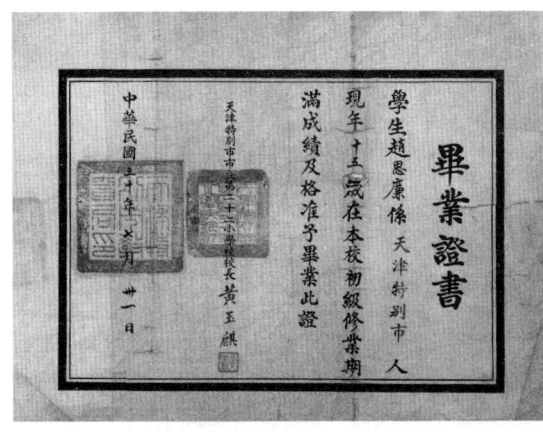

天津特别市市立第二十二小学校毕业证书（1941年）

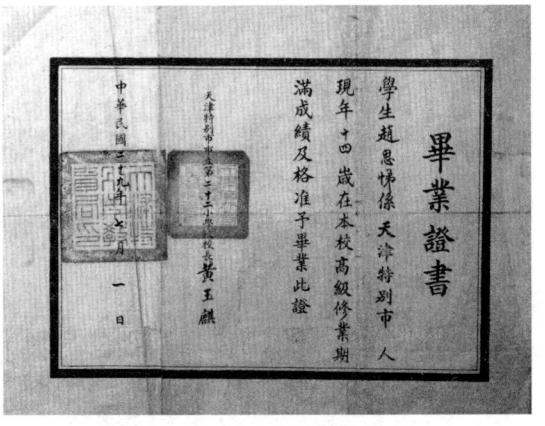

天津特别市市立第二十二小学校毕业证书（1940年）

民四女学

私立民四女学创办于清光绪三十三年(1907),校址在东马路(旧天齐庙,天津解放后曾为校办工厂产品销售部),创办人为王新铭(吟笙),兼充堂长。1923年时,有230名学生,分作7个班,其中高小3班,初小4班,教职员17人,多半是直隶第一女师毕业。1926年,因学款问题学级改组,计高级2班,初级4班,组成一完全小学校,隶属于天津县教育局,经费一年3480元。1929年春,该校隶属市教育局。校址占地3分多,为楼房,有7间教室,校舍整洁,学生家庭多政界、学界。校长王新铭是天津著名教育家、书画家,曾任天津教育局秘书。1948年时,有学生186名,分为6个班,有教职员10名。该校于天津解放后停办。

民立第四女学校校长王新铭

民立第四女学校校舍楼

王新铭校长题联

王新铭校长治印

直隶天津县民立第四女子学校
毕业证书（1923年）

王新铭校长画作

如意庵小学堂

　　如意庵小学堂的前身是私立中法学堂。清光绪三十一年(1905),直隶学务处督办严范孙将设在天津城西如意庵的私立中法学堂改组为如意庵官立中学堂。有学生80名,分成5个学级授课。外语课设英语、法语。有教员8名,其中有2名为法国人。该学堂经费每月300元,学生每月每人收学费2元。有住宿设施。不久,因挪用其经费改办宜兴埠中等农业学堂,遂告停办。清光绪三十三年(1907),在旧校址创建如意庵小学堂,1929年改为市立第九小学,校长王骥。抗战胜利后改为八区二十三保国民学校,校长华文俊。天津解放后,改为八区二十小、八一小学。后为红桥区如意庵小学。

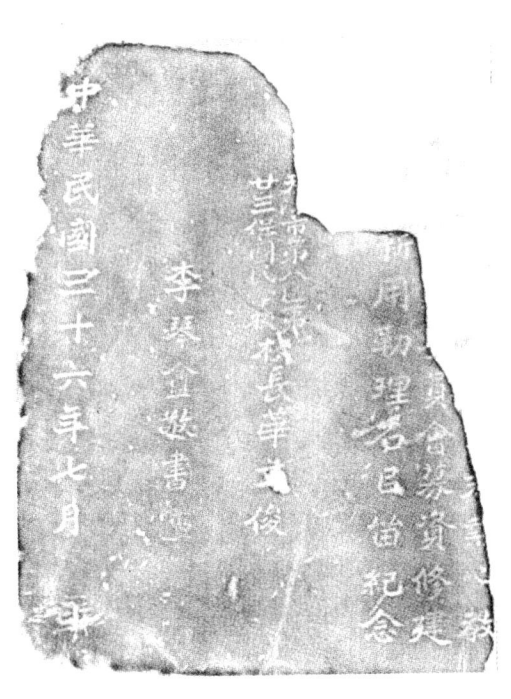

捐资建校碑拓片

捐资建校碑

　　石碑立于民国三十六年(1947)7月,2005年由天津市红桥区文物保护管理所征集并保管。碑身残缺,基座已佚,现存碑高50.7厘米,宽40厘米,厚13厘米,材质为汉白玉。碑文楷书。立碑人为天津市第八区二十三保国民学校校长华文俊,书丹人为西老公所最后一任领众李琴盦。

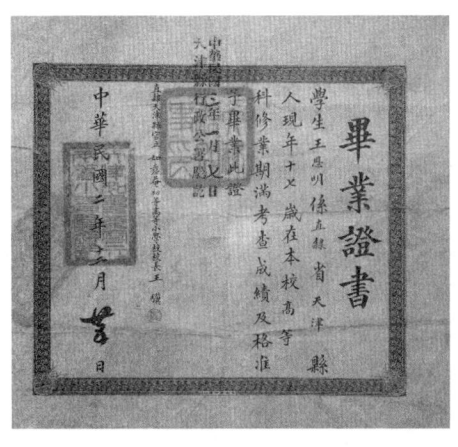

直隶天津县官立如意庵初等高等小学校毕业证书(1913年)

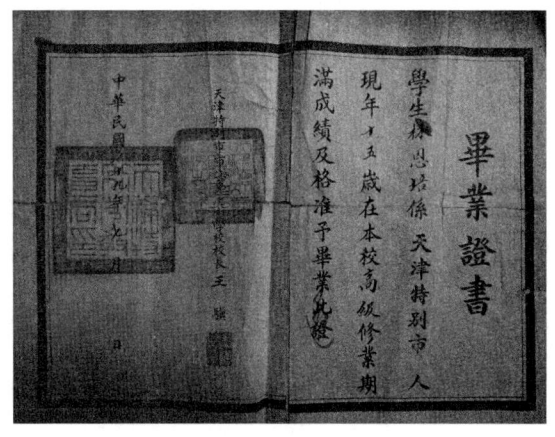

天津市立第九小学校毕业证书(1940年)

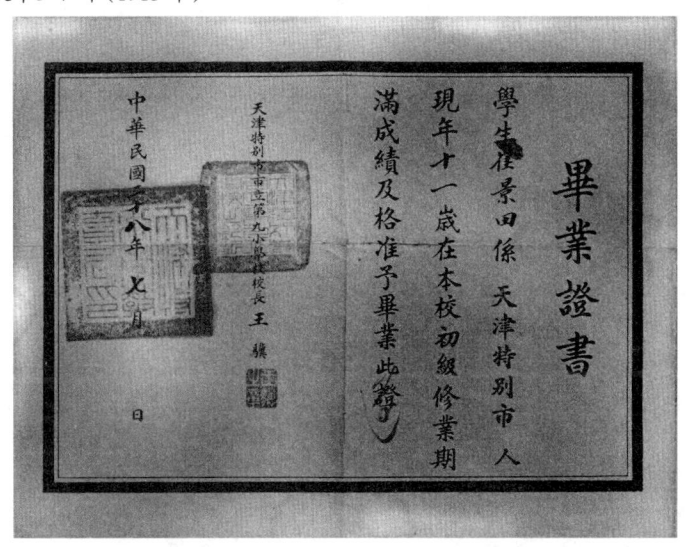

天津特别市市立第九小学校毕业证书(1939年)

天津市第八区第二十三保国民学校毕业证书(1948年)

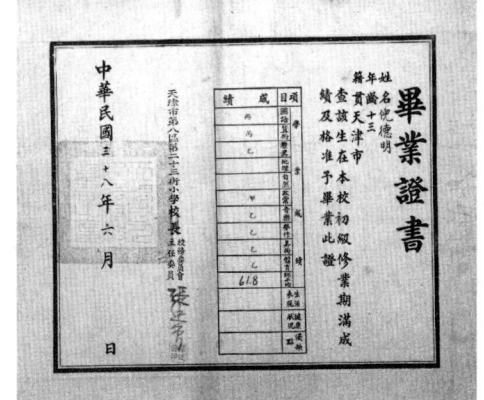

天津市第八区第二十三街小学毕业证书(1949年)

官立模范单级小学

官立模范单级小学前身为民立第五十四小学堂,创办于清光绪三十四年(1908年),校址在河东锦衣卫桥(原为火神庙)。1910年5月改为省立模范单级小学堂。1914年改为直隶第一师范学校附属小学第二部。开办时仅有60名学生。1915年有学生146人,并添设高小。1923年时,有学生155人,分为3个复式班。该校主任由李恩祜兼任,有教职员6人。抗战胜利后,改为第二区第十八保国民学校,校长张士宜,有8个班,444名学生,13名教职员。天津解放后改为第二区第九小学、锦衣卫桥小学。1961年7月,改称河北区第一中心小学。

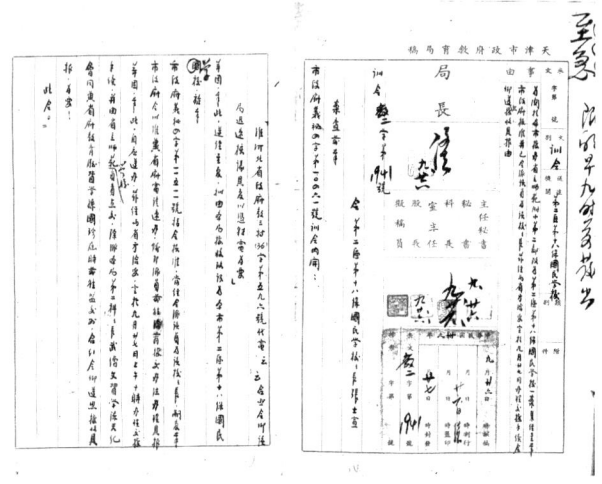

天津市政府教育局给第二区第十八保国民学校训令(1947年9月26日)

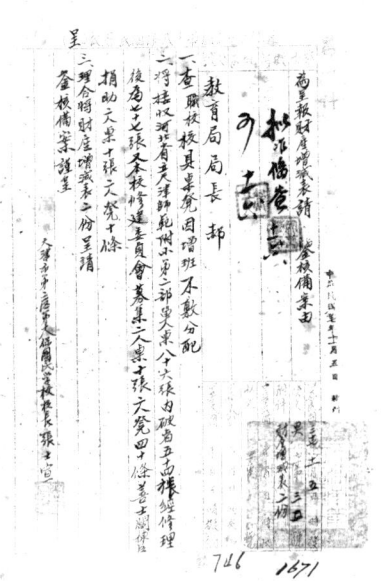

第二区第十八保国民学校校长张士宜呈报函

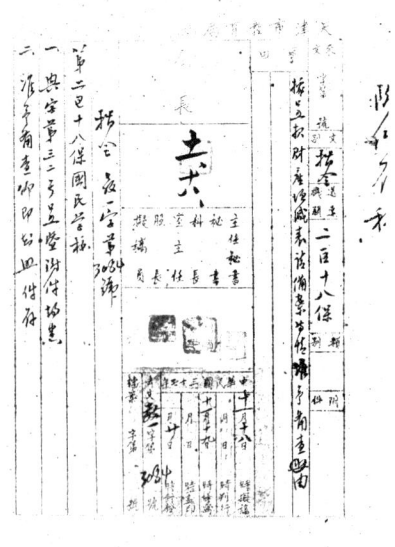

第二区第十八保国民学校档案

德国侨民学校

德国侨民学校位于台湾路 1 号,今为台湾路小学。1909 年 1 月 4 日由"天津德国人学校协会"筹建,1913 年建成新校舍,直属德国侨民会管理。占地 5.8 亩,为典型的德式建筑,初设幼稚园、小学部,20 世纪 40 年代发展到初中部,专门招收德国侨民子弟。1980 年以来,每年都有德国"校友"回母校探望。

德国侨民学校全景

德国侨民学校部分校舍

德国侨民学校部分校舍

德国侨民学校全景

德国侨民学校学生出操行进中

德国侨民学校体育课双杠运动

2002年德国侨民学校双胞胎姐妹回到母校（今台湾路小学）在操场上拿着上学时的合影

德国侨民学校毕业时这对孪生姐妹的合影

德国侨民学校师生合影

私立崇德小学

　　私立崇德小学其前身为民立第五十八小学,创立于清宣统元年(1909),校址在河东旺道庄。1928年,市县划界,天津市教育局成立;是年2月,该校奉钧局第21号令予以备案接管,并每月发补助金40元。1938年5月,改校名为私立崇德小学,校董事会董事长为李绣章,董事为李林、徐永宽、孟绍先、蒋松年。1946年时,有2个班,120名学生,5名教职员。天津解放后,1952年该校与私立模范小学等合并,校名叫私立模范小学。

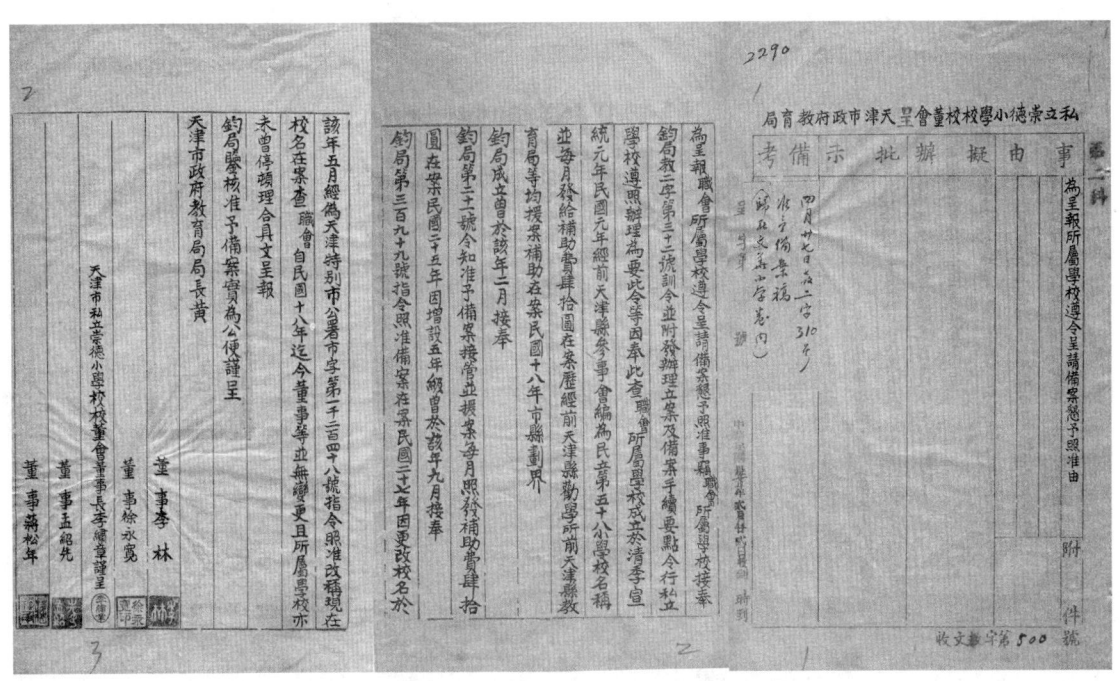

天津市私立崇德小学校校董会呈天津市政府教育局长函

官立第九女子小学

　　官立第九女子小学是天津最早的十一处官立女学之一，成立于清宣统二年（1910），校址在东南城角草厂庵。校董为邓庆澜、林墨青，主任为孙士琛。1923年时，有学生180人，分为4个班，都是初小。有教员9人，都是直隶女子师范学校毕业，邓颖超曾在此校任过教，该校另有一个义务女学，下午上课，有一名教员负责。该校每月由教育局拨款240元。学费每人每年9元。校舍为前草厂庵改建，清洁、雅致，有4间普通教室，各教室后壁挂有许多《儿童画报》。该校于20世纪20年代后期，改称天津第九女子小学校。1929年改为市立第五小学。抗战胜利后，改为七区第三保国民学校。天津解放后改为七区第三小学。后改为南开区草厂庵小学。

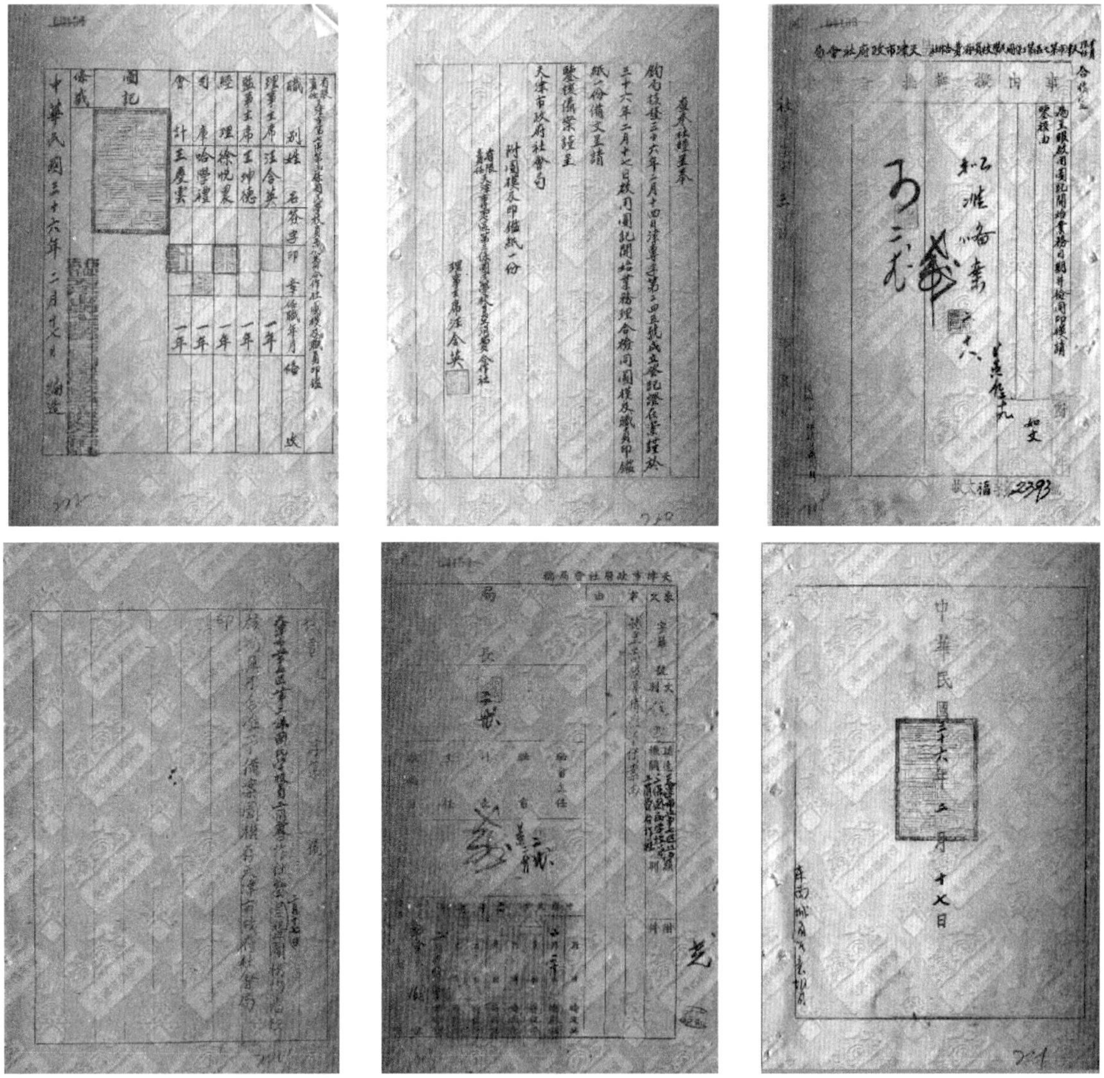

为图模准予备案事致市第七区第三保国民学校员工消费合作社代电（附原呈及图模）

（1947年2月20日）

私立浙江小学

浙江旅津公立两等小学堂建于清宣统二年(1910),校址在北门里户部街浙江会馆内。校长姒艮成(兼山)。后迁往法租界海大道(今大沽北路)西。学生以浙江籍占多数,外省子弟亦酌收。1911年时,有学生66名,教职员5名。民国后,改名为天津私立浙江小学。1932年5月4日,呈奉天津市教育局第1263号指令批准立案。1938年时,有9个班,482名学生,16名教职员。1946年7月,董事长阮性言、王秉三任校长,是年有11个班,学生573名,教职员14名。1952年改为五区第六小学,有15个班,801名学生,27名教职员。该校曾为和平区河北路小学。

浙江小学董事长阮性言

浙江小学校长王秉三

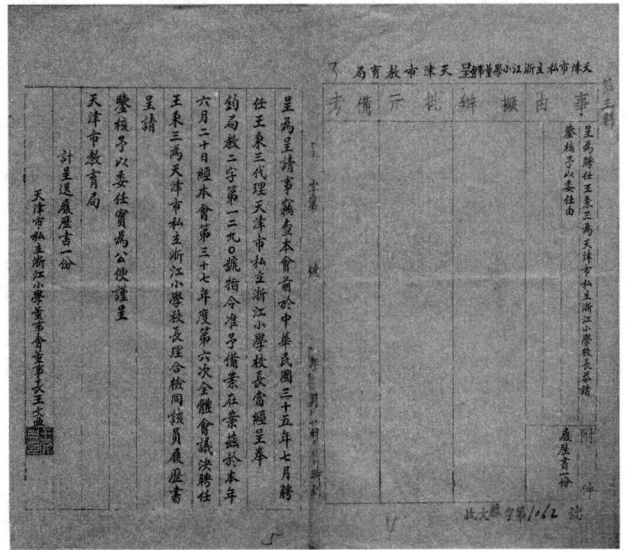
为聘任王秉三为天津市私立浙江小学校长,董事长王文典呈天津市教育局

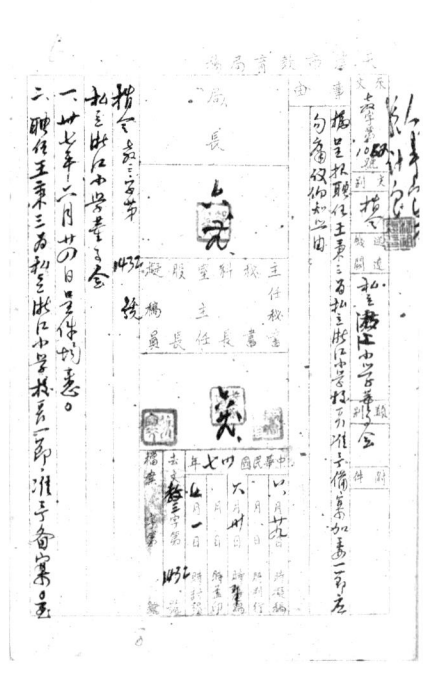

天津市教育局给私立浙江小学董事会指令

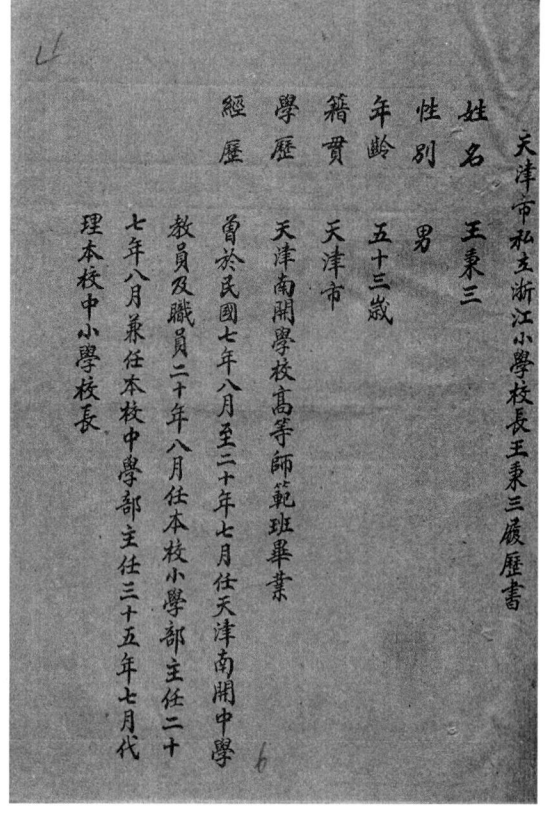

天津私立浙江小学校长王秉三履历书

民立第十三小学堂

　　天津县民立第十三小学堂（今杨柳青镇第一小学前身），位于西关帝庙，始建于清宣统二年（1910），历经四度更名，二易校址，走过了内忧外患的晚清和民国，1949年建国时定名为杨柳青第一完全小学，2002年杨柳青镇第一小学喜迁新址——天津市西青区杨柳青镇青致路6号。

杨柳青第一小学

杨柳青第一小学师生在老校门前合影

直隶第一女子师范学校附属小学校

直隶第一女子师范附属小学校(简称女师附小)成立于清宣统三年(1911)春,初设于西窑洼官立女子小学堂(后为"女师"蒙养园),后移于北洋客籍学堂旧址。1916年,迁到北洋高等女学堂旧址。1923年时,该校有学生435人(高小155人,初小280人),分为11个班,有教职员25名。该校教学方法为启发式,教员系师范优秀人才。该校教员李毅韬(李峙山),五四运动时是天津女界同志会副会长。1929年,增设河北省立女子师范学院,该校成为"女师"小学部。1946年"女师"复校后,为河北省立女师学院附属小学。1948年时,有8个班,403名学生,15名教员,校长郝枫。1949年暑假后,改名为河北省师范学院附属小学校,后为河北区西箭道小学。

西箭道小学(前身女师附小)

直隶女师附小(西箭道小学)邓颖超母校

直隶第一女子师范学校附属小学校毕业证书(1928年)

女师附小档案资料

直隶第一女子女师范学校曾设立幼女教养所,图为1921年部分师生送别三位教师的合影

河北省立女子师范学院附属小学校钤记

私立竞存学校

今岳阳道小学。私立竞存小学校创建于清宣统三年(1911)(一说1912年,即民国元年)。1933年时,校址在日租界芙蓉街(今和平区河北路)。级制有初级、高级、复式,5个班,209名学生,有11名教员,学费高级6元,初级3元,校长陆昭汉先生。1962年改为岳阳道小学,位于和平区武昌路。学校占地0.2万平方米,建筑面积0.16万平方米。1992年以来,学校接受了邵逸夫先生的捐赠,新建了具有现代化设备的教学楼。1979年以来,学校探索以学校为主体,以家庭为基础,以社会为依托的办学模式,全面提高学生素质,教学质量稳步提高。1986年被评为全国教育系统先进集体。1993年被评为天津市特等劳动模范集体,授予全国五一劳动奖状。

"天津市私立竞存小学钤记"印模

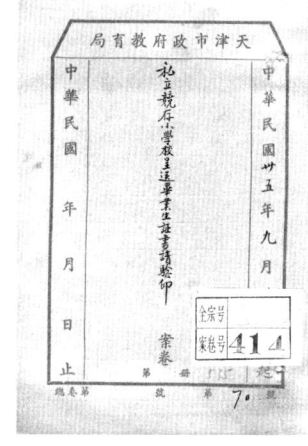

私立竞存小学校呈送天津市教育局毕业生证书请验印

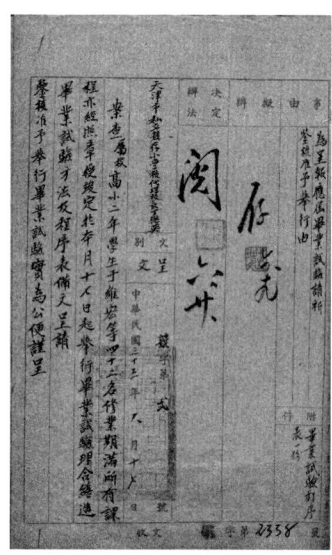

代理校长丁懋英呈报应届毕业试验

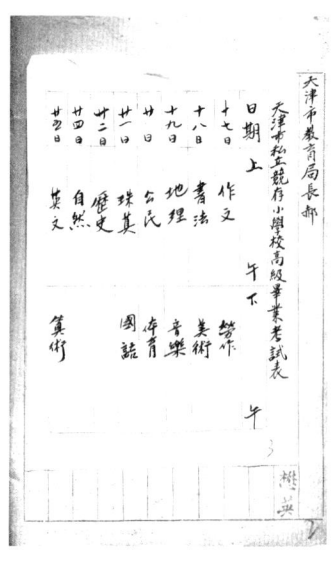

私立竞存小学高级毕业考试表

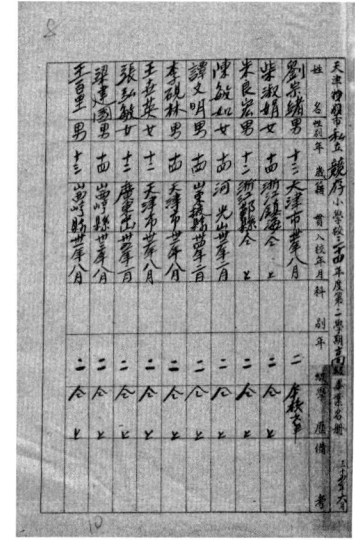

私立竞存小学高级毕业名册

私立汇文第二小学

　　天津私立汇文第二小学原系基督教卫理公会于民国初年开设的贫民学校。校址在广东路68号（原谦德庄派出所址）。1943年曾一度改为市立七十五小学。抗战胜利后，教会学校相继复校，于1947年又改为天津私立汇文第二小学，校长曹纯儒，有5个班，135名学生，7名教职员，6间教室。另有一个幼儿班，有25名幼儿。天津解放后，于1949年在六区文教股登记，1950—1951年批准立案。1951年卫理公会小学（原系维斯礼堂附设儿童义务识字班，附设在基督教会教堂内）并入该校。1952年由政府接管，改为市立六区第二十五小学。1956年更名为广东路小学。

天津市私立汇文第二小学校校董会董事长阮渭泾、副董事长纪薪传呈天津市教育局函

天津市私立汇文第二小学校校董会一览表

私立务本女学校

天津私立务本女学校由侯元淑先生创办于1914年4月，校址在西头场院大街鱼市西。侯元淑为校长。1916年1月呈报天津劝学所备案。1922年侯元淑校长逝世，尹恩蓉继任校长。有学生91名，为复式编制，共计2个班，教职员5人。1938年时，校长曹兴周，有1个班，2名教员。1948年时，校长张子敬，有1个班，45名学生，3名教职员。

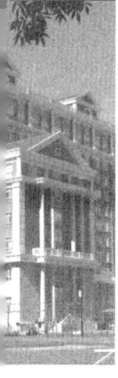

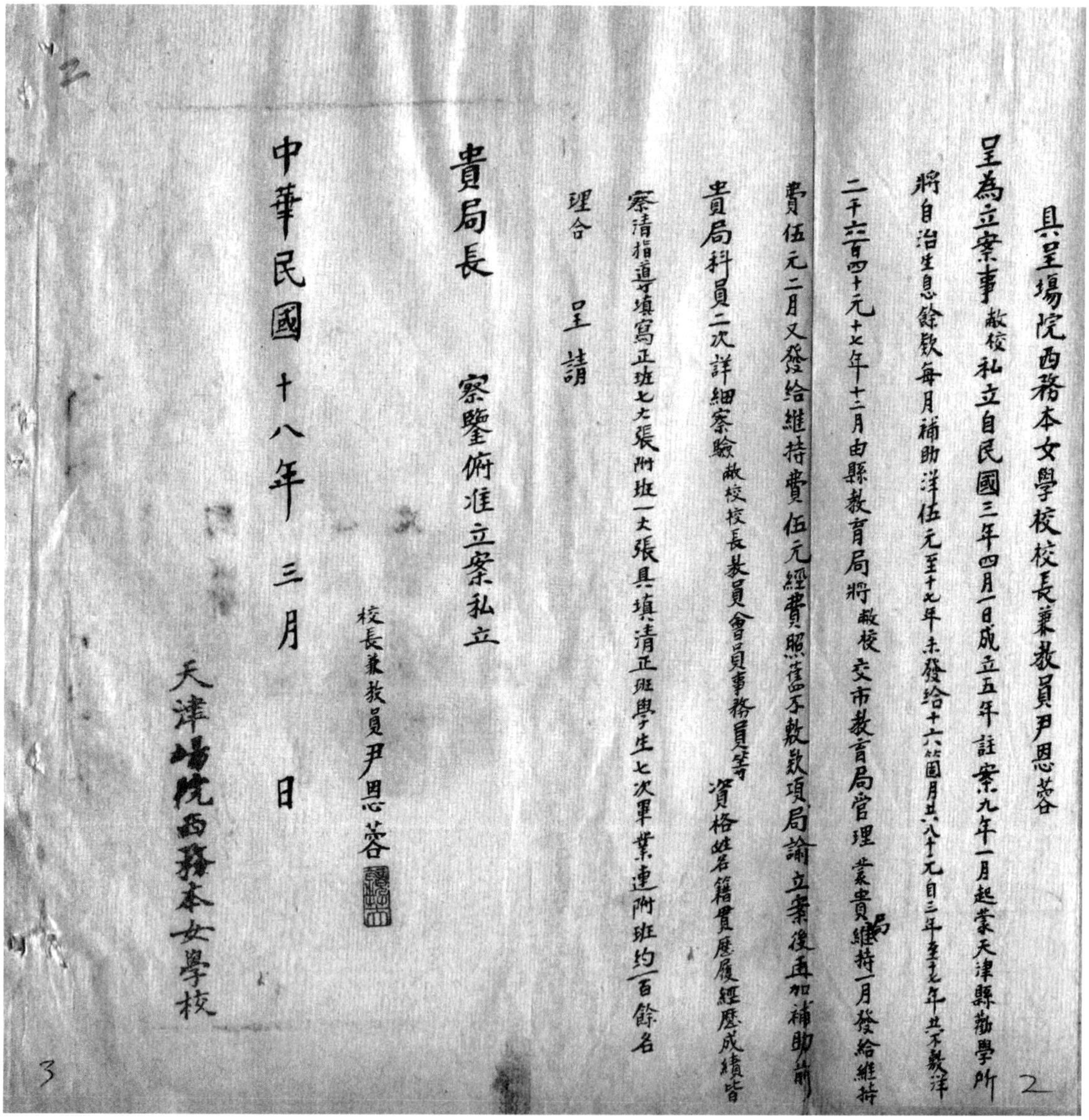
具呈場院西務本女學校校長兼教員尹恩蓉

呈為立案事 敝校私立自民國三年四月一日成立五年註案九年一月起蒙天津縣勸學所將自治生息餘款每月補助洋伍元至十七年未發給十六個月共八十元自三年至十七年共不敷洋二千六百四十元十七年十二月由縣教育局將 敝校交市教育局管理 蒙貴局維持一月發給維持費伍元二月又發給維持費伍元經費照舊不敷款項局諭立案後再加補助前貴局科員二次詳細察驗 敝校校長教員會員事務員等 資格姓名籍貫履歷經歷成績皆察清指導填寫正班七十張附班一十張具填清正班學生七次畢業連附班約一百餘名理合 呈請

貴局長 察鑒俯准立案私立

校長兼教員尹恩蓉

中華民國十八年三月日

天津場院西務本女學校

天津场院西务本女学校校长尹恩蓉致天津特别市教育局局长邓庆澜呈请立案函

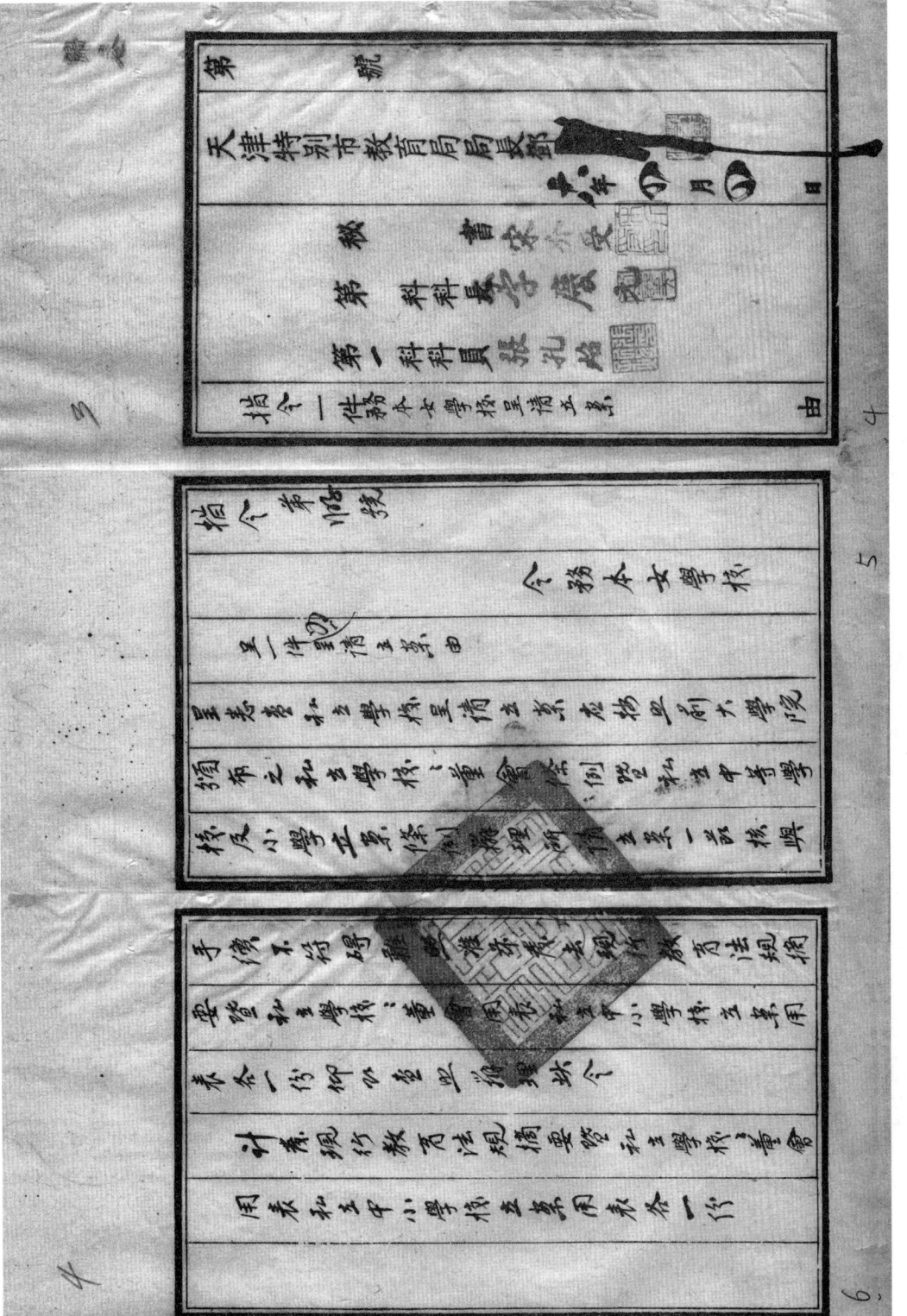

天津特别市教育局局长邓庆澜指令务本女学校呈一件呈请立案由

私立圣功小学校

圣功女子小学校创办于1914年,校址在法租界26号路(今滨江道原劝业场小学)。这是一所天主教会女子学校,每个教室中悬一耶稣十字架,但学生不读《圣经》,不作礼拜。校长夏景如女士,1893年生,山东寿光人,北洋女师文科毕业,曾任青岛方斋格学校校长。1923年时,有学生220人,有初小班4个、高小班3个、师范班1个,教职员13人。学生家庭多系商界。1952年改为一区十一小学,有20个班、1 007名学生、60名教职员,还有两个幼儿班,校长梁宝珠。1956年改为滨江道一小;1958年改为劝业场小学总校;1960年河北路二小(培才小学)并入;1961年改为劝业场小学,校长相继为贾金梅、王方、李兰芳、陈贞慧、曲以敏等。

圣功学堂创始人夏怀清

圣功学堂校长夏景如先生

圣功学堂校董梁祖望先生

圣功女学校成立时师生合影

圣功学堂中小学全体教职员合影

圣功小学校门(滨江道)

圣功小学分校校门(山西路)

圣功小学校舍

圣功小学游艺室

圣功小学舞蹈活动

"天津市私立圣功小学钤记"印模

钟吾给圣功的赠言

圣功女学校友、著名电影演员胡蝶

北塘贫民小学

　　北塘贫民小学创建于1914年,校舍借北塘广慧寺(小圣庙),创办人为中华民国副总统黎元洪。1878年,黎元洪之父李朝相奉调驻防北塘炮台东大营。是年黎元洪14岁,随父来北塘,并就读于学究张子养先生的私塾。1914年,黎元洪来北塘为其父营造墓地,有感少年曾受业于此,为表示不忘滴水之恩,在少年同窗们的建议下,便拨给北塘镇公所一块宁车沽的芦苇地和两千元中国银行股票。于是,镇公所办起了这所小学。该校为半日制小学,专收穷人子弟入学,所聘教师全部义务授课。该校为北塘第一所小学。1920年更名为北塘南校,校长张立维。该校一直坚持到1948年冬北塘解放。

北塘贫民小学创办人黎元洪

北塘贫民小学创办人黎元洪戎装像

大佛寺小学

　　大佛寺小学建校于民国四年(1915),校址在河东粮店后街大佛寺内。据《天津府志》记载:1629年(明崇祯二年)重修大佛寺。1900年,义和团曾在此寺设坛授拳,八国联军打进天津后,该寺为奥军司令部。1929年,改名为市立第二十六小学,校长董嵩年。抗战胜利后,改名为二区第六保国民学校。1946年时,有19个班,1040名学生,28名教职员。新中国成立后改名为二区六街小学;不久,改为二区中心小学;1952年底又改为三区第二中心小学。1956年1月,改为河北区第二中心小学。该校学生人数最多时达2200余人。1980年该校定为区重点小学。

大佛寺小学

大佛寺小学前身1900年曾为奥军司令部

天津特别市第26小学毕业证书(1939年)

天津特别市第26小学奖状(1940年)

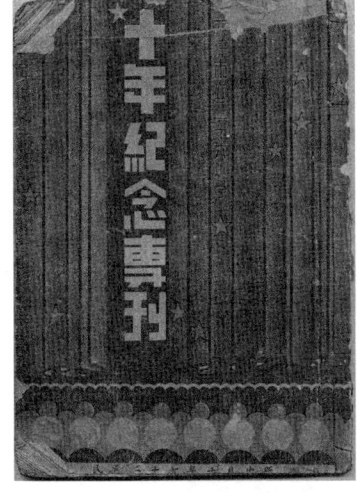
天津市立第二十六小学校十年纪念专刊

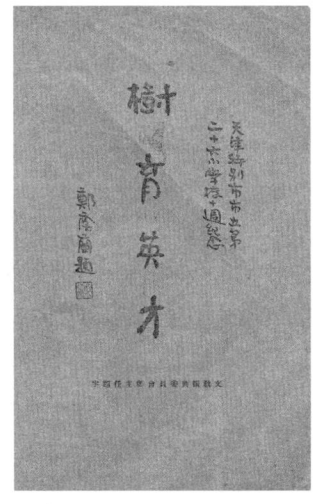
文教振兴委员会主任郑荫简题词：树育英才

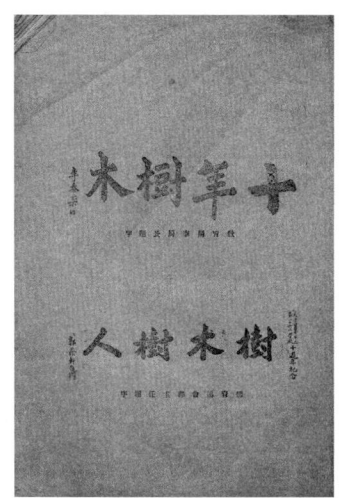
教育局长李泰棻题词：十年树木 体育协进会主任郭荫轩题词：树木树人

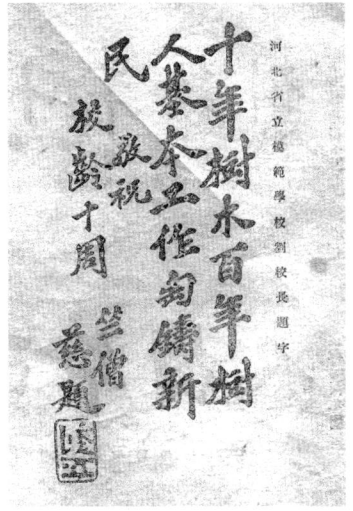
河北省立模范学校刘竺僧（宝慈）校长题词：十年树木百年树人基本工作匍铸新民

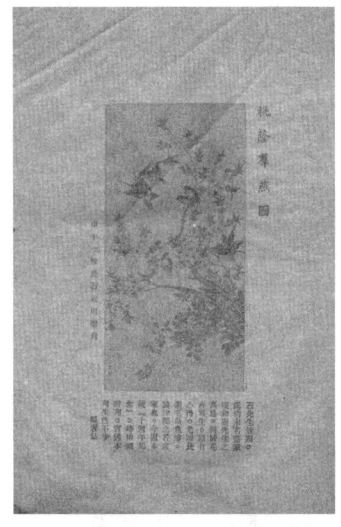
市十一小学校校长石效周（承濂）绘：《桃荫群燕图》

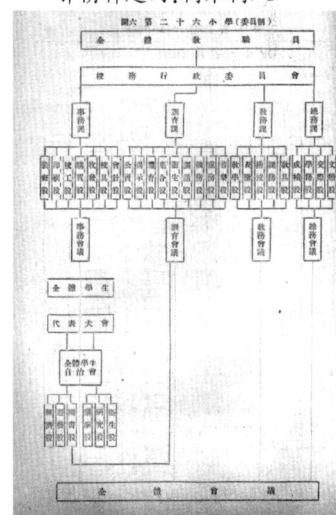
天津市第二十六小学组织系统图（委员制）

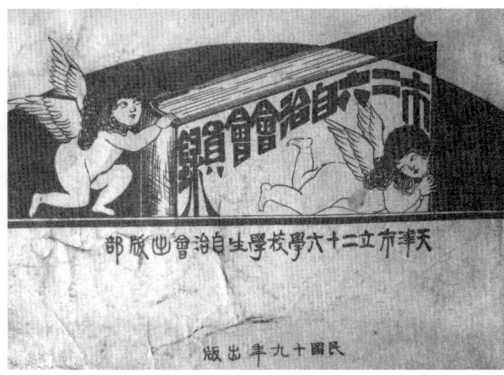
《市二十六自治会会员录》封面（1930年）

贫民半日学社

天津贫民半日学社始建于1915年,创办者为直隶警务处处长兼天津警察厅厅长杨敬林(以德)。

贫民半日学社创办人杨敬林

《天津贫民半日学社纪略》封面 华世奎题

郭庄子绅士李彦章助建第二贫民学社

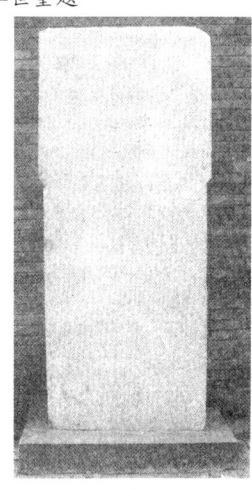

贫民学社碑

天津中区警察署署长员官半日学社教习全体合影

天津东区警察第五分驻所贫民半日学社教习学生合影

旧县署西国民小学校

旧县署西国民小学校建于1916年，一说建于1906年，由天津劝学所组织设立，校址在旧县署西。1924年时，每月由教育局领款58元，学费每人每月铜元20枚，生活困难的学生可以免费。1929年，该校改为天津市立第八小学，校址在南门东，校长戴庚锡，原名锡庚，字渔清，笔名愚盦、娱园、娱园老人。他一生从事教育，任该校校长多年，又是天津著名小说家。1938年时，该校有学生223名，教员10名。抗战胜利后，改名为市立第七区第六保国民学校，校长郭晓晖。1946年时，有6个班，409名学生，10名教职员。1948年时，称为第七区第六保第一国民学校。天津解放后，改为第七区第五小学，后为南开区南门东小学。

校长、著名通俗小说家
戴愚盦（锡庚）

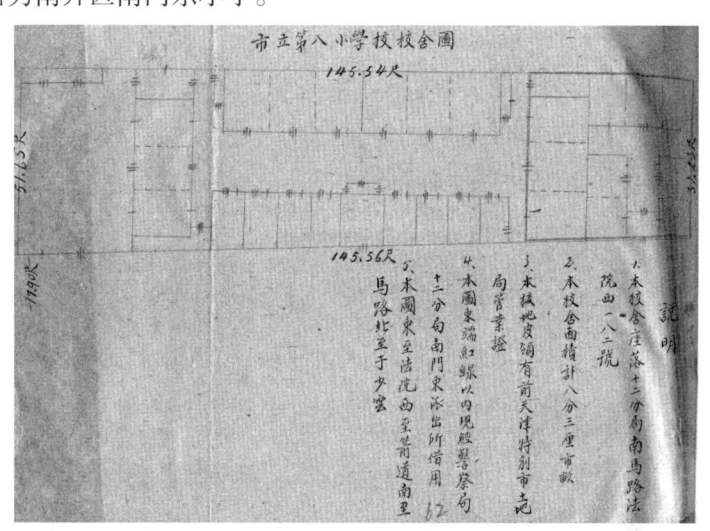

市立第八小学校校舍图

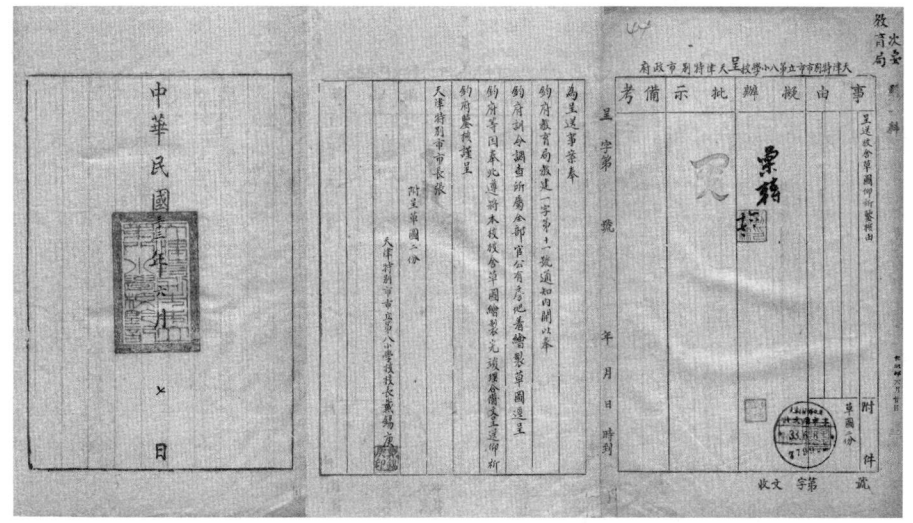

天津特别市市立第八小学校校长戴锡庚呈报天津特别市政府函

私立模范小学

天津私立模范小学位于河东李公楼,1916年由山西人张晓斋和夫人赵悲士创办。校长张晓斋负责教务,赵悲士负责训育、庶务,大女儿在校任教,全家住在学校。该校设董事会,董事中有天津中华国货售品所创办人、天津爱国实业家宋则久等。20世纪30年代中期该校经翻修后为3层楼房。张校长善书法,学校楼道、办公室、教室都贴有他书写的格言,字里行间渗透着对学生进行爱国教育。该校有学生近300名,分为6个班,有教员10名左右。对学生管理比较严格,有统一服装。学校教学质量比较高,在河东一带小有名气。1936年赵悲士继任校长。到1948年有学生417人,教员13人,校址在李公楼中街90号。新中国成立后,1952年9月,该校与私立崇德小学合并。1953年改为市立小学。

天津私立模范小学老照片 校长张晓斋题字

"天津市私立模范小学钤记"印模

私立木斋小学

宣统元年(1909),直隶提学使卢木斋在河北元纬路卢府内办起了蒙养院(今幼儿园)。从1916年起,开始增办卢氏小学。由卢木斋的三女卢定生(美国留学)主持校务。其后,正式改名为木斋学校。1924年,卢木斋迁居前意租界小马路(今河北区建国道民权路),又在住宅中辟出一部分开办幼稚园及小学。

木斋学校小学部第五届毕业师生合影(1933年)

木斋学校东宅小学部、幼稚园师生合影(1937年)

木斋学校小学部第十届毕业生合影(1938年)

木斋学校小学部第十一届毕业师生合影(1939年)

木斋学校小学部第十二届毕业师生合影（1940年）

木斋学校小学部第十三届毕业师生合影（1941年）

天津市私立木斋小学校第18届毕业师生合影（1946年）

私立阎氏小学

天津私立阎氏小学前身为天津第三十四代用小学,校址在西沽村龙王庙后,创办于1916年。校长兼教员为阎鹤林一人,独自创办,苦心经营,历时十三载,成绩斐然,深受西沽村群众欢迎,受到县教育主管部门褒奖补助。民国十八年(1929)一月,阎鹤林因病休假,该校校长兼教员一席即由阎午生代理。当月阎鹤林病故。1929年改为天津私立阎氏小学,1929年12月30日天津市教育局指令批准立案。校名正式定为天津市私立桃林小学,校长阎午生,校址在西沽龙王庙后。阎校长与女儿阎尔康两人分担教务。校董会董事长张裕斋。校长阎午生品学兼优,谙练教育,居为师表,深受师生和当地群众尊敬。

私立桃林小学校校长阎午生调查表

私立桃林小学校教员阎尔康调查表

近代天津教育图志

416

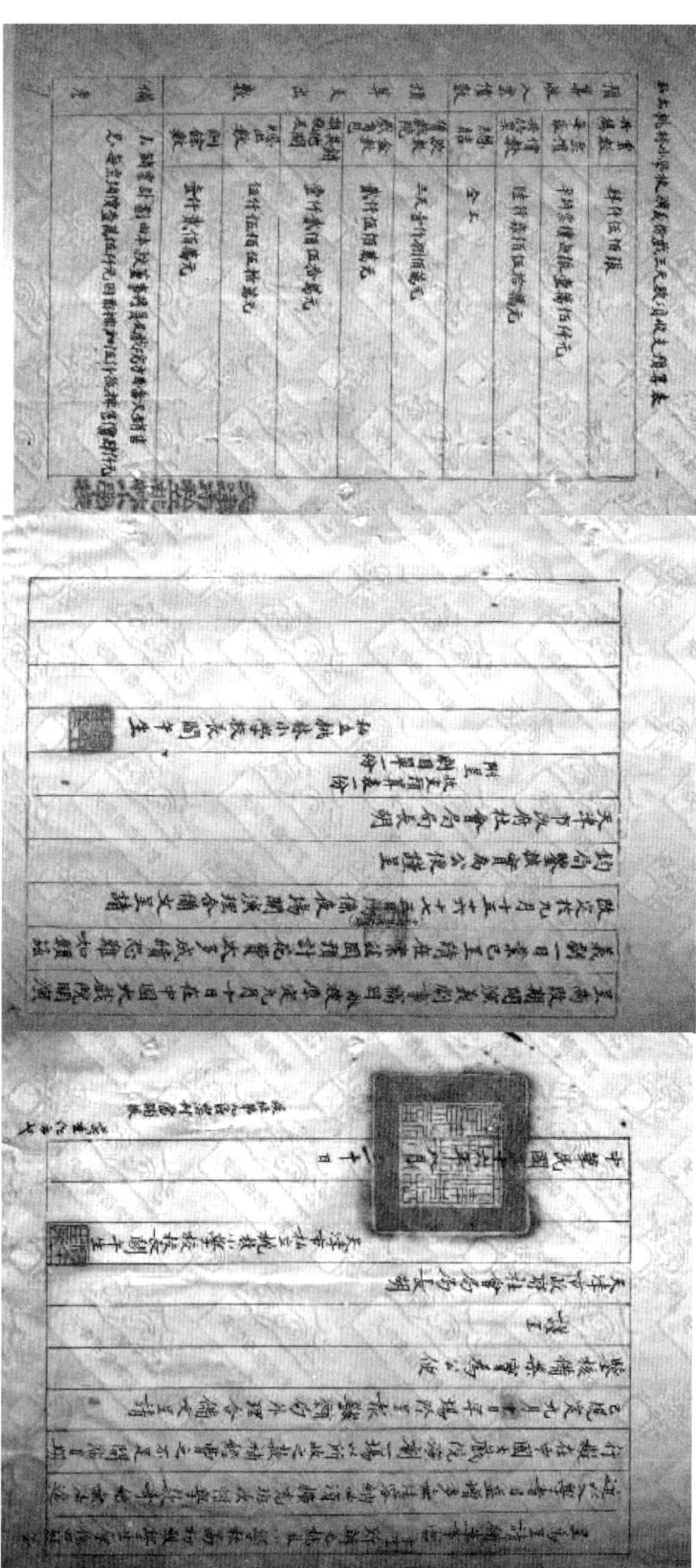

私立桃林小学校校长阎午生为演戏筹款事呈天津市政府社会局长附收支预算表

私立澄衷小学

　　天津私立澄衷小学于民国六年(1917)三月,在天津县劝学所立案。1929年1月22日,天津县教育局公函第48号,将该校拨归天津特别市政府教育局管辖。同年9月19日,市教育局1858号指令准予该校董事会立案,11月13日市教育局第2524号指令准予该校立案。1930年1月22日,市教育局第六十号训令批准给该校颁发补助费。校址在永明寺。校长庞兴周。1938年时,有1个班,23名学生(男生19人,女生4人),1名教员。1946年时,有2个班,105名学生,4名教职员,校址在八区永明寺硝房2号。董事长初为董玉书,后为董世恩。1948年4月,因学生减少,暂行停办,剩余学生送第八区三十六保国民学校就学。

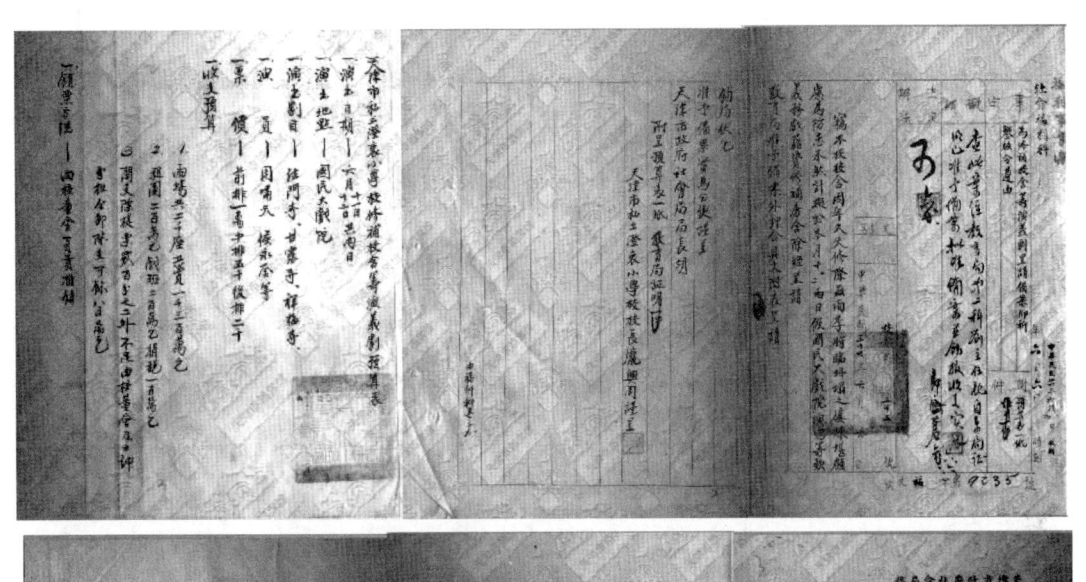

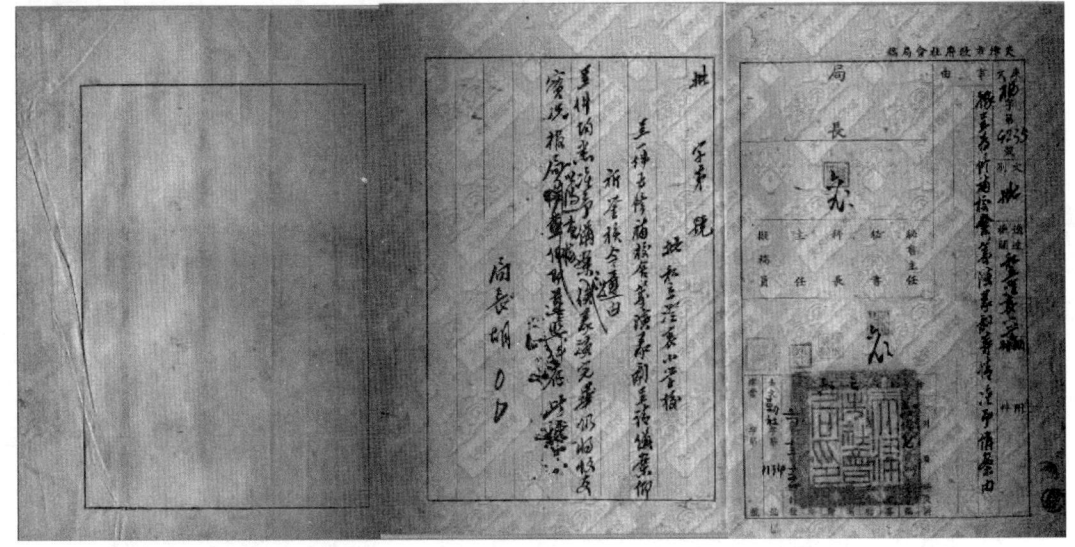

为修缮学校筹演筹划等事致天津私立澄衷小学批(附私立澄衷小学呈)

(1947年6月12日)

私立怀谦小学

天津私立怀谦小学创立于民国六年(1917),在天津县呈准立案。1929年3月成立校董会,同年9月,天津市教育局1870号令指令准予该校和校董会立案。校长宁殿和。校址在西关街九天庙胡同。1938年,该校有1个班,34名学生,1名教员。1946年,有6个班,380名学生,9名教职员,校址在西门南小新街后2号。该校于1946年5月,改组成新校董会。董事长康俭庭。该校每年经费222万元,其中学费92.5万元,校董会担负50万元,不足部分请教育局补助。教员宁秀春,1937年9月到校任教,他是泊镇师范毕业,先后担任初级、高级教员兼教音乐,学生成绩优良,高级毕业升学者名列前茅,尤其是该校合唱队训练优良,津市多有所闻。

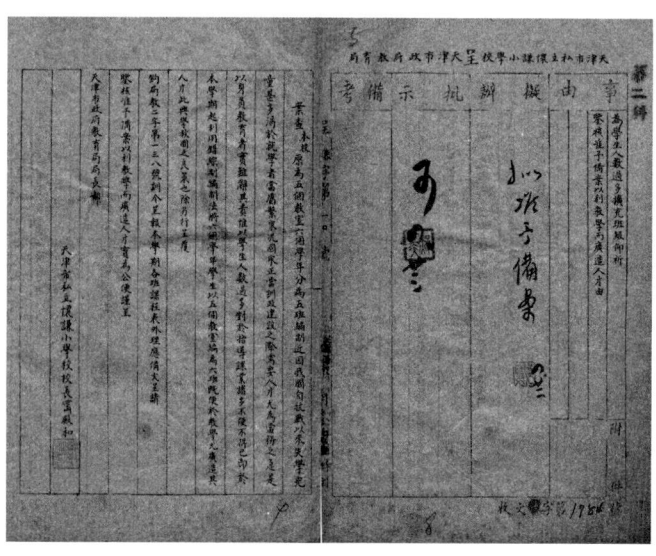

天津私立怀谦小学校校长宁殿和为学生
人数过多扩充班次呈天津市教育局函

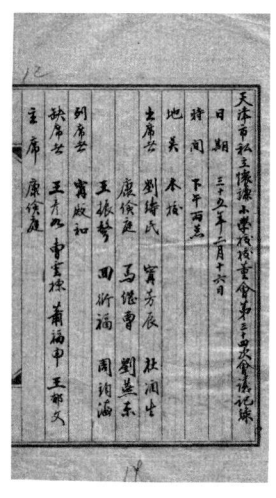

天津私立怀谦小
学校校董会会议记录

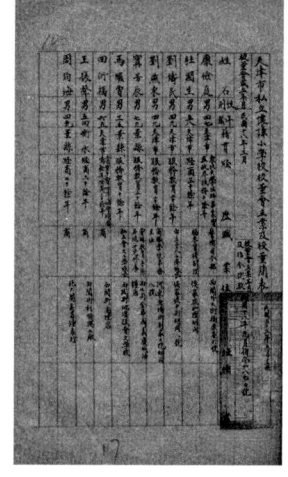

天津私立怀谦小学校
校董会立案及校董简表

私立育英小学

　　天津私立育英小学的前身是天津第十八代用学校,成立于民国六年(1917),该校主任为张廷宾,1878年生,住西沽村小药王庙,为前清文童,设塾教读,曾入城隍庙补习所,肄业,入高吟生先生组织的广育学会,会员。1916年在第一学区师塾教员传习所毕业,到该校任职12年,他看到家乡西沽仅有民立五十六小学(西沽火神庙),邻村子弟求学困难,拟设一私立小学,校名为私立育英小学,校址设在西沽第十代用学校旧址,有教室3间,能容70余人。同院还有2间预备教室,能容40余人。该校于民国十八年(1929)二月五日,正式定名为私立育英小学并开始上课。民国十九年(1930)在贺家口创建另一所天津私立育英初级小学,详见下列档案:

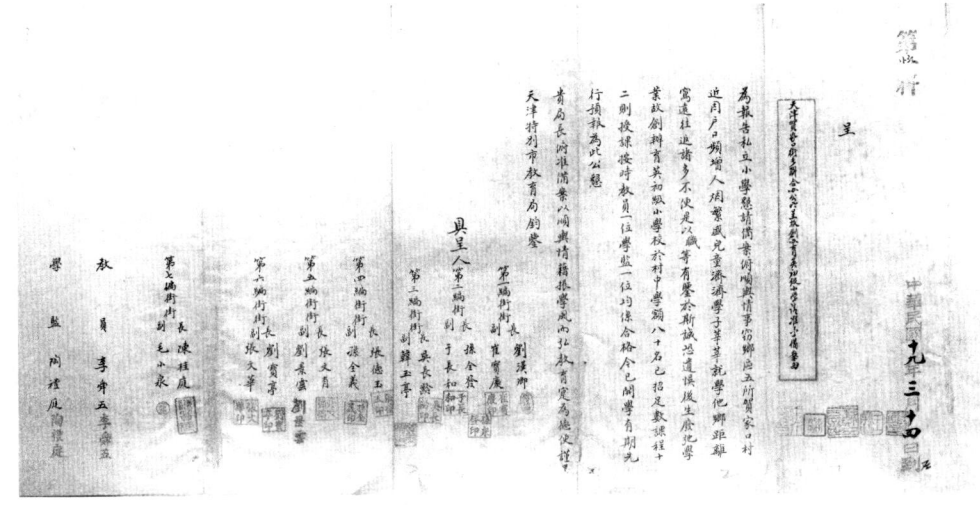

天津贺家口街长联合办公所呈报创办育英初级小学校请准予备案由

天津特别市私立育英小学校课程十二则

天津扶轮公学第一小学

今铁路一小。天津扶轮小学校于1918年,由交通部同人教育会创办。本校在现五马路22号,分校在新大路北头。1923年时,有学生500人,分为11个班,有教职员17人。经费由交通部拨给,每月经费551元。1948年时,天津第一扶轮小学,校长赵庆堡,校址在宇纬路2号,有18个班,785名学生,27名教职员,24间教室。天津解放后改名为天津铁路职工子弟第一小学。除此还有天津第二扶轮小学、天津第三扶轮小学。

创办人之一、铁路督办叶恭绰

铁道部部立天津扶轮第一小学校旧址(五马路22号)

天津扶轮第一小学1919年首届毕业班师生合影

天津扶轮小学早期教师

天津铁路一小庆祝"五一"节合影(背景老校舍)

私立储英小学

天津私立储英小学成立于1918年,1920年在天津县教育局立案。校址在河北关上颜家胡同,系租用民房教室一间半,办公室在内。该校为初级小学,四个学年编为一班,进行复式教学。该校董事会董事有:王俊廷、张荫德、袁砺和、马骥云、李心斋、宋希真、周清芬、王鹤荪、宋元善。校长兼教员李仙洲,男,1893年生,静海人,天津单级教员讲习所毕业,曾充小学教员多年,1917年任塾师,1920年任该校校长兼教员,月薪52元,兼管庶务。该校经费,每年学费232元,校董捐款600元,共832元。1938年,该校有1名教员,1个班,21名学生(其中有1名女生)。

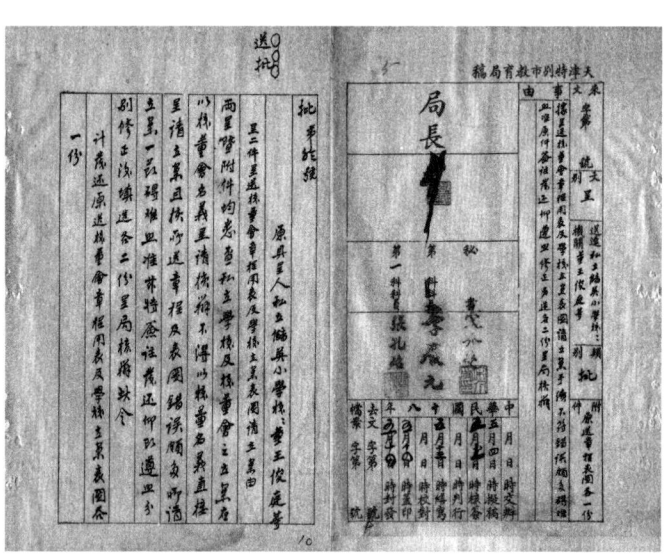

私立储英小学校校董王俊庭等呈文天津特别市教育局

私立储英初级学校校董及职员人名一览表

天津韦驮庙乙种商业学校

天津韦驮庙乙种商业学校于1918年由天津善堂联合会会长李星北创建，校址在大伙巷韦驮庙内。该校经费由天津善堂联合会拨给。该校校长王聘臣。李星北逝世后，该校于1925年迁至河北津浦西站马路，改组成天津慈善义务学校，仍不收学费，所有该校学生应用书籍、笔墨纸砚等均由本校发给。每年经费由该校校长王聘臣劝募，每年历有亏欠。1930年2月7日，该校迁北营门外公益大街北，新校舍为砖房一座。

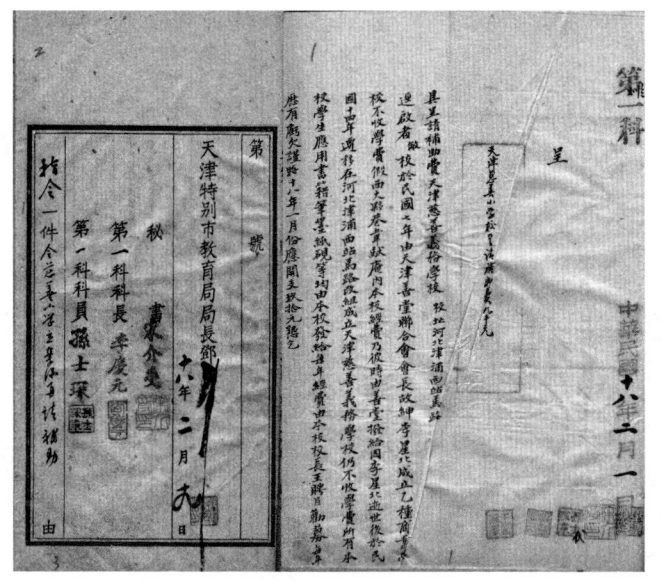

天津市慈善小学校呈请补助费9000元

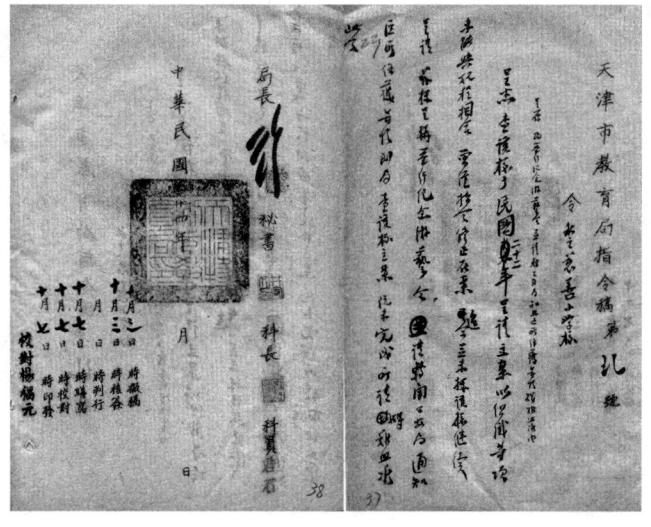

天津市教育局指令私立慈善小学校

宁河县立塘沽中心小学

　　宁河县立塘沽中心小学是塘沽最早的小学校,其前身是塘沽两等小学校,创建于1919年。校址在原归庄关帝庙,校长刘俭山,继任校长孙继林,学生不足百人。建校初期只收男生,经费来源一靠学生学费,二靠向各盐滩滩户募捐。1937年迁至现塘沽十一中址,改为镇立完全小学,校长孙祖绪,始收女生。20世纪40年代初,改名宁河县立塘沽中心小学,任命孙大光先生为校长。1946年初迁今校址,改名为塘沽国民中心小学,塘沽镇刘习武镇长为董事长,李子华为校长。1949年塘沽解放,改名为第一小学,李子华继任校长。1951年春迁到今解放路文化街3号,改名为塘沽中心小学,后又改名为塘沽第一中心小学。1964年改名为塘沽区一中心小学。

宁河县立塘沽中心小学校

塘沽中心小学师生合影纪念(1945年4月30日)

塘沽小学校学校计划书

北洋纱厂子弟小学

北洋纱厂子弟小学始建于1919年,后改为私立瑞海小学、私立杨家庄广育小学校。校址在杨家庄,校长胡宝兴。1938年时,私立杨家庄广育小学校有1个班,25名学生,2名教员,校址在杨家庄杨家胡同1条52号,校长仍为胡宝兴。1948年时,该校由市教育局接管,定名为天津市第六区第二十八保国民学校。校址仍在杨家庄杨家胡同,校长为宋福祯。此时,该校有8级8班,423名学生,13名教职员,8间教室。天津解放后,于1949年改名为六区第二十八街小学;是年10月更名为六区第六小学。1956年更名为杨庄子小学。

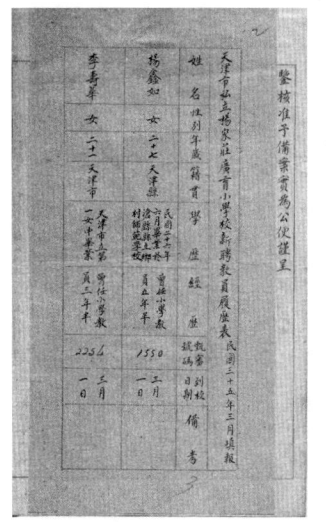 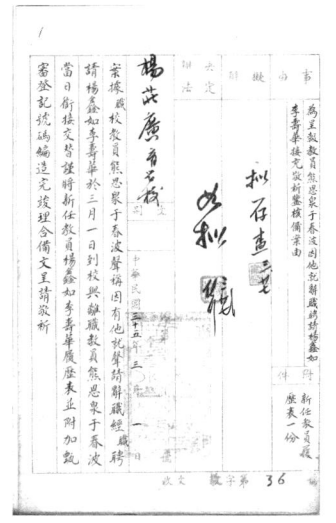 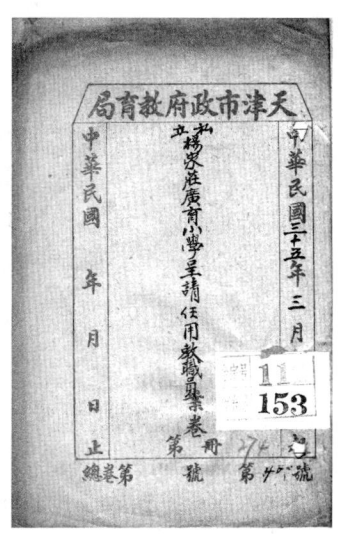

私立杨家庄广育小学呈请任用教职员案卷(1946年3月)

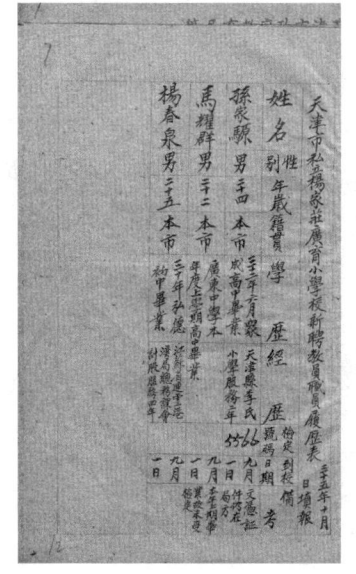 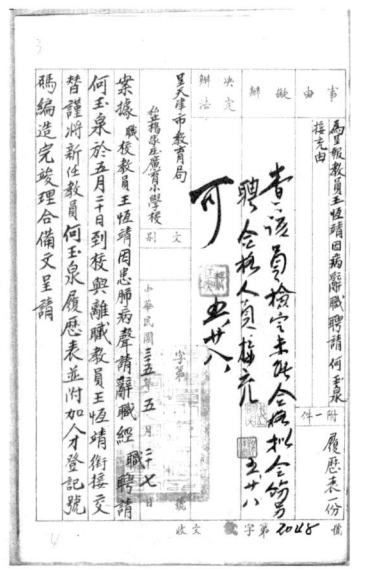

私立杨家庄广育小学呈请任用教职员案卷(1946年3月)

私立淑成初级小学

　　天津私立淑成初级小学由张文焕先生创办于民国八年(1919)二月。校址在河北佟家楼。校舍原系租赁,后因学生渐增,校舍不敷所用。由李实忱、严范孙、曹嘉宾热心筹划地基,筹建校舍,遂由劝学所补助建筑费250元,李实忱、严范孙各捐助200元,共洋650元。于民国九年(1920)四月起建,6月落成,7月迁入新校舍。该校设初级一、二、三、四学年共1班,66人。每年经费共计630元,其中校董李实忱先生捐助438元。校董有:李实忱、周长泰、曹嘉宾、李树薰、孙友仁。校长张文焕,女,1884年生,天津人,直隶女子师范肄业,天津国音传习所毕业。1948年时,该校有教职员3人,班级1个,学生40人。

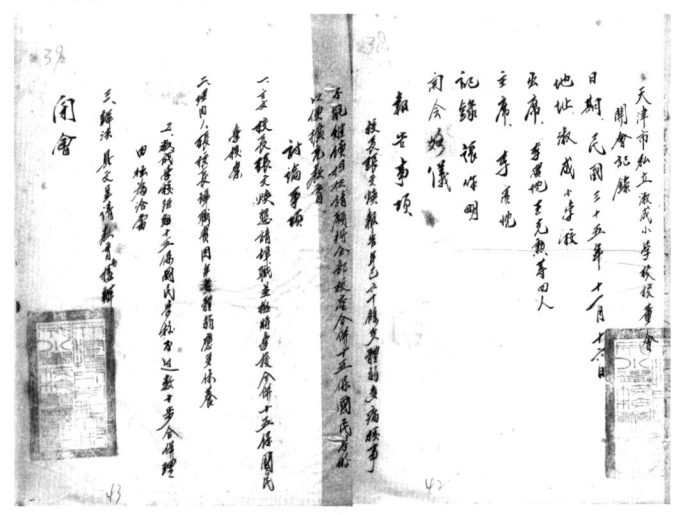

天津市私立淑成小学校校董会开会记录

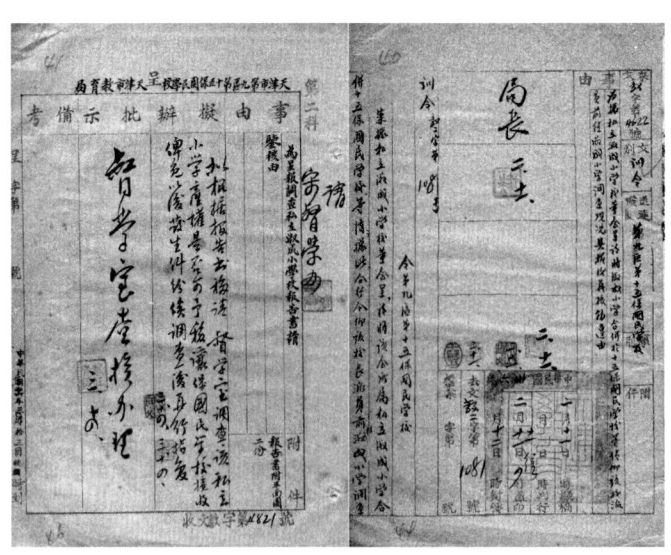

天津教育局为天津市私立淑成小学校呈请合并
九区十五保国民学校的训令

私立勤敏小学

　　私立勤敏小学前身为私立陈氏女学,校址在南开辅安里旁,创办人是陈彝(恭甫)。1919年,南开地区在水灾之后,住户日渐增多,附近无一处小学,陈彝与其妻陈左学勤于1920年8月发起成立陈氏女学校董会及陈氏女学,并呈请天津县教育局立案。该校董事长孟琴襄(南开学校庶务科主任),校长陈彝。1929年时,该校已发展到学额267人,是年改名为私立勤敏小学校。1931年12月1日,陈彝校长逝世。陈左学勤代理校长。1946年时,该校有6个班,228名学生,10名教职员,校长陈鸿渐(陈左学勤之女),校址在南开二马路67号。1948年时,有7个班,258名学生,11名教职员。有一个幼儿班,幼儿为30名。新中国成立后,于1955年改为七区第二十二小学;1956年改名为南开区鸿源里小学。

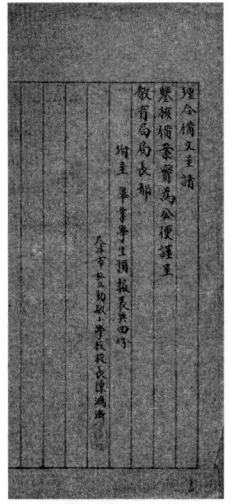 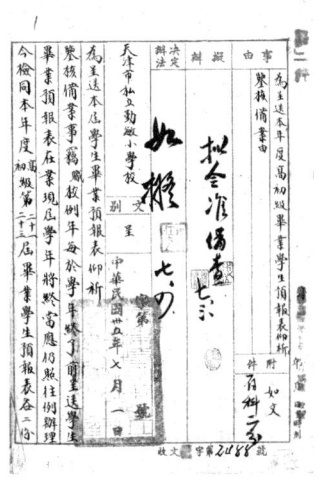

天津市私立勤敏小学校校长陈鸿渐关于呈送毕业学生预报表函

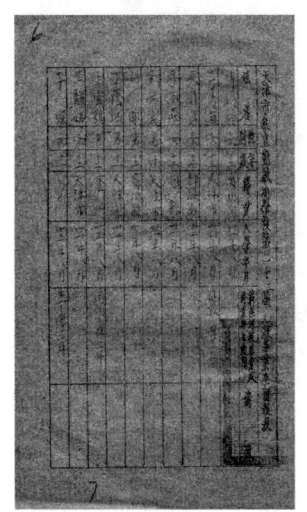 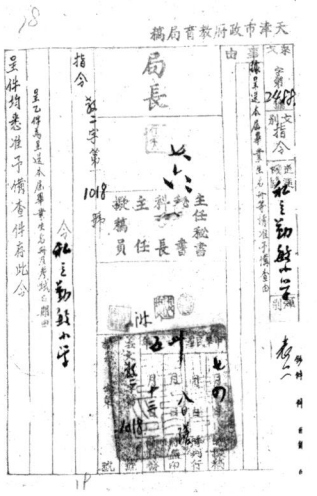

天津市私立勤敏小学校呈送的毕业学生预报表

私立三义庄女子小学

天津私立三义庄女子小学前身为民立第十一女子小学校，于1920年1月，由当地绅商李仁、张钰、萧桐茂、王长治、韩起发等发起成立。1931年4月，天津市教育局准予立案，改名私立三义庄女子小学校。校长孟玉珂，校址在特一区福州路(今河西区南昌路)。1938年，该校有4个班，94名学生，6名教职员。1946年该校改名为天津私立四德女子小学校。1947年遴聘任永馨为校长。同年3月组成新董事会，董事长田富。1948年，该校有6个班，426名学生，10名教职员，6间教室。天津解放后，于1950年4月，该校和私立四维小学(前身私立三义庄小学，创办于1912年)合并改名为私立光华小学。1956年政府接管，改为河西区三义庄小学。

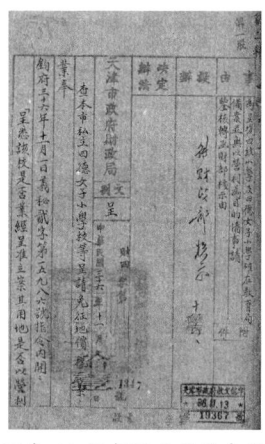

1947年11月市财政局为免除四德女子小学地价税事呈市政府文

四德女子小学校长武永馨调查表　　四维小学校长张润田调查表

天津三义庄民立第十一女学校国民科毕业
摄影中华民国十一年(1922)十二月

私立三义庄女子小学校初高级毕业
师生合影民国二十七年(1938)六月

天津市私立三义庄小学初高级毕业
师生合影民国二十七年(1938)六月

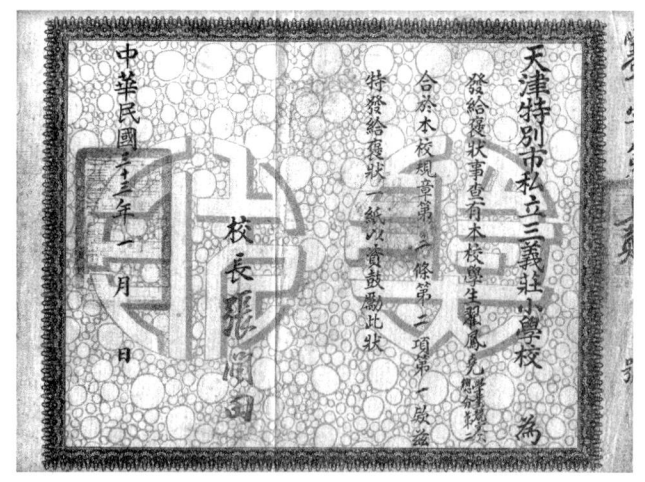

天津特别市私立三义庄小学校毕业证书(1942年)

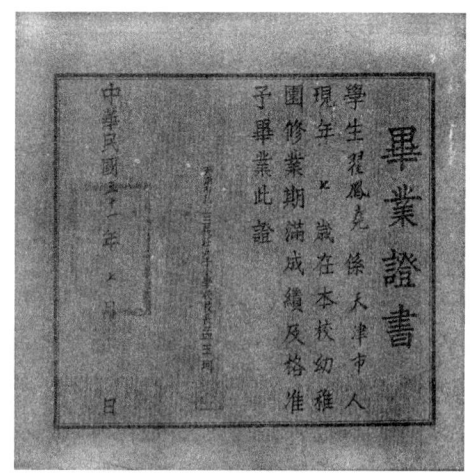

天津市私立三义庄女子小学校毕业证书(1944年)

天津市私立四维小学奖状(1948年)

私立秀山小学

私立秀山小学于1920年3月,由李纯(秀山)督军独自捐资创设。校址在河北黄纬路西四马路。校长王瑞,字铁铮,天津人,毕业于直隶第一师范。他终日辛勤工作,精神令人敬佩。到1923年时,有高小2个班,初小4个班,学生284人,教职员8名。1946年时,有6个班,330名学生,9名教职员,校址在河北四经路42号,校长黄松龄。1950年改为三区第十七小学,后为黄纬路幼儿园。该校还设有第二部,1920年3月成立,校址在尚师傅坟地,校长黄松龄兼。1950年并入崇善东社小学。另设有第三部,1922年成立,校址在河东水梯子关帝庙,校长李光益。1950年改为二区第十四小学,后为河北区小关大街第一小学。

创办人、江苏督军李纯

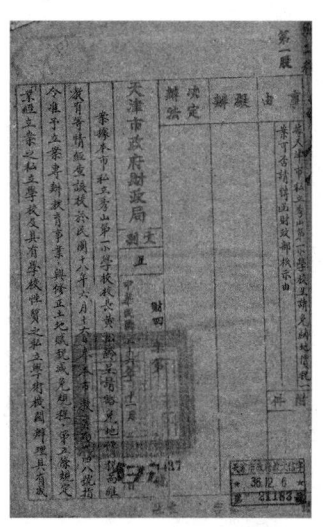

1947年12月市财政局为免除私立秀山第一小学地价税事呈市政府文

秀山第一小学校出版校刊《乐园》封面民国二十四年(1935)八月

秀山第一小学校出版校刊《乐园》封面民国二十五年(1936)六月

私立南开小学

　　私立南开小学创建于1920年8月，创建人是当地士绅宁子元、杨志明。校址在南开天海路6号，首任校长苏昌颐，继任校长齐鼎成。1930年前后初具规模。1948年时，校长乔凤书，有学生585名，约10个班，13名教职员。1951年由政府接管，改名为七区第二十一小学。1954年，该校与七区三小（前身为天津市立第四十五小学、十一区第八保第二小学、十一区三小，校址在天海路93号）合并，称七区第三小学。1956年，改名为南开区天海路小学。

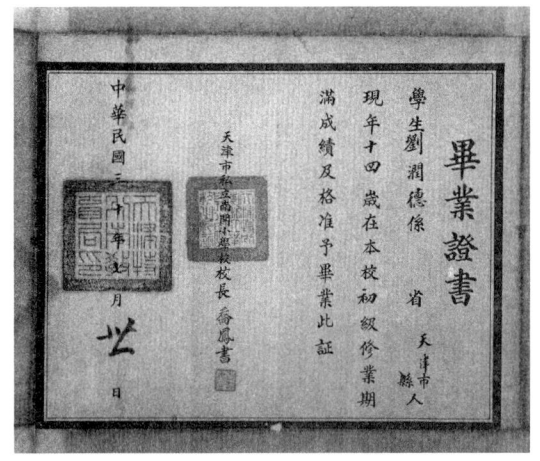

天津私立南开小学初级毕业证书（1941年）

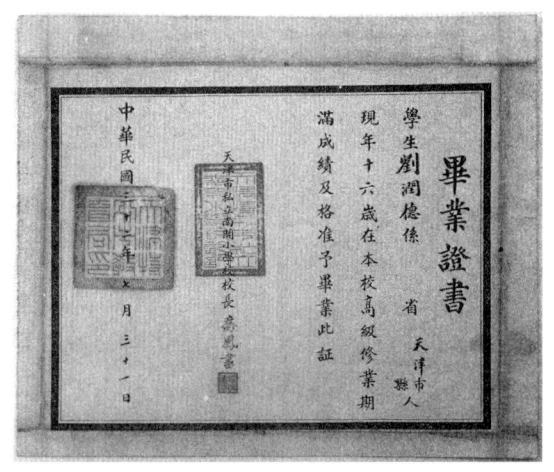

天津私立南开小学高级毕业证书（1943年）

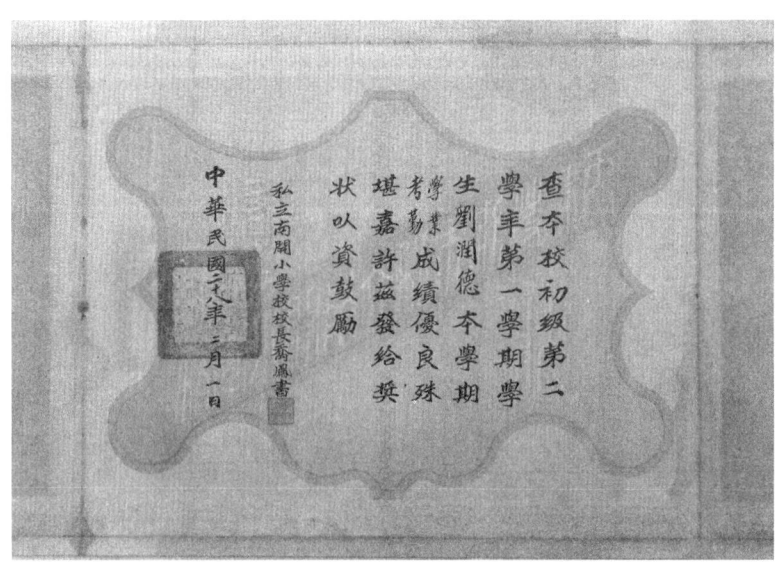

天津私立南开小学校奖状（1939年）

私立种德小学

天津私立种德小学校于民国九年（1920）十月，经天津县教育局准予立案。1928年12月，由天津县教育局移交天津市教育局。1929年6月15日，局第949号令准予立案。校址在太平街黑寺胡同5号。校长刘荩忱。董事长李荩臣。董事为于铎、滕文起、于洪洲、杜景勋、张燕林（曾任该校教务主任）、周哲生（救济院贫童小学校教务主任）。1948年该校有3间教室，6个班，199名学生，实行二部制。天津解放后，沿革为红桥区太平街回民小学。

为筹演义剧以助经费事备案私立种德小学校长刘荩忱呈社会局局长胡梦华函

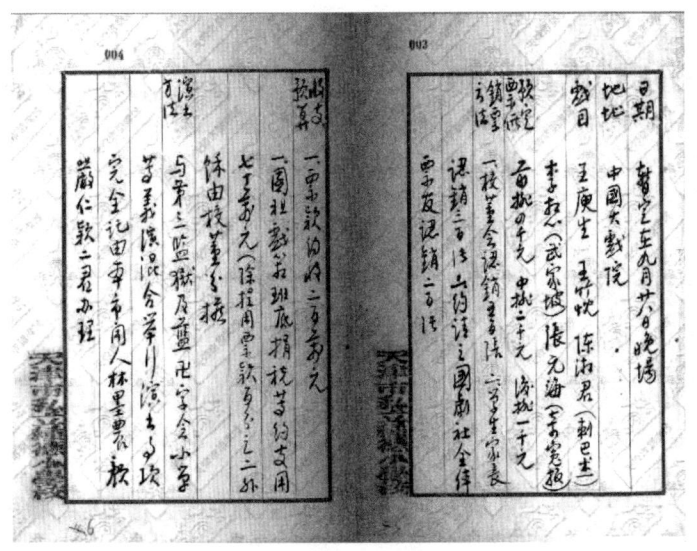

天津市私立种德小学筹演义剧以助经费计划

私立紫竹林华商公会小学校

1921年夏,华商公会会董鉴于青少年失学者多,遂提议在法租界紫竹林公会会址,创设小学一处,当即全体通过,定名为天津私立紫竹林华商公会附设小学校。推张春华为校长,梁彬如为教务主任,同年8月开学。创办初,暂分初级一、二两班,嗣后每年递增1班,到6班为止。民国十六年(1927),张春华因事辞退,张浙洲为校长。1928年冬,改推侯绍五为教务主任。民国十九年(1930)夏,在市教育局重新立案,改校名为天津私立紫竹林华商公会小学校。1938年,校长祁云五,校址在法租界31号路(今河北北路),有6个班,213名学生(其中有63名女生),9名教职员。20世纪40年代,校长曹仲弢,主任王子奇。

教务主任侯绍五
(20世纪20年代)

校长曹仲弢
(20世纪40年代)

主任王子奇
(20世纪40年代)

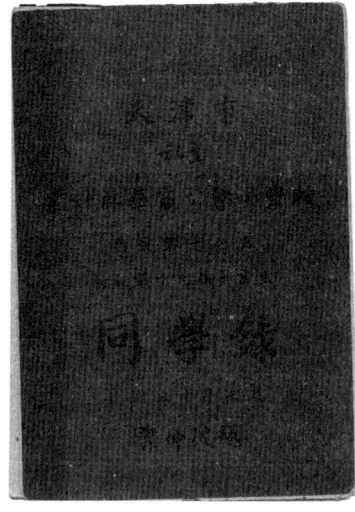
《天津市私立紫竹林华商公会小学高级十七届、初级十九届同学录》1941年7月

紫竹林华商公会小学毕业证书(1941年)

私立达仁女学

天津私立达仁女学于1921年8月20日,由天津达仁堂乐达仁先生创办,校址在河北大经路中段北侧(今河北区中山路达仁里)。校长是天津爱国教育家马千里先生。该校有教职员14人,其中11人是直隶第一女子师范毕业,其他为北京女高师附中毕业或北京女师毕业。教员中有不少是天津最早的革命团体——觉悟社的社员或社友,如邓颖超、李毅韬、周之濂、王贞儒、冯梅先等。该校教授法新鲜活泼,教师除了结合教学和各大节日对学生进行爱国主义教育外,还以坚定的反帝反封建立场和爱憎分明的政治态度来影响学生。该校在社会上享有崇高的声誉,华北各地曾有30余所院校前来参观学习。与此同时,遭到反动当局的嫉恨,于1926年12月21日被迫停办。

达仁堂创始人、达仁女校创办人乐达仁

达仁堂门楼

马千里校长与达仁女校教师邓颖超等合影

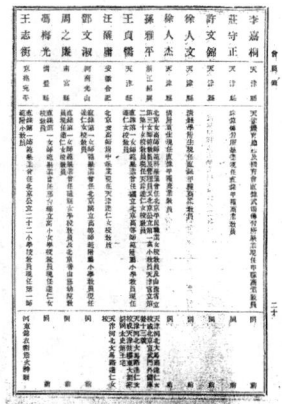

20世纪20年代初,邓颖超(时名邓文淑)等达仁女校教员为直隶省教育会成员

天津达仁女学开学合影(1922年)
前排坐着右起第五人为马千里,第六人为乐达仁,左起第五人为邓颖超,第六人为张冠时

1927年达仁女校全体师生合影

私立崇善东社小学

　　天津私立崇善东社小学校由天津崇善东社(也叫崇善堂,是个慈善机构)开办,创办人是江苏督军李纯及其后人。该校批准立案的时间是民国十一年(1922)三月二十五日。校址在河东尚师傅坟地(曾为河北区兴业大街小学址)。建校时仅有一个初级班,暑假后又招一个初级班;1927年成立一个高级班;1928年又增添一个初级班和一个高级班。低年级为复式,中高年级为单式,此时学生已达206人。校长李屏周。董事会由李桂山等15人组成。学校师资较强,设备比较完善。1950年,秀山小学第二部并入该校;1953年,国家接管,改名为三区第十七小学;1956年改为河北区兴业大街小学。

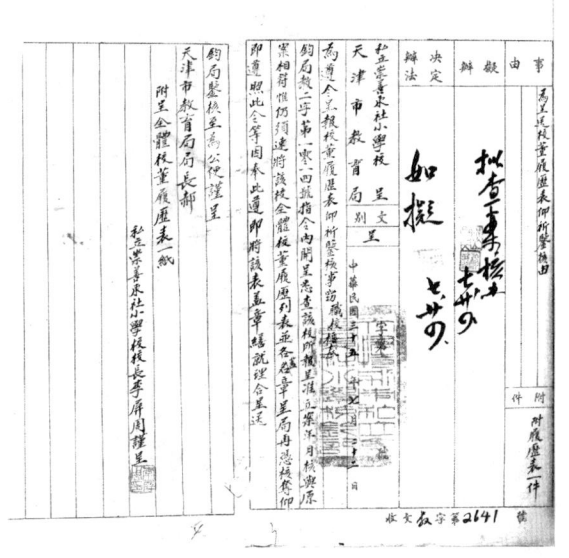

天津市私立崇善东社小学校校长李屏周为呈送校董履历表的函件

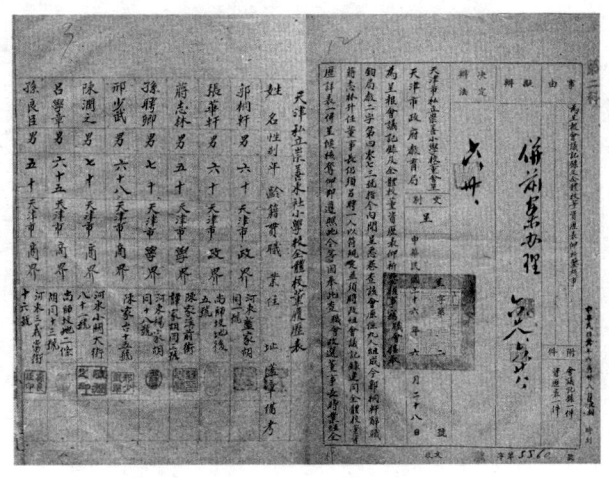

天津市私立崇善东社小学校校董履历表

私立新民小学

新民学校创办于1922年8月,校址在大王庄永乐里。校长靳子藩,字子屏,颇有教育教学经验,后曾任河北省立天津师范学校副校长。他在义务教员耿瑞图、宿子重、张子久等的协助下,于8月20日开学。学生共编为3个复式班。建校未及半年,成绩斐然可观。是年冬季,成立校董会,呈请天津县教育局批准立案。翌年,学生骤增,遂扩充校舍,添聘女教员。1926年秋,购得大经路(今中山路)官地六亩一分九厘作为校址。1928年夏迁入新校址。1929年添设幼稚园。此时,有学生300余人,分为9个班,有教职员11人。1948年时,该校校址在五区八经路集仁里一号,有6个学级,208名学生,6名教员。天津解放后,于1952年改为四区第三十一小学。后为河东区八纬路小学分校。

创办人、校长靳子屏

新民小学童子军

私立赵氏小学

　　天津私立赵氏小学前身为天津县私立第十八小学。始建于民国十一年(1922),校址在小刘庄。1930年更名为私立赵氏小学,校长赵凤书,1938年有3个班,79名学生(男生62名,女生17名),4名教员。1946年,该校有5个班,180名学生,8个教职员,校址在小桥街33号,校长仍为赵凤书。1948年,有5个班,155名学生,8个教职员,5间教室,有1个幼儿班,17名幼儿,校址为贺家口小桥街33号,校长仍为赵凤书。天津解放后,于1951年更名为私立培新小学;1952年,私立宏育小学并入该校。1952年政府接办该校,改为市立六区第十九小学。1956年更名为贺家口第二小学;同年并入贺家口第一小学。后为河西区贺家口小学。

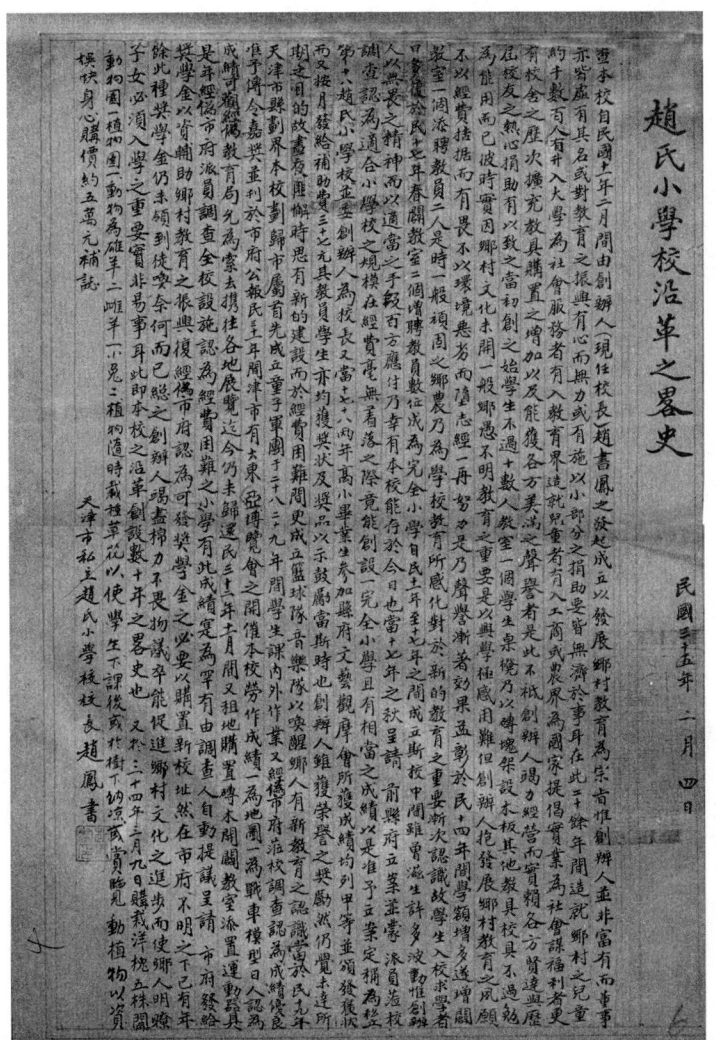
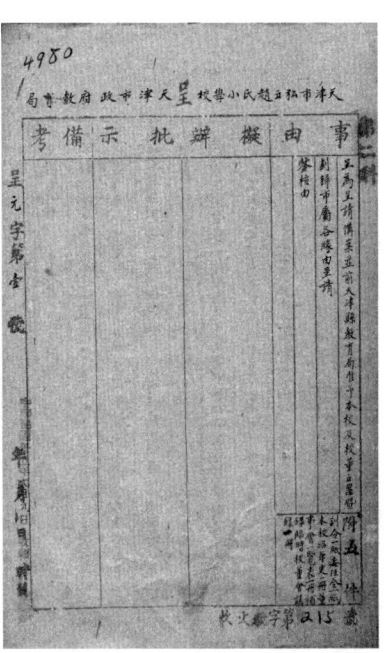
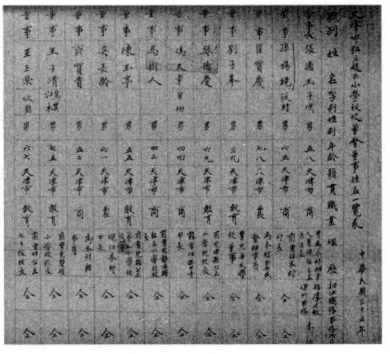

天津市私立赵氏小学校校长赵凤书呈天津市教育局沿革之略史及校董会董事姓名一览表

天津日本寻常高等小学校

1922年,日本基督教会创办的天津日本寻常高等小学校(今天津第十九中学),仅招收日本侨民。

天津日本寻常高等小学校

区立西楼小学

　　天津市区立西楼小学原系天津县民立八十六小学,始建成于民国十二年(1923)二月,校址在西楼村。1926年改为天津县公立第四十七小学。1935年划归市属,改为天津市区立西楼小学。校长张宝琦,1938年该校有1个班,25名学生(其中有6名女生),2名教员。1944年5月,该校改为市立第八十八小学。1946年9月,改称天津市第六区第三十二保国民学校,校址在西楼村学堂街25号。此时,该校有5个班,247名学生,5名教职员。1948年时,有6级5班,303名学生,7名教职员,5间教室。1949年天津解放后,改名为六区第三十二街小学;是年10月更名为六区第九小学。1956年更名为二号路小学。

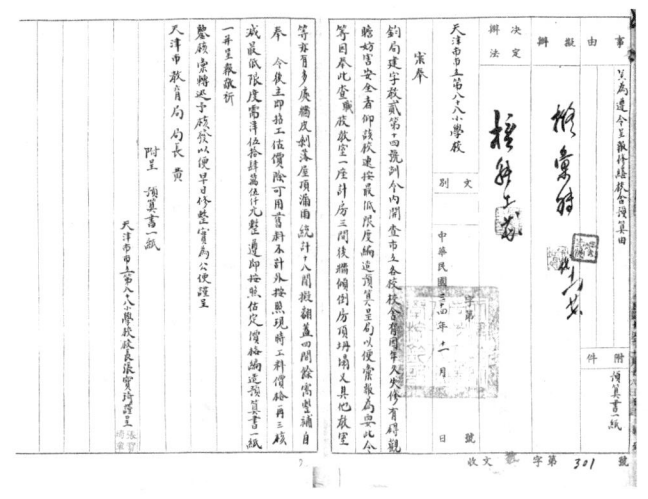

天津市市立第八十八小学校校长张宝琦为
修缮校舍含预算由呈天津市教育局局长黄函

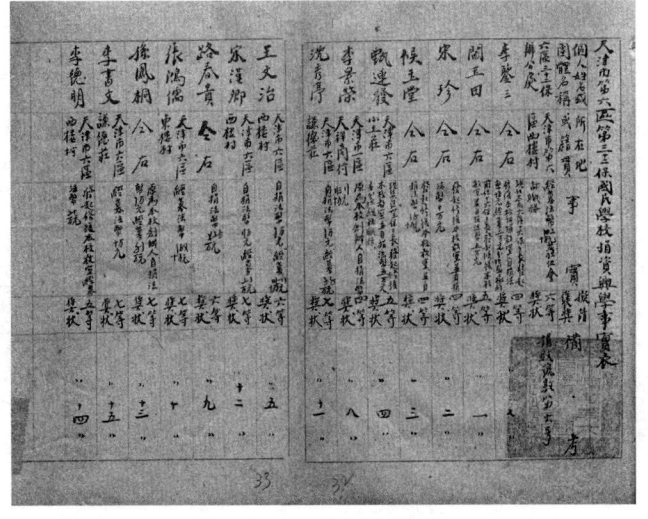

天津市第六区第三十二保国民学校捐资兴学事实表

私立姚家台小学

　　天津私立姚家台小学校原是一所义务小学校,民国十二年(1923)五月四日由当地士绅刘功甫等捐助设立,校址在河东姚家台。民国二十年(1931)六月十日呈天津市教育局立案,不久奉第1710号指令批准立案,并令改名为私立姚家台小学校。取消"义务"名义,酌收学费,以补助教职员之生活。但该校仍遵创立时之慈善目的,为减轻学生家长负担,所有教职员薪金全由董事会筹划。董事会老董事长郭丽泉,新董事长刘仁甫;校长由陈硕宗、刘仁甫、单奇、蒋士权等先后继任。1946年为纪念刘功甫之功绩改为天津市私立功甫小学校。1948年,该校有3个班,121名学生,6名教职员,3间教室。1952年9月,该校与进取小学合并。是年底,政府接办,改为市立小学。

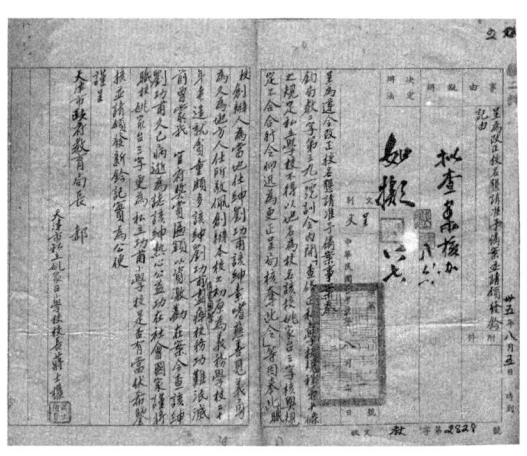

天津市私立姚家台小学校校长蒋士权为
改正校名准予备案呈天津教育局局长郝函

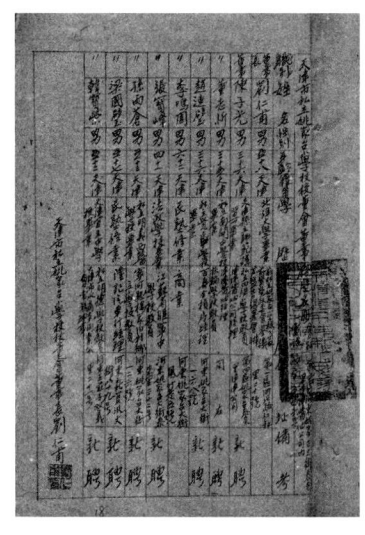

天津市私立姚家台小
学校校董会董事简历名册

私立姚家台小学校董事
会呈请学校备案改名"功甫"

私立敏儒小学

天津私立敏儒小学创立于民国十二年(1923)八月,在天津劝学所立案,于民国十八年(1929),奉天津市教育局指令准予立案。该校址在西关双庙后,校长解茂慧。该校狭小,设备简陋。1938年,有1个班,1名教员。1948年,该校有3级1班,74名学生,4名教职员,1间教室,校址在西关双庙后横街12号。该校附设幼儿班,有38名幼儿。此时校长仍为解茂慧。

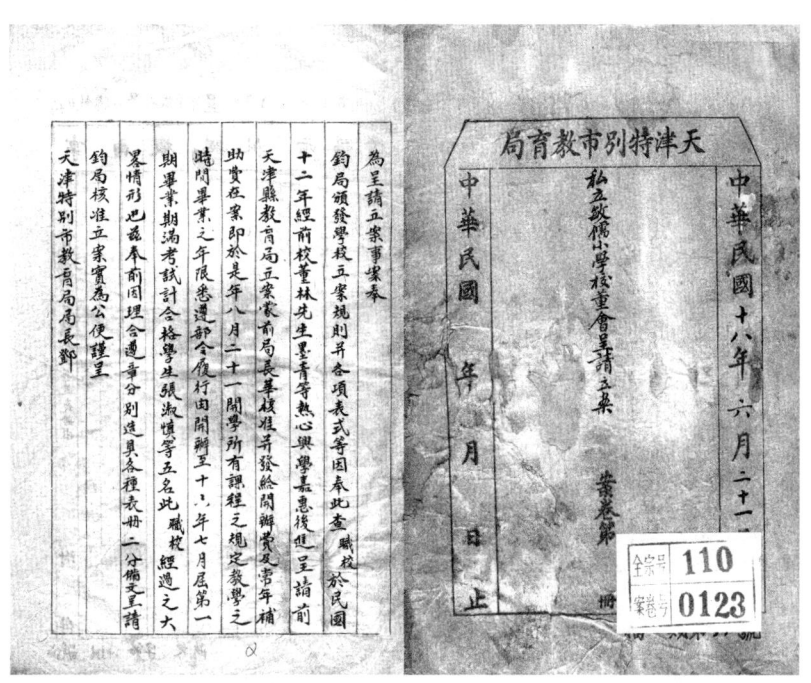

私立敏儒小学校董会呈请立案(民国十八年六月二十一日)(1929年6月21日)

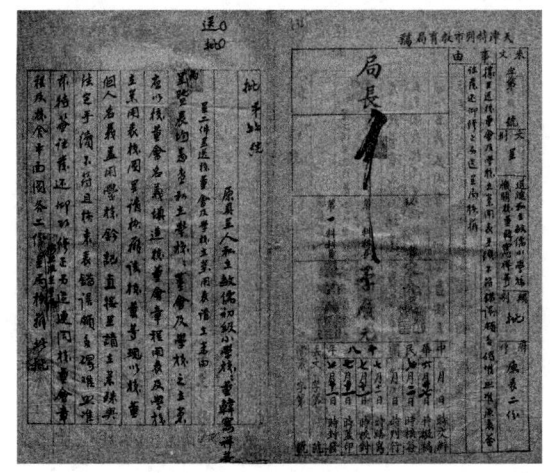

天津特别市教育局给私立敏儒初级小学的批文

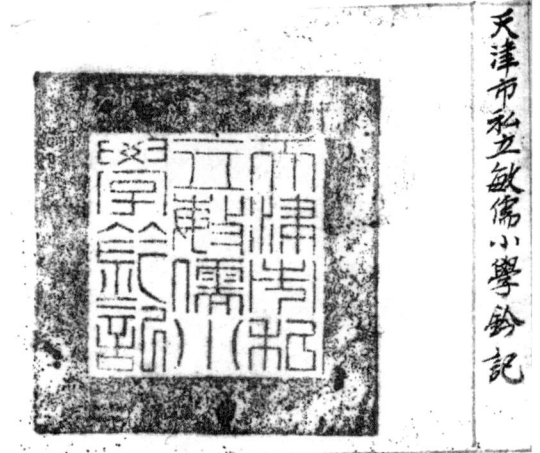

"天津市私立敏儒小学钤记"印模

私立三民初级小学

天津私立三民初级小学前身叫杨氏私立小学校,校址在赵家场。民国十三年(1924)一月开办,在天津县教育局立案,创办人杨居野。1929年在天津市教育局重新立案,改称天津私立三民初级小学。校长兼教员杨居野,男,1897年生,天津人,天津县立师范第一班毕业,他每周授课29小时,还兼各职。学校经费来源为每年学费收210元,校长杨居野之母节饼饵之资捐助100元,共310元。天津市教育局自1931年7月至1932年6月止,补助180元,办校实属艰难。1938年7月,校名改称天津私立敬修小学。1947年6月,学校新董事会成立,董事长王金科。1948年时,该校有4级1班,50名学生,4名教职员,1间教室。

私立三民小学校校董会呈报中华民国二十一年度(1932)进行计划书

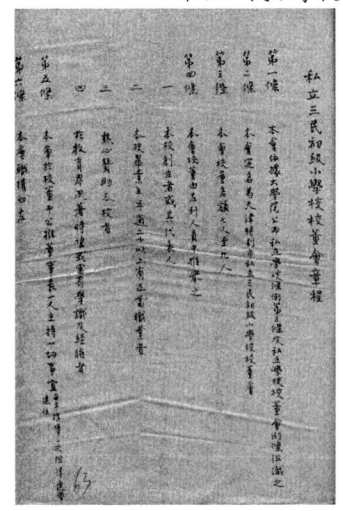
私立三民小学校校董会章程

私立三民小学校校董会呈报事项表

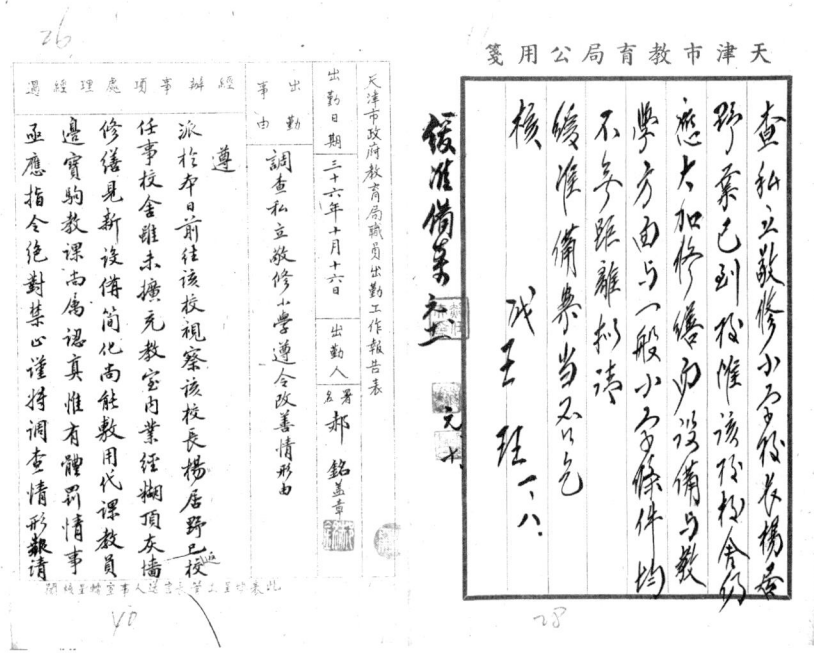

天津市教育局郝铭、王珏调查私立敬修小学遵令改善情形

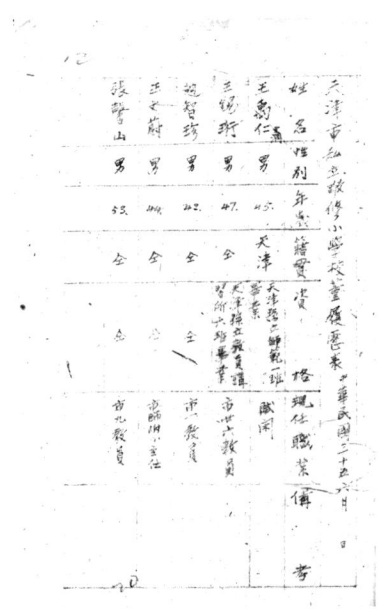

天津市私立敬修小学校董履历表

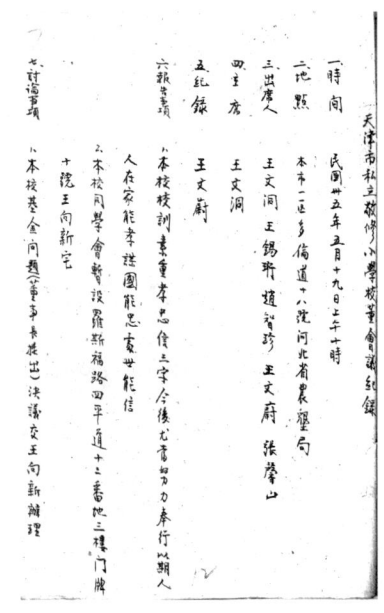

天津市私立敬修小学校董会议记录

第二部分　学　校

市立第四十小学

　　天津市立第四十小学前身为八里台小学,据说带有义塾性质,是著名教育家张伯苓1924年左右所办,1929年9月始称天津南开八里台小学;一说原系南开大学附属小学,始建于20世纪20年代。1933年,该校隶属市教育局,改称天津市市立四十小学。校址在八里台,校长许荫楼。有学生67名(其中女生6名),教员4名。1937年"七七事变"后,校舍毁于战火,移至佟楼马号(今信济里,艺术团址),后又至马场道37号(现已拆迁)。1946年8月,改称第六区三十五保国民学校,校址在马场道37号,校长刘素章。1948年时,有7个班,329名学生,11名教职员。1949年改名为六区第三十五街小学;是年10月,更名为六区第十一小学。1956年,更名为佟楼小学(今同望小学)。

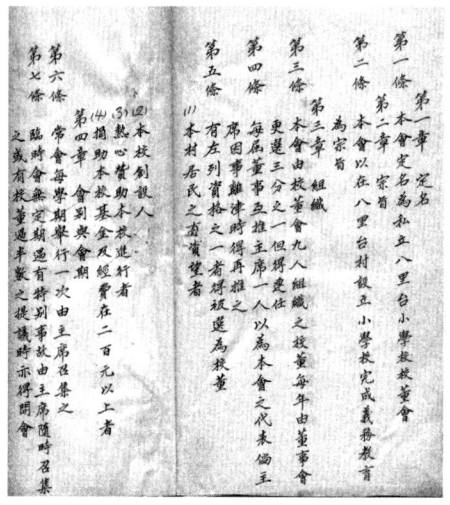 

私立八里台小学校校董会章程　　　　八里台小学校董会请立案

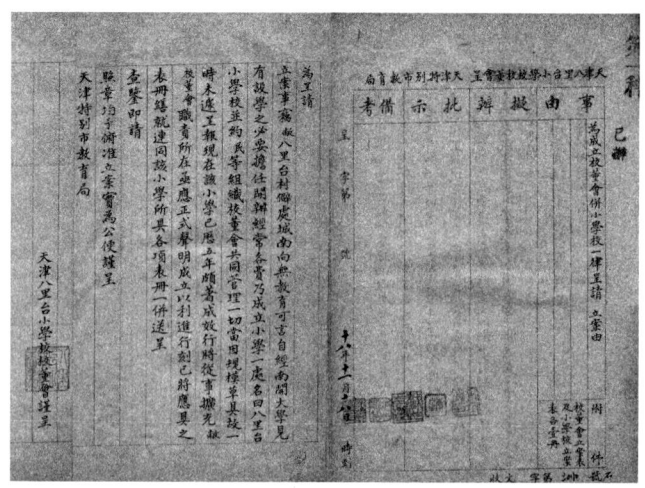

天津八里台小学校校董会为成立校董会并小学校呈请天津特别市教育局函

明星小学

明星小学(塘沽区明星路小学)成立于1925年2月28日,是久大永利职工子弟小学,校名取范旭东"旭东照明星"之意。校址最初设在久大精盐厂西厂后门外原清朝海军营房(今学校大街解放路口一侧),初为一至四年级的初等小学校,两年后加开五、六年级,成为塘沽私立明星完全小学校。随着学生不断增加,校舍拥挤,学务股拨专款6万元。在久大工人宿舍联合村南面建明星小学新校舍,1935年8月20日完工。有平房教室12间,办公室5间,另有教师宿舍、储藏室、化妆室、传达室若干。新校舍是经过招标由永明德建筑商承建的,总价为37400元。

明星小学校正面全景

1935年明星小学新校舍落成,左端房屋为幼稚园

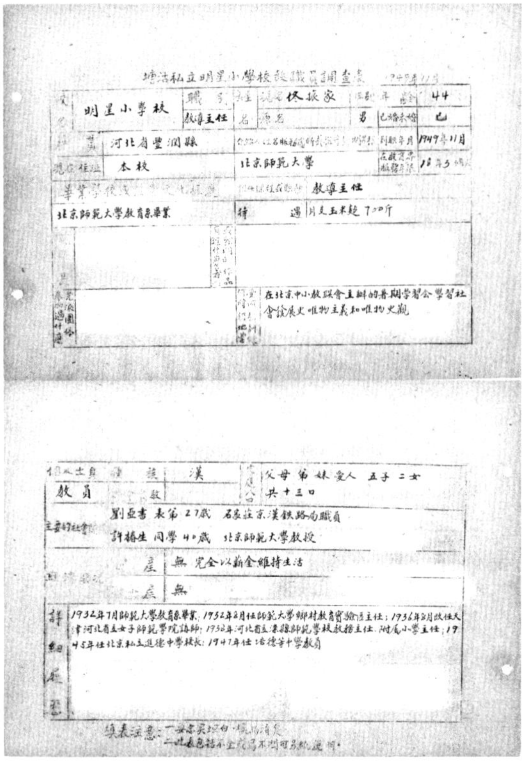

塘沽私立明星小學校教職員調查表

明星小學校　教導主任　佟振家　男　44　已

河北省豐潤縣　1949年11月

本校　北京師範大學　18年3個月

教導主任

北京師範大學教育系畢業　待遇　月支玉米麵700斤

在北京中小教聯會主辦的暑期学習会學習社會發展史唯物主義和唯物史觀

教員　漢　父母弟妹愛人五子二女共十三口

劉亞書　表弟　27歲　石家莊京漢鉄路局職員

許椿生　同學　40歲　北京師範大學教授

無　完全以薪金維持生活

無

1932年7月師範大學教育系畢業；1932年8月任師範大學鄉村教育實驗區主任；1936年8月改任天津河北省立女子師範學院講師；1938年河北省立滦縣師範學校教務主任、附属小學主任；1945年任北京私立進德中學校長；1947年任洽德等中學教員

填表注意：一要忠實坦白，填寫清楚。二此表包括不全或寫不開可另紙說明。

明星小学校教导主任佟振家调查表

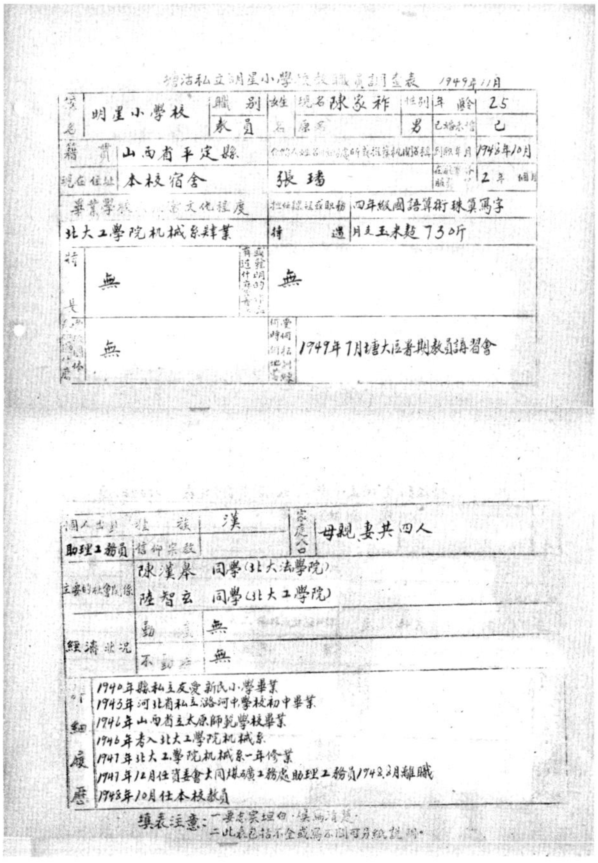

塘沽私立明星小學校教職員調查表　1949年11月

明星小學校　教員　陳家祚　男　25　已

山西省平定縣　1948年10月

本校宿舍　張瑞　2年

四年級國語算術珠算寫字

北大工學院机械系肄業　待遇　月支玉米麵730斤

無　無

無　1949年7月塘大區暑期教員講習會

助理工務員　漢　母親、妻共四人

陳漢舉　同學（北大法學院）

陸智玄　同學（北大工學院）

無

無

1940年縣私立友愛新民小學畢業

1943年河北省私立潞河中學校初中畢業

1946年山西省立太原師範學校畢業

1946年考入北大工學院机械系

1947年北大工學院机械系一年修業

1947年12月任資委會大同煤礦工務處助理工務員1948.8月離職

1948年10月任本校教員

填表注意：一要忠實坦白，填寫清楚。二此表包括不全或寫不開可另紙說明。

明星小学校教员陈家祚调查表

私立东楼小学

　　1924年2月29日,三义庄东、小王庄、东西楼四村成立小学校一处。因校舍尚未盖齐,暂假校董李少田之魁利元肠子公司开学。1925年,天津私立东楼小学成立,校址在东楼村,校长兰鸿声,初为初级小学。1926年增设高级小学,因地处天津县管辖,定名为天津县私立东楼两级小学。1938年,该校有5个班,122名学生(其中有5名女生),6名教员(其中有4名女教员)。1943年学校改归天津市属,更名为天津市私立东楼小学。1946年重新备案。此时有6个班,413名学生,10名教职员。校址在东楼前街10号。该校现名河西区东楼小学。

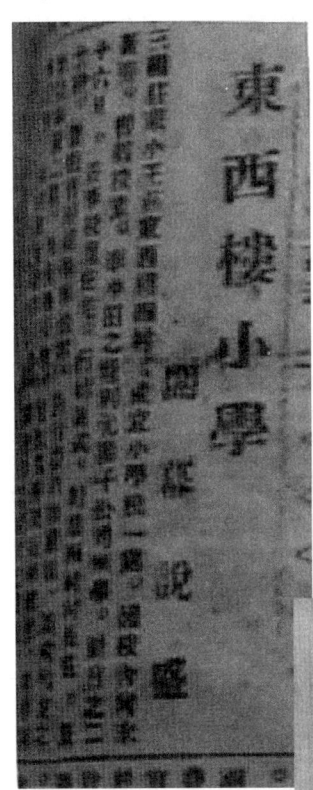

1924年2月29日《大公报》

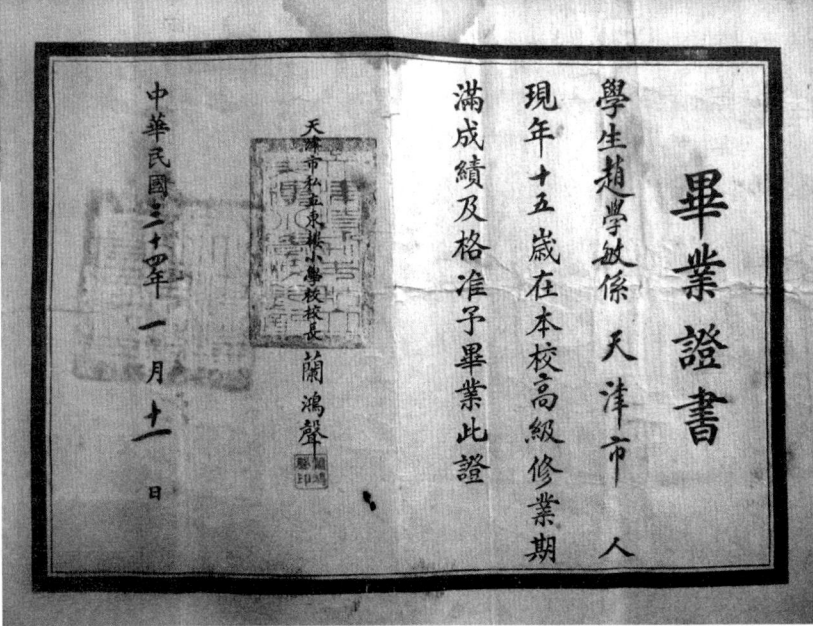

天津市私立东楼小学校毕业证书(1945年)

私立怀益小学

天津私立怀益小学校建于1925年前后。校址在西关双庙,首任校长钱桂馥。原系初级小学,1940年5月又添设高级。1937年该校有1个初级班,24名学生,2名教员。1945年6月18日,校长钱桂馥因公积劳病故,其经营该校20余载,成绩卓然。校董事会聘请钱桂馨为继任校长。董事长李少波,天津金城银行营业副主任。1948年,学校有复式班2个,一、二、三年级和四、五、六年级各一个班;每班男生27名,女生23名,共100名。有教职员5名,其中教员3名,有马秀藩(奉天女子师范毕业)、钱锡龄(本校毕业)、冯德福等。

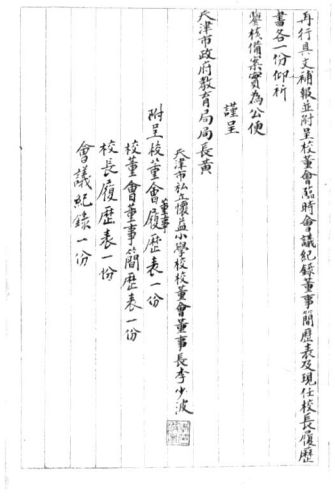

私立怀益小学校董会董事长
李少波呈天津市教育局函

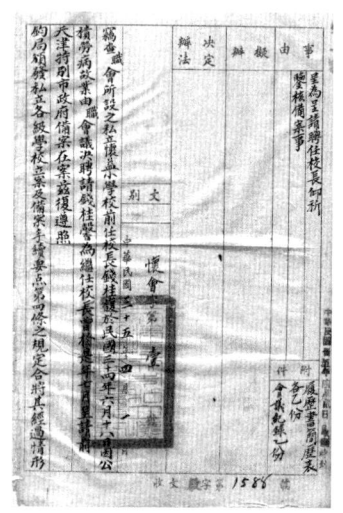

私立怀益小学校董会呈请
聘校长文件

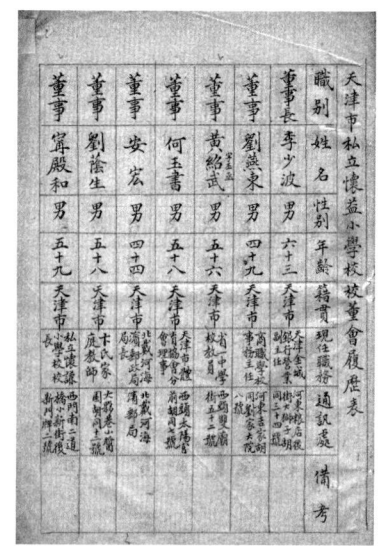

天津市私立怀益小学校校董会校董简历表、履历表

私立簧成小学

私立簧成小学创建于1926年1月,校址初设河北堤头村。校长张国政,初设初级小学2班,共120名;高级小学1班,35名,为复式编制。该校以注重实学,锻炼技能,培养人才适应社会生活需要为宗旨。校训为:忠、信、仁、勇、智。有统一的校服、校徽等。1932年5月16日,该校迁至河北三马路心田里。校董事会和校长齐心协力,苦心经营,先后发展了16个分校,后又撤销改组。天津解放后,该校与三区四小(天津解放前为三区十一保国民学校,校长先后为吴介清、刘贤章,校址在河北昆纬路10号)合并为河北区昆纬路第一小学。1986年,又迁校至东三经路(原河北区教师进修学校)。

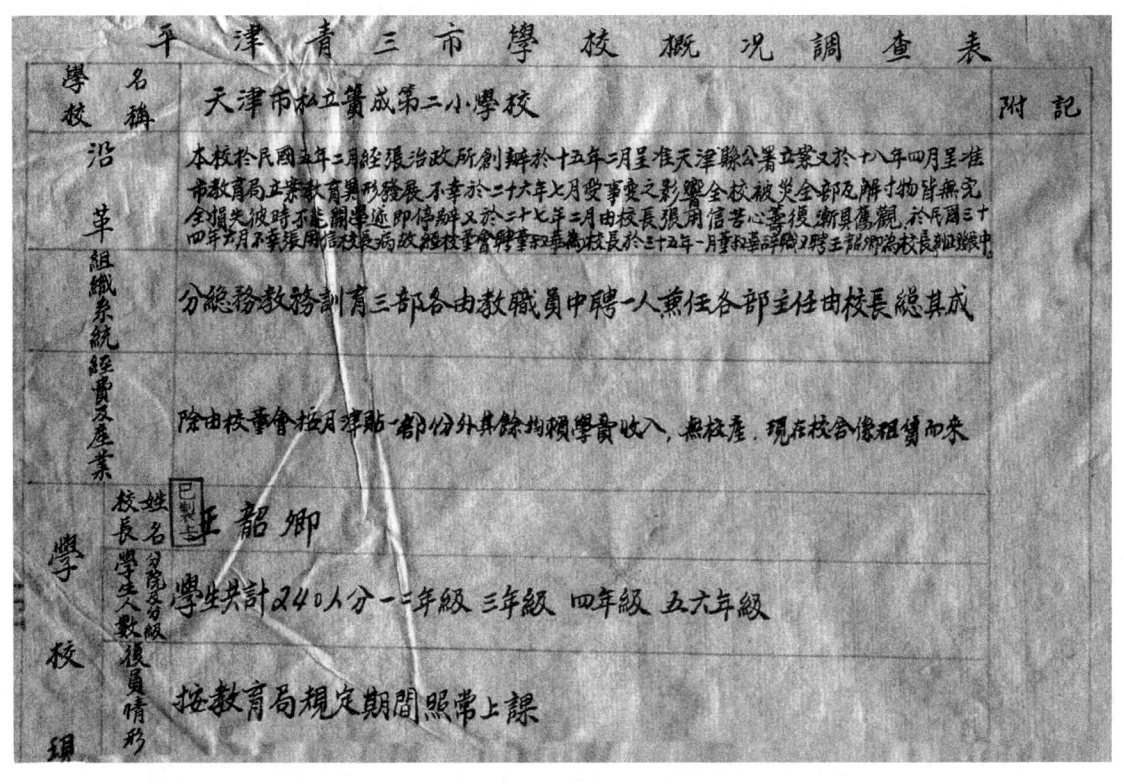

天津市私立簧成第二小学调查表

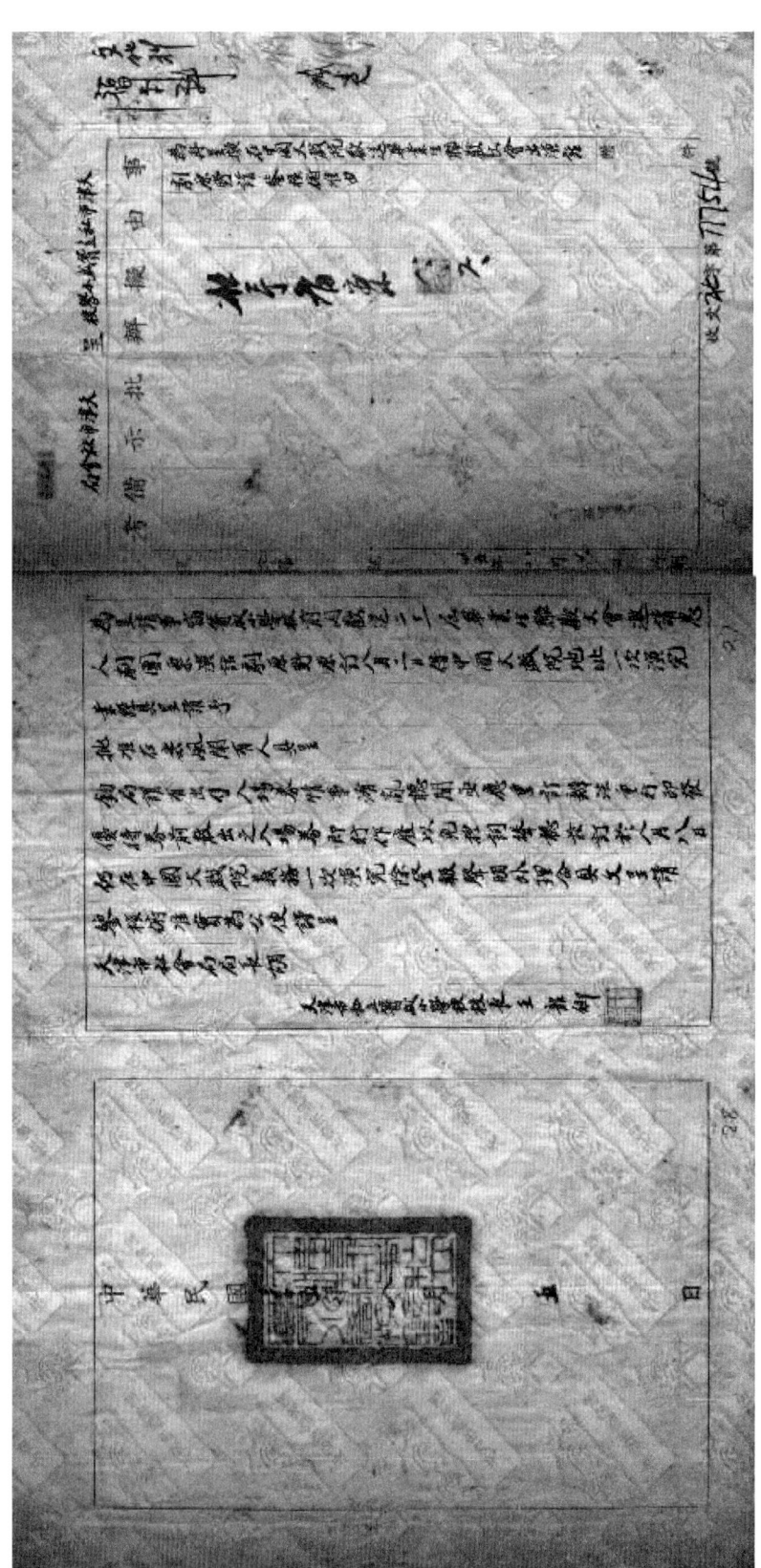

市私立篑成小学为举办欢送毕业生联欢会呈准予备案呈市社会局局长胡梦华

市立第三十小学

天津市立第三十小学位于现河东区八纬路,创建于民国十五年(1926),校长张献瀛。1949年1月,天津解放后改为第五区第一街小学,校长许新;不久改为第五区中心小学,1956年改为河东区第一中心小学。占地 0.71 万平方米,建筑面积 0.54 万平方米。学校建有教学楼、自然实验室、健身房等。有设备比较先进的语音和电化专用教室。图书馆藏书近万册。有教学班 31 个,在校生 1 600 余人。教职工 91 人,其中中学高级教师 2 人,小学高级教师 40 人。教师徐佩淑被评为 1991 年全国教育系统劳动模范。1974 年以来,先后接待过日、美、英、瑞士、澳大利亚等国朋友来访。著名小提琴家盛中国、二胡演奏家宋飞曾就读于该校。

市立第三十小学校长张献瀛

五区第一街小学校长许新

1949 年 6 月,第一中心小学第二十一届毕业生合影

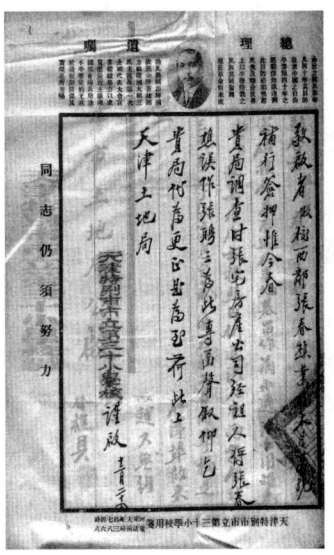

天津特别市市立三十小学校信笺

天津特别市市立
三十小学校信封

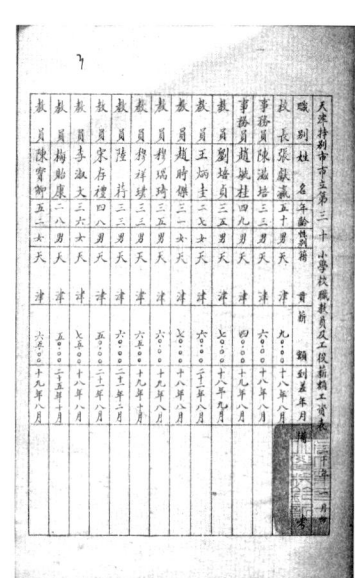

天津特别市市立三十小学校职教员及
工役薪额工资表

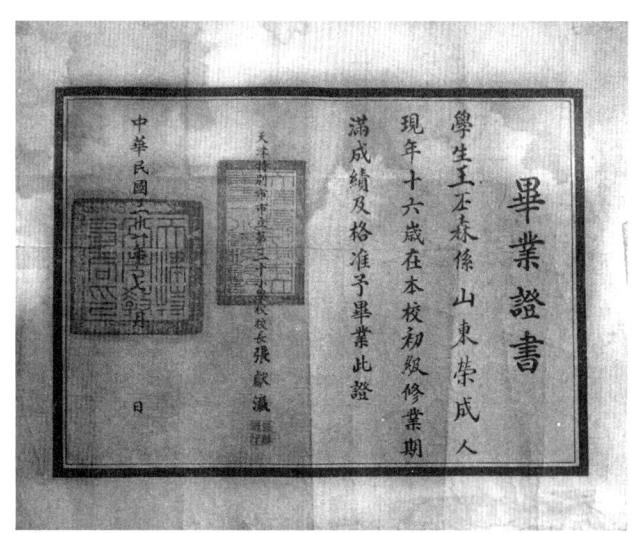

天津特别市市立三十小学校毕业证书（1942年）

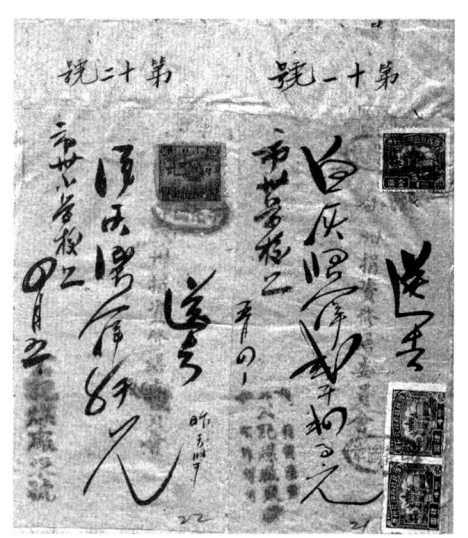

市立三十小学校购物发票、税票

育真小学

  天津私立育真小学在西沽北运河西岸龙王庙,校址前身是天津私立仰山小学堂。1926年秋迁到河北冈纬路新校址。原校址于当年由美国基督教公理会建天津私立育真小学,为六年制小学,于1952年被政府接收,改为天津市八区第三十一小学,为市立六年制小学,有12个班,663名学生,21名教职工。1956年改名为天津市红桥区红桥北小学,校址为红桥区桥北大街105号。现为红桥区红桥小学。

私立育真小学
新任教员履历表

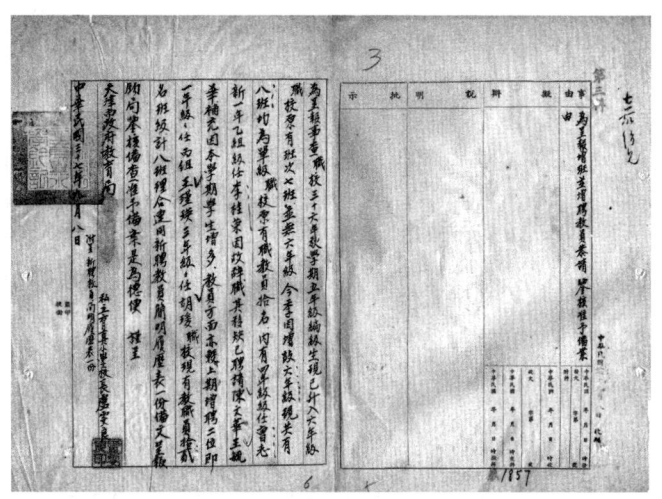

私立育真小学校长卢雯良向市教育局呈报增班、增聘教员

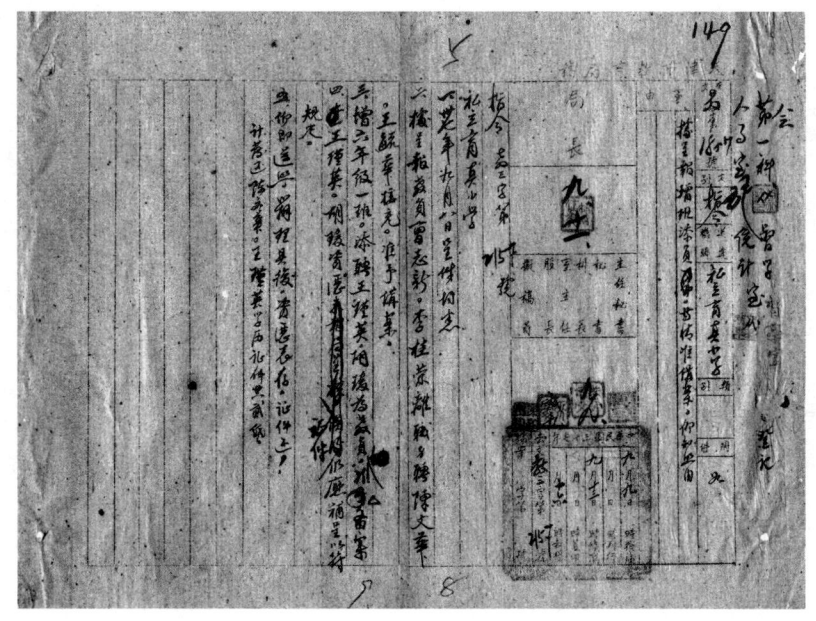

天津市教育局关于私立育真小学增班增聘教员的指令

私立正德小学

私立正德小学校自民国十五年（1926）九月成立，民国二十三年（1934）六月一日奉天津市教育局第 1574 号指令准予立案。校长张华清，1947 年继任校长雷爱媖。校董会董事长黄道，天津市市立第三中学、新学中学校长。校董杜用文、黄家德、周恩德、雷爱德、朱文智、张李明贞。校址在法租界海大道（今和平区大沽北路）。1947 年时有 8 个班，370 名学生，12 名教职员，2 名工友，8 间教室。

1915 年马大夫医院医护人员合影（前排右一是私立正德小学校长张华清）

雷振汉全家照片，左五是私立正德小学校长张华清、左七是继任校长雷爱媖

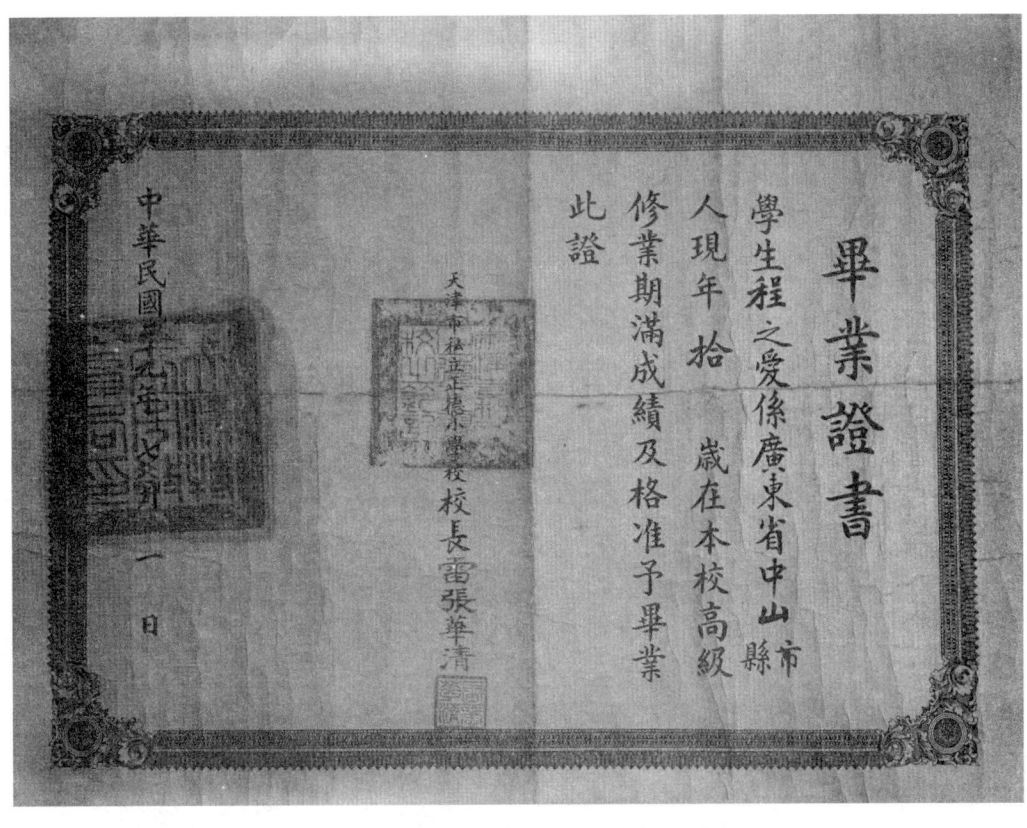

天津市私立正德小学校毕业证书（1940年）

私立美育小学

私立美育小学创立于1927年，于1932年12月13日经天津市教育局第4049号指令准予立案。校址在法租界24号路（今和平区长春道）215号。董事长孙振声（玉珂），并兼校长。因天津为通商口岸，商业繁荣，社会急需商业人才，该校随即设初级商科职业班，对外称天津私立美育商科职业学校。1938年时，该校有6个班，271名学生，8名教职员。1946年时，有9个班，502名学生，15名教职员。1948年时，有9个班，490名学生，15名教职员。还有一个幼儿班，收幼儿33名。天津解放后，于1956年改名为和平区长春道小学；1958年改为劝业场小学三分校；1962年与锦州道小学合并，称为和平区锦州道小学。

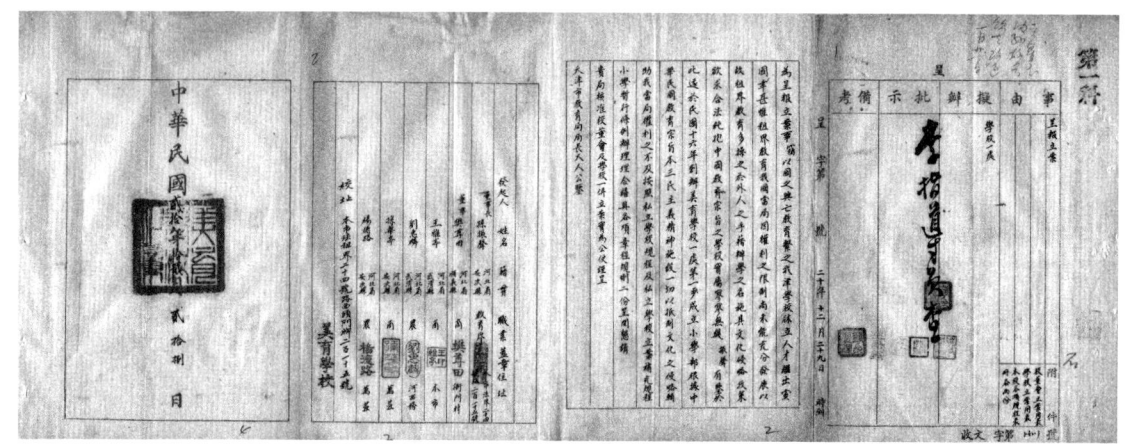

天津私立美育学校董事长孙振声等呈报立案

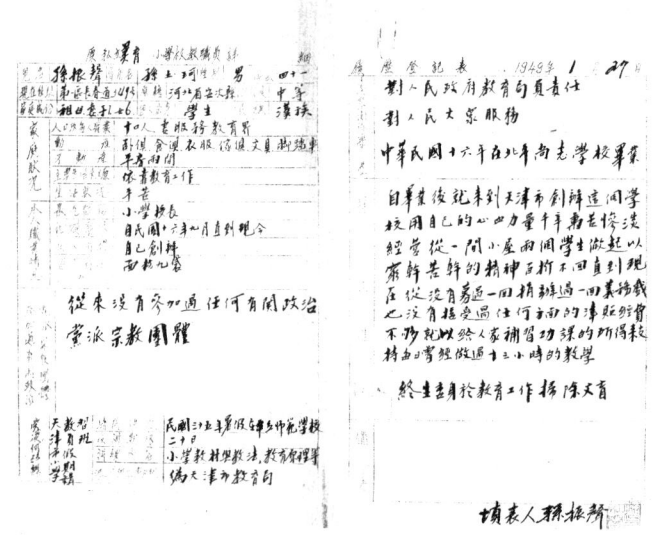

天津市私立美育小学校校长孙振声履历表

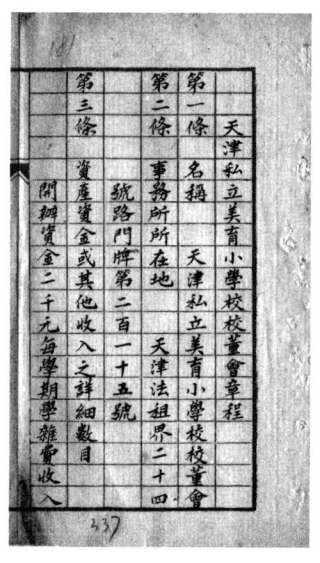

天津私立美育小学校校董会章程

私立培才小学

　　私立培才小学于 1927 年由教育家、体育家郝铭先生创办。1931 年 3 月呈经天津市教育局批准立案,是年 11 月,奉局字第 1076 号指令准予立案。校址在法租界 26 号路(今和平区滨江道)。创立时,董事长刘荣芴,副董事长范爱德。后任董事长的有:郑汝铨、梁撷香,校长郝铭,继任校长张波若。1937 年秋,该校小学部招收学生 280 名,有教职员 17 名。该校自 1932 年募款在佟楼村设立儿童义务学校,提倡平民教育,至 1937 年"七七事变"后停办。1948 年时,该校有 8 个班,560 名学生,21 名教职员。校址在河北路 183 号。天津解放后,于 1952 年改为一区第十二小学,1956 年改为河北路第二小学,1960 年并入和平区劝业场小学。

董事长郑汝铨女士

董事长梁撷香女士

前排右一为教育家、体育家、培才小学校长郝铭
前排左一傅镜如、左三赵文藻、后排左二侯洛荀

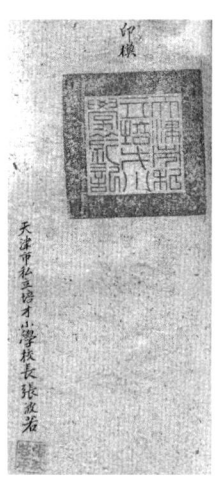

天津市私立培才小学校毕业证书（1947年）　　培才小学印模　　培才小学校董会印模

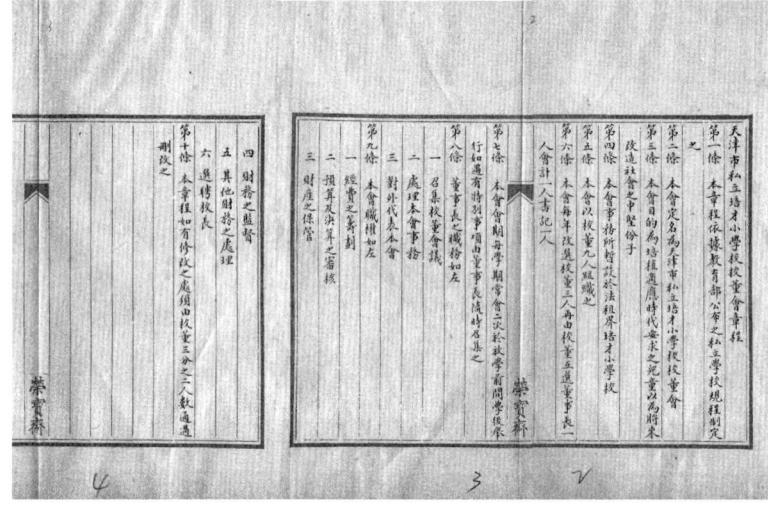

天津市私立培才小学校校董会章程

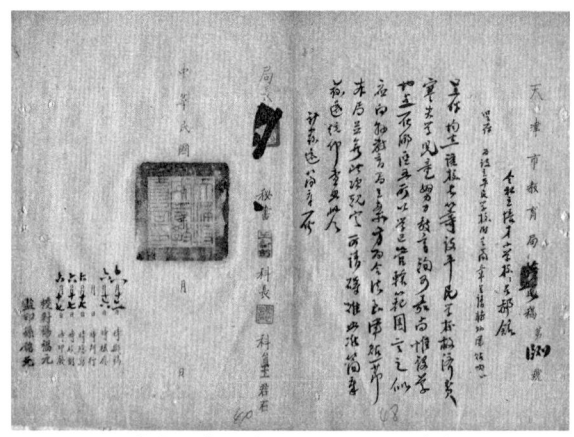

天津市教育局关于设立平民小学事给私立培才小学校校长郝铭的指令

耀华学校小学部

耀华学校小学部前身是"天津公学"。成立于1927年6月,专为英租界内中国纳税人子弟而设立。创办人为庄乐峰。初设于戈登道(今湖北路从唐山道至南京路段)37号(东侧靠近南京路),校舍为租赁。招收男女生46名,有教员苏寄尘等4人,校长王龙光,为初级小学复试班。翌年迁至17号路(又叫红墙路,今新华路,现公安医院)。严松章继任校长。为高级、初级两级小学,男女学生分班上课。1929年在墙子河畔29号路(今南京路)觅地53亩,请英人建筑师安德森设计。1930年建成第二校舍,作为小学部。1935年改名耀华学校小学部。1952年后改为五区五小、民园街第一小学、西安道第一小学、西安道小学。今为耀华小学(原保定道小学址)。

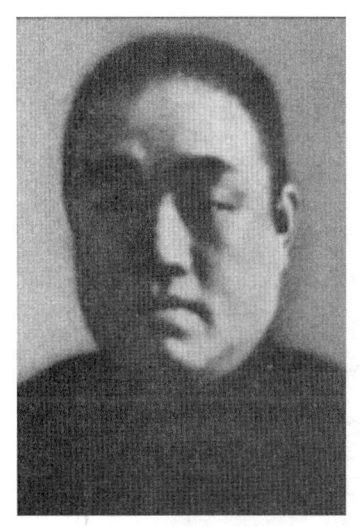
小学部教务主任
孙芳仲

小学部训育主任
王夏辅

小学部女生训育主任
胡葆珩

耀华学校小学部教职员合影

1927年9月1日《大公报》天津公学招生广告

1931年10月建成耀华学校小学部(第二校舍)

1946年时的耀华学校童子军

耀华学校小学部初小一班女生合影

耀华学校小学部初小一班男生合影

耀华学校小学部初小一班男女生合影

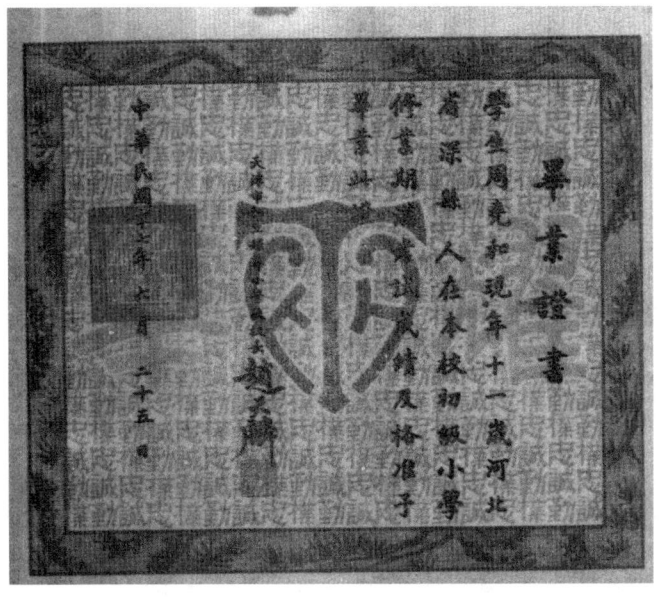
天津市私立耀华小学校毕业证书（1938年）

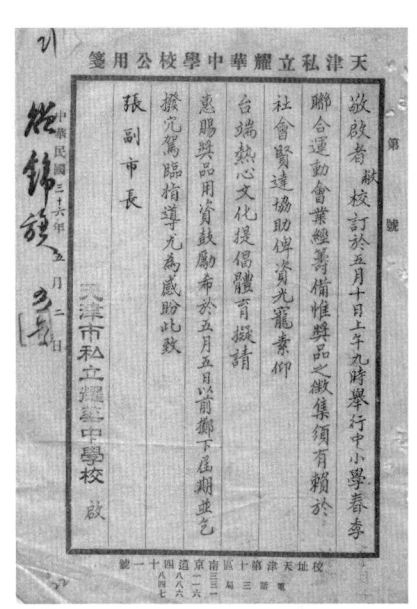
1947年耀华中小学春季运动会请柬

校徽（红）老师

校徽（黄）小学生

私立葆真聋哑学校

私立葆真聋哑学校是天津解放前唯一的一所聋哑学校。创办人张美丽,女,山东烟台人。1927年来津,在旧六区(今河西区)九江路棋寿里的一间平房里开办聋哑班。学生1人,后增至5人。1928年,张美丽的爱人齐肆三来津任教,教室增为2间,学生增至8人。1929年,学生家长冯庸先有3个儿子在该校就读,因家距学校远,自愿将其营口道190号楼房一所借予学校使用,并捐赠桌椅30套及其他设备。此时正式成立天津私立葆真聋哑学校,校长张美丽,教务主任齐肆三,并成立董事会,同年在天津市教育局备案。这时学生增至30多人。1956年6月,改名为天津市聋哑学校。

天津私立葆真聋哑学校创办人
张美丽

天津私立葆真聋哑学校营口道
190号校门(1928年)

天津市盲童学校 天津市聋哑学校分校校门(1958年)
原红桥区双忠庙大街

天津私立葆真聋哑学校全体师生合影(1933年9月)

天津私立葆真聋哑学校学生组织之聋哑篮球队

天津私立葆真聋哑学校学生晨操时之姿势

此生系葆真聋哑学校所收留之孤女,在该校已4年,一切费用皆由该校担负

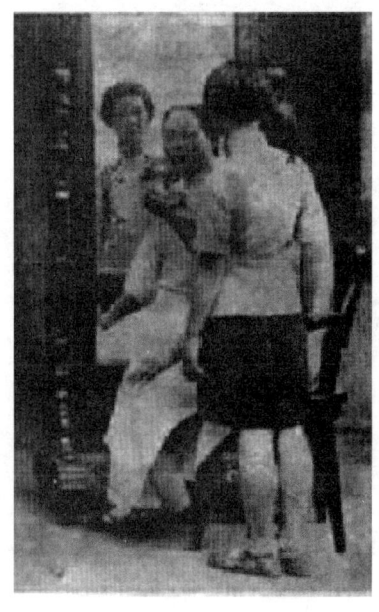

教师张美丽正教授学生发音之情形

天津私立葆真聋哑学校授课时之情形

天津私立葆真聋哑学校男生实习装订时之情形

天津私立葆真聋哑学校女生实习缝纫时之情形

天津私立葆真聋哑学校女生实习针织时之情形

天津私立葆真聋哑学校学生表演《狠心婆》剧之一幕

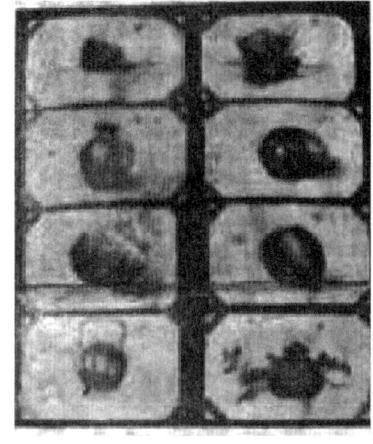
天津私立葆真聋哑学校学生之作品

天津私立葆真聋哑学校学生参加 1933 年秋季体育协会所办之运动会得奖者

天津私立葆真聋哑学校简章

私立南开学校小学部

1928年3月18日,在南开学校董事长颜惠庆主持下召开校董事会,张伯苓提出了创办南开小学的计划:南开学校小学部,校址在女中部旧校址,即现在的南开四马路53号,南开区中心小学原校址。暂招一二年级两班,创办费是由华露存女士所捐1000元。经常费除学生学费外,由暑假学校余款拨捐1000元。是年秋,南开学校增设小学部,招生80余人,分两级教授。聘钱伯超先生为主任,克伯屈先生的女弟子阮芝仪博士担任实验导师,从事设计教学法的实验。1937年7月28日被日军炸毁。抗战胜利后复校。天津解放后,初为十一区中心小学;1953年改为七区中心小学。1956年改为南开区中心小学。

南开学校小学部坐落位置图

南开学校小学部建筑地

南开学校小学部教学楼

南开四马路原校址仅存的一排平房

张伯苓与南开学校小学部师生合影

小学部及幼儿园师生迎接张伯苓赴欧美考察归来

南开学校小学部学生在上课

南开学校小学部学生在操场上做操

天津特别市私立南开学校小学部校董会

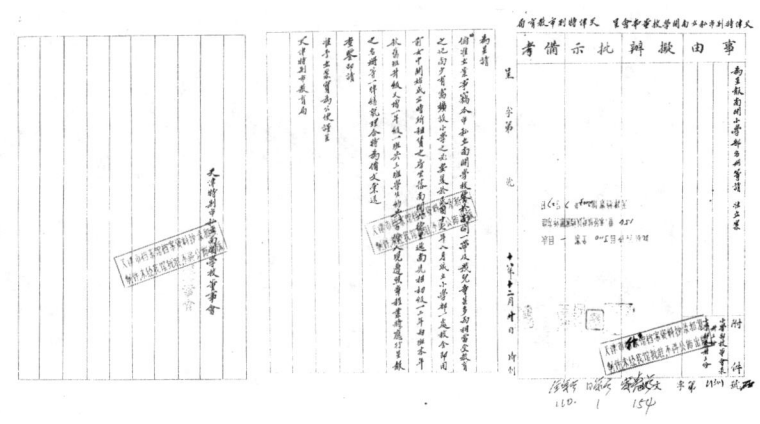
为呈报南开小学部名册等请准立案

南开章氏实验小学校

　　章辑五先生系南开大学、中学、女中、小学四部体育主任。鉴于南开居民日臻增多,而小学教育机关能符合儿童需要,具有实验性质的不多,兼之家中孙辈亦须有完满的教育,乃以个人夙蓄中抽用500元作为开办费,于1928年暑假成立天津南开章氏实验小学校。校址暂租南开义善里四合瓦房一所,共招学生56人,分初级四班授课,所有功课均由内子及弟妇等义务担任。根据儿童生理及心理上之需要,采用最新之启发式教学方法,以造就德、智、体、群、美五育兼全的活泼儿童。设校长、教务长、事务长各一人,均由章氏家庭成员担任。

创办人章辑五(1933年)

创办人章辑五(前排右二)担任天津体育协进会第五届执行委员

天津私立培植小学

天津私立培植小学校成立于1928年8月,1933年7月奉天津市教育局第二七一八号指令准予立案。校长徐鸿宾,校址在意租界三马路(今进步道)。1937年5月,徐鸿宾因病辞职,由教务主任王云章代理,是年8月,由校董会推举王云章为校长。民国三十四年(1945)十二月,改组校董会。董事张士骏、沈天民、李又尘、田瑞征、克礼模。1947年时,有9个班,332名学生,14名教员,3名工友,9间教室,附幼稚班2班,60名。该校是教会学校,早期校长和英文老师是美国人,强化英语教育,重视音乐教育。毕业生中有火箭控制系统专家、中科院院士梁思礼,我国水利学家陆孝颐,香港音乐家刘靖之等。

私立培植小学校师生合影

1935年夏,11岁的梁思礼(左一)从天津意租界内的培植小学毕业,与陆孝劭(大陆,左三)、陆孝颐(小陆,右一)、张克诚(右二)等同校的要好玩伴一起,跟老师合影。郭宁然(后中)不得不站在凳子上,才露出了脑袋

天津市私立培植小学校毕业证书(1933年)

"天津市私立培植小学校董会钤记"印模

私立育民小学

　　天津私立育民小学于民国十八年(1929)九月十九日由天津市教育局呈准立案。校址在宝庆里。全校房舍13间,无礼堂,无操场。校长夏兆钫。该校董事会董事长张谦嵩,男,1880年生,阜城人,天津隆茂行司事;校董有曹锦堂、解金声、律兆祥、巫克忠、尹公臣、田景有等,多为木器行经理。教员为刘宗耀(算术)、赵文堂(算术)、李荣芝(常识)、殷萍(常识)等。1946年,该校有5个班,235名学生,7名教职员,校长仍为夏兆钫,校址为南门外福安大街111号。1948年,该校有5个班,330名学生,7名教职员,5间教室,校长、校址未变。1956年改为市立福安街第三小学。1958年该校与福安街第二小学(前身为私立复育小学)合并为和平区福安街小学。

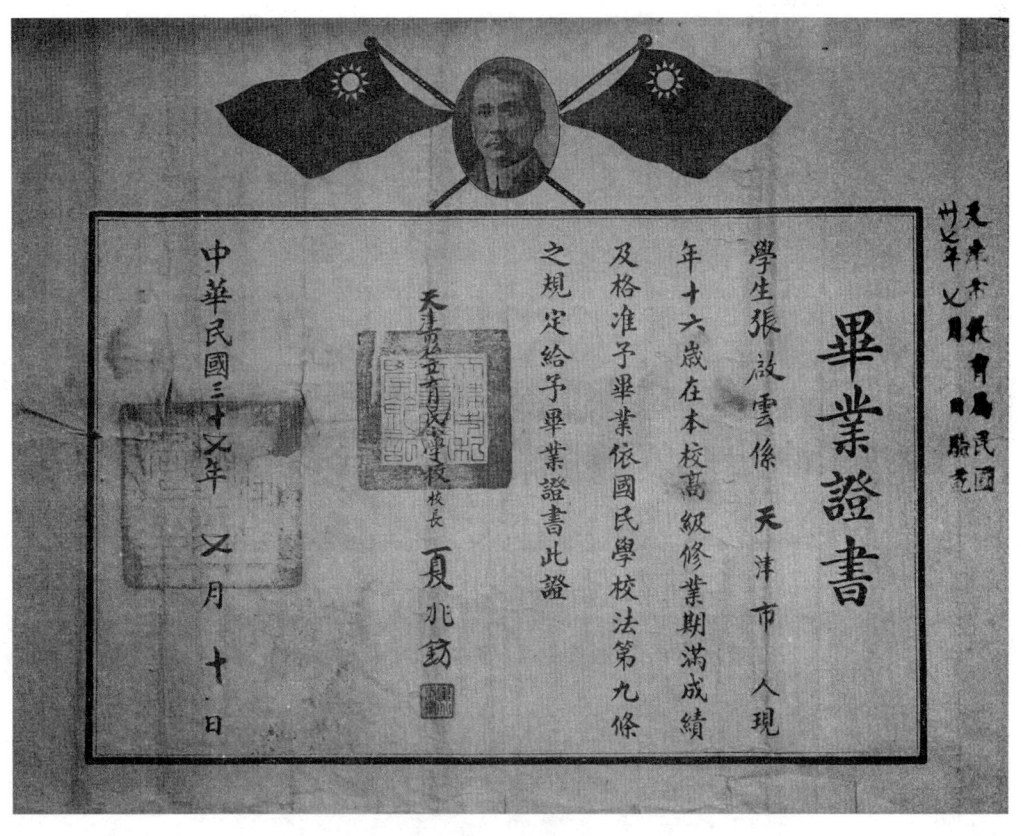

天津市私立育民小学校毕业证书

私立时文小学

天津私立时文小学于1929年10月25日奉天津市教育局2306号指令准予立案。校址在芥园西土地庙前。董事长李欣甫,校长王庆祥。1938年,该校有2个班,22名学生,3名教职员。1945年12月26日,校董事长李欣甫逝世,校董会公推郝联第接任。董事有:柴翰臣、高朴斋、徐克达(育才中学校长)、李醒我、李国璋、李国忱、卢筱峰、刘纯甫、张璨如、陈竹贤、张玉忠、年光森、周馨吾、于震江、王连珂、张幼丹、尤中弋等。校长王庆祥,别号瑞徵,1898年生,河北景县人。1928年2月辞职来津充任该校校长。1946年,该校有2个班,262名学生,3名教职员,校址在教军场40号。1948年时,该校有6个年级2个班,241名学生,3名教职员,2间教室。

"天津市私立时文小学钤记"印模 1946年9月4日

市立第三十三小学校

天津市市立第三十三小学校约创建于1930年,校址在河东沈王庄,有6个班,高初级,单式教学,校长于希源,教师12名,学生278名。1946年杨绍容接任校长。乡绅张芷香为修缮该校操场捐款出力,受到天津市教育局的表彰。

《三三校刊》第一期(1935年6月)

课外活动之一:露 营

课外活动之二:清洁运动

课外活动之三:口琴队

课外活动之四:跳 绳

课外活动之五:逛公园

近代天津教育图志

天津特别市市立第三十三小学校毕业证书（1939年）

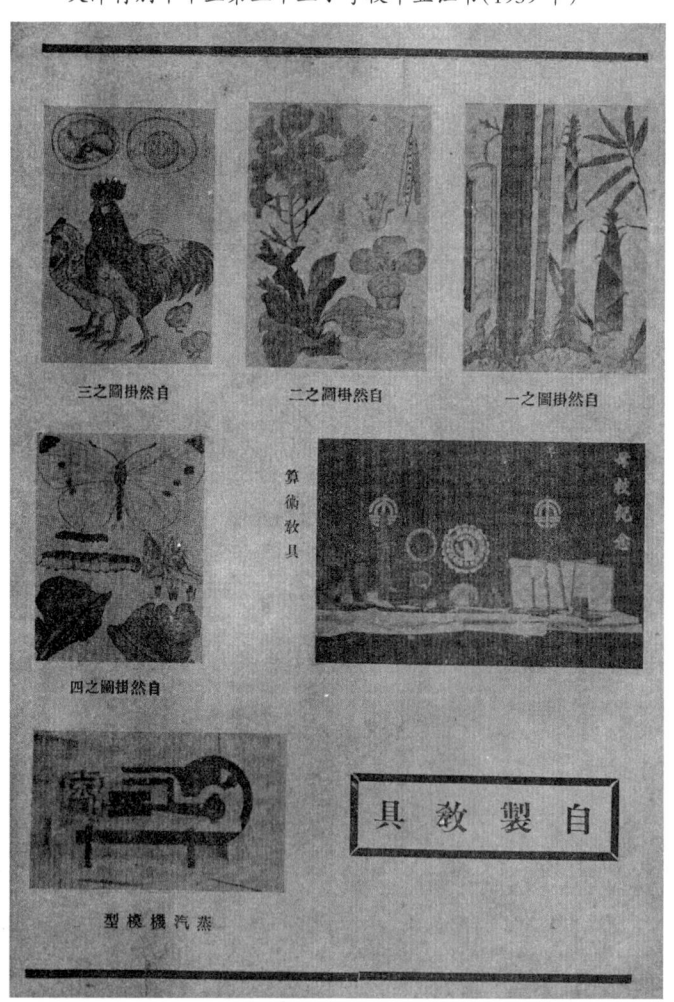

市立第三十三小学校自制教具：分别为自然挂图之一、自然挂图之二、自然挂图之三、自然挂图之四、算术教具、蒸汽机模型

市立第三十五小学校

天津市立第三十五小学校始建于1930年6月。首任校长吴释明先生,继任校长韩树林。校址在天津市河东区复兴庄靶档道(今华昌道)。1949年天津解放后两次扩建校舍,增加面积2 800平方米,并先后扩建教室8间。1985年完成校舍改建。现为河东区靶档村小学。

首任校长吴释明

市立三十五小学校建校时校门

石 碑

市立三十五小学校建校时的石碑及碑文

1930年建校以来传承至今的校训：一刻千金

市立三十五小学校职籍簿（1943年）

天津特别市市立第三十五小学校职教员及工役薪额工资表

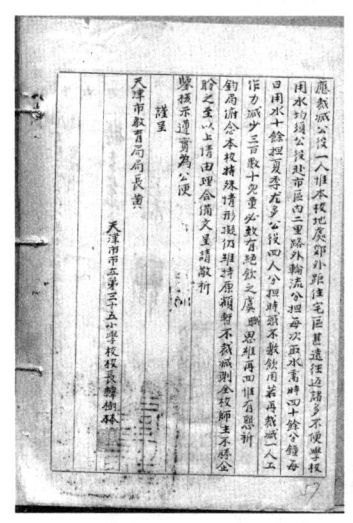
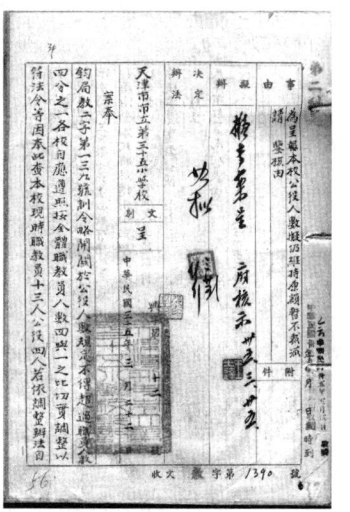

天津市市立第三十五小学校校长韩树林给天津市教育局局长黄钰生的呈文

市立第三十六小学校

天津市市立第三十六小学校创建于20世纪30年代,校址在河东郭庄子,有6个班,高初级,单式教学,校长刘善述,教师12名,学生322名。

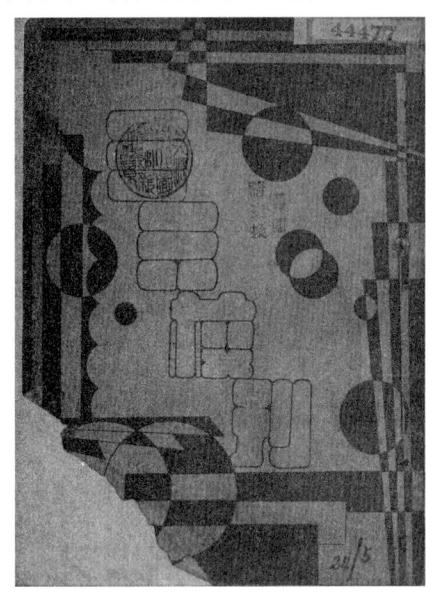
《三六校刊》第一期(1935年5月)

市立第三十六小学校美术成绩

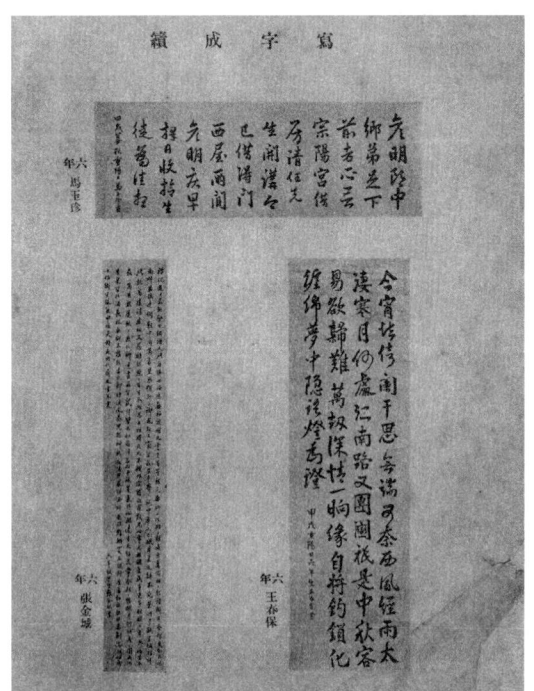
市立第三十六小学校写字成绩

私立弘仁小学

　　天津私立弘仁小学董事会于民国十九年(1930)五月成立,学校董事会和学校于民国二十二年(1933)七月十三日,奉天津市教育局2192号指令准予立案。校址在北门西,校长谭鹤年。校董事长祁筱圃,男,1893年生,天津人,任益记棉纱庄总经理;常务董事为高敬五、曹仁甫;董事有:朱明廉、朱德昌、储文煜(私立四成小学校长)、王文通等。1946年,该校有6个班,254名学生,9名教职员。校址在北门西项家胡同9号。校长路静一。1948年,有6个年级6个班,218名学生,9名教职员,6间教室。

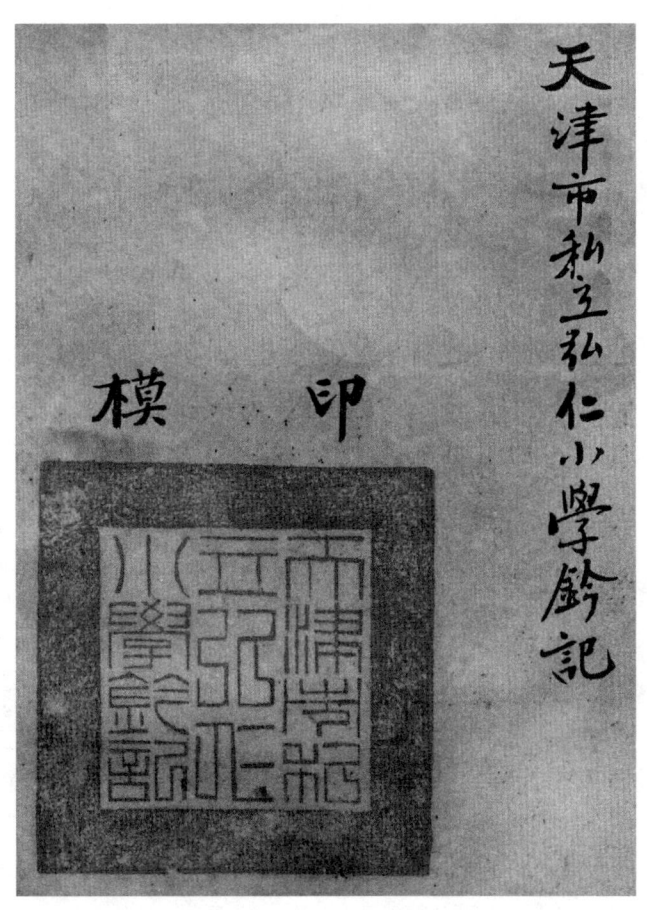

"天津市私立弘仁小学钤记"印模

私立木兰小学

　　天津私立木兰小学前身为私立竟成小学,始建于1930年。1937年改组,定名为天津私立木兰小学,校址在特一区(今河西区)苏州路,校长朱宝珍。1938年,该校有学生29名,教员4名。1946年,有3个班,137名学生,6名教职员。校长朱宝珍,校址为绍兴道113号(靠近广东路)。1948年,有6级4个班,179名学生,6名教职员,6间教室。天津解放后,学校在六区文教股登记。1950—1951年批准立案。1952年5月,该校与连宝小学合并,改名为坚强小学。是年底,政府接管该校,改为市立六区第二十三小学。1956年更名为绍兴道小学。

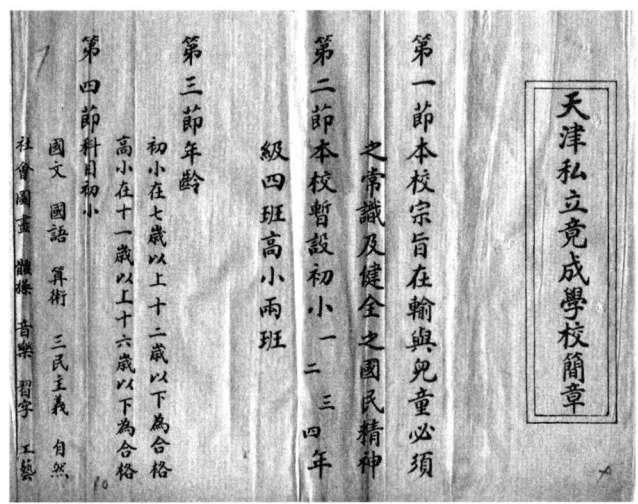
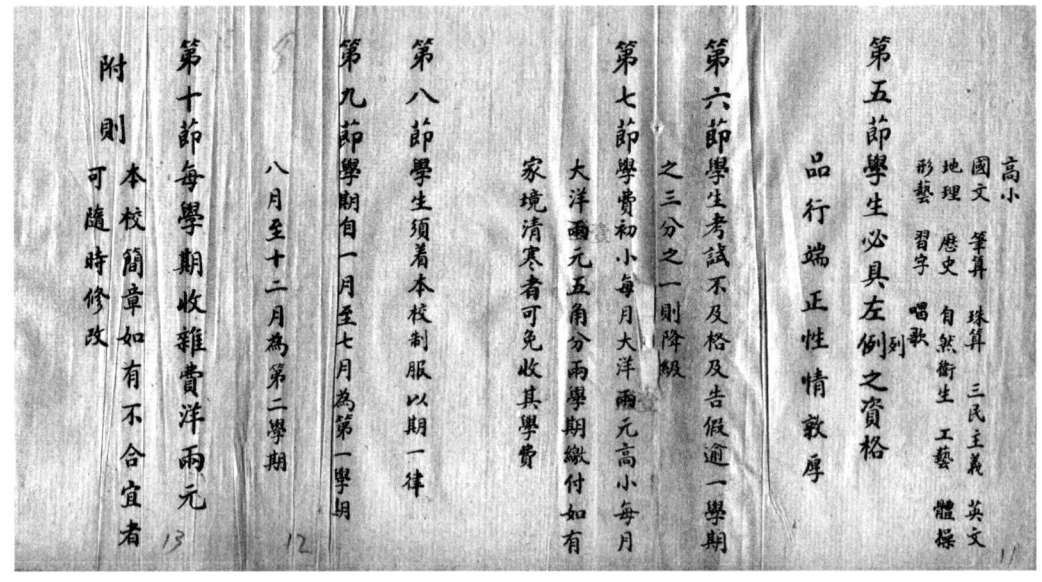

天津私立竟成学校(私立木兰小学前身)简章

温氏私立普育女子小学

1930年9月,温瀛士受同乡、著名教育家温世霖的影响,为争取女性求学的权利,成立温氏私立普育女子小学(今北辰区普育学校)。"普",即普适和普及;"育",即教育、培育。1933年,温氏私立普育女子小学改称私立普育小学。温瀛士题写了校训"勤劳真实",设计校旗、制作校徽、统一校服、教唱校歌。1936年,普育小学因正式招收男生而改名私立士范小学。士范学校,即培养才智之士的典范学校,蕴涵着温瀛士用普育精神培育品学兼优人才的良苦用心。温瀛士办普育,至今受到宜兴埠父老乡亲的赞誉。

创办人、校长温瀛士

校长温瀛士与学生合影

天津县私立普育小学校学生同学会委员全体合影(1936年)

近代天津教育图志

私立普育小学教师温刚　　温刚老师填写的调查表　　　　私立普育小学学生合影

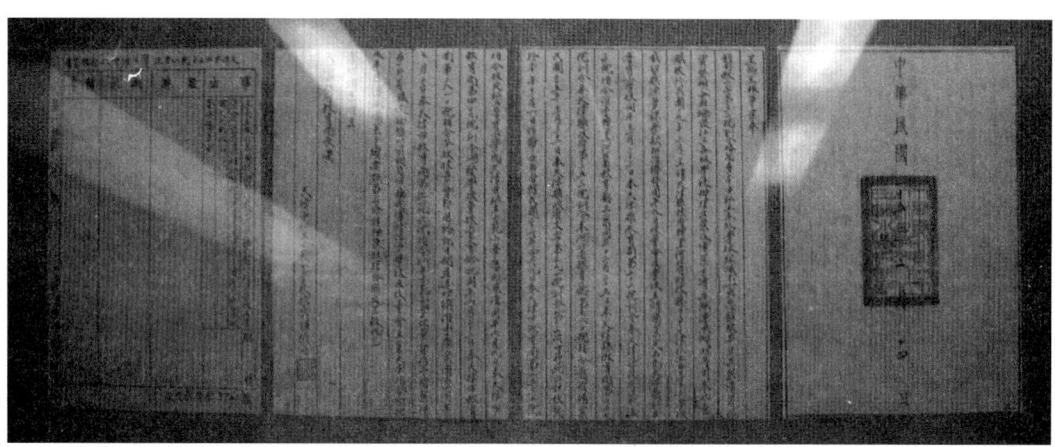

温瀛士向天津市教育局呈报私立士范小学立案文件原文与释文

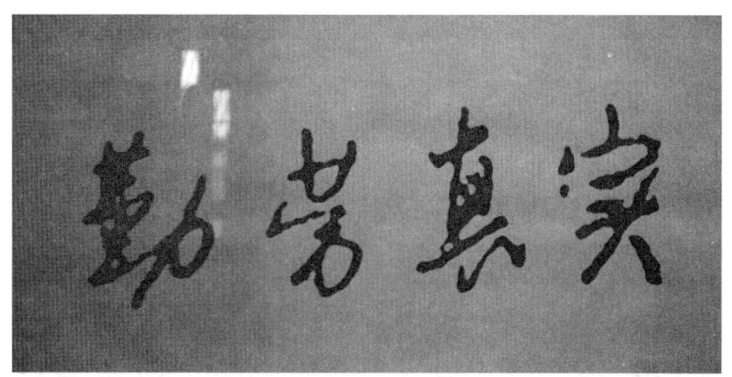

校训：勤劳真实

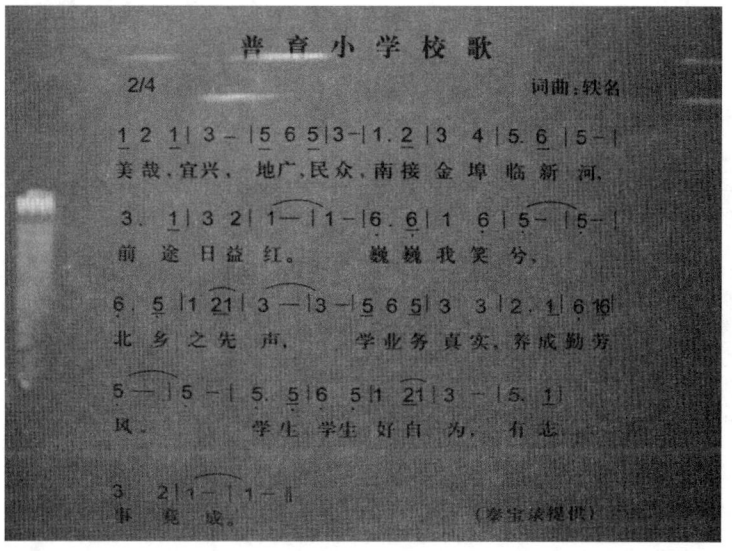

普育小学校歌

私立士范小学校校旗

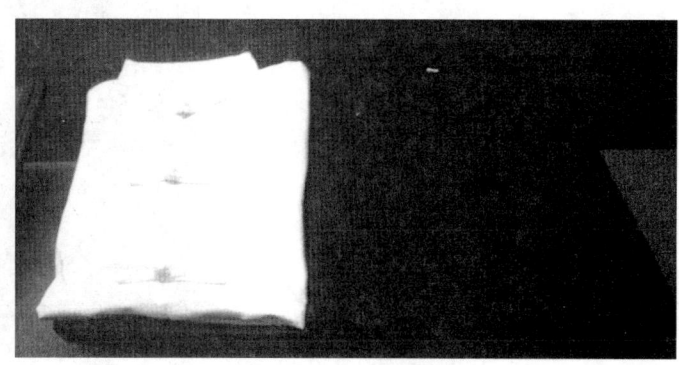

私立士范小学校校服

私立子欣小学

天津私立子欣小学于1931年1月28日，奉天津市教育局呈准立案，原系初级小学。校址在南马路。校长李树荣（子欣），男，1893年生，天津人，新医学校毕业，市政传习所毕业，任仁义医院院长、区立学校校董、第七保保长，因兼职多，不经常到校，校务由教导主任华道璋主持。教员有沈恩荣、华祖敬、刘志敏、姚启通、姜玉秀等。校董事会董事有：华道璋、高鸿昶、崔子桢、张绍三、李子欣等。该校有单式2个班，复式2个班，共有教室4间，一年级、四年级、五年级各一个班，二三年级一个班等。有男生170名，女生71名，合计241名。1948年，有5个班，262名学生，6名教职员，5间教室。

"天津市私立子欣小学校董会钤记"印模

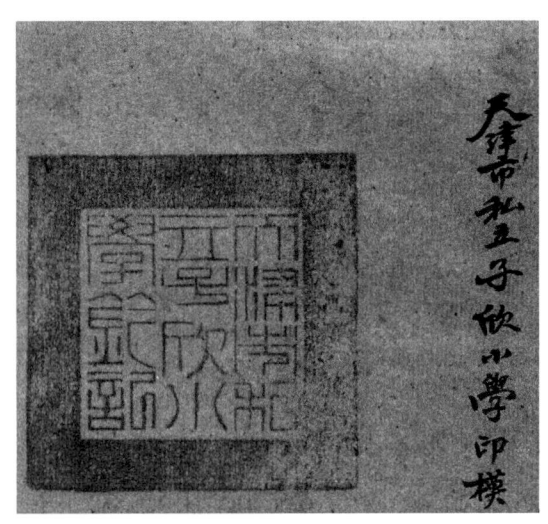

"天津市私立子欣小学钤记"印模

私立惠迪小学

天津私立惠迪小学于 1932 年 4 月 7 日,奉天津市教育局第 103 号指令准予立案。校址在河东小盐店。校长于又新,男,1903 年生,盐山人,毕业于天津师范讲习所,1930 年 2 月到该校任校董。1935 年 4 月,该校在兴仁里北口租地 200 平方米,起建新式校舍一所,是年 5 月正式迁入新校舍。该校董事会董事长张学渊,1904 年生,天津人,天津音乐体操传习所毕业,1930 年 2 月开始任职。校董纪景声(教员)、张馨三(教员)、邵瑞刚(教员)、冯景泉、李学熙、王汝珊、张循武等。1946 年,该校有 4 学级 1 个班,50 名学生,3 名教职员,其中教员郭湜,北平人,中日中学毕业,任级任教师。校址在河东小盐店兴仁里北口 1 号。1948 年,学校有 4 学级 1 个班,59 名学生,3 名教职员。

私立惠迪小学校概况调查表

私立成城小学

　　天津私立成城小学始建于1932年冬,为初级复式小学。校址在东楼村,校长韩义亭。1938年,该校有2个班,42名学生,3名教员。1946年,该校有2个班,128名学生,5名教职员,校址在东楼村玉川居大街,校长为韩义亭。

　　1948年,学校有4级2个班,135名学生,5名教职员,2间教室,校址在东楼村玉川居大街李家台1号,校长仍为韩义亭。天津解放后,该校在六区文教股登记,1950—1951年被批准立案。1952年并入六区二十小学,后改为河西区十八街小学。1988年河西区十八街小学校长孙凤兰,有55名教员,9名职工,6个年级,20个班,640名学生,校址在大沽南路四十二中院内。1990年,校长孙凤兰,1994年校长马立珍,有64名教职工,6个年级,21个班,915名学生,校址在河西区大沽路867号。

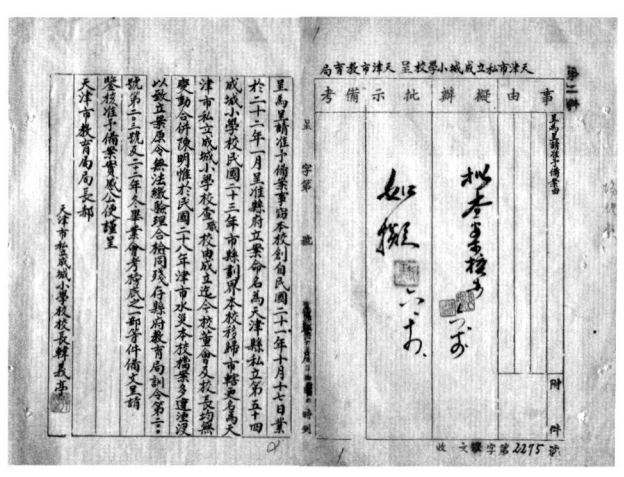

天津市私立成城小学校校长韩义亭致天津市教育局局长郝任夫呈请立案函

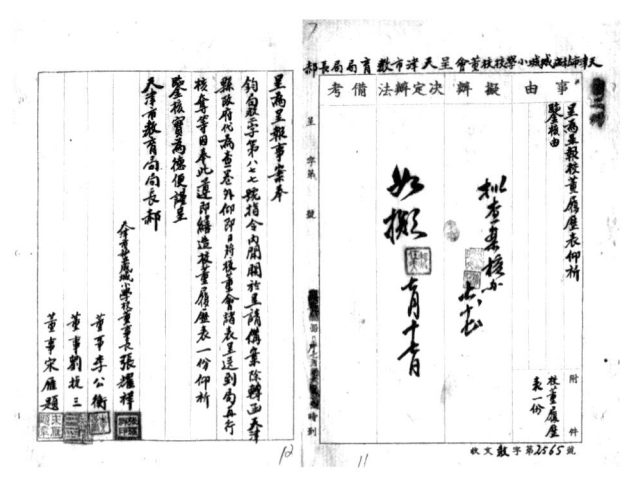

天津市私立成城小学校董事长张耀祥向市教育局呈报校董履历表函

私立山东公学小学

　　天津私立山东公学小学1932年,由山东省旅津同乡会创办,校址在英租界黄家花园56号路(今和平区西安道)明德里,校长常寿宸。1942年因同乡子女要求入学者逐渐增多,迁入芝罘路(今苏州道)24号校址。系两个大四合院,为烟台商业公会会长张子樵的房产,因同乡之谊只索价联币9万元。从此,扩大班次,增聘教员,添设教学设备,吸收新生。并开始允许附近居民子女入学,对贫苦者可减免学费。1946年,该校有6个班,295名学生,10名教职员,校长为徐皆平。1948年更名为津光小学,有7个班,348名学生,12名教职员,7间教室,校长、校址未变。1956年政府接管改为市立小学,定名为苏州道小学。

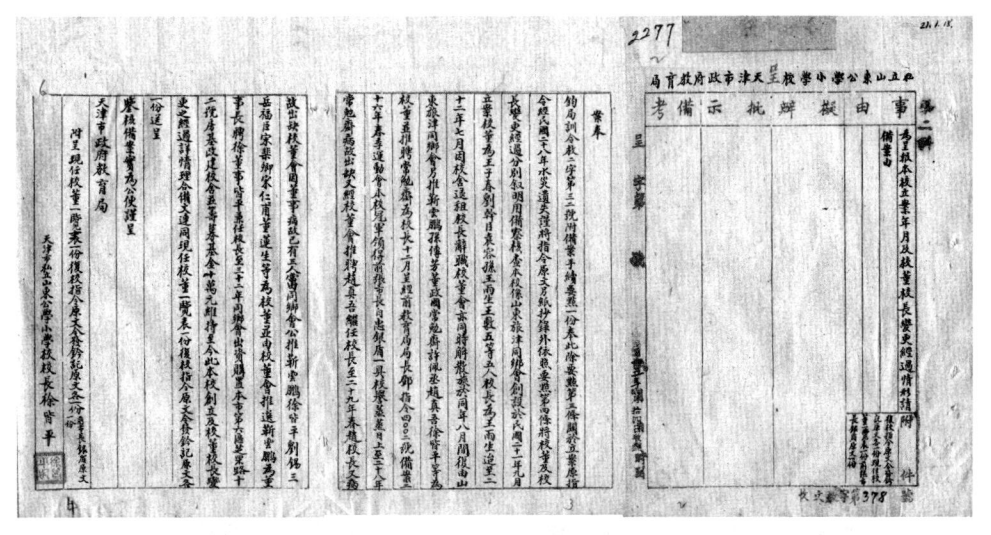

天津市私立山东公学小学校校长徐皆平为申请立案致天津市教育局函

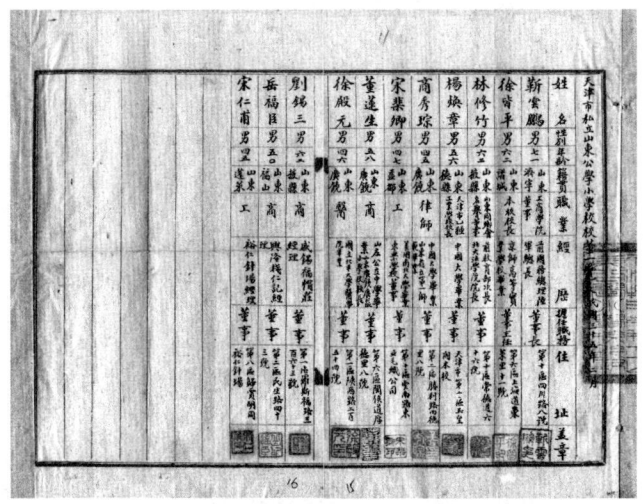

天津市私立山东公学小学校校董一览表

私立沈氏小学

天津私立沈氏小学始建于1933年2月，1934年天津县教育局准予立案。校址在小刘庄，校长沈浚，有2个班，69名学生（男生55名，女生14名），有教职员5名。1946年，有3个班，140名学生，5名教职员，校长沈克庄，校址在小刘庄广生巷3号。1948年扩建校舍，逐步建成初高级复式小学。此时，有6级3个班，162名学生，6名教职员，3间教室。校长、校址未变。新中国成立后，该校于1949年在六区文教股登记，1950—1951年批准立案；1951年更换校名，为天津私立向前小学。1956年，该校改为市立小学，并入河西区刘庄小学，作为刘庄小学分校。1988年，刘庄小学副校长刘学珍，有43名教员，7名职工，6个年级，14个班，498名学生，校址在河西区解放南路350号。

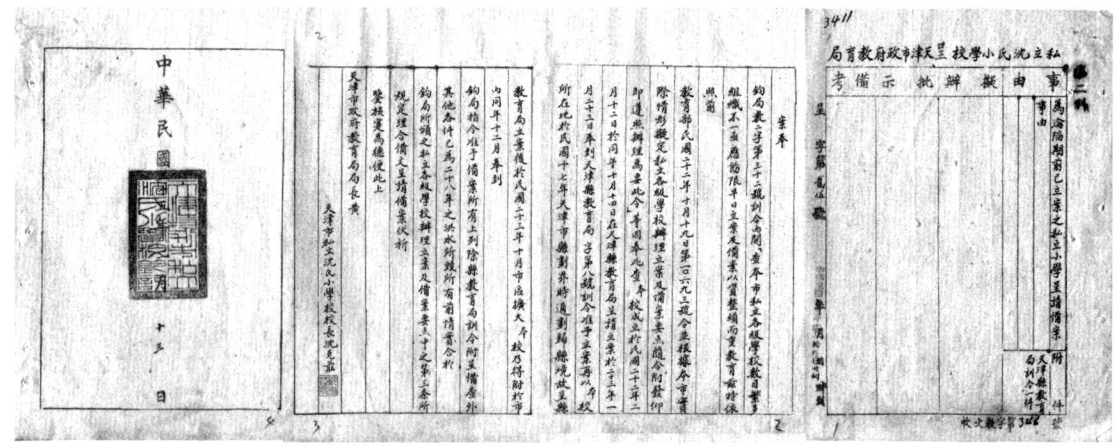

天津市私立沈氏小学校校长沈克庄就沦陷期前已立案学校备案事致天津市政府教育局函

天津市私立沈氏小学校校董会会员详表

私立福婴小学

天津私立福婴小学创立于 1933 年 7 月,1936 年奉天津市教育局第 79 号指令准予立案。校址在意租界三马路福寿里 2 号(河北区进步道晋寿里 4 号),校长许正寰,为义务职。1938 年,有 3 个班,38 名学生,6 名教职员。1946 年,有 6 个班,121 名学生,9 名教职员。校董会董事长陆绣山,校董有:张星垣、李少轩、王吟生、苏吉亨。教员有:郭桂馨、丁云珍、贺陆玉、张耀祖、田恩华、吕淑平、宋锦屏、刘淑芬等。1948 年,有 6 个年级 6 个班,105 名学生(男生 60 名,女生 45 名),10 名教职员,6 间教室。1953 年该校由人民政府接办,并入光复道小学。

"天津市私立福婴小学钤记"印模

市立师范学校附属小学

　　天津市立师范学校附属小学为天津市立师范学校的实习场所，成立于1933年8月。校址在河北区中山公园(原大经路河北公园)内。校舍由著名土木工程师严子亨设计，为二层楼房。编制为初高级单复式，有学生263人，分为7个班，有教员10余人，多为"市师"第一届后期师范班优秀毕业生。主任(相当于校长)刘宝常。1938年2月，该校迁至河北西窑洼原女师附小(今河北区西箭道小学)复校。抗战胜利后，该校在原天津市立第五十一小学(今河西区杭州道小学)复校。校长郑朝熙。1950年改为天津市立师范附属小学；1956年改为市立师范附属第一小学。宁波道校舍为总校，杭州道校舍为分校。后宁波道校舍曾为宁波道中学；杭州道校舍曾为河西区杭州道小学。

市师附小主任刘宝常

市师附小教师杨遹庚

《市师附小》校刊

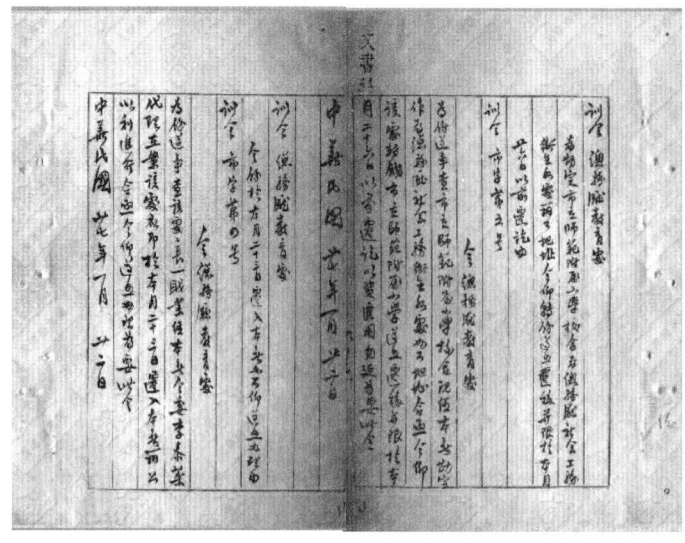
为市立师范附属小学校舍迁移并限期搬出给教育处训令(1938年1月22日)

私立慈佑小学

　　天津私立慈佑小学校于 1933 年 8 月,由世界红卍字会天津县分会创立,校址原设天津北马路北海楼后,计有初小一、二年级与三、四年级复式各 1 个班,于会员中公推理事。董事长陆锐田。嗣于民国三十三年(1944)9 月,该校迁于南门西板桥胡同,爱就校址房舍,仍设复式 2 个班,校长高凤台,教员李伯璋、孟广钰均为红卍字会会员。该校以慈救为目的,教员半尽义务。1938 年有学生 25 人,教员 2 人。代理校长为朱泽生,1946 年 12 月,胡卜年代理校长。天津解放后,该校于 1952 年由政府接办,改名为七区二十六小学;1956 年改为城厢区西门里小学;1958 年改为西北角小学二分校;1961 年改为南开区鼓楼西小学;1980 年改为鼓楼西小学附属幼儿园。

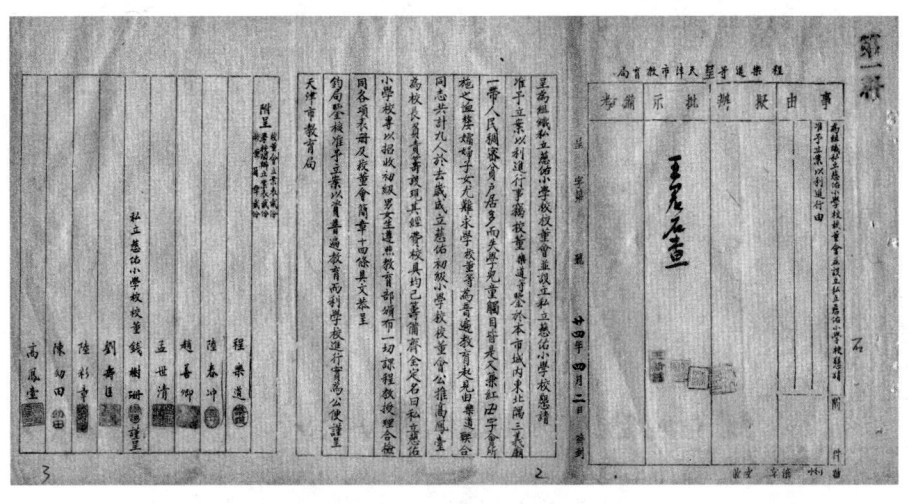

天津私立慈佑小学校校董会为组织校董会并设立校恳致天津市教育局函

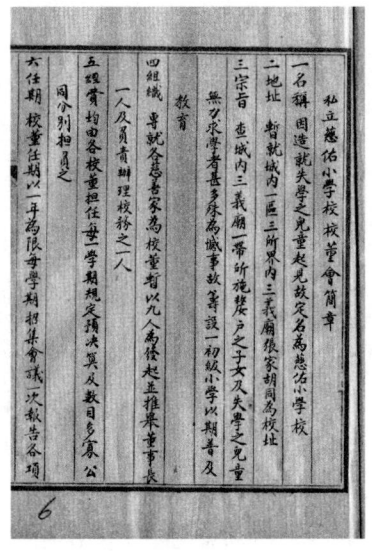

私立慈佑小学校校董会简章

区立丁字沽小学

　　区立丁字沽小学始建于 1933 年,校长柴恩重,教员 3 名,学生 51 名。后改名天津市公立第七十三小学、天津市九区第二十八保国民学校,校长陈延熙,有 6 个年级,有学生 291 名,教员 3 名,工友 1 名,教室 3 间。地址在丁字沽大街白衣寺前。现为红桥区丁字沽小学,位于天津市红桥区丁字沽零号路 35 号增 1 号,校内尚有清代娘娘庙配殿一座。

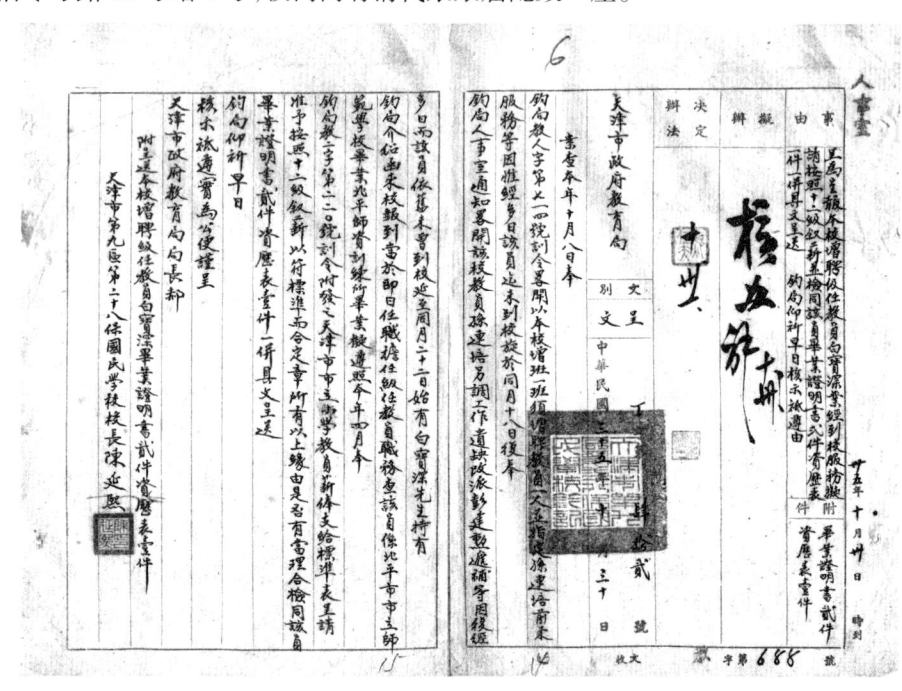

天津市第九区第二十八保国民学校校长陈延熙致天津市教育局函

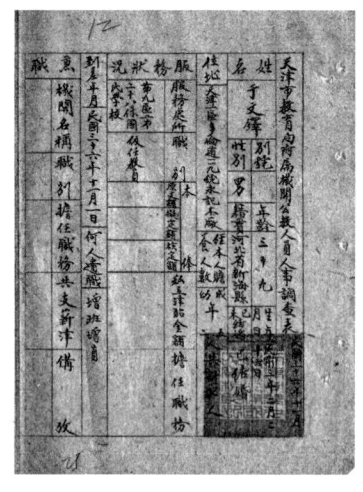　　　　　　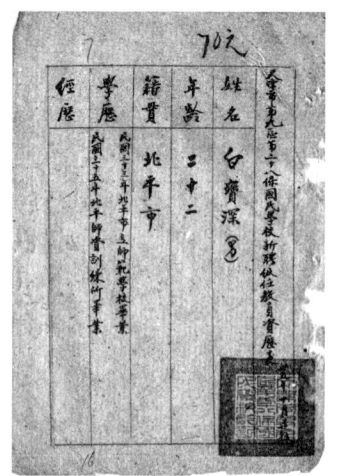　　　　　　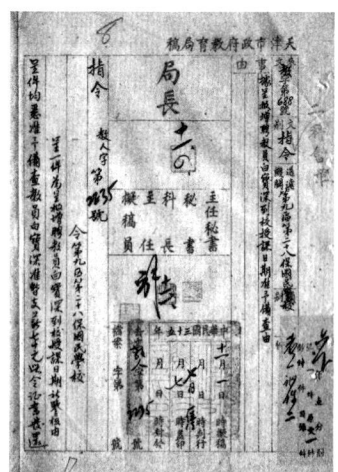

机关公教人员　　　　　　新聘级任教员　　　　　　市教育局增聘教员
于文铎人事调查表　　　　白宝深资历表　　　　　　白宝深指令

私立崇仁小学

天津私立崇仁小学于1934年5月,奉天津市教育局邓庆澜局长第200号训令核准立案。校董事会董事长为陈锡三,副董事长傅炳贤。董事有:张用中、邱筱林、于家格、李玉书、张雅轩、李惠南、谢春霆、邱鸿书、张樾人。首任校长刘振东,1937年6月辞职离津他就,继任校长张用中。1938年,学校有1个班,60名学生,3名教职员,校址在英租界19号路(今河北南路)。1940年,学校受敌伪压迫无理阻止开课。学校被迫于1945年3月1日迁往西站新校址。1946年,校长王善亭,有5个班,214名学生,12名教职员。1948年时,有6个班,350名学生,12名教职员,6间教室,校址在河北营门西大马路284号。

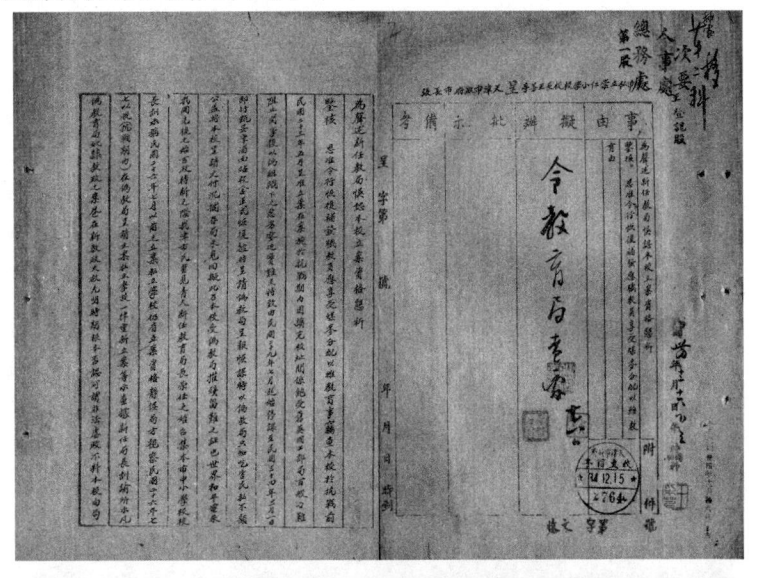

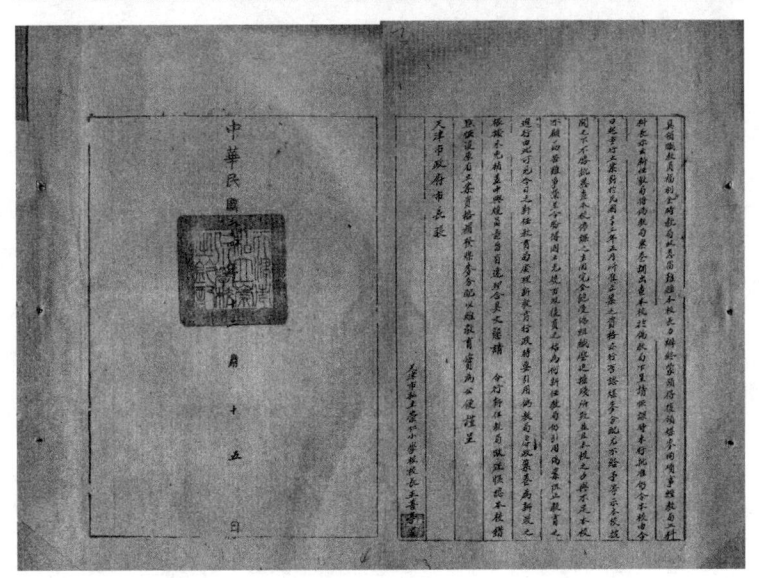

私立崇仁小学校校长王善亭致市长张廷谔呈文

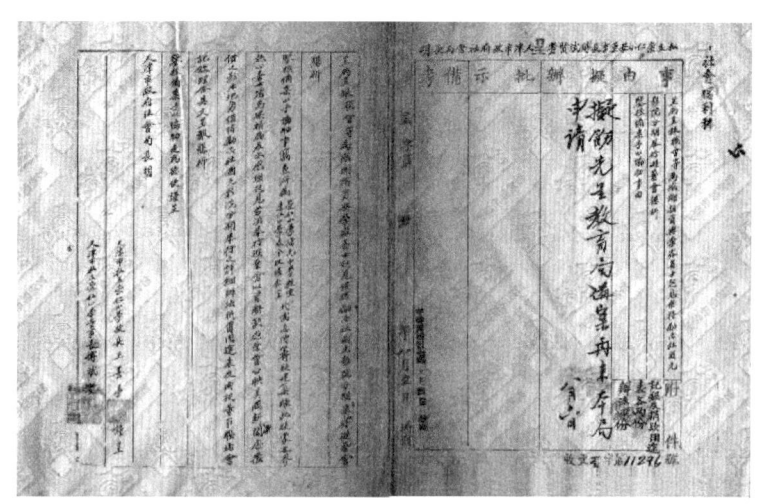

私立崇仁小学为捐资举行游艺会事给天津市社会局长的呈文

私立崇仁小学捐款用途表

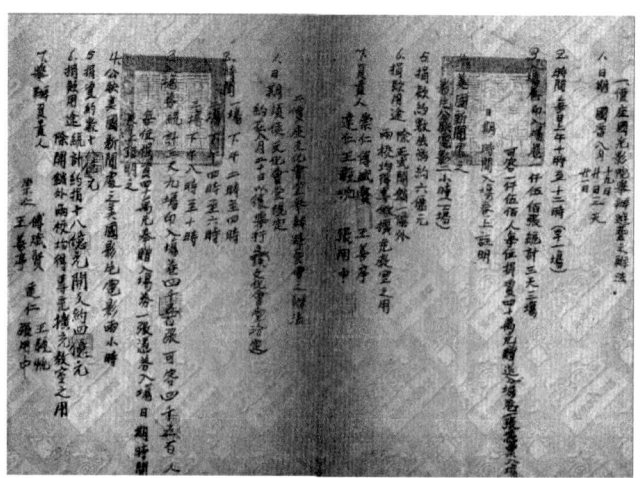

崇仁小学举办游艺会办法

私立立德小学

天津私立立德小学于1934年12月17日,奉天津市教育局第3917号指令呈准立案。校址在十区上海道(今和平区南京路)49号。校长查元鸿。校舍系租用民房,窄小不合用,仅3间教室,为复式编制,一、二年级,三、四年级,五、六年级,各一个班,男生76人,女生32人,共108人,免费生占14%。教员4人(男1女3),职员2人,工友2人,教职员工资每月20元,工友工资每月8元。学生学费低年级7元,中高年级10元。该校蛰居英租界一隅,设备差,厕所仅有一个,男女伙用。1946年,该校有6个年级,120名学生,6名教职员。

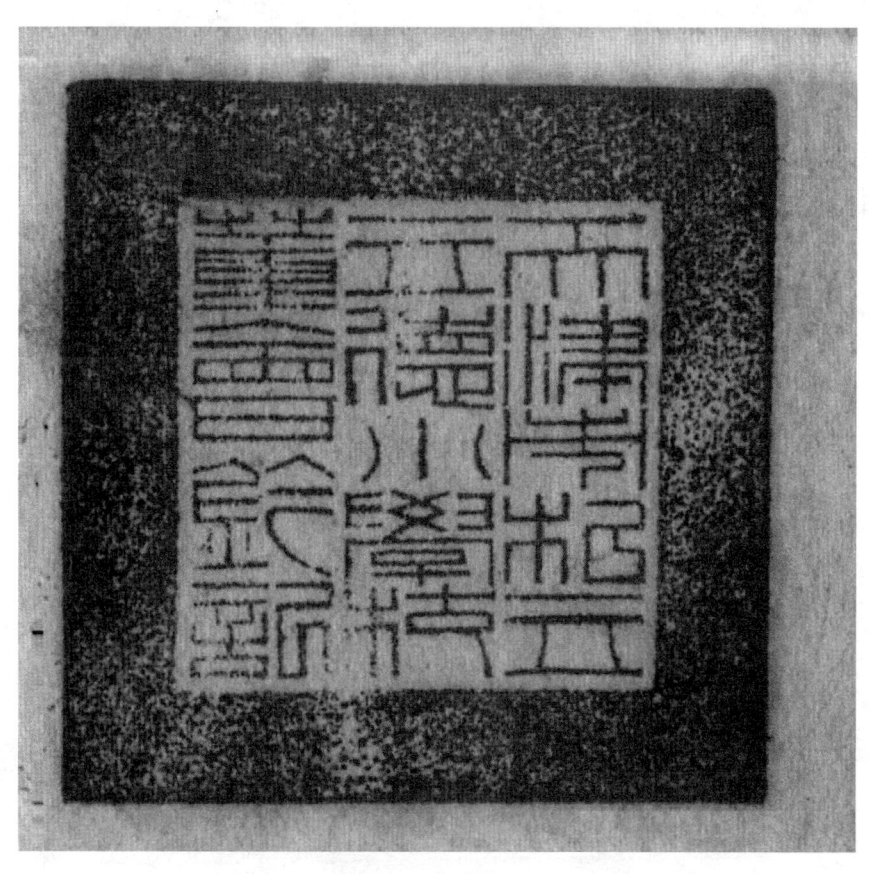

"天津市私立立德小学校董会钤记"印模

白庙小学

　　1934年,东北军五十一军军长于学忠,亲到白庙视察防务,认为该地应设立学校,以普及教育,并选中白庙为校址。不久,于学忠离津,1935年6月,商震回任河北省主席,兼天津市警备司令,来津后,旧事重提,于是决定在该庙设立市立第四十一小学,也称白庙小学。抗战胜利后,改为第三区第三十保国民学校,校长王桂林。1948年有6个教学班,270名学生,10名教员。校址在白庙前街41号。并有3个分校;第一分校在白庙村江苏公茔;第二分校在霍家嘴村;第三分校在三义村。天津解放后该校为三区第十一小学,校长郎乃珠。该校曾一度为北辰区白庙小学。

白庙小学创办人之一河北省
政府主席兼天津卫戍司令于学忠

白庙小学创办人之一 河北
省主席兼天津市警备司令商震

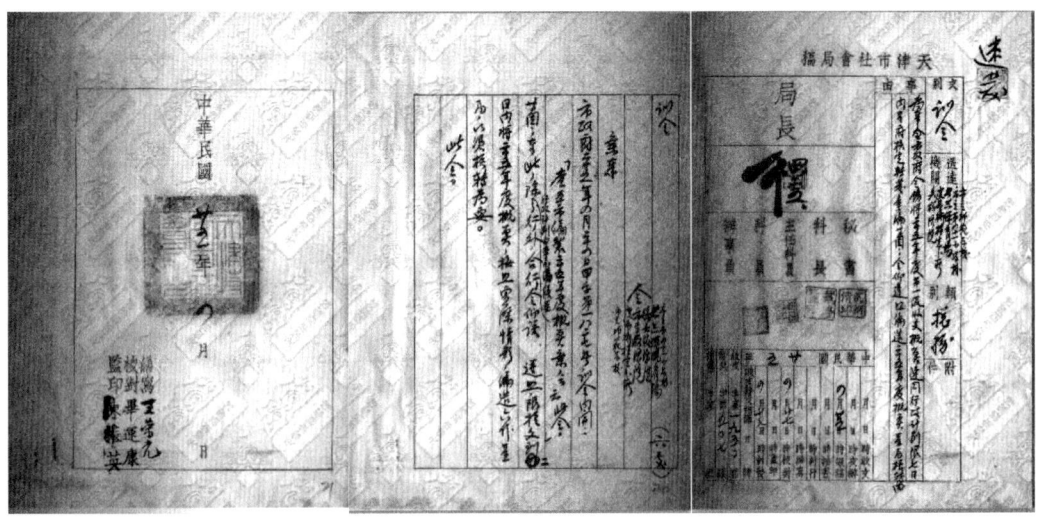
为编报本年度第一级收支概算及行政计划事致市立第四十一小学等训令(1936年4月27日)

私立燕达小学

私立燕达小学位于十区(今和平区)昆明路274号,建于1934年,校长张务滋。1947年有10个班,388名学生,教职员16名,工友3名,教室11间。附幼稚班2个班学生44名。1956年改为昆明路小学。1989年原体育馆中学改为其分校。学校总占地0.72万平方米,建筑面积0.71万平方米。在校生2006人。教职工96人,其中高级教师19人,特级教师1人(田晓秋)。

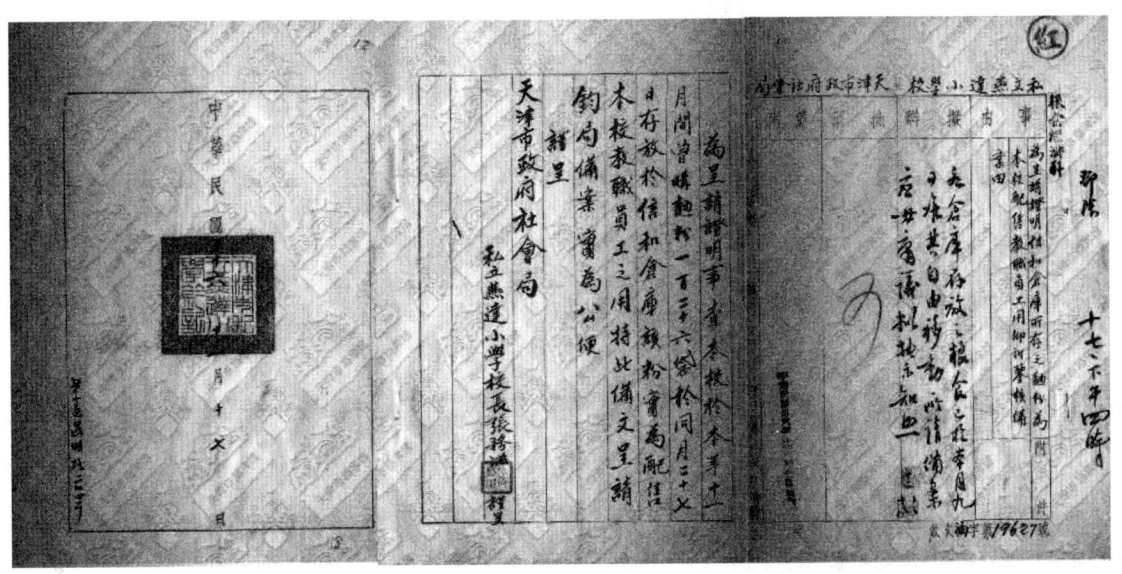

1946年8月24日启用的
"天津市私立燕达小学钤记"印模

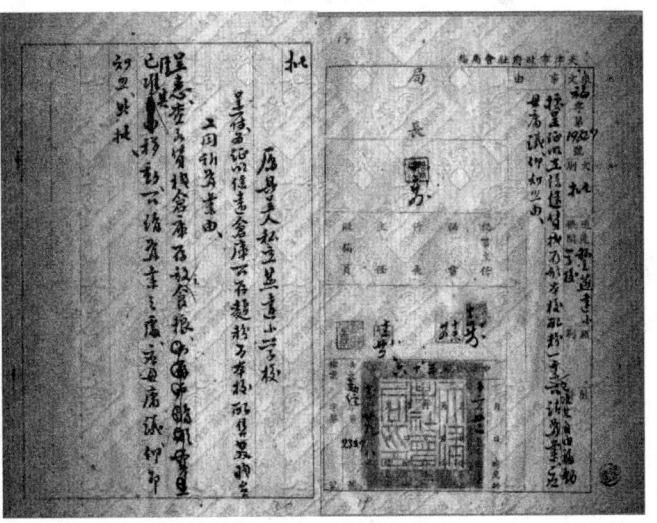

为证明信远仓库公存面粉为本校配售教职工用粮事给市私立燕达小学的批文(1947年12月29日)

私立瀛洲小学

私立瀛洲小学创建于1934年，校长王国华，继任校长吴广德，校址在昆明路。1947年时有6个年级6个班，495名学生，11名教员，3名工友，9间教室。

天津市私立瀛洲小学校教职员详细履历登记表

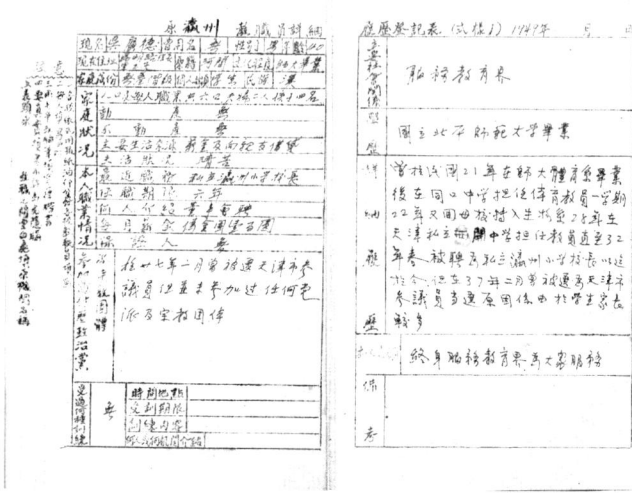

天津市私立瀛洲小学校校长吴广德履历登记表

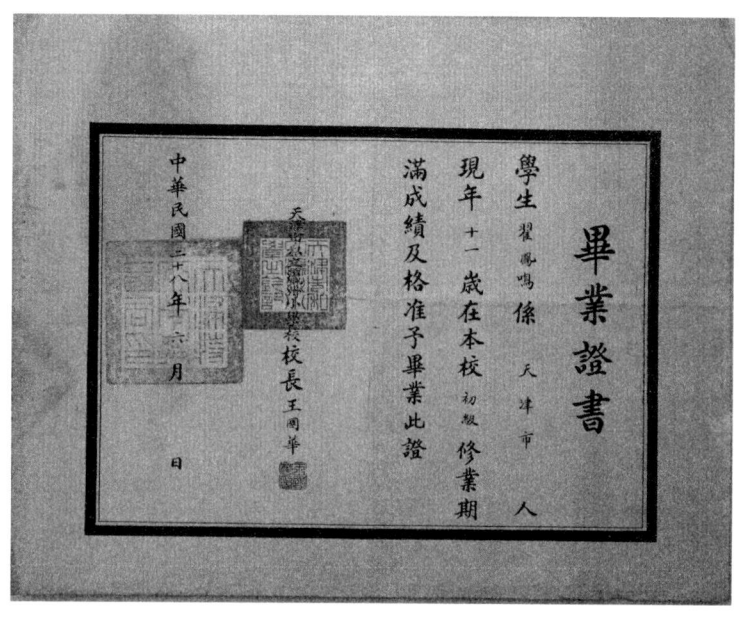

天津市私立瀛洲小学校初级毕业证书（1939年）

私立若瑟小学

　　1935年4月1日,私立若瑟小学校校董会向天津市教育局呈送立案用表请准立案,是年5月6日,天津市教育局批准学校立案。校长苏荫田,校址宝鸡道,1947年时有17个班,889名学生,24名教师,3名工友,17间教室,附幼稚班3个班150人。

天津市私立若瑟小学校校董会
及学校呈报立案用表底稿

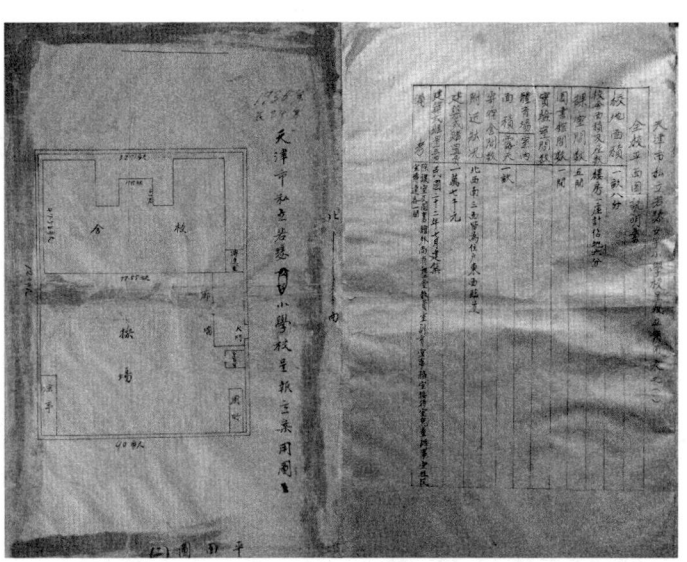

私立若瑟小学校平面图及说明

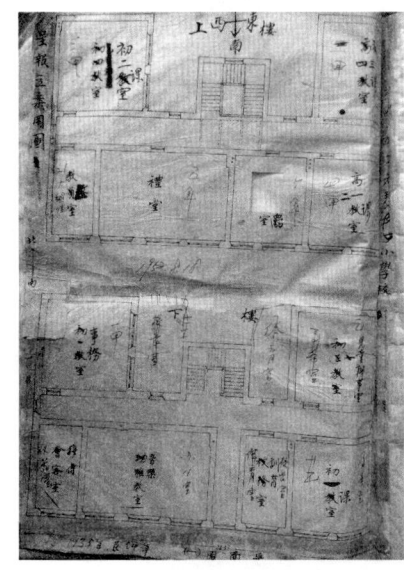

私立若瑟小学校
教学楼平面图

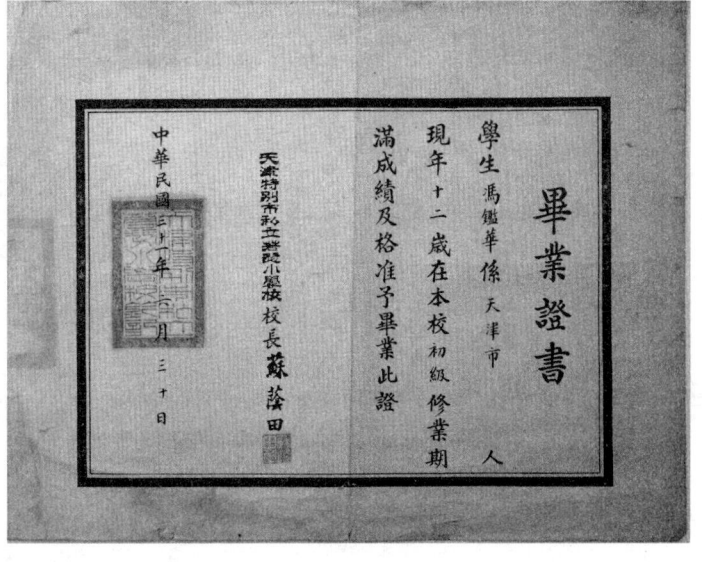

天津特别市私立若瑟小学校毕业证书(1942年)

私立谦德小学

天津私立谦德小学创办于1935年，是由天主教会创建，校址在谦德庄三德里一条18号，为一复式小学。1946年秋，该校在天津市教育局立案，并迁校至谦德庄庆荣里10号。校长史以信。1948年，学校有7个班，329名学生，12名教职员，7间教室；另有一个幼儿班，有70名幼儿。1949年天津解放后，在六区文教股登记。1950—1951年批准立案。1952年由政府接管，改为市立六区第二十七小学。同年，建于1946年的清真民众小学并入该校。1956年更名为永安道小学。1985年改为启智学校，为天津第一所专门接受弱智儿童的学校，现名河西区启智学校。

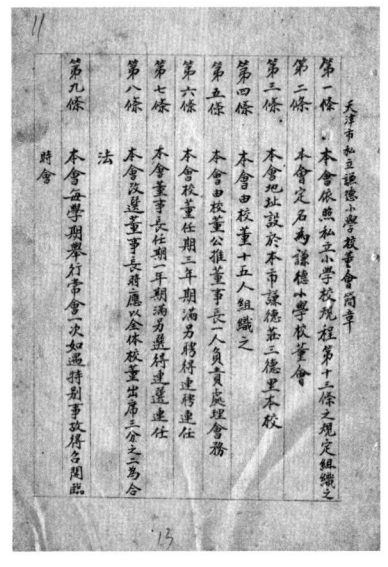

天津市私立谦德小学校董会简章

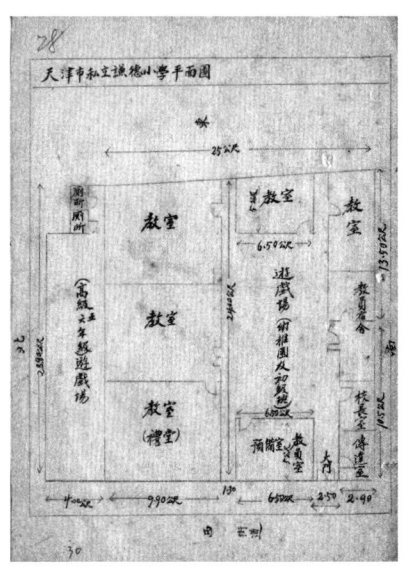

天津市私立谦德小学平面图

谦德小学基金200万元

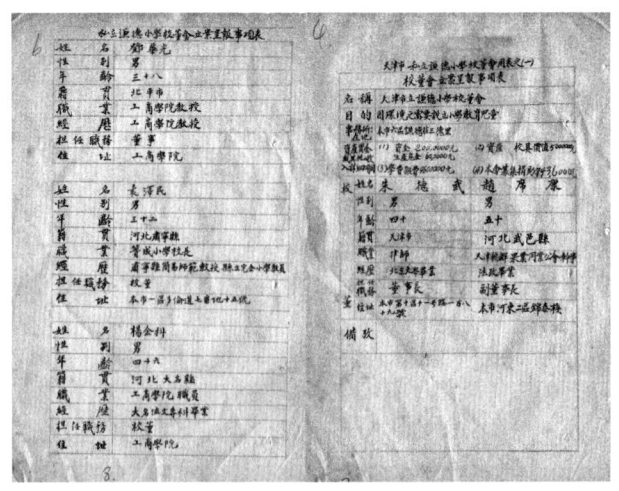

天津市私立谦德小学校董会立案呈报事项表

天津市立短期小学校

　　1928年国民革命军北伐成功，天津建特别市，市政府接受县立小学141处，但仍不能满足其适龄儿童入学。除当时拥有私立小学如圣功、秀山、南开、究真、大同65处小学外，又成立约40余处分上下午上课的小学校，称为"短期小学校"。据民国二十五年(1936)4月，天津市社会局义务教育办事处刊印《天津市市立短期小学校一览》记载：二年制共45校，92个班，每校2个班者44校，4个班者1校。推广义务教育一年制102校，每校2个班，共204个班。

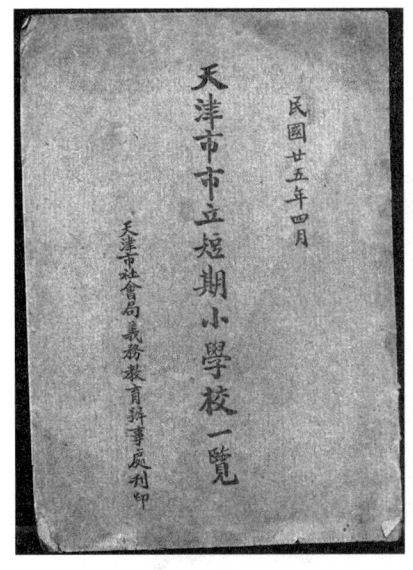

《天津市市立短期小学一览》民国二十五年(1936)四月

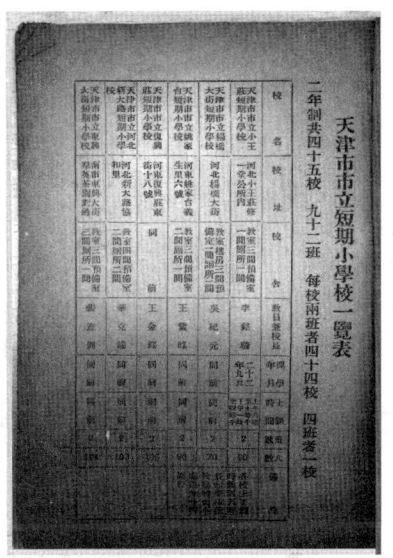

天津市市立短期小学一览表
二年制共45校92个班

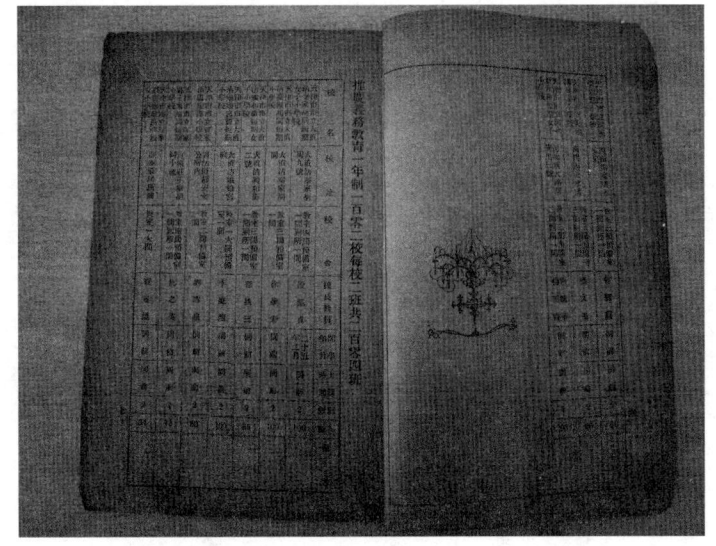

天津市市立短期小学一览表
推广义务教育一年制102校，每校2个班，共204个班

私立培育小学

　　私立培育小学意在精心培育青少年,前身为基督教女青年会义务小学,创办于1936年春天,由天津基督教女青年会创办,王哲希具体操办,是一所正规的小学。最初校址设在海大道(今大沽路)天津基督教女青年会半地下一层。共4个班,有100多名学生。在这里,贫困孩子可以获得奖金,免费读书。后来因为学校办得好,学生越来越多,于是搬出会所。校址迁至现今的新华路257号。1956年,私立培育小学由天津市人民政府接收,更名为河北大学附属小学。1978年更名为新华南路小学,被和平区教育局确定为区重点小学和涉外小学,经常接待外宾。

女青年会义务小学门前(培育小学、新华南路小学前身)师生合影

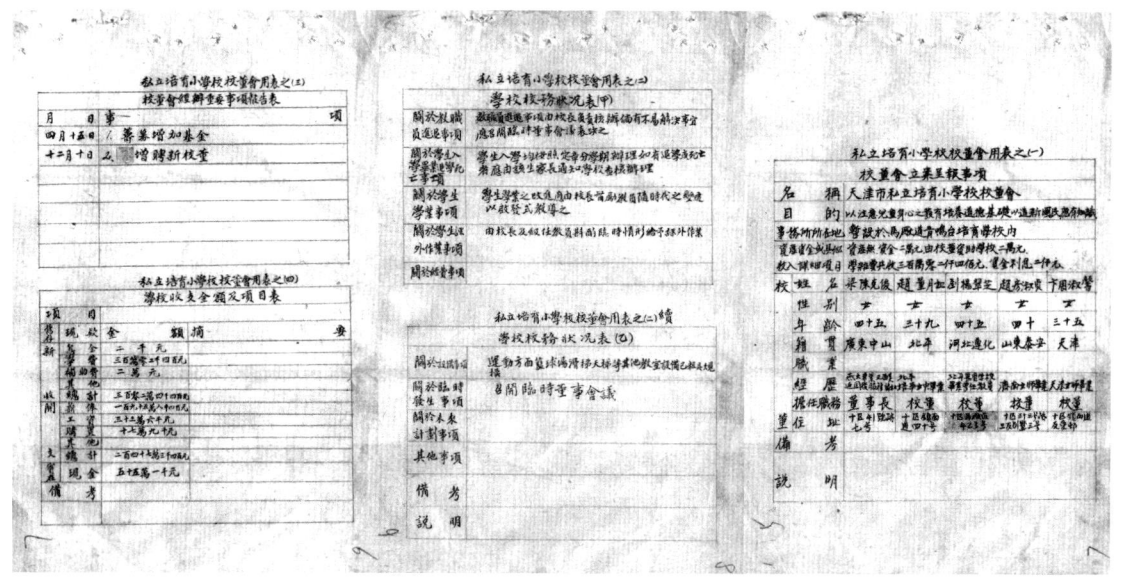

私立培育小学校董会部分用表

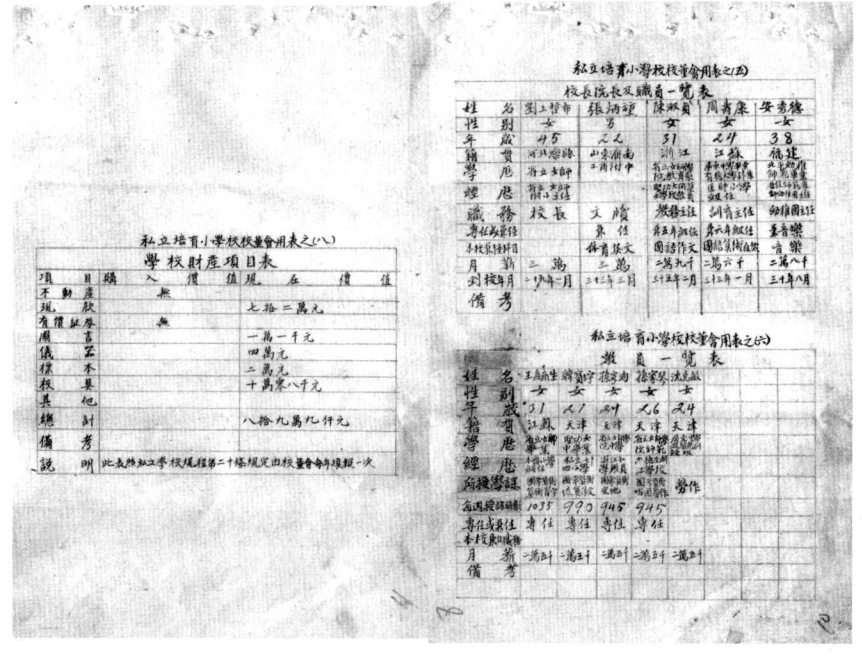

私立培育小学校校董会部分用表

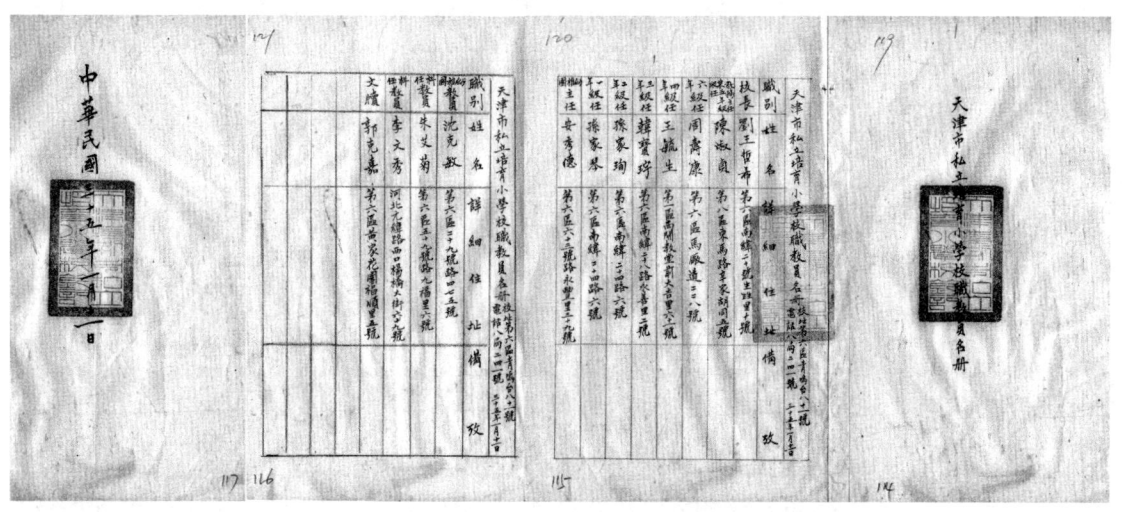

天津市私立培育小学校教职员名册

市立贺家口小学

　　天津市立贺家口小学创立于民国二十五年（1936）八月，校址在贺家口，校长王翰林。1937年10月改为天津市立第四十九小学，有学生176名，教员5名。1943年8月，贺家口短期小学并入该校，作为第一分校；1944年8月，区立贺家口小学并入该校，作为第二分校。1946年8月，该校改称为天津市第六区第二十五保国民学校，校址在贺家口村于家胡同35号，校长于保珊，有7个班，370名学生，11名教职员。是年11月，租得敌伪产业处理局在贺家口后庄大街15号的房屋作为校舍，将第一分校移至该处。1947年9月又修缮扩建，改作总校，原校地改为第一分校。1948年7月，因第二分校校舍不宜办学，随在总校增建教室，撤销第二分校。此时有12个班，566名学生，17名教职员，12间教室。天津解放后沿革为河西区贺家口小学。

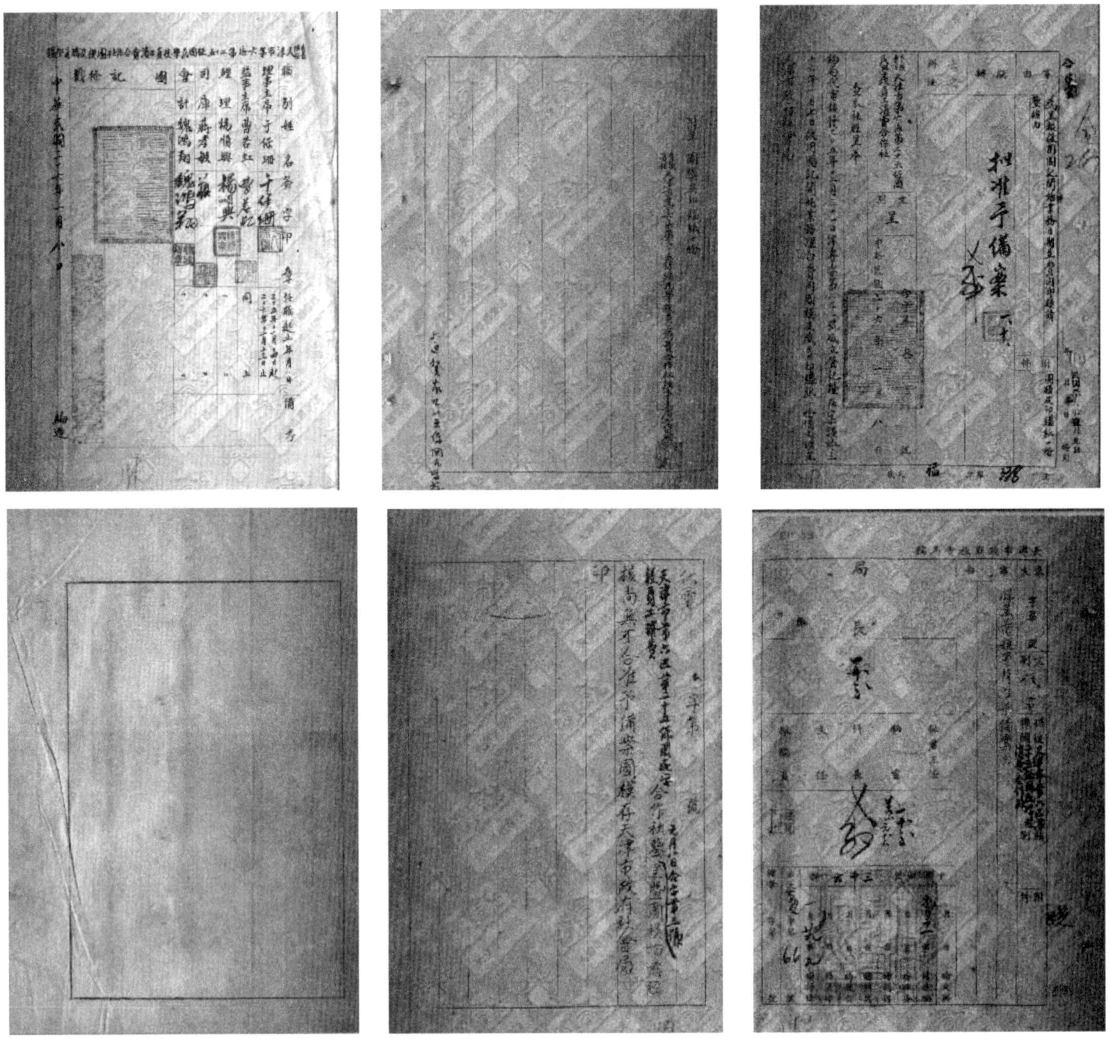

为图模准予备案事致市第六区第二十五保国民学校消费合作社（附呈）

（1947年1月9日）

私立今是小学

　　天津私立今是小学前身为改良私塾,始建于民国二十五年(1936年),校址在六区海大道(今大沽南路)563号。后经逐渐扩大班次,成为正式完全小学,称为私立今是小学。1946年6月29日,经天津市教育局以教二字第769号指令准予立案。当时有6个班,287名学生,11名教职员,校长为高寄毫。1948年,有6个班,230名学生,11名教职员,6间教室。1950年,改校名为天津私立实践小学;1956年政府接办该校,改为大沽路第一小学。1960年该校并入苏州道小学,作为苏州道小学分校。1963年又改为杭州道小学分校。1976年地震,校舍严重震损,该校停办,校舍现已规划为居民楼群。

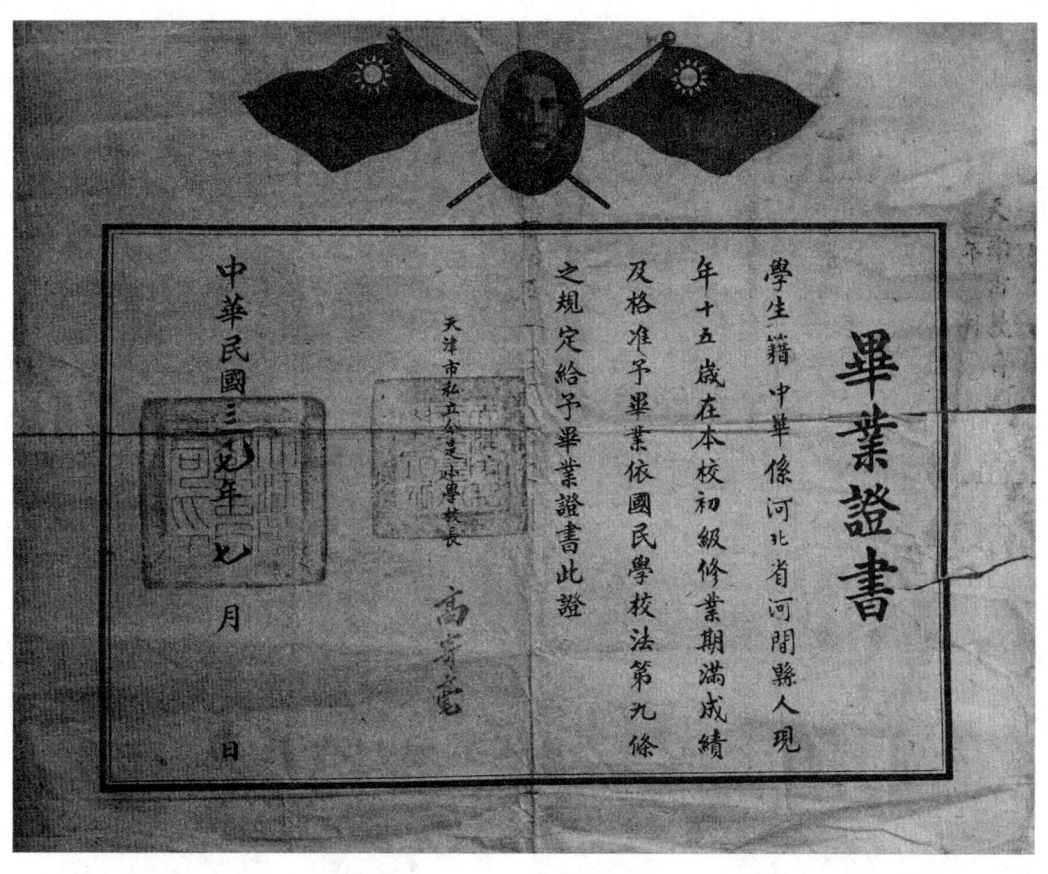

天津市私立今是小学毕业证书(1948年)

陈塘庄短期小学

陈塘庄短期小学，始建于1936年，校址在陈塘庄。1943年改为市立第八十小学。1944年区立陈塘庄小学（校长王桂山）并入该校，作为分校。1946年改名为天津市六区第三十保国民学校，校长赵惠年，有4个班，134名学生，6名教职员。1948年，有6级5个班，186名学生，7名教职员，4间教室，校址在陈塘庄东北台9号。天津解放后，于1949年学校改名为六区三十街小学。同年10月，更名为六区第八小学。1956年，该校并入上河圈小学。名为河西区上河圈小学，校址在河西区大沽南路上河圈。2003年8月并入新会道小学。

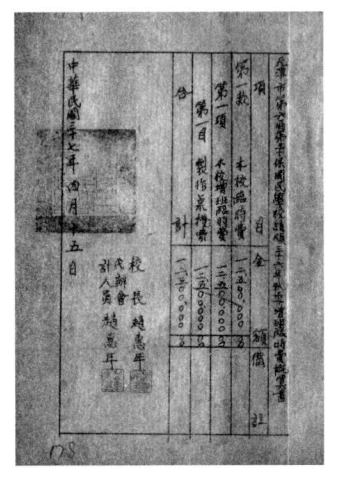

增加临时费概算

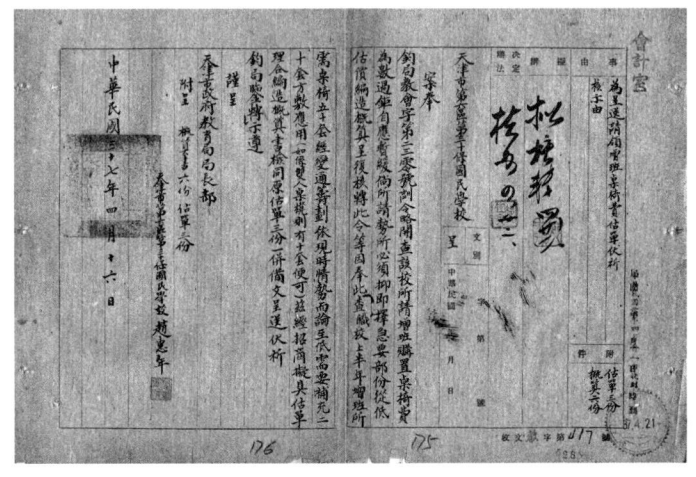

天津市六区第三十保国民学校校长赵惠年呈市教育局郝任夫局长函

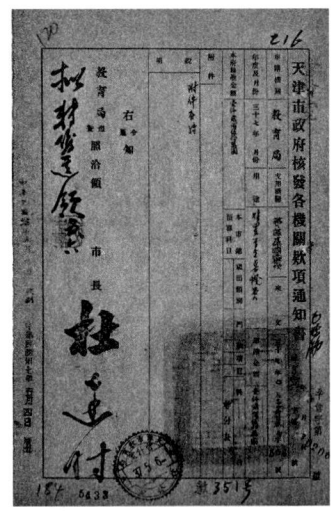

天津市政府核发各机关款项通知书

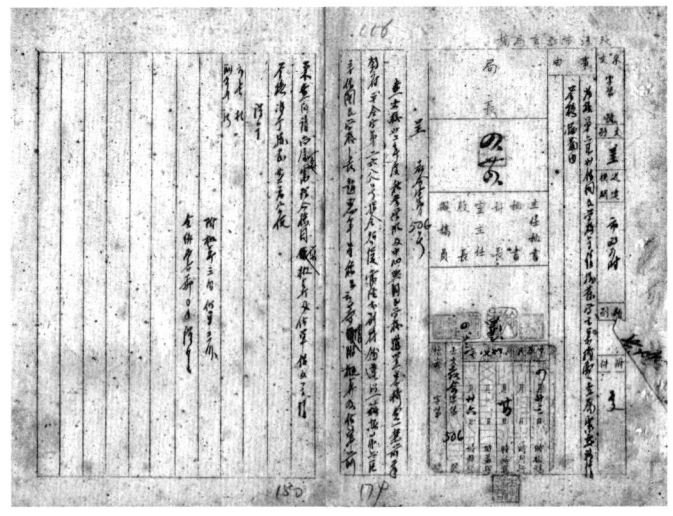

市教育局关于六区第三十保国民学校桌椅费呈报市政府

市立北阁西小学

天津市立北阁西小学创建于民国二十五年(1936),是一所介于官立和私立之间的小学,校址在北阁西。校长赵锟(剑英),天津市立师范后师班毕业。有4位教员,为梅曾傅(梅阡,后来成为著名导演)、杜锡铎、张忠贤等。该校址原为棉花厂,教室较小,可容40余人,加有一个操场。该校为二部制,有4个班。1938年,有教员5名,学生124名(其中女生20名),校名为天津市立第四十七小学。抗战胜利后,1946年,校名为天津市立第八区三十七保国民学校,有12个班,673名学生,19名教职员,校址在北阁西沿河二大街23号。1948年,该校有12个班,714名学生,20名教员,9间教室,校长张忠贤。天津解放后,该校重建,为红桥区小伙巷回民小学。

市立北阁西小学教员
梅曾傅(梅阡)

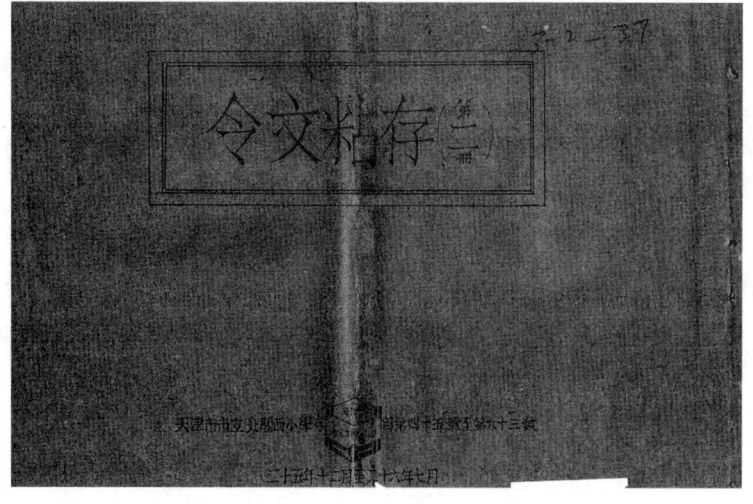

天津市立北阁西小学《令文粘存》(1936年12月—1937年7月)

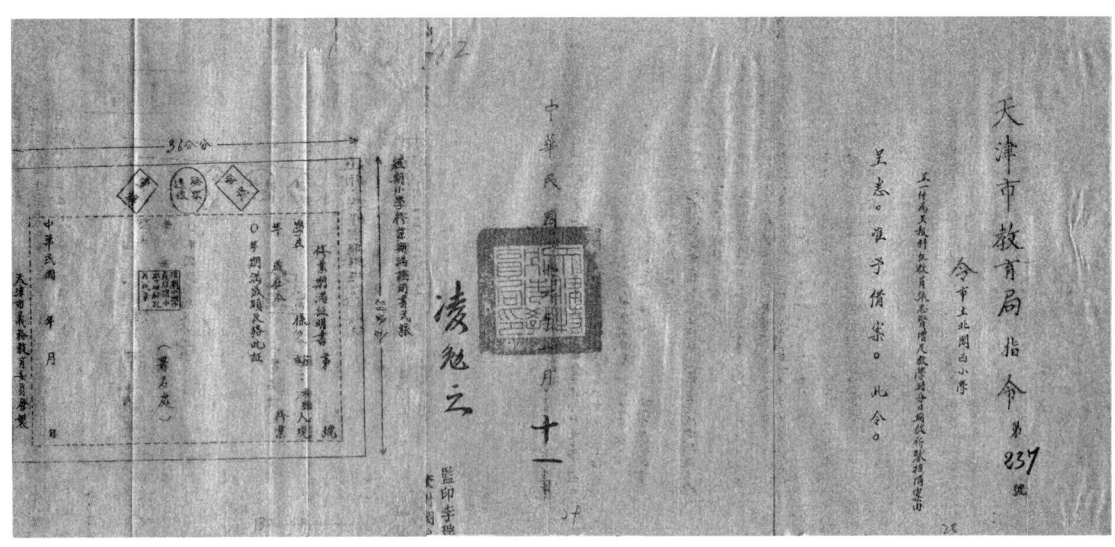

短期小学修业期满证明书式样　天津市教育局指令准予北阁西小学备案

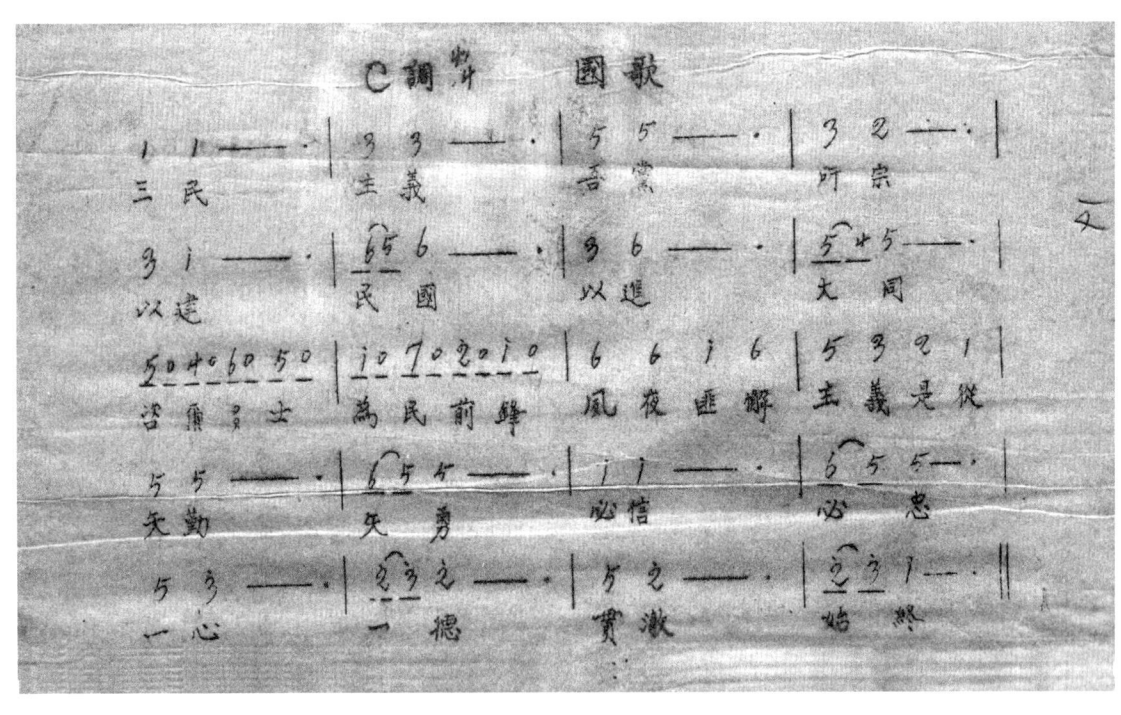

市立北阁西小学《令文粘存》保留之《国歌》

天津第二日本寻常高等小学校

　　天津第二日本寻常高等小学校与日本商业学校校舍同位于日租界淡路街（今和平区甘肃路）4号（今鞍山道与甘肃路口汇文中学址）。新校舍建于1934年4月3日,建成于1935年3月31日。该建筑整体为钢筋混凝土框架结构,地下1层,地上5层,内部设日式地板和推拉门,房间分合自如,冬暖夏凉。一期工程后,校区又多次补充修建。第二日本寻常高等小学校创建于1936年2月,校长山城静德,后为池端幸知。1939年底改名为日本淡路小学校,1941年3月,改为淡路日本国民学校。1940年有教师47名,31个班,学生1155名。

天津第二日本寻常小学校、天津日本商业学校第一期工程一览表

天津日本淡路小学入学式

天津日本淡路小学校教室

日本淡路小学体育节

天津日本淡路小学1944年体育节

天津日本淡路小学1944年体育节

天津日本淡路小学艺术节

天津日本淡路小学艺术节

天津日本淡路小学艺术节

天津日本淡路小学第4期学生

天津日本淡路小学第 4 期学生

天津日本淡路小学第 4 期学生

天津日本淡路小学第 8 期学生毕业纪念（1944 年 3 月）

天津日本淡路小学第 4 期学生

天津日本淡路小学第 4 期学生

天津日本淡路小学学生旅行

天津日本淡路小学学生旅行

天津日本淡路小学学生旅行——在長安丸

天津日本淡路小学学生内地(日本国内)旅行

天津日本淡路小学学生内地(日本国内)旅行

天津日本淡路小学学生
旅行——法隆寺

天津日本淡路小学学生内地(日本国内)旅行

天津日本淡路小学学生内地(日本国内)旅行

天津日本淡路小学学生内地(日本国内)旅行

天津日本淡路小学学生内地(日本国内)旅行

私立同孚小学

　　天津私立同孚小学于1937年1月由同孚石油有限公司(简称同孚行)创办,校址在六区(今河西区)三义庄九江路与绍兴道交口处(九江路124号)。校址是当地士绅陈跃华的房产。房子原是一个中国老式四合院,北房5间,改为两个教室;南房5间,也改为两个教室,东西房各连3间,改为两个大教室,共6个教室。大院的门口处套着一个三合院,是老师的办公室。该小学也是华北化工厂(位于谦德庄)的子弟小学,体育课就在该厂的大院上。校董事会由陈跃华、陈培源等人组成,校长万林(云青)。该校招收失学儿童,不收学费。1948年,有6个班,243名学生,12名教职员,5间教室。天津解放后,沿革为九江路第一小学。

校长万林先生

同孚小学旧照(前排中:万林校长)

同孚小学旧照(左一:万林校长)

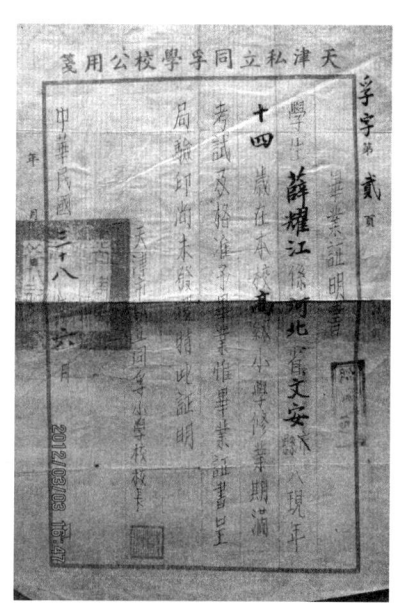

天津市私立同孚学校
毕业证明(1949年)

中纺公大小学

　　天津中纺公大小学于1938年4月4日成立,1939年2月17日呈请天津市教育局立案。校址在台儿庄路。1945年11月25日,国民党经济部中国纺织建设公司天津分公司接收,改名为中国纺织建设公司第二厂国民学校。1946年8月,改为经济部纺织建设公司天津分公司第二厂员工子弟小学,简称中纺公司第二厂员工子弟小学,校长彭雪舟。1948年,该校有9个年级共9个班,534名学生,14名教职员,9间教室。1949年,该校改名为天津中纺职工子弟小学第二校。1956年改名为台儿庄小学。1975年该校撤销,改为刘庄中学,后合并到解放南路中学。

中纺公大小学校首届毕业师生合影(1941年1月18日)

中纺公大小学校教师合影

中纺公司第二厂员工子弟小学师生合影

中纺公司第二厂员工子弟小学师生在王郅隆碑亭前合影

中纺公大小学校儿童节同乐会全体游艺员合影 民国二十八年(1939)

儿童节同乐会《上寿》话剧之一幕(1942年)

1942年4月4日儿童节同乐会中纺公大小学校全体教职员及游艺员合影

1944年儿童节演《教训》合影

经济部立中国纺织建设公司天津分公司第二厂员工子弟小学第二届毕业师生茶话会合影(1947年7月12日)

第九十七简易小学

天津市第九十七简易小学,始建于 1938 年。1946 年改为天津市六区第一保国民学校。扩建为完小,有 9 个班,419 名学生,14 名教职员,校址在威尔逊路(今解放南路)81 号,校长陈蕙。1948 年,该校有 12 个班,648 名学生,19 名教职员,11 间教室。1949 年天津解放后,该校更名为六区二街第二小学,接收了德国侨民小学,扩大校舍,改该校为六区中心小学。1952 年六区中心小学迁往西南楼新村新校舍(今河西区中心小学),该校址改为六区第十四小学。1956 年六区中心小学更名为河西区台湾路小学,现校址为河西区台湾路 1 号。

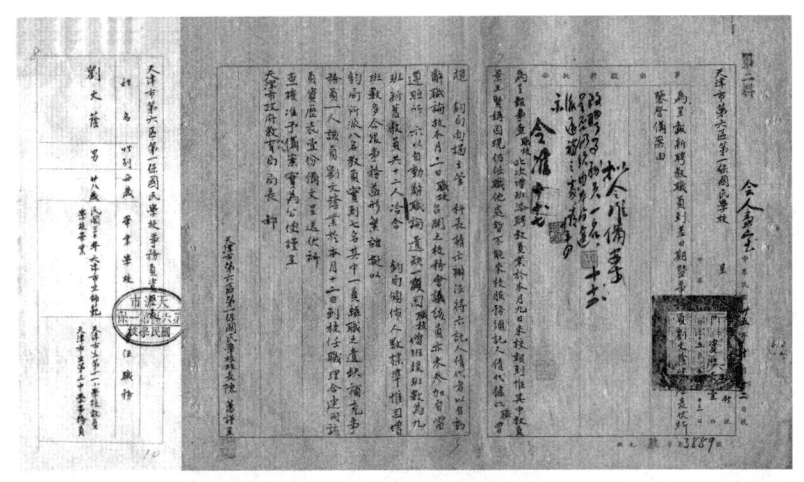

天津市第六区第一保国民学校校长陈蕙就新聘事务员刘文荫呈天津教育局局长郝任夫函

天津市第六区第一保国民学校教职员履历表

事务员刘文荫辞职周士元继任备案文件

市立第五十一小学

　　市立第五十一小学前身为河北省立女子师范学校小学部,成立于1938年,校址在六区(今河西区)杭州道,校舍原为袁世凯第九妾的一所房子。创办人为郑朝熙(字际唐),他并任该小学部主任。1940年8月,改为天津市立女子师范学校附属小学。1942年1月,改名为天津市立第五十一小学,郑朝熙仍任校长。1946年8月,改为天津市第六区中心国民学校,有20个班,963名学生,31名教职员。此时,天津市立师范学校在下瓦房复校,以该校为附小。1947年在宁波道增设分校。1948年时,有21个班,1110名学生,33名教职员,有2个幼儿班,79名幼儿。校长为李书元。新中国成立后改名为六区二街第一小学、六区第一小学。1950年改为天津市立师范学校附属小学。1956年改为市立师范附属第一小学。

创办人、校长郑朝熙(际唐)先生

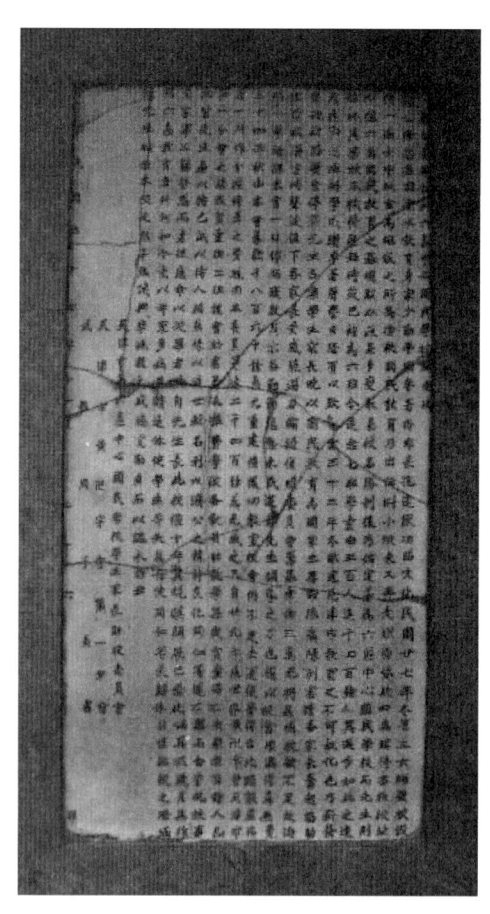

郑公际唐创办六区中心国民学校纪念碑

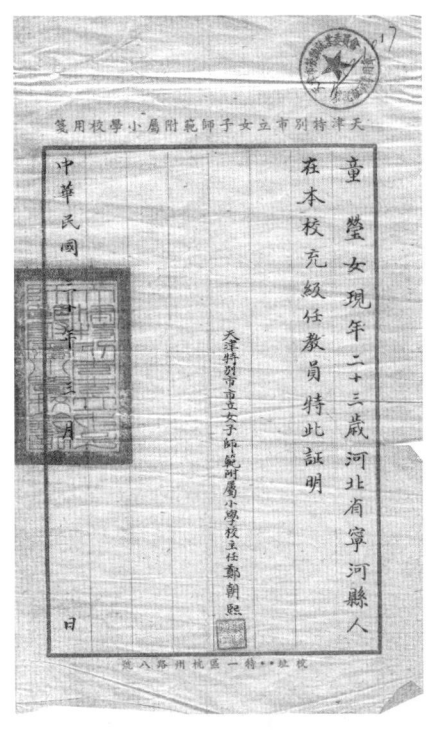
郑朝熙签署证明信

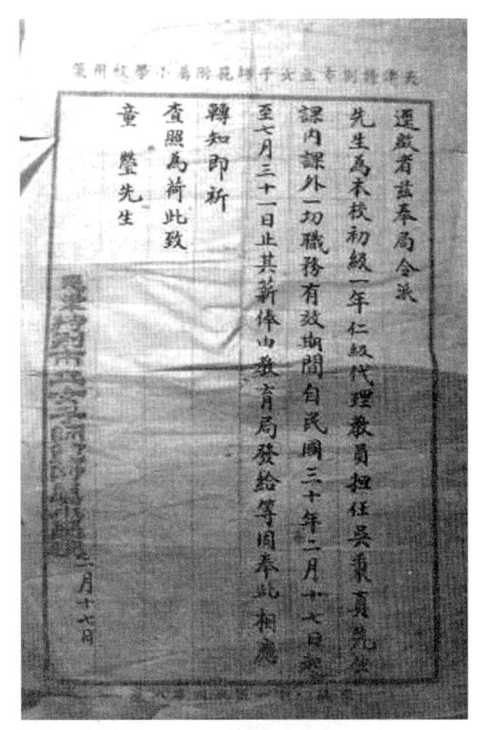
天津特别市女子师范附属小学信函

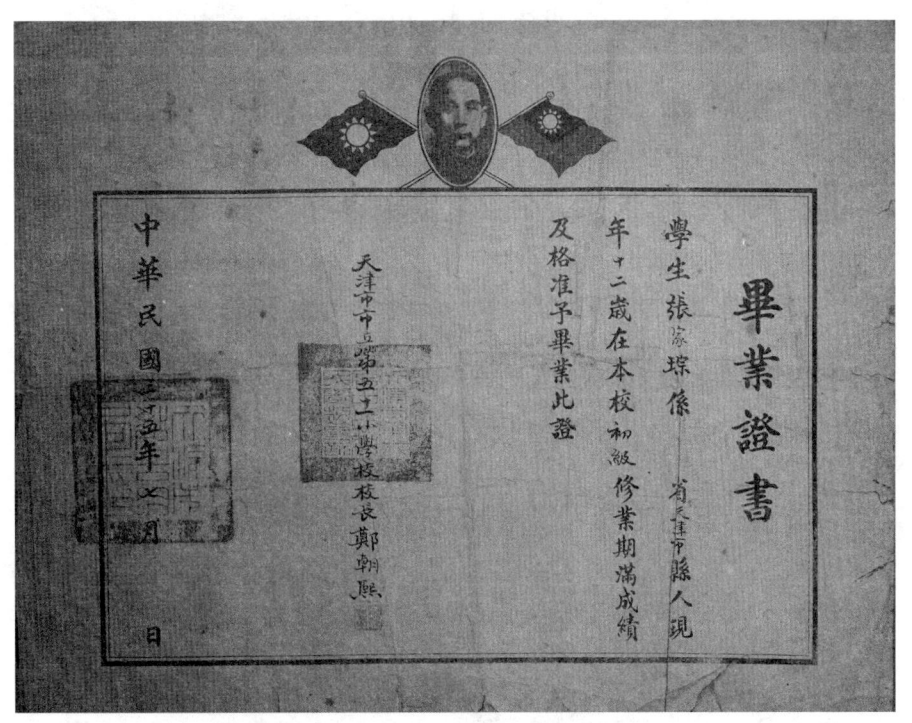
天津市市立第五十一小学校毕业证书(1946年)

汉沽日资钟渊启明农场小学

汉沽日资钟渊启明农场小学,简称启明小学,创建于1938年。是年,日本钟渊纺绩株式会社在汉沽茶淀、营城征占了二万亩土地,建立钟渊启明农场,投入大量资金搞水稻、棉花、果树新品实验,并用当时非常先进的电力机器灌溉。农场还建有青年训练所、启明小学、卫生所等。到1944年,启明农场收获面积达6 358亩,产稻谷68.5万公斤。现钟渊启明农场所在地已变成著名的"茶淀牌"玫瑰香葡萄生产基地,启明小学早已不存。

汉沽日资钟渊启明农场食堂及单身宿舍

汉沽日资钟渊启明农场小学(启明小学)

东亚小学

今西康路小学。1932年4月15日成立了"东亚毛呢纺织有限公司",宋棐卿任总经理,赵子贞、宋宇涵任副理。1935年4月,宋棐卿在商战中打败竞争对手后,筹建新厂。为安全起见,他把厂址安排在英租界内,地点在登百敦道(现云南路),共40亩地,请天津著名工程师谭真设计厂房。1936年,新厂全部竣工,设备齐全,机器先进,使"东亚"成为天津民族工业中的佼佼者。宋棐卿重视教育,1939年创办天津私立东亚小学校。校训为"德智体群",校长程楚廷,1947年时有8个班,391名学生,附幼稚班2班90人,16名教职员,5名工友,8间教室。校址在十区(今和平区)宜昌道。新中国成立后发展为今和平区西康路小学。

东亚小学创办人宋棐卿总经理

东亚小学教师合影

东亚小学学生合影

东亚小学教师与六年级学生合影

天津解放初期东亚小学师生合影

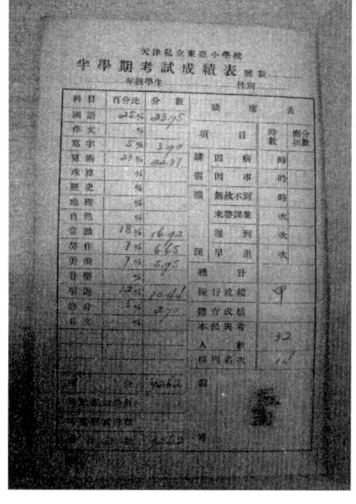

东亚小学半学期考试成绩表

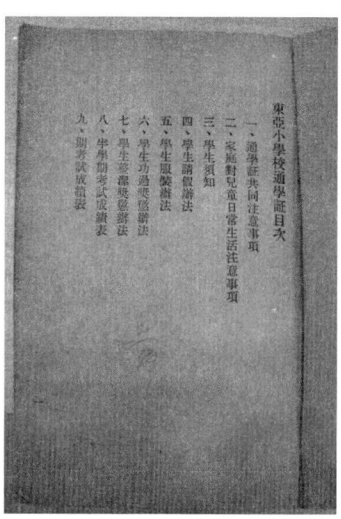

东亚小学通学证目次

东亚小学通学证

东亚小学学生个别发展记录表（1943年9月）

大和日本小学

　　大和日本小学创建于1939年11月1日,校长汤本修平,1940年5月有19位教职员,13个班级,396名学生,校址在河北黄纬路,后迁至第五区新市街。1941年3月,改称大和日本国民学校。

日本大和学校学生及校舍(1940年)

天津日本大和国民学校新校舍落成纪念

(1941年10月)

天津日本大和国民学校职员
(1941年)

天津日本大和国民学校
学生毕业纪念(1941年3月)

天津日本大和国民学校学生
毕业纪念(1942年3月)

天津日本大和国民学校学生
毕业纪念(1943年3月)

天津日本大和国民学校学
生毕业纪念(1944年3月)

天津日本大和国民学校学生毕业纪念（1945年3月）

天津日本大和国民学校新校舍

天津日本大和国民学校
校门（1941年）

日本大和国民学校教师
在公园（1941年8月）

天津日本大和国民学校职员（1942年3月）

天津日本大和国民学校职员(1942年5月)

天津大和小学校入学纪念(1943年4月)

天津日本大和小学校学生

天津日本大和国民学校职员(1945年3月)

天津三笠日本小学校

天津三笠日本小学校(原为天津居留民团河北第三区隣保班),创建于1939年4月1日,校长中野义南,校址在河北黄纬路。1940年教员15人,学生898人。1941年改称三笠日本国民学校。

天津居留民团河北第三区隣保班编成纪念

私立民智第二小学

　　天津私立民智第二小学于1941年由万国道德会创办,系初高级复式小学。校址在马场道福生里15号,校长张朝旭。1948年,有6级4个班,129名学生,10名教职员,4间教室。新中国成立后,于1949年在六区文教股登记。1950—1951年批准立案。1952年达仁小学(始建于1934年5月,校址在桃园村信德里195号,1948年时,有4级1个班,65名学生,4名教职员,1间教室)并入该校。1952年政府接管该校改为市立六区第二十九小学。不久,该校并入六区第三小学(后为河西区桃园村小学)。

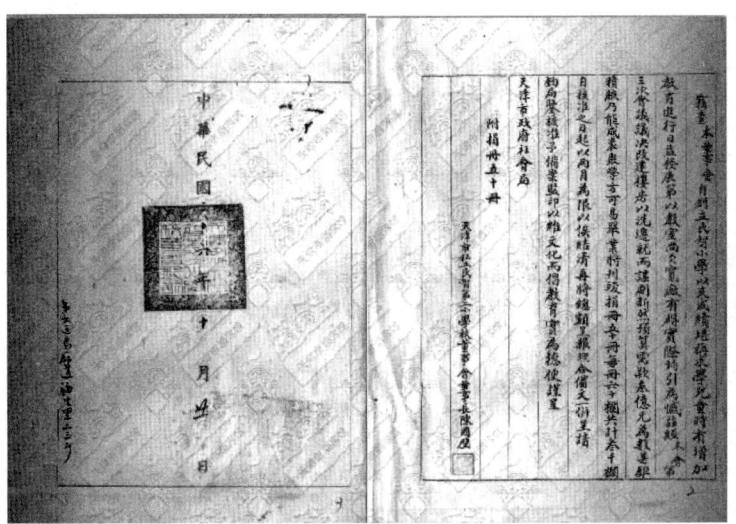
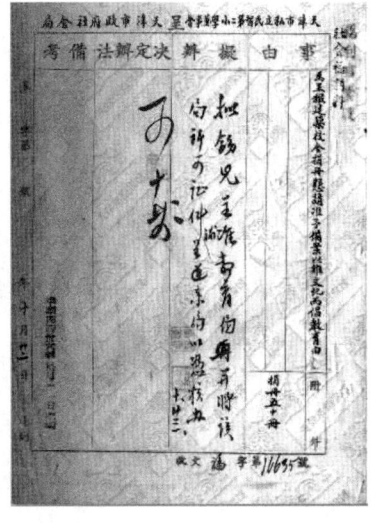
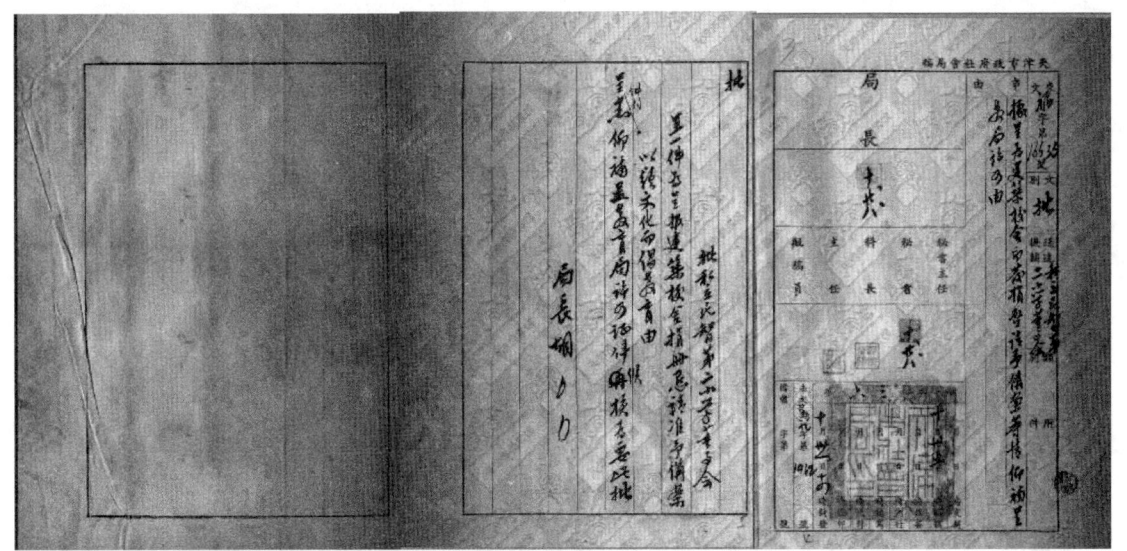

为补报教育局许可证件事致私立民智第二小学董事会批(附民智第二小学呈)

(1947年10月31日)

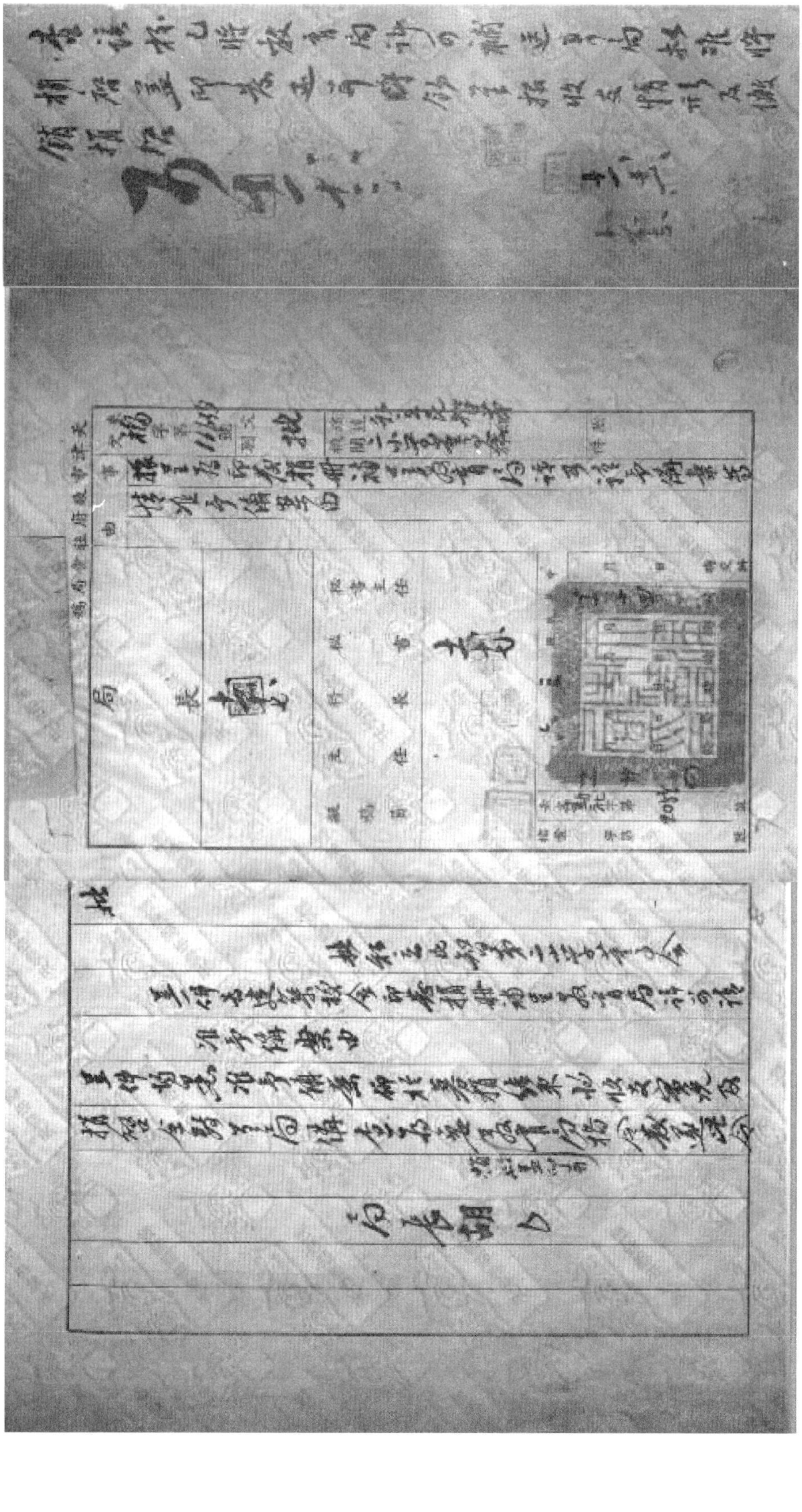

为印发捐册补报教育局许可准予备案事致私立民智第二小学董事会批（1947年11月14日）

私立晓岚小学

天津私立晓岚小学始建于1942年1月,校址在东楼大街王家房子27号,校长陈玉璞。1946年,学校有4个班,258名学生,7名教职员。1948年时,有6级4个班,272名学生,7名教职员。新中国成立后,该校于1950—1951年被批准立案。1952年由政府接管,改为市立六区第二十一小学。1956年更名为利民道小学。1968年东楼街民办小学(1958年建)并入该校。1972年该校迁入新建成教学楼。名为河西区利民道小学,校长孙克兰,校址在河西区南楼。1987年,该校校舍占地4 200平方米,建筑面积1 495.88平方米,有11个班,404名学生,36名教师,8名职工,15间教室。1995年,校长马立珍,有57名教员,21名职员,6个年级,22个班,995名学生,校址在河西区东楼和平村1排1号。

"天津市私立晓岚小学钤记"印模

私立民智女子小学

　　天津私立民智女子小学前身为黄卍字道德会创办的妇女识字班,成立于1942年2月。同年7月改组为天津私立民智女子小学。1946年8月1日建成完全小学,并在教育局立案。校址在南昌路39号,校长赵干臣。1946年,该校有5个班,147名学生,8名教职员。1948年,该校有6级5个班,164名学生,12名教职员,5间教室。新中国成立后,于1949年在六区文教股登记。1950—1951年批准立案。1952年该校与南昌小学合并,定名为红星小学。1952年12月23日,政府接管该校,改名为六区第二十四小学。同时,中华圣公会儿童义务识字班、慈爱小学并入该校。1956年更名为南昌路小学。1960年该校并入河西区浦口道小学。

"天津市私立民智女子小学校董会钤记"印模

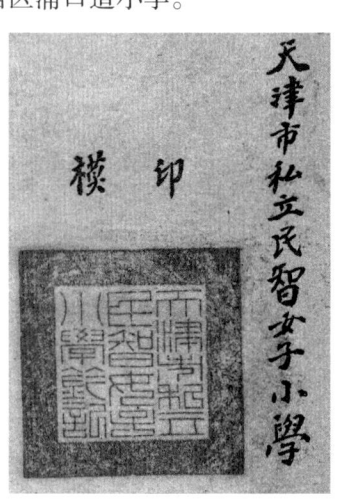

"天津市民智女子小学钤记"印模

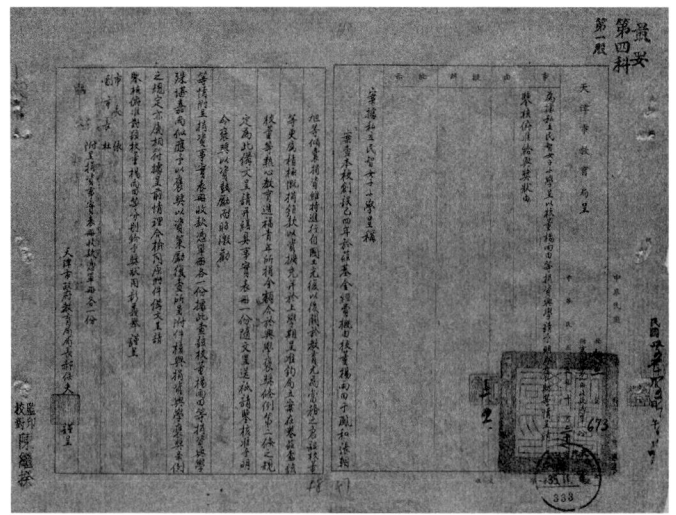

1946年10月30日,天津市教育局为私立民智女子小学校董杨雨田等捐资助学请褒奖事呈市政府文

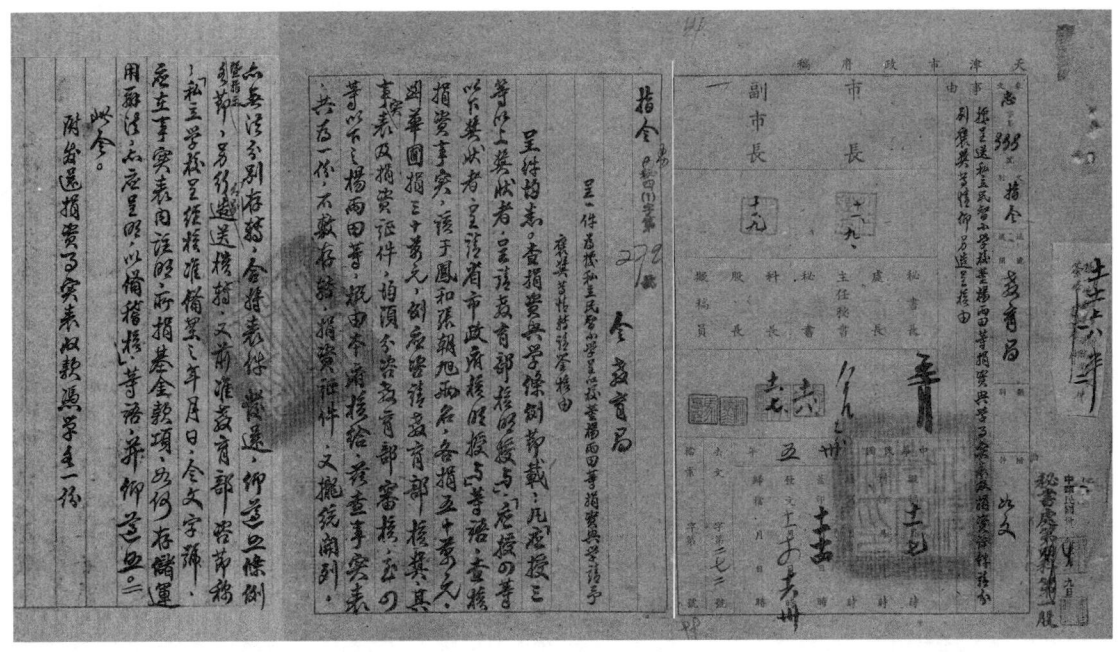

1946年11月14日，天津市政府为私立民智小学校董杨雨田等捐资助学请褒奖事令市教育局文

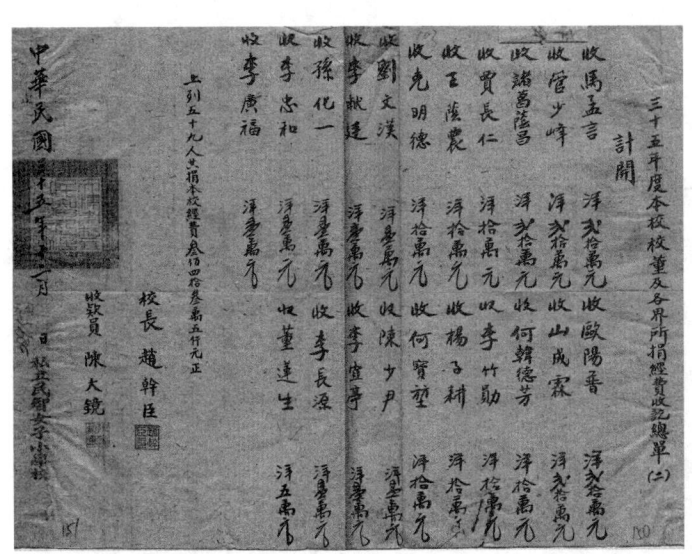

1946年度私立民智女子小学校董捐资一览表

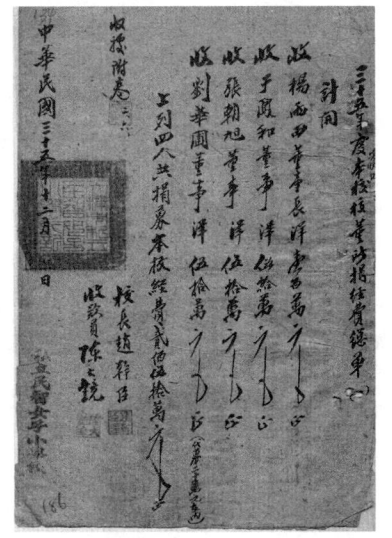

1946年度私立民智女子小学校董捐资助学总额为250万元

蓝卍慈第四小学校

天津蓝卍慈第四小学校原系蓝卍字会创办的义务小学。始建于1942年，校长孟石如，校址在徽州道8号。1946年，该校称为天津蓝卍慈第四小学校，有5个班，274名学生，8名教职员。1948年，有8个班，344名学生，12名教职员，6间教室。新中国成立后，于1949年在六区文教股登记。1950—1951年批准立案。1952年更名为私立先进小学。1956年政府接管，改为市立小学，定名为徽州道小学（老）。1960年，该校并入绍兴道小学。1988年，绍兴道小学校长丁安昌，有38名教员，9名职工，6个年级，13个班，455名学生，校址在河西区徽州道25号。

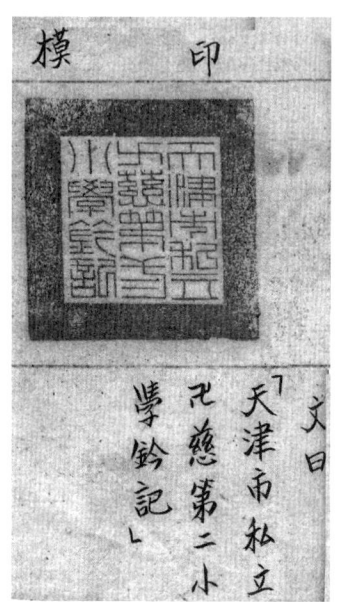

天津特别市私立蓝卍字会慈善第四小学校毕业证书（1944年）

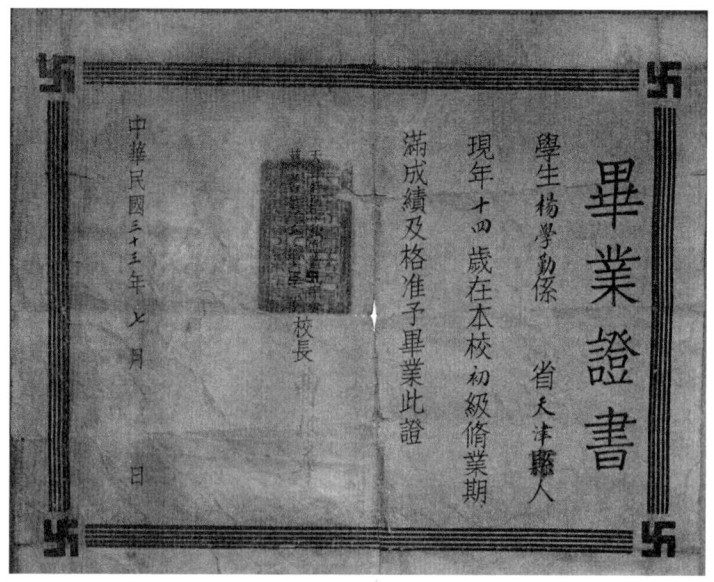

"天津市私立卍慈第二小学钤记"印模

天津县杨柳青镇立小学文昌阁分校

文昌阁分校所在地
——杨柳青文昌阁

天津县杨柳青镇立小学校文昌阁分校（简称文昌阁分校）1942年8月建在天津西郊杨柳青文昌阁内，其前身是崇文书院。崇文书院创建于清光绪四年（1878），创办人是当地士绅刘光先、石元俊等8人。光绪三十一年（1905），随着科举制度的废除，该书院也随之废止，改为学堂，名为天津县私立第二中学堂，1911年有职员2人，教员6人，学生32人，经费4 332两。后停办。抗战期间，改为天津县杨柳青镇立小学校文昌阁分校，1945年抗战胜利后，改为"杨柳青文昌阁小学"，新中国成立前夕为公立六十一小学。新中国成立后，1979年为杨柳青第五小学，后因修复文昌阁，该校并入杨柳青第一、二小学。

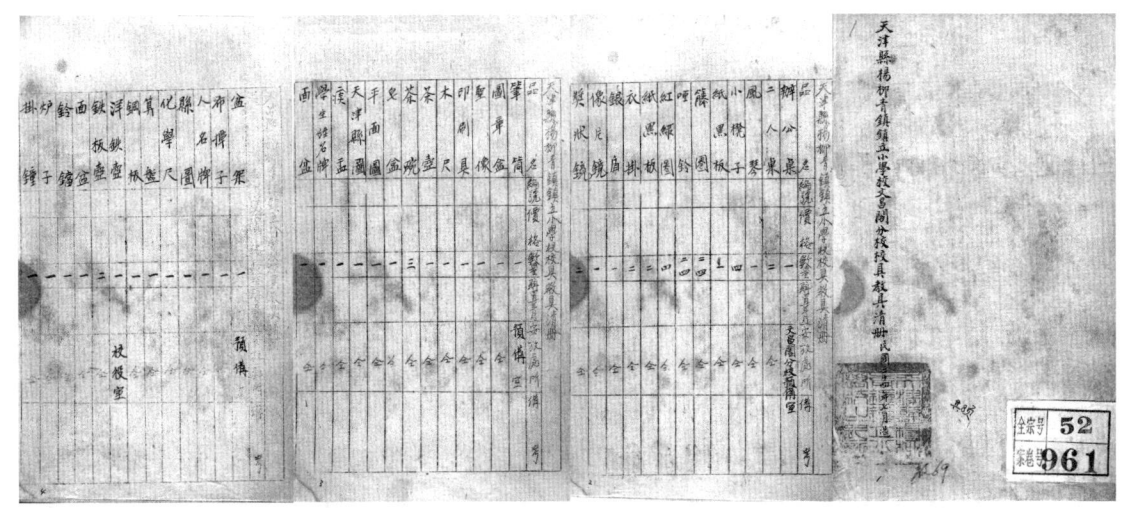

天津县杨柳青镇立小学校文昌阁分校校具教具清册

私立春日小学

　　天津私立春日小学建于1942年。抗战胜利后，改为第三区中心国民学校，校长米少丰、白可久。有23个班，1 315名学生，34名教职员，19间教室。校址在三区月纬路（今河北区月纬路21号）。1949年天津解放后，更名为三区十街小学、三区一中心小学，郭炳辉任校长，王士安任教导主任。1956年改名为河北区一中心小学。1961年学校设有幼儿园、小学部、中学部，实行幼、小、中一条龙的"十年一贯制"，学校定名为新开中学，小学部称"附属小学"。1963年，中小学分开，原附属小学正式改名为新开小学。

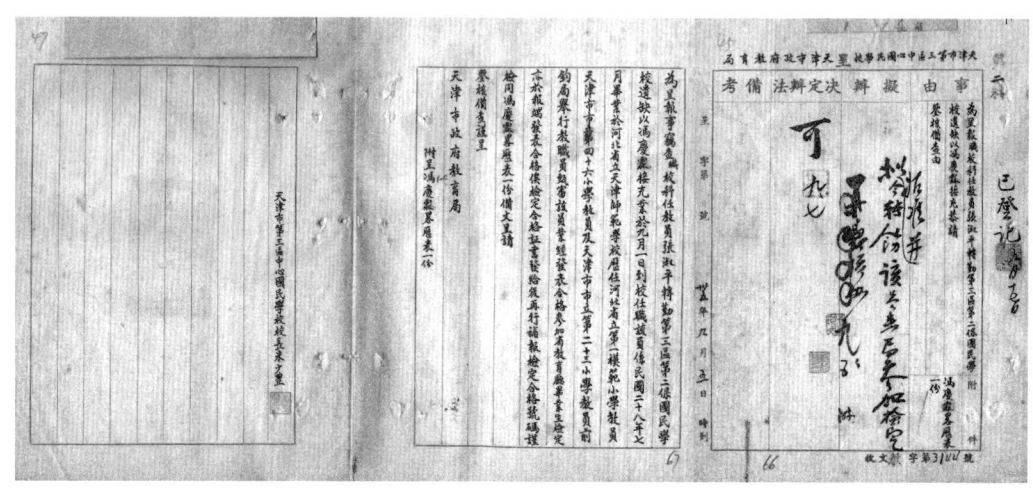

天津市第三区中心国民学校校长米少丰就教职员工作调动呈天津市教育局函

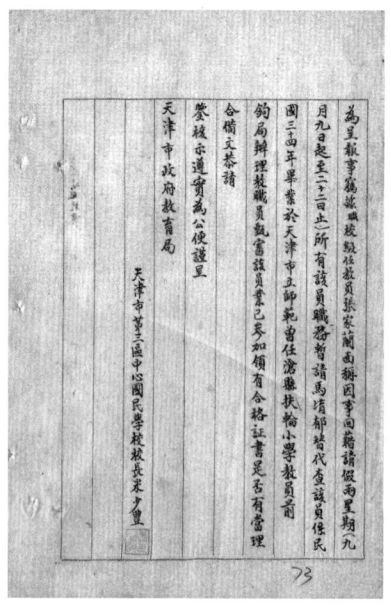

天津市第三区中心国民学校履历表　　校长米少丰就代课事呈市教育局函

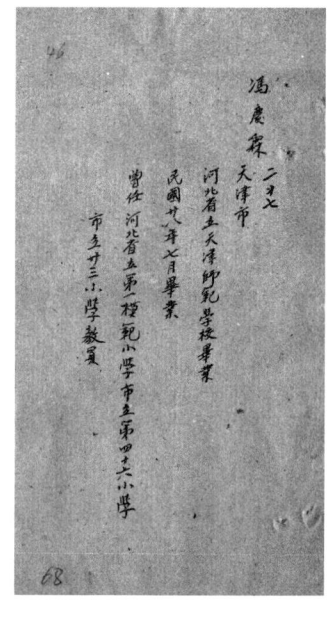

教员冯庆霖履历

私立樱南小学

天津私立樱南小学于 1943 年 1 月 10 日成立。1948 年 3 月在天津市教育局立案,总校校址在苏州道凤鸣胡同 100 号,分校在南昌路增 8 号,校长田华璋。1948 年有 6 级 4 个班,103 名学生,9 名教职员,3 间教室。新中国成立后,于 1949 年在六区文教股登记。1950—1951 年批准立案。1954 年苏州道总校迁到南昌路分校内。总校与分校合并,原苏州道总校校舍停止使用。1956 年政府接管该校,改为市立小学,定名为浦口道小学。

天津市私立樱南小学教科书目录表

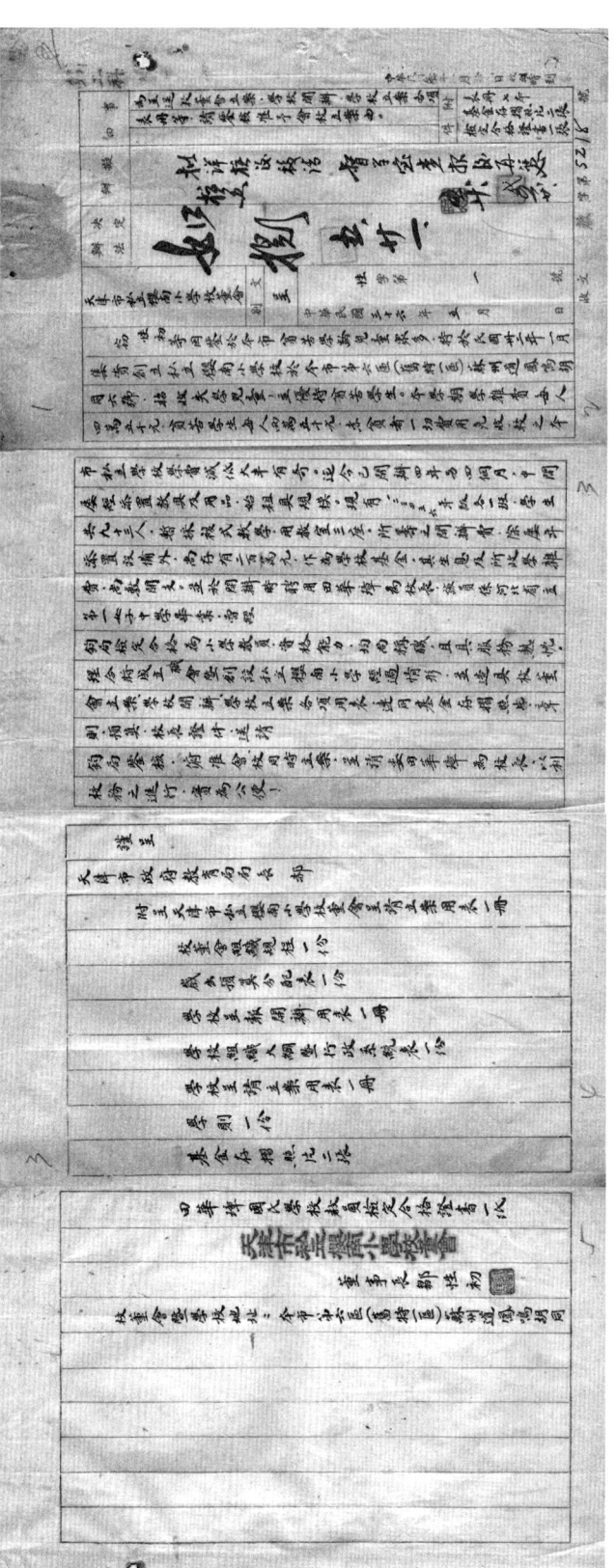

天津市私立樱南小学校校董会董事长邹性初为立案事呈天津市教育局局长郝任夫函

私立德馨小学

　　1943年,赵德珍、鲍馨远创办天津私立德馨小学校,同年12月9日准予立案。地址在六区(今河西区)刘庄大街鸿寿里。校长谢恩承。该校占地5亩5分,校舍占地3亩,教室18间,图书馆1间,宿舍3间,体育场2亩5分。该校有6班,300名学生,教学均系单式编制。教员7人,为刘昌盛、田永丰、鲍鸿涛、高凌、金永兴、高铭、殷桂林。经费包括学费2 100 000元,基金利息16 800元。1945年9月改名为天津私立中平小学。1946年7月8日,天津市教育局准予立案。该校组织新的董事会。董事长鲍哲新,校董有:郑朝熙、张静轩、李升桥、单贵我、石连璧、张子青、鲍华庭、宋秉臣、马士仲、陈葆光等。1948年有班级5个,学生341人,教员6人。天津解放后,1956年定名为河西区刘庄小学。

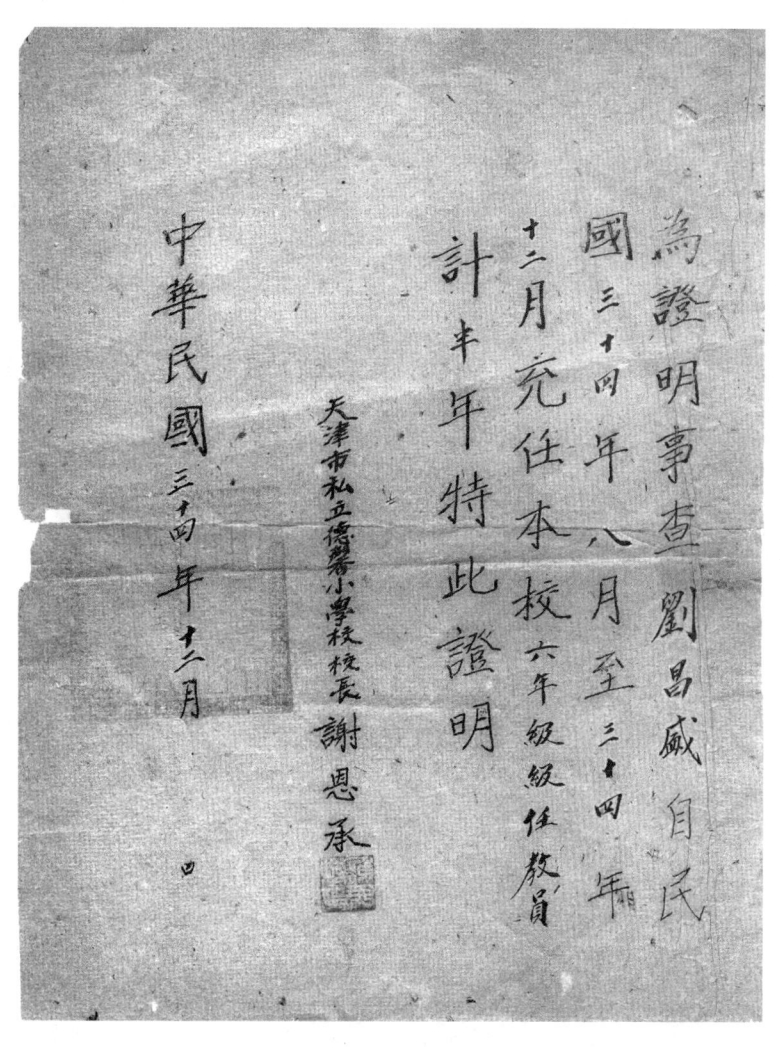

德馨小学校证明书

私立培新小学

　　天津私立培新小学,始建于1945年,校址在八里台。1947年改为八里台小学。1948年接收日本人的制药厂厂房(今河西区八里台小学校址)作为校舍,改名为十一区第三十二保国民学校。1948年,该校校址在十一区卫津路2号,校长许荫楼,有6级4个班,211名学生,4名教员,3间教室。天津解放后学校改名为十一区三十二街小学,10月更名为十一区第九小学。1952年调整区划,将八里台划属六区(今河西区),更名为六区第十小学。1956年更名为八里台小学。现为河西区八里台小学,校址在河西区平山道西口。1999年4月,八里台小学改名为天津师范大学附属小学。

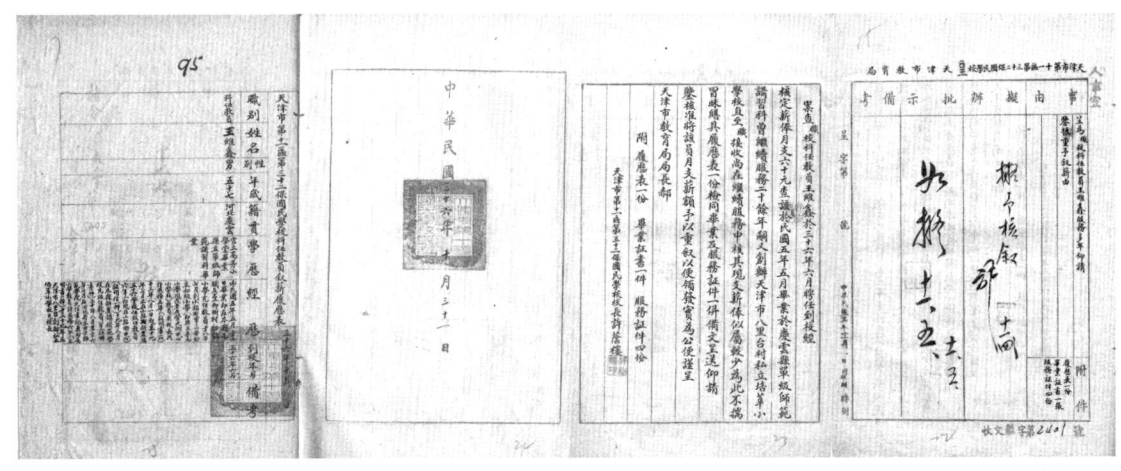

天津市第十一区第三十二保国民学校校长许荫楼就教员王维鑫重予叙薪呈市教育局函

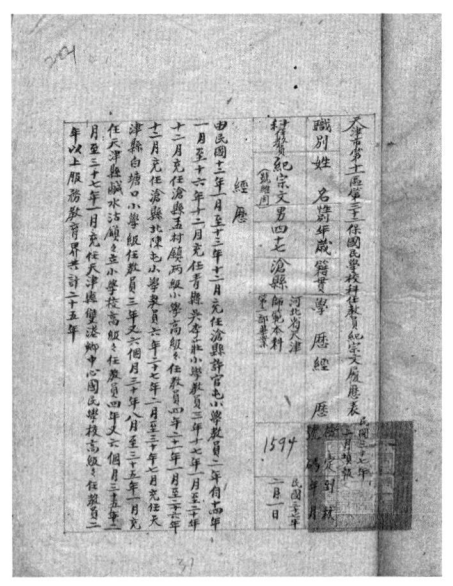

天津市第十一区第三十二保国民学校教员纪宗文履历表

私立鸣远小学

　　私立鸣远小学于1944年由天主教会所办。"鸣远"之校名,是为了纪念天主教著名神父、教育家、报人、社会活动家雷鸣远先生(1877—1940),其在天津创办诚正男校、贞淑女学、师范学校等,创办《益世报》,参加反对法国侵略者强占天津老西开。"全牺牲、真爱人、常喜乐"是其人生精神。校长王月庭,校址在四区(今河东区)新开路。为完全小学,1947年时,有6个年级,4个班,151名学生,7名教员,2名工友,4间教室,附设幼稚班1个班,12名幼童。1952年改名私立志新小学。

雷鸣远神父(1933年)

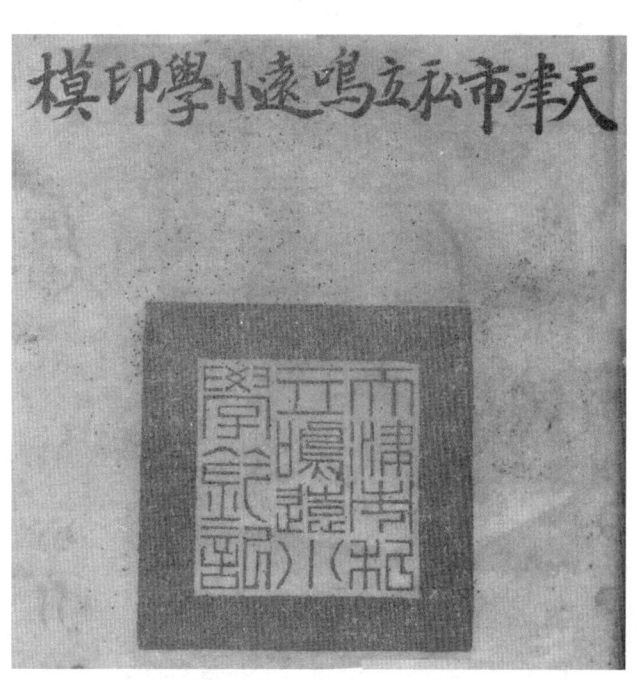

"天津市私立鸣远小学钤记"印模

雷鸣远神父与学生在一起

雷鸣远神父与学生在一起

私立崇华小学

私立崇华小学筹办于1945年12月，其前身是成立于1942年秋的新华义学，校址在南开马场道兴业里22号，有数十学童。1944年下半年因物价暴涨，校款入不敷出不得已停办半载。1945年3月重新开办，改名为崇华义学。鉴于抗战胜利后，南开马场道一带第六纱厂等复工，学童增多，于是有识之士石炳星等多人发起成立私立崇华小学。

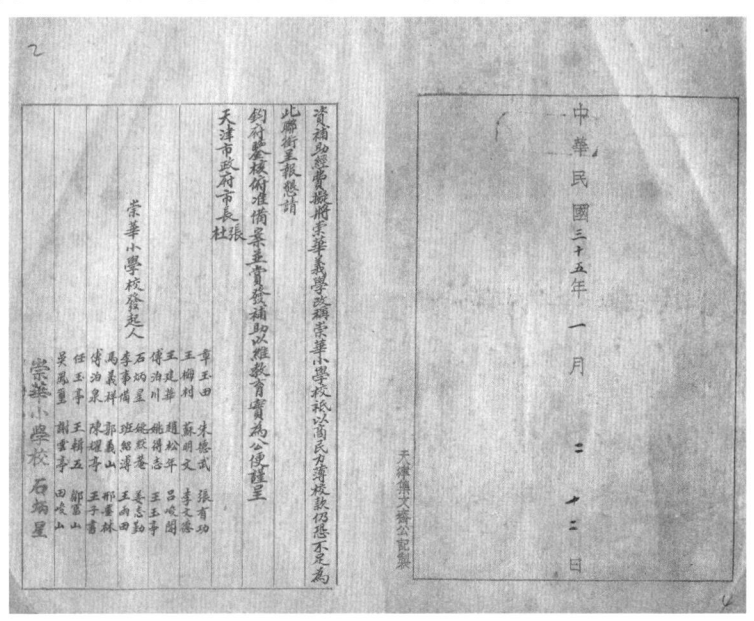

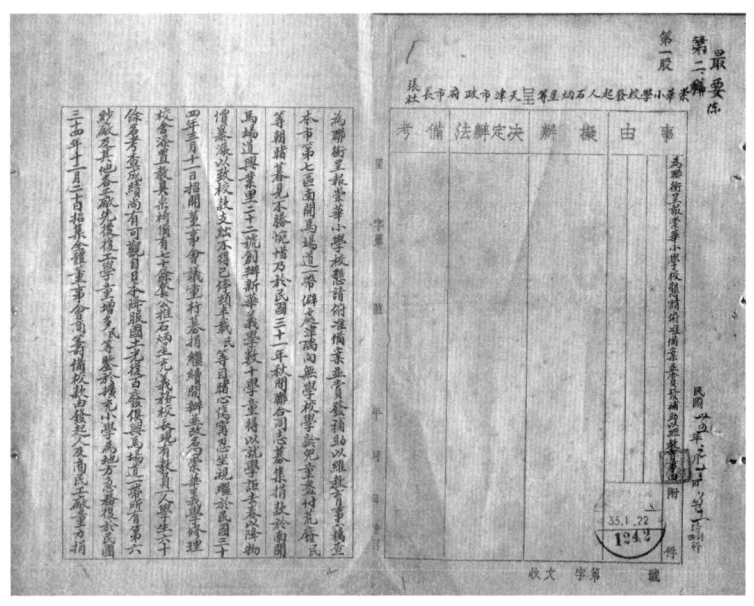

崇华小学校发起人石炳星等为恳请俯准备案呈
天津市政府市长张、杜（1946年1月22日）

六区第十、十一保国民学校

　　天津市六区第十、十一保国民学校始建于 1946 年,校长崔士钧,校址在哈内路 26 号,1948 年,该校有 7 个班,267 名学生,11 名教职员,7 间教室。新中国成立后,1949 年学校先后改名为六区十街小学、六区第三小学。1950 年平莲小学(1947 年在桃园村平莲堂公所内创办的义务小学,有 4 级 2 班,147 名学生,11 名教职员,2 间教室)并入该校。1952 年六区二十九小学(前身为民智第二小学)并入该校。1956 年更名为桃园村小学。2001 年桃园村小学与马场道小学合并,现名河西区马场道小学。

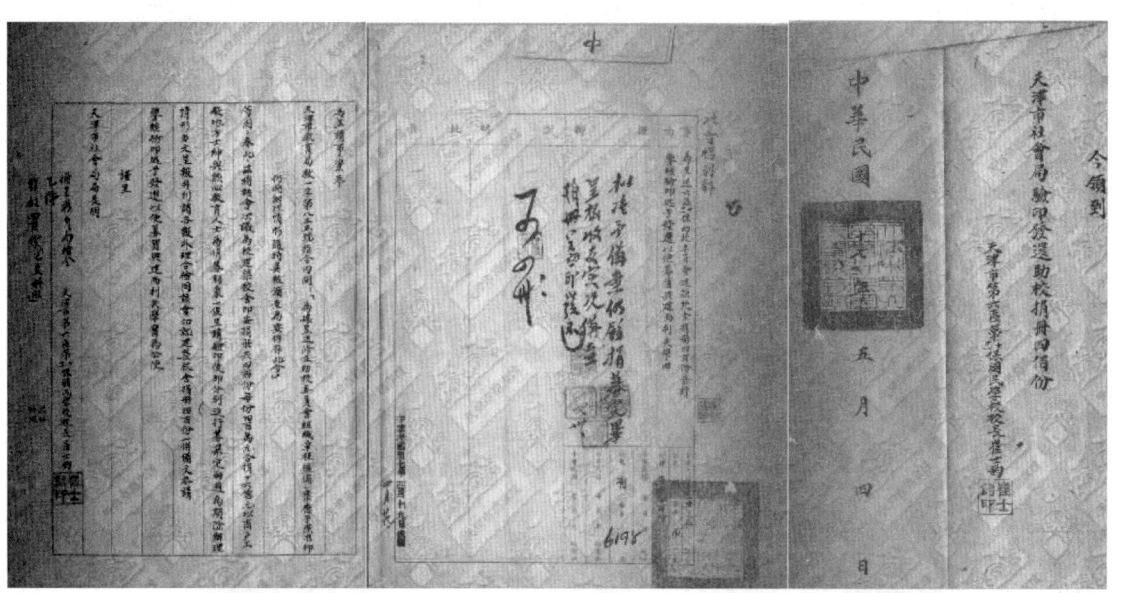

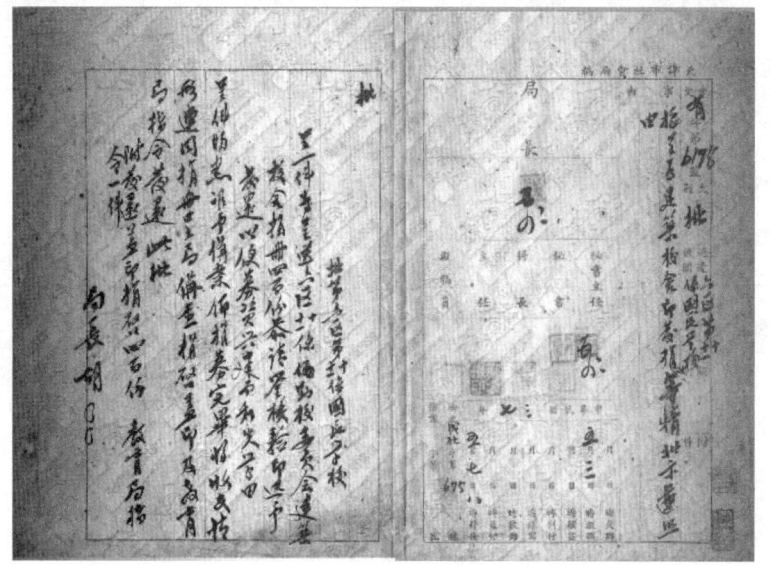

为建校舍印发捐启事致市第六区第十、十一保国民学校批(附原呈)1948 年 5 月 3 日

天津市六区第三小学第六届毕业班师生员工合影（1953年）

天津市六区第三小学教职工合影（20世纪50年代初期）

三区十一保国民学校

三区十一保国民学校(今河北区昆纬路第一小学)始建于1946年,首任校长刘贤章,有4个班,209名学生,教职员6名,工友2名,教室3间,校址在宿纬路。1995年创办了以昆一小学为依托的公办民助校昆实小学。学校现有55个教学班,2768名学生,180余名教职工,是天津市首批义务教育示范学校。2000年被天津市教委命名为三A学校。

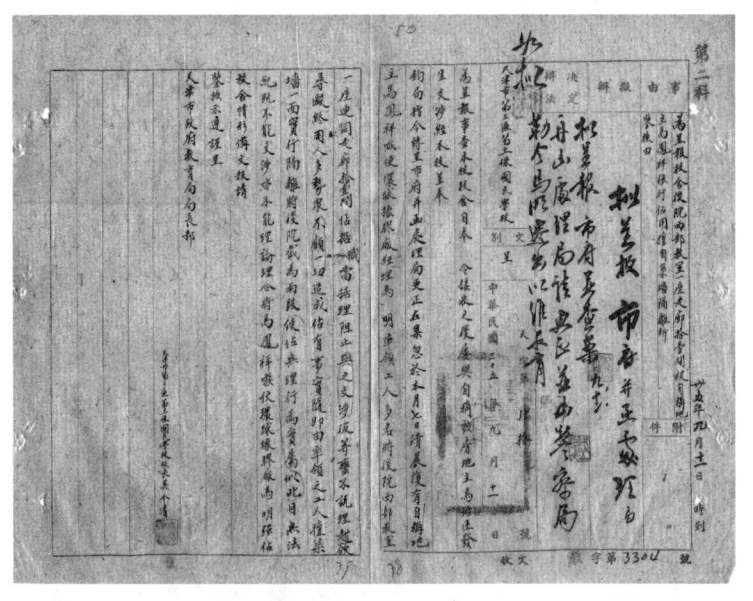

天津市第三区十一保国民学校校长吴个清就校舍纠纷呈市教育局郝任夫局长函

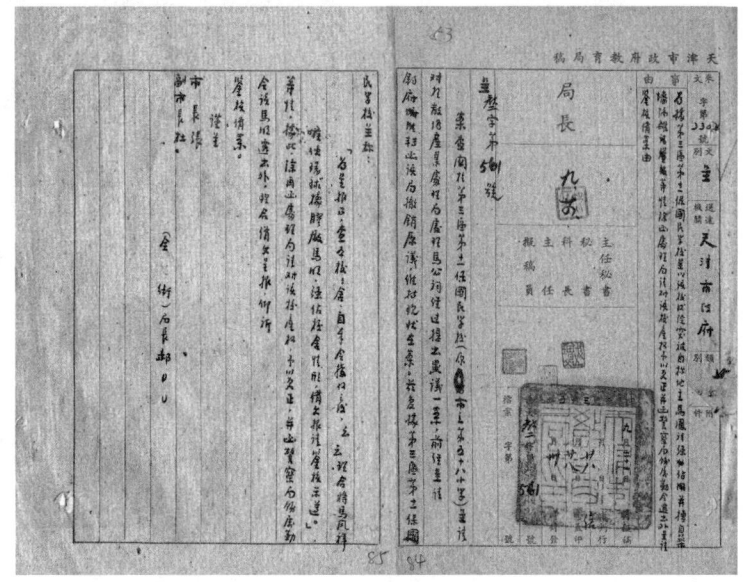

市教育局郝任夫局长就第三区十一保国民学校校舍纠纷呈天津市政府函

私立昆骥小学

私立昆骥小学位于河北昆骥里,建于1946年,创办人是著名乡村教育家南汉宸先生。1946年,他年近古稀,来到天津"养老",住在河北昆纬路骏骥里,看到北站一带住户不少,学校不多,贫苦家庭的儿童,率多失学,于是他在家门口贴出了一张启事:"不限年龄、性别、班级,愿来学文化的,可入内面洽。"从此,他为创办昆骥小学而操劳。其在津学生闻讯出钱出力,终于使学校初具规模。该校成立之初,国民党当局百般刁难,始终未能批准立案,直到1949年1月天津解放,该校才得以立案,并受到市教育局的表彰。到1956年昆骥小学有学生6年级300多人,于东三经路小学合并改称河北区东三经路小学分校。

创办人、著名乡村教育家南汉宸

著名乡村教育家南汉宸纪念馆

私立正心小学

　　私立正心小学建于1946年,由王克昌和刘少波、陈锡华三人出资兴建。1987年王克昌先生又捐资重建东丽区正心小学。学校占地2.6万平方米,建有教学楼、图书馆、音乐教室、美术教室、图书阅览室、自然室、微机房、体育器械室等。设有12个教学班,在校生400余人。

天津县私立正心小学第一班学生毕业成绩表

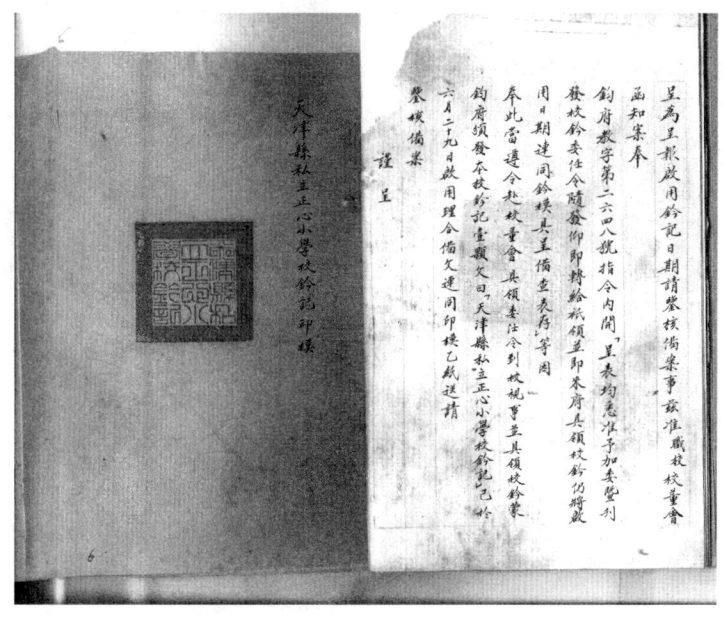

天津县私立正心小学启用钤记印模谨呈市教育局备案

1987年王克昌先生捐资重建正心小学

重建的正心小学落成暨王克昌奖学金颁奖仪式

十区十一保国民学校

天津市十区第十一保国民学校（今实验小学前身）。1948年4月，由社会知名人士徐世章（端甫）与工商实业家毕鸣岐等募捐集资创建。校址原是英国兵营的马厩，在旧十区（今和平区）柳州路。校长雷爱媄，女，中共地下党员。不久，更名为第十区示范国民学校。1950年正式命名为天津实验小学，成为天津的一所重点小学。1951年时，有35个班，1856名学生，62名教职员。该校实行干部子女寄宿，最早在全市小学中实行高年级语文、算术分科教学。1953年，杨世儒继任校长。该校知名教师有梁云凤、沈世文、高春兰、王汝唐、余开铭等。该校在1966年前的教学改革总目标是"高质量，轻负担"，是全市小学的实验园地。1978年党的"三中全会"后，该校在改革中奋力前进。壮观的教学楼，美丽的校园，现代化的教学设备，先进的教学手段，使该校成为教学和科研良好实验园地。

主要创办人、著名实业家毕鸣岐

天津市实验小学（前身十区十一保国民学校）

校长雷爱媄

20世纪50年代初校长雷爱媄在实验小学大会上讲话

"天津市第十区中心国民学校钤记"印模

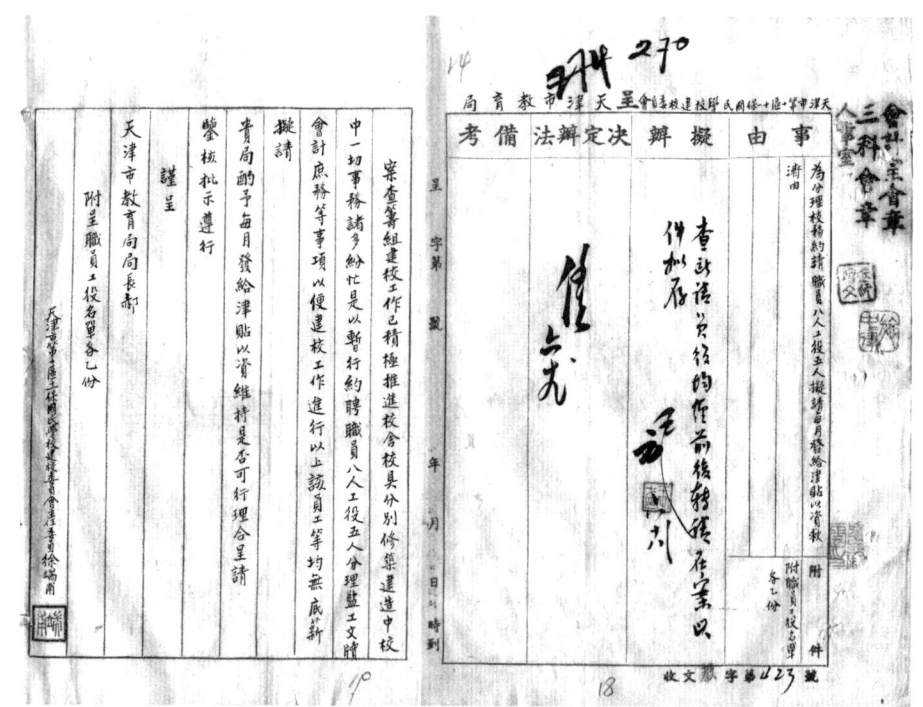

天津市第十区十一保国民学校建设委员会主任委员徐端甫致天津市教育局局长郝任夫函

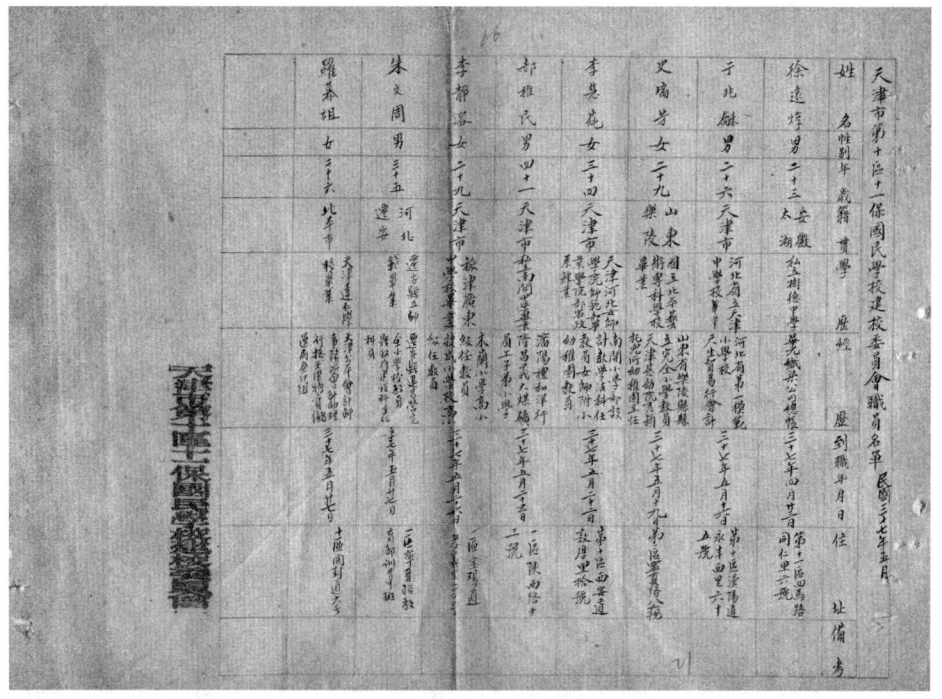

天津市第十区十一保国民学校建设委员会职员名单

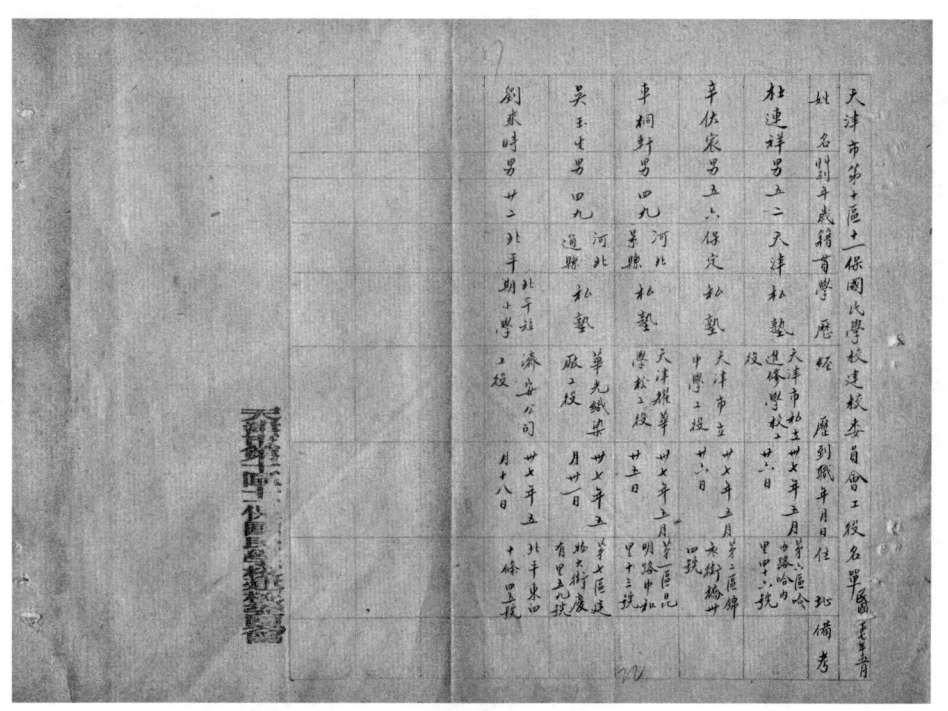

天津市第十区十一保国民学校建设委员会工役名单

私立天然小学

　　上海道小学位于河西区广东路。前身为私立天然小学,成立于1948年。董事长霍永盛,基金金元500元。1950年2月,更名为六区第一小学。同年迁校址于上海道三义庙和面包房胡同上课。1953年第三十一小学并入。1956年更名为上海道小学。1960年蚌埠道小学并入。1968年大营门街民办小学并入。1976年迁至现址。占地0.19万平方米,建筑面积0.47万平方米。图书馆藏书2万册。在校生1656人。教职工106人,其中小学高级教师44人,中学高级教师1人,特级教师2人(张玉珍、陈淑珍)。1970年后,该校"珠笔结合"教学成果在全区、全市以至全国推广。多年来,学校以课程结构改革为中心开展了整体改革实验,促进了教育教学质量的不断提高。学生在国际书法、绘画、摄影等比赛中均获好成绩。连续多年被评为全国科技活动先进单位、全国小星火活动先进集体等。1989年获全国中小学教学改革金钥匙奖。

六区第一小学(今上海道小学前身之一)

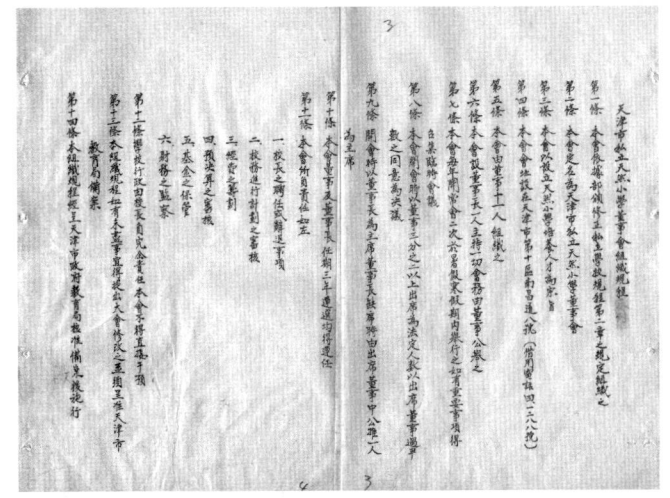

天津市私立天然小学董事会组织规程

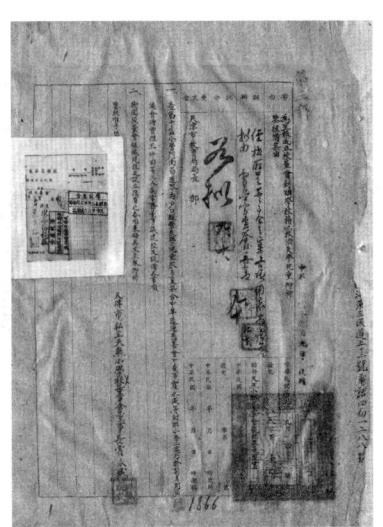

天津市私立天然小
学董事会董事长霍永盛
致市教育局函

天津市私立天然小学董事会用表

天津市私立天然小学董事会用表

其他初等学校一览

近代天津的初等学校太多了,能留下老照片、老文物、老档案文献的只是其中的一部分。有些近代著名初等学校,近代老照片较多,如模范小学(今中营小学)、木斋小学等,但有的著名初等学校,如今实验小学、新华南路小学、昆明路小学等近代老照片很少。对于近代初等学校的校史,有一部分清楚,有一部分不清楚,尚待挖掘。对于散留下的近代初等学校老照片、老毕业证书、老档案、老文物,我们在此中展现给大家,作为了解、挖掘近代天津教育的线索。

老照片:

天后宫位于南开区东门外,三岔河口南岸,曾建有天后宫小学校

天津县阁建在城里一小学内

天津陆家门前民立育才小学

天津丁字沽第四半日学堂

天津大红桥民立第九小学堂

天津万寿宫曾建有万寿宫小学

天津市第八区第二十八保国民学校童子军行军式合影　1946年11月21日摄

天津市第八区第二十八保国民学校童子军合影　1946年11月21日摄

天津市第二十五小学六年级同学在宁园留影(1946年7月)

王襄(1876—1965),著名甲骨文专家1940年任私立淑修小学校校长

河东私立祈祷楼模范小学校长果佩章

老毕业证:

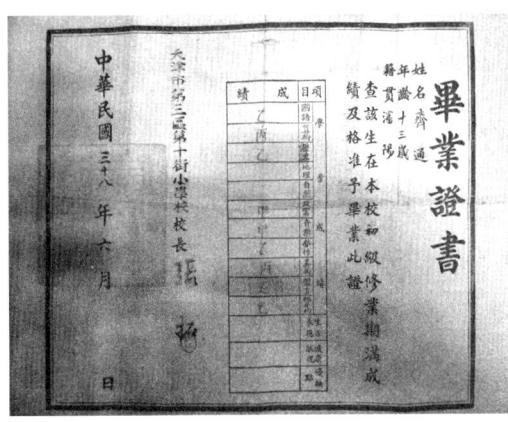
天津市第三区第十街小学校毕业证书(1949年)

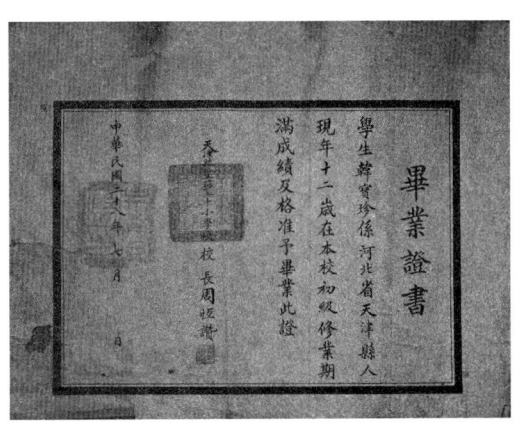
天津县公立第六十小学校(1939年)

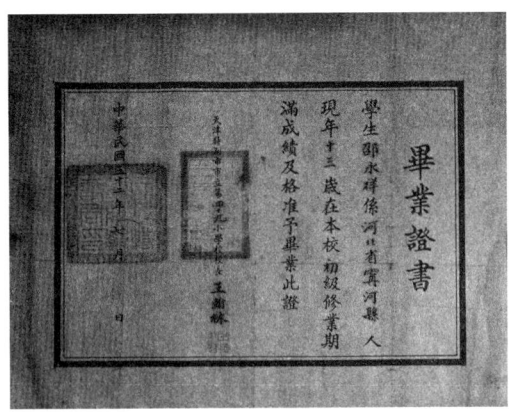
天津特别市市立四十九小学校毕业证书(1943年)

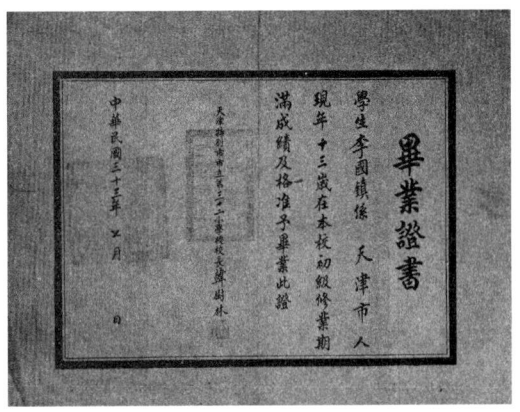
天津特别市市立三十二小学校毕业证书(1944年)

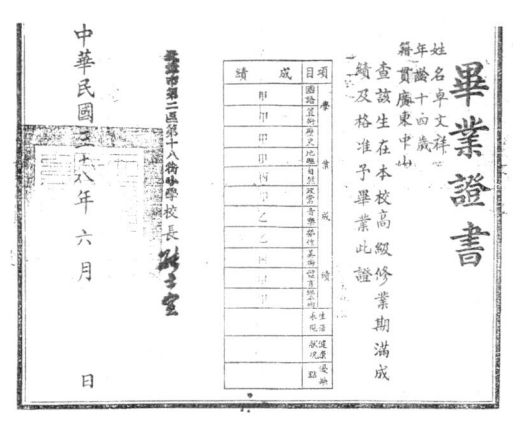
天津市第二区第十八街小学毕业证书(1949年)

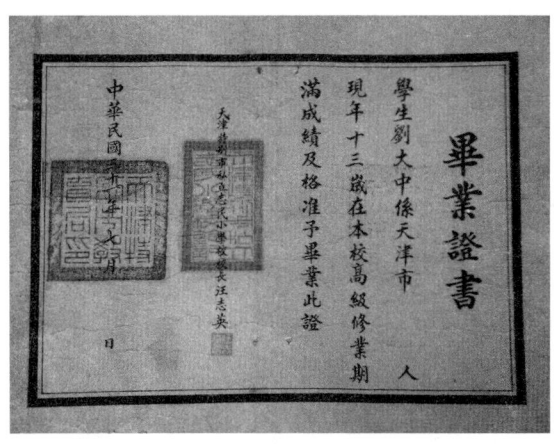
天津特别市私立志民小学校毕业证书(1942年)

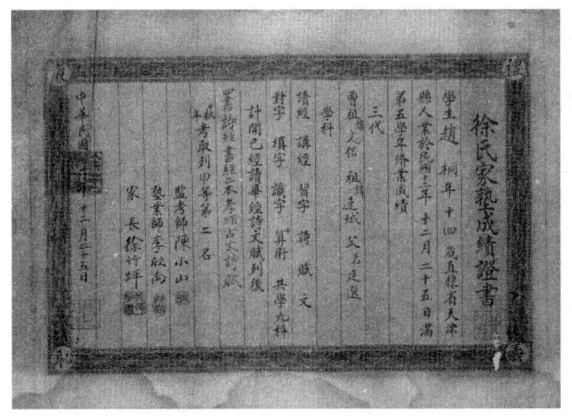
徐氏家塾毕业证书正面(1923年)

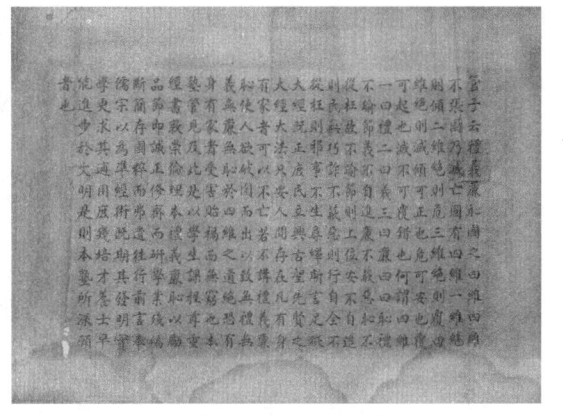
徐氏家塾毕业证书背面(1923年)

天津特别市市立第四小学校
初小毕业证书(1929年)

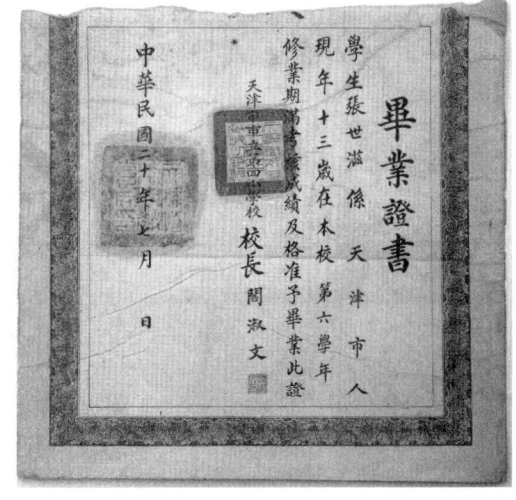
天津特别市市立第四小学校高小毕业证书(1931年)

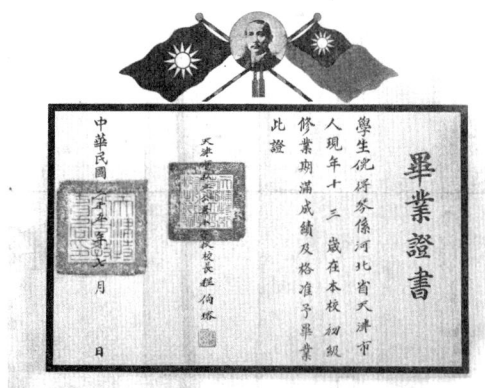
天津市私立公善小学校毕业证书（1936年）

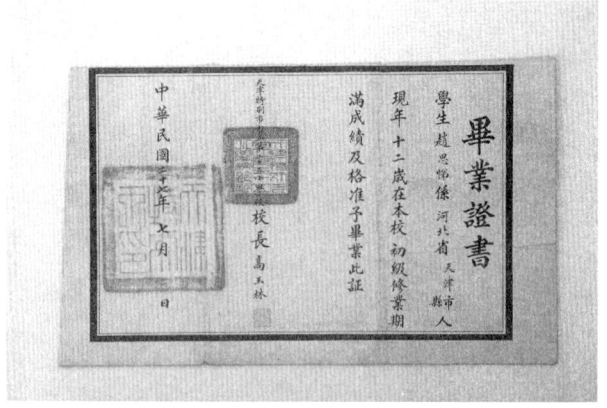
天津特别市市立二十五小学校毕业证书（1938年）

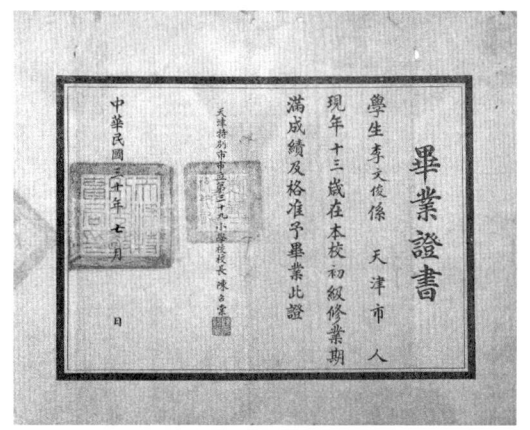
天津特别市市立第三十九小学校毕业证书（1941年）

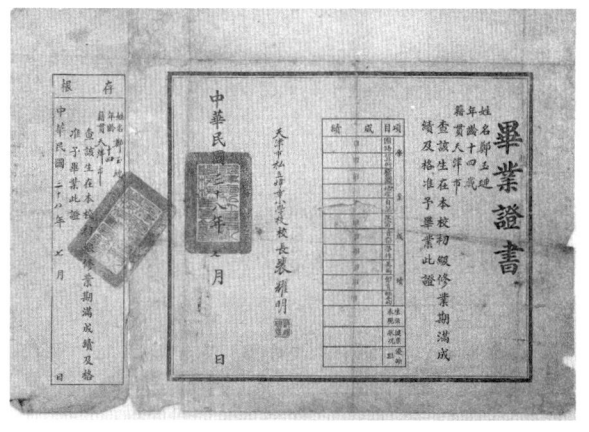
天津市私立炜章小学校毕业证书（1949年）

天津市私立明谊小学校毕业证书（1946年）

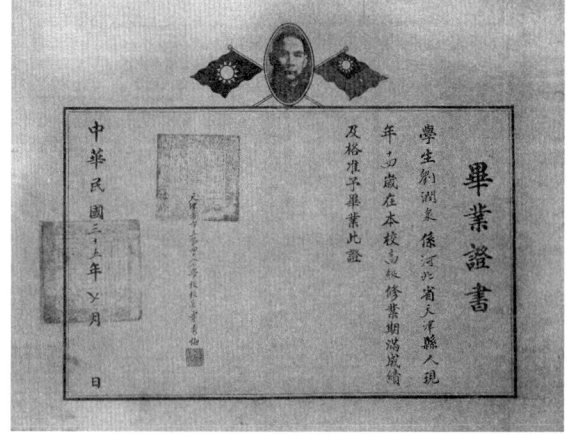
天津市市立第四十八小学毕业证书（1946年）

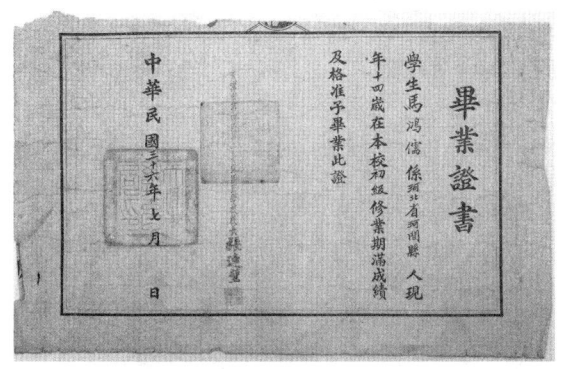
天津市第四区第十七保国民学校
毕业证书(1947年)

天津市私立北宁路同仁小学校
毕业证书(1948年)

天津市第三区第十街小学校毕业证书(1949年6月)

印模：

1946年9月2日启用的"天津市私立普善小学钤记"印模

"天津市私立复兴小学钤记"印模

"天津市私立通义小学钤记"印模

"天津市私立明远小学钤记"印模

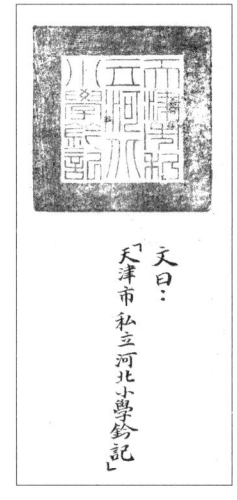
"天津市私立河北小学钤记"印模

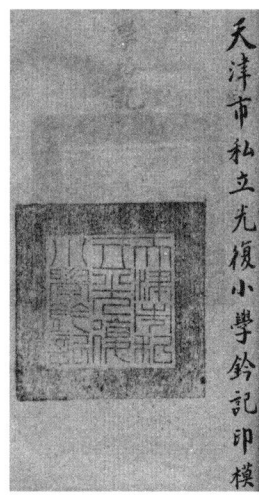
"天津市私立光复小学钤记"印模

"天津市私立求实小学钤记"印模

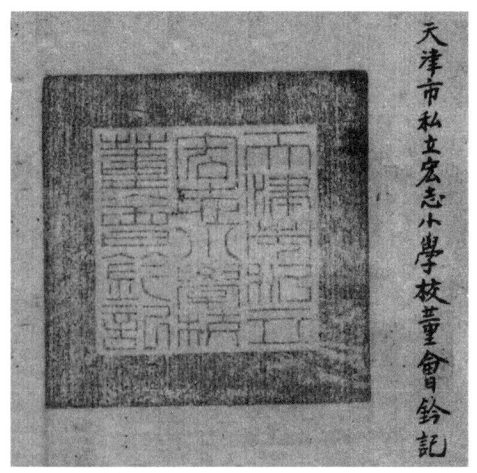
"天津市私立宏志小学校董会钤记"印模

"天津市私立捷成小学钤记"印模

老档案：

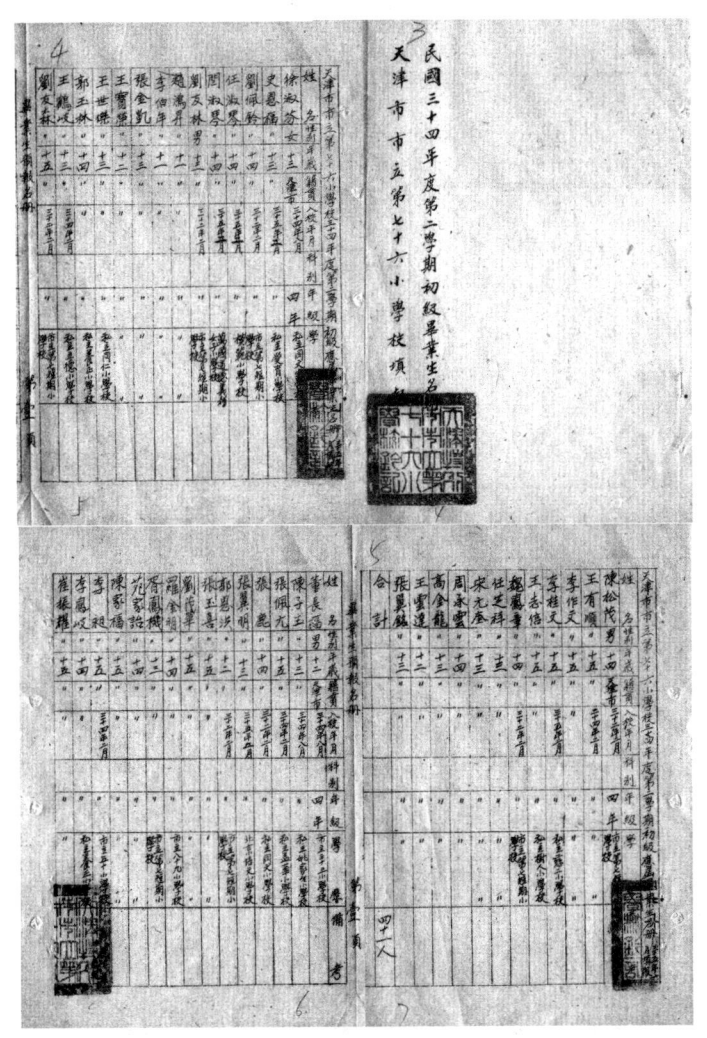

市立第七十六小学1945年度第二学期初级毕业生名单

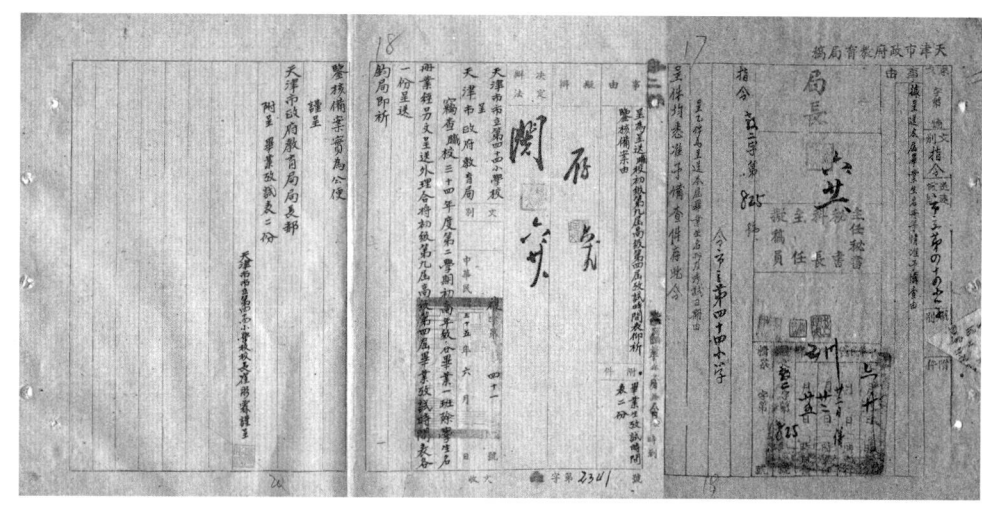

天津市市立第四十四小学校校长崔彤霖呈天津市教育局局长郝任夫关于考试时间函

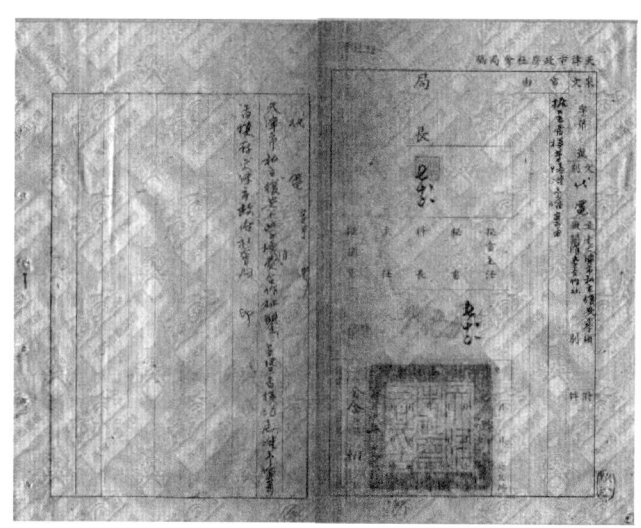

为图模事给天津市私立复兴小学
消费合作社的代电(1946年7月16日)

天津市私立四成小学校概况调查表(1925年)

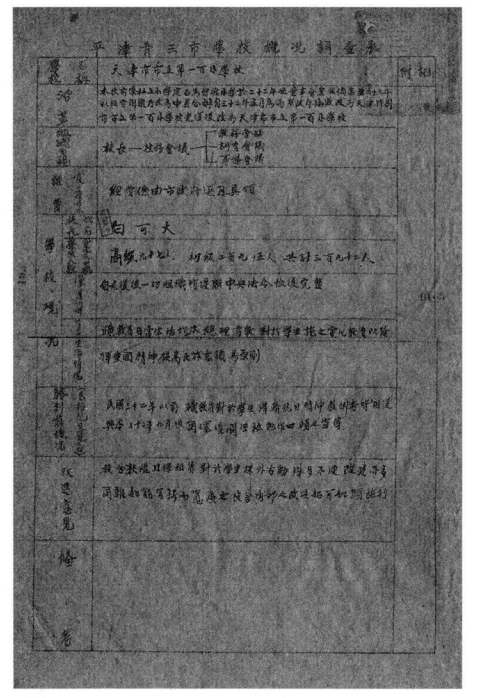

天津市市立一百
小学校概况调查表

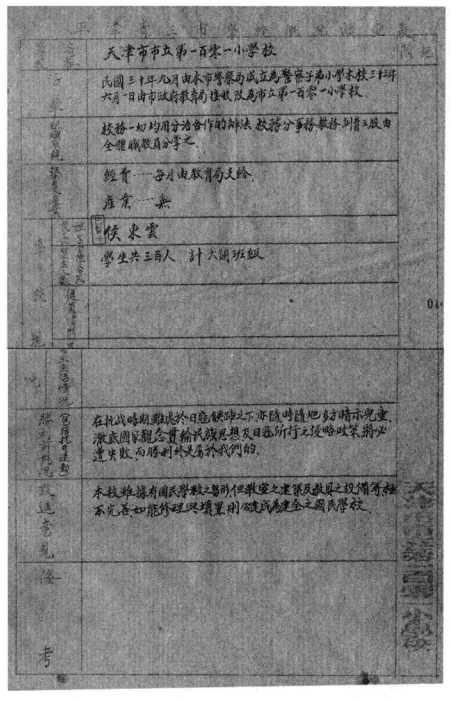

天津市市立一百零
一小学校概况调查表

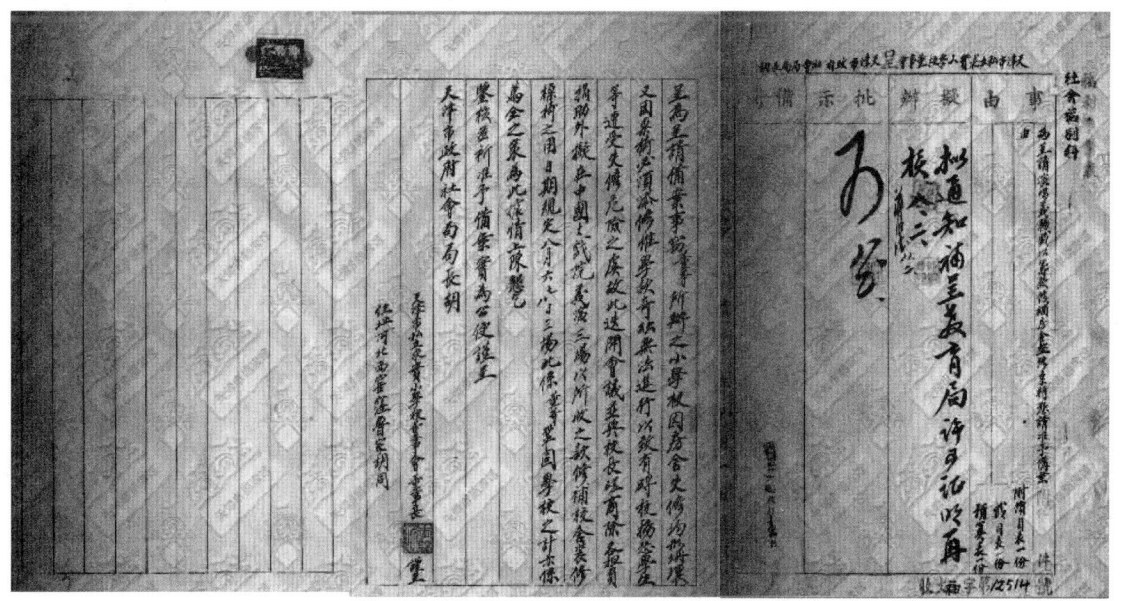

为演唱义务戏以筹款修房等事致市私立求实小学批（附原呈等）（1947年8月5日）

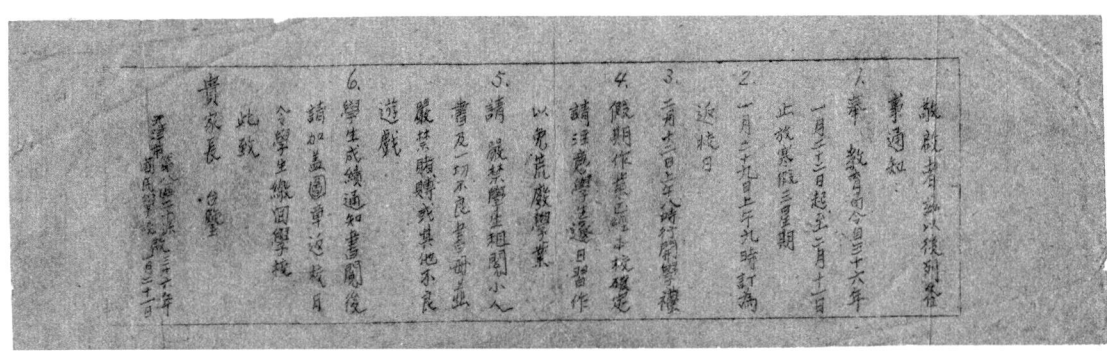

天津市第八区二十保国民学校放假通知（1947年1月21日）

私立平实小学账目管理和财务移交手续收支流水账财产移交清册和报表

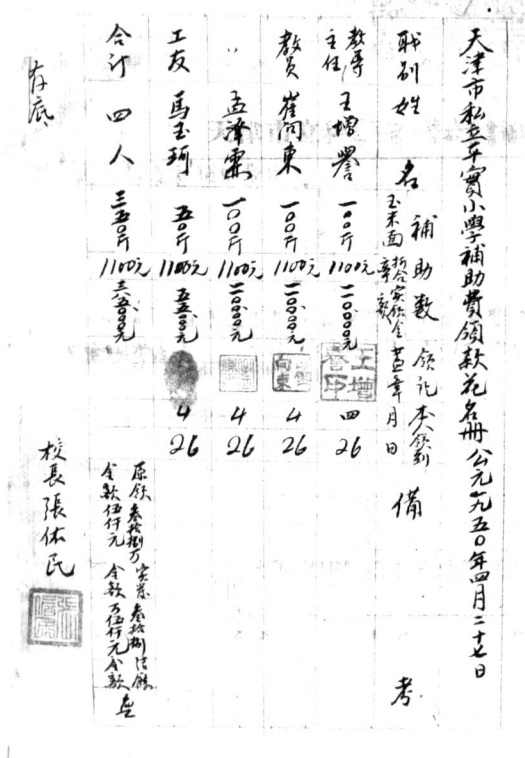

天津市私立平实小学补助费领款花名册

天津市私立平实小学学费收支账

天津市私立平实小学学费收支账
（1949年8月26—31日）

天津市立三十五小学教员薄峻枫1928—1929年曾任私立培华小学校长

天津市市立第六十六小学校校长陆荇
为校舍修缮工料费预算呈天津市教育局函

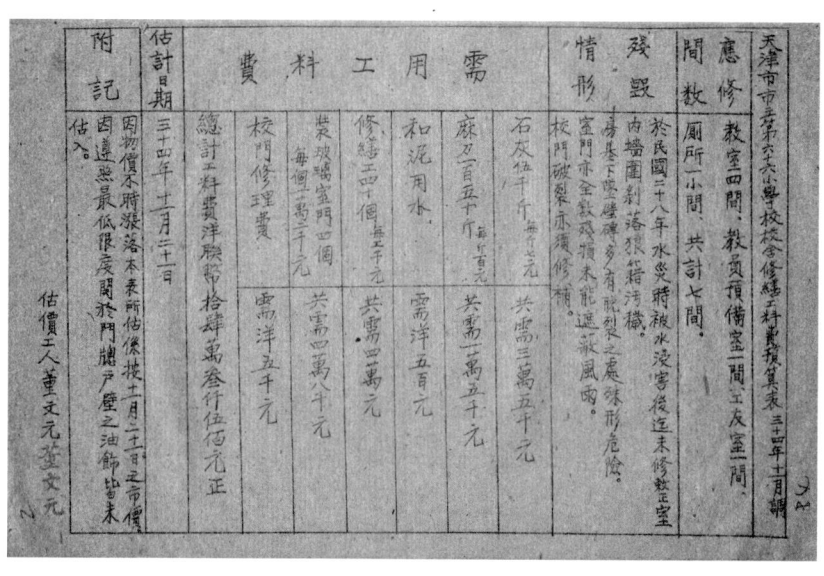

天津市市立第六十六小学校修缮工料费预算表

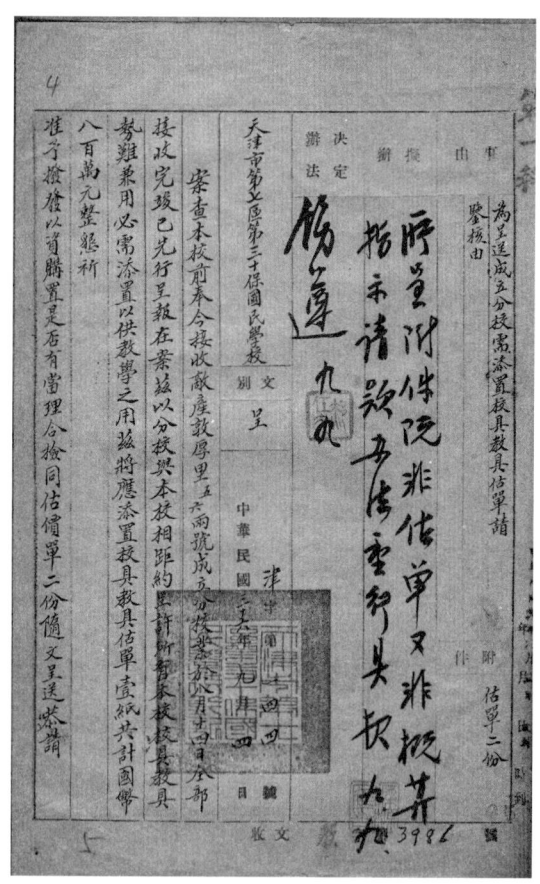

天津市第七区第三十保国民学校
成立分校需添置教具呈请函

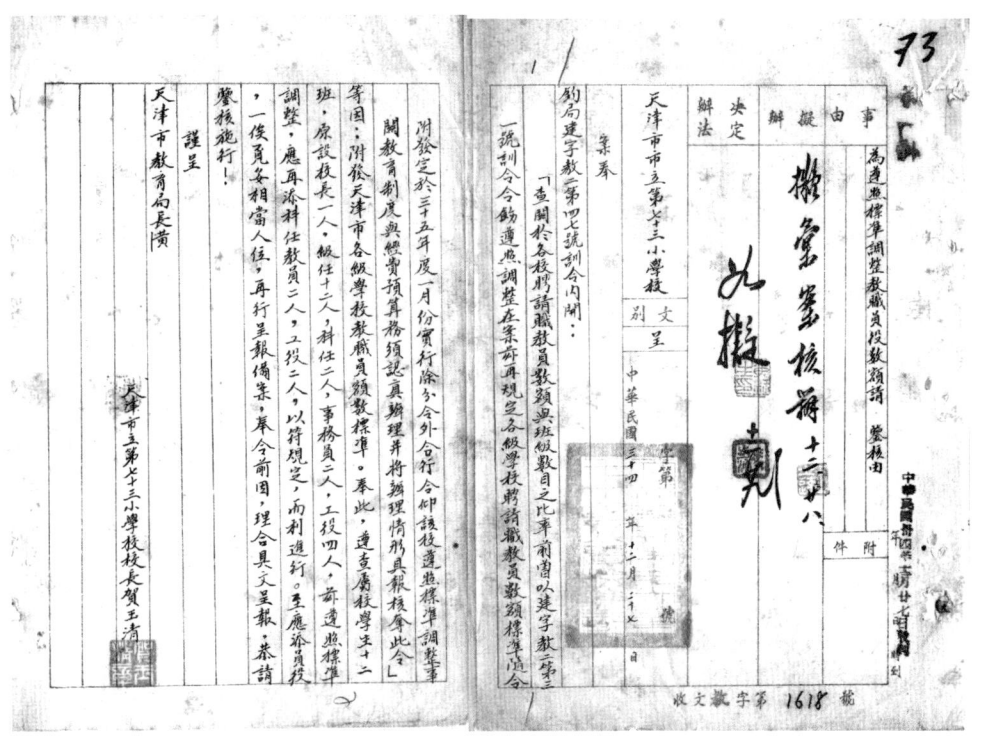

天津市立第七十三小学校校长贺玉清为遵照标准
调整教职员役数额致天津市教育局函

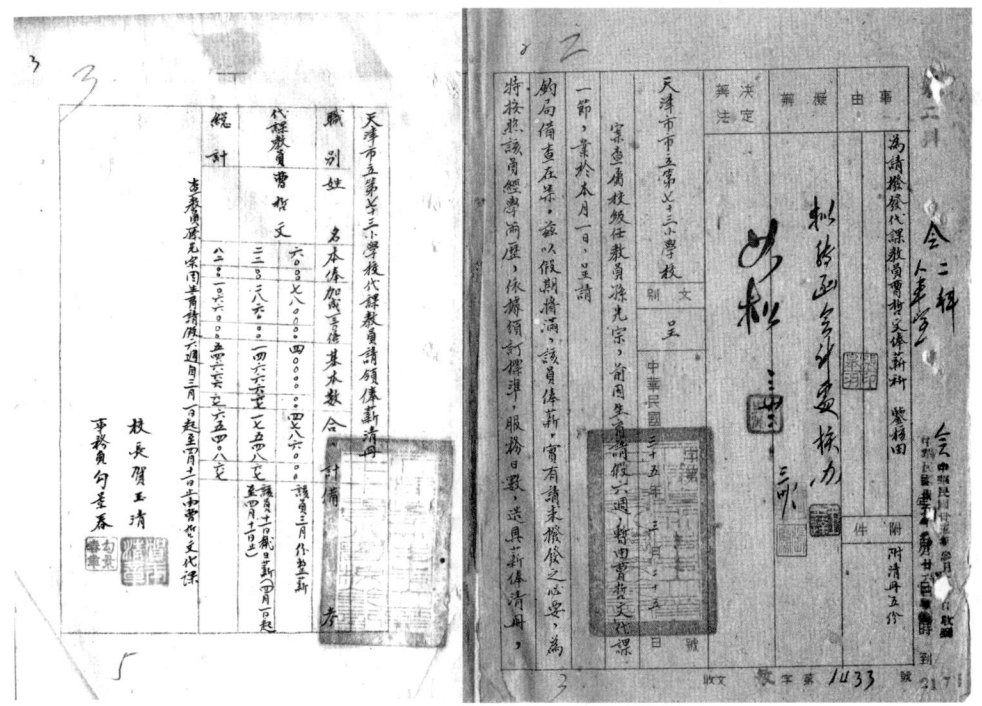

天津市立第七十三小学校校长贺玉清事务员勾景春
为请拨发代课教员曹哲文俸薪祈

天津南关初级正心小学校校长赵景明就准予立案事呈天津市教育局函

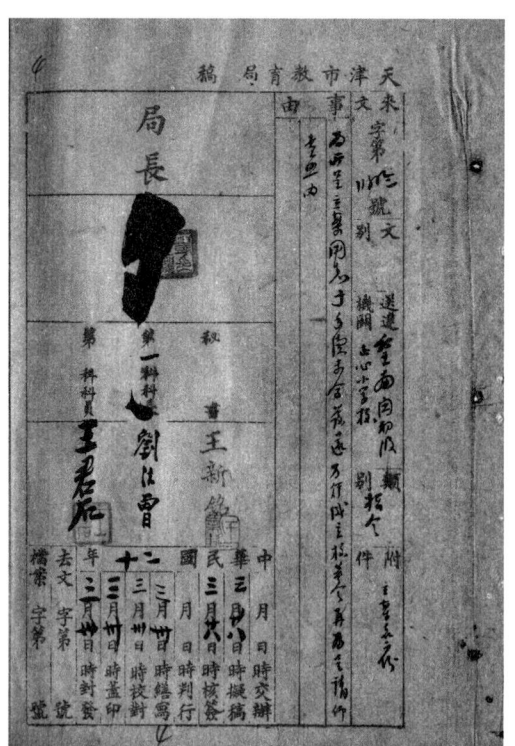

天津市教育局就天津南关初级正心小学校申请立案的指令

其他：

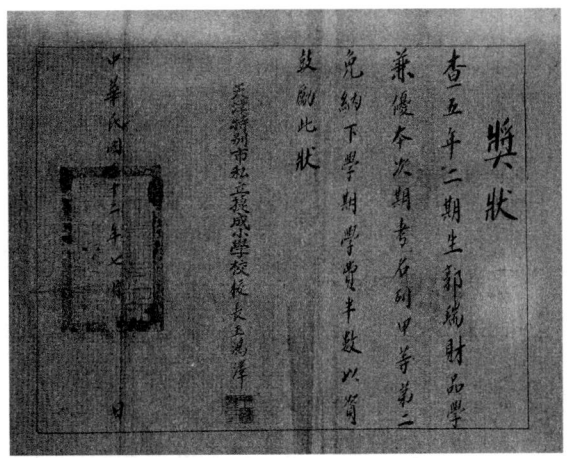

天津特别市私立捷成小学校奖状（1943年）

天津私立惠真小学校聘书

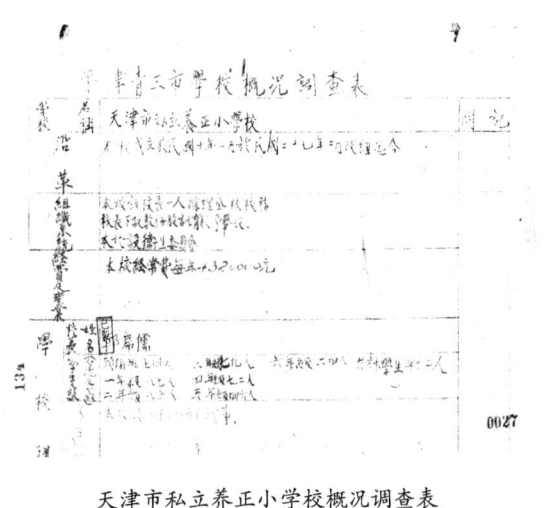

天津市私立养正小学校概况调查表
（1921年）

五、幼稚园所

严氏保姆讲习所附设蒙养院

严氏蒙养院是天津最早的幼儿园。1905年由天津近代著名教育家严范孙创办。院址在西北角文昌宫西四棵树严宅内。其作为严氏保姆讲习所的实习场所而成立。严淑琳任监学。初期,专建了一间高大的活动室(称"罩棚"),在活动室旁另开辟一间房屋为儿童分组活动及教师休息之用。1920年又盖了一间大活动室。设备均购自日本,有钢琴、风琴、儿童桌椅、教具、积木、沙土箱等。招收4岁到8岁儿童,主要是严氏及亲友的子女儿孙,还有附近的邻居。名额30人左右。实习半日制。主要内容有:教师弹琴,教儿童唱歌,或随声做游戏。幼儿毕业时,举行毕业典礼,发给毕业文凭。该院1925年停办。在开办的20年中,前15年都由保姆讲习所毕业的学员任教。天津觉悟社成员刘清扬曾任蒙养师。后5年由严仁清负责教育。

严氏蒙养院的几代师生合影

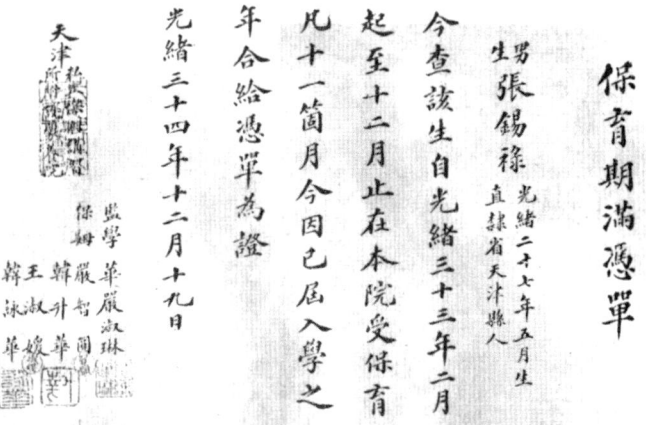

严氏蒙养院保育期满凭单,张锡禄为张伯苓之子

普育女学附属蒙养院

私立普育女学堂为天津最早的民立女学。清光绪三十一年(1905),由天津近代教育家温世霖创办。温世霖之母徐肃静任校长,为天津最早的女校长,被孙中山先生尊称为"民国贤母"。天津最早的女教师陆阐哉任国文、算学、历史等课程;著名教育家张伯苓之妹、著名爱国教育家马千里之妻张祝春(冠时)任音乐课。1906年夏,添设蒙养园(幼儿园),温世霖夫人安桐君任园长,为天津最早的幼儿园之一。蒙养园曾有两位教师,一位是庞素(纫秋),津门书画家、生物学家陆文郁的夫人;另一位是张淑贞,是南开大学商学院院长张平群的胞妹,张伯苓之子张希陆(张锡禄)夫人。

天津私立普育女学校附属蒙养园毕业证书(1937年)

天津普育女学校附属蒙养园第二次毕业师生合影(1913年)

1920年普育女学蒙养园教师庞素(后左一)、张淑贞(后右一)与18名学生的合影

私立蒙养园

天津特别市私立蒙养园的前身是私立朝阳观蒙养院，于1908年在天津老城里户部街创建，占地1.49亩，师资为严修创办的严氏保姆讲习所毕业生。1933年改为天津市立师范学校附属幼稚园。

天津特别市教育局派员视察天津特别市私立蒙养园汇报资料

北洋官立第一蒙养院

北洋官立第一蒙养院，也称天津河北第一蒙养院、天津西窑洼官立第一蒙养园，1909年建于窑洼。1909年8月，张相文与白雅雨、张伯苓、孙师郑、吴鼎昌等，在天津河北第一蒙养院创办中国地学会，同时借以联络革命同志。张相文被推举为会长，该会是中国第一个研究近代地理学的学术团体。1910年11月4日，北洋女师范学堂、北洋法政学堂地理教习、辛亥英烈白雅雨与陈哲甫、赵善卿等人，发起、联络天津中外各界三百余人在该蒙养院召开天津红十字会发起会，"公举白雅雨为临时会长，胡伯寅、钟惠生、郑崇瑞、刘善庭、刘子良、曾栋臣、陈泽浦、仲子凤为临时干事员。正式成立后在该蒙养院内设立事务所。后改为天津公立第一蒙养院。1914年归为直隶省立女子师范学校附属蒙养院。

天津西窑洼官立第一蒙养园第四周年纪念会

天津公立第一蒙养院

卢氏蒙养院

私立木斋学校前身是卢氏蒙养园,建于1909年,由直隶提学使卢木斋在河北元纬路卢府内兴办,招收家中和亲友的幼儿入园,请留日回国的天津近代教育家吕碧城主持。1916年起,开始办卢氏小学,由卢氏三女卢定生主持校务。后改名为木斋学校。1924年,卢木斋迁居意租界小马路(今河北区民权路木斋中学址),又在住宅中辟出一部分开办幼稚园及小学。卢木斋孙女卢乐山1938年毕业于燕京大学教育系,后在津京两地任木斋学校幼稚园主任及协和医院附设幼稚园主任,为我国早期幼儿教育工作者。

木斋学校幼稚园主任卢乐山

卢氏幼稚园前卢木斋全家合影

木斋学校幼稚园部第十一届毕业师生合影(1933年)

木斋学校幼稚园部第十六届毕业师生合影(1938年)

木斋小学第十六届及幼稚园第二十二届毕业生合影(1944年)

木斋小学第十七届毕业生及幼稚园师生合影(1945年)

天津日本幼稚园

天津日本幼稚园建于1909年8月,由基督教信徒冲田介次郎、滨田正直等人设立,园址在寿街(今兴安路)基督教会,占用教堂后面两间房屋开设。幼稚园园长是冲田,片山、江藤、滨田等人担任庶务,滨田夫人、片山夫人等担任保姆,有幼儿49名。1927年4月冲田决定将幼稚园无偿转让给居留民团,改称居留民团立天津幼稚园。1930年7月,幼稚园交由日租界财团法人天津共益会经营,改称财团法人天津共益会立天津日本幼稚园。1936年11月,转移到天津第二日本寻常小学校,借用一部分校舍作为临时园舍。1937年3月园长为山城井德,有保姆2名、代理保姆4名,幼儿123名。是年6月,在宫岛街(今鞍山道)与淡路街(今甘肃路)交口建新园舍,园门设在宫岛街(今鞍山道),搬入后天津日本幼稚园也称宫岛幼稚园(今鞍山道81号,鞍山道小学址)。1945年停办,由驻津美军占领,后为市立中学学生宿舍。1947年筹建一区三保国民学校,筹备主任王淑英,后被任命为校长。1949年天津解放后,叫鞍山桥一小,1952年称天津市第一区第一小学,1960年定为和平区重点小学并改名为和平区鞍山道小学。

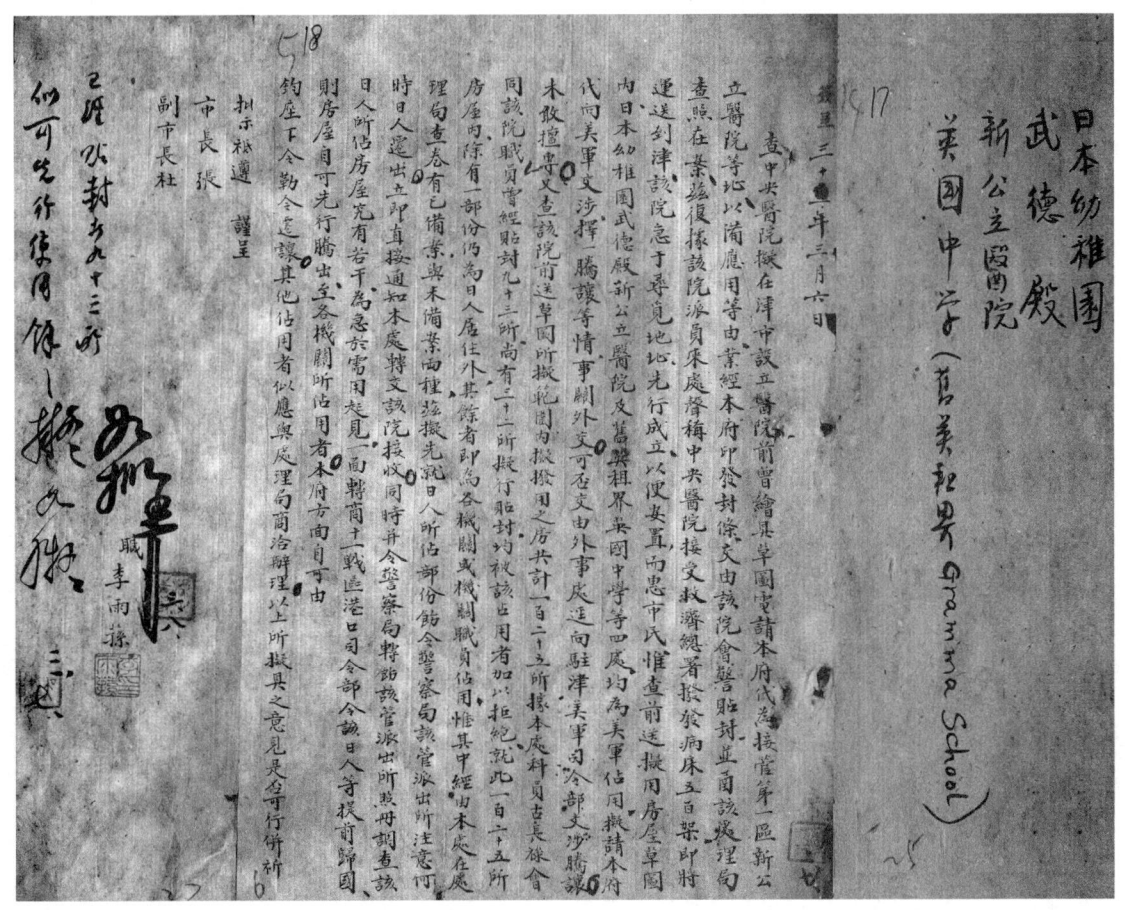

天津市政府关于拟令外事处为筹建中央医院腾让美军占领的日本幼稚园等四处与驻津美军司令部交涉文件

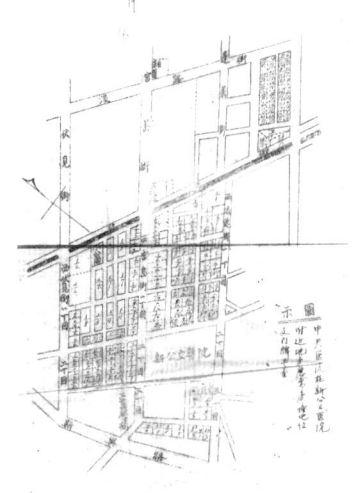

日本幼稚园（淡路街）等处地址示意图

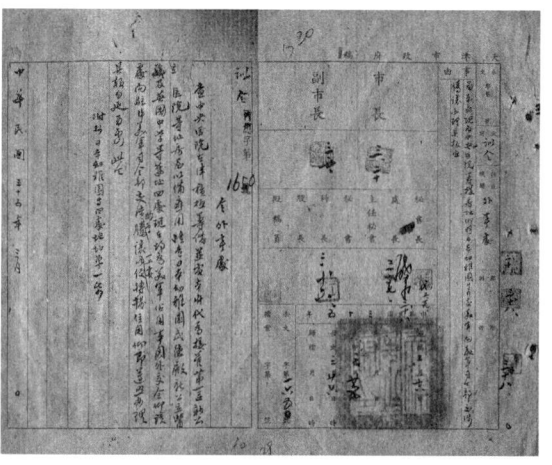

天津市政府关于拟令外事处为筹建中央医院腾让美军占领的日本幼稚园等四处与驻津美军司令部交涉文件

天津日本幼稚园

天津日本幼稚园入园纪念（1942年）

天津日本幼稚园入园纪念（1942年）

天津日本幼稚园（1942年）

西村氏兄妹在日本幼稚园

勤学的日本幼稚园小朋友

天津日本幼稚园毕业典礼(1938年)

天津日本幼稚园毕业纪念(1933年)

天津日本幼稚园毕业纪念(1943年)

天津日本幼稚园运动会(1942年)

天津日本幼稚园运动会(1942年)

天津日本幼稚园运动会(1942年)

天津日本幼稚园运动会(1942年)

天津日本幼稚园运动会(1942年)

天津日本幼稚园运动会(1942年)

天津日本幼稚园运动会(1942年)

天津日本幼稚园运动会(1942年)

天津日本幼稚园运动会(1942年)

天津日本幼稚园运动会(1942年)

天津日本幼稚园运动会(1942年)

天津日本幼稚园运动会(1942年)

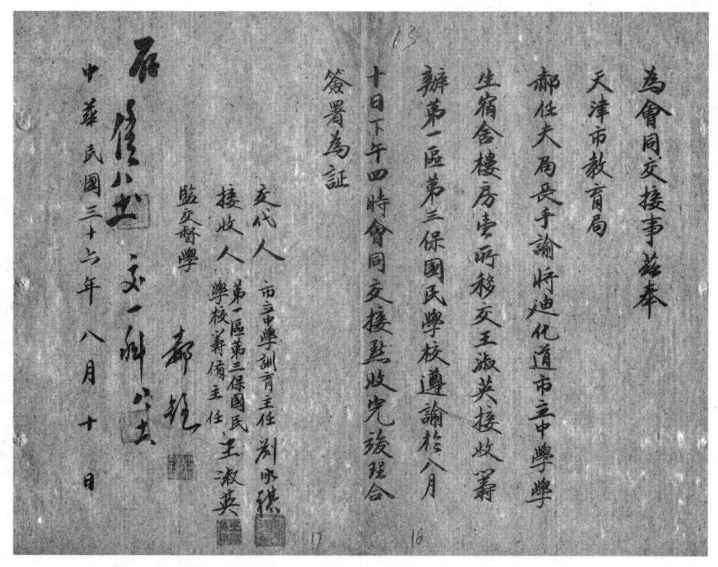

迪化道(今鞍山道)市立中学学生宿舍楼
移交筹办第一区第三保国民学校

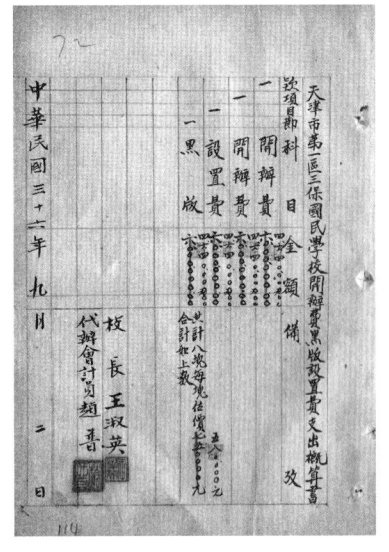

第一区第三保国民学校开办费、黑板设置费，支出概算书

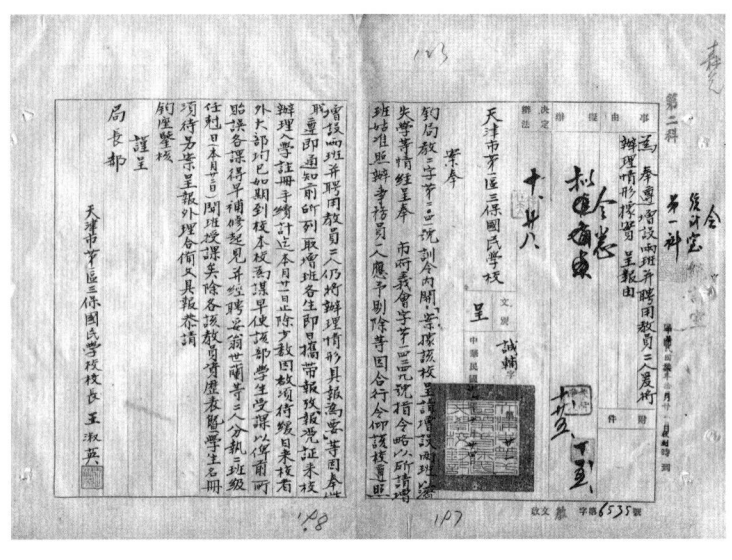

天津市第一区第三保国民学校校长王淑英就增设两班聘用教员二人致市教育局局长郝任夫函

第一区第一小学（前身天津日本幼稚园）

天津日本幼稚园也称宫岛幼稚园（今鞍山道小学）

直隶女子师范学校附属蒙养园

　　北洋女师范学堂于清光绪三十二年(1906),由总理天津女学事务的傅增湘创办,并自任监督。租赁三马路西口民房为堂址,开始招学生46人,于夏历闰四月二十二日(公历6月13日)开学。该学堂建校目的是为初等及高等小学堂培养女教员并促进女学的普及。宣统二年(1910)十二月,天纬路北洋客籍学堂(今天津美院的一部分)并入南开中学,该校奉令迁入。接着,又与相毗邻的两等小学堂商定,以三马路旧校址对换,将两等小学堂堂舍略加修缮,作为教室及办公室。1912年春,改名"北洋女师范学校"。1913年5月改归省立,更名为"直隶省立女子师范学校"。1914年7月,天津劝学所设立的蒙养院——天津公立第一蒙养院,拨归该校作为直隶女子师范学校附属蒙养院。至此,该校除本部外,附有中、小学、蒙养园。

直隶女子师范学校附属蒙养园开第六年纪念会

女师附属幼稚园1937年2月19日《大公报》

北洋纱厂小学及幼稚园

1919年北洋纱厂创办,是由天津敦庆隆号纪姓资本家联合隆顺、隆聚、同益兴、瑞兴益、庆丰益、万德成等7家棉布商号创办。厂址在河西挂甲寺附近,1921年正式投产。朱梦苏任厂长。1919年后,建有北洋小学及北洋幼稚园。

北洋小学校和北洋幼稚园(中为总经理朱梦苏)

明星小学幼稚园

　　明星小学是久大永利职工子弟小学,其幼稚园是久大永利职工子弟幼稚园,凡是"永久黄"子弟皆可免费入园。校名、院名取范旭东"旭东照明星"之意。成立于1925年2月28日。校址最初设在久大精盐厂西厂后门外原清朝海军营房(今学校大街解放路口侧),初设幼稚园及一至四年级的初等小学校,两年后加开五、六年级,成为塘沽私立明星完全小学校。随着学生不断增加,校舍拥挤,学务股拨专款6万元,在久大工人宿舍联合村南面建明星小学新校舍,1935年8月20日完工。有平房教室12间,左端房屋为幼稚园。另有办公室5间,还有教师宿舍、储藏室、化妆室、传达室若干。新校舍是经过招标由永明德建筑商承建的,总价为37 400元。这在当时塘沽是件新鲜事,由刘渊甫全权办理。

塘沽明星幼稚园教师与孩子合影(1936年4月20日)

私立培才小学幼稚园

　　私立培才小学于1927年由郝铭创办。1931年3月呈经天津市教育局批请准立案,是年11月,奉局字第1076号指令准予立案。校址在法租界26号路(今和平区滨江道)。创立时,董事长刘荣艿,副董事长范爱德。后任董事长的有:郑汝铨、张梁撷香,校长郝铭。1937年秋,该校幼稚园招收幼儿51名,小学部招收学生280名,有教职员17名。1948年时,该校有小学8个班,560名学生,21名教职员;另有幼稚园2班,145名幼儿,校址在河北路183号。新中国成立后,私立培才小学幼稚园发展为和平区第十一幼儿园。

天津培才幼稚园毕业生留影纪念(1939年)

天津培才幼稚园第十一届毕业生留影纪念
(1940年6月29日)

津市幼稚园巡礼(一)培才幼稚园。
1937年2月15日《大公报》

私立新民小学幼稚园

私立新民小学创办于1922年8月,校址在大王庄永乐里。校长靳子藩,字子屏,颇有教育教学经验。于8月20日开学。学生共编为3个复式班。建校未及半年,成绩斐然可观。是年冬季,成立校董会,呈请天津县教育局批准立案。1926年秋,购得大经路(今中山路)官地六亩一分九厘作为校址。1928年夏迁入新校址。1929年春,由吴省华女士介绍汪老太太,慷慨解囊捐洋5 000元,建筑新民幼稚园,是年暑假后,即添设幼稚园一班。此时,有讲室17大间,有幼稚园一所,操场4亩。有学生300余人,分为9个班,有教职员11人。天津解放后,于1952年改为四区第三十一小学。后为河东区八纬路小学分校。

新民小学幼稚园

市立第三十四小学第一幼稚园

天津市立第三十四小学建于1931年,其第一幼稚园也约建于1931年,园址在西头卫生局胡同。校长李恩祜兼幼稚园主任,1908年毕业于直隶省立第一师范学校、天津市立师范学校国学班,曾任河北省立师范学校附属小学教员、主任,到1945年从事教育工作37年,有丰富的管理与教学经验。幼稚级任教员解茂昭,1931年6月毕业于河北省立第一女子师范。是年7月到该校幼稚园任教。该校(包括幼稚园)有职员2人,教员7人(其中女教员6人),校役3人,共12人。

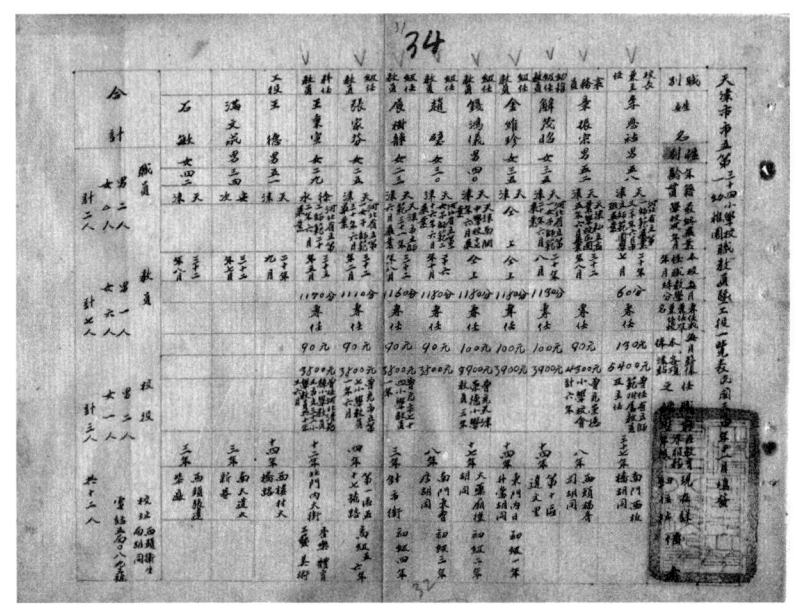

天津市立第三十四小学第一幼稚园职教员暨工役一览表

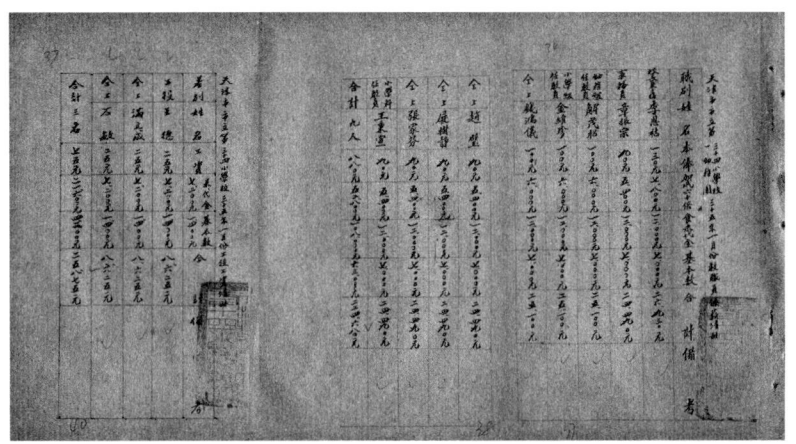

天津市立第三十四小学第一幼稚园1946年1月
职教员、工役薪俸清册

天津幼儿保育会附属保姆班幼稚园

幼稚教育为初级教育之基础，树人之始也。培植小学之良材，更补家庭教育之不足。1932年著名教育家李实忱先生特约热心教育同人张之杰、韩筱坡、高朴斋、蓝仲眉等成立天津幼儿保育会，以研究幼稚教育为宗旨，以促进保护幼儿之方法，并提倡幼稚教育之实施。为此，特先行成立保姆班两班、幼稚园一班。

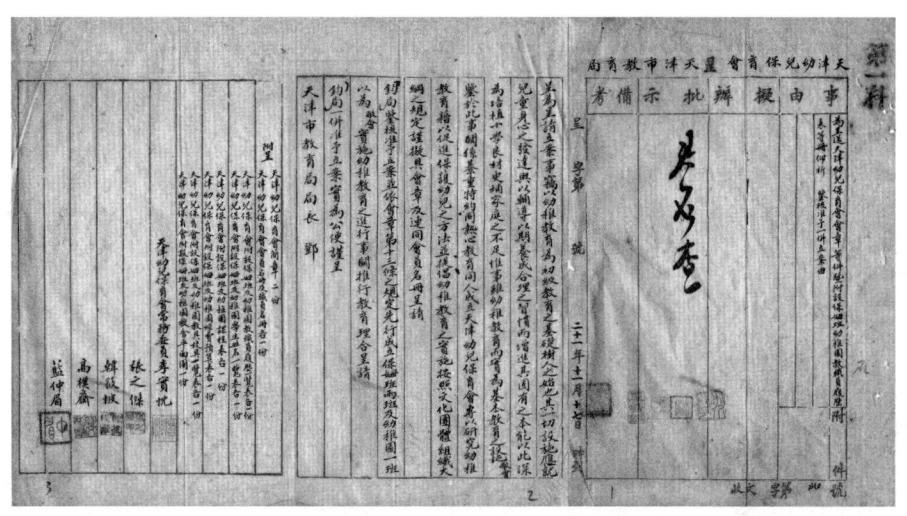

天津幼儿保育会呈天津市教育局会章暨成立保姆班、幼稚园申请等

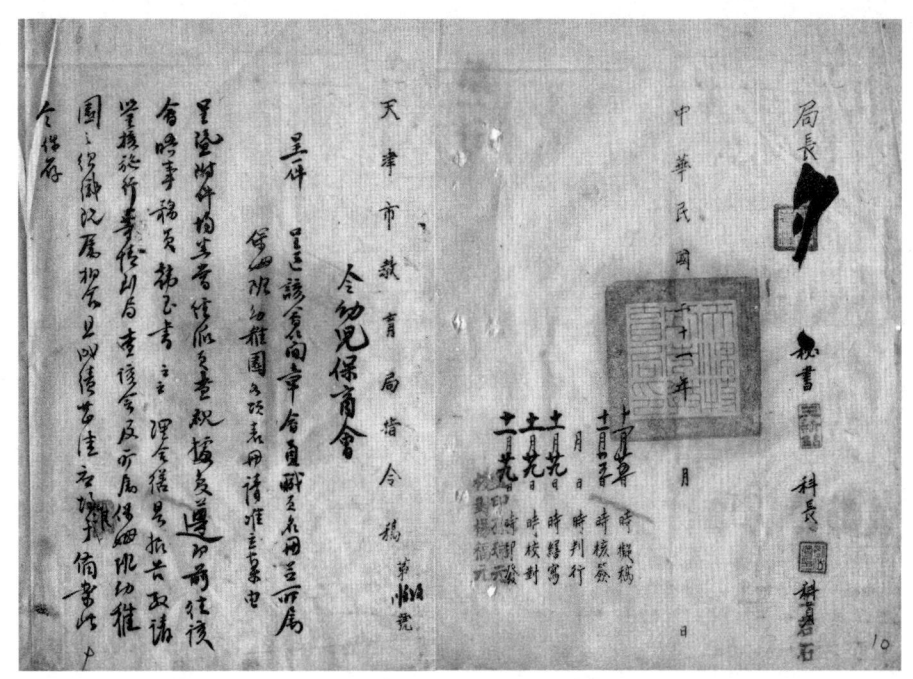

天津市教育局指令天津幼儿保育会准予保姆班、幼稚园立案

市立师范学校附属幼稚园

今南开二幼。天津市立师范学校附属幼稚园的前身是私立朝阳观蒙养院,于光绪三十四年(1908)在天津老城里户部街创建,占地1.49亩,师资为严修创办的严氏保姆讲习所毕业生。1930年时称为天津特别市私立蒙养园。1933年改为天津市立师范学校附属幼稚园,是天津市立师范学校幼稚师范班学生的实习场所,当时是天津市唯一的一所市立幼稚园。1950年改为天津市立第一幼稚园,是当时我市唯一一所市立幼儿园。1952年更名为天津市第一幼儿园。1956年更名为城厢区第一幼儿园。1959年更名为天津市和平区第四幼儿园。1960年,城厢区划回南开区,1961年更名为南开区第二幼儿园。2002年8月,园址由城里北门里户部街69号迁至华苑莹华里小区。

市师幼稚园首任园长
刘宝常

市师幼稚园第二任园长
顾竹筠

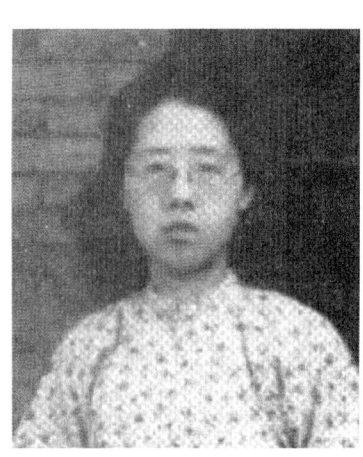

市师幼稚园第三任园长
陈咸荣

天津市立师范学校附属幼稚园第一届保育期满师生合影
(1936年7月1日)

天津市立师范学校附属幼稚园全体师生合影(1937年1月)

天津市立师范学校附属幼稚园第三届
保育期满师生合影(1938年6月30日)

天津市立师范学校附属幼稚园第四
届保育期满师生合影(1939年6月30日)

天津市立师范学校附属幼稚园第五届
保育期满师生合影(1940年6月30日)

天津市立师范学校附属幼稚园第七
届保育期满师生合影(1942年6月20日)

天津市立师范学校附属幼稚园第八届
保育期满师生合影(1943年6月30日)

天津市立师范学校附属幼稚园第九届保育期满师生合影（1944年6月30日）

天津市立师范学校附属幼稚园第十届保育期满师生合影（1945年6月30日）

天津市立师范学校附属幼稚园第十一届保育期满师生合影（1946年7月4日）

在20世纪40年代，我曾在当时称为"天津特别市市立师范附属幼稚园"的这座幼儿园度过了一段令人难忘的时光，这张1945年的毕业照保存至今，照片中部分老师和小朋友的姓名我还记得。坐在后排的几位老师是陈老师（右二），吉老师（右三）；坐在第一排的小朋友王珠娟（右二）、卞学妹（右八）；站在第二排的小朋友王淑敏（右十二），右边第四个是我本人王云海。

——摘自2007年12月22日《今晚报》

天津市立师范学校附属幼稚园第十二届保育期满师生合影(1947年6月30日)

津市幼稚园巡礼续(四)市师幼稚园。1937年2月18日天津《大公报》

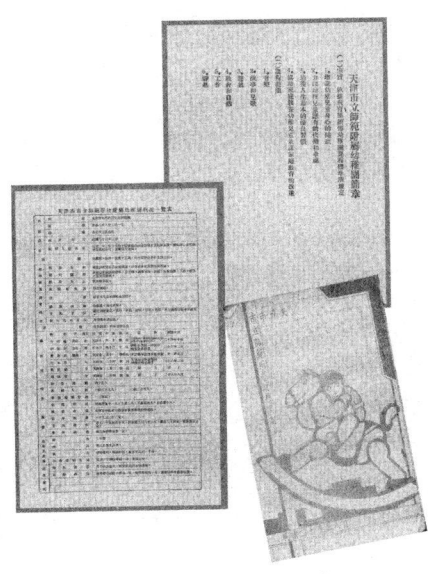

天津市立师范学校附属幼稚园珍贵的早期办学资料

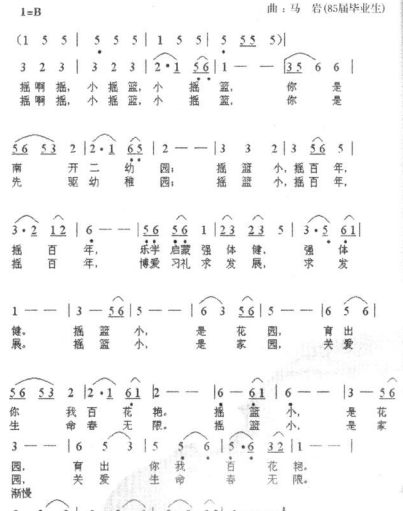

南开二幼园歌:《二幼,百年的摇篮》

私立慈惠幼稚园

慈惠幼稚园附设于慈惠学校内,成立于1934年,有3年的历史,在没有讲到这个幼稚园的内部情形以前,先谈一谈慈惠学校的沿革。

慈惠学校是一位尽瘁于教育事业的女子所首创,成立于1926年8月18日,10月10日在市教育局立案。最初校址在法租界31号路(今河北路——编者注)广德里8号,学生仅11人。1927年又移至法租界33号路(今河南路——编者注)广德新里17号。这一年,学生略有增加,但也不过27人。1928年增至50余人,因校址不敷,迁移法租界华利里96号。该校系余宗毅女士创办,因为经济困难,始终勉强挣扎着。余女士为维持学校生命,曾将个人衣物进行典当,才使学校转危为安。1929年又移至英租界19号路(今河北路——编者注)34号。1932年始迁到英租界10号路(今保定道——编者注)。1935年,因为经济困难,余女士到津市四乡及北平募捐,这时该校已有显著成绩,大家对余女士热心办学的精神,深表敬仰,所以有许多人踊跃捐助。以上是慈惠学校的历史。该校创办幼稚园的原因,当时据余女士说:"与其说我们自动发起,不如说环境促成。该校因为学生日渐增多,小学生的弟妹们常来玩耍。每到学期始业,这些学生的小弟妹们就想到校上学,他们的年纪太小,入小学一年级亦不合宜。为了实际需要,便于民国二十三年设立幼稚园……学生多半住在英、法租界及特一区,也有从意租界、日租界来就学的。敝校员工,只知苦干,不过学校经济不裕,设备方面难免简陋。"该园共有房屋3间,一为课室,一为游艺室,另一则为休息室。院内有小型的运动器械,春夏的时候,花草丛生,幼儿嬉戏其间,一个个乐不思家。该园主任为唐碧琴女士,曾毕业于河北女师。还有一位教员,为徐绪敏女士,毕业于燕大幼稚教育训练班。此外更有两位助教,他们对全园儿童都十分亲近慈爱。

津市幼稚園巡禮（續）

(二) 慈惠幼稚園

慈惠幼稚園，附設於慈惠學校內，成立于民國二十三年，有三年的歷史，在沒有講到這個幼稚園內部情形以前，先談一談「慈惠學校」的沿革。

慈惠學校，是一位薔萃於教育事業的女子所手創，成立於民國十五年八月十八日，十月十日在市教育局立案，最初校址在法租界三十一號路廣德里八號，學生僅十一人，十六年又移至法租界三十一路（英租界十號）二十四年，因為經濟困難，十九號路三十四號、二十一年始遷到今址（英租界十號）十三號路廣德新里十七號，這一年，學生略有增加，但也不過二十七人，十七年增至五十餘人，因校址不敷，遂移法租界華利里九十六號，該校係余宗毅女士創辦，因為經濟困難，始終勉強掙扎着，民國十八年，余女士為維持學校生命，會將個人衣物盡行典當，才使學校轉危為安，十九年又移至英租界十九號路三十四號、二十一年始遷到今址（英租界十號）二十四年，因為經濟困難，不滴宜，「為了事實的需要，便於民國二十三年，設立幼稚園，到現在，已畢業三十人、（去年畢業十三人、今年畢業十七人）現有學生五十一人，多半住在英法租界及特一區、也有從意租界日租界來就學的，敬佩學校仝人，只知苦幹，不過因為學校經濟不裕，設備方面，雖免簡陋」云云，該園共有房屋三間，一為課室，一為遊藝室，另一則為備婦休息室，蘇夏的時候，花草叢生、幼兒嬉戲其間，一個偶樂不思家，該園主任，為唐碧琴女士，會畢業於河北女師，還有一位教員、為徐緒敏女士，畢業於燕大幼稚教育訓練班，此外更有兩位助教，他們對全園兒童都十分親近慈愛。

津市幼稚園巡礼续（二）慈惠幼稚园。
1937年2月16日《大公报》

天津基督教女青年会幼光幼稚园

1935年,为了发展学前教育,在新建的海大道264号天津基督教女青年会(今大沽北路200号市妇联)会所一楼成立了幼光幼儿园,主要招收会员及有关方面人士的子女入园学习,最多时入园幼儿达到近百名。1954年在郑汝铨、孙竞娟干事动员下,会员王光纯女士(王光美亲属)出任幼光幼儿园主任,当时幼儿园只有房屋3间,6名保教人员,42名幼儿。1955年幼儿园迁到成都道新址,这是一座三层砖木结构楼房。此时幼儿最多时达到130余名,按年龄分成4个班。1956年娄凝先副市长来园视察工作,给幼儿园很高的评价,并在《大公报》头版做了报道。1961年该园由市妇联直接领导,1965年由市妇联交给了和平区体育馆街办事处接办,成为体育馆街幼儿园的前身。80年代初期,海地地区新开辟了居民区,存在着幼儿入托难问题,1984年9月在女青年会马月栏会长、郑汝铨总干事、王光纯副董事长及董事、干事和会员的努力下,在市领导的帮助下重建了幼光幼儿园。

天津基督教女青年会幼光幼稚园1938年师生合影背景是女青年会会所大楼靠大院那面(今大沽路200号市妇联大楼背面)

津市幼稚园巡礼续(六)
女青年会幼稚园。
1937年2月20日
《大公报》

南大幼稚园

南大幼稚园成立于 1935 年。南开大学地处偏僻，该校教授多半住在校内，教授们的孩子，有的年龄太小，不能上小学，因此校方特设立南大幼稚园。教授们组织一个"幼稚园委员会"，主席为黄子坚，委员有方显庭、张彭春等。开办经费由教授俱乐部捐 50 元，张伯苓捐 20 元，张彭春捐 5 元，其余罗皑岚、黄子坚等二三十人均有捐助，总共约 200 元。同时由张彭春捐助玩具，黄子坚夫人捐助风琴，何廉夫人捐助留声机等。这样一来，南大幼稚园便成立了。开始时，幼儿仅 7 人，1937 年增到 15 人，所有学生都是教授的子弟。在何廉没有去南京供职之前，他的孩子也在这里读书。幼稚园办理的好坏，并不在规模的大小，南大幼稚园课室虽仅 1 间，布置却甚精致。课室里光线很好，绝不会有碍于儿童的目光。学生的年龄，最小的 3 岁，最大的 6 岁，一个个天真烂漫，活泼异常。该园因规模较小，不分班级，都在一起上课。他们的教学方式是根据幼稚教育原理，不是小学的预备班。唯一的教员，便是刘秀叶女士，她是福建人，毕业于上海幼稚师范学校。因在北平住过，国语极流利。课室内的北边墙壁上，贴满学生的作业，如剪纸、自由画及手工等等。该园的设备粗具，各种应有的玩具及室外的运动器械都有。

津市幼稚园巡礼续（三）南大幼稚园。1937 年 2 月 17 日《大公报》

东亚小学附属幼稚园

1939年8月,天津闹大水,大部分学校因被水淹而停课,开学复课遥遥无期。东亚毛呢纺织股份有限公司总经理宋棐卿为了解决学生失学问题,决定创办东亚公司附属东亚小学。当时利用东亚公司的公事房(办公大楼)、成品室、拣毛部等处房屋作为临时教室。1940年12月,东亚小学搬进了位于和平区宜昌道的新建校舍。在新建校舍内,东亚小学设有附属幼稚园。

东亚幼稚园小朋友合影

东亚小学附属幼稚园第七届毕业师生合影（1948年7月）

东亚幼稚园师生合影

天主教幼稚园

  1946年2月,中国天主教文化协进会天津分会成立幼稚园托儿所董事会,筹办天主教幼儿园。

天主教幼稚园

天主教幼稚园

私立博爱幼稚园

天津市私立博爱幼稚园成立于1947年,园址位于六区中正路(今解放南路)与开封道交口。园主任为吉婧芬,毕业于北平幼稚师范学校,曾任天津私立照会幼稚园代理主任、北平慧我幼稚园主任、北平孔德中学校唱游主任。教员韩书彧,助理教员张韵琦,女佣赵玉珍。招收4岁至6岁幼儿,保育期2年,有幼童60名,分为4班。开设常识、游戏唱歌、劳作、美艺、幼稚文章、算术、手工、图画、社会、故事、园艺等。设有教室、游戏室、办公室、教员宿舍,院内有山石、树木、秋千、滑梯、压板、沙坑等。

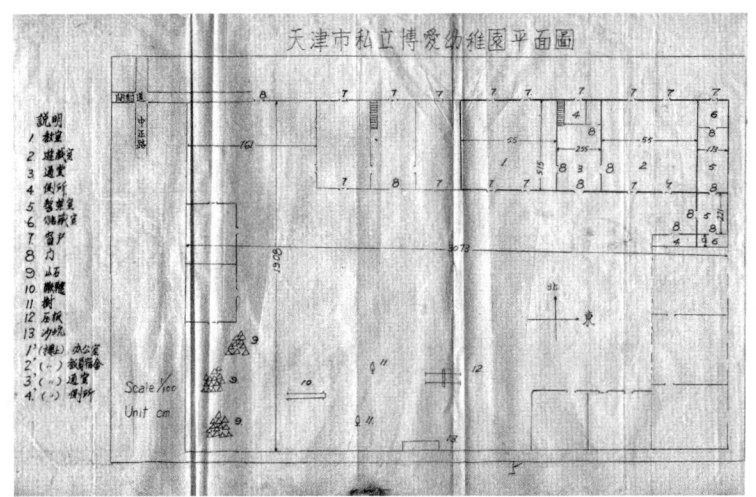

天津市私立博爱幼稚园平面图

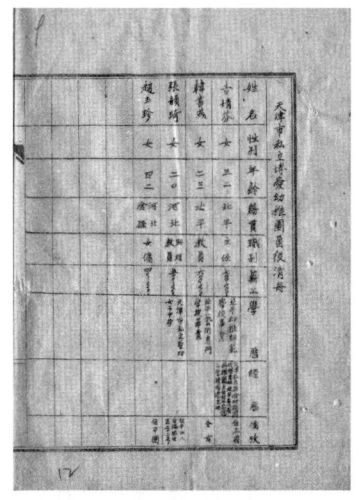

天津市私立博爱幼稚园员役清册

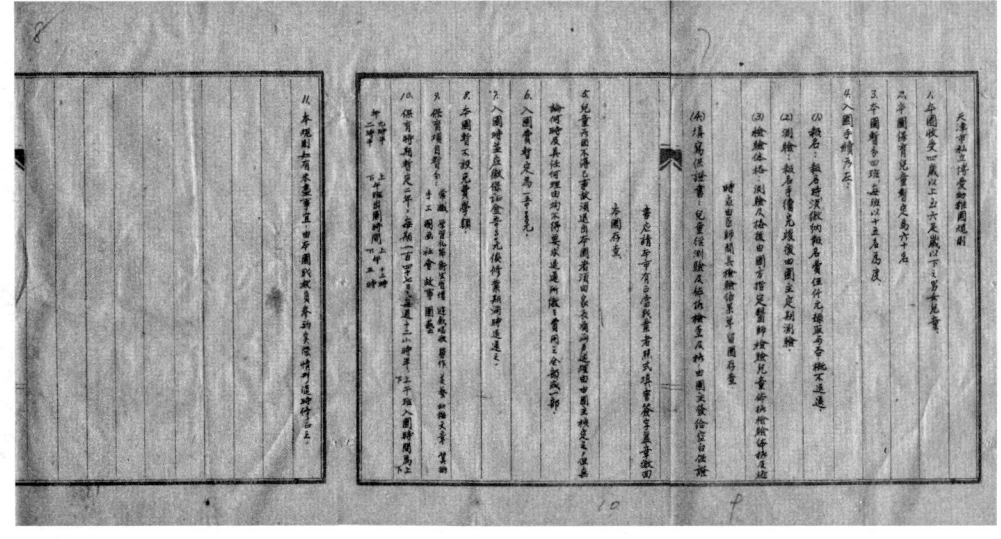

天津市私立博爱幼稚园规则

私立育颖托儿所附属幼稚园

天津慈幼院育颖托儿所附属幼稚园成立于1947年8月,园址在天津市第一区(今和平区)万全道西口173号。园长王天颖,河北省立泊镇师范卒业。该园有幼儿80名,共分两个班,各按年龄、智慧分成三组。入学年龄由4岁至6岁。小组一年毕业,大组半年毕业,期满由园方考试合格,发予毕业证书。设有办公室、工作室、游艺室、保健室、厨房、饭厅等。其中游艺室有钢琴、风琴、沙箱及各种儿童玩具。游戏场有秋千、滑梯、木马、摇船、沙坑等。该园经费靠学费及基金生息维持。

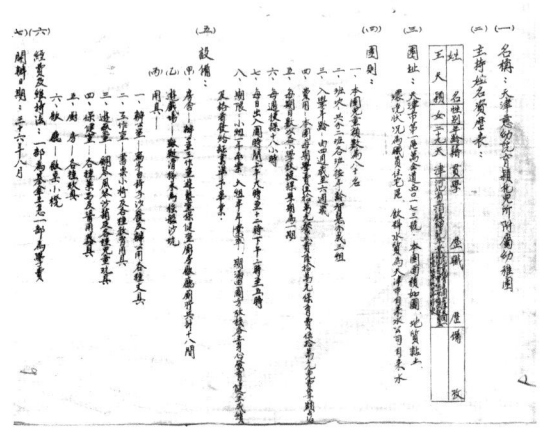

天津慈幼院育颖托儿所附属幼稚园简章

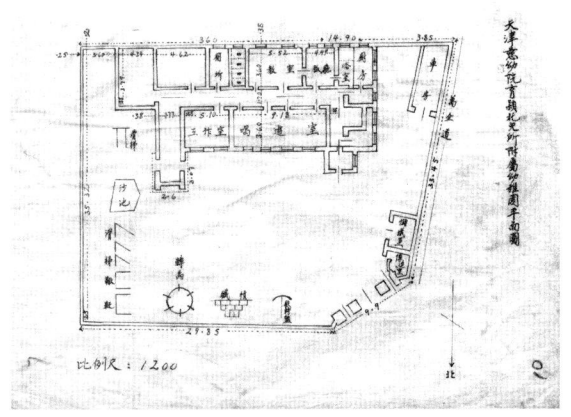

天津慈幼院育颖托儿所附属幼稚园平面图

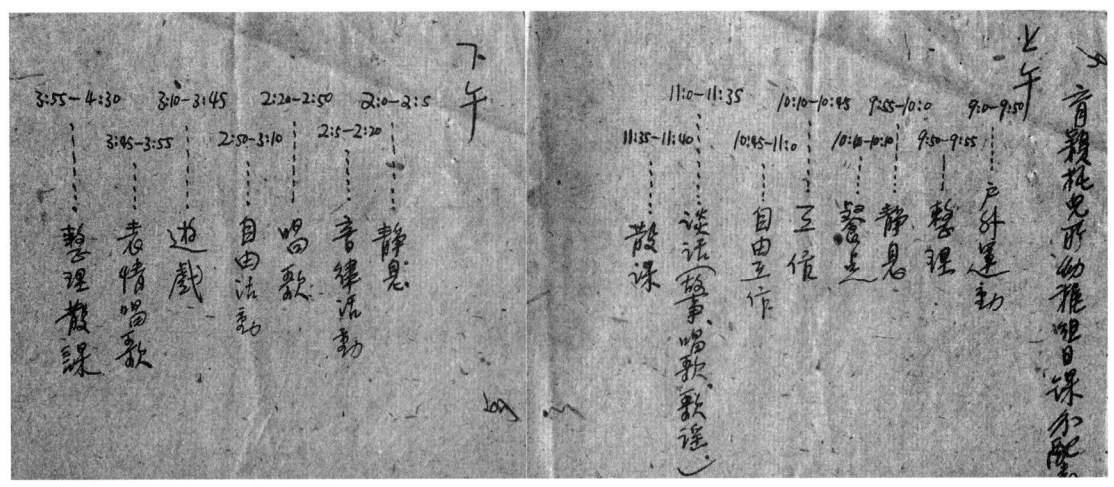

天津慈幼院育颖托儿所附属幼稚园日课分配表

六、其他教育机构

长芦育婴堂

乾隆五十九年(1794),天津闹水灾,有的逃难灾民无力抚养自己的孩子而弃婴。有一位从广东退职回老家天津的官吏周南樵不忍睹此惨状,将弃婴收养家中,但弃婴太多,个人无力全部收养,他的好友嵇承志当时任长芦盐运使,帮助他向上级盐运御史徽瑞建议创办育婴堂收养弃婴。后经乾隆皇帝奏准,创办了长芦育婴堂,地点在水阁大街。1908年袁世凯将该堂改为长芦女医学堂,由盐商捐银4万两,另在新开河直隶师范学堂西侧(育婴前街4号)重建了长芦育婴堂,有房屋350多间,可容纳500余名婴儿。世传中医杨振德在1910年前后带着年幼的邓颖超在该堂当医生。1931年,该堂归市社会局管理,后因经费短缺,于1936年又归盐务机关管理。1937年,日军占领天津,堂务接近于崩溃,后来育婴堂搬到了西门里。天津解放后市政府接管了育婴堂,改名为天津市立育幼院。

长芦育婴堂大门

近代天津教育图志

邓颖超和母亲杨振德在津期间

长芦育婴堂教职员及堂婴合影(1933年)

直隶学务公所

直隶学务公所是直隶全省的教育行政机构。清光绪二十八年(1902)直隶总督袁世凯在保定府设立直隶学务司,聘请日本东京音乐学校校长兼东京高等师范学校教授渡边龙圣为学务顾问。光绪三十年(1904),改称直隶学务公所。光绪三十一年(1905)迁入天津,所址在河北大经路(今中山路)劝业会场以东(今河北区少年宫)。同年,废除提督学政,设提学使,掌管一省的教育行政,统辖学务,专门处理各个学堂的事务。直隶提学使学务公所下分总务、专门、实业、普通、图书、会计6科,分掌教育行政事务。光绪三十年(1904),天津近代著名教育家严范孙曾接替胡月舫出任直隶学校司督办、提学使。1906—1909年,卢木斋出任直隶提学使。1909年傅增湘出任直隶提学使,1911年林葆恒出任直隶提学使,1912年蔡儒楷出任直隶提学使。

直隶学务公所前面图

近代天津教育图志

直隶提学使蔡儒楷

直隶省学务顾问渡边龙胜（前左三）

《新建直隶学务公所记》碑的篆额文字

《新建直隶学务公所记》碑碑首

直隶提学使林葆恒书法

直隶工艺总局

光绪二十九年(1903)三月,袁世凯派周学熙去日本考察。他认为,日本的"富强"是由于搞"练兵、教育、制造"三事,中国如要"富强",也必须走兴学办厂的道路。周学熙主张"工艺非学不兴,学非工艺不显"。于是年九月袁世凯建立直隶工艺总局,周学熙任总办,主持、运营天津及直隶的实业建设和实业教育。自1903年至1907年,在天津先后创办(接办)了高等工业学堂、劝工陈列所(即原"考工厂")、实习工场、教育品制造所、劝业铁工厂、图算学堂、种植园、劝业会场等;附设有夜课补习所、仪器讲演会、工商研究所、工商演说会等;助办初等工业学堂;倡办了艺徒学堂三处。

周学熙与直隶工艺总局

直隶工艺总局(今玉皇阁,自草厂庵迁此)

天津教育品陈列馆

　　天津教育品陈列馆筹办于 1904 年。创办人是教育家、博物学家陈宝泉先生。1905 年 2 月 10 日在天津玉皇阁借址成立,并受到社会的热烈欢迎。据当年《教育杂志》引用《日日新闻报》9 月 1—29 日统计,共有观众 7 121 位,特别是其中有女客 2 251 位。《天津政俗沿革记》记载,该馆建立之初,还建立了一个教育品制作所"委赵元礼为开办经理,始租北马路房用之,而附属于玉皇阁之教育品陈列馆。1907 年迁居河北劝业会场,而该陈列馆为参观室,后并于制作所内。该馆完全符合专题博物馆的标准,也符合当代博物馆的理念。规定允许女子参观,学生集体参观免票。尽管教育品陈列馆只是个教育专题博物馆,也只存在了 3 年,但却是中国人建的第一个博物馆。

天津教育品陈列馆第一陈列场第一室

天津教育品陈列馆第二陈列场第二室

天津教育品制造所设在劝业会场(今中山公园)内

天津教育品制造所外景

天津教育品制造所内教育品参观室

清时驻屯军司令部编《天津志》中关于考工厂、教育品陈列馆、高等工业学堂的记载

华北博物院

华北博物院于清光绪三十年(1904)由新学书院首任院长赫立德创办。是年正月十二日,华北博物院举行开幕式,津海关道唐绍仪、英驻华公使等出席。其目的是为了使学生获得广阔的见识。该博物院位于学校北楼,陈列动物、植物、鳞介、兽属、化石等自然标本。有价值的珍贵标本资料大部分是由英国直接启运到天津新学书院的。其中包括英国古代在战场上使用的武器、矛盾、将士穿的盔甲。还有一些难得的化石标本,其中最著名的是巨大的鲸鱼骨骼。在展品中陈列着约数百种不同颜色、花纹和稀有的蝴蝶标本,这些标本是奥运冠军利迪尔老师利用暑期带领学生们到我国南方采捕制作的。该院1941年前曾对外开放,早期曾对外售票,票价1角。该院藏品后并入马场道天津工商学院的北疆博物院内。

华北博物院陈列室

天津新学书院教学主楼

华北博物院的正门

天津考工厂

天津考工厂创建于光绪三十年(1904),位于北马路,被称为近代中国第一座商品博物馆。1903年8月,周学熙奉委出任直隶工艺总局总办,将总理工艺学堂及考工厂两事列为他振兴全省实业使命的工作重点,又因学堂系接办天津府创立不久的现成机构,所以又确定"应以筹办考工厂为先务"。开办经费银2.5万两。并聘日本人充任"艺长","专司考验、审察及指教演说等事"。1904年8月1日"开厂"(开幕),陈列商品达3 000余种,入览以制钱10文购票。有史料称,开厂"半月以来,观者甚众,日千数百人、二千余人不等,购买货品亦时有之"。考工厂除常年开放展卖商品外,还利用这一平台,陆续创办了多项促进工商发展的活动。光绪三十三年六月(1907年7月),奉农工商部饬,考工厂更名为劝工陈列所,同年,迁至大经路(今中山路)新建的劝业会场。新址为洋式楼房,规模扩大,各种用房达130余间,其数量之多,为场内各单位之冠。

天津考工厂为颇具规模的西式建筑

中国最早的商品展览馆——天津考工厂陈列馆

天津府县劝学所

清光绪三十一年(1905),严范孙在直隶创办各级各类学堂多处,后设各县劝学所,为全国首创。《清史稿》记载:"劝学所之设,创始于直隶学务处。时严修任学务处督办,提倡小学教育,设劝学所,为厅、州、县行政机关。仿警察分区办法,采用日本地方教育行政及学校管理法,制定章程,颇著成效,三十二年(1906),学部奏定劝学所章程,通行全国,即修呈订原章也。"天津府县劝学所,成立于清光绪三十二年(1906),是根据学部令而特设的,掌管天津府县内的初等及中等教育的行政。劝学所设有学董6人,其中2人执掌总务,4人分掌事务。总务学董之下设有书记数名。所址在东南角草厂庵。天津近代著名教育家林墨青为总董,后华芷苓继任。所内分为5个区,各区设劝学员,目的是劝各地方人入学读书。5个区为东、西、南、北、中区。中区劝学员为刘蓉生、张少元,东区劝学员为王吟笙,西区劝学员为齐旭初,南区劝学员为杨士周,北区劝学员为李燕林。该所编辑出版《天津劝学月刊》。

天津府县劝学所(天津官小学堂办公总处)

《天津劝学月刊》

天津县教育会

天津县教育会于清光绪三十三年(1907)一月设立。该会兼有协商机构和监督机构两重性质,也就是说,既协商有关天津教育的重要事项,又监督学堂的设施。该会设会长、副会长各1人,首任正副会长胡家祺、徐毓生。以天津县劝学所学董、各学堂堂长及教员为会员。会址在东南城角草厂庵老贡院。1924年6月22日,改选后的天津县教育会组成如下:正会长张际和、副会长李荣培、评议李体乾(评议长)、邓澄波、陈星彩、戴育三、康牖民、马千里、李峙山等31人。干事马千里(干事长)、赵燕民、李寰生、李作涛、郑哲甫、邓文淑(邓颖超)、李谦、郝雨春等29人。在老贡院,严范孙等还创办过天津学界俱乐部、小学教职员联合会等。

1922年9月2日,天津县教育会全体职员欢迎会长合影,右起第二人为贾金章

直隶图书馆

清光绪三十三年十月(1907年11月)直隶提学使卢靖(木斋)以"保存国粹,宣传文化,辅助学校教育,增长社会知识"为宗旨,开始筹建直隶图书馆。光绪三十四年五月十一日(1908年6月9日)正式开馆。馆址初设在河北大经路(今河北区中山路)直隶学务公所内。藏书以严范孙先生原陈列在天津教育品陈列馆的1342部、直隶督署下发的1万余卷图书和提学使司请款专购的12万卷图书为基础,继之,严范孙先生又捐赠图书1200余部,又有奉天总督徐世昌等捐赠图书。开馆初期藏书近20万卷(册)。所编《直隶图书馆书目》32卷,全面反映了建馆初期馆藏。1913年迁至中山公园北部一幢楼房,始有独立馆舍。1914年9月又附设通俗图书馆于东马路。是当时被誉为大江南北第三位的图书馆。1918年9月,改称直隶省立第一图书馆。任命严侗(台孙)为图书馆主任。1928年又更名河北省立第一图书馆。1937年7月,天津沦陷后,馆舍被日本侵略军强占,更名为天津特别市立第二图书馆。1945年抗日战争胜利后,又更名为河北省立天津图书馆。经清点,仅有中文书10万余册,外文书4000余册。此后,直至天津解放。

河北省立第一图书馆馆长 严台孙

河北省立第一图书馆

河北省立第一图书馆外景，图书馆正中有"欢迎阅览"的匾额

1912年天津直隶图书馆编印的书目

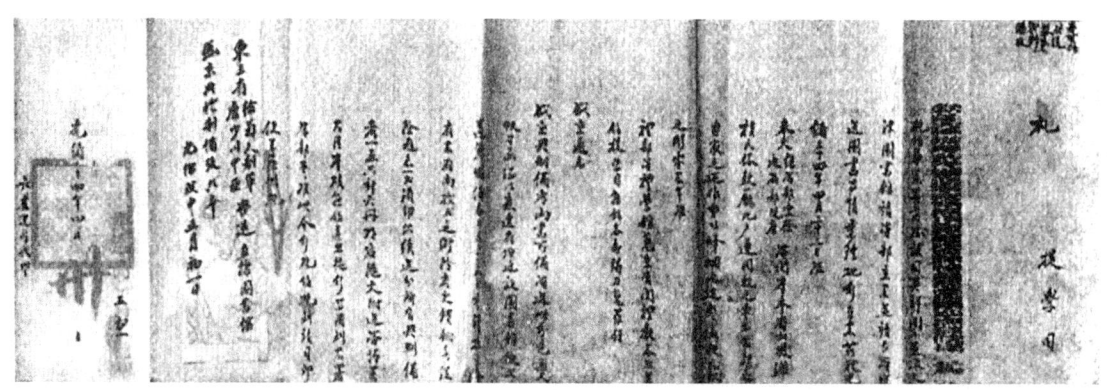

1908年徐世昌为直隶图书馆捐书的记载

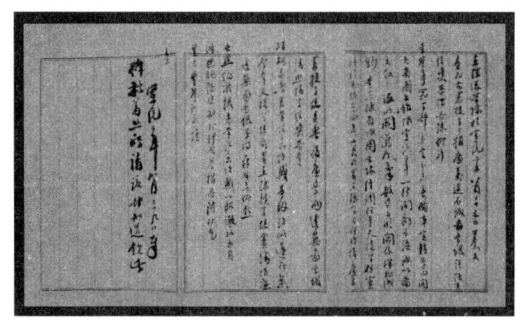

清宣统二年（1910）八月为提学使卢靖筹建图书馆请功奏文及御批（抄件）

河北省立第一图书馆阅览须知

中国地学会

　　1909年8月,中国近代著名地理学家张相文与张伯苓、孙师郑、吴鼎昌、白雅雨等,在天津河北第一蒙养院(也称"天津西窑洼官立第一蒙养园")创办中国地学会,同时借以联络革命同志。张相文被推举为会长。该会是中国第一个研究近代地理学的学术团体,张相文成为中国近代地理学的奠基人。1910年2月,张相文和白雅雨在天津创办了我国第一份近代地理学月刊《地学杂志》。该刊通过介绍祖国的地理山川,揭露帝国主义的侵略阴谋,激励人们的士气。中国地学会1912年迁至北京。

中国近代著名地理学家
张相文

中国地学会成立时的合影

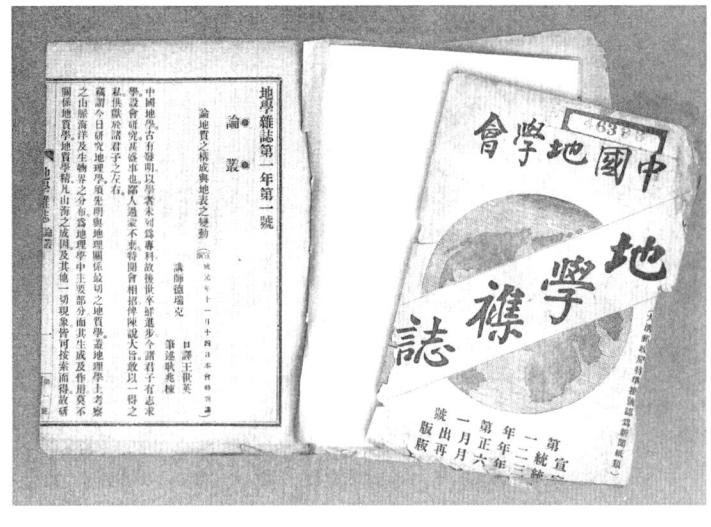

1910年德雷克在《地学杂志》创刊号上发表的开篇论文《论地质之构成与地表之变动》（天津图书馆）

中国最早出版的科学期刊《地学杂志》

中国地学会开办之初的职员

中国地学会1912年迁至北京

天津县教育局

1912年民国成立,天津县劝学所取消,天津县教育行政初由天津县董事会教育股股长邓庆澜专管。不久,裁去董事会,成立天津县教育局,局长华芷苓,督学邓庆澜。1929年1月刘宸章任局长。刘宸章(1891~?),天津人,直隶第一师范学堂、北洋优级师范学堂毕业,曾充天津官立小学教员多年。时兼任天津市党务整理委员会委员。天津县教育局内部组织系统为:局长1人,办理全县教育行政,总揽全局事务;督学1人,掌管指导视察各事项;委员4人,分掌各区教育行政事务;科长3人,分理总务、学校教育、社会教育三科事宜。1930年时天津县属小学142处,学生共计9 407人。

天津县教育局局长刘宸章

天津县教育局全县各校教职员合影

直隶省教育厅

　　直隶省教育厅创建于1912年,1928年北伐成功后改为河北省教育厅,地址在天津河北三马路。内部组织设厅长1人,管理全省教育行政事务,并监督所属教育机关;厅长下设秘书3人,承厅长之命,办理机要事务,并核阅文稿审查拟办事项;秘书之下分为4个科,各科设科长1人,承厅长之命,管理各该科事务:第一科掌管高等教育、中学教育、职业教育、学术团体及留学等事项;第二科掌管师范教育、小学教育及地方教育行政事项;第三科掌管社会教育,补习教育及与文化有关的事项;第四科掌管收发、监印、校对、统计、庶务、会计及其他不属于各科事项。督学处设督学、视察员若干人,承厅长之命,视察及指导全省教育事项,并设技正1人,承厅长之命,主办各项技术事务。民国时曾任河北省(包括前身直隶省)教育厅厅长的有张谨、胡家祺、王章祜、马邻翼、孙凤藻、张佐汉、刘春霖、严智怡、张见庵、陈宝泉、郑道儒、李金藻等。

直隶省教育厅长刘春霖

直隶省教育厅长马邻翼

河北省教育厅厅长张见庵

河北省政府大门

河北省政府大礼堂会客厅

直隶教育厅奖章正面

直隶教育厅奖章反面

天津中华武士会

1912年6月,民间习武人李存义在师弟张占魁的协助下,成立了民间武术组织"天津中华武士会",并得到了孙中山领导的同盟会的支持,同盟会燕京支部委员叶云表先生任第一任会长,马凤图先生任副会长,李存义初任总教习,后任会长兼教务主任。"天津中华武士会"于1928年解散,其间为天津乃至全国培养了大批武术人才。

会长兼教务主任李存义

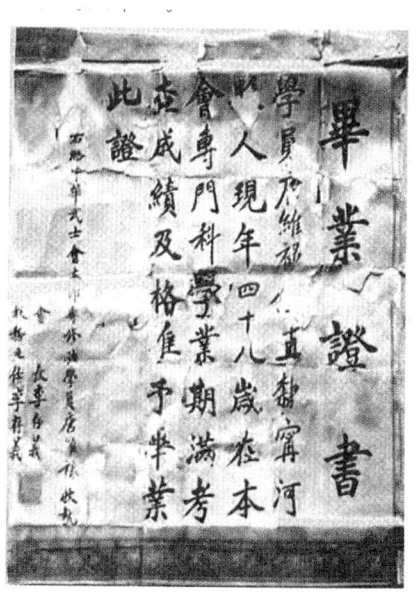

唐维禄在"天津中华武士会"的毕业证书

1916年4月,中华武士会本部第一班毕业学员合影

天津工业售品总所

　　天津工业售品总所前身是直隶工艺总局考工厂。地址在老城北马路龙亭旧址。1912年毁于"壬子兵变",重建后改为"天津工业售品总所",除展销实习工场产品外,也经营一些其他民营工厂的产品,如郭天成的救火机、轧面机等。但这些本小利微的产品,既不能获取高额利润,再加产品质量不高,无法与洋货竞争,加之实习工场停办,天津工业售品总所于1913年开始招商。是年春,已是46岁的爱国实业教育家宋则久倾其半生积蓄2万元,兑抵接办了天津工业售品总所,举起"专卖国货"的大旗,称为"天津国货售品所"。于1913年5月开张纳客。后来用过"天津百货售品所"、"中华百货售品所"等名称,一直到1958年"售品所"三字始终未变。

爱国实业教育家宋则久

天津工业售品总所(1912年)、天津国货售品所(1913—1939)

天津社会教育办事处

　　天津社会教育办事处成立于民国四年(1915),处址在西北角,由直隶行政长官朱家宝倡议,委托天津教育界知名人士林墨青创建,由林墨青任总董。天津社会教育办事处从事社会改良工作,并创办了一份《社会教育星期报》作为宣传社会教育的阵地。天津社会教育广智馆发起于民国十年(1921)。由著名教育家严范孙先生创议,天津社会教育办事处总董林墨青先生负责筹备,定名为"天津社会教育广智馆",在天津社会教育办事处的基础上建立。该馆仿照济南广智院创建。1925年1月,董事会正式成立,严范孙为董事长,林墨青为馆长,李琴湘为副馆长。该馆内部设有总务部、征集调查部、陈列部、技术部、编辑部、图书部。该馆宗旨:依照社会教育实施方案,以广开民智为教育宗旨。该馆1925年开幕,设有5个陈列室。展出内容有:天津土特产品、工农生产程序、科学常识图解、名人绘画及艺术作品、风俗习惯介绍等等,包括照片、图表、模型和实物,类似一个小型博览馆。1928年,天津社会教育广智馆进行改组,更名为天津广智馆,由天津市教育局领导。原天津社会教育办事处主编的《社会教育星期报》改名《广智星期报》,由天津广智馆主编。该馆还开办图书阅书所。1929年3月,严范孙董事长病逝,由时子周代理董事长。1933年,林墨青馆长病逝,李琴湘继任馆长,张少元任副馆长。1937年7月30日,天津沦陷后闭馆。新中国成立后,该馆更名为天津市立第二博物馆。

天津广智馆

1915年创办的《社会教育星期报》

1928年改版的《广智星期报》

天津社会教育办事处徽章

广智馆中祀孔祭器乐器模型之一斑

广智馆文字源流模型

天津博物院

天津博物院由严智怡等人于1916年组成筹备处，1918年6月1日正式开馆。馆长严智怡。1928年更名为河北第一博物院，院长严智怡。1934年12月更名河北博物院。日伪时期，河北博物院更名为天津特别市市立博物馆。抗战胜利后，更名为河北省立天津博物馆。天津解放后，1949年初更名为天津市立博物馆。1950年11月，该馆改属天津市文化事业管理局，遂更名为天津市立第一博物馆。

河北第一博物院院长
严智怡

天津博物院筹备人员

河北第一博物院大门

河北第一博物院陈列室

天津博物院成立时，军乐队前来助兴

天津博物院

河北第一博物院收藏的大都路总治碑

大都路总治碑正传拓碑文拓本碑身拓片稿1.78米，宽1.05米

博物院陈列石刻佛像

博物院陈列金代石狮

《河北第一博物院半月刊》

天津工余补习学校

天津工余补习学校是在中国劳动组合书记部北方分部的推动下,由于树德、安体诚1921年创建,向直隶省教育厅备案。设在恒源纱厂(天津第一毛纺厂)附近的河北宇纬路东兴里12号。是年9月11日正式开学。1922年5月5日,为纪念马克思诞辰104周年,该校成立"天津五五书报代卖社"。代卖社由10人组成,张隐韬、于树德为正副主任。该社章程公开宣布:之所以确定这个名称,就是为了纪念马克思;之所以成立这个书社,就是为了解除"津沽一带人民"没有专门介绍这类马克思主义书报机关的"大痛苦"。

1921年9月11日天津工余补习学校开学式纪念

北疆博物院

  天津工商大学北疆博物院又叫黄河白河博物馆,位于天津河西马厂道(今河西区马场道)。1920年献县教区向各方募集资金兴建博物馆。比商仪品公司建筑师比奈设计、监造,为钢筋混凝土结构,设计了防盗门和双重窗户。其为三层楼房,高21米,占地面积300平方米。1922年4月23日开始修建,同年9月23日落成。1923年冬,开始建筑西部房舍,次年冬季前竣工。1925年,在办公楼西端建成陈列馆,为三层建筑,由法商永和营造公司设计。采用防火、防盗、防尘和防震措施,高窗天然采光,窗户密闭而又能自然通风。1930年,又在办公楼南首增建新楼,南北二楼又以通道相连接,博物院遂形成完整的格局。陈列品约分两类:一类是基本陈列,包括有关生物及人类学的展品等,包括植物标本20000种,动物标本35000万种,岩石与矿石标本7 000种,动物骸骨化石18000公斤。各地地理、山川、河流、土壤和动植物分布地图133幅,照片3000余张,以及关于人类学、工商业和农业的调查报告。另一类是临时性展览,包括有关植物、动物的展品。1928年5月,北疆博物院举行了开幕典礼,正式对外开放。

法国地质古生物学博士桑志华

法国地质古生物学家德日进

北疆博物院工字楼(1922年)

天津工商大学北疆博物院

天津工商大学北疆博物院大门

桑志华在北疆博物院整理昆虫标本

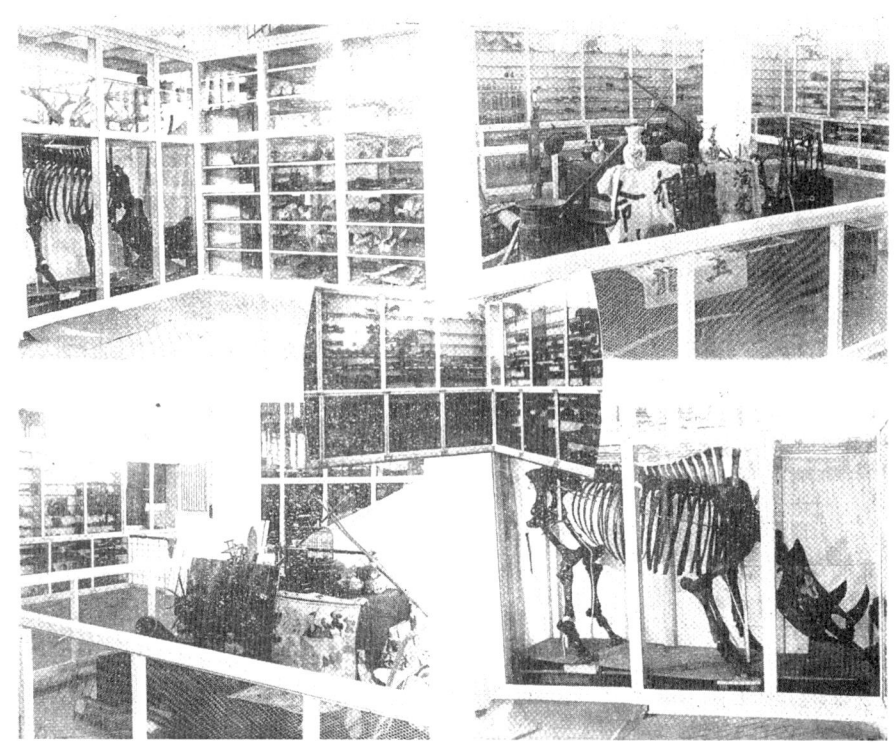

天津工商大学北疆博物院内部展品一览（1935年）

天津工商大学北疆博物院展品

天津工商大学北疆博物院展品

天津崇化学会

1927年,我国著名教育家严范孙为了继承和研究中国历代学术及经史古文,以维护国学之延续,倡议成立"天津崇化学会"。文化教育界名人林墨青、李琴湘、赵元礼、华世奎、高凌雯、刘嘉琛、徐世光、王守恂、金钺,实业界名人杜克臣、赵聘卿等人联袂协助筹设。暂借天津社会教育办事处办公。1927年8月2日,河北省政府教育厅准予备案,正式成立,严范孙被公推为首席董事,其余倡导者皆任董事。1928年春,以严范孙家宅的蟫香馆为讲堂,礼聘主讲人章钰(式之)。开设义理、训诂、掌故三门课程。1929年春严范孙病逝,是年夏会址迁到特三区(今河东区)二经路天津行商公所,仍由章先生主讲。1935年学会迁至东门内文庙府学明伦堂。1936年又筹备继续招生,并决定分设初级讲习班(全日制)及学术讲演会(晚班),讲师分别由首期学员担任。1937年天津沦陷后,该会停办。1945年招收3年制学员,日班整日讲课,晚班为讲演会,讲师均为义务。1948年,学会日班第一期学员毕业,同年暑假后又招二期,学习期限仍为3年。二期学员于1951年春季毕业,该会随之停办。

崇化学会发起人之一、著名书法家华世奎

天津崇化学会会址

天津崇化学会国学讲习科简章　　崇化学会国学讲习科规则　　董事勖辞

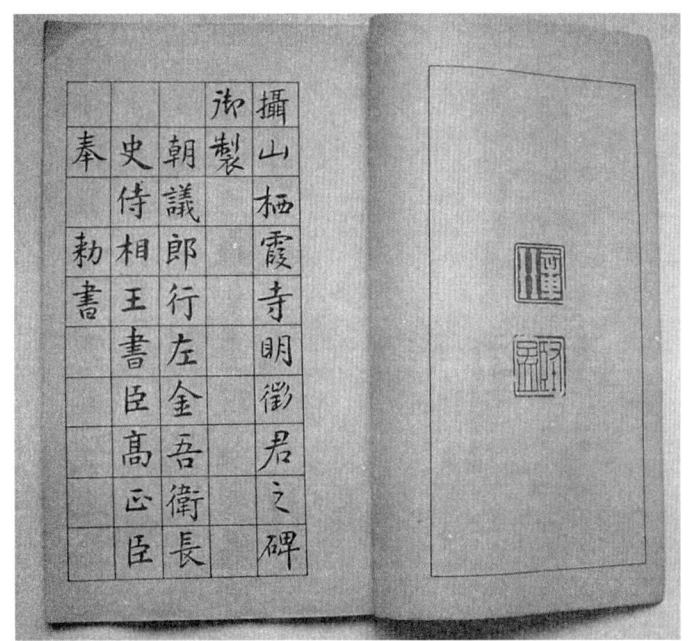

《章式之先生临明徵君碑》首页

《章式之先生临明徵君碑》

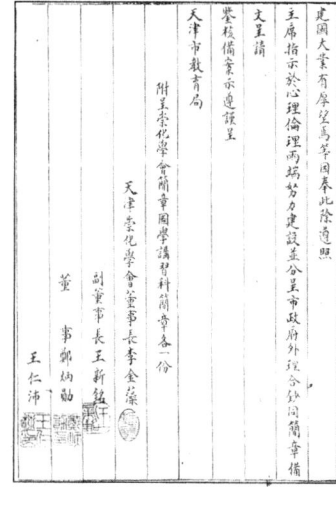

崇化学会董事长李金藻等致天津市教育局公函

天津崇化学会印模

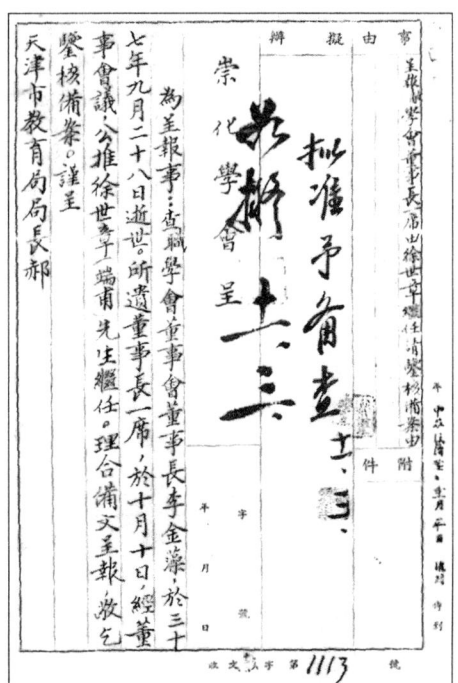

1948年崇化学会呈文天津市教育局，关于徐世章任崇化学会董事长备案一事

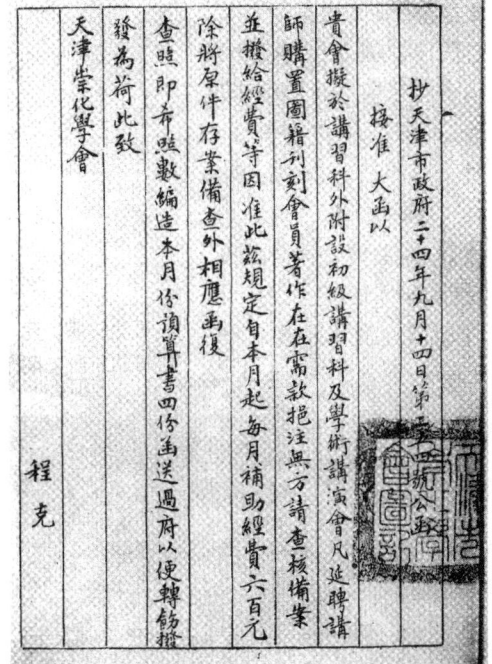

天津市长程克关于每月补助经费600元公函

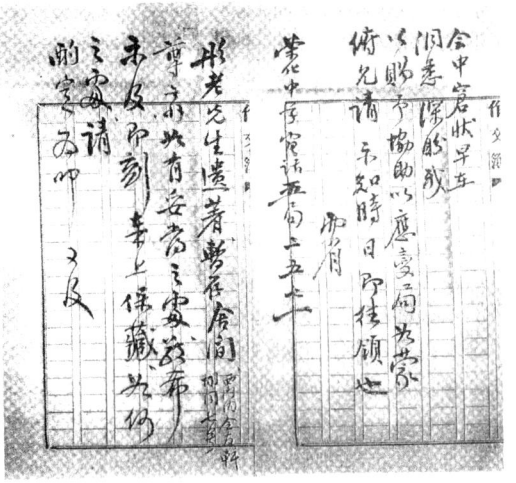
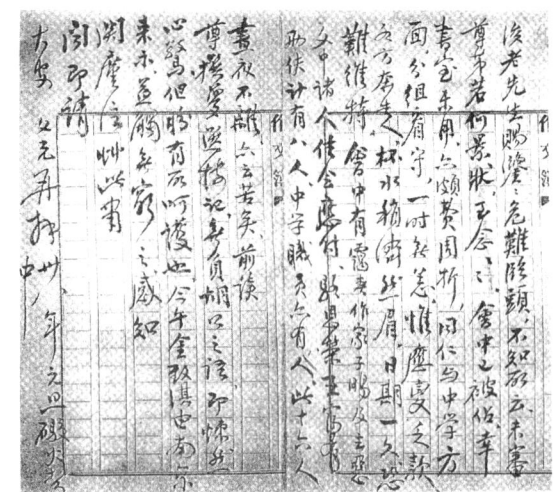

董事王斗瞻写给董事金浚宣的两封信

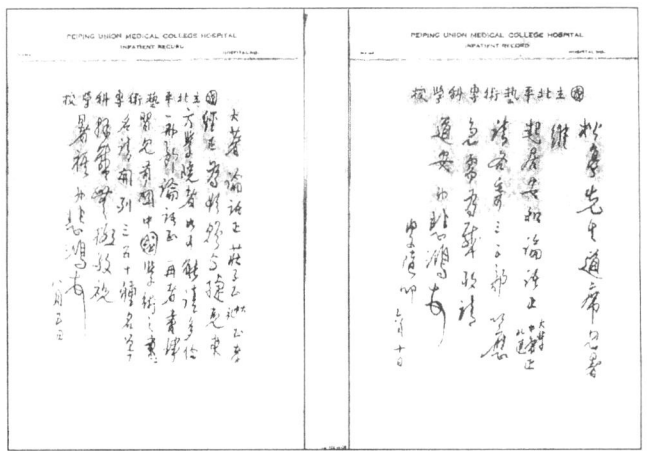

徐悲鸿写给崇化学会首批学员、老教师石永懋的两封信

丙子(1936年)春崇化学会师生合影

天津市教育局

民国十七年（1928），南北统一，天津改为特别市，遂设立天津市教育局。是天津市政府下属的全市教育工作管理机构，主要负责掌管全市各级学校教育、社会教育及学术团体、图书馆、博物馆、公共体育场、音乐、戏剧、电影、播音和美化教育及其他教育文化事项。第一任局长为焦实斋。不久辞职后，改委邓庆澜接充局长。天津市教育局内部组织分为3科2处：第一科为学校教育科，第二科为社会教育科，第三科为总务科；二处则一为秘书处，二为督学处。附设有公报处、保管教育基金委员会办公处、义务教育委员会办公处及民众补习学校办公处等。全局职员约80余人。继任局长有凌勉之、李金藻、黄子坚、郝任夫等等。1949年1月天津解放后，该局由天津市军事管制委员会接管。

首任局长焦实斋

二任局长邓庆澜

天津市教育局局长李金藻

抗战胜利后天津市教育局首任局长黄钰生（子坚）

20世纪30年代天津市教育局门景

天津市教育局（1946年）

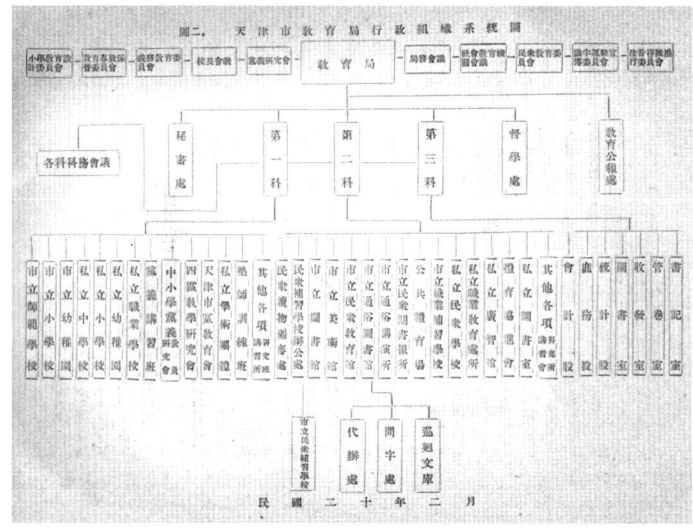
天津市教育局行政组织系统图（1931年）

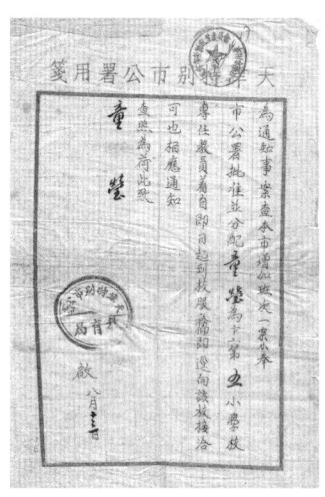
天津特别市教育局介绍信

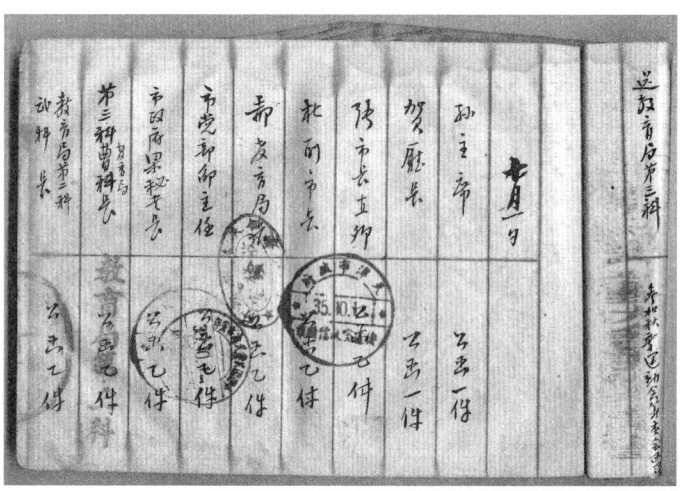
天津市教育局来往信件登记簿

天津市市立图书馆

天津市市立图书馆1929年春筹建,颁布"市立图书馆计划大纲",市绅王贤宾热心赞助图书馆事业,廉价出让南开杨家花园住房一所,共114间,作为馆舍,1931年6月20日举行开馆典礼。1937年天津沦陷后,曾更名"天津特别市立第一图书馆"。1945年抗日战争胜利后,恢复原称"天津市市立图书馆"。

天津市市立图书馆馆长姚书成

天津市市立图书馆大门

天津市市立图书馆院景

天津市立图书馆儿童阅览室

为王贤宾继续留任事致天津商会札(1909年9月11日)
王贤宾为民立第一小学堂、中等商业学堂创办人之一,天津市立图书馆赞助者

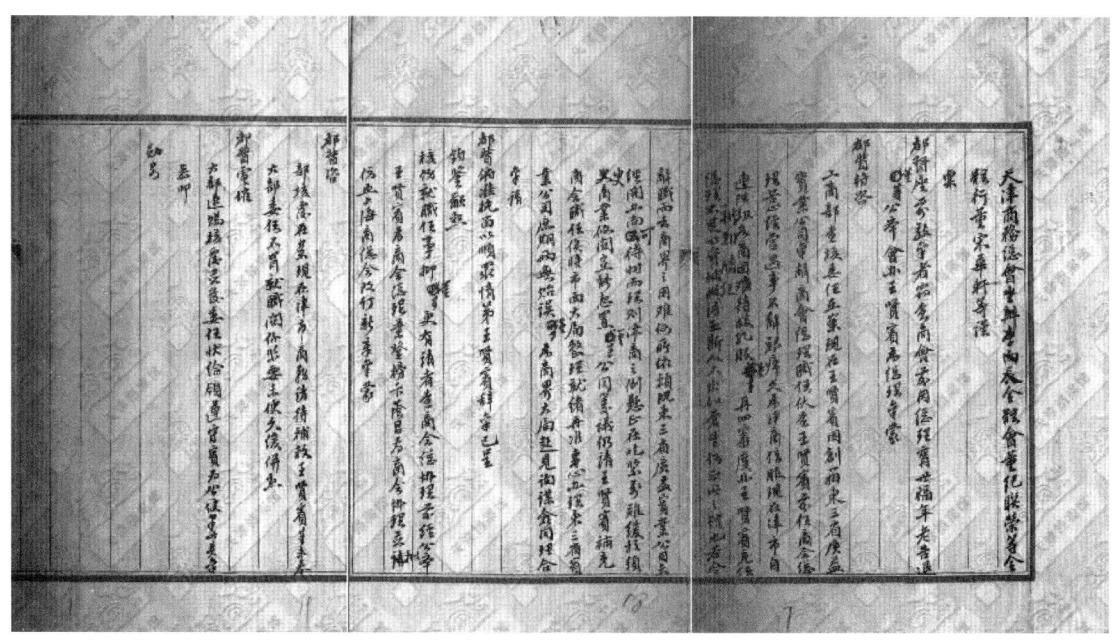

为公举王贤宾为本会总理事禀都督(1912年1月1日)

天津特别市公共体育场

　　天津一市为华北体育策源地,人口百万。而公共体育场尚付阙。如去岁,华东体育委员会会员北来,予设筵市府。曾宣言:"明年君等来时,本市应备有新建之公共体育场。"嗣本府陈参事宝泉,有设置公共体育场之建议,通过于市政会议。先是傅宜生司令注重体育久,有在蔡家花园左近建场之拟议。予乃约集警备司令部及本市体育协进会诸同志与本府所属各机关人员,组织天津特别市公共体育场筹备委员会,于去岁11月16日成立,推予为委员长,傅宜生司令为副委员长,陈宝泉为秘书,曾延毅、邓庆澜、王骏发、张警吾、钱召如、石华严、傅秉监、董守义、章辑五、谢希云、关颂声、全绍清等为委员,分任各股事务。现计开会26次,租定辰纬路以东空地30余亩,于本年6月7日开始建筑。其款由本府及警备司令部担任,筹拨1万元,不足再济以募款。夫以津市地域之大,人口之众,再增此场10所,初不为多。然则此特其嚆矢而已。夫事有开必先,将来本市体育之发达,场所之增建,未必不发轫于此。继长增高,在吾市民今后之努力矣。

中华民国十九年七月一日天津特别市市长崔廷献记

——崔廷献《创建天津特别市公共体育场记》

天津公共体育场创办人、天津特别市市长崔廷献

天津公共体育场干事长傅镜如

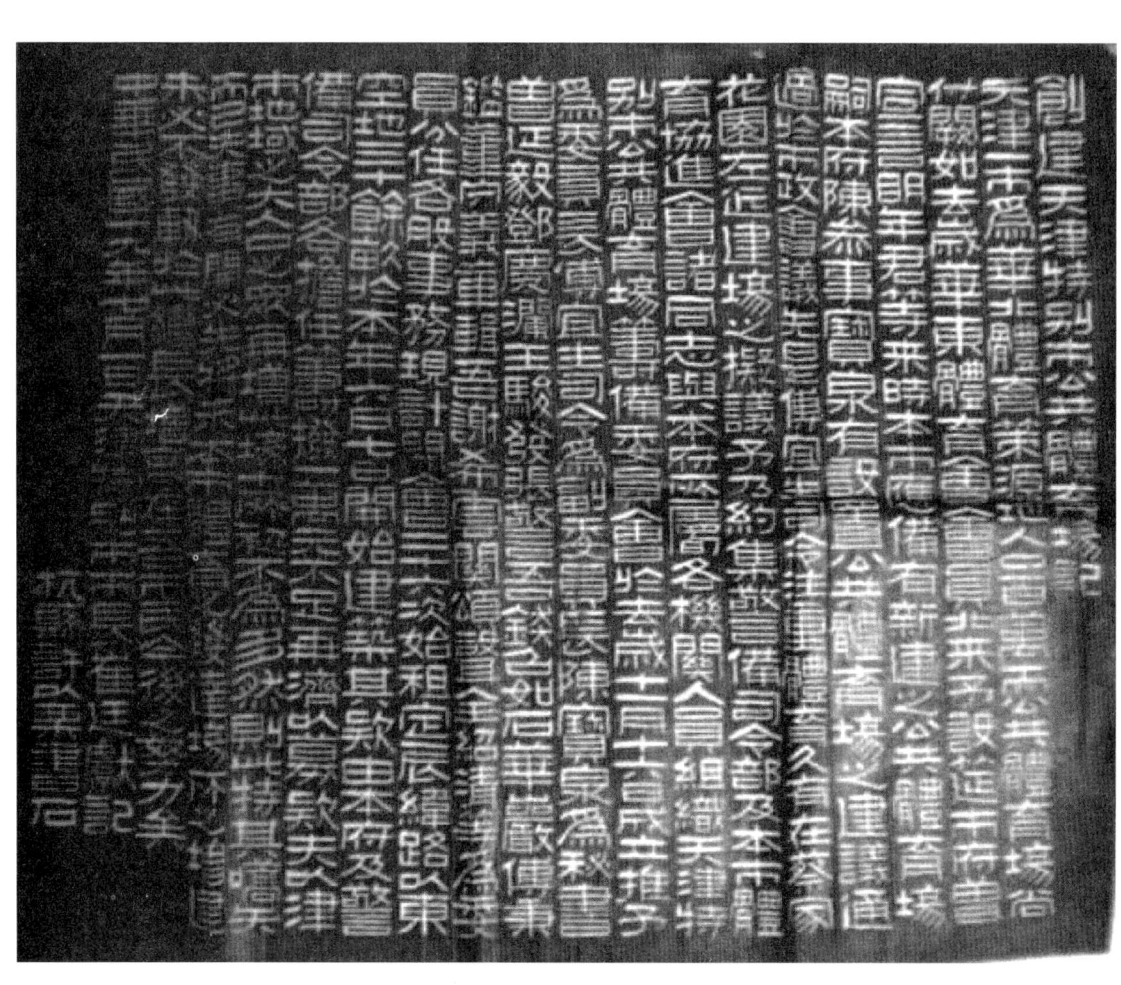

崔廷献《创建天津特别市公共体育场记》碑

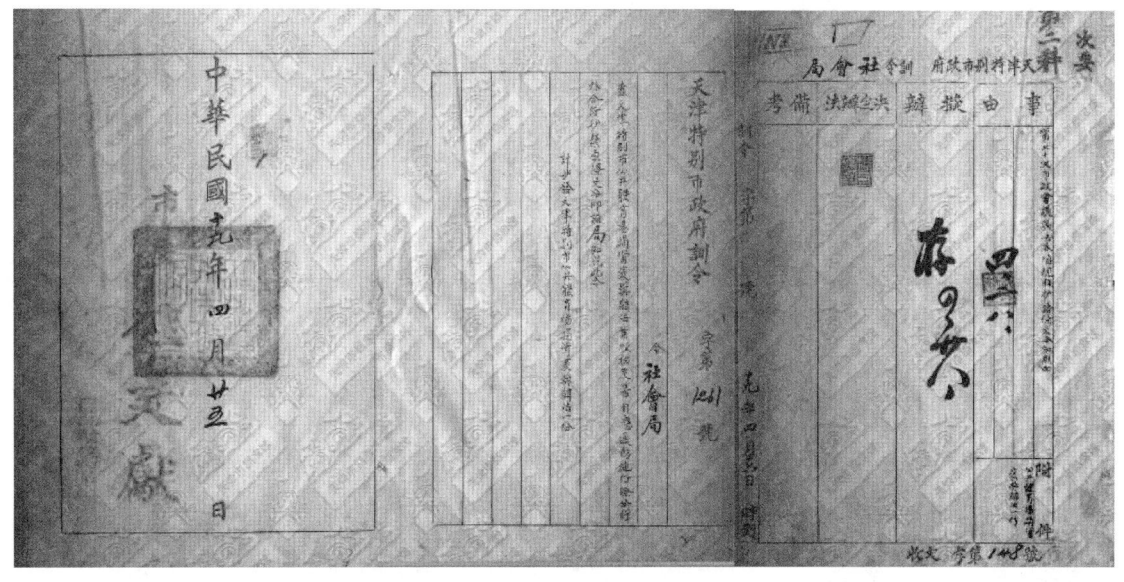

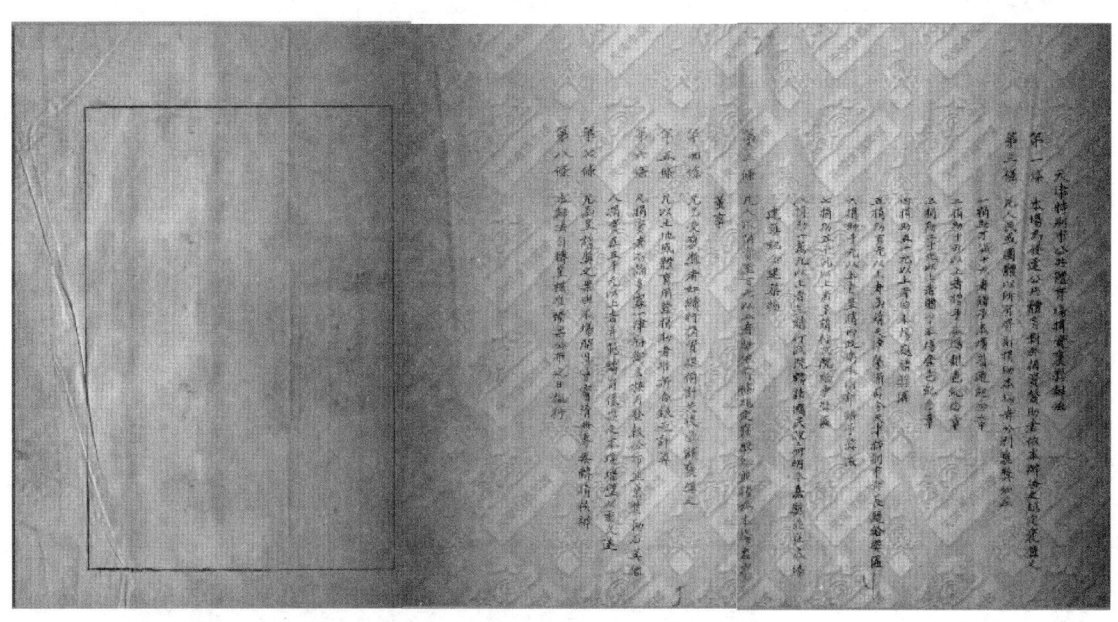

为抄发天津特别市公共体育场捐资褒奖办法事致市社会局训令（附办法）（1930年4月25日）

天津市立美术馆

天津市立美术馆馆舍于1930年10月20日落成,位于今河北区中山公园内。馆舍建筑风格简朴素雅,分为上层展览室和地下室两大部分,虽然结构简单但十分庄重。正楼上层为长期陈列部,地下室为库房及事务室。地下室的北端最初为讲演室,后来因为举办国画研究班便将北端的房间改为了国画教室。馆舍后部有平房7间,为临时展览会场。西南角有1间大房间,为西画研究所的习画室。画室的构造聘请专家设计,面向北方的设计是为了避免强烈的阳光对习画者造成影响。抗战胜利后不久,更名为天津市市立艺术馆。

天津市立美术馆
馆长严智开(季聪)

天津市立美术馆

天津美术馆第一届展览

美术馆内陈列之刻石

美术馆内之陈列一斑（1934年）

美术馆内陈列之刻石

1930年1月,《天津美术馆志》介绍阎道生图文

天津市立美术馆《美术丛刊》第三期

天津市立民众教育馆

　　天津市立民众教育馆地址在西门外大栅栏,于民国十九年(1930)七月着手筹办。1931年4月1日正式开幕。馆长孙士琛,字泽民,天津人,毕业于天河两级师范学堂,服务于教育界达20余年。曾充官立小学校长、南开及省一中教员,兼市教育局督学,对于教育素有研究,兼长书画。该馆分事务、陈设两部,各设主任1人。事务部负责办理庶务、会计、文书事宜;陈设部分为五室、五股:计博物室、理化室、史地室、卫生室、游艺室等;计讲演股、试演股、编印股、仿制股、调查股等。馆内所有陈列,任人参观,每日不下二三百人。该馆还附设:民众补习学校、民众问字处、民众代笔处、种痘所等;还特设民众阅报牌、家庭常识牌、民众教育牌等。

天津市立民众教育馆
馆长孙士琛

天津市立民众教育馆大门

天津民众教育馆内部

天津市立民众教育馆之科学室

河北省立民众教育试验学校

　　河北省立民众教育实验学校前身河北省立民众教育人员养成所,位于天津新开河畔,河北省立法商学院旁,初招学生二班,1932年2月25日正式上课。

河北省立民众教育实验学校校景远眺(1934年)

河北省立民众教育实验学校教职员学生合影

河北省立民众教育实验学校学生劳作摄影

天津国学研究社

1932年5月4日,天津著名社会名人、国学家李廷玉(实忱)为挖掘、传承中国优秀传统文化,联合天津市学界名流张伯苓、李金藻、陈哲甫、郑菊如等发起组织了天津市第一个公益性质的国学研究团体——天津国学研究社。社址在特二区三马路西头海河沿(今进步道与海河东路交口)天津市立师范学校内(原天津市第二十六中学址)。该社以"发挥旧时文化,振兴民族精神"为宗旨。李廷玉担任社长,他以复兴国学为己任,除亲自授《孝经》和《四书》课外,1937年还编辑出版《国学月刊》。授课的都是津门名家,如李邦佐、钟蕙生、金潜斋、裴学海、吴杰民、孟昭芳、陈哲甫、王维宸、郑菊如、陈慰苍、陈嚣洲等,并且是义务讲授。还附设"书法研究会"。著名书法家余明善、龚望等都曾经在该社学习过。1937年七七事变后被迫停办。

天津国学研究社社长李实忱先生

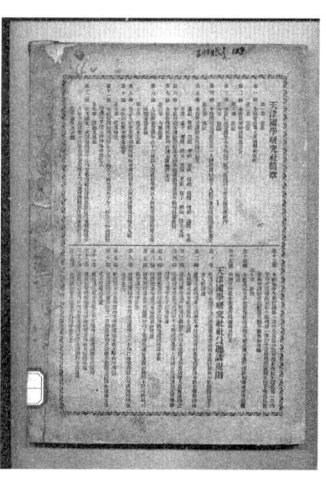

天津国学研究社简章、天津国学研究社社员听讲规则

天津国学研究社讲师李邦佐

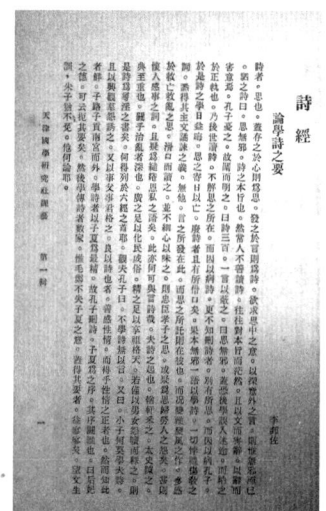

李邦佐《诗经》讲稿《论学诗之要》

河北省体育场

河北省体育场是华北第一座现代化的体育场。1934年5月16日由河北省主席于学忠奠基。天津市政府拨款26万元和河北省政府拨款20万元兴建。1934年9月竣工。当年10月就在该场举办了第十八届华北运动会。该体育场地处宁园之东，占地300余亩。中为田赛场，椭圆形，南北290米，东西130米。环田赛场辟跑道周500米、宽11米。道外建拥有18级台阶的马蹄形钢筋水泥看台，周围长2020米，宽20余米。可容观众3万余人。田径场中设国术场、足球场、篮球场、排球场、垒球场各一，在场之东及西北设网球场地6块、篮球场地4块、排球场地4块，足球场地1块、棒球场地1块。1946年7月，国立国术体育专科学校迁此复校。1946年底开课。1949年更名天津市第三体育场，1967年更名为北站体育场。

河北省体育场大门

1934年10月在河北省体育场召开第18届华北运动会

1934年10月在河北省体育场召开第18届华北运动会

天津国际英华文打字学校

20 世纪 30 年代末成立。

天津国际英华文打字学校第二期毕业师生合影

天津图书馆

抗战胜利后,天津市热心文化事业的各界人士倡议建立一座规模宏大之图书馆。1947年组成建馆筹备委员会。1948年4月,市政府将原法租界公议大楼拨交天津图书馆作为馆舍,于1948年4月局部开馆。至天津解放前夕,全市公共图书馆仅存下濒临关闭的省、市图书馆各一所和1948年新建的天津图书馆,1949年天津解放后,逐步合并为天津市人民图书馆。馆址为承德道12号天津图书馆旧址。

天津图书馆(原法国公议局)

天津图书馆(1948年)

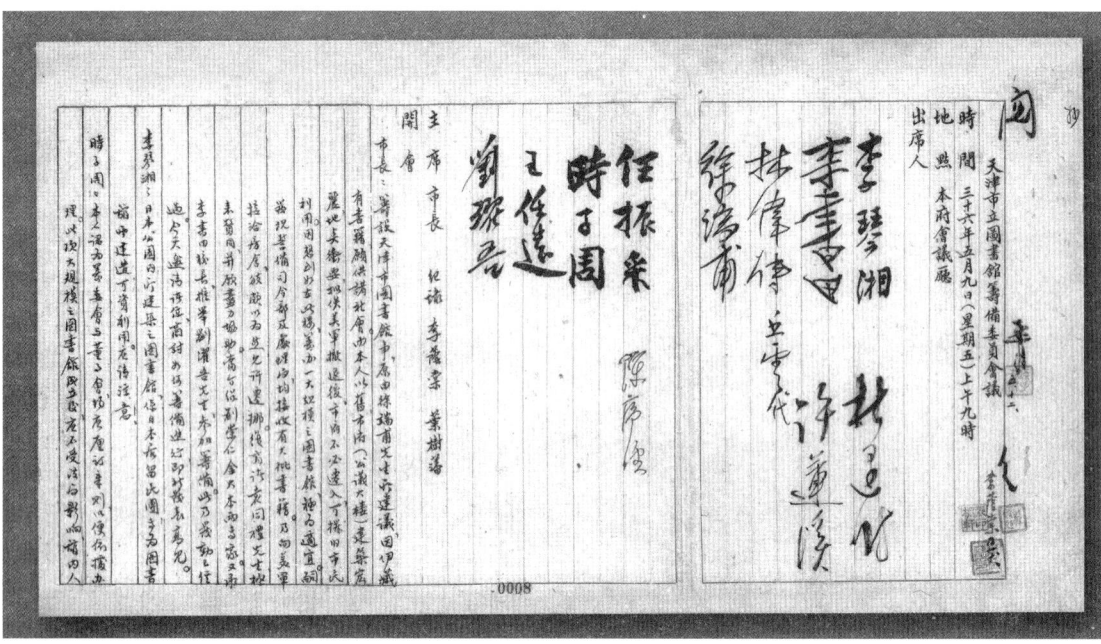

天津图书馆筹备委员会会议纪要

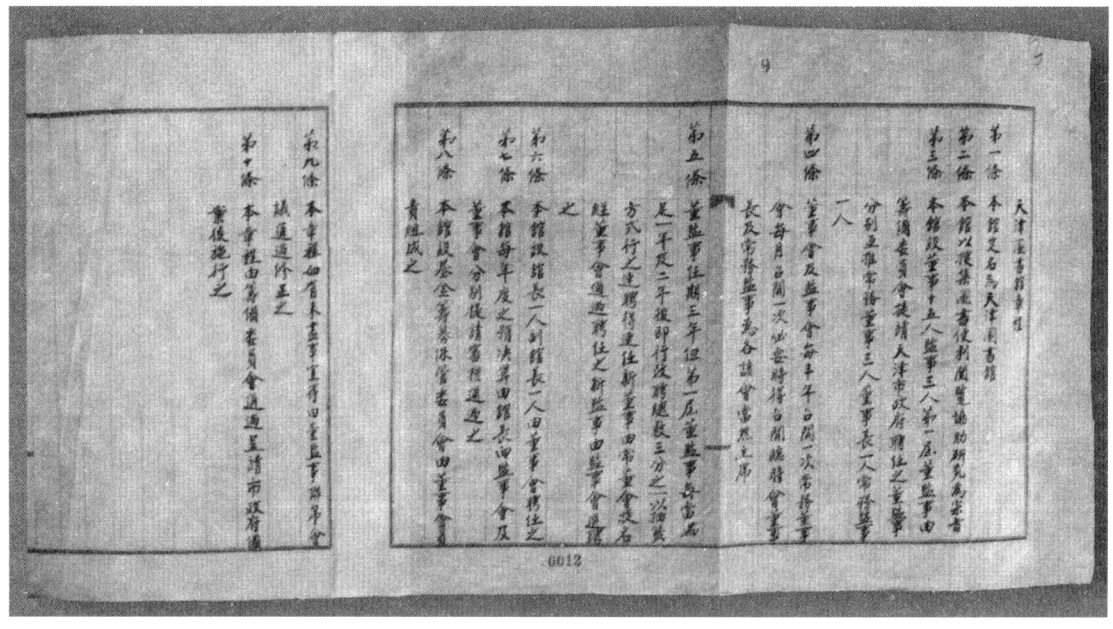

天津图书馆章程

第三部分

文物

题词 题字 题诗 赠言

實事求是

公元一九八三年 茅以昇書

天津大学（原北洋大学）校训

茅以升手书北洋大学校训

懿歟母校雄踞北洋人才薈萃無間殊方
往予來領璧劃尚詳實事求是永作典牆
蔚為楨榦邦家之光至今食報更冀未央
同人易象伐木詩章衆學易舉獨力難將
偉哉多士識度高張爰有學會編錄仙鄉
按圖索驥聲氣芬芳一手一足其烈不揚
刻茲建設必集衆長建國方略意美法良
次第實現我校首當羣策羣力事業發皇
願本校訓互助勿忘聊抒小引用祝無疆
中華民國二十四年五月上澣趙天麟撰

1935年5月赵天麟手书北洋大学四十周年祝词

程巧示功

林森

天津工商學院一九三七班畢業紀念

成德達材

王世杰題

天津工商學院一九三七班畢業紀念

信義興功

宋哲元題

天津工商學院二十六年畢業班紀念

學以致用

傅作義題

工商學院一九三七班畢業紀念

惟恒為寶

茅以昇敬題

天津工商學院一九三七班畢業紀念

五字：健、儉、勤、誠、廉
千萬勿忘
華南圭

林森、王世杰、宋哲元、傅作义、茅以升、华南圭为天津工商学院 1937年毕业班毕业纪念题词

《河北省立天津中学校一览》（何庆元题 中华民国二十五年十二月）中的题词

吴大猷先生为《张伯苓教育思想研究》题词

著名教育家黄天培先生为张人瑞创建的天津市三八女子学校题词

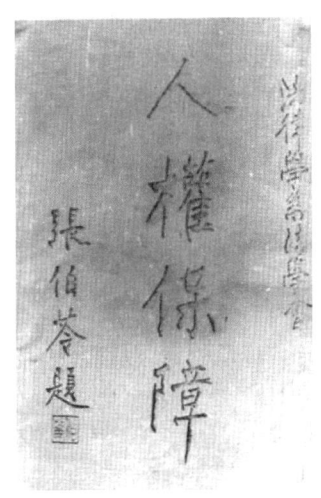

张伯苓为西南联大法学会的题词

胡适为天津市私立志达中小学校题词

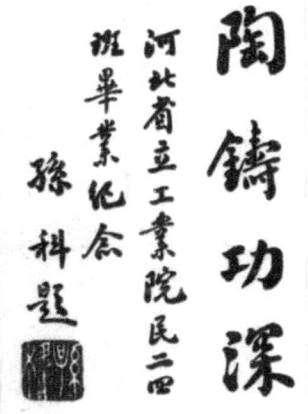

孙科为河北省立工学院题字

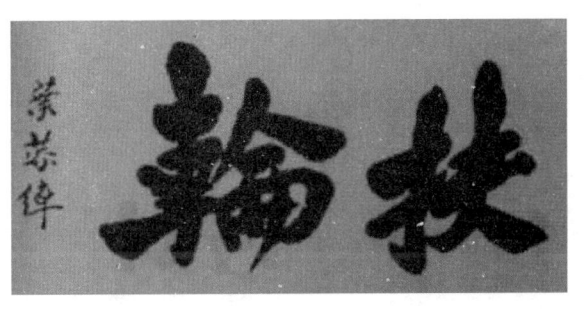

1926年叶恭绰会长为《扶轮》校刊题字

广东中学校长罗光道题字

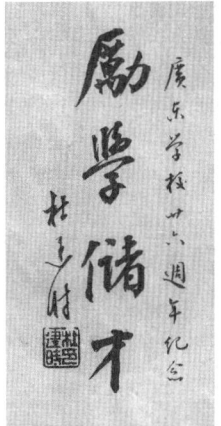

广东中学校二十六周年杜建时题字

《天津私立特一校刊》（民国二十五年六月）中的题字

张伯苓为第十届世界运动会题词

张伯苓为工商学院赠言

张伯苓为河北省立天津中学题词

魏元光为中央工校题词

张彭春题词

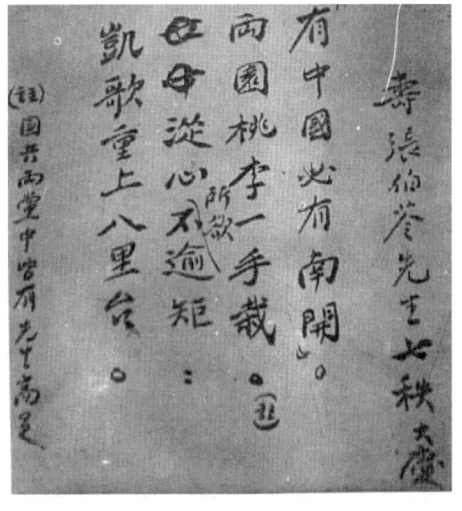

陶行知为张伯苓七十寿辰题诗，将国共两党中都有张伯苓的得意弟子戏称为"两园桃李一手栽"

圣功绶青张瑄、王慰三、李曜林赠言

学者孙丕容《为设置文物课议呈郭沫若先生》

校歌 班歌 年级歌 毕业纪念歌

北洋校歌

天津工商学院校歌

南开中学校歌

圣功学校校歌

左至右:校歌《中西女校》(中文),校歌《巍巍乎哉中西》(中文),英文校歌第一页,第二页

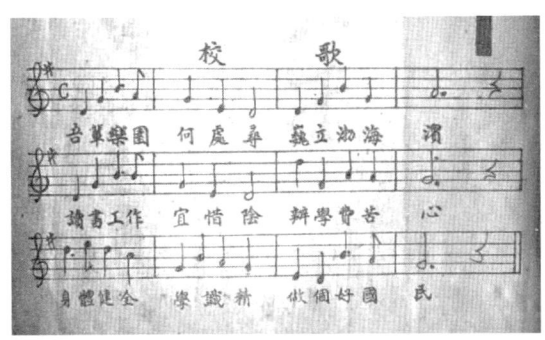
志达中学校歌

志达学校校歌

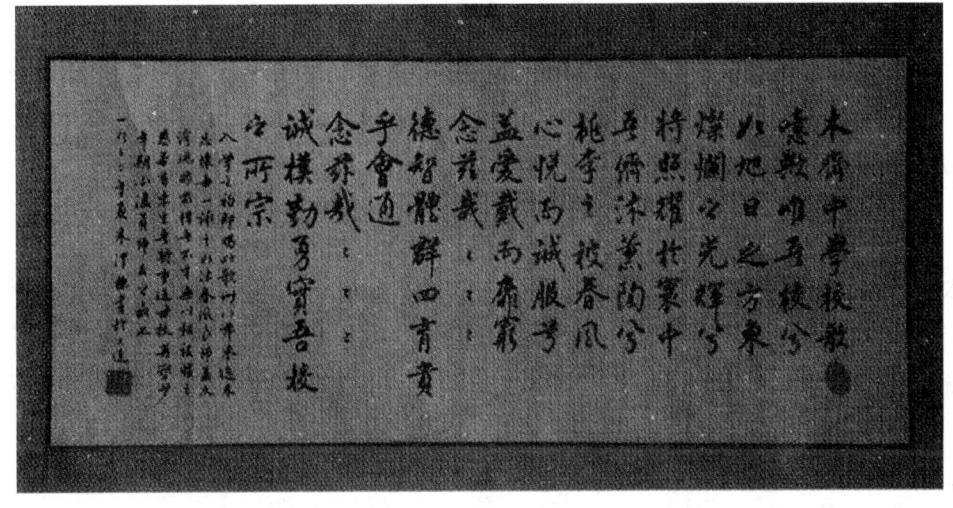
木斋中学校歌

耀华学校校歌

法汉学校校歌

广东中学校歌

天津市私立慈惠中学校校歌

天津市私立普育女子中小学校歌

含光女子中学校校歌
校长张允中作词

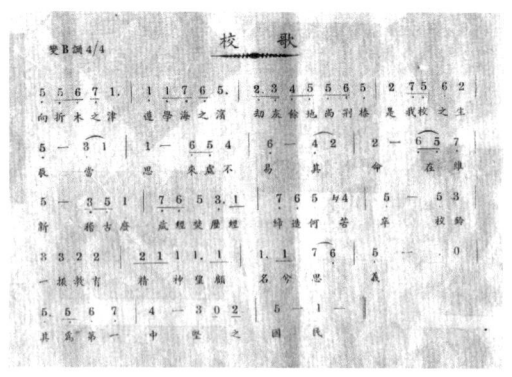

河北省立天津中学校歌（民国三十六年）

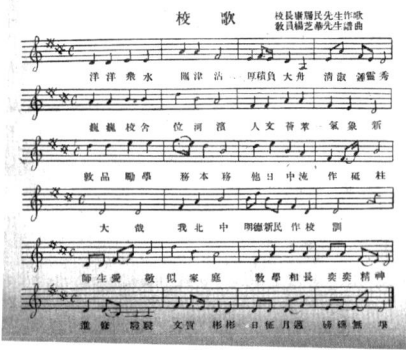

河北中学校歌康牗民先生
作词 教员杨志华先生谱曲

天津私立众成商科职业学校校歌
（1947年7月）

河东中学校歌

河北省立民众教育实验学校校歌

高庄子李氏小学堂校歌

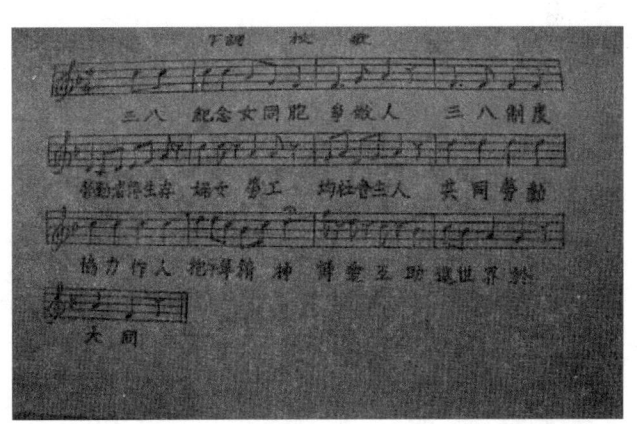

天津私立三八女子职业中学校歌

文昌宫校歌

李叔同——弘一法师在我国近代文学艺术史上,对绘画、书法、音乐、话剧、篆刻以及佛经有突出贡献。关于《文昌宫小学校歌》,据宋廷璋老音乐家谈:"我小时在文昌宫小学读书,音乐教师是胡定九,听老师们讲,校歌是李叔同写的。"

按:文昌宫小学的前身,是天津辅仁书院旧址,改为文昌宫小学后,李叔同由于曾参加过辅仁书院学习的因缘,为该校写了校歌。

中西女中 1941 班班歌

南开学校 1921 年年级歌

南开男中毕业纪念歌

校旗 班旗

《北洋》校旗

天津工商学院校旗

河北省立法商学院校旗

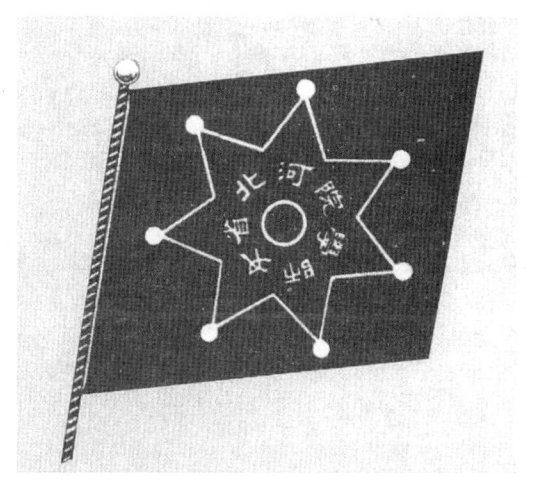

河北省立女子师范学院校旗

耀华学校校旗

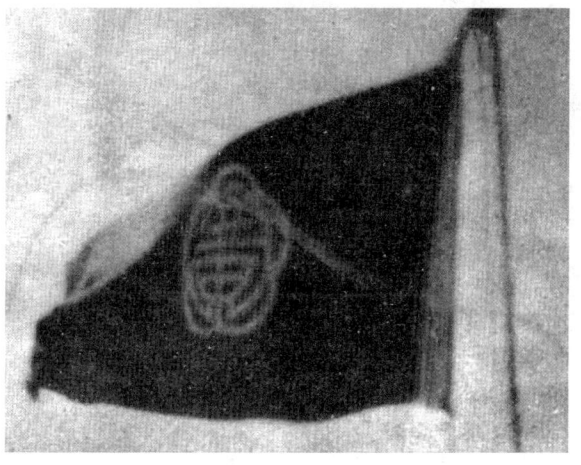

广东学校校旗

河北省立天津中学校旗（民国二十五年）

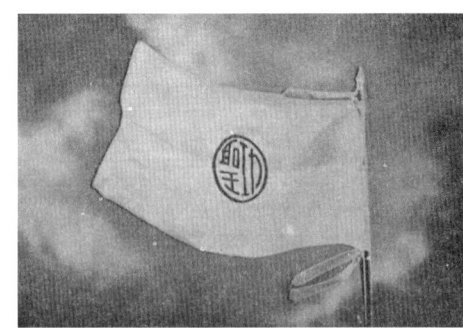
圣功学校校旗

1942年志达学校校旗

天津达文学校校旗

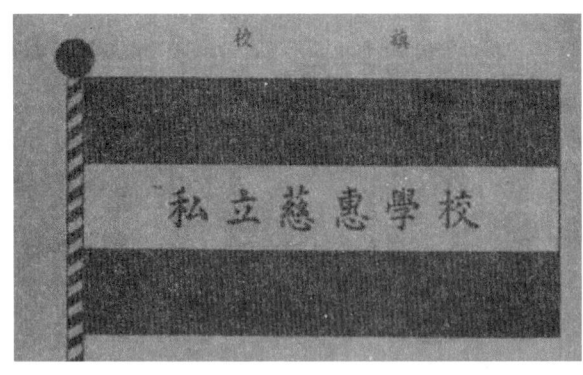
私立慈惠学校校旗

新学中学校旗

扶轮中学1935年校旗

私立士范小学校校旗

育才高级商科职业学校校旗

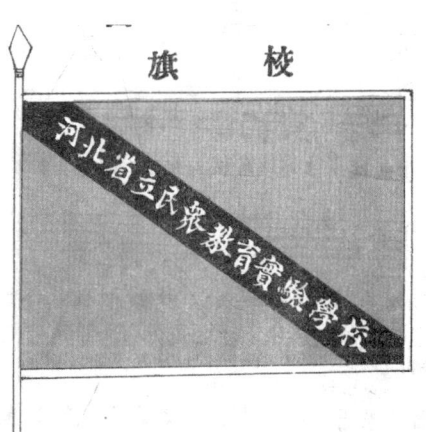
河北省立民众教育实验学校校旗

天津工商学院班旗

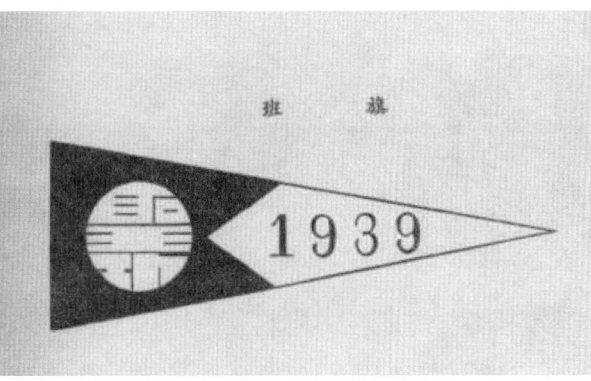
天津圣功1939班旗

中西女中
1941班班旗

校训

校訓

實事求是

天津工商学院校训

校訓
三中校训
公勇勤慎
李金藻题

天津三中校训

能異
允公
允能
允新
日月

南开中学校训

允公允能
張伯苓題

张伯苓手书校训

校　訓
勤樸忠誠

耀华学校校训

河东中学校训

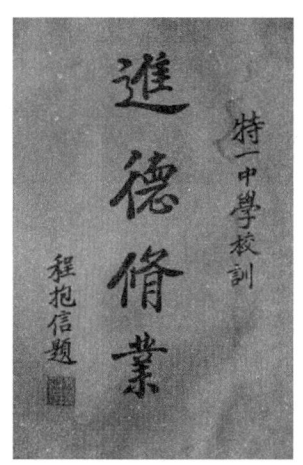
特一中学校训

1943年圣功学校校训

志达学校校训

民国大总统黎元洪为河北中学题写的校训

《天津市私立普育女子中小学民国三十七年毕业同学录》李琴湘题签校训

天津达文学校校训

天津私立汇文学校校训 一九二九年班敬赠

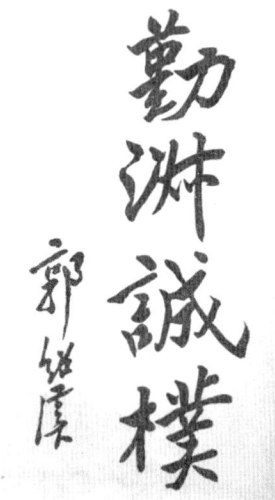

《中西女中年刊》1941题字

含光女子中学校训

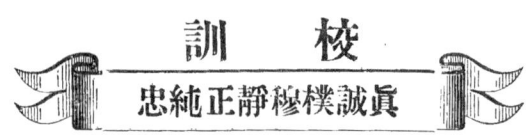

高庄子李氏小学堂的老校训

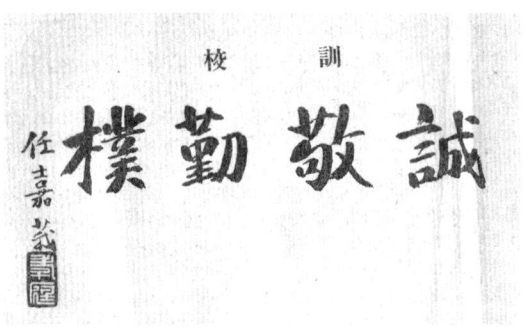

进修中学校训

慈惠学校校训

广东学校校训

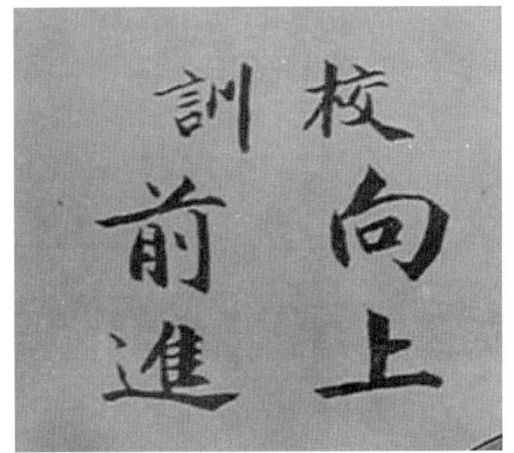

新学中学校训

校 训

忠信仁勇（1918年）

公正贤能（1946年）

扶轮中学校训

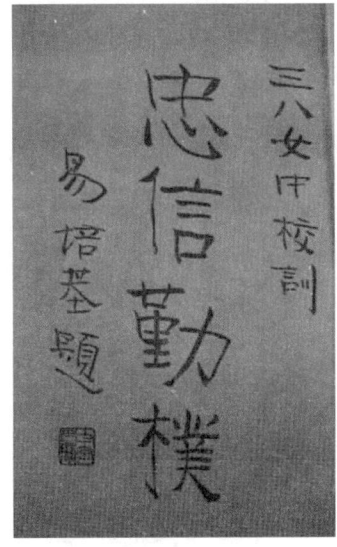

天津私立三八女子
职业中学校训

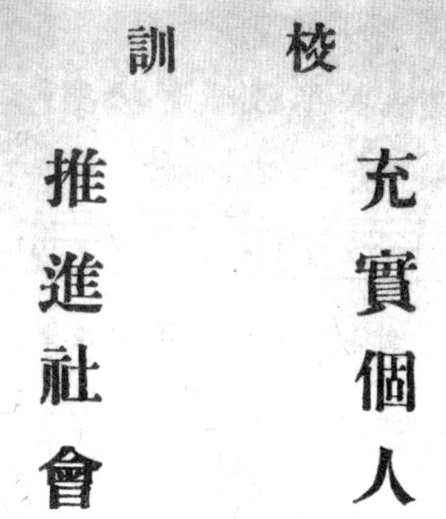

河北省立民众教育实验学校校训

校徽

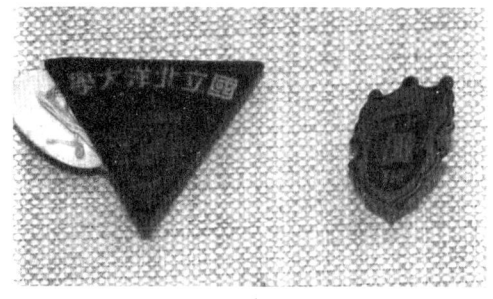
北洋大学校徽

南开大学校徽

天津工商学院校徽

河北省立
工业学院校徽

"北洋女师范"证章

河北省立
法商学院校徽

天津三中校徽

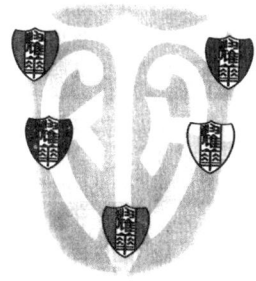
耀华学校校徽
教师佩戴红色校徽
中学生佩戴蓝色校徽
小学生佩戴黄色校徽
工友佩戴绿色校徽
家长佩戴紫色校徽

河北省立天津中学校徽

新学中学校徽

法汉学校校徽

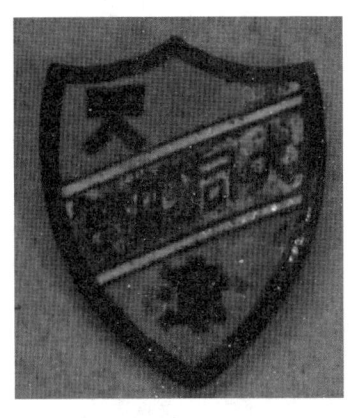  

天津大同中学校徽　　　　广东中学校徽　　　　天津扶轮中学校徽

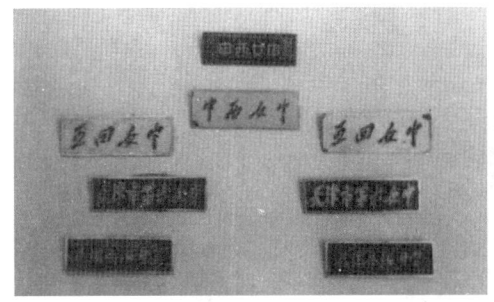  

中西女中校徽（五四女中1952、天　　天津广北小学　　宜兴埠私立
津市第六女子中学1952~1966、　　学生校徽　　　　士范小学校徽
天津长征中学1966）

育才高级商科职业学校校徽　　　　　　日出学馆校徽

校钟

北洋大学钟楼

南开大学校钟

李氏小学堂留下来的打铃钟

河北省立女子师范学院校钟

河北省立天津中学校铃

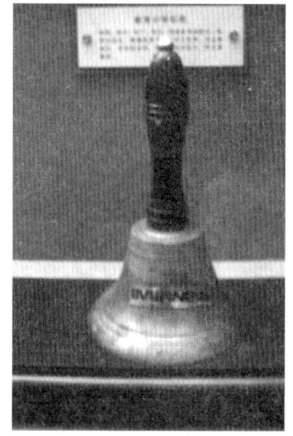

宜兴埠私立普育小学校手摇校铃

承德石油高等专科学校现存 1905 年北洋工艺学堂实习工厂铜钟

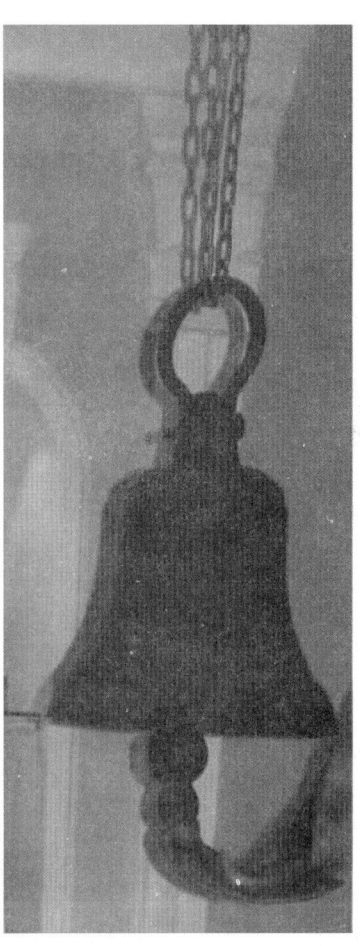

河北省立第一女子中学校钟(1924)

法汉学校打点钟

中西女中晨钟(1941 年)

周恩来所在南开中学年级全体同学送给母校的纪念钟

圣功女中校钟

印模

钦字第一号文凭上所盖"钦差大臣关防"印章

北洋工艺学堂图章

"天津市私立工商学院附属中学校董会钤记"印模

天津特别市私立新学中学校印模

广东学校校董会印

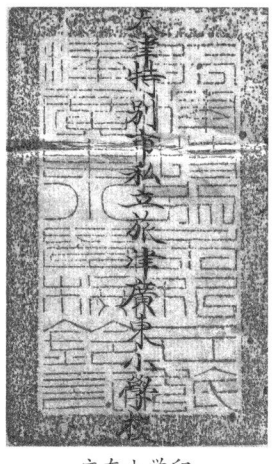

广东小学印

广东中学印

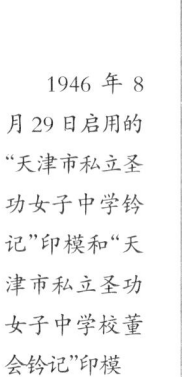

1946年8月29日启用的"天津市私立圣功女子中学钤记"印模和"天津市私立圣功女子中学校董会钤记"印模

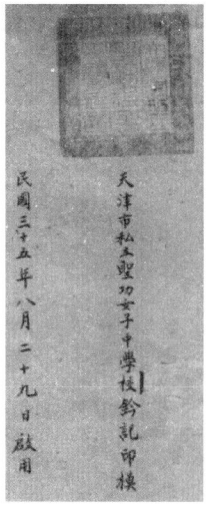

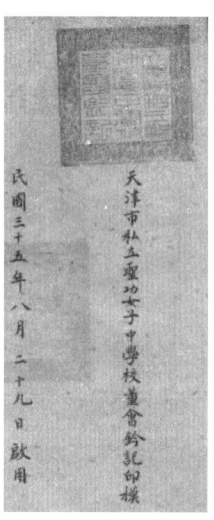

"天津市私立木斋小学钤记"印模

碑刻

大悲禅院内出土的 1918 年
各界襄助西窑洼村小学的兴学碑

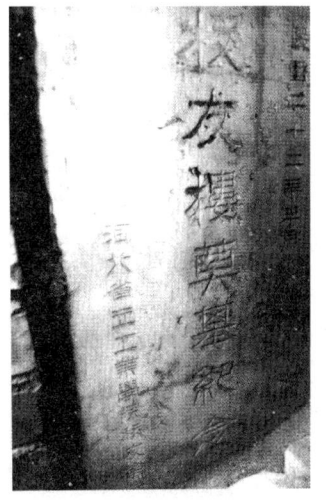

河北省立工业学院校友
楼奠基石，1933 年底竣工

当年的女师附中的石刻匾额尚存，嵌在天津美院东院内校史馆外墙上

北洋法政学堂的残存匾额，此匾玉质
细腻，惜仅存"洋法"二字（摄于 1997 年）

捐资建校碑拓片

白衣寺碑

白衣寺碑(正)拓片在白衣寺建有白衣寺小学校碑

白衣寺碑(背)拓片

重建万寿宫记碑

重建万寿宫记碑拓片,天津万寿宫曾建有万寿宫小学

毗卢室重修碑拓片,官立第一女学堂建毗卢室

豫章会馆石匾额拓片（在豫章会馆曾建有江西小学校）

豫章会馆（俗称江西会馆）石匾额

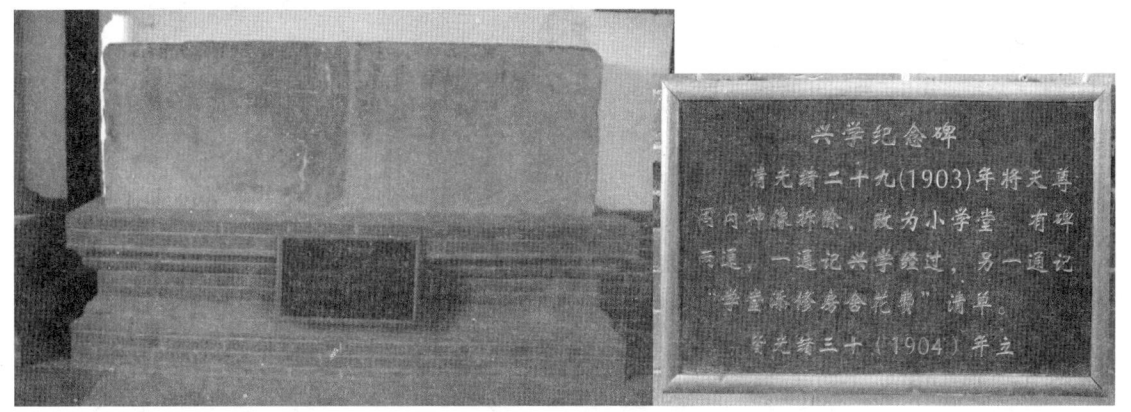

天尊阁兴学纪念碑

1931年，河北省政府令，将一旧工厂拨归河北省立工学院，将建设教职员宿舍、食堂和浴所。建成后，1932年4月校长魏元光写此碑文，以示纪念

教具

扶轮中学(今铁一中前身)教具:

 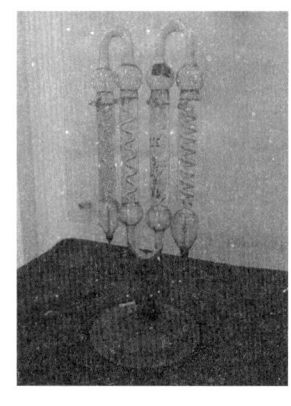 

左:20世纪二三十年代蒸汽机模型(德国产)
中:20世纪三四十年代液体荧光管(日本产)
右:20世纪三四十年代感应圈(日本产)

德华中学堂(今海河中学前身)教具:

德华中学堂建于1907年,百年前购置于德国的教具现珍藏于海河中学教育博物馆。有生物标本11个、人体结构模型4个、物理教具46个。这是人类科学技术进步和近现代教育发展的历史见证,反映了当时最新的科技成果。伦琴射线管和阴极荧光射线管是最典型的代表。物理教具涉及物理学科的多个分类,包括力学、热学、光学、电学等。所有教具在进入教育博物馆之前,一直在学校的物理和生物教学实验中使用。从这些老教具足见当时德华中学堂教育思想和办学理念之先进,其不仅打开了青少年求知的眼界,也开启了中国人科技救国的探索之路。这些代表了最新科技成果的教具进入中学的教育教学实践中,充分说明了海河中学在百年兴学历程中,始终处于中国教育发展的领先地位。

白鹭标本

翠鸟标本

黄鹂标本

海鸥标本

野鸭标本

灰鹦鹉标本

猫头鹰标本

猕猴标本

松鼠标本

雉鸡标本

啄木鸟标本

人体皮肤结构模型

人耳结构模型

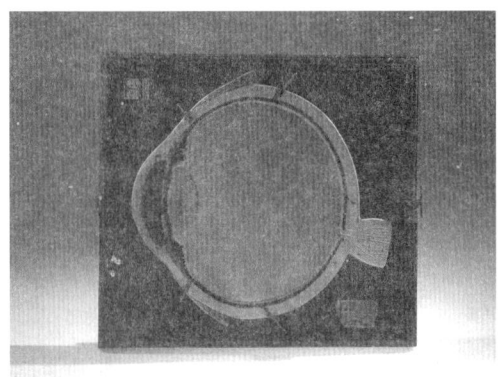
眼球结构模型

德国蔡司照相机

德国蔡司照相机

单筒望远镜

弧光幻灯机

带滑轮斜面

电磁波发射与接收装置

反射投影仪

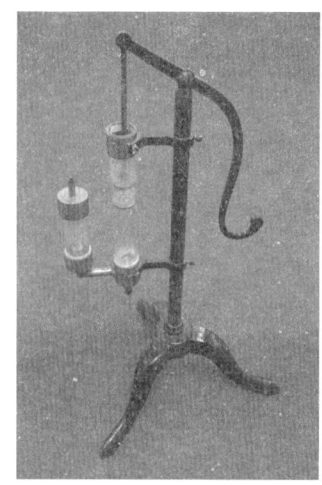
活塞式抽水机模型

莱顿瓶

罗盘针

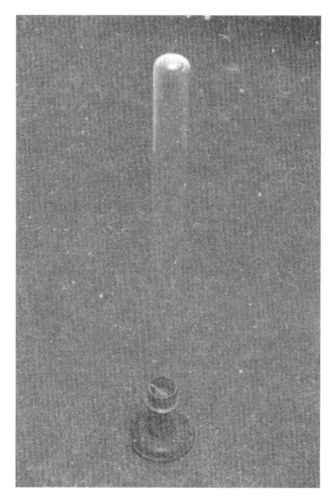
牛顿管

显微镜原理演示器

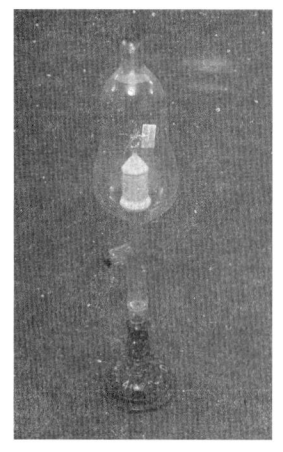
阴极荧光射线管

真空抽气盘

阴极荧光射线管

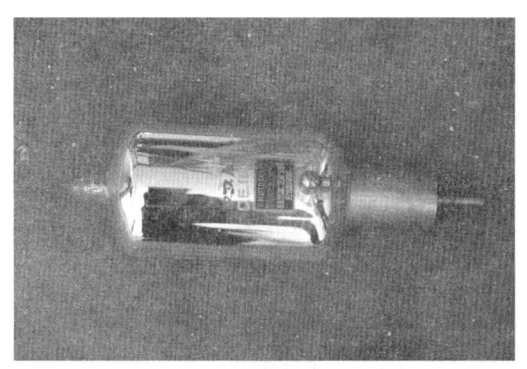

光电效应管

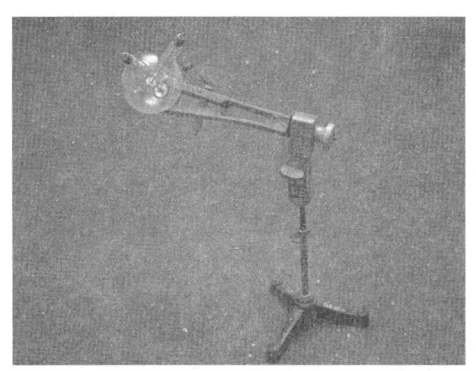

伦琴射线管

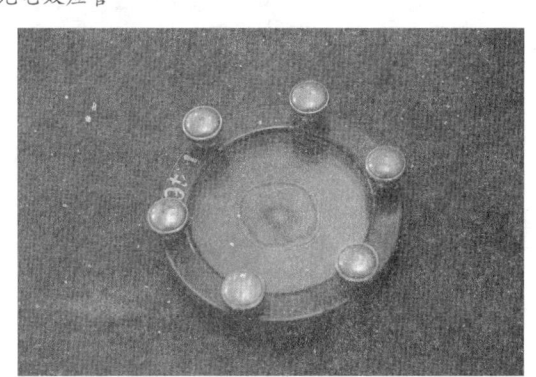

牛顿环

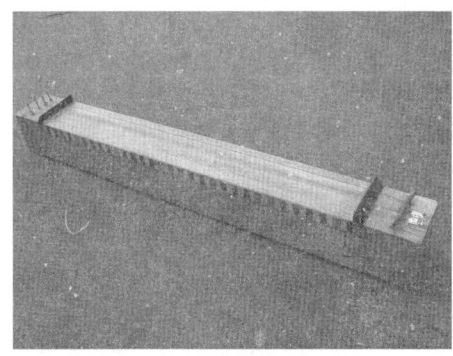

四弦琴

手摇发电机

条形磁铁

蒸汽机模型

河北省立工业学院教具：
今存承德石油专科学校校史馆。

河北省立工业学院的老钢琴，1934年为大礼堂配备

奖状 奖章 纪念章 奖牌 奖品

当年耀华中学学生的奖状

直隶第一模范小学奖状

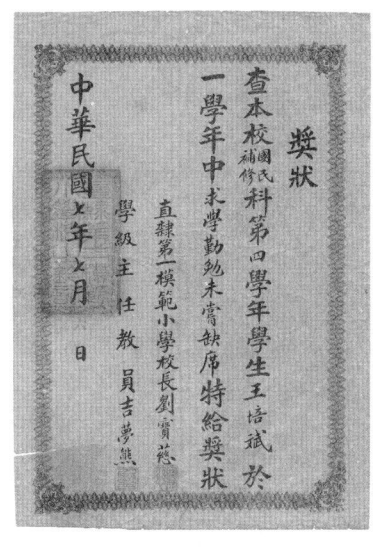

广东中学奖状

民国二十八年（1939）天津特别市第二十六小学奖状

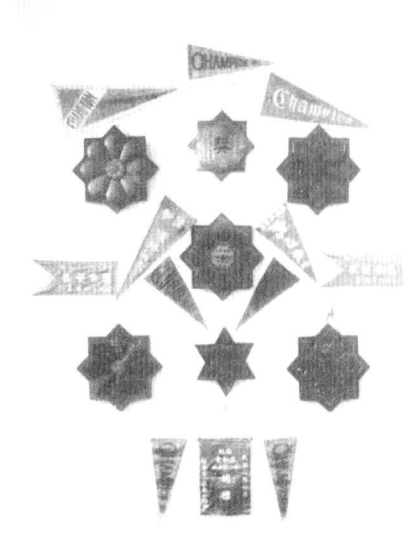

南开学校历年优胜奖品(1921年)

天津市私立育才高级商科职业学校奖状(1940年)

天津市立第二中学(新学中学址)奖状(1947年)

周恩来创办敬业乐群会制作的纪念章

信函 信封

天津市私立广东女校
康本绍转学证书信封

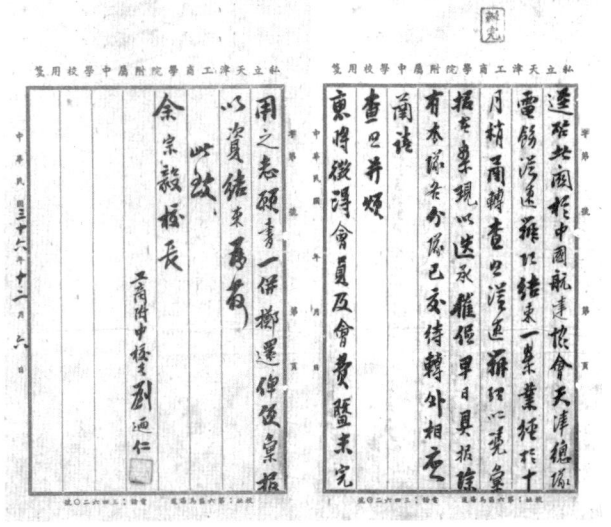

工商附中校长刘廼仁笔迹

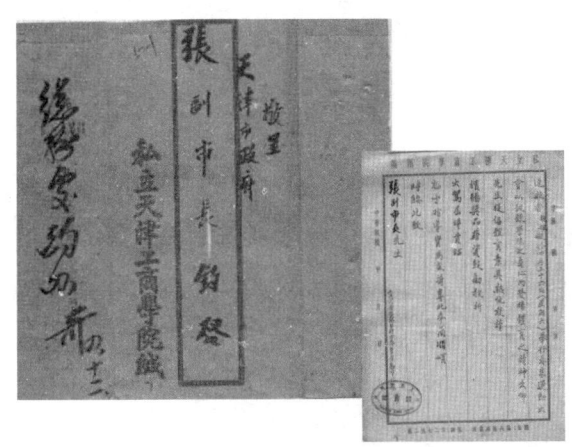

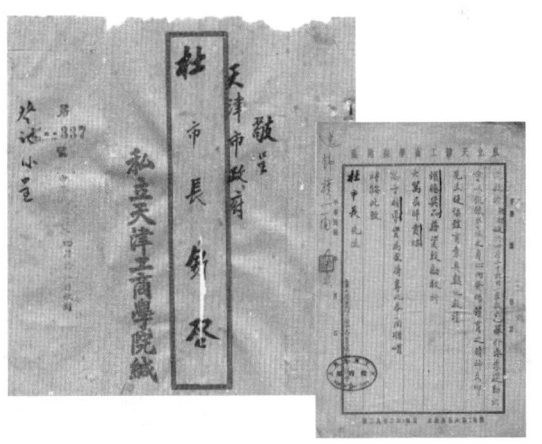

1947年4月26日，私立天津工商学院暨附属中学联合召开春季运动会。图为当年学校敬呈给杜市长及张副市长的信函

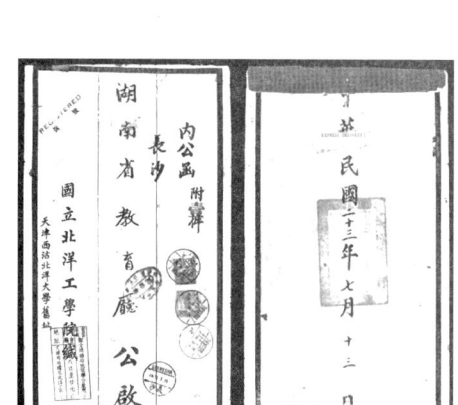

1934年天津国立北洋工学院
寄湖南省教育厅挂号快递官封，
有长沙7月23日到达戳

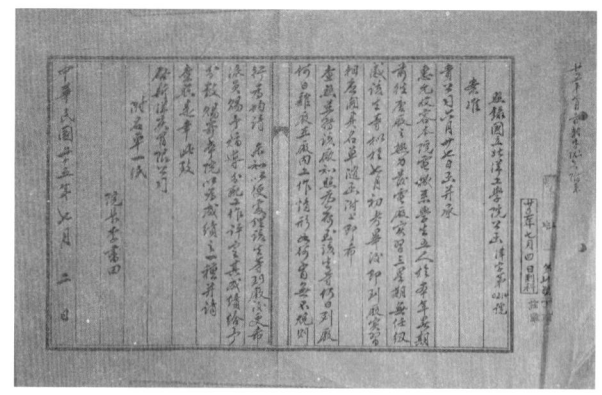

照录北洋工学院公函（李书田 1936年）

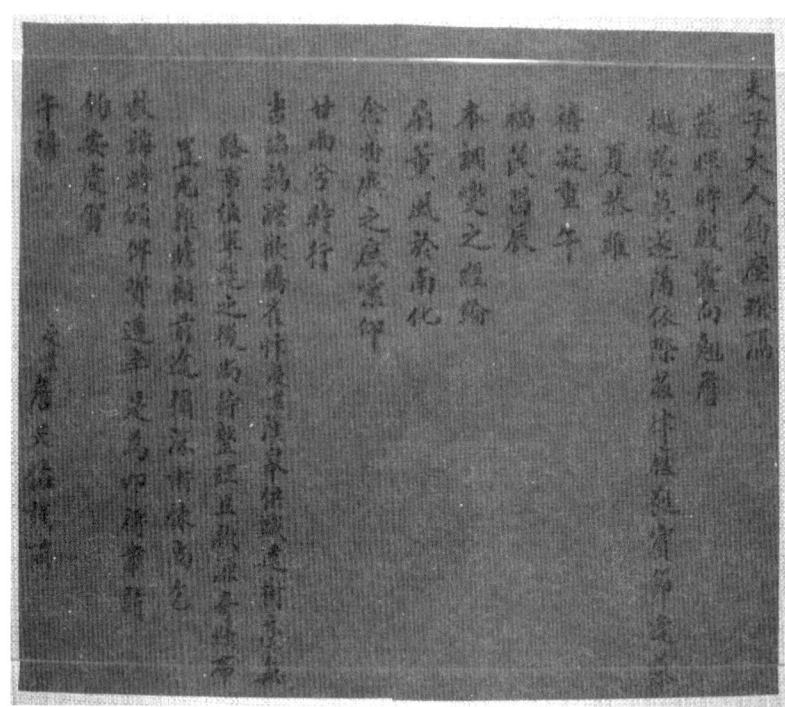

詹天佑信

委任令 聘书

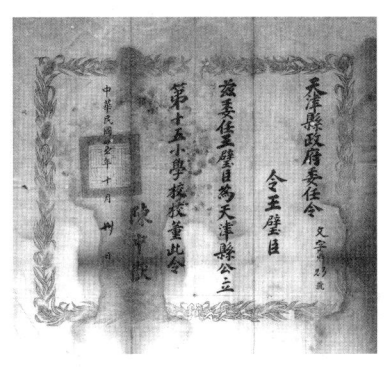

天津县县长陈中岳委任令
天津县公立第十五小学校校董
王璧臣 1936年5月

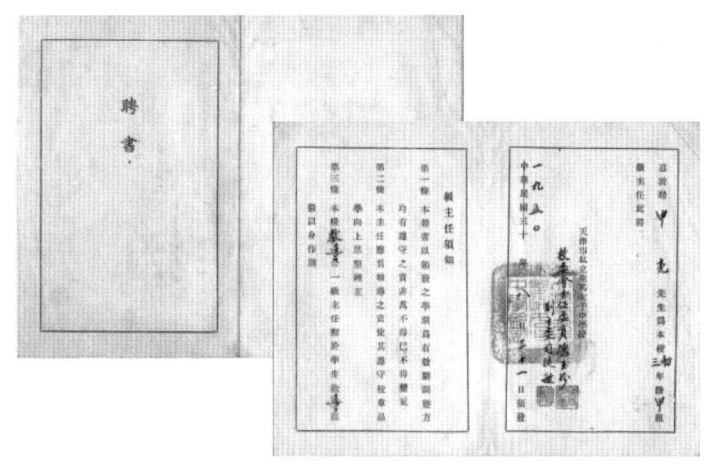

圣功女中聘书

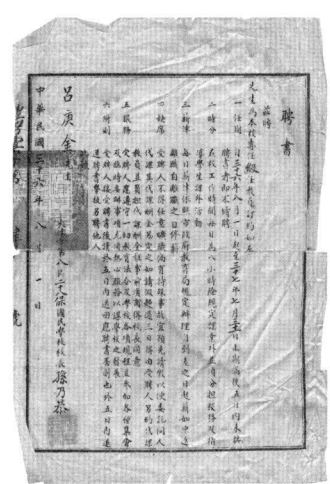

第八区第二十八保国民学
校（西头老公所）聘书 中华民国
三十六年（1947）八月一日

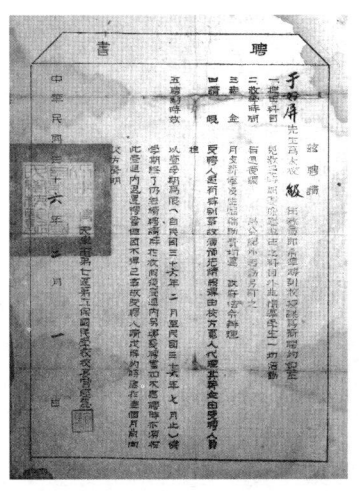

天津市第七区第五保国
民学校教员聘约

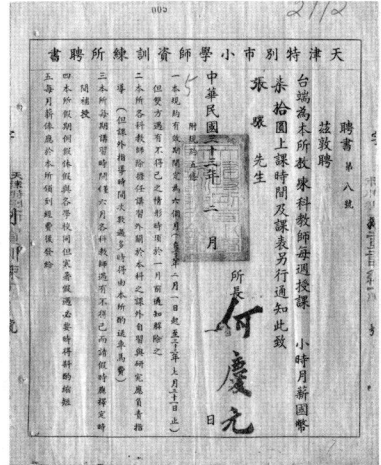

天津特别小学师资训练所教师
聘书（1940年）

证明书 登记证 合格证书

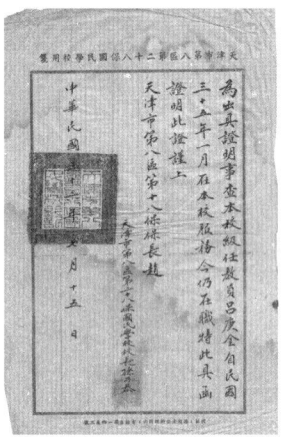

第八区第二十八保国民学校证明书 中华民国三十六年（1947）七月十五日

天津市统计人员讲习会证明书 谭俊

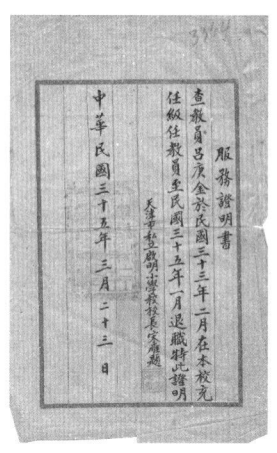

天津私立启明小学校服务证明书

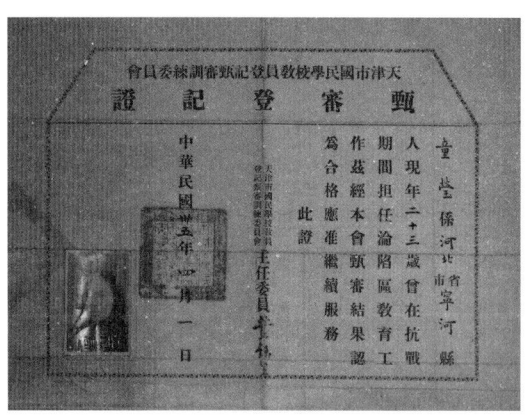

甄审登记证（1946年4月）

教师甄审合格证书

毕业证书 结业证书 修业证书

王宠惠所获的我国第一张大学毕业文凭（钦字第一号文凭）

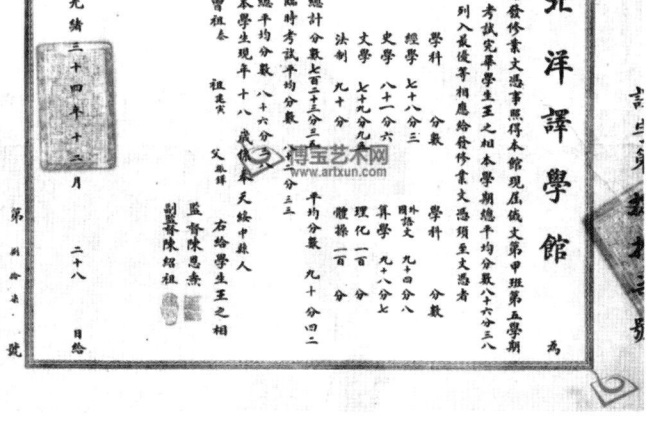

光绪三十四年（1908）北洋译学馆修业文凭一张，由监督陈恩焘等签发

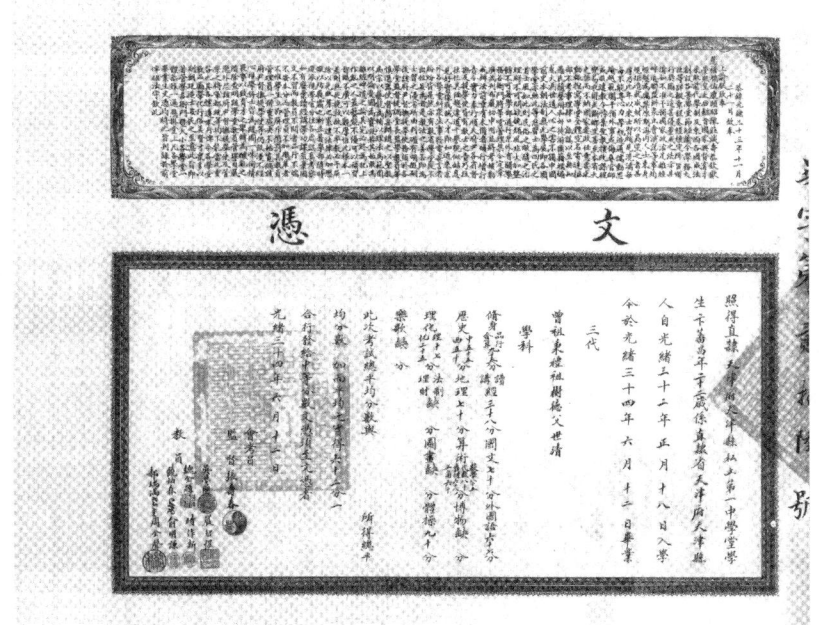

私立第一中学堂首届毕业文凭（1908 卞蕃昌）

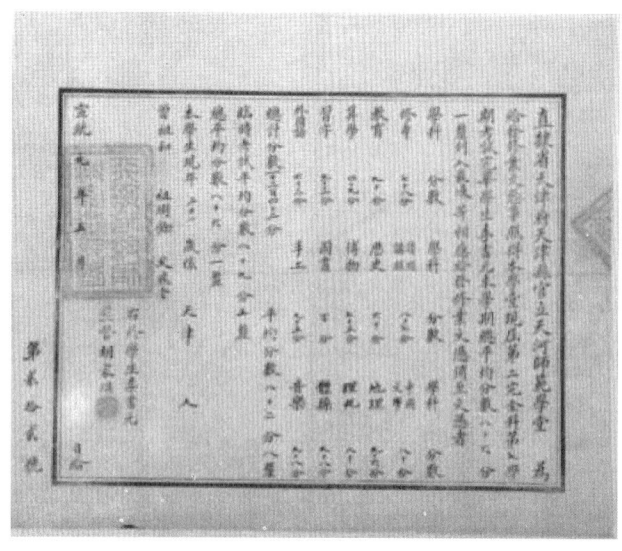

1909年直隶省天津府天津县官立天河师范学堂毕业证书照片

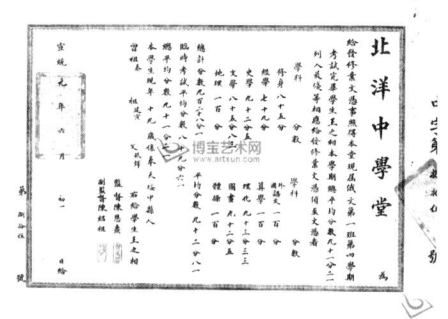

宣统元年(1909)北洋中学堂修业文凭一张,由监督陈恩焘等签发,文凭之学生成绩相当优异,即为中国著名法学家王之相先生本人

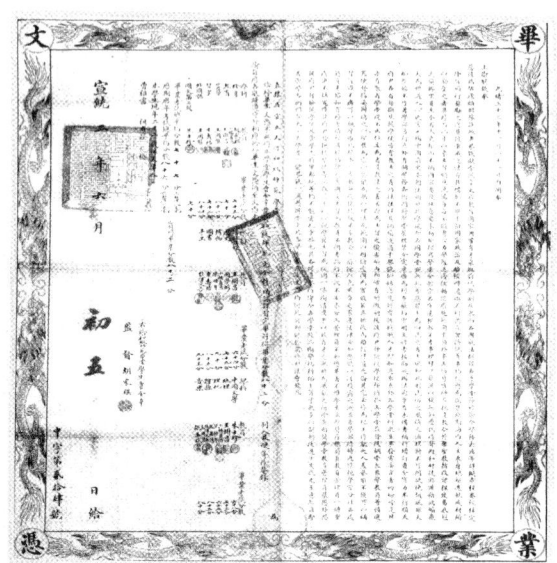

直隶省立天河初级师范学堂贾金章毕业文凭 宣统二年(1910)六月初五

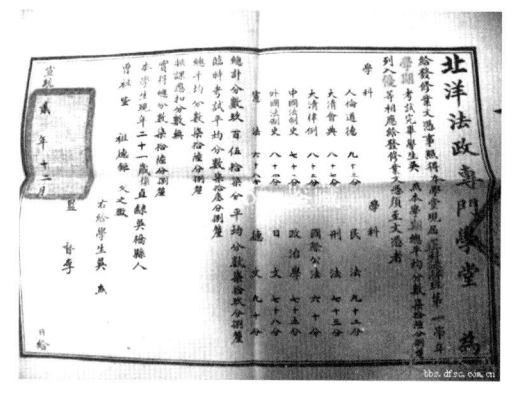

1911年北洋法政学堂毕业文凭

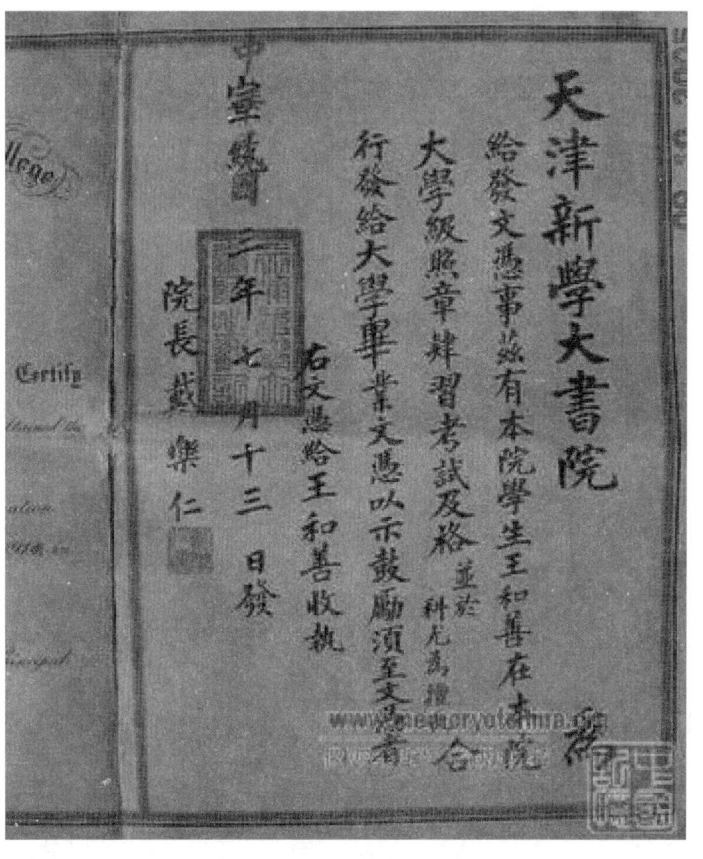

宣统三年(1911)天津新学书院文凭

直隶第一师范学校毕业证书(1916年)

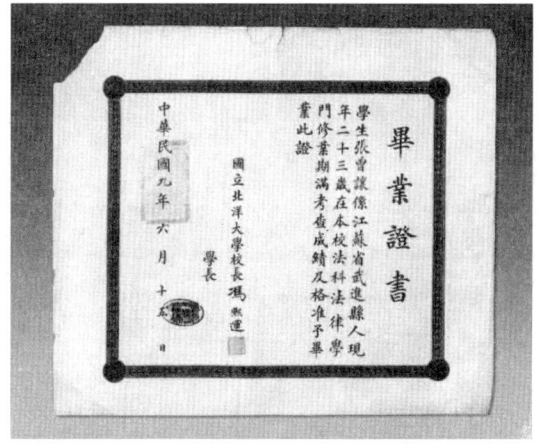

张曾让(张太雷)获得的北洋大学毕业证书(1920年)

天津私立圣功女学校毕业证书(1924年)

天津老西开私立圣功女学校毕业证书(1926年)

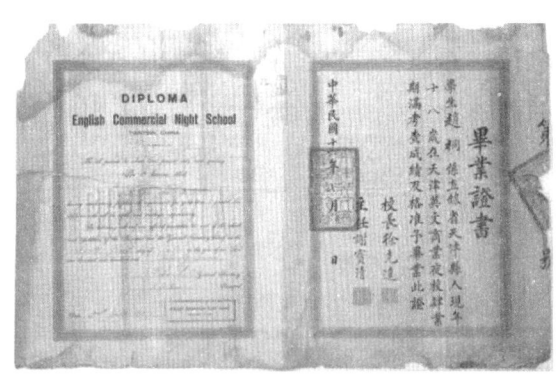

天津英文商业夜校毕业证书(1927年)

天津南开学校中学部毕业证书(中英文对照)(1921年)现存天津南开中学　　周恩来毕业证书存根

1928年广东中学毕业证书

1928年扶轮中学毕业证　　1932年河北省立一中毕业证书

1935年河北省立天津师范学校毕业证书

1936年河北省私立南开中学校毕业证书

1936年天津市立师范学校毕业证书

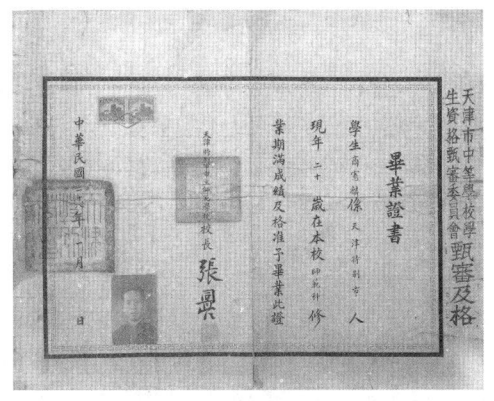
1939年天津特别市市立师范学校毕业证书

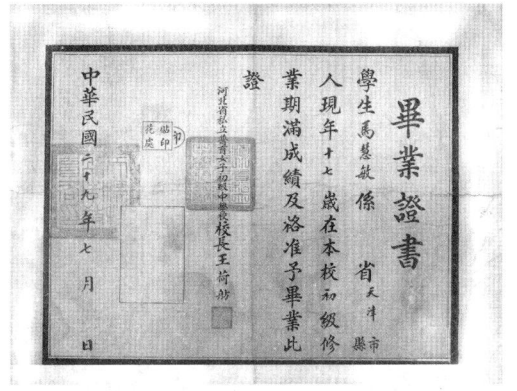
1940年河北省私立普育女子初级中学校毕业证书

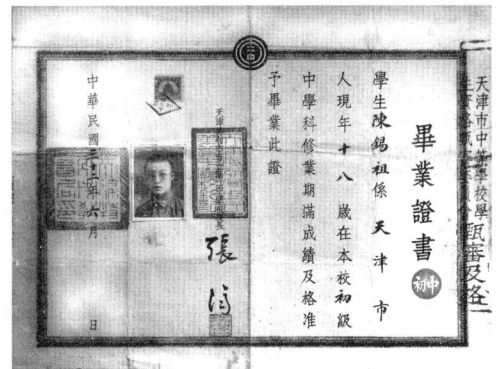
1943年天津特别市市立第二中学校毕业证书

1944年天津特别市市立第一中学校毕业证书

1944年天津特别市私立法汉中学校毕业证书

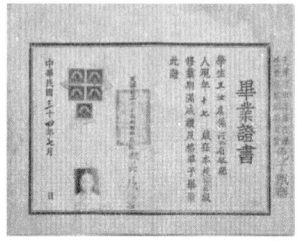
1945年天津特别市私立老西开初级中学校毕业证书

1946年天津特别市私立特一中学校毕业证书

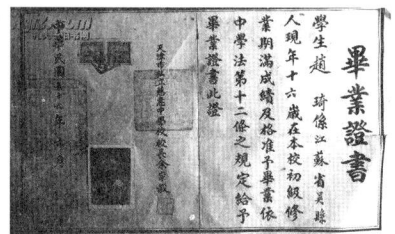
1947年天津市慈惠中学毕业证书

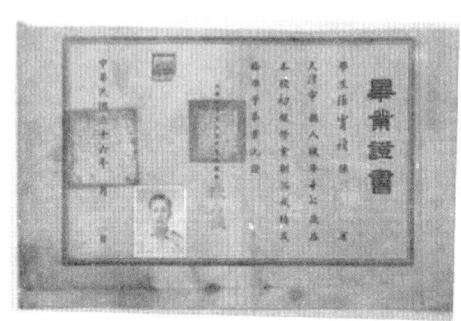
1947年天津市私立志达中学校毕业证书

1948年天津市私立南开中学校毕业证书

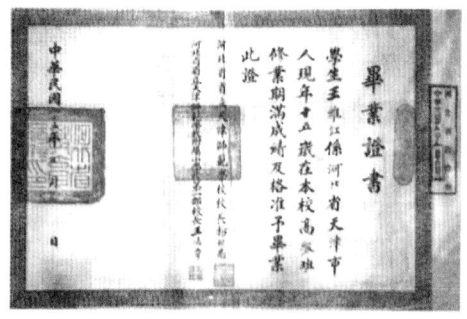
河北省立师范学校附属小学校第一部(今文昌宫民族小学)毕业证书

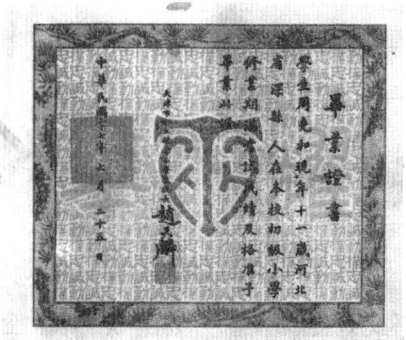
耀华小学毕业证

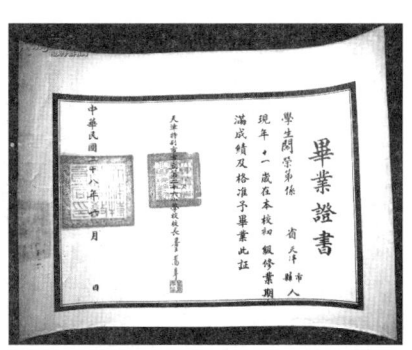

民国二十八年天津特别市第26小学毕业证书

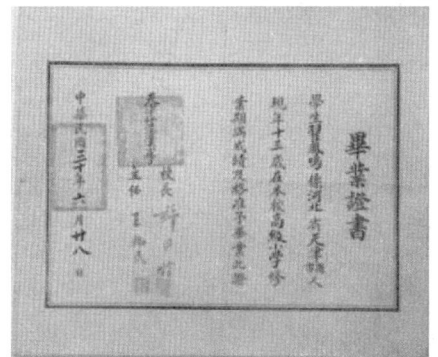

1941年天津私立法汉小学毕业证书

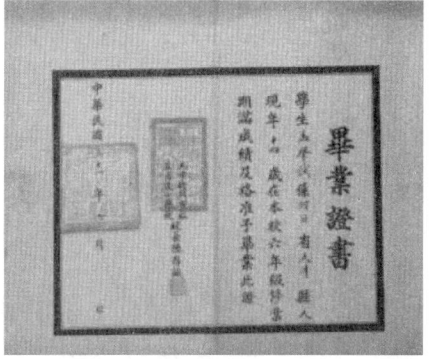

1942年天津特别市私立志达小学校毕业证书

私立普育女子小学校毕业证书（1941年）

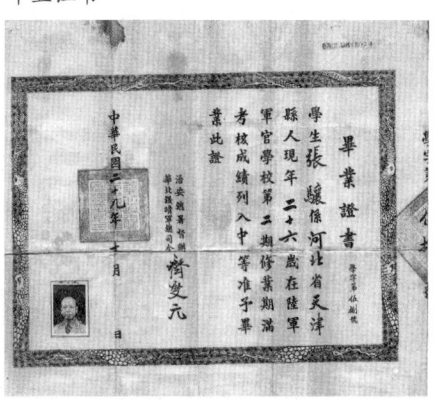

陆军军官学校毕业证（1940年）

1942年天津市私立育才高级商科职业学校毕业证书

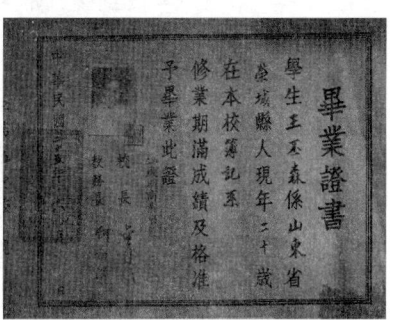

私立启民商业学校毕业证书

科特·维尼拜斯在天津犹太学校的毕业证书

1946年诚毅暑期学校结业证明书

天津特别市市立71小学校长谭俊暑期训练班修业证书

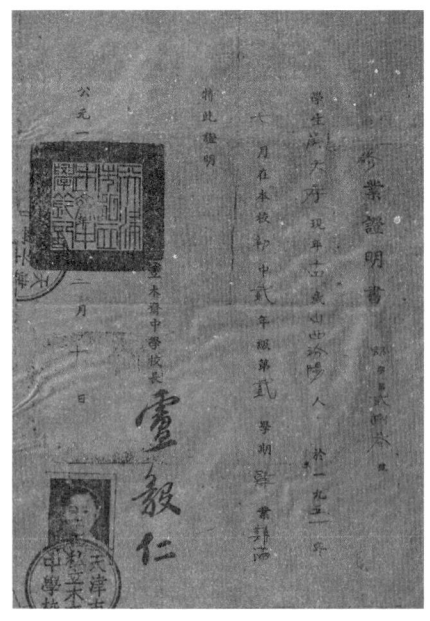

私立木斋中学修业证明书

会员表 资历表 履历表 签名簿

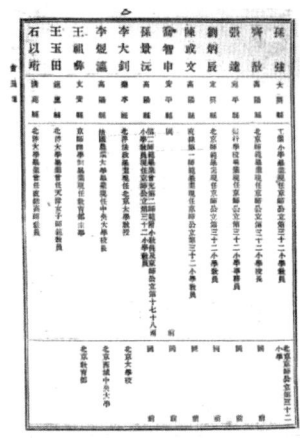

1923年左右,李大钊任直隶教育会会员。"五四运动"后,他曾对觉悟社的爱国行动予以指导

天津市第三区第十五保国民学校(东六经路裕善北里)教职员资历表

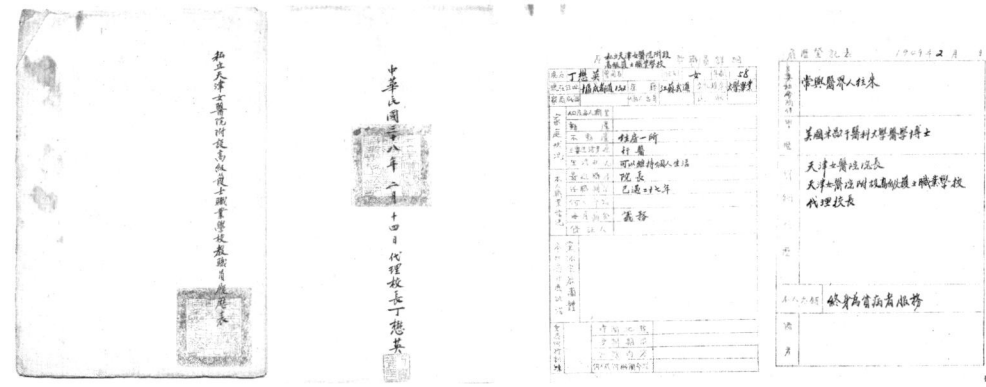

私立天津女医院附设高级护士职业学校代理校长丁懋英履历表

近代天津教育图志

私立新中中学校校长高大空
（吉霖）详细履历登记表

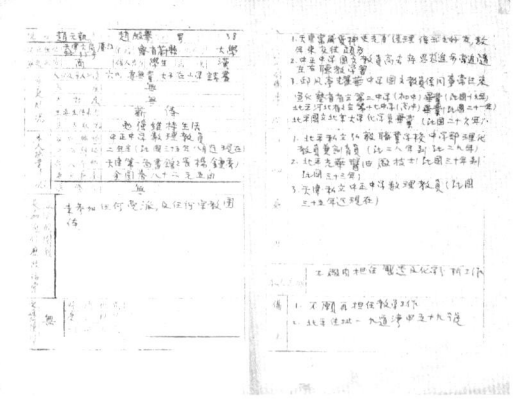

私立中正中学校数理教员赵元凯详细履历登记表

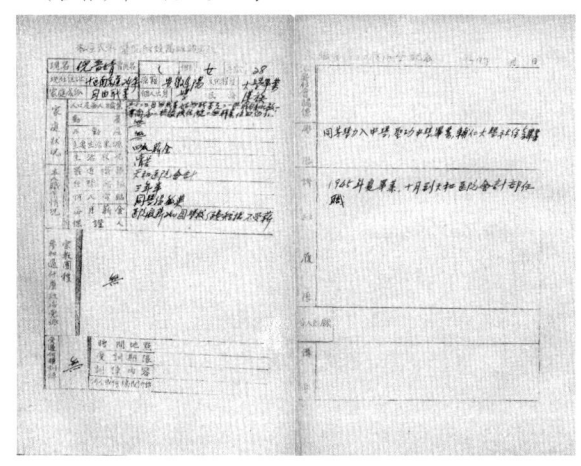

私立天和医院附设高级护士学校会计倪晋婧
详细履历登记表

北洋大学附属员工子弟小
学校级任教员张永静履历表

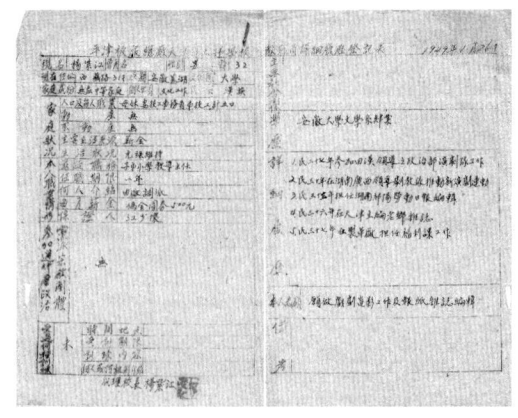

天津市私立大沽盐田工厂职
工子弟小学校校长张孝先调查表

平津被服总厂天津员工子弟学校
教导主任杨紫江履历表

704

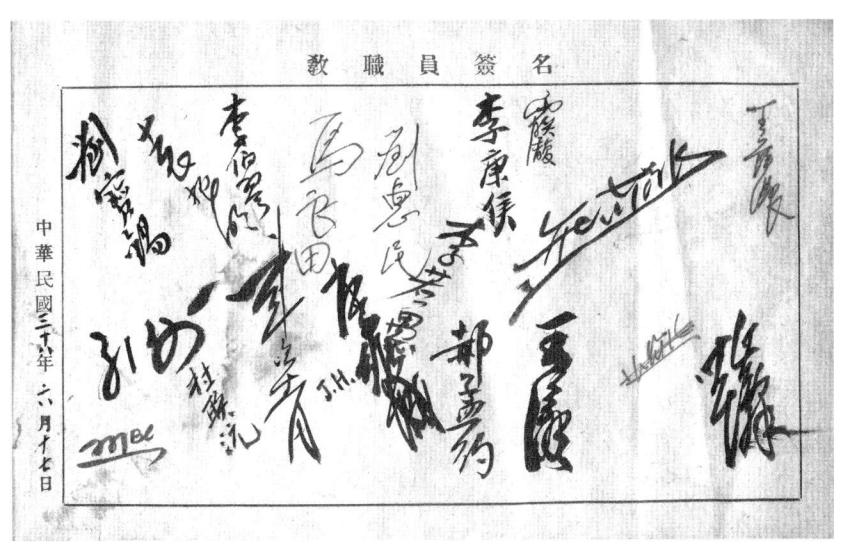

河东中学教职员签名

工商学院教职员全体签字

课程表

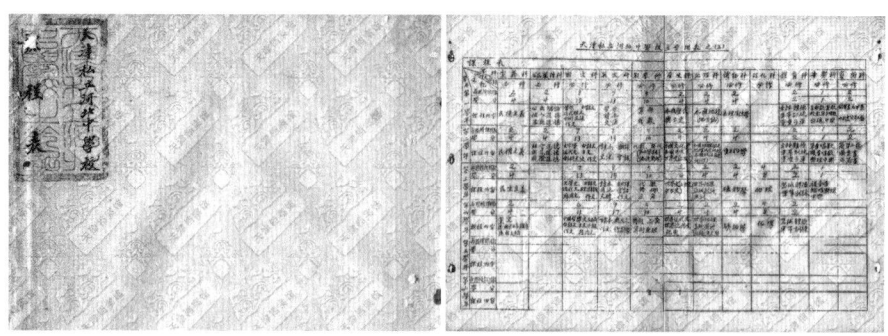

天津私立河北中学1929年的校课程表

说明：

这两幅图片是天津私立河北中学1929年的校课程表。当时天津私立河北中学为初级中学，学制三年，从课程表上可以看出，学生共分六个学年，共修12个学科，分为必修学科和选修学科，实行学分制。最后两个学年的课程暂时空白。

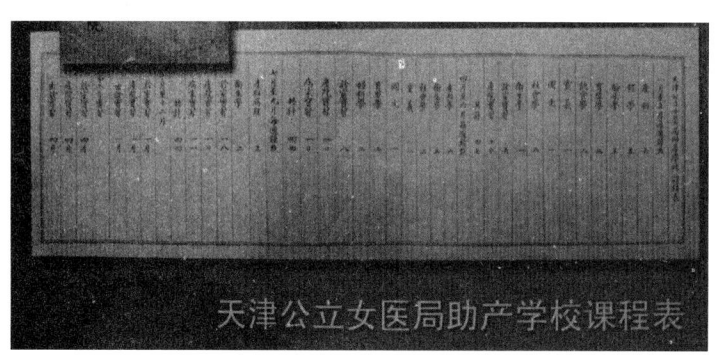

天津公立女医局助产学校课程表

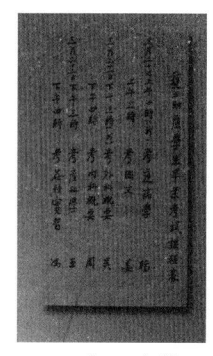

1937年天津第一医院护士助产学校学生毕业考试课程表

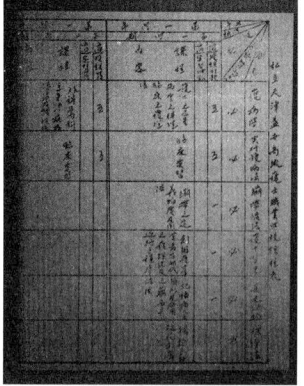

私立天津益世高级护士职业学校第一学年课程表

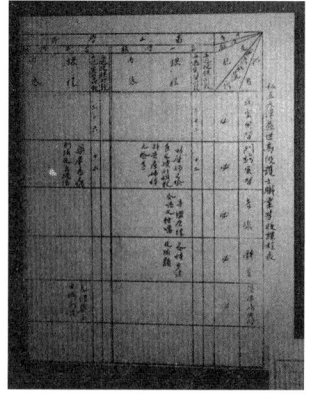

私立天津益世高级护士职业学校第二学年课程表

调查表 保证书

学校概况调查表——天津工商学院附属中学

学校概况调查表——木斋中学

学校概况调查表——法汉中学

学校概况调查表——旅津广东中学

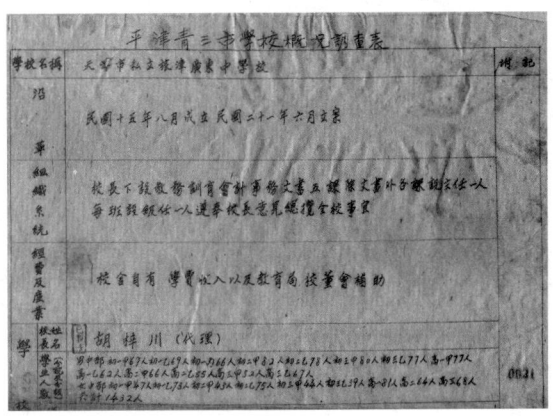

近代天津教育图志

708

耀华学校学生调查表

天津市私立达文中学校
学生调查表

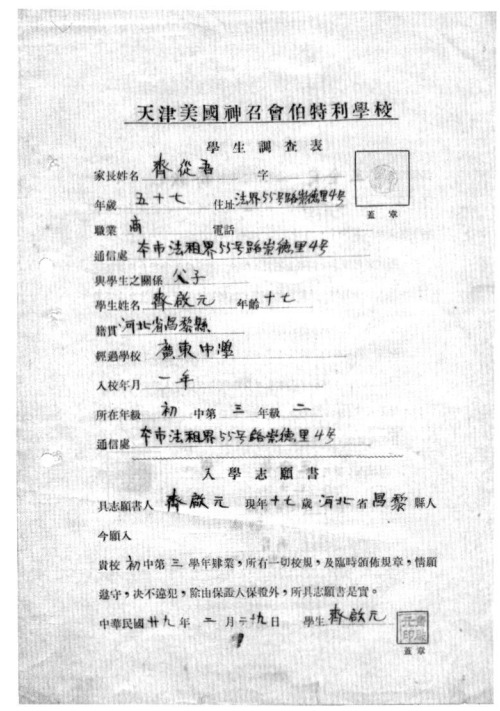

天津美国神召会伯利特学校
学生调查表

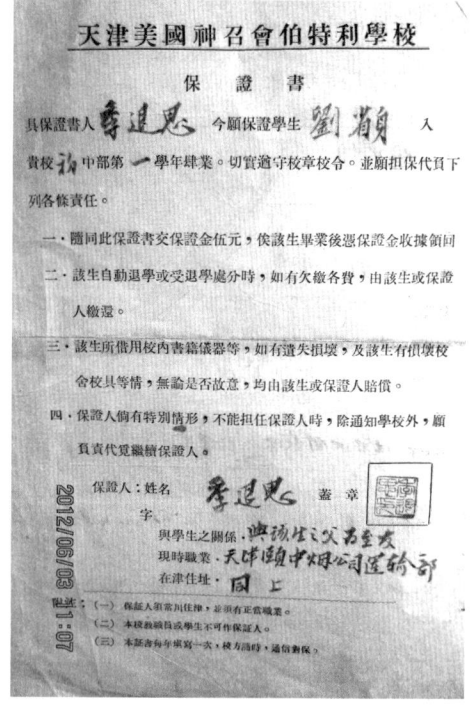

美国神召会伯特利中学
保证书

学生证 上课证

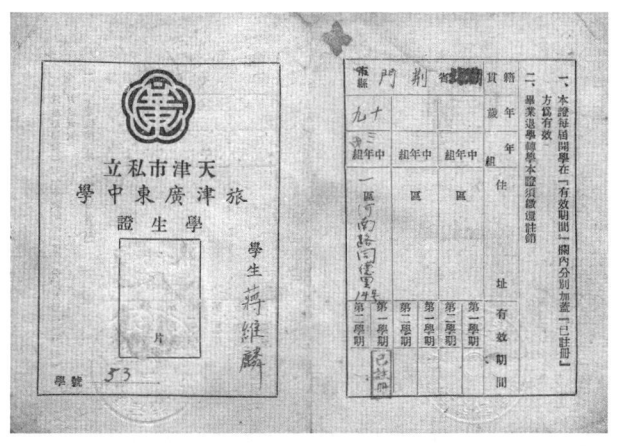

广东中学学生证

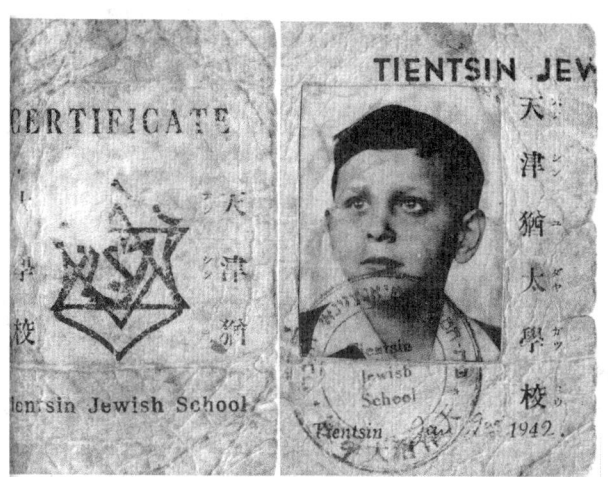

科特·维尼拜斯在天津犹太学校的学生证

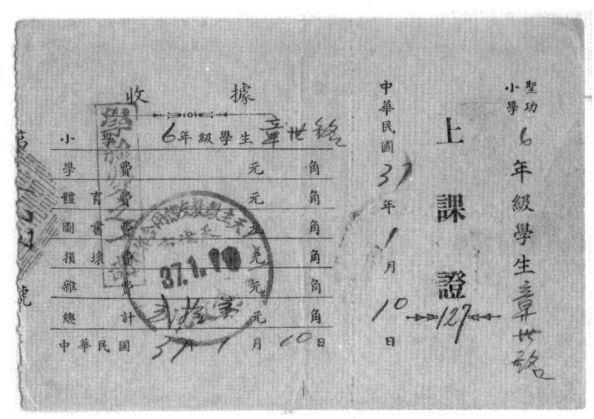

圣功小学上课证（1948年）

笔记 作业 试卷 毕业论文

1948年南开中学学生蓝志洪的地理笔记

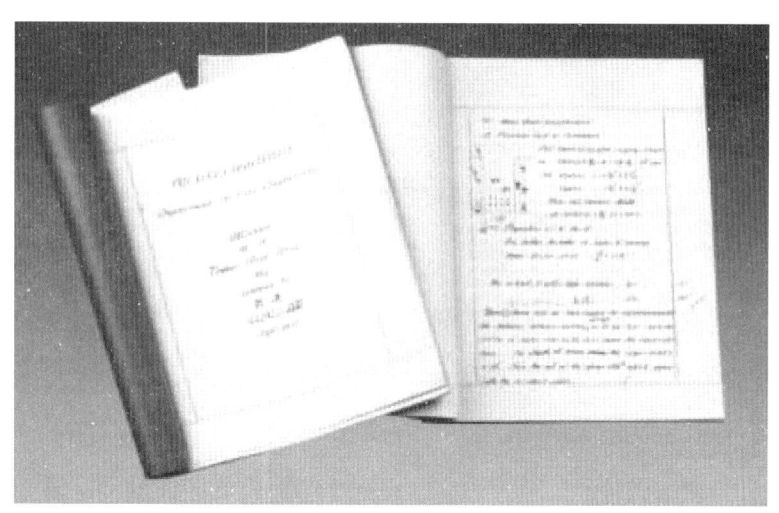

1928年茅以升批改的北洋工学院土木工程系18班学生张度的模范作业

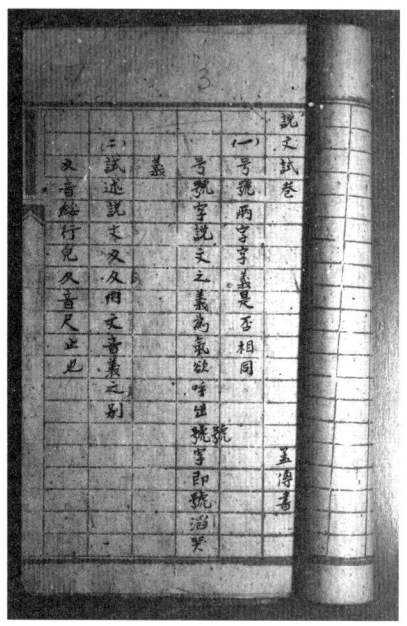

《说文试卷》孟传书（天津崇化学会学员，后任天津耀华中学副校长）

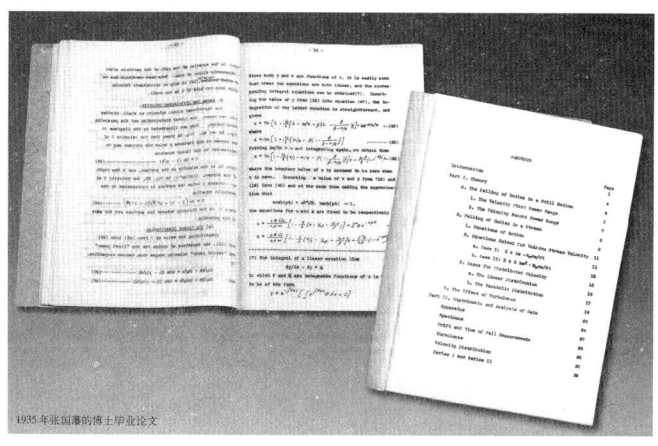

1935年张国藩的博士毕业论文

通知书 成绩报告书 考试成绩清册

北洋大学堂冯熙敏成绩册　　私立育德法商学院学生成绩通知书

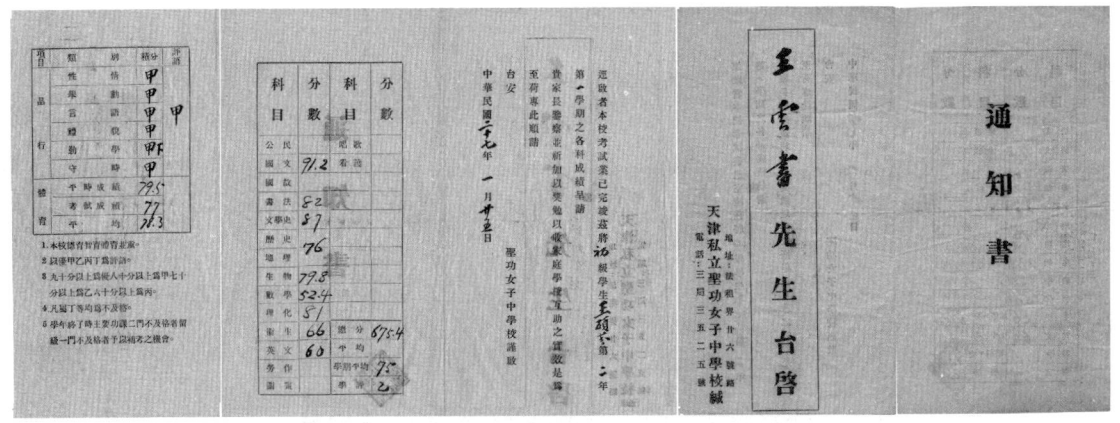

圣功通知书

天津市私立民益小学校学期成绩通知书

《天津私立慈惠小学校学习成绩通知簿》（1929年8月—1930年6月）

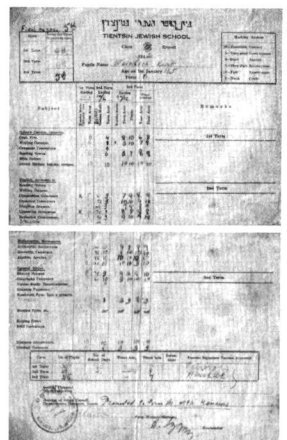
科特·维尼拜斯在天津犹太学校的成绩单

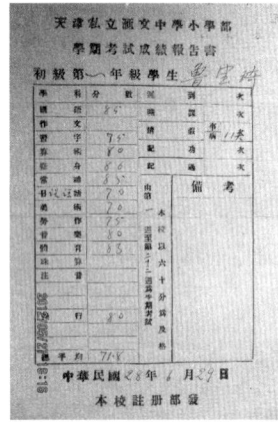
天津私立汇文中学小学部学生 学期成绩报告书（1939年）

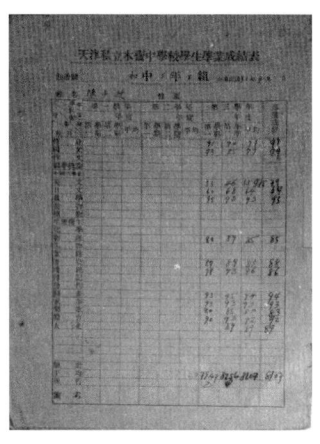
天津私立木斋中学学生学业成绩报告单（1941年）

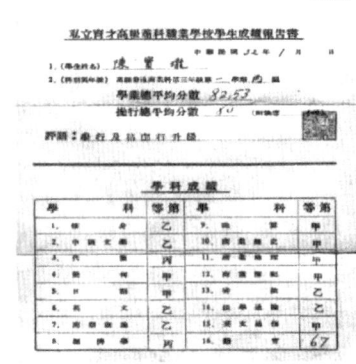
育才高级商科职业学校学生陈宝珑成绩报告书（1943年）

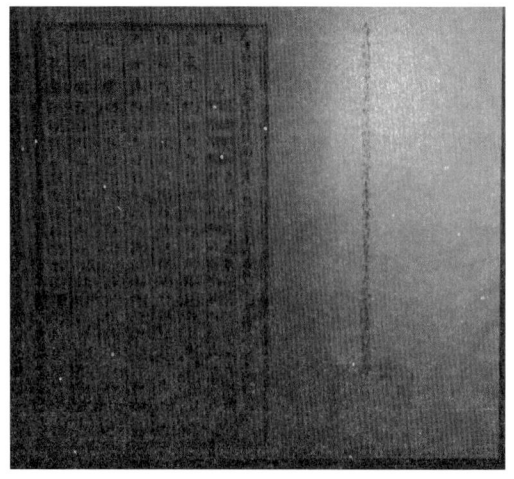
天津特别市市立第一医院附设高级护士助产学校学生考试成绩清册

传单 入场券 领讲义券

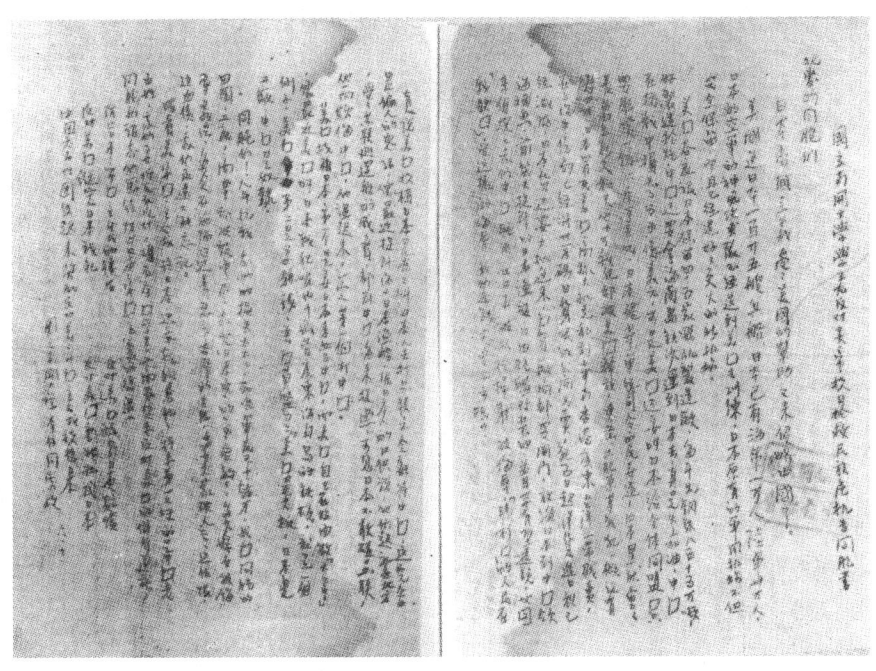

1948年5、6月南开大学经济系二年级学生、地下党员郑宁起草的揭露美帝扶植日帝罪行的传单

南开学校"一元钱"入场券

1911年的北洋法政专门学校"领讲义券"

收费证 收据 存根 执照 案目

河北省立女子师范学院的收费证

天津耀华学校基金捐款收据

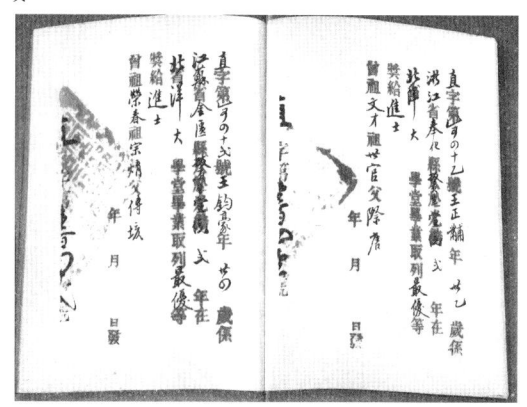

"北洋大学等各学堂执照存根"宣统三年(1911年)释文：朝廷为北洋大学毕业优等生授予进士的存根

民国二十七年(1938)"学产执照"

河北省立天津中学校案目

老照片

教育会议：

天津市教育调查委员会全体工作人员合影。背景是天津市教育局、天津市社会局门前（1932年）6月

河北省省立中等学校校长会议
纪念合影（1939年12月18日）

1936年天津县第一学区教育会
第二次会员大会

友好往来：

美国教育家孟禄

1921年12月22日，实际教育调查社讨论会同人合影。前排左起孟禄、左六严修，右四陈宝泉

1937年，天津各界在宁园嘉会堂欢迎孟禄（前左六），前左五位为前河北省教育厅厅长陈宝泉，前右四为天津教育局局长凌勉之

张伯苓与中国教育改进社国际教育组成员合影。左一黄炎培，左五张伯苓，左六孟禄，左七陶行知

中华全国体育协进会成员合影（会长张伯苓）

职工教育:

东亚毛纺织股份有限公司简称"东亚",创建于1931年,创建人宋棐卿(1898—1956)本名显忱,字棐卿,山东益都人。出生于一个基督教家庭,就读于美国西大学商学院,主修商业和工商管理。宋棐卿非常重视职工教育。他曾谈到:欧西各国注重国民教育,故人民素质甚高。我国教育不普及,故人民素质、工作能力均较低。……异日我国亦能进步至机械化之生产时,我职工则不得不预先充实自身学识,以备争取生存,庶几不落伍于时代。"东亚"为提高优秀职工的知识水平和技术水平,特规定制度补助他们深造。补习课程以英文、算术、国文为限,而所上学校即是市青年会办的夜校。同时对职工进行技术教育,建有东亚编织部高级编织班。

东亚编织部高级编织班学习情景

东亚公司组织工人学习编织毛衣,站立者为教员尚华庭

1936年12月3日,东亚高级编织班第一届毕业生与教授合影

1940年11月1日,东亚高级编织班第十七届毕业生与教授合影

东亚职工培训上课情景

1937年东亚智育组学习班女学员正在上课

1937年东亚智育组丁班上课情景，教员宋杏村正在对工人进行会场纪律教育

学生运动：

1919年，五四运动爆发后，天津各校学生纷纷上街示威游行，严氏女校学生也参加

1947年元旦，天津大中学校学生抗议美军暴行游行示威

抗议美军暴行天津大中学校学生游行示威

1948年4月4日大中学校学生在北洋大学举行保卫华北学联大会，在广场举行升"民主旗"仪式

文体活动：

天津市小学春季运动会太极操46校1300人表演

天津"黄钟"歌咏团在耀华大礼堂演唱大合唱《海韵》

其他:

天津市立第二中学1947年毕业同学合影

国立北平师范大学旅津校友会成立大会摄影纪念（1931年11月）

大水中的中西女中

第四部分

文献

奏折

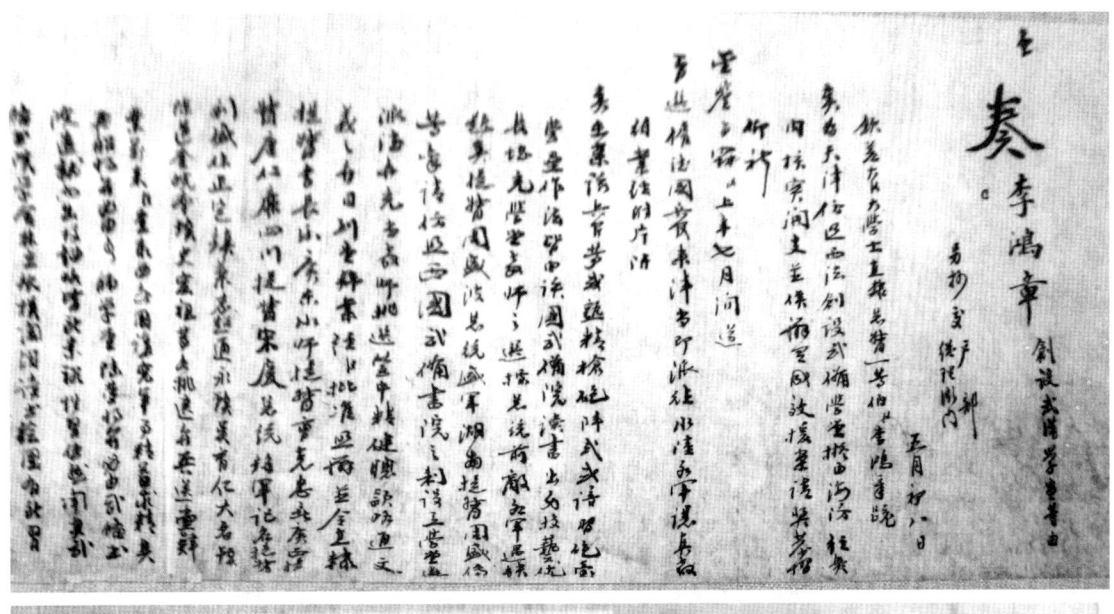

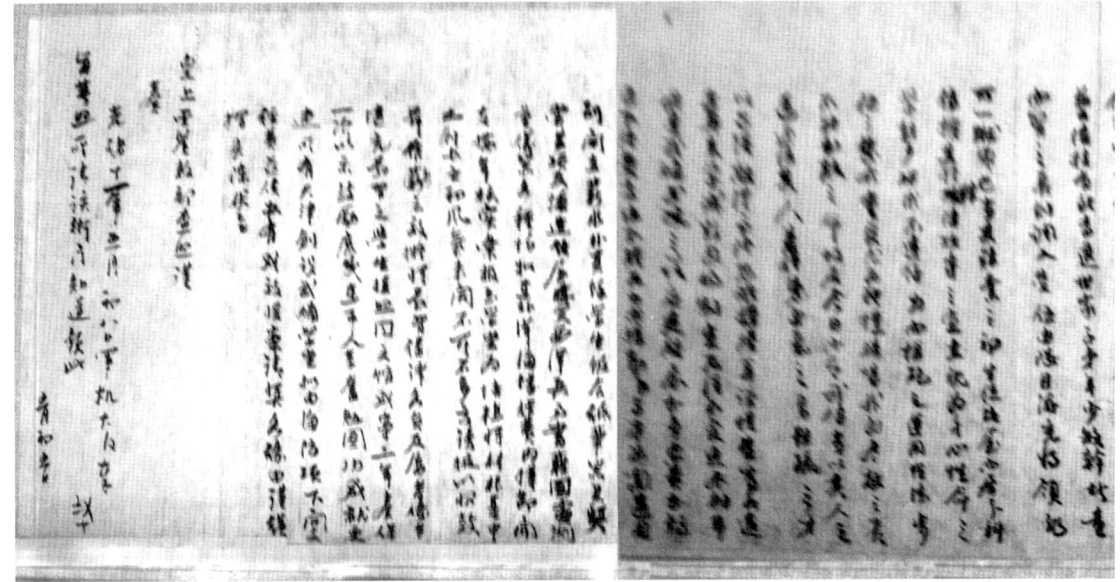

光绪十年（1884），直隶总督兼北洋大臣李鸿章要求建立北洋武备学堂的奏折（天津博物馆藏）

近代天津教育图志

726

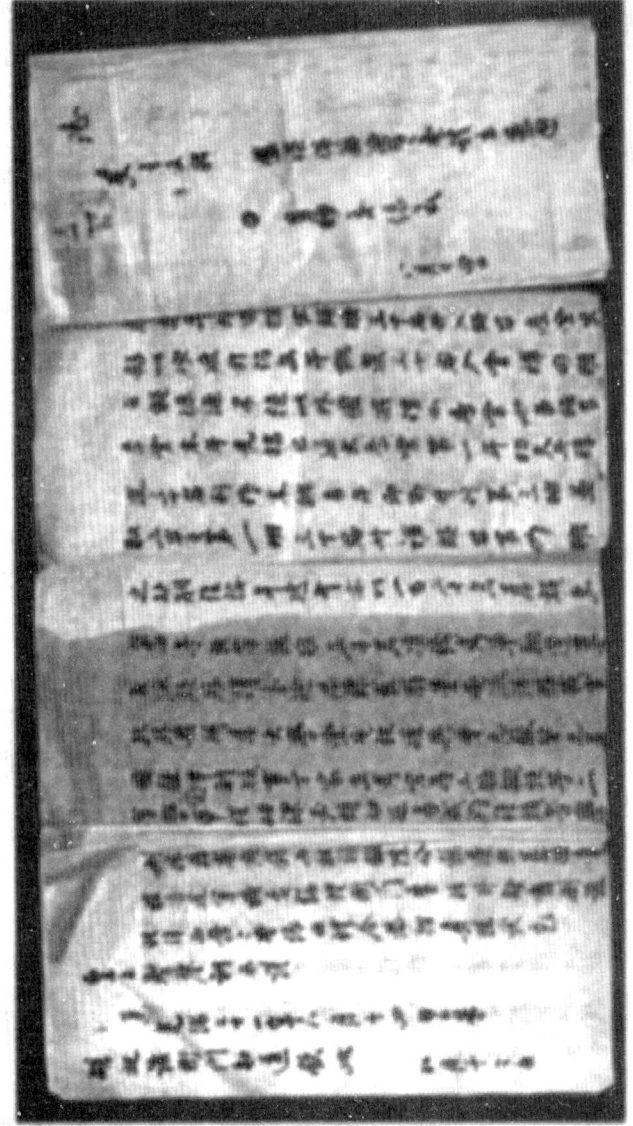

清政府批准设立北洋大学堂的奏折原件（现存中国第一历史档案馆，仿真复制件由天津大学档案馆收藏）

1903年直隶总督袁世凯就北洋工艺学堂筹设情况给清朝皇帝的诸政情形折

章程 简章 规则 学则

1918年1月，铁路同人教育会章程　　广东中学校董会章程

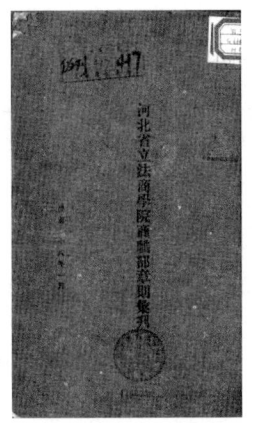

河北省立法商学院商职部章则汇刊（1937年1月）

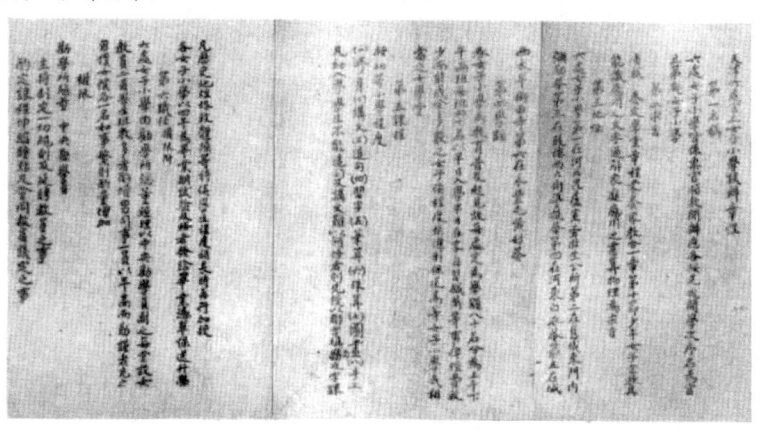

天津六处官立女子小学试办章程

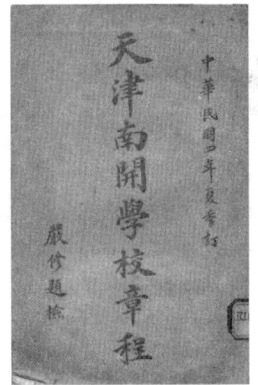

天津南开学校章程 民国四年（1915）夏季订，严修题检封面

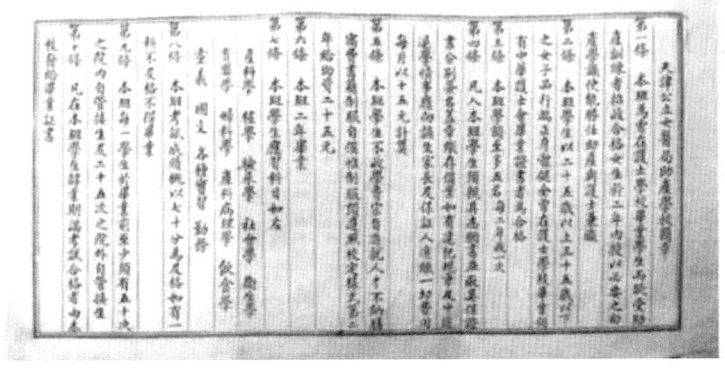

天津公立女医局助产学校简章

私立天津益世高级护士职业学校董事会章程

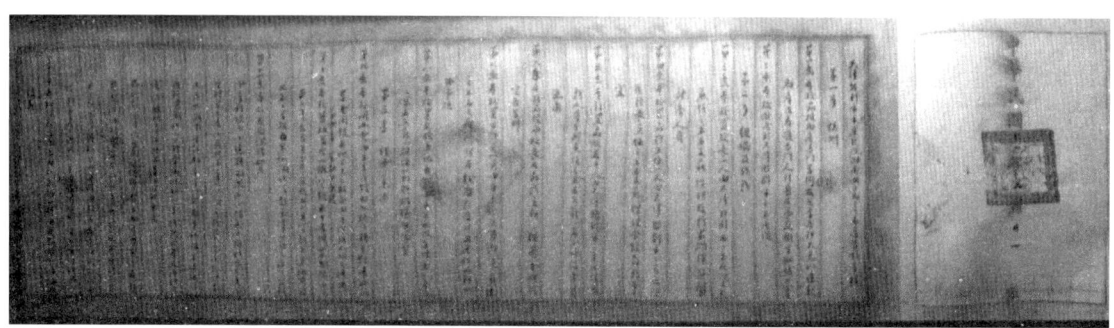

天津特别市市立医院附属女子助产看护学校章程

天津特别市市立第一医院附设高级护士助产职业学校组织规则

广东中学(1930年2月)学则

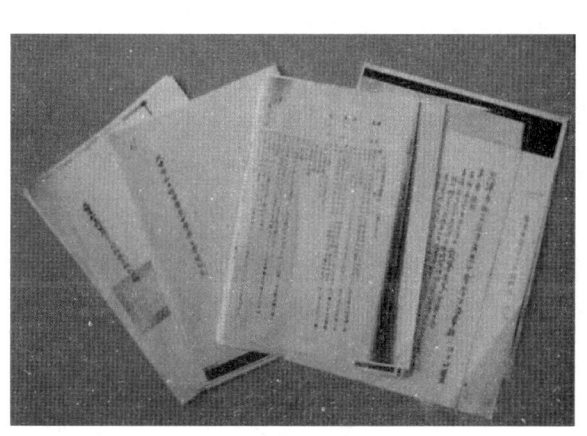

广东中学制度

北洋大学20世纪三四十年代教员聘用规则

专刊 年鉴

国立北平师范大学研究所出版的教育专刊——《天津市小学教育之研究》

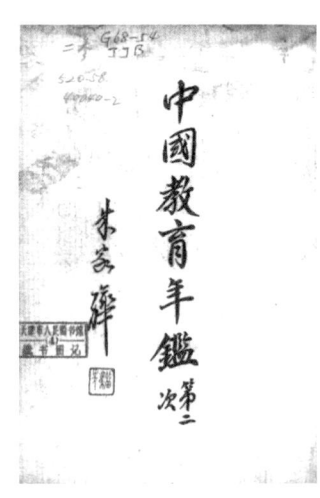

《第一次中国教育年鉴》封面王兴杰署
《中国教育年鉴第二次》封面朱家骅

档案

天津市教育局档案 训令 局长：郝任夫 受之者：慈惠中学校
（1948年7月）

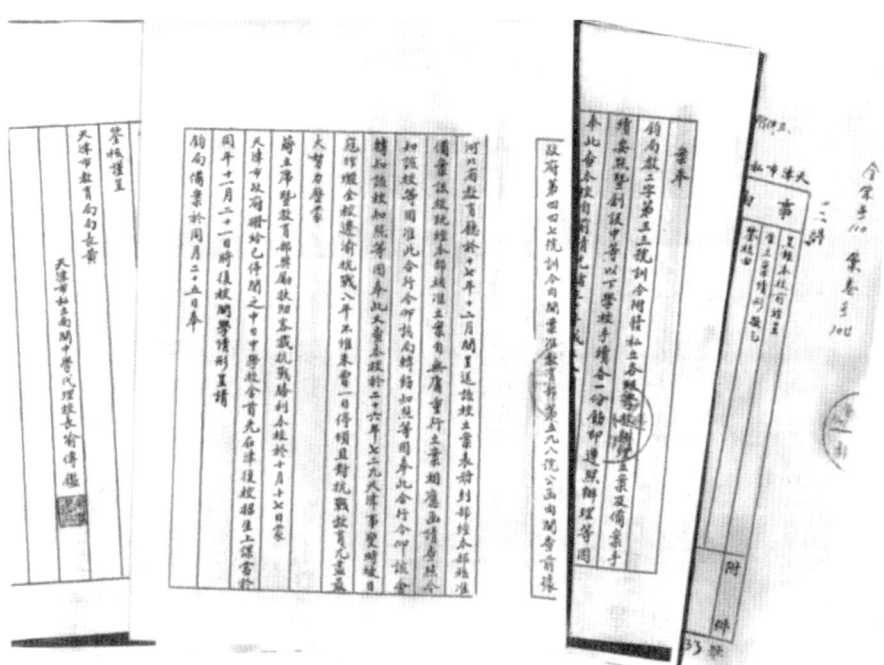

1946年3月，天津私立南开中学代理校长喻传鉴，就复校情况呈天津市教育局的公函

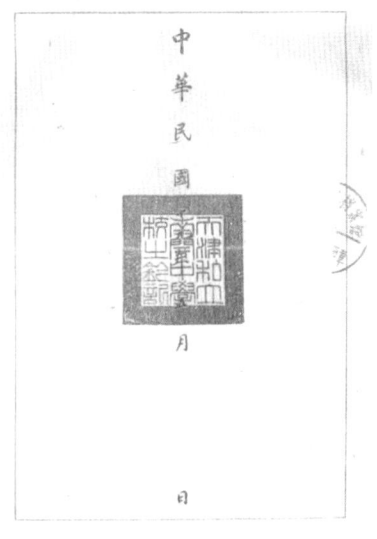
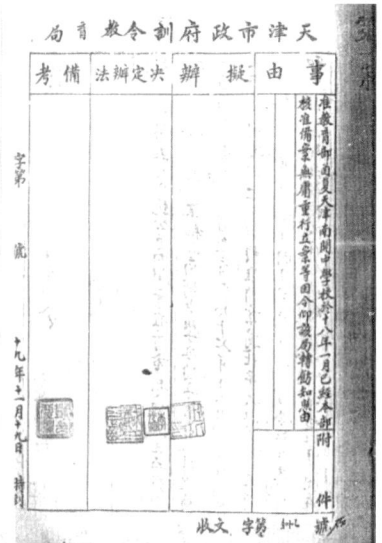

天津市政府训令教育局 封面及最后一页印章（1930年11月19日）

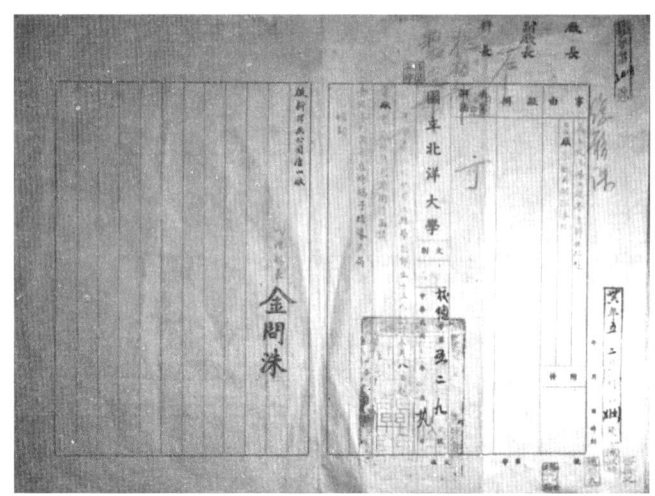

北洋大学档案：代理校长金问洙（1947年7月29日）

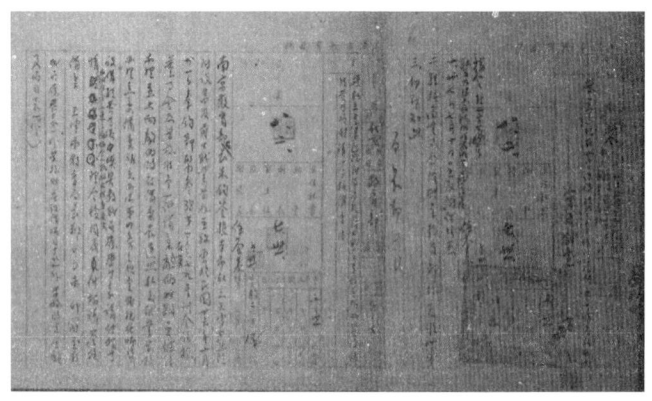

私立天津女医院附设高级护士职业学校备案

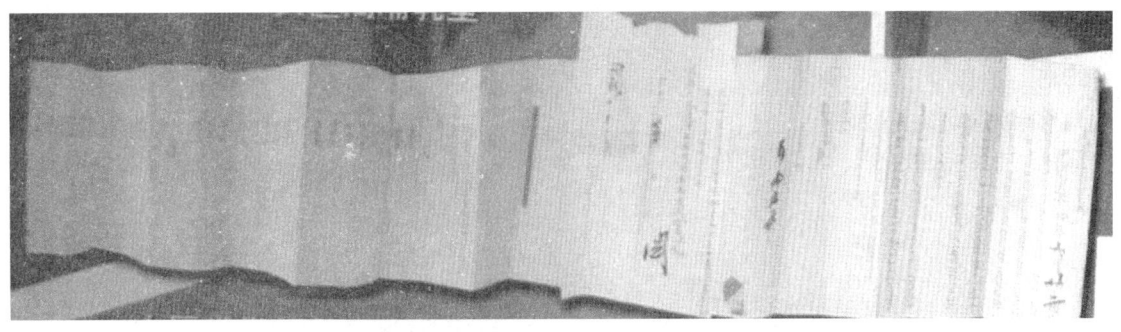

女医学堂总教习金韵梅为女医学堂招考开学日期等事致长芦盐运使张镇芳的禀文

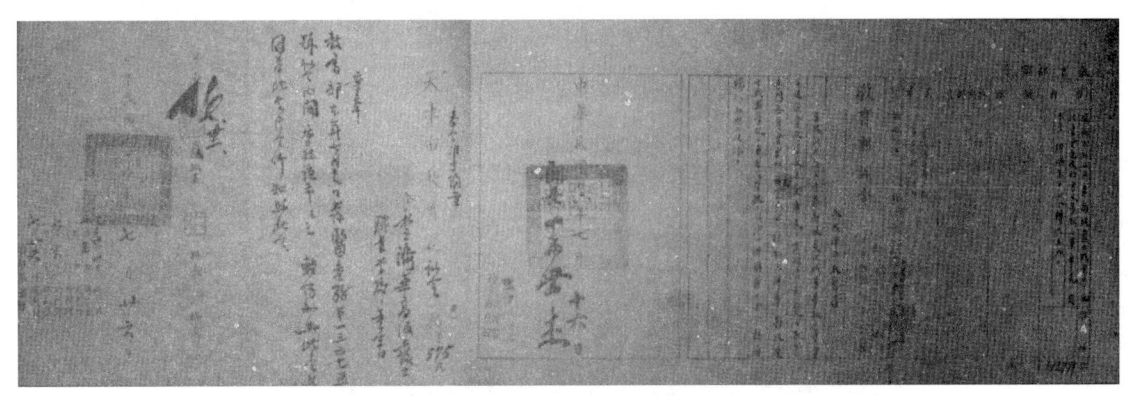

天津市私立济华高级护士职业学校申请办学的批文

任命佘韫珠为天津市立第一医院附设高级护士助产职业学校校长的文件

行文 致辞 报告

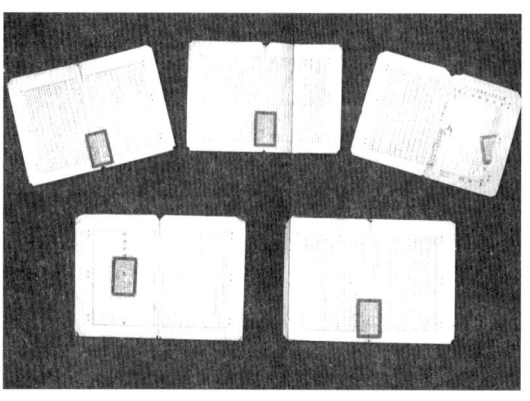

1935年，李书田呈民国政府教育部有关该院成立航空工程学系（中国高校第一个航空系）的行文（中国第二历史档案馆藏）

1918年11月4日"铁路同人教育会"叶恭绰会长在首届开学典礼上的致辞

1918年扶轮公学第一届报告

学校一览

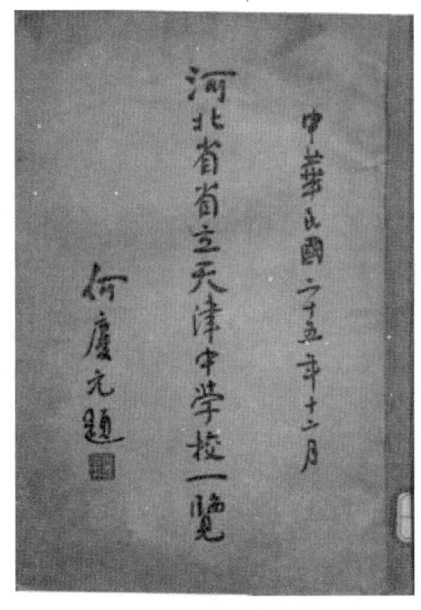

何庆元题《河北省立天津中学校一览》(1936 年 12 月)

《河北省立天津女子中学校一览》(1940 年 5 月)

《清寒青年工读学校一览》

校刊 年刊

天津工商学院校刊《工商生活》

《河北省立工业学院半月刊》

《达仁学院》

《水产学报》创刊号

工商学院《公教学生》

《工业学院学报》

 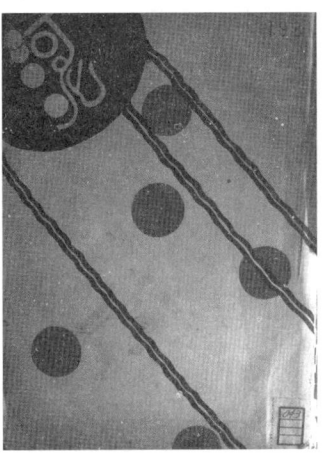 

扶轮校刊《扶轮》(1928年)第10期　　《河北省立河北中学校刊》(1931年)　　河北省立天津中学校刊《铃铛》第三期内封

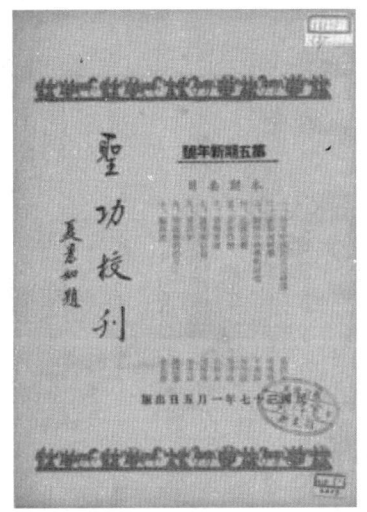 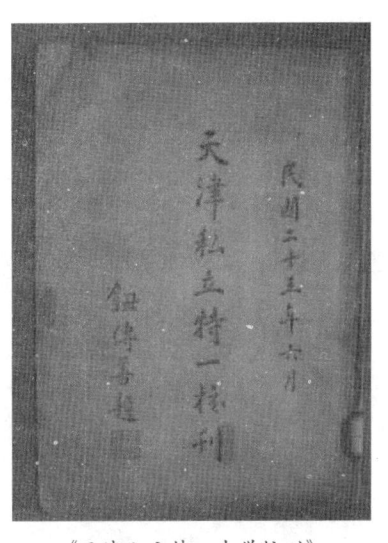

《圣功校刊》　　《天津私立特一中学校刊》

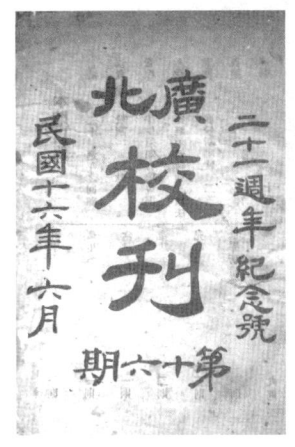 

1927年广北小学出版的校刊　　《进修中学》

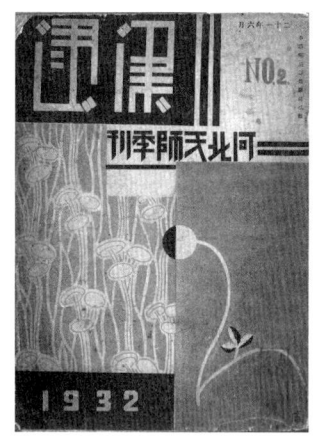

河北省立天津师范学校校刊《津逮》

河北省立天津师范学校附属小学第一部校刊《文昌》

《天津高级职业函授学校校刊》封面

《商职月刊》(1935年)创刊号封面

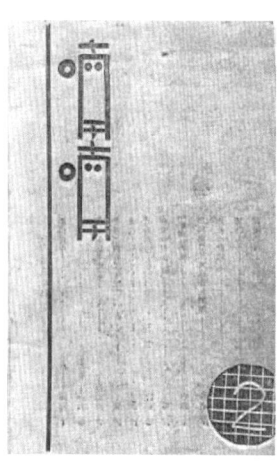

《喃喃》进步校刊第2期(1936年)

《耀华年刊》(1947年)

法汉季刊

《市中》1948年封面

教科书 讲义

1935年天津市教育局
审定的乡土小学教材

天津沦陷时期,天津立正
学园印行《立正日语读本》

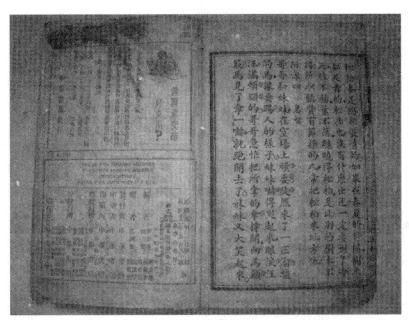

左:1916年,刘宝慈参与阅定的新式国民国文教科书
右:1916年,刘宝慈参与阅定的共和国修身教科书

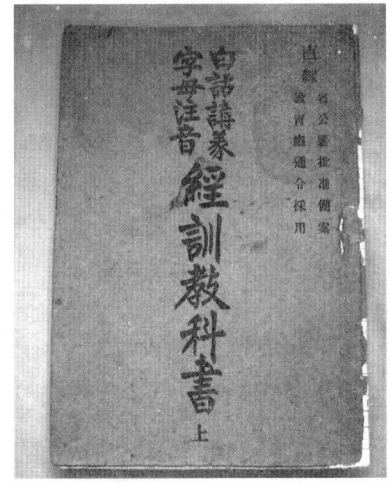
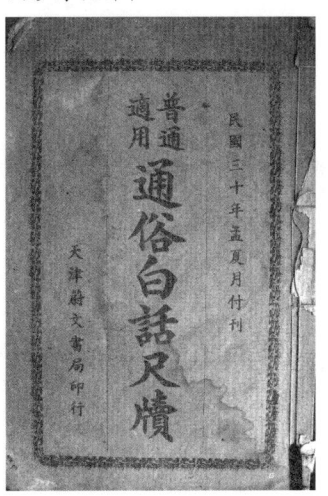

1926年,直隶省教育厅通
令采用的由广北小学教师孙乃
恭编写的经训教科书

1941年,天津蔚文书局印
行《通俗白话尺牍》

早期小学课本

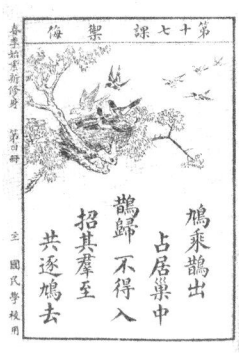  

《共和国教科书·新修身》插图选

育才高级商科职业学校专业教科书《英文商业常识》和《商业算术》
（珍藏于第 49 班校友郭中惠）

天津春秋印刷局印　　　盖有天津日本工业学校、河北
制的教育行政讲义　　　省立工业学院等图章的老图书

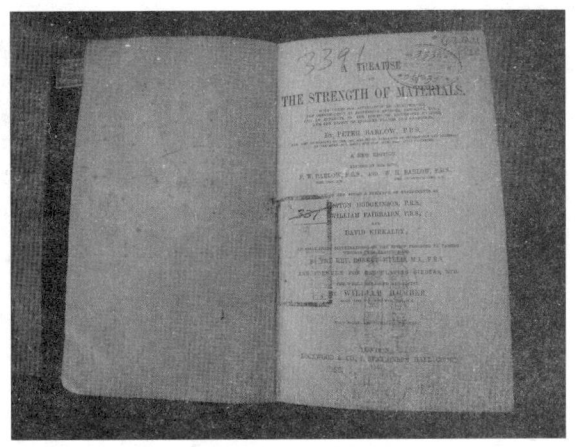

盖有直隶高等工业学堂图章的老图书

同学录 校友录 纪念刊

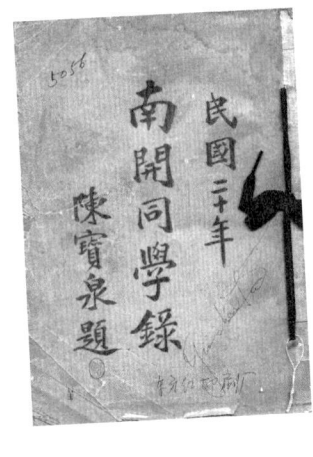

左：1925年秋季《南开同学录》李金藻题
中：1931年《南开同学录》陈宝泉题
右：1936年《南开同学录》张伯苓题

《河北省立第一师范学校同学录》

《同学录》，1932年河北省立女子师范学院中师部学生自治会出版

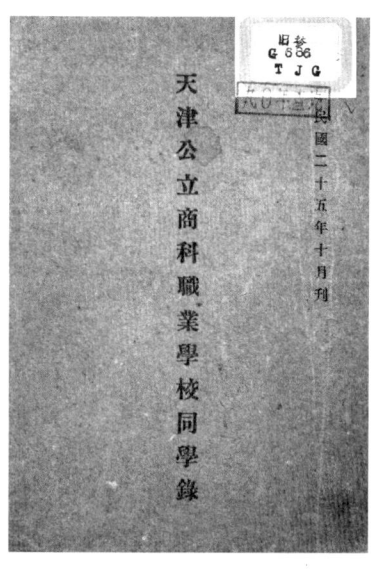

《天津公立商科职业学校同学录》

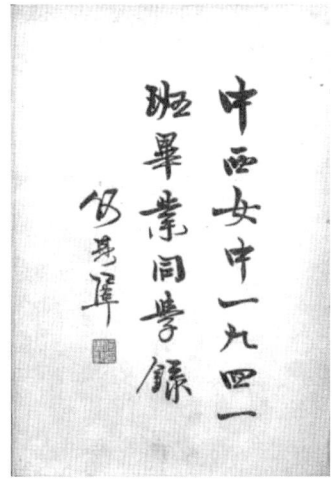

《中西女中1941届毕业生同学录》

《直隶公立工业专门学校同学录》

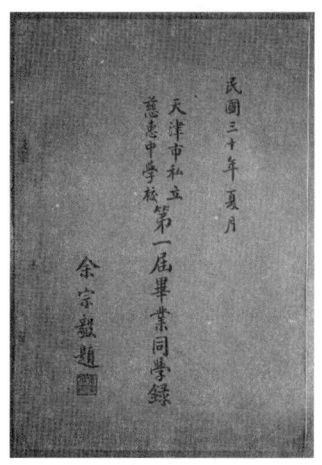

《天津市私立慈惠中学校第一届同学录》1941年夏月,余宗毅题

《天津私立志达中学》

《天津市立中学第一届毕业生同学录》

1948年,《天津市私立普育女子中小学毕业同学录》(李琴湘题签)

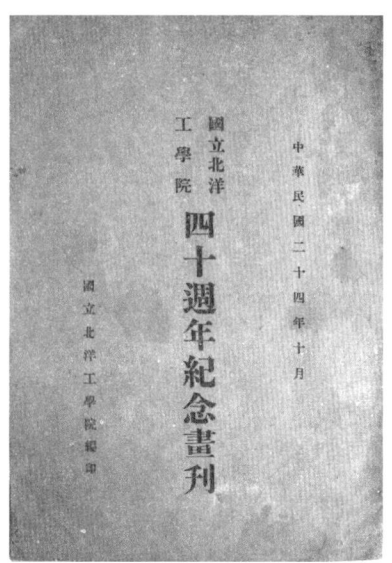

1935年10月出版的《国立北洋工学院四十周年纪念画刊》

《北洋大学1947年班纪念册》"承先启后"(茅以升题)

1940年《天津市立师范学校毕业纪念录》

《广东中学十周年纪念特刊》张伯苓题字

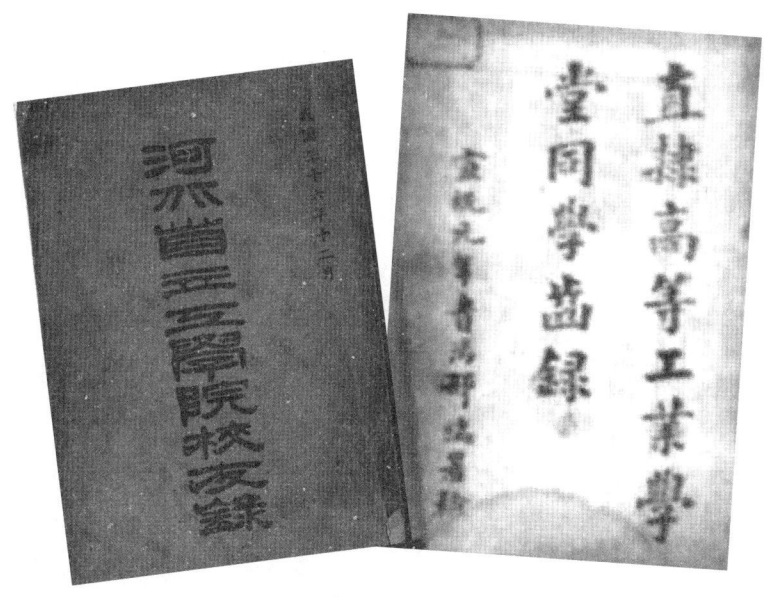

左:《河北省立工学院校友录》(1947年12月)
右:《直隶高等工业(艺)学堂校友录》

《圣功班刊》——民国三十三年毕业纪念封面及班刊内刊载的班花

改良年画

公茂店记原版木版
年画《天津学堂教习》

阎子阳绘《民国初期天津改良年画》
左:《家庭教育》(彩色石印)39×52cm
　　(1912年10月)
右:《幼稚园》(彩色石印)39×52cm
　　(1912年10月)

杂志

中国地学会《地学杂志》

1924年赵景琛、郝任夫等主编的《今日儿童》

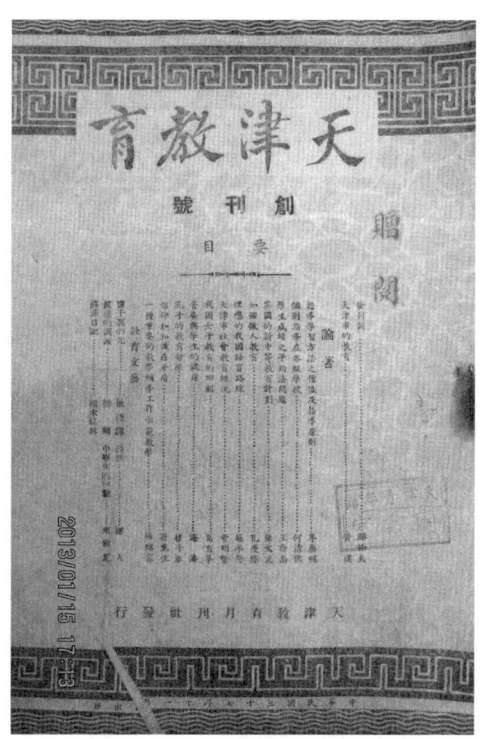

《天津教育月刊》1948年创刊号

报影

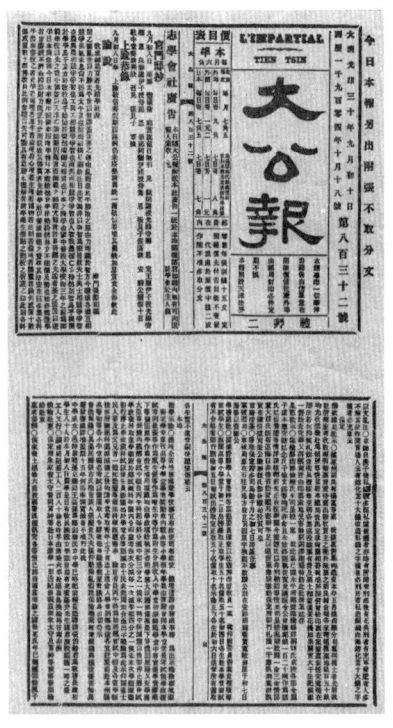

1904年10月18日（光绪三十年九月十日）《大公报》："中学成立 邑绅严范孙京卿同王益孙部郎创办民立中学，已略记前报，兹悉聘请张伯苓(荅)君为教务长，并招学生八十人，于本月初八日开学。是日有教员陈说立学宗旨，并有来宾藤井先生。诸君演说，颇极一时之盛。"

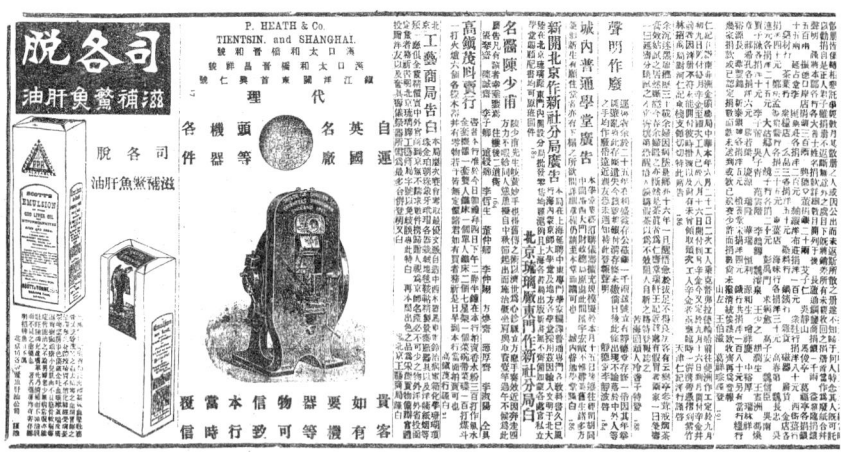

1904年10月15日《大公报》城内普通学堂广告："普通学堂迁址经司胡同原财政总局旧址，宇宽敞，可住校。"

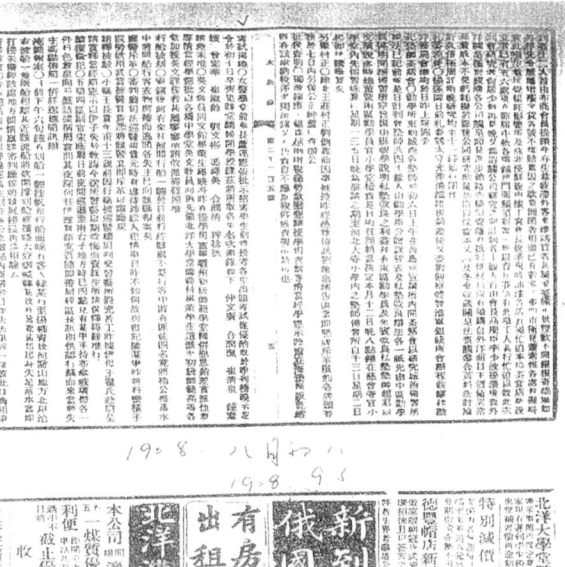

1908年9月3日《大公报》北洋女医学堂录取生名单(图中打钩处)

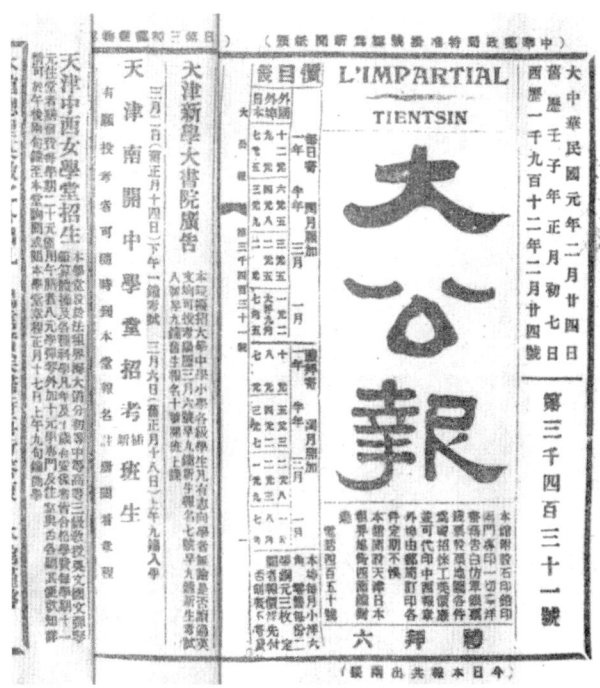

1912年2月24日《大公报》新学大书院、南开中学堂、中西女学堂招生广告

1915年4月24日《大公报》报道全国教育联合会开幕之消息

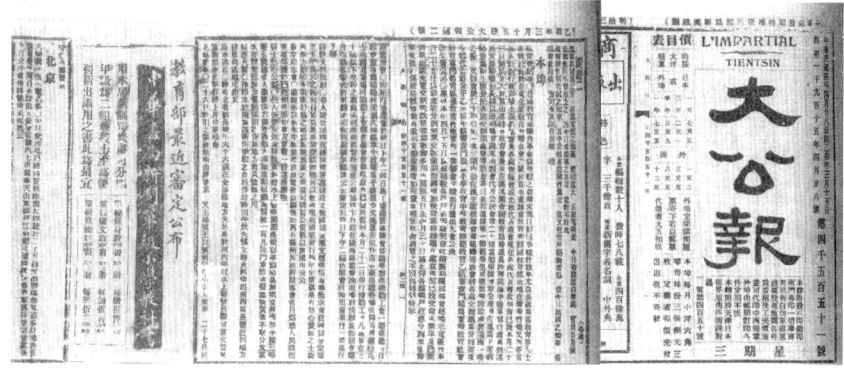

1915年4月28日《大公报》教育会纪事：1915年4月23日全国教育联合会在天津成立

1915年4月27日《大公报》天津警察厅长杨敬林在全国教育联合会全体大会上演说词

1915年5月1日《大公报》载：教育厅长张佐汉在全国教育联合会上开会词

1924年7月17日《大公报》大营门美校拟设省立女子中学

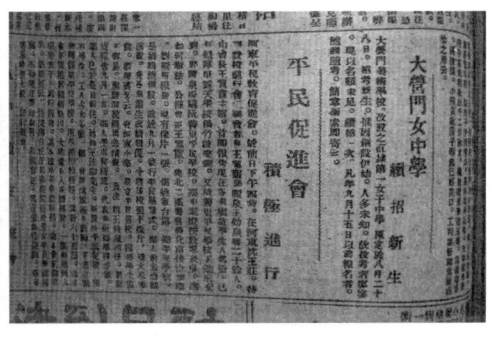

1924年9月10日《大公报》大营门女中学续招新生

地下党学委机关刊物

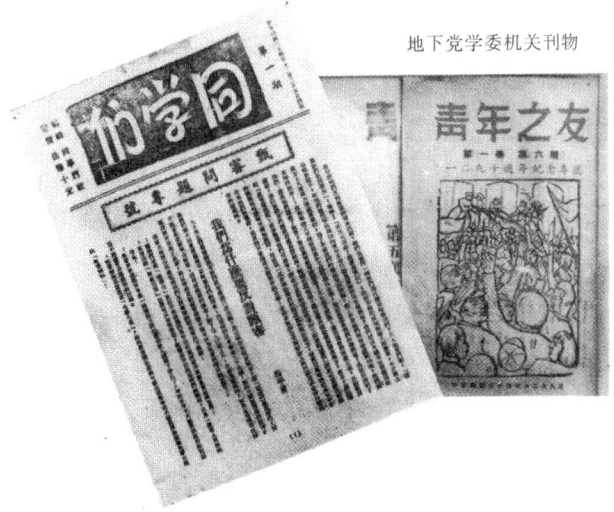

地下党学委机关刊物

天津市学生联合会机关报

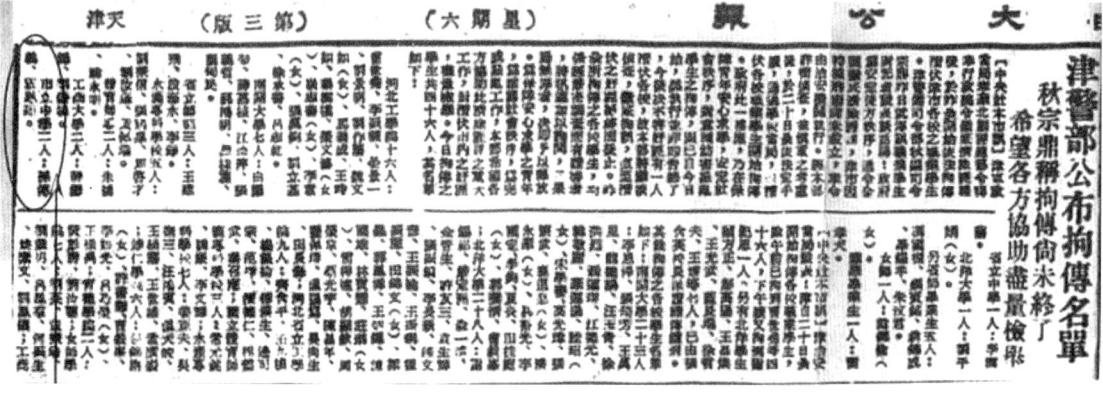

搜捕天津进步学生的消息刊载在当时的报纸上（左上角画圈为市立中学二人：孙传义、祝凤翔）

附录

近现代天津各时期学校统计表

表1:清同治元年至光绪二十四年(1862—1898)天津府县学校一览表

府学:东门内(今文庙东);县学:东门内,府学西(今文庙西)。

校士馆:东门内南隅提督学院衙门;北洋校士馆:城西北角文昌宫;天津试馆:京师正阳门外东珠市口。

书院:

名称	地点	名称	地点
问津书院	鼓楼南大街	三取书院	河东盐官厅
辅仁书院	城外西北隅文昌宫	会文书院	城内义仓前
集贤书院	狮子林	稽古书院	稽古寺
时中书院	闸口风神庙	崇文书院	杨柳青
津东书院	葛沽	瀛海书院	静海县北门外永丰街

义学:

1. 长芦运司设立

名称	地点	名称	地点
会文总塾	会文书院	务本散塾	韦驮庙
修道散塾	谢公祠	蒙养散塾	延生社
约礼散塾	火神庙	尚志散塾	南阁
广业散塾	土地祠	集益散塾	节孝祠
兴仁散塾	三取书院	正谊散塾	帝君庙
博文散塾	保赤堂旁		

2.津海关道设立

名称	地点	名称	地点
崇敬总塾	会文书院	崇正总塾	会文书院
崇文总塾	会文书院	崇德散塾	三义庙
崇道散塾	稽古寺	崇训散塾	火神庙
崇礼散塾	贡院	崇业散塾	慈航院
崇术散塾	盐坨双庙	崇仁散塾	涌泉寺
崇化散塾	天齐庙	崇本散塾	福德祠
津海道宪总义学	河北白衣大寺		

另：天津道偕海关道两观察，又设义学四所，名之曰：正本、务本、敦本、立本。

3.天津府设立

名称	地点	名称	地点
兴让总塾	会文书院	兴仁散塾	贡院

4.天津知县设立

四处：城内二处，一在文庙，一在城隍庙；城外二处，一在河东大佛寺，一在文昌宫。

5.其他

名称	地点	名称	地点
延生施馍社义学	西门外	本地赵绅士义学（两处）	均在河北
本邑李绅士义学	河东	清真义学（一）	城西
清真义学（二）	城西	严氏家塾	西北角文昌宫西
凤楼书社	城东盐坨		

另：大关总办设立义学5处，一切费用由大关自备；道署义学二处，曰允仁义学、裕仁义学；又葛沽有义塾一处；还有大沽义学，名忠正义塾。

学堂：

名称	地点	名称	地点
天津机器局附设电报学堂	城东东机器局	北洋水雷学堂	城东东机器局
北洋管轮学堂	城东东机器局	北洋水师学堂	城东东机器局
北洋电报学堂	法租界紫竹林	北洋施医局医学馆	法租界海大道（今和平区大沽路）
北洋武备学堂	唐家口旧柳墅行宫	北洋医学堂	法租界海大道（今和平区大沽路）
中西书院	英租界达文波路（今和平区建设路）	北洋西学学堂	大营门外梁家园（今海河中学及解放南园等）
北洋大学堂	大营门外梁家园（今海河中学及解放南园等）	芦汉铁路学堂	北洋大学堂内
育才馆	海大道（今大沽路）	法文学堂	法租界紫竹林
俄文馆	梁园门外（今解放南路）	成美馆	紫竹林海大道（今和平区大沽路）
美国公理会小书房	东门外天后宫	美国公理会教会小学	紫竹林（今承德道、大沽路一带）
安立甘教会学校	马厂道安立甘教会内	圣路易学堂①	英租界宝士徒路（曾为营口道滨江医院住院部）
养正书院②	法租界海大道（曾为和平区大沽路十七中学址）	蒙学馆③	紫竹林海大道（今和平区大沽路）

---

① 圣路易学堂建于1887年。
② 养正书院建于1864年，为英国伦敦会建的圣经学校。
③ 蒙学馆建于1880年，由美以美会传教士达吉瑞创建，该馆相当于初小，为膳宿兼备的男女学校，招收男生12人，女生30人。

参考文献：

1. 佚名撰：《天津事迹纪实闻见录》，写于同治九年(1870)，成书于光绪四、五年(1878、1879)间。
2. 张焘：《津门杂记》，初刻于光绪十年(1884)。
3. (清)羊城旧客撰：《津门纪略》，印行于光绪二十四年(1898)。
4. 《重修天津府志》，天津知府沈家本于光绪二十一年(1895)夏开局重修，光绪二十五年(1899)秋出版。
5. 王守恂(仁安)撰：《天津政俗沿革记》，所载事实至宣统三年(1911)。
6. 《天津宗教志》编辑室编：《天津宗教资料选辑》第一辑，1986年12月出版。
7. 张绍祖编著：《津门校史百汇》，天津人民出版社1994年5月第1版。

表 2：清末宣统三年(1911)天津县全境存在的各种学堂

大学堂 1 所：

名称	地址	职员（名）	教员（名）	学生（名）	经费（两）
北洋大学堂	西沽武库旧址	14	17	114	132 940

高等学堂 3 所：

名称	地址	职员（名）	教员（名）	学生（名）	经费（两）
北洋法政学堂	河北新开河	10	23	380	38 987
直隶高等工业学堂	河北黄纬路	13	12	83	
北洋医学堂	法租界海大道	5	10	37	42 699

中学堂 8 所：

名称	地址	职员（名）	教员（名）	学生（名）	经费（两）
天津府官立中学堂	西北城角铃铛阁稽古书院旧址	1	—	209	25 457
直隶高等工业附属中学堂	高等工业学堂内			15	1 092
北洋医学堂	法租界海大道	5	10	37	42 699
天津县私立第一中学堂	城南南开	5	15	183	13 576
天津县私立第二中学堂	杨柳青	2	6	32	4 332
天河两级师范学堂	城西北角	1	14	197	25 351
天津县官立中等农业学堂	初设城西如意庵旧址，后移宜兴埠	3	7	45	2 493
天津公立中等商业学堂	东门南路东	4	7	65	4647

男小学堂 91 所：

名称	地址	职员（名）	教员（名）	学生（名）		经费（两）
				高等	初等	
督署两等小学堂	直隶总督署西北	4	16	146	185	6 533
官立模范两等小学堂	鼓楼西神机库	4	15	131	270	9 816
官立模范单级小学堂	河东锦衣卫桥	2	3	103		1 773
直隶第一初级师范附属小学堂	西北城角文昌宫	1	5	40	75	600
城隍庙两等官小学堂	城内西北角	2	13	68	183	4 293
河北大寺两等官小学堂	河北大寺庙内	1	12	67	298	4 530

续表

名称	地址	职员（名）	教员（名）	学生（名）		经费（两）
				高等	初等	
行宫庙两等官小学堂	河东粮店后街	2	13	83	154	4 426
慈惠寺两等官小学堂	城西永丰屯	3	12	33	320	4 770
药王庙两等官小学堂	金华桥即俗老铁桥东	2	12	57	334	5 082
直指庵两等官小学堂	河北东窑洼	2	9	36	145	3 918
放生院两等官小学堂	河北梁家嘴	2	9	17	236	4 025
育德菴两等官小学堂	城西老店西	2	11	61	243	4 282
西方庵两等官小学堂	河东奥租界于厂街北头	2	12	38	170	3 786
玉皇庙两等官小学堂	河北石桥	2	8	22	230	3 998
过街阁两等官小学堂	河东三皇庙	1	8	72	179	3 510
营务处两等官小学堂	东门内营务处内	2	10	57	218	4 070
堤头村两等官小学堂	城北堤头村	2	8	17	226	3 300
广仁堂北两等官小学堂	城西南角	2	10	30	246	3 530
如意菴两等官小学堂	城西永丰屯	2	11	85	166	5 200
陈家沟两等官小学堂	河东娘娘庙	2	7	33	195	2 984
葛沽镇两等官小学堂	葛沽镇	3	7	40	146	4 188
义振公立初等小学堂	北门里大宜门内	2	2	60		560
江苏公立两等小学堂	东门里仓廒街	3	6	20	20	2 000
浙江旅津公立两等小学堂	英租界海大道西	1	4	11	55	2 656
三清宫周公祠公立两等小学堂	海下新城	1	6	23	95	2 100
新农镇公立两等小学堂	小站	1	4	20	62	1 300
公立第一初等小学堂	杨柳青	5	5	60	80	1 557
公立第三初等小学堂	河东盐坨祖师庙	1	2	60		640
公立第四初等小学堂	南麻疙瘩村	3	1	21		72
谢公祠公立初等小学堂	李明庄	1	2	61		580
范家庄公立初等小学堂	范家庄三元庙	1	1	26		240
右军三营公立初等小学堂	闵董庄	1	1	22		595
河东小关公立初等小学堂	河东小关	1	2	60		185
李氏私立两等小学堂	高家庄	3	4	13	90	1 400
于家庄私立初等小学堂	于家庄	阙	1	19		140
民立第一两等小学堂	东马路仓廒街会文书院旧址	1	8	59	176	3 200
民立第二两等小学堂	鼓楼南问津书院旧址	1	10	122	178	3 600
民立第三两等小学堂	杨家庄	1	4	19	24	500
民立第五两等小学堂	宜兴埠	1	3	14	24	860

续表

名称	地址	职员（名）	教员（名）	学生（名） 高等	学生（名） 初等	经费（两）
民立第六两等小学堂	大直沽	5	7	51	119	2 100
民立第七两等小学堂	双口村	1	3	19	20	480
民立第八两等小学堂	穆家庄	1	3	19	94	700
民立第十两等小学堂	北仓	1	3	12	52	651
民立十一初等小学堂	丁字沽	1	1		44	280
民立十二两等小学堂	小稍直口	阙	2	2	59	410
民立十三初等小学堂	杨柳青	5	3		58	330
民立十八初等小学堂	安光村	2	1		30	150
民立十九两等小学堂	大稍直口	阙	1	10	28	180
民立二十初等小学堂	大梁庄	1	1		43	228
民立二十一两等小学堂	咸水沽	2	3	6	90	1 260
民立二十二初等小学堂	韩家墅	3	1		25	192
民立二十三初等小学堂	葛沽镇	2	3		60	520
民立二十四初等小学堂	贾家沽道	1	2		70	412
民立二十五两等小学堂	东马路	1	4	10	23	1 170
民立二十六初等小学堂	西大沽	1	2		30	602
民立二十七初等小学堂	大毕庄	2	1		42	530
民立二十八初等小学堂	王秦庄	2	1		25	330
民立三十初等小学堂	大孙庄	1	1		20	158
民立三十一初等小学堂	西门内张志尧胡同	1	1		26	390
民立三十二初等小学堂	秦勾庄	2	1		20	98
民立三十四初等小学堂	刘快庄	1	1		35	365
民立三十五初等小学堂	詹家庄	1	2		56	352
民立三十六初等小学堂	双港村	阙	2		50	650
民立三十七初等小学堂	李家咀	1	1		20	154
民立三十八初等小学堂	董新房	1	1		21	68
民立三十九初等小学堂	土城村	3	3		104	809
民立四十一初等小学堂	小赵北庄	1	1		20	105
民立四十二初等小学堂	灰堆村	阙	2		72	458
民立四十三初等小学堂	白塘口村	1	2		82	489
民立四十五初等小学堂	同义庄	1	1		26	324
民立四十七初等小学堂	桃花寺村	5	1		37	110
民立四十八初等小学堂	三河头	6	1		23	195
民立四十九初等小学堂	后丁庄	2	1		27	145
民立五十初等小学堂	河东施馍厂	2	2		75	557
民立五十一初等小学堂	城内二道街	2	3		36	686
民立五十三初等小学堂	线河村	3	1		18	119

名称	地址	职员（名）	教员（名）	学生（名）		经费（两）
				高等	初等	
民立五十五初等小学堂	东大沽	3	1		30	350
民立五十六初等小学堂	西沽火神庙	6	1		44	430
民立五十七初等小学堂	八里台	1	1		20	77
民立五十八初等小学堂	旺道庄	1	1		20	125
民立五十九初等小学堂	刘招庄	2	1		37	175
民立六十初等小学堂	蔡家台	2	1		23	246
民立六十一初等小学堂	南杨码头	2	1		29	384
民立六十二初等小学堂	北杨码头	2	1		26	140
民立六十三初等小学堂	于明庄	2	1		41	274
民立六十四初等小学堂	吴家咀	2	1		25	126
民立六十五初等小学堂	城西永丰屯花神庙	1	3		60	378
民立六十六初等小学堂	青光村	6	1		27	197
民立六十七初等小学堂	东堤村	3	1		34	190

女学堂 23 所：

名称	地址	职员（名）	教员（名）	学生（名）	经费（两）
北洋女师范学堂	河北督署西天纬路	12	12	48	26 862
北洋高等女学堂	河北西窑洼	10	12	95	11 847
长芦女医学堂	东门外长芦育婴堂内	5	8	阙	阙
天津女子公学	河北西窑洼	4	8	56	6 812
天津私立保姆讲习所	文昌宫西严宅	2	7	12	1 752
天津县私立女子小学堂	附保姆讲习所内	阙	3	41	阙
天津县普育女学堂	鼓楼西板桥胡同	5	12	206	2 401
公立补遗女学堂	鼓楼东杠张胡同	5	15	20	303
天津县官立第一女子小学堂	河北毗卢室旁	阙	2	60	852
天津县官立第二女子小学堂	东门内弥勒庵	1	2	120	1 199
天津县官立第三女子小学堂	西门内准提庵	2	4	136	1 959

续表

名称	地址	职员（名）	教员（名）	学生（名）	经费（两）
天津县官立第四女子小学堂	河东水梯子白衣庵	1	2	70	346
天津县官立第五女子小学堂	太平街白寺	1	2	77	805
天津县官立第六女子小学堂	城西隅北皇姑庵	1	2	74	769
天津县官立第七女子小学堂	城北堤头村	1	1	40	800
天津县官立第八女子小学堂	河北狮子林	1	1	48	714
天津县官立第九女子小学堂	河北窑洼	1	1	34	800
天津县官立第十女子小学堂	北门里户部街无量庵	1	2	56	1 000
天津县温氏私立第一女子小学堂	宜兴埠	2	3	15	294
天津县民立第一女子小学堂	河东三道井沟赵宅	2	3	53	1 114
天津县民立第三女子小学堂	西大药王庙西	2	1	20	160
天津县民立第四女子小学堂	东马路	1	2	16	224
天津县民立第五女子小学堂	杨柳青镇	5	2	36	225

其他各类学堂24所：

名称	地址	职员（名）	教员（名）	学生（名）	经费（两）
天津公立电报学堂	户部街关帝庙	5	6	76	4 677
天津初等工业学堂	玉皇阁	2	6	78	3 210
民立初等商业学堂	天后宫	3	5	36	635
民立第一艺徒学堂	北极寺	2	2	40	364
民立第二艺徒学堂	大王庙东	5	2	54	360
民立第三艺徒学堂	杨柳青	22	9	53	1 200
大悲庵官立初等简易小学堂	东南城角	—	1	5	494

续表

名称	地址	职员（名）	教员（名）	学生（名）	经费（两）
天齐庙官立初等简易小学堂	东马路	1	1	48	459
西马路官立初等简易小学堂	西马路	1	2	49	427
地藏庵官立初等简易小学堂	地藏庵	1	2	60	432
甘露寺官立初等简易小学堂	甘露寺	1	2	50	446
公立第一初等简易小学堂	城隍庙	1	1	60	414
公立第二初等简易小学堂	萧曹祠	1	2	54	458
公立第三初等简易小学堂	清真寺	1	2	64	468
普及简易小学堂	奥租界	2	2	120	1 728
民立第五半日学堂	天后宫	3	3	21	252
第一商务半夜学堂	西宣讲所	1	4	60	612
第四商务半夜学堂	药王庙	2	5	44	343
广育第一半夜学堂	施馍厂	1	2	75	147
广育第二半夜学堂	过街阁	2	6	40	25
广育第三半夜学堂	西方庵	—	2	22	65
天津法政讲习所	督署学堂内	15	10	182	—
法政讲习所	河北公园内	—	—	—	—
法政讲习所	南开	—	—	—	—

外国人创办的学堂6所：

名称	地址	职员（名）	教员（名）	学生（名）	经费（两）
德华中学堂	德租界梁家园	4	9	70	—
普通中学堂	东马路青年会	1	13	—	—
新学书院	法租界海大道	3	15	125	—
法汉学堂	望海楼	—	—	—	—
英文学馆	青年会	—	—	—	—
中西女学堂	法租界	1	7	72	—

蒙养院 3 所：

名称	地址	职员（名）	教员（名）	学生（名）		经费（两）
				男生	女生	
北洋官立第一蒙养院	窑洼	阙	阙	阙		阙
严氏保姆讲习所附设蒙养院	文昌宫西严宅	阙	阙	18	4	377
普育女学附属蒙养园	普育女学堂内	2	2	13	11	504

注：选自王仁安、高凌雯、王斗瞻编写的《天津县新志》，参考刘炎臣、汪桂年：《天津近代教育事业发展概略》，载于《天津文史资料选集》第 27 辑第 88 页。

表3：民国十九年至二十二年(1930—1933)天津市学校一览表

国立学校1所：

学校名称	地址	成立(年)	校长	教员(名)	学生(名)
国立北洋工学院	西沽武库（今河北工业大学址）	1895	李书田	35	500

部立学校1所：

学校名称	地址	成立(年)	校长	教员(名)	学生(名)
部立扶轮中学校	河北五马路北头（今铁路一中址）	1918	陈述修	27	492

省立学校9所：

学校名称	地址	成立(年)	校长	教员(名)	学生(名)
河北省立法商学院	河北新开河	1906	高崇焕	54	476
河北省立工业学院	河北黄纬路	1902	魏元光	54	441
河北省立天津师范学校	河北新开河（曾为志成道中学、外语学校址）	1905	杨绍思	32	497
河北省立女子师范学院	河北天纬路（今天津美术学院址）	1906	齐国梁	55	420
河北省立水产专科学校	河北总车站东（今河北区水产前街）	1910	张元第	33	83
河北省立天津中学校	西头铃铛阁（今铃铛阁中学址）	1901	李邦翰	47	1031
河北省立天津女子中学校	特别一区大营门外（今海河中学址）	1924	步以諴	17	270
河北省立第一模范小学校	鼓楼西旧中营（今南开区中营小学址）	1906	刘宝慈	19	823
河北省立民众教育实验学校	小王庄新开河	1932	尹全智	17	127

市立师范、小学校42所：

学校名称	地址	班数	级制	校长	教员（名）	学生（名）
天津市立师范学校（1930年成立）	河东特二区三马路（曾为二十六中学址）	—	—	时子周	25	307
市立师范附属小学校	河北中山公园内	7	高初级单复式	刘宝常	10	263
市立第一小学校	东南城角草厂庵	12	高初级单式	戴蕴璋	23	681
市立第二小学校	河北大胡同老铁桥	7	高初级单式	刘恩波	14	405
市立第三小学校	东门内大街	9	高初级单式	张万祥	17	1 146
市立第四小学校	东门内弥勒庵	6	高初级单式	阎淑文	10	206
市立第五小学校	东南城角草厂庵	8	高初级单式	马福新	15	396
市立第六小学校	户部街	4	初级单式	杨文媛	8	294
市立第七小学校	河北狮子林	6	高初级单式	刘延龄	13	253
市立第八小学校 并附设分校（地点东南城角）	南门东	5	初级单式	陈德黼	10	197
市立第九小学校	永丰屯如意庵西	12	高初级单式	王骥	18	747
市立第十小学校	城隍庙	11	高初级单式	刘贤章	23	714
市立第十一小学校	城西慈惠寺大街西	12	高初级单式	石承濂	23	783
市立第十二小学校	西门内大街	8	高初级单式	陈志鸿	18	462
市立十三小学校	西南城角西	3	初级复式	戴锡庚	4	60
市立第十四小学校	西头永丰屯黄姑庵	2	初级复式	刘张淑源	4	109
市立第十五小学校	西头驴市口谢公祠	6	高初级单式	王如祥	12	271
市立第十六小学校 并附设分校（校长刘学芬，地点河北关上）	河北关上大寺	10	高初级单式	李锡田	19	504

续表

学校名称	地址	班数	级制	校长	教员（名）	学生（名）
市立第十七小学校	河北大街石桥	8	高初级单式	苏廷赞	8	445
市立第十八小学校	老老店	8	高初级	韩寯祥	17	415
市立第十九小学校	西头梁家嘴放生院	11	高初级单式	高恩荫	21	611
市立第二十小学校并附设分校（校长穆连波，地点广智馆内）	西头太平街白寺	4	初级单式	杜志新	9	218
市立第二十一小学校并附设分校（校长高玉珍，地点堤头辛庄）	堤头村	8	高初级单式	赵骐骏	14	449
市立第二十二小学校	河东陈家沟	10	高初级单式	黄玉麟	17	510
市立第二十三小学校	河北窑洼	8	高初级单式	张恩宠	15	453
市立第二十四小学校	河东小关大街	4	初级单式	曹振华	10	200
市立第二十五小学校	河东水梯子	4	初级单式	高玉林	9	173
市立第二十六小学校	特二区粮店后街南口	11	高初级单式	董嵩年	21	632
市立第二十七小学校	于厂大街西方庵	7	高初级单式	曹耀华	17	370
市立第二十八小学校	河东粮店后街行宫庙	8	高初级单式	宋云书	15	451
市立第二十九小学校	特二区学堂胡同	6	高初级单式	高镜寰	14	427
市立第三十小学校	大王庄七经路	10	高初级单式	张献瀛	19	476
市立第三十一小学校	西门北二道街	6	高初级单式	韩梦藻	13	316
市立第三十二小学校	西沽村三官庙	6	高初级单式	姚文璋	14	306
市立第三十三小学校	河东沈王庄	6	高初级单式	于希源	12	278
市立第三十四小学校	卫生局胡同	4	初级单式	李恩祜	6	110
市立第三十五小学校	河东复兴庄靶挡道	8	高初级单式	吴释明	17	446
市立第三十六小学校	河东郭庄子	6	高初级单式	刘善述	12	322

续表

学校名称	地址	班数	级制	校长	教员（名）	学生（名）
市立第三十七小学校（创办人李春华）	西头佟家楼	3	高初级单式	李砚田	9	115
市立第三十八小学校	侯家后清静庵	4	高初级单式	刘铸民	10	188
市立第三十九小学校	特四区公署后	4	初级复式	王开文	3	153
市立第四十小学校	八里台	2	高初级复式	许荫楼	3	112

市立幼稚园5所：

名称	地址	学费（元）	成立（年，月）	主任	班次（个）	教职员（名）	学生（名）
市立第一幼稚园	二区四所	1	1930.4	李恩祐	2	5	69
市立第五幼稚园	市立第五小学校内	1	1929.8	马福新	1	2	65
市立第十一幼稚园	慈惠寺大街路西	1	1930.8	石承濂	1	5	57
市立第三十幼稚园	大王庄七经路	1	1930.8	张献瀛	1	2	52
市立师范学校附属幼稚园	户部街朝阳观	1	1934.2	刘宝常	2	5	60

私立大学2所：

名称	校长	校址
私立南开大学	张伯苓	八里台
私立工商大学①	刘乃仁	英租界马厂道（今河西区马场道天津外国语大学址）

河北省教育厅备案的私立中学校11所：

名 称	校 长	校 址
私立南开中学校	张伯苓	南开
私立觉民中学校	王铁卿	河北公园（今中山公园）内
私立汇文中学校	刘馨廷	南关下头（今南门外大街第二南开中学校址）
公立商科职业学校	徐克达	东马路
私立河北中学校	康辅德	河北三马路
私立究真中学校	李清贤	河北公园（今中山公园）后
私立中日中学校	沈廉士	海光寺(曾为天津师大六里台校区)
私立新学中学校	傅尚霖	法租界海大道（曾为和平区大沽路17中址）
私立河东中学校	李荣培	河东特二区二马路（今河北区民主道）
私立竞存女子中学校	陆昭汉	英租界二十一号路（今和平区山西路）
私立耀华中学校	赵天麟	英租界围墙道（也叫公学路，今和平区南京路）

---

① 工商大学于1933年8月改为私立天津工商学院。

天津市教育局备案的私立中学校17所：

学校名称	地址	级制	班数（个）	学生（名）	教职员（名）	学费（元）		校　长
						高中	初中	
私立老西开中学校	老西开	初中	3	93	7	—	18	李鹤鸣
私立震中中学校	河北大经路中州会馆（今河北区中山路）	初中	3	81	6	—	12	吴协唐
私立旅津广东中学校	法租界三十三号路（和平区山西路）	初中	3	165	11	—	10	罗光道
私立三八女子中学校	英租界广东道西口（今和平区唐山道）	初中	4	88	15	—	18	张人瑞
私立大同中学校	英租界张庄大桥（今南京路与营口道口一带）	初中	2	42	6	—	18	郝大同
私立通惠商科职业学校	法租界巴黎路（今和平区吉林路）	旧制四年	7	329	15	—	60	王季贤
私立电报学校	城内户部街关帝庙内	初中	3	99	10	—	24	罗椿林
私立河东中学校	特二区二马路（今河北区民主道）	旧制四年	4	201	17	—	18	李泽周
私立河北中学校	河北三马路	旧制四年	8	238	16	—	18	康辅德
私立南开女子中学校	南开六德里	完全四年	11	338	23	30	30	张伯苓
私立弘德商科职业学校	法租界四号路（今和平区滨江道）	旧制四年	5	220	12	—	30	罗光道
私立圣功女子中学校	法租界二十六号路（今和平区滨江道）	完全中学	6	190	13	25	20	夏景如
私立中西女子中学校	南关下头(曾为和平区南门外大街长征中学址)	完全中学	6	178	26	30	25	刘馨廷
私立中山中学校	河北宇纬路	完全中学	4	93	13	—	男生16女生12	孙湘济
私立中山公学	特别二区河沿（今河北区中心广场）	中学部附设小学部	4	—	—	—	—	胡定远
私立商业中学校	法租界巴黎道（今和平区吉林路）	旧制四年	—	500	—	—	—	陈永寿
私立普育女子初级中学	鼓楼西板桥胡同12号	初级中学	3	73	12	—		温祖荫

天津市教育局备案的私立小学校99所：

学校名称	地　　址	级制	班数（个）	学生（名）	教员（名）	学　费（元）		校　长
						高级	初级	
私立秀山第一小学校	河北四马路东兴里	高初级单式	7	406	5	6	3	王　锐
私立新民小学校	特别三区（今河东区）	高初级单式	9	413	9	6	3	靳子屏
私立民益小学校	特二区吉家胡同白衣庵	高初级单式	6	220	12	6	3	李荣培
私立崇善小学校	河东尚师傅坟地	高初级复式	5	269	8	6	3	李莲洲
私立慈惠小学校	英租界十号路（和平区保定道）	高初级单式	11	429	22	6	3	佘宗毅
私立勤敏小学校	南开辅安里	高初级单式	6	240	14	6	3	陈左学勤
私立尚德小学校	河北二马路	高初级复式	5	183	13	6	3	陈翠婉
私立第一小学校	一区三所(曾为南开区仓廒街仓廒街小学址)	高初级单式	12	697	20	6	3	陈天纪
私立南开小学校	南开杨家花园西	高初级复式	9	114	9	6	3	苏昌颐
私立南开亲民小学校	南开松盛里	高初级复式	6	98	6	6	3	王秉康
私立公善小学校	城西芥园庙后	高初级复式	5	301	7	6	3	程伯镕
私立黄成小学校	河北三马路心田里	高初级复式	6	140	5	6	3	张治政
私立圣功小学校	法租界三十五号路（今和平区山西路）	高初级单式	9	367	21	6	3	夏景如
私立时文小学校	西教场土地庙	高初级复式	2	115	3	6	3	王瑞澂
私立四存小学校	五区东三编街	高初级复式	6	112	7	6	3	贾绍谊
私立忠立小学校	特一区营盘路（今河西区九江路）	高初级复式	6	114	5	6	3	谭　忠
私立仰山小学校	河北冈纬路	高初级单式	6	221	16	6	3	李清贤
私立普善小学校	南门外崔家大桥五圣庙	高初级单式	4	101	3	6	3	于长佑
私立淑修小学校	鼓楼东大刘家胡同	高初级单式	4	137	5	6	3	施维贤
私立究真小学校	河北昆纬路	高初级单式	6	183	15	6	3	李清贤
私立大同小学校	英租界张庄大桥	高初级复式	6	159	11	6	3	郝大同
私立紫竹林华商公会小学校	法租界三十一号路（今和平区河北路）	高初级单式	7	264	12	6	3	张浙洲
私立崇育小学校	河东锦衣卫桥振德里	高初级复式	6	86	7	6	3	王佐卿

续表

学校名称	地址	级制	班数（个）	学生（名）	教员（名）	学费（元）高级	学费（元）初级	校长
私立旅津广东小学校	法租界二十六号路（今滨江道）	高初级单式	16	967	29	6	3	罗光道
私立天善小学校	河东沈王庄东墙子	高初级复式	6	204	6	6	3	黄玉麟
私立文华小学校	河东李公楼	高初级复式	6	175	8	6	3	郭焕文
私立民四女小学校	东马路	高初级单式	6	197	14	6	3	王新铭
私立普育女学校	城内板桥胡同	高初级单式	9	212	23	6	3	温世霖
私立明德小学校	河北小王庄	高初级复式	2	66	3	6	3	刘昭德
私立黄成第三小学校	东门外南斜街	高初级复式	1	50	3	6	3	朱凤章
私立南开小学部	南开四马路	高初级单式	6	230	13	6	3	张伯苓
私立树德小学校	英租界五十三号路（今和平区柳州路）	高初级复式	4	168	13	6	3	邢撷秋
私立哲民小学校	南市建物大街	高初级复式	4	142	6	6	3	吴竹民
私立竞存小学校	日租界芙蓉街（今和平区河北路）	高初级复式	5	209	11	6	3	陆昭汉
私立老西开小学校	老西开	高初级单式	9	492	16	6	3	李鹤鸣
私立贞淑小学校	河北望海楼迤西	高初级单式	6	271	13	6	3	解承武
私立培才小学校	法租界三十一号路（今河北路）	高初级单式	6	287	16	6	3	郝 铭
私立诚正小学校	望海楼迤东	高初级复式	6	116	8	6	3	李守濂
私立扶生小学校	河东洋旗下坡	高初级复式	6	212	7	6	3	孙克明
私立第二小学校	鼓楼南大街	高初级单式	6	252	13	6	3	宋濂生
私立三义庄小学校	特一区芝罘路（今河西区苏州道）	高初级单式	10	639	17	6	3	张润田
私立三义庄女小学校	特一区芝罘路（今河西区苏州道）	高初级复式	3	210	6	6	3	孙淑淑
私立同仁小学校	老车站地道外	高初级复式	2	111	7	6	3	张晓斋
私立乐仁小学校	河北昆纬路	高初级复式	4	114	7	6	3	游仁声
私立浙江小学校	法租界二十号路（今和平区哈尔滨道）	高初级单式	8	426	23	6	3	姒良成
私立木斋小学校	河北元纬路	高初级单式	6	204	15	6	3	卢定生
私立进德小学校	日租界松岛街（今和平区哈密道）	高初级复式	3	109	11	6	3	刘馨廷

续表

学校名称	地址	级制	班数（个）	学生（名）	教员（名）	学费（元） 高级	学费（元） 初级	校长
私立美育小学校	法租界二十四号路（和平区长春道）	高初级复式	4	120	10	6	3	孙振声
私立智德小学校	意租界西马路（今河北区民族路）	高初级复式	5	170	8	6	3	侯子华
私立培植小学校	意租界三马路（今河北区进步道）	高初级复式	4	175	12	6	3	徐鸿宾
私立平权小学校	河东小集大街新立胡同	高初级复式	3	98	7	6	3	李光益
私立钱业补习学校	北门内钱业同业公会内	二年毕业	2	67	5	非会员银号学生每人月收2		于凤鸣
私立秀山第二小学校	河东尚师傅坟地	初级单式	2	151	5		3	黄松龄
私立秀山第三小学校	河东水梯子大街关帝庙	初级单式	4	249	7		3	李光益
私立三民小学校	赵家场（今红桥区西站附近）	初级复式	1	50	3		3	杨居野
私立种德小学校	城西双街口黑寺	初级复式	3	114	5		3	刘雁宾
私立竞成小学校	特一区花园路（今河西区徽州道）	初级复式	3	117	6		3	沈树国
私立竹林村小学校	河北南竹林村	初级复式	1	81	3		3	吉祥来
私立淑成小学校	城西佟家楼	初级复式	2	61	3		3	张文焕
私立慎益小学校	西头双庙大街	初级复式	1	41	4		3	钱桂馨
私立惜阴小学校	河东复兴庄玉祥生胡同	初级复式	1	60	2		3	张绍盦
私立怀谦小学校	西门外二道街	初级复式	4	93	5		3	宁殿和
私立复兴庄小学校	河东复兴庄	初级复式	2	102	2		3	阎恩鸿
私立启蒙小学校	英租界小白楼（今和平区小白楼）	初级复式	1	28	2		3	赵以文
私立务本小学校	鱼市西花神庙	初级复式	2	68	3		3	尹恩蓉
私立育民小学校	南门外宝庆里东	初级复式	1	45	3		3	夏兆钫
私立橙衷小学校	永明寺东硝房胡同	初级复式	1	36	4		3	庞凤歧
私立桃林小学校	西沽村龙王庙后	初级复式	1	48	2		3	阎午生
私立崇实小学校	城内小双庙胡同	初级复式	1	50	2		3	王守忠
私立西于庄小学校	西于庄	初级复式	1	45	1		3	丁墨林

续表

学校名称	地　　址	级制	班数（个）	学生（名）	教员（名）	学费（元）高级	学费（元）初级	校　长
私立黄成第二小学校	河北新大路中间	初级复式	3	113	4		3	张大中
私立储英小学校	河北关上颜家胡同	初级复式	2	42	2		3	李仙洲
私立四维小学校	小西关	初级复式	1	57	3		3	巴象丰
私立小补小学校	城西铃铛阁	初级复式	1	37	2		3	王绪松
私立润生小学校	西沽村药王庙	初级复式	1	70	1		3	史济泽
私立延绪小学校	西门内刘家大院	初级复式	1	41	1		3	高延绪
私立子欣小学校	东兴大街上平安后	初级复式	1	54	1		3	李树荣
私立敏儒小学校	西头鱼市西米粒烟胡同	初级复式	2	102	6		3	解茂慧
私立清真寺小学校	西头小伙巷清真寺内	初级复式	2	78	1		3	张文琳
私立新河小学校	河北大红桥老常关	初级复式	1	40	3		3	李光荣
私立姚家台小学校	河东姚家台	初级复式	4	152	4		3	刘鸿义
私立树培小学校	河北大街石桥西兴仁里	初级复式	4	70	4		3	李宝田
私立惠通小学校	河东小盐店	初级复式	1	50	3		3	于又新
私立第五十小学校	河东粮店街施磨场	初级复式	2	129	5		3	苏泰昌
私立河北小学校	北大关东北极寺	初级复式	1	63	2		3	阎子屿
私立育英小学校	河北营门外仪善里	初级复式	4	40	2		3	赵相年
私立秉恒小学校	西于庄公所前	初级复式	1	45	1		3	赵秉恒
私立华新小学校	河北小王庄	初级复式	4	134	6		3	程瑞珊
私立弘正小学校	南门西观海里	初级复式	4	39	4		3	陈宝瑤
私立广益小学校	河北席厂村东下洼	初级复式	1	45	2		3	李子元
私立裕斋小学校	西于庄	初级复式	1	38	1		3	张裕斋
私立弘仁小学校	北门西项家胡同	初级复式	1	33	4		3	王聘臣
私立平实小学校	月纬路四马路	初级复式	4	120	4		3	任述原
私立宏志小学校	河东小集大街新立胡同	初级复式	3	96	7		3	刘雁宾
私立公善第二小学校	西头驴市口	初级复式	3	98	4		3	程伯鎔
私立立达小学校	河北	—	—	—	—		—	陈书咸
私立增箓小学校	英租界	—	—	—	—		—	梁之麟
民十女子小学校	西沽村	—	—	—	—		—	范续云
普育女子小学	宜兴埠	高级初级	2	110	—		—	温瀛士

私立幼稚园4所：

名　称	地　址	班次	教职员（名）	学生（名）	主任	学费	成立年月
私立新民幼稚园	天津特别三区（今河东区）	2	3	52	靳子屏	—	1928年
私立培才幼稚园	法租界三十一号路（今和平区河北路）	2	4	91	郝铭	—	1927年2月
私立树德幼稚园	英租界五十三号路（和平区柳州路）	2	4	35	邢撷秋	—	1927年2月
私立慈惠幼稚园	英租界十号路（今和平区保定道）	2	3	50	佘宗毅	—	1933年8月

市立民众补习学校70所：

校　名	地　址	校　名	地　址
第一补校	鼓楼西	第二补校	河东
第三补校	河北	第四补校	西北城角
第五补校	南开	第六补校	南开
第七补校	城西	第八补校	南大道
第九补校	河东	第十补校	河东
第十一补校	河东	第十二补校	南市
第十三补校	沈王庄	第十四补校	东兴大街
第十五补校	南门外	第十六补校	河北
第十七补校	河北	第十八补校	南门外
第十九补校	河东	第二十补校	特别二区
第二十一补校	河东	第二十二补校	八里台村
第二十三补校	特别四区	第二十四补校	河北
第二十五补校	河北	第二十六补校	河北
第二十七补校	鼓楼东	第二十八补校	河东
第二十九补校	北开	第三十补校	西头
第三十一补校	北营门外	第三十二补校	河北
第三十三补校	河北	第三十四补校	河北
第三十五补校	东门内	第三十六补校	河北
第三十七补校	河北	第三十八补校	英租界
第三十九补校	西马路	第四十补校	西头
第四十一补校	西头	第四十二补校	西门外

续表

校　名	地　址	校　名	地　址
第四十三补校	河北	第四十四补校	东南城角
第四十五补校	河东	第四十六补校	法租界
第四十七补校	法租界	第四十八补校	特一区
第四十九补校	英租界	第五十补校	河北
第五十一补校	小杨庄	第五十二补校	特别一区
第五十三补校	河北	第五十四补校	河北
第五十五补校	西头	第五十六补校	西头
第五十七补校	侯家后	第五十八补校	西门内
第五十九补校	西头	第六十补校	西沽
第六十一补校	西头	第六十二补校	西头
第六十三补校	西头	第六十四补校	西头
第六十五补校	老西开	第六十六补校	广开
第六十七补校	河北	第六十八补校	英租界
第六十九补校	英租界	第七十补校	西门内

私立民众补习学校54所：

校　名	地　址	校　名	地　址
天津市学生同志会第一儿童义务学校	东门内培德学校	天津市学生同志会第二儿童义务学校	市立第二十七小学校
天津市学生同志会第三儿童义务学校	西北角隅师范附小（今红桥区文昌宫回民小学）	天津市学生同志会第四儿童义务学校	市立第十八小学校
天津市学生同志会第五儿童义务学校	市立第二十二小学校	天津市学生同志会第六儿童义务学校	锦衣卫桥附小二部
天津市学生同志会第七儿童义务学校	河北三马路	省一中附设平民学校	铃铛阁第一中学校
四成义务学校	鼓楼西大水沟	邢家台私立补校	西沽邢家台
民众教育馆补校	西门内大栅栏	天后宫民众补校	天后宫
电车职业公会民众补校	荣业大街	第一区党部第一补校	文昌宫
第一区党部第二补校	市立第十八小学校	第一区党部第三补校	城隍庙
第二区党部第一补校	西沽新河学校	第二区党部第二补校	堤头村第二十一小学校
第三区党部第一补校	市立第二十三小学校	第三区党部第二补校	黄纬路恒源纱厂
第四区党部第一补校	河东姚家台泰康里	第四区党部第二补校	元纬路培德学校
第五区党部第一补校	河东郭王庄	第五区党部第二补校	新官汛
第六区党部第一补校	南市慎益大街	第六区党部第二补校	万德庄万德学校

续表

校　名	地　址	校　名	地　址
第七区党部民众补校	特别一区（今河西区）杭州道	第八区党部民众补校	大直沽
直属第二区分部第一补校	英租界十九号路（今和平区河北路）	明新小学附设补校	堤头村
私立务本民众补校	西花神庙胡同	私立敏儒民众补校	西头鱼市西米立烟铺胡同
私立淑成民众补校	佟家楼	私立崇实民众补校	鼓楼南小双庙
西门内私立补校	西门内	私立裕元工会附设补校	小刘庄裕元工会内
育英平民夜校	南开平和里	明德小学附设补校	河北小王庄吉德里
姚家台民众补校	姚家台泰康里	西沽民众补校	西沽润生小学
西于庄民众补校	西于庄	小盐店民众补校	小盐店
私立钱业民众补校	鼓楼北公会	第一区三十六坊民众补校	北门东
第七区党部第二补校	第七区党部	第七区党部第三补校	谦德庄平安大街
第六区党部第三区分部第一补校	万德庄	第三区党部第三补校	河北杨桥大街
第五区党部第三补校	河东新官汛	第四自治区第十坊附设民众补校	河北大街十坊办公所
私立桃林小学附设民众补校	西沽龙王庙	私立竹林村补校	河北竹林村
私立储英补校	河北关上	私立秉恒补校	西于庄

市立短期小学校 40 所：

校　名	地　址	校　名	地　址
小王庄短期小学校	河北小王庄修一堂公所内	双忠庙短期小学校	西头双庙街后双忠庙
杨桥大街短期小学校	河北杨桥大街	河北小刘庄短期小学校	河北小刘庄胡家店旁
姚家台短期小学校	河东姚家台老通道旁同议大街	大药王庙短期小学校	西头大药王庙
复兴庄短期小学校	河东复兴庄东街18号	大王庄短期小学校	河东大王庄麟祥里
河北新大路短期小学校	河北新大路协和里	三圣庵短期女子小学校	河东粮店街三圣庵
东兴大街短期小学校	南市东兴大街群英对过	姚家台短期女子小学校	河东姚家台泰吉里1号
南门东短期小学校	南门东马路市立第八小学对过	鼓楼西短期小学校	鼓楼西大街板桥胡同对过
南关下头短期女子小学校	南门外南关大街南兴桥鑫记二条五号	朝阳观短期女子小学校	户部街朝阳观前
辛庄短期小学校	河北辛庄市立二十一小学分校内	大胡同东短期小学校	河北大胡同东蓝家胡同

续表

校　　名	地　　址	校　　名	地　　址
沈庄子短期小学校	河东沈庄子华茂里四号	新货厂短期小学校	河东特别二区新货厂
复兴庄短期女子小学校	河东复兴庄南横街12号	旺道庄短期小学校	河东旺道庄小铁道旁
金家窑短期小学校	河北金家窑穆家大门旁	李公楼短期小学校	河东李公楼中街
西头老老店短期小学校	西头老老店后街21号	沈家台短期小学校	南门西沈家台瑞福里21号
大王庄短期女子小学校	河东大王庄智德里	鼓楼东短期小学校	鼓楼东大费家胡同
锦衣卫桥短期小学校	河东锦衣卫桥福善东里	水梯子大街短期小学校	河东水梯子大街么家胡同5号
西北城角短期小学校	西北角博古书店对过	西沽短期小学校	西沽驴市街
南大道短期小学校	西门外南大道联兴里对过	南大道短期小学校	南大道宝聚里2号
南关大街短期小学校	南门外南关大街美以美会对过	竹林村短期小学校	河北南竹林村中德里旁
小树林短期小学校	小树林大街陈家东胡同	韦驮庙西短期小学校	西头韦驮庙西韩家店胡同
三条石短期小学校	河北三条石中间普渡庵后	三义庄短期小学校	特一区三义庄山西路（今河西区广东路）

注： 表中记载各级各类学校约350所，根据1931年出版的《天津志略》和1934年出版的《天津市概要》等编制。

表4:1947—1948年天津市学校一览表

高等院校(1947年度):

公立

名　称	校长	院科系数	学生（名）	教员（名）	职员（名）	经费（国币：元）	地址
国立北洋大学	张含英	2学院 14系	1 192	131	125	1 260 000 000（1947年度）	西沽武库
国立南开大学	张伯苓	4学院 16学系	1 066	150	103	3 634 600 000（1947年度）	八里台
河北省立工学院	路荫柽	5学系	231	65	30	137 043 920（1946年度）	河北元纬路
河北省立女子师范学院	齐国梁	5学系	209	48	12	64 279 780（1947学年第二学期）	河北天纬路2号
河北省立水产专科学校	张元第	2学科	142	17	8	834 720（1946年度）	暂借新开河省师址
河北省立法商学院	顾德铭	3学系	131	23	25		河北新开河志成道8号
河北医学院	齐清心	医学系	90	48（教职员）		4 857 240（1947年经常费）	天津兰州道
国立国术体育师范专科学校	张之江	三年制、五年制师范专科	246	60（教职员）		126 590 000（1947年度）	河北省体育场（今北站体育场）

私立

名　称	校长	院科系数	学生（名）	教员（名）	职员（名）	经费（国币：元）	地　址
私立工商学院	刘乃仁	3科 10系	761	91	20	328 500 000	第十区（今河西区）马场道（今外国语大学址）
私立达仁学院	沈克	5系	199 内有女50	20	10	学杂费维持经常开支，遇有不敷，校董会筹备。	第十区（和平区）徐州道4号
私立育德学院	夏勤	3系2个专修班	126	12			第六区徽州道27号

中等学校（1947年度第二学期）：

公立

名　称	校　长	班数（个）	学生（名）	教职员（名）	工友（名）	教室（间）	地　址
天津扶轮中学	张新虞	11	466	35	23	15	三区吕纬路（今河北区吕纬路铁一中址）
河北省立天津中学	佟本仁	19	768	53	21	22	八区铃铛阁（今红桥区铃铛阁中学址）
河北省立天津女子中学	李淑敏	15	642	45	17	20	六区上海道（今河西区南京路海河中学址）
河北省立女子师范学院附属中学	齐国梁	5	239	18	7	6	三区天纬路2号（今河北区天津美术学院址）
河北省立天津师范学校	李曜林	11	401	35		20	三区志成道（今河北区志成道，志成道中学、外语学校址）
河北省立天津女子师范学校	齐国梁	4	164	15	6	6	三区天纬路2号（今河北区天津美术学院址）
河北省立保定工业职业学校	姚鸣山	11	287	43	14	11	三区志成道8号（今河北区志成道武警部队驻地）
河北省立工学院附属高级工业职业学校	路荫柽（兼）	10	264	42	14		三区元纬路(曾为河北区元纬路河北中学址)
市立中学	韩秋圃	41	2070	90	29	43	十区（今和平区）西安道
市立女中	何肇葆	18	894	48	15	17	二区（今河北区）华安街
市立师范学校	邓庆澜	8	399	35	13	8	六区（河西区）大沽路(曾为天津师大下瓦房校区)
市立商科职业学校	邵铁汉	16	670	44	10	17	二区（河北区）月纬路
市立医院附设高级护士职校	佘韫珠	3	31	16	2	2	二区金汤二马路（今河北区民主道）
市立高级助产职校	何应夔	2	32	10	3	1	一区绥远路（今和平区林西路）

私立

名　　称	校长	班数（个）	学生（名）	教职员（名）	工友（名）	教室（间）	地　　址
南开中学	张伯苓	13	684	56	57	28	七区（今南开区）四马路
工商学院附中	刘乃仁	20	1 194	57	15	26	十区马场道（今河西区马场道天津外国语大学址）
耀华中学	俞大酉	24	1 336	77	18	34	十区（今和平区）南京路
木斋中学	卢定生	14	597	37	8	19	二区（今河北）民权路
汇文中学	刘　芳	11	602	29	10	13	七区（今和平区）荣安大街（今第二南开中学址）
新学中学	黄　道	9	533	26	11	10	一区（今和平区）大沽路（曾为十七中学址）
中正中学	陈仙洲	14	692	46	13	14	六区（今河西区）厦门路
旅津广东中学	胡梓川	22	1 141	54	13	14	一区（今和平区）滨江道、赤峰道
法汉中学	许日升	8	375	26	3	16	一区（今和平区）西宁道（曾为二十一中学址）
浙江中学	王秉三（代）	13	559	38	6	15	十区（今和平区）营口道
河东中学	姚金章	10	667	37	7	10	二区金汤二马路（今河北区民主道）
渤海中学	宋廷琦	12	471	30	5	14	二区（今河北区）建国道
进修中学	华克信	8	341	23	4	11	十区（今和平区）大沽路（曾为大沽路小学）
慈泽中学	孟石如	10	573	34	8	10	六区（河西区）徽州道
特一中学	程抱信	9	378	28	16	9	六区（河西区）大沽路
志达中学	陈存诚	12	759	36	11	12	十区（今河西区）马场道（曾为天津财经大学分院）
达文中学	王　俞	3	108	15	3	4	十区（今和平区）杜鲁门路（曾为建设五十九中学址）
大同中学	郝擢先	6	350	14	3	3	十区（今和平区）上海道（曾为南京路天津电视大学和平工作站）
南开女中	张伯苓	8	390	20	12	18	一区（和平区）甘肃路（今汇文中学址）
圣功女中	夏景如	14	701	54	17	20	六区（今河西区）马场道（今新华中学址）
中西女中	谭新铭	8	282	25	17	20	七区（今和平区）南关下头（曾为长征中学址）
普育女中	刘绎雯	10	516	26	6	10	十一区（今南开区）鼓楼西板桥胡同
含光女中	张淑纯	7	233	22	4	7	二区（河北区）民主路
力行中学	蔡逸九	7	—	32	8	10	一区（和平区）万全道

续表

名　称	校长	班数（个）	学生（名）	教职员（名）	工友（名）	教室（间）	地　址
建华中学	曹葆清	4	189	21	4	6	十区南宁路
正风中学	李涵中	4	112	18	2	5	二区（河北区）建国道
培英中学	张伯英	6	326	25	9	6	一区（今和平区）新兴路
慈惠初级中学	佘宗毅	7	376	22	6	7	十区（今和平区）保定道（曾为和平区保定道小学）
通澜初级中学	齐通侯	5	305	21	3	4	八区（今南开区）户部街
西开初级中学	张德忠	3	197	15	2	11	一区（今和平区）西宁道
究真初级中学	李清贤	9	376	24	10	12	三区（今河北区）昆纬路
山西旅津初级中学	傅秉鉴	4	176	19	3	5	八区（红桥区）锅店街山西会馆
养正初级中学	邢席儒	3	178	11	3	11	四区（河东区）李地大街
崇化初级中学	郭蔼春	3	142	22	3	5	八区（南开区）东门内
育才高级商科职业学校	徐克达	13	736	46	7	16	七区（南开区）东马路
众成商科职业学校	丁鸿勋	7	271	28	3	8	一区（和平区）吉林路
立人初级工科职业学校	杨文卿	2	38	11	1	2	八区（南开区）玉皇阁街
建德工科职业学校	曹希彬	4	190	14	3	10	九区（红桥区）三官庙街
志生高级助产职业学校	邓志恩	3	50	24	14	4	一区（和平区）河北路
济华高级护士职业学校	张李明贞	5	53	25		3	一区（和平区）大沽路马大夫医院（今口腔医院）
益世高级护士职业学校	诸葛文屏	2	16	16	6	7	七区（和平区）南关大街（曾为福安街长征医院）
仁爱高级护士职业学校	马振静	1	37	14		4	一区（和平区）营口道（曾为中心妇产科医院）
天和医院附设高级护士职业学校	邓家栋	2	17	14		2	十区（河西区）马场道（曾为天津市一中心医院的一部分）

初等学校（1947年第一学期）：

第一区（今和平区）

名　称	校　长	班数	学生（名）	教职员（名）	工友（名）	教室（间）	地址	备考
市立第一区中心国民学校	蒋升宇	17级成17班	1 227	28	7	14	万全道	—

续表

名　　称	校　长	班数	学生（名）	教职员（名）	工友（名）	教室（间）	地址	备考
市立第一区第三保国民学校	王淑英	8级成8班	452	12	3	10	迪化道（今鞍山道）	—
私立中正小学	陈仙洲	6级成6班	272	9	2	5	赤峰道	—
私立正德小学	雷爱媖	8级成8班	370	12	2	8	大沽路	—
私立西开小学	张德忠	6级成6班	323	12	2	6	西宁路	—
私立明新小学	吴若敏	6级成3班	140	6	2	3	长春道大安里	—
私立法汉小学	许日升	10级成10班	581	17	5	12	西宁路	—
私立若瑟小学	苏荫田	17级成17班	889	24	3	17	宝鸡道	附幼稚班3班150人
私立美育小学	孙振声	11级成10班	470	15	6	11	长春道	—
私立通义小学	杨子静	8级成7班	279	10	2	7	西宁路	—
私立广东小学	胡梓川	10级成10班	660	24	3	10	滨江道	—
私立培才小学	张波若	8级成7班	567	13	5	8	河北路	附幼稚班1班47人
私立圣功小学	夏景如	21级成20班	1 164	35	7	20	滨江道	附幼稚班1班76人
私立瀛州小学	吴广德	6级成6班	495	11	3	9	昆明路	—
私立智丛小学	缪广平	6级成5班	148	8	2	5	万全道	—
私立勤益小学	王元榕	6级成4班	179	6	2	4	察哈尔路	—
私立胜水小学	曹希彬	5级成3班	184	5	1	3	辽北路	—
私立惠青小学	殷世平	6级成5班	230	8	2	5	宁夏路	—
私立聋哑学校	齐肆三	6级成4班	35	5	1	4	营口道	附幼稚班1班10人
联勤总部被服总厂天津员工子弟小学	马维康	7级成7班	356	13	3	8	万全道	—

第二区(今河北区)

名　称	校　长	班数	学生(名)	教职员(名)	工友(名)	教室(间)	地　址	备考
市立第二区中心国民学校	白大可	12级成12班	671	18	4	9	博爱道	—
市立第二区第五保国民学校	王志廉	9级成9班	482	14	3	7	大马路(今建国道)学堂街	—
市立第二区第六保国民学校	董嵩年	19级成19班	1 052	28	7	14	粮店后街	—
市立第二区第七保国民学校	王炳圭	12级成12班	731	19	4	10	粮店后街	—
市立第二区第九保国民学校	刘士扬	10级成10班	597	15	3	8	于厂大街	—
市立第二区第十保国民学校	张秀如	6级成6班	287	10	3	5	河东水梯子大街白衣庵	—
市立第二区第十三保国民学校	王恩庆	4级成4班	174	6	2	3	华安大街	—
市立第二区第十四保国民学校	黄玉麟	14级成14班	1 193	23	5	11	娘娘庙中街	—
市立第二区第十七保国民学校	吕万钧	6级成6班	425	8	2	4	锦衣卫桥大街	—
市立第二区第十八保国民学校	张士宣	8级成8班	439	13	5	7	锦衣卫桥大街	—
市立第二区第二十一保国民学校	陈俊杰	8级成8班	460	13	3	6	中山路小关大街	—
市立第二区第二十三保国民学校	程林贞	5级成5班	250	7	2	4	金家窑大街	—
市立第二区第二十五保国民学校	刘延龄	8级成8班	476	13	3	6	狮子林大街	—
私立民益小学	姚　立	6级成6班	278	10	3	6	白衣庵吉家胡同	—
私立宏志小学	王趾周	6级成3班	185	6	1	3	小集路新立胡同	—
私立秀山第二小学	黄松龄	2级成2班	140	4	1	2	尚师傅坟地前	—
私立秀山第三小学	李光益	6级成6班	167	8	2	6	小关大街	—
私立东初小学	郑朝熙	4级成1班	67	4	1	1	小盐店摆渡口	—
私立建国小学	于　霆	6级成5班	163	5	1	5	粮店后街北首	—
私立度修小学	张子宇	6级成5班	190	7	1	4	于厂	—
私立贞淑小学	刘鸿逊	7级成7班	369	12	2	8	医院路	附幼稚班1班

续表

名　称	校长	班数	学生（名）	教职员（名）	工友（名）	教室（间）	地　址	备考
私立崇善小学	李屏周	6级成4班	239	5	2	4	尚师傅坟地前	—
私立培植小学	王云章	9级成9班	332	14	3	9	三民道（今进步道）	附幼稚班2班60人
私立惠迪小学	于又新	4级成1班	50	3	1	1	小盐店兴仁里	—
私立诚正小学	王际五	12级成8班	366	12	2	8	狮子林街	—
私立福婴小学	许正寰	6级成5班	86	8	1	5	三民道（今进步道）福寿里	—

第三区（今河北区和北辰区一部分）

名　称	校长	班数	学生（名）	教职员（名）	工友（名）	教室（间）	地　址	备考
市立第三区中心国民学校	米少丰	22级成22班	1 202	34	6	17	中山路月纬路	—
市立第三区第二保国民学校	杨昭瑞	14级成14班	807	22	5	12	四经路	—
市立第三区第五保国民学校	吴介清	9级成9班	591	14	3	7	黄纬路	—
市立第三区第六保国民学校	王金镛	4级成4班	155	6	2	3	日纬路多福里	—
市立第三区第十一保国民学校	刘贤章	4级成4班	209	6	2	3	宿纬路	—
市立第三区第十五保国民学校	石毓漳	4级成3班	172	5	1	2	东六经路裕善北里	—
市立第三区第二十保国民学校	孔昭恬	9级成9班	1 250	14	3	7	河北小王庄杨桥街	—
市立第三区第二十五保国民学校	赵其骏	12级成12班	817	19	4	10	堤头大街	—
市立第三区第二十六保国民学校	王仲清	7级成7班	286	11	3	6	堤头	—
市立第三区第二十七保国民学校	杜金禄	4级成4班	195	6	2	3	辛庄大街	—
市立第三区第二十八保国民学校	孙国文	7级成7班	339	11	2	6	席厂村	—

续表

名 称	校 长	班数	学生（名）	教职员（名）	工友（名）	教室（间）	地 址	备考
市立第三区第三十保国民学校	王桂林	6级成6班	260	10	3	6	白庙村前街	—
市立第三区第三十二保国民学校	韩树林	10级成10班	546	14	2	7	宜兴埠后街	—
市立第三区第三十三保国民学校	王瞳	10级成8班	345	12	3	9	天齐庙村清真寺后	—
私立士范小学	温瀛士	6级成3班	135	6	1	3	宜兴埠北街六条	—
私立木斋小学	卢毅仁	15级成14班	704	23	3	15	元纬路	—
私立仰山小学	李清贤	6级成6班	253	8	4	7	昆纬路	—
私立求实小学	李如圭	4级成3班	102	5	2	3	西窑洼大街	—
私立秀山第一小学	黄松龄	6级成6班	332	9	3	6	四经路	—
私立益民小学	王洗耳	5级成3班	134	6	1	3	小刘庄后街	—
私立启民小学	宋雁题	6级成4班	323	8	2	5	李公祠	—
私立树人第一小学	胡干之	6级成5班	187	8	2	6	东三经路	—
私立励德小学	张兆云	6级成3班	100	4	1	2	吕纬路	—
私立济生小学	郑际唐	10级成5班	246	8	1	5	安徽会馆后街	—
私立黄成第一小学	王韶卿	4级成3班	141	5	1	4	中山路三马路	—
私立黄成第二小学	王韶卿	6级成6班	251	9	1	6	中山路昆纬路	—
中纺第七厂员工子弟小学	卢统之	8级成8班	382	13	3	8	河北小于庄	—
天津第一扶轮小学	赵庆堡	18级成18班	840	26	4	24	宇纬路	—
天津扶轮小学	董清溪	7级成7班	393	12	5	7	新开河西转盘村	—
河北省立女子师范学院附属小学	郝枫	7级成7班	433	14	4	9	西箭道	—

第四区(今河东区和东丽区一部分)

名　　称	校长	班数	学生（名）	教职员（名）	工友（名）	教室（间）	地址	备考
市立第四区中心国民学校	杨绍瑞	14级成14班	989	21	5	11	公议大街	—
市立第四区第七保国民学校	张得森	4级成4班	182	5	1	2	三元里	—
市立第四区第十保国民学校	杨里鸣	8级成8班	545	13	3	6	杨旗下坡天福里	
市立第四区第十一保国民学校	张景寿	6级成6班	294	8	2	4	杨旗宜生里4号	—
市立第四区第十五保国民学校	崔彤霖	2级成2班	721	17	5	9	三益里	—
市立第四区第十六保国民学校	刘善述	8级成8班	514	13	4	8	复兴庄靶挡道北	
市立第四区第十七保国民学校	张连璧	4级成4班	228	6	1	6	旺道庄大街	—
市立第四区第二十二保国民学校	韩恩瑞	4级成3班	192	5	1	2	沈庄子大街仁和里	
市立第四区第二十五保国民学校	孟继泰	6级成6班	297	10	3	6	和平村	—
市立第四区第二十六保国民学校	陈际隆	7级成6班	307	8	2	5	沈庄子养鱼池	—
市立第四区第二十七保国民学校	曹耀奎	4级成3班	156	5	1	2	学堂路三庆胡同	
市立第四区第三十保国民学校	张学勤	7级成5班	227	6	1	4	东乡赵沽里	—
市立第四区第三十一保国民学校	李景周	6级成4班	212	6	2	4	大毕庄	—
市立第四区第三十三保国民学校	宋俊瀛	8级成6班	405	11	3	7	东局子	—
私立文华小学	郭焕文	6级成4班	236	8	2	4	李公楼仁厚里	—
私立北宁路同仁小学	冯芹池	7级成4班	342	8	1	4	郭庄子13号	附幼稚班1班41人
私立功甫小学	蒋士权	6级成3班	109	5	0	3	姚家台泰康里	—
私立同文小学	张庆潭	6级成3班	285	8	2	3	沈家主仁和里	
私立宏达小学	赵子彬	6级成3班	108	5	1	3	李家台大街	—
私立明远小学	金玉亮	6级成4班	182	7	1	4	王庄大街	—

续表

名　称	校　长	班数	学生（名）	教职员（名）	工友（名）	教室（间）	地址	备考
私立益华小学	刘连森	6级成4班	171	5	1	3	新官汛大街	—
私立进取小学	单世伟	7级成2班	143	4	1	2	小郭庄	附幼稚班1班12人
私立崇德小学	郭凤岩	5级成2班	135	5	1	2	旺道庄后台	—
私立惜阴小学	张绍庵	6级成3班	107	4	1	3	复兴庄中街	—
私立复道小学	阎恩鸿	3级成1班	50	3	1	1	复兴庄	—
私立鸣远小学	王月庭	6级成4班	151	7	2	4	新开路	附幼稚班1班12人
私立红卍慈第一小学	孙文元	6级成6班	238	9	2	6	新唐家口	—
私立醒明小学	李醒非	5级成2班	110	4	1	2	郭庄子公议大街	—
私立养正小学	邢席儒	6级成6班	273	12	3	6	李地大街	—
私立蓝卍慈第二小学	曹振华	7级成7班	402	9	2	6	李家台谦祥里	—

第五区（今河东区）

名　称	校　长	班数	学生（名）	教职员（名）	工友（名）	教室（间）	地址	备考
市立第五区中心国民学校	孙士英	15级成15班	745	24	5	13	七经路	附幼稚班1班50人
市立第五区第五保国民学校	孔昭恂	4级成4班	855	21	5	12	一号路	—
市立第五区第六保国民学校	刘启彬	8级成8班	517	14	3	8	中街	—
市立第五区第七保国民学校	卫润溥	8级成7班	436	11	3	5	大直沽义和街	—
市立第五区第九保国民学校	孙迪吉	6级成6班	134	10	3	5	马路街	—
市立第五区第十四保国民学校	胡善庆	7级成6班	183	10	3	6	娄家主永厚里	—
市立第五区第十五保国民学校	郭锡璋	9级成9班	378	14	4	9	张达庄	—

续表

名　称	校长	班数	学生（名）	教职员（名）	工友（名）	教室（间）	地址	备考
私立新民小学	靳子屏	6级成3班	203	6	1	3	大王庄八经路	—
私立津沽初级小学	王金铎	4级成2班	125	3	1	3	大直沽福槐里	—
私立坚基小学	李永凯	6级成4班	149	6	1	4	中山街	—
中纺第一厂员工子弟小学	葛涤尘	9级成8班	399	11	2	6	大直沽太平街	附幼稚班1班33人
中纺第三厂员工子弟小学	张泽生	7级成7班	406	10	1	8	郑家庄	—
中纺第五厂员工子弟小学	王达甫	4级成4班	108	6	1	6	郑家庄	—

第六区（今河西区）

名　称	校长	班数	学生（名）	教职员（名）	工友（名）	教室（间）	地　址	备考
市立第六区中心国民学校	郑朝熙	21级成20班	1 017	32	8	11	杭州道	附幼稚班2班78人
市立第六区第一保国民学校	陈惠	2级成12班	635	18	4	11	威尔逊路（今解放南路）	—
市立第六区第十保国民学校 市立第六区第十一保国民学校	崔士钧	6级成6班	189	10	3	6	哈内路	—
市立第六区第二十五保国民学校	于保册	10级成10班	475	15	4	10	贺家口后街	—
市立第六区第二十六保国民学校	张学礼	7级成6班	306	8	2	7	挂甲寺桥西街	—
市立第六区第二十八保国民学校	宋福祯	8级成8班	396	13	3	8	杨庄杨家胡同	—
市立第六区第二十九保国民学校	田凤翔	8级成8班	440	13	3	8	土城村裕泰街	—
市立第六区第三十保国民学校	赵惠年	6级成4班	141	6	2	4	陈塘庄	—
市立第六区第三十二保国民学校	张宝琦	6级成4班	244	6	1	4	学堂路	—
市立第六区第三十四保国民学校	张铭鑫	4级成4班	164	6	2	4	六区河兴村新万庆里	—
市立第六区第三十五保国民学校	刘素章	7级成7班	368	11	3	5	马厂道（今马场道）	—

续表

名　称	校　长	班数	学生（名）	教职员（名）	工友（名）	教室（间）	地　址	备考
私立木兰小学	朱宝玢	6级成3班	158	6	1	6	绍兴道	—
私立今是小学	高寄毫	6级成6班	211	11	2	6	大沽路	—
私立四维小学	张润田	2级成2班	842	17	5	11	苏州道	—
私立四德女子小学	武永馨	7级成6班	405	9	2	6	南昌路	附幼稚班1班35人
私立民智女子小学	赵干臣	6级成5班	160	12	2	5	南昌路	—
私立民智第二小学	张朝旭	6级成4班	130	9	2	4	马厂道(今马场道)福生里	—
私立沈氏小学	沈克庄	6级成3班	131	5	2	3	小刘庄广生里	—
私立东楼小学	兰鸿声	6级成6班	412	10	2	6	东楼村前街	—
私立育正小学	蓝龙田	6级成3班	133	5	1	3	东楼恩兴里	—
私立特一小学	程抱信	6级成6班	175	11	5	6	大沽路	—
私立培育小学	刘王哲希	8级成7班	362	11	3	7	浦口道	附幼稚班1班60人
私立惠和小学	吕懋仁	6级成5班	128	7	2	4	马厂道（今马场道）桃园村	—
私立达仁小学	张用中	3级成1班	56	3	1	1	马厂道（今马场道）桃园村	—
私立捷成小学	王鸿泽	6级成3班	182	5	2	3	南北大街仁寿里	—
私立赵氏小学	赵凤书	6级成5班	116	8	2	5	贺家口	—
私立晓岚小学	陈玉璞	6级成4班	194	7	2	4	东楼大街	—
私立蓝卐慈第四小学	孟石如	10级成8班	404	11	2	6	徽州道	—
私立谦德小学	史以信	7级成7班	286	12	2	7	谦德庄康荣里	附幼稚班1班50人
私立樱南小学	田华璋	6级成3班	93	7	1	3	苏州道	—
私立山东公学小学	徐皆平	6级成6班	336	12	3	6	苏州道	—

续表

名　称	校长	班数	学生（名）	教职员（名）	工友（名）	教室（间）	地　址	备考
中纺分公司员工子弟小学	宋春韶	8级成8班	331	13	5	8	九江路	附幼稚班2班66人
私立博爱幼稚园	吉倩芬	2级成2班	16	3	1	2	开封道12号	—
中纺第二厂员工子弟小学	彭雪丹	9级成9班	540	14	4	9	台儿庄路	—
中纺第四厂员工子弟小学	陈毅德	7级成7班	333	11	3	7	陈塘庄	附幼稚班1班19人

第七区（今南开区、和平区一部分）

名　称	校长	班数	学生（名）	教职员（名）	工友（名）	教室（间）	地　址	备考
市立第七区中心国民学校	刘恩波 汪含英	14级成14班	1 000	22	5	12	东南城角	—
市立第七区第三保国民学校	汪含英 张用缘	14级成14班	704	20	5	12	东马路如意胡同	附幼稚班2班61人
市立第七区第四保第一国民学校	张万祥	12级成12班	710	20	4	10	东门内	—
市立第七区第四保第二国民学校	石承濂	7级成7班	474	11	3	6	东门内弥勒庵胡同	—
市立第七区第五保国民学校	李士清	7级成7班	402	11	2	6	东门内大费家胡同	—
市立第七区第六保国民学校	董贤隆	6级成6班	507	10	3	4	南马路	—
市立第七区第七保国民学校	薛书敏	8级成8班	418	12	3	7	官沟	—
市立第七区第二十保国民学校	贺玉清	12级成12班	880	19	4	10	十一区四马路	—
市立第七区第二十二保国民学校	车秀梅	8级成8班	420	12	3	6	南关外陞安街	—
市立第七区第二十三保国民学校	刘鸿麟	4级成4班	184	6	1	3	南门内大树胡同	—
私立中一小学	张淑英	7级成7班	437	10	1	9	荣吉大街	—

续表

名　称	校　长	班数	学生（名）	教职员（名）	工友（名）	教室（间）	地　址	备考
私立五育小学	陈公器	6级成6班	189	8	2	5	南门西	—
私立子欣小学	李树荣	4级成3班	258	5	1	3	官沟街	—
私立卞氏小学	缪广平	6级成3班	192	7	2	3	南马路	—
私立育民小学	夏兆钫	7级成5班	280	7	2	5	福安街	—
私立志民小学	汪志英	6级成5班	317	8	2	5	治安街	—
私立忠恕小学	张锺鹤	6级成6班	259	11	2	6	南马路丁公祠	—
私立育英小学	邱学敏	6级成5班	311	7	3	5	福安大街东口	—
私立育青小学	朱永祥	6级成3班	135	6	1	3	南斜街	—
私立廷绪小学	孙庆澜	4级成1班	58	3	1	1	鼓楼西	—
私立崇实小学	王守忠	6级成3班	150	6	2	3	南门内大寺西胡同	—
私立淑修小学	张　寿	6级成3班	74	6	2	3	大刘家胡同	—
私立进益小学	李照一	10级成7班	425	13	4	7	荣吉大街	—
私立普善小学	于长祐	6级成3班	230	7	2	3	南门外	—
私立新华小学	杜琴孙	4级成2班	126	6	2	2	二道街	—
私立义存小学	郭汝恒	5级成2班	68	4	1	2	南门西小马路	—
私立怀幼小学	王哲夫	6级成3班	83	6	1	2	南马路晒米厂	—
私立宝光小学	刘宝光	6级成6班	374	9	2	6	上权仙对过	—
私立淑兰小学	侯郅勤	5级成4班	119	4	1	3	南门外大街	—
中纺第六厂员工子弟小学	张朵山	6级成5班	183	8	2	5	马场道	—

第八区（今红桥区和南开区一部分）

名　称	校　长	班数	学生（名）	教职员（名）	工友（名）	教室（间）	地址	备考
市立第八区中心国民学校	高恩荫	12级成12班	735	20	5	12	梁家嘴放生院	—
市立第八区第二保国民学校	戴蕴璋	10级成10班	553	16	4	9	河北大胡同	—
市立第八区第四保国民学校	刘君馥	4级成4班	200	6	1	4	宫南天后宫内	—
市立第八区第十保国民学校	杨文瑗	8级成8班	468	12	3	6	户部街无量庵	—
市立第八区第十三保国民学校	傅　绮	10级成10班	564	25	4	9	鼓楼西	—
市立第八区第十四保国民学校	顾柏年	8级成8班	392	14	3	8	西北城角	—
市立第八区第十五保国民学校	董柏年	16级成16班	949	25	5	13	城隍庙内	—
市立第八区第十六保国民学校	李恩祐	6级成6班	335	10	3	5	西北城角卫生局胡同	—
市立第八区第十七保国民学校	王恩承	9级成9班	627	15	4	8	西马路二道街	—
市立第八区第十八保国民学校	苏樾人 宋君模	20级成20班	1 171	30	6	16	慈惠寺大街	—
市立第八区第二十保国民学校	任秉铃	8级成8班	527	12	3	6	西门外	—
市立第八区第二十一保国民学校	郭逢吉	4级成3班	173	5	1	2	西关外大街	—
市立第八区第二十二保国民学校	王如祥	8级成8班	371	12	3	22	南头窑大街	—
市立第八区第二十三保国民学校	华文俊	16级成16班	987	25	6	14	如意庵	—
市立第八区第二十六保国民学校	刘　岚	8级成8班	398	13	3	8	小西关大街	—
市立第八区第二十七保国民学校	张用缘 刘恩波	8级成8班	350	13	3	5	黄姑庵20号	—
市立第八区第二十八保国民学校	孙乃恭	9级成9班	631	13	3	8	西头老公所	—
市立第八区第二十九保国民学校	李世昌	6级成6班	380	10	2	5	西头双忠庙	—
市立第八区第三十保国民学校	刘凤舞	5级成5班	267	7	2	4	西头同议会所北	—
市立第八区第三十三保国民学校	鲁宝鑫	6级成6班	265	10	2	5	梁家咀永安里	—

续表

名　称	校长	班数	学生（名）	教职员（名）	工友（名）	教室（间）	地址	备考
市立第八区第三十四保国民学校	胡永年	13级成13班	805	21	5	10	育德庵	—
市立第八区第三十五保国民学校	穆慧贞	10级成10班	516	16	4	5	西头太平街	—
市立第八区第三十七保国民学校	张忠贤	12级成12班	732	20	5	9	北阁西河沿二大街	—
市立第八区第四十三保国民学校	刘铸民	12级成12班	763	20	5	10	侯家后中街	—
市立师范附属幼稚园	刘宝常	2级成2班	80	5	2	2	户部街8号	—
私立山西旅津小学	曹义	7级成7班	339	14	3	7	锅店街120号	—
私立四成小学	储文煜	6级成6班	287	10	2	6	鼓楼西大唐家胡同	—
私立弘仁小学	路静一	6级成6班	217	9	2	6	北马路北项家胡同	—
私立民四女子小学	王新铭	12级成6班	200	10	5	9	东马路、十区营口道诚士里	—
私立立人小学	杨文卿	6级成6班	207	10	2	6	玉皇阁街	—
私立明德小学	李承埙	6级成3班	78	6	2	5	大伙巷	—
私立明谊小学	李彤文	16级成15班	859	19	7	15	东马路仓廒街	—
私立育仁小学	苏圻梁	2级成1班	85	5	1	1	怡和斗店西王家胡同	—
私立务本小学	张自敬	3级成1班	46	3	1	1	双庙街	—
私立敏儒小学	解茂慧	3级成1班	41	4	1	1	双庙后横街	—
私立云湘小学	穆莘耕	5级成2班	88	5	1	2	小伙巷清真寺内	—
私立会文小学	马继曾	6级成5班	252	9	2	5	西关街僧王祠	—
私立慈育小学	程伯瑢	7级成5班	275	8	1	5	芥园街	—

续表

名　称	校　长	班数	学生（名）	教职员（名）	工友（名）	教室（间）	地址	备考
私立蓝卍慈第一小学	李仲瑜	6级成3班	131	5	1	3	西头梁家咀	—
私立种德小学	刘荩忱	6级成6班	192	10	2	3	双街口黑寺胡同	—
私立澄衷小学	庞兴周	6级成2班	90	4	2	2	永明寺东消防队胡同	—
私立怀益小学	钱桂馨	6级成2班	90	5	1	2	双庙大街	—
天津市救济院附属小学	刘绛雯	6级成4班	135	5	1	4	西关大街	—
河北省立天津师范附属小学第一部	李振纲	21级成21班	1 208	29	9	19	文昌宫	—
河北省立天津师范附属小学第二部	白子祥	18级成18班	835	31	9	18	鼓楼西	—

第九区（今红桥区）

名　称	校　长	班数	学生（名）	教职员（名）	工友（名）	教室（间）	地址	备考
市立第九区中心国民学校	方大成	10级成10班	1 222	29	6	16	大寺前街	—
市立第九区第一保国民学校	杜韫石	8级成8班	407	12	3	6	三官庙大街	—
市立第九区第七保国民学校	叶文涛	11级成11班	993	16	4	8	河北大街石桥	—
市立第九区第八保国民学校	耿育祯	4级成4班	178	6	1	3	河北三条石普渡庵胡同	—
市立第九区第十保第一国民学校	刘振东	4级成4班	191	5	1	3	河北关上抬埋会	—
市立第九区第十保第二国民学校	刘玉庚	5级成4班	184	6	1	3	赵家场耿家园	—
市立第九区第十四保国民学校	李淑贞	6级成6班	246	8	2	4	赵家场	—
市立第九区第十五保国民学校	李砚田	7级成7班	346	11	3	9	佟家楼后秀德里	—
市立第九区第十六保国民学校	张　茂	6级成4班	306	6	2	3	西于庄大街	—

续表

名　称	校　长	班数	学生(名)	教职员(名)	工友(名)	教室(间)	地址	备考
市立第九区第十八保国民学校	何蕴玉	12级成12班	723	18	4	9	西沽三官庙大街	—
市立第九区第十保国民学校	陈延熙	6级成3班	291	4	1	3	丁字沽大街白衣寺前	—
私立丹华小学	解著余	6级成3班	202	9	1	3	西沽李家房子街	—
私立光复小学	杨云清	4级成4班	271	8	2	4	同义庄40号	—
私立河北小学	梁晋朴	6级成5班	263	10	3	6	关下北极寺	—
私立秉恒小学	赵秉恒	4级成1班	70	2	1	1	西于庄	—
私立益世小学	张博雅	6级成3班	98	5	1	3	西于庄	—
私立桃林小学	阎午生	4级成2班	80	3	1	2	西沽龙王庙后	—
私立淑成小学	张文焕	3级成1班	38	3	1	1	佟家楼大街	—
私立崇仁小学	王善亭	6级成6班	237	12	2	6	西站	—
私立进修第二小学	王佐卿 韩义亭	6级成3班	99	6	1	3	西车站全盛里	—
私立裕斋小学	张裕斋	4级成1班	94	2	1	1	西于庄教堂胡同	—
私立敬修小学	杨居野	4级成1班	50	4	1	1	赵家场十字胡同	—
私立福庆小学	吉永明	4级成3班	170	6	1	3	南竹林村大街	—
私立树培小学	李宝田	6级成3班	192	9	2	3	河北大街石桥西	—
私立蓝卍慈第三小学	赵柏年	8级成6班	265	8	1	6	北营门外公益大街	—

第十区(今和平区)

名称	校长	班数	学生(名)	教职员(名)	工友(名)	教室(间)	地址	备考
市立第十区中心国民学校	丁龙宝	15级成15班	695	25	6	13	马厂道(今马场道)46号	—
私立大同小学	郝擢先	6级成6班	200	10	3	6	上海道(今南京路)92号	—
私立中合小学	朱振铭	8级成8班	246	10	4	8	南京道(今南京路)17号	附幼稚班2班25人
私立四友小学	穆穆熙	8级成8班	265	14	3	10	常德道72号(今40号,和平八幼)	附幼稚班2班91人
私立立德小学	查元鸿	6级成3班	108	6	2	3	上海道(今南京路)49号	—
私立志达小学	陈存诚	13级成12班	689	19	5	12	西安道81号	—
私立东亚小学	程楚廷	8级成8班	391	16	5	8	宜昌道	附幼稚班2班90人
私立津中小学	高兴魁	6级成8班	189	14	1	7	贵州路津中里	—
私立浙江小学	王秉三	11级成11班	589	21	5	12	河北路267号	—
私立进修小学	韩义亭	6级成5班	162	9	3	5	大沽路94号	—
私立达文小学	王俞	6级成6班	267	10	2	6	杜鲁门路(今建设路)98号	—
私立新亚小学	郑廷玺	8级成8班	640	15	4	8	长沙路84号	—
私立广育小学	陆肖惠贞	5级成2班	54	5	1	2	北平道(唐山道)51号	—
私立慈惠小学	余宗毅	20级成20班	1186	35	8	20	保定道95号	附幼稚班2班98人
私立燕达小学	张务滋	10级成10班	388	16	3	11	昆明路274号	附幼稚班2班44人

第十一区(今南开区)

名　称	校　长	班数	学生(名)	教职员(名)	工友(名)	教室(间)	地　址	备考
市立第十一区中心国民学校	李隐农	11级成11班	723	17	4	8	南大道养病所	—
市立第十一区第二保国民学校	余金成	4级成4班	155	5	1	2	南门外大街孙家胡同	—
市立第十一区第三保国民学校	陆　荇	4级成3班	139	5	1	2	大平庄兴树里	—
市立第十一区第八保国民学校	何福堃	6级成6班	424	10	3	6	天海路	—
市立第十一区第十九保国民学校	林恩堃	9级成7班	352	11	3	5	南大道王家台	—
市立第十一区第二十九保国民学校	康永和	8级成8班	520	13	3	6	西市大街5号	—
市立第十一区第三十二保国民学校	许荫楼	6级成4班	144	4	1	3	卫津路11号	—
市立第十一区第三十七保国民学校	石玉珍	4级成4班	197	6	1	3	南门西利学南胡同	—
私立南开小学	乔凤书	8级成8班	570	13	4	8	天海路	—
私立普育女子小学	刘绛雯	6级成6班	239	11	2	6	鼓楼西	—
私立勤敏小学	陈鸿渐	7级成7班	264	12	4	8	二马路59号	—
私立广仁小学	蔡乐棠	6级成6班	316	10	2	7	西南角广仁堂	—
私立卐慈第二小学	孙星桥	9级成9班	486	17	4	9	瑞茂西里5号	—
私立兴贤小学	吕兴贤	8级成7班	363	12	3	7	一纬路141号	—
私立怀谦小学	宁殿和	6级成6班	320	9	2	5	西马路二道桥	—
私立复兴小学	蔡津成	11级成8班	400	13	5	8	盐店胡同	—
私立慈佑小学	胡卜年	4级成3班	176	6	2	3	鼓楼西板桥胡同	—
私立振声小学	吴景豁	4级成3班	181	5	1	3	南大道富辛庄65号	—

补习学校、夜校、识字班、传习所等

名　称	校　长	教职员（名）	班数（个）	学生（名）	地址	备考
市立第一社教区民众教育馆	阎仪三	8	7	250	一区万全道	—
市立第二社教区民众教育馆	崔文奎	8	5	247	三区河北中山路	—
市立第三社教区民众教育馆	曹文德	8	11	396	三区河北堤头大街	—
市立第四社教区民众教育馆	刘继良	8	9	262	二区地藏庵	—
市立第五社教区民众教育馆	梁建正	8	8	205	五区大直沽中街	—
市立第六社教区民众教育馆	石　莹	8	4	128	八区西马路	—
市立第七社教区民众教育馆	朱博儒	8	6	204	七区南门东	—
市立第八社教区民众教育馆	苏亭午	8	6	246	八区东马路	—
市立第九社教区民众教育馆	侯建铭	8	7	272	九区北大关	—
市立第十社教区民众教育馆	王明德	8	7	259	十区林森路（今新华南路）	—
市立第一职业补习学校	轩铸卿	9	4	106	八区慈惠寺大街	—
市立艺术馆	刘子久	4	4	93	一区河南路	—
市立第三体育场	宋淑章	3	1	15	三区五马路	—
私立众城职业学校附设补习学校	丁鸿勋	3	1	20	一区吉林路	—
私立第一民众学校	孙曾城	4	7	250	六区浦口道培育小学内	—
私立正信簿记传习所	常绍彭	5	1	19	西头大伙巷龙王庙后	—
私立培华商职补习学校	袁华清	4	4	191	六区浦口道	—
私立启明商业补习学校	金自强	3	3	200	一区大沽路	—
万国道德会天津市支会妇女识字班	沈洗凡	3	2	43	六区南昌道	—
万国道德会天津市支会第二分会妇女识字班	王月潭	3	4	49	城内鼓楼西67号	—
万国道德会天津市支会第三分会妇女识字班	赵敏媛	3	2	43	十区岳阳道源合里2号	—
万国道德会天津市支会第四分会妇女识字班	孙汝常	3	3	74	九区河北大街小红桥西胡同	—
万国道德会天津市支会第五分会妇女识字班	杜守贤	3	4	71	八区北海楼后三义庙街	—

续表

名　称	校　长	教职员（名）	班数（个）	学生（名）	地址	备考
万国道德会天津市支会第六分会妇女识字班	张心斋	3	2	20	二区金汤三马路（今进步道）	—
万国道德会天津市兴安路讲演社妇女识字班	陆晓春	3	4	60	一区兴安路148号	—
万国道德会天津市梅家胡同讲演社妇女识字班	贺从周	3	3	34	八区针市街梅家胡同	—
万国道德会天津市支会河北讲演社妇女识字班	张德明	3	4	82	河北日纬路四马路	—
私立慈铭女子工科职业传习所	李伯铭	3	2	40	二区平安街54号	—
私立新民女子刺绣补习所	魏新民	3	1	42	河东小关曹家胡同6号	—
私立中医补习学校	张殿举	8	2	50	八区东马路第八民教馆内	—
私立天津家禽孵育职业传习所	冯筱斋	3	1	50	河北邵公庄河沿10号	—
私立君铁书画研究社	张君铁	2	1	12	二区华安街厚德里11号	—
私立杰仁打字技术传习所	徐登仁	3	2	54	一区罗斯福路（今和平路）北口	—
私立子衡英文补习班	孙子衡	1	3		三区三马路东兴里46号	—
私立教保托儿所	宁懿庄	—	—	—	一区四平道	—
私立峻德华文打字职业补习学校	郑润生	—	—	—	一区嫩江路	—
兴华打字学校	郭希尧	—	—	—	十区林森路（今新华南路）仁安里	—
私立国际打字传习所	崔世恩	—	—	—	东门内二道牌坊	—
私立明明打字职业补习学校	张贵贞	—	—	—	特二区兴隆里119号	—
私立美轮英文专修补习班	王正平	—	—	—	一区中正路(今解放北路)古巴里	—
私立宜勤补习社	冯自强	—	—	—	东门内文庙西箭道忠义祠	—
班迪鼐英文补习班	班迪鼐	—	—	—	大沽路中兴大楼203号	—
私立精华补习学校	吕勉诒	—	—	—	六区九江路37号	—
私立宜南英文数学补习学校	李广鉴	—	—	—	西北城角王家糖坊胡同1号	—
私立蓓莉家庭英文补习班	刘玉麟	—	—	—	十区杜鲁门路（今建设路）福荫里26号楼上	—

续表

名　称	校　长	教职员（名）	班数（个）	学生（名）	地址	备考
育文商科职业补习班	杨再新	—	—	—	北马路万家胡同3号公会内	—
儿童福利社义务小学	王佩玉	—	—	—	桂林路协兴里8号	—
私立新生报义务学校	常小川	—	—	—	滨江道维斯理堂	—
私立爱华补习学校	苏成林	—	—	—	二区一经路44号合记大楼南楼5号	—
私立新生中级夜校	年光连	—	—	—	鼓楼西大唐家胡同	—
私立行素女子工读传习所	姜振卿	—	—	—	四区沈庄子清公所内余善里15号	—
社会部天津职业介绍所、天津市政府会计处合办会计补习学校	汤鸿庠	—	—	—	市二中学校舍内	—
私立育文补习学校	王之钧	—	—	—	第一区赤峰道	—
私立复兴英文夜校	赵阶平	—	—	—	河东金汤三马路平安街54号	—
私立培友补习学校	刁培树	—	—	—	一区宝祥里5号	—
中国青年自修社附设义务补习班	李宗岳	—	—	—	一区滨江道39号	—
私立精诚电业职业补习学校	苏亭午	—	—	—	第八区教馆内	—
私立建华英文补习班	陈宗豹	—	—	—	十区广兴大街官沟沿32号	—
私立东方电工职业补习学校	朱芝瑛	—	—	—	一区兴安路91号	—
天津私立无线电夜校	苏吉亨	—	—	—	河东中学内	—
私立广智馆	李琴湘	—	—	—	西头文昌宫	—
天津崇化学会	李金藻	—	—	—	东门内文庙东箭道明伦堂	—

资料来源：
1.《第二次中国教育年鉴》,"第五编 高等教育","第二章 公私立大学概况"。
2.天津市政府教育局统计室编订:《天津市中小学校社教机关便览》(三十六学年度第一学期)。
3.《天津通志·基础教育志》,"第三章 中等教育",第165—168页。

表5：近现代教会和外国人在津设立的学校

校名	建校时间	校长（创办者）	教职员	学系班级数	学生数	地址
小书房	1860	柏亨利				东门外天后宫
美国公理会教会小学	1866	山嘉利夫妇				杨柳青，1889年迁到紫竹林（今承德道、吉林路一带）
蒙学馆（汇文小学前身）	1872	美国美以美会达吉瑞		初小程度		海大道（今大沽路）
中西书院	1886	美国人丁家立			初期有学生几十名，并专门招收官僚买办子弟	英租界达文波路（今建设路）
圣鲁易中学（也称法国学校，1920年曾称麦诺斯特兄弟会学院，一说1914年建立）	1887	法国天主教会开办，1891年，由天主教圣母文学会修士接管		专门向外国侨民的子弟教授法语、英语和商业知识		法租界圣鲁易路(曾为营口道滨江医院住院部)
天津成美馆（1901年又称圣约翰学校）	1890	美以美会美国传教士倭克牧师		高小程度		海大道（今大沽路）
天津小学校	1899	法国工部局主办	8名	法国人子弟就学	56名	法租界(今和平区内)
天津安立甘教会学校	19世纪90年代初期					马场道安立甘教会内
法国学堂（法文学堂）（1907年改名工部局学校，1916年改名法汉学校。今为天津市21中学）	1895	紫竹林教堂创办，1934年许日升为校长	1946年有教职员22人，1948年有教职员26人	初招学生2班。1946年中学7个班，1948年中学8个班	初招学生40—50人，1934年增至1000余人，1946年402人，1948年375人	法工部局（今解放北路市粮食局）旁，1902年迁至望海楼，1916年迁西开教堂前
日出学馆①（1904年改名为普通学堂，1906年改名天津高等学堂、1908年增设共立小学，1912年两校合并为天津共立学校。今为和平区万全小学）	1901（一说1900年）	中野二郎、隈本实道大尉、井上、楼元少佐、大木灵道、峰旗良、矢泽千太郎、今井茂、訾佩珩（天津富商）等		1939年分初级科和高级科，1944年设小学科和中学科	1944年10月620人	1901年在闸口（今辽北路）海神庙租房为校舍，1912年在山口街（今张自忠路）建新校舍，1928年改迁日租界伏见街（今和平区万全道）新校舍
新学书院（前身为1864年建的养正书院，1930年改为新学中学。曾为天津九十中学和十七中学）	1902	赫立德博士为创办人和首任校长	初期教员15人，职员3人	为大学学制，设有格致科、博学科、化学专门科、大学专门科等学系	初期学生125人	法租界海大道(曾为和平区大沽路十七中学址)

注：①该校是天津唯一的日本人经营的对华人子弟进行教育的学校。

续表

校名	建校时间	校长（创办者）	教职员	学系班级数	学生数	地址
天津普通高等小学堂（亦称天津寻常小学堂，1912年在芙蓉街设分校1所）	1902	原为私立小学，1906年收归居留民团公办	—	实行六年制义务教育	—	日租界山口街(今张自忠路北段)，1906年迁至日租界福岛街(今和平区多伦道)
天津普及小学堂	1902	奥租界当局用地方款设立，首任校长赵锦江，继任校长边晋荪	1924年有教员12人	设初小、高小、还有中学班，共11个教学班	1924年有学生400人	奥租界（河东特别二区，今河北区）
天津私立普通学堂	1903	天津基督教青年会创办	—	—	—	东马路青年会（今天津市少年宫）
天津英国文法学校	1905	天津英侨捐款创办，地基由英工部局赠与。校长克尔喀贺布、吉迟、杜纳、吴德禄等	初为12名，其中8名女教师	设幼稚园、低等预备班、高等班等	1915年有学生63人，到1925年已有学生250人	地点在怡丰道（今湖北路第二十中学）。其前身是建于19世纪90年代初期的"安立甘教会学校"。今校址为天津二十中学
究真小学（男）和仰山小学（女）	1906	美国基督教公理会		六年制小学	—	西沽北运河西岸龙王庙
天津私立宏育小学（前身为天主教会小学，1928年定名为诚正完全小学分校）	1908	天主教会教友创办	—	—	—	小刘庄经堂后街
天津中西女子中学（初建也称少年女子学校。曾为天津长征中学）	1909	天津基督教美以美会创办，校长满教士、韦慕德、范爱德，首任华人校长刘芳（馨廷）	初有教师2人，1948年为25人	中学部采取三三制，分初高两级，1948年有8个班	初有学生40余人，1918年250余人，1924年280余人	初设法租界海大道（今和平区大沽路），1915年3月迁至南门外南关下头（曾为南门外大街长征中学）
天津德华普通中学堂	1907	德国领事馆控制，校长为德国人	各科教员均为德国人	—	1914年前有学生百余人	德租界威廉街（今解放南路）大营门外原北洋西学学堂内（今海河中学旧址）

805

附录

续表

校名	建校时间	校长（创办者）	教职员	学系班级数	学生数	地址
天津私立汇文中学（前身为天津成美馆，1911年改为成美中学，1919年改为汇文中学。曾为天津第十八中学，1990年恢复汇文中学）	1911	天津基督教美以美会创办，美籍袁布德、文安思、康敦瑞，首任华人校长刘芳（馨廷）	—	1919年为四年制中学，1921年改为三三制中学，1922年增设商科	1911年招学生176人，1947年有学生570人	1911年迁至南门外南关下头（今南门外大街第二南开中学址）
第一日本寻常高等小学校（1939年底改名为芙蓉日本小学校）	1912.12.1	1939年8月前是池田武南，后为木村谦	1940年5月40人	1940年5月31个班	1940年5月1310人	日租界芙蓉街（今和平区河北路十九中学）
天津私立汇文第二小学（初称贫民学校，1943年一度改称市立75小学）	民国初年	基督教卫理公会创建，校长曹纯儒	1947年有7名教师	小学附幼儿班，有5个班，另1个幼儿班	1947年有135名学生，25名幼儿	广东路68号（曾为谦德庄派出所址）
育华义务半日学校	1913	基督教女青年会	—	—	—	海大道（今大沽路）伦敦会会所
天津私立圣功学校（解放后，圣功小学发展为今劝业场小学；圣功女中发展为今新华中学）	1914	天主教会学校，李鲁宜、杨莼仁、英实夫创办，校长夏景茹	—	编高、中、低三班	初招学生70名	初址在英租界义庆里，后迁海大道（大沽路）美以美会址，1916年迁法租界26号路（今滨江道），1940年中学部迁英租界陶园（今新华中学址）
圣若瑟女校（解放后改为天津市第四女子中学，现为天津十一中学）	1914	由圣芳济圣母会管理，校长满德斌	—	分英文班和法文班	1914年只有46名走读生，14名寄宿生。1925年有200名走读生，50名寄宿生	初设在大法国路（今解放北路），1923年迁萨工程师路（今山西路第十一中学址）
天津私立老西开中学（1946年改名为天津市私立西开初级中学，1951年合并于法汉中学	1916	法国天主教设立，校长刘品一（文贵）、苏国璋、张德忠等	1938年有10名教职员1946年有12名教职员	1938年有3个班，1946年有4个班，1948年有3个班	1938年有83名学生，1946年有267名学生，1948年有197名学生	法租界老西开
天津私立老西开初高等小学校（前身为1908年在紫竹林教堂创办的培德小学，1913年迁老西开）	1908	商人李某出资，天主教堂出校址，校长何之忠、张德忠等	1916年至1923年有教员11名	分初小、高小。1923年有高小3个班，初小4个班	1916年至1923年有学生300余名	法租界西开教堂一侧。该校后沿革为和平区西宁道小学

续表

校名	建校时间	校长（创办者）	教职员	学系班级数	学生数	地址
私立贞淑女学与私立诚正男校（1950年合并为私立先锋小学）	1906	名誉校长为天主教望海楼总管神甫司仪方（法国人）1946年，"贞淑"校长刘鸿逵，"诚正"校长王际五	"贞淑"1923年有教员15人，"诚正"1937年有教员6名	1923年"贞淑"分幼稚园、初小、高小、初级师范，共7个班。1946年"诚正"有8个班	"贞淑"1923年有学生112人，幼儿50人，1946年有学生262人；"诚正"1937年有学生82人，1946年有学生372人	河北望海楼。该校现沿革为河北区狮子林第一小学
商科夜校（1928年改为天津实业专科学校）	1919.5	天津日本青年会开办	—	设有高等商业、普通商业、英语、中文4个专业	—	日租界（今和平区）
天津私立工商大学（1933年改名天津私立工商学院，1948年改名天津私立津沽大学，1951年改为国立津沽大学）	筹创于1920年，正式开学为1923年	献县法国耶稣会创办，校长为于溥泽博士	1947学年度第一学期有教员91人，职员20人	初设工商两科	初招学生48名。到1933年学生增至600余人，1947年有学生761人	英租界马厂道（今河西区马场道天津外国语大学）
法英学院（亦称法国大学校）	1920	法国神父主办	—	设有英文部和法文部	1920年时有学生120名，1925年时有学生150名	设于法租界
日本青年学校	1921.4（一说1931.4）	1939年为山川真，1940年为千叶右近	1940年5月13人	1940年5月10个班	1940年5月298人	日租界芙蓉街（今和平区河北路）26号
天津同文书院（1926年更名中日中学校，也叫中日学院）	1921.12	范源濂、沈廉士、张庭芝	1939年底6人，1944年增加日本留学生8名	—	1944年约530人	南门外桥南海光寺南（今六里台天津师大北院）
天津高等女校	1921	吉田重子	—	—	—	日租界明石街（今和平区山西路）
天津美国学堂（Tientsin American School）	1922	玛丽·史密斯、海伦·史密斯	—	采用美国学制，设有幼儿园和8个年级	—	
天津工商大学附属中学（1923年秋设大学预科，1930年改设附属高级中学，1931年增设初中部，1933年改名天津工商学院附属中学，1948年改名津沽附中）	1923	献县法国耶稣会创办，齐振国曾任中学部主任	—	—	—	英租界马厂道（今河西区马场道天津外国语大学址），现沿革为位于平山道的天津实验中学

附录

续表

校名	建校时间	校长（创办者）	教职员	学系班级数	学生数	地址
松岛日本高等女学校	1922.4	加藤秀	1939年底1人,1942年4人	—	—	日租界淡路街（今和平区甘肃路现天津汇文中学址）
天津私立苏联中学（前身俄国露西亚学校,1930年改为俄侨中学,1948年改现名）	1922	创办人为天津东正教的本堂司祭卫克托尔,校长布士阔夫		为十年一贯制综合学校,包括幼儿园、小学、中学	1948年有学生85人（男37人,女48人）	初设在旧俄租界,1930年迁到英租界11号路（今建设路）
天津私立究真中学	1926	美国基督教公理会,校长李清贤	6个班,200余人	—	—	河北公园（今中山公园）后昆纬路北段西侧
天津私立仰山中学（女校）	1926	美国基督教公理会			—	河北昆纬路
天津私立济华高级护士职业学校（前身为1922年成立的培训班）	1929（一说1930年正式成立）	校长满南溪、张彩云、张李明贞	—			一区（今和平区）大沽路马大夫纪念医院内。新中国成立后改为天津市人民医院护士学校
华语专门学校	1932.4	山川真	1939年底6人			日租界芙蓉街（和平区河北路）宫岛街（今鞍山道）角
平民义务识字班（新中国成立后更名爱育小学,后并入六区第一小学）	1933	基督教会爱育服务社创办	—	—	—	特一区三义庄（河西区浦口道118号）
日本语交习所（1944年11月发展为天津日本语中央学院）	1932.11	出渊中次、藤江真文	—	在市内有3个分院	1944年时毕业生已有约15000人	日租界宫岛街（今和平区鞍山道）28号
日本商业学校	1933.4.1	大泽富士雄	1939年底22人	—	—	日租界淡路街（今和平区甘肃路）宫岛街（今鞍山道）角原天津市教师进修学院
爱善日语学校（1938年改名为第一日语学校）	1933	松田桂三郎	4人	—	—	日租界宫岛街（今和平区鞍山道）28号
天津密教学院	1933.12.12	曹汝霖	—	1938年为34人,1939和1940年均为12人		日租界明石街（和平区山西路）18号
天津天理日语塾	约1934年	铃木亨、尾本岩雄	1939年10人	—	—	日租界伏见街（和平区万全道）桥南1号

续表

校名	建校时间	校长（创办者）	教职员	学系班级数	学生数	地址
第二日本寻常高等小学校（1939年底改名为日本淡路小学校，1941年3月改为淡路日本国民学校）	1936.2(一说4月)	1940年3月前是山城静德，后为池端幸知	1940年5月47人	1940年5月31个班	1940年5月1 155人	日租界淡路街（今和平区甘肃路）4号
天津立正日华语学校	1937.8.21	日莲宗北支开教监督部	—	—	1940年1 029人	东南城角草厂庵
天津私立育德学院（初名"天津学院"，后易名为"天津大学"，又改名为"育德大学"，抗战胜利后，改为"私立育德文法学院"）	1937	英国人白克德及靳云鹏、孟遂安、崔汉声、姜般若等人	1949年有教职工12名，其中专职教师2名	初设二系一个专修班，1949年设有法律学、财经学、政治学3系和化学工业、农产加工2个专修班	1949年有学生126人，其中本科生73人，专科生53人	初在英租界，抗战胜利后，设在徽州道李善人公园（现在的人民公园内）
美国神召会伯特利中学（1940年改组为达文中学）	1937	美国人鲍维廉创办，校长谭冠俊、李书香、李星原、王俞等	1948年有15名教职员	初为小学，后设中学部、小学部。1948年设3个班	1948年有108人	初设河北，多次搬迁，1940年暑假迁到杜鲁门路（今建设路）98号。该校曾沿革为天津市五十九中学
私立华北电信电话株式会社天津青年学校	1938.8	1943年是布势景二	—	—	—	—
三笠日本小学校（1941年3月改称三笠日本国民学校）	1939.4.1	中野义男	1940年5月15人	1940年5月23个班	1940年5月898人	河北黄纬路（今天津二中现址河北区昆纬路141号）
吉野日本小学	1939.11.1	宫崎良道	1940年5月14人	1940年5月12个班	1940年5月326人	特别第一区（今河西区）下瓦房（曾为天津师大大沽路校区址，今博轩园小区）
大和日本小学（1941年3月改称大和日本国民学校）	1939.11.1	汤本修平	1940年5月19人	1940年5月13个班	1940年5月396人	河北黄纬路（后迁至第五区新市街）
大和青年学校	1940.3.30	汤本修平	1940年5月16人	1940年5月8个班	1940年5月108人	第五区新市街
三笠青年学校	1940.4.21	中野义男	1940年5月13人	1940年5月6个班	1940年5月223人	第三区（今河北区）新大路
天津教会城内日塾	1940.5.18	井上健次郎	1940年3人		1940年第一期12名	北门东沈家栅栏胡同10号

续表

校名	建校时间	校长（创办者）	教职员	学系班级数	学生数	地址
宫岛日本高等女子职业学校	1941	大平隆良	1941年1人	—	—	马场道166号
春日日本国民学校	1941.3	真部义雄	—	—	—	第三区（今河北区）月纬路9号
日本宫岛女学	1941年底		—	—	—	英租界怡丰道（和平区湖北路二十中学址）
天津私立仁爱高级护士职业学校	1943年9月1日	由波兰人海伦琴纳尔创办，校长马振静（一说马静贞）		—	—	一区（今和平区）营口道210号西开天主教医院内
天津日本中学	沦陷时期			—	—	南开大学思源堂（今医学院楼）
日本中学校	沦陷时期	丸山英一	1939年底9人	—	—	日租界芙蓉街（今和平区河北路）
日本幼稚园（宫岛幼稚园）	沦陷时期	—	1937年设计	—	—	日租界淡路街（今和平区甘肃路鞍山道81号鞍山道小学）
第二日语学校	沦陷时期	儿岛晋吉	3人	—	—	东马路东门北121号
第三日语学校	沦陷时期	大野义干	1人	—	—	河北二经路二吉里6号
天津教会日曜学校	沦陷时期	朝鲜耶稣教长老会	—	—	—	南市禄安大街1号
塘沽日本寻常高等小学校	沦陷时期	福田立树	3人	—	—	塘沽新村
恩光补习小学(新中国成立后曾更名晨光小学，后为人民公园小学)	1947	基督教通圣会	—	—	—	第六区（今河西区）徽州道

该表参阅天津人民出版社2002年出版的《天津教育史》和《天津通志·附志·租界》、《天津通志·基础教育志》；参阅了1943年12月蒙疆新闻社出版的《蒙疆年鉴》(昭和19年版)、1940年和1942年天津日本中学学校编《学校要览》、1942年国吉石志编《纪念志(创立二十周年)》中天津松岛日本高等女子学校，天津档案馆藏1945年底《天津市政府教育局接收复员工作报告》、1939年4月20日上海金风社出版《支那在留邦人人名录》(临时北支版)等资料编制。

提供照片、图片的单位及个人

单位（以提供时间为序）

天津考试院
天津图书馆
天津第十九中学
天津博物馆
津南区教育局
河北区教育局
宁河县教育局
河东区教育局
南开区教育局
和平区教育局
天津市档案馆
红桥区教育局
西青区教育局
蓟县教育局
汉沽区教育局
北辰区教育局
静海县教育局
天津市聋人学校
滨海新区塘沽区教育局
天津实验小学
河北医科大学
东丽区教育局
天津市南开中学
承德石油高等专科学校
河西区档案馆
宝坻一中
实验中学
天穆小学
芦台镇第一小学
北辰区宜兴埠第一小学
北辰区宜兴埠普育学校
新华中学

海河中学

万全小学

个人（以提供时间为序）

侯福志、卢元楷、王勇则、可　珉、李　刚、何新生、王振良、谢鸿展、张绍祖、曲振明、徐启明、于　滨、刘国有、刘春燕、任秉鉴、孙肇净、陈京玲、刘树伟、赵四友、于　淼、光立夫、于文级、刘桂升、张　翔、李玉华、齐植玲、任秉淑、李　绎、崔国良、章用秀、赵晓光、周希平、刘　耕、梁吉生、刘自强、李建新、刘桂芳、卞学诊、郝　程

参考文献

《天津市第十九中学九十华诞展新姿 百年旅痕竿头越》（画册）
《九十春秋 天津市第十九中学（旅津广东学校）九十周年校庆史料汇编》
《天津市第十九中学九十周年纪念》邮封、邮票
《卢乐山先生九十华诞纪念册》，北京师范大学出版社2007年版
《天津市第二十四中学七十周年校庆纪念册（1932—2002）》
《天津市第一中学建校六十周年纪念（1947—2007）》
丁德全主编、曹广辉副主编：《承德石油高等专科学校志》，石油工业出版社2003年版
陈德弟主编、赵庚副主编：《百年回眸（1903—2003）》，黑龙江人民出版社2004年版
郝庆元：《周学熙传》，天津人民出版社1991年
《一代师表——著名教育家潘承孝百岁华诞专辑》，天津人民出版社1996年版
《河北工学院院志（1903—1993）》，1995年
周小娟编：《周学熙传记汇编》，甘肃文化出版社1997年版
杨大辛主编：《近代天津图志》，天津古籍出版社1992年版
《承德石油高等专科学校献给4周年示范建设 工学并举 道艺兼修》，2010年
《桃李百年 荣耀津门——优秀校友护理英才纪念册·天津医学高等专科学校百年华诞》
《重庆南开中学》（画册）
南开大学校长办公室编：《南开大学》（画册），南开大学出版社1984年版
中英文对照《南开大学（1919—1979）》（画册）
天津"教师世家"编：《思念集·怀念双亲》
贾长华主编：《图说天津》，"今晚丛书"，百花文艺出版社2004年版
万新平主编，[美]雷穆森著，徐逸凡 赵地译，刘海岩校订：《天津租界史》，"天津通史编译丛书"，前照片，天津人民出版社2009年版
胡小唐、邹爱莲主编：《中国近代第一所大学——北洋大学（天津大学）历史档案珍藏图录》，天津大学出版社2005年版
《纪念阎道生先生逝世五十周年》，《霸州文苑》2011年第4期
阎子阳绘：《民国初期天津改良年画》
张伯苓教育思想研究会主办：《张伯苓教育思想研究》2011年第1期（总第6期）
天津市红桥区文化旅游局编：《天津市红桥区碑石铭刻辑录及释文》，天津社会科学院出版社2011年版
《红桥匾额》，《红桥文史资料选辑》第四辑，准印证号：津内部资料性准印证图字第

07165 号

赵斌主编:《河北师范大学体育学院志(1931—2006)》,河北人民出版社 2007 版

天津市南开区第二幼儿园:《百年摇篮(1908—2008)》

今明主编:《津沽旧影老照片》,天津社会科学院出版社 1998 年版

河北工业大学校友会、中央工校校友会编:《魏元光教育文选》,重庆大学出版社 1999 年版

广东学校四九校庆筹委会编印:《旅津广东学校二十六周年校庆专刊》,民国三十七年(1948)四月九日

《天津安徽会馆产业全录》,民国七年(1918)刊

张绍祖主编:《直沽世家》

天津市河北区政协编辑:《天津百年老街中山路》

宋安娜著:《神圣的渡口——犹太人在天津》

天津市南开区地名办公室:《走进南开》(画册)

《河西区东楼小学》(画册)

《天津市红桥区泰达实验中学》(画册)

《五十年往事漫议——天津 21 中 55 届半世纪回忆》

《民国三十七年四月慈惠中学教务课日志》

中共天津市委党史研究室:《解放战争时期天津学运史料》,天津古籍出版社 1996 年版

天津市私立育才高级商科职业学校:《第四十三班同学录》,民国三十二年(1943)六月

第 54 班编写组:《天津育才商职学校纪事》2001 年 3 月

李建新编:《笔歌墨颂大直沽》,天津古籍出版社 2006 年版

杨国萱:《达仁堂的故事》,天津人民出版社 2004 年版

《河北省人民政府教育部 共建河北大学签字仪式纪念册》,2005 年 10 月 10 日

《天津人民抗日斗争图鉴》,天津古籍出版社 2005 年版

《史稿》编辑委员会:《天津育才高级商科职业学校史稿》,2007 年 8 月

陈秀春:《一代名医雷爱光》,金盾出版社 2010 年 1 月版

王金盾主编:《从学堂到医专》,天津人民出版社 2008 年版

《范》2012 年第 27 期

天津市肿瘤医院、天津医科大学附属肿瘤医院编委会:《传承与创新——纪念天津市肿瘤医院建院 150 周年(1861—2011)》

宜兴埠第一小学:《百年老校薪火相传 世纪学府再谱新篇》

贾长华主编:《天津老照片》,"今晚丛书",百花文艺出版社 2011 年版

《中国教育年鉴》(第二次),朱家骅题字

天津私立平实小学(天津市河北区昆纬路第二小学校)"财务档案"

《南开中学男女中一九三六年班同学毕业五十周年纪念册》

《天津南开中学一九三七年班男女同学纪念册》

《天津南开男女中学一九三七年班入学六十周年纪念影集》

贾长华主编:《从崇化学会到崇化中学——一座历史名校八十年的故事》,百花文艺出版社2007年版

《益世》编辑室:《百年恩典福传研讨会文集》,2012年9月

《世纪情怀·天津往事》,2000年9月

天津中小学、幼稚园《教职员履历表》,1949年2月,张绍祖收藏

《重庆南开中学校史的订正》

天津市文史研究馆编:《天津市文史研究馆馆员名录》

新华中学、新华中学校友总会:《新华中学校史资料汇编》,吉林文史出版社2007年版

周恩来青年时代在津革命活动纪念馆、天津市文化局戏剧研究室:《周恩来同志青年时期在天津的戏剧活动资料汇编》

《天津记忆》第112期,来新夏先生九秩专号

贾长华主编:《滨海图说》,"今晚丛书",天津古籍出版社2008年版

哲夫主编,中国人民政治协商会议天津市委员会文史资料研究委员会编:《明信片中的老天津》,天津人民出版社2000年版

《河北省立天津中学校卅一周年纪念刊》

《耀华中学建校八十周年纪念画册》

《耀华中学建校六十周年纪念专刊》

《耀华中学校志铭》

《耀华中学1950届同学毕业五十周年纪念刊》

《天津市南开中学》,"中国名校丛书",人民教育出版社

《张伯苓教育思想研究》,"中国近现代教育家系列研究"

《天津医科大学》(画册),"历史回眸"

《中西女中 天津女六中 长征中学》建校九十周年校庆纪念册(1909—1999)

《旧中国掠影》,《中国画报》出版社1996年版

《李大钊》画册编辑委员会编:《李大钊》,解放军文艺出版社1989年版

中国人民政治协商会议天津市北辰区委员会文史委员会编:《北辰文物》,《北辰文史资料》(第十辑)

中国人民政治协商会议天津市北辰区委员会文史委员会编:《北辰人物》,《北辰文史资料》(第十一辑)

祸秀梅、许振成主编:《百年追绪(1906—2006)》,天津教育出版社2006年版

《天津市河西区土城小学校史(1905—2005)》,隆重纪念土城小学建校100周年

《津卫摇篮——红桥史话之三》

郭长久主编:《津沽百年》,"今晚丛书",百花文艺出版社2006年版

《天津市小学教育之研究》,国立北平师范大学研究所《体育专刊》,北平师大研究所出版、北平文化学社印行,民国二十三年(1934)版

罗文华:《消逝的天津风景》,福建美术出版社2006年版

《天津和平》,天津人民美术出版社2006年版

《天津教育总览》,天津社会科学院出版社1994年版

严修自订,高凌雯补,严仁曾增补,王承礼辑注,张平宇参校:《严修年谱·黄钰生敬书》,齐鲁书社1990年1月版

《周恩来与天津》,天津人民出版社1998年2月版

北京大学福建校友会编:《严复墨迹》,福建美术出版社2003年版

河北区人民政府:《天津市河北区地名录》,1988年版

南开区人民政府:《天津市南开区地名录》,1987年版

卢美松:《严复翰墨》,福建美术出版社2005年版

《中华学府志·天津卷》,中共中央党校出版社2004年版

《天津学校名录》编委会:《天津学校名录》,天津人民出版社1998年版

《周馥家族与近代天津》,政协天津市河东区委员会学习和文史资料委员会编:《河东区文史资料》(第十八辑),2006年8月版

中国人民政治协商会议天津市委员会文史资料研究委员会:《二十世纪初天津爱国教育家马千里先生诞生百周年(1885—1985)》,1985年

严修撰,武安隆、刘玉敏点注:《严修东游日记》,天津人民出版社1995年版

天津纺织集团(控股)有限公司、天津纺织博物馆:《天津纺织老照片》,天津古籍出版社2012年版

《金声琴韵录》,《天津记忆》(第75辑),2011年4月16日,《纪念李琴湘先生诞辰140周年学术讨论会专集》之一

《择庐楹联录》,《天津记忆》(第76辑),2011年4月16日,《纪念李琴湘先生诞辰140周年学术讨论会专集》之一

李琴湘先生诞辰140周年学术讨论会纪念藏书票

《天津三中百年华诞纪念册(1901—2001)》

《天津市第二南开中学(1923—1998)》纪念册

《天津记忆:河北省立水产专科学校照片集》

天津河西区政协编辑:《天津德式风情区》(画册)

天津市档案馆编辑:《天津老教堂》

北京校友会编:《我的母校·海河中学(天津女一中)》

《天津海河中学(女一中)兴学110周年巡礼》

天津市河西区政协编辑:《天津河西老学校》

《天津汇文戊辰年刊》(1928年)

《铁道部立天津扶轮中学校1935年高中毕业纪念册》

《天津私立含光女子中学校校刊》

《天津新学书院同学录》

《天津贫民半日学社纪略》

《三年来之河北省立民众教育实验学校》
《天津市市立民众教育馆概况》,民国二十年(1931)七月
《天津公立商科职业学校同学录》,民国二十五年(1936)十月刊
《天津私立育才高级商科职业学校第四十三班同学录》
《河北省立法商学院商职部章则汇刊》,民国二十六年(1937)一月
《天津市私立中日中学校中日高级农业职业学校一览》,民国二十五年(1936)十月编印
《私立旅津广东学校十周年纪念特刊》
《天津私立汇文学校年刊》
《河东中学第二十三届毕业同学录》
《耀华年刊》(1948)
《河北省立法商学院纪念册》
《三中首届毕业班纪念刊》,民国三十二年(1943)
《河北省立工业学院一览》,民国二十四年(1935)六月印行
《河北省立法商学院毕业纪念册二十五年班》(1936)
《工商学院女院成立纪念刊》,民国三十二年(1943)九月
《工商学院毕业纪念册》(1931年)
《天津私立无线电夜校通信科第三班毕业纪念刊》
《直隶公立工业专门学校同学录》
《海风》(天津渤海中学)
《慈惠校刊》
《国立国体师专校刊》
《津逮》,《河北天师季刊》(1932年)
《扶中学生》
《河北中学季刊》
《天津特别市市立第一小学校〈植树专号〉季刊》
《天津高级职业函授学校校刊》
天津私立秀山第一小学校出版《乐园》,民国二十四年(1935)八月
天津市市立第十小学校刊行《市十校刊·创刊号》,民国二十六年(1937)
民德女中出版委员会《民德女中·创刊号》
天津市市立第三十三小学校出版委员会刊行《三三校刊》(第一期),民国二十五年(1936)六月
天津市市立第三十六小学校出版委员会刊行《三六校刊》(第一期),民国二十四年(1935)五月
《河北省立工学院校友录》,民国三十六年(1947)十二月
《天津公立商科学校同学录》,民国二十五年(1936)十月刊
《回忆北洋大学》

《北洋》
《南开同学录》，民国三十二年（1943）秋季
《南开同学录》，民国十四年（1925）秋季，李金藻题
《南开同学录》，民国二十年（1931）
《南开同学录》，民国二十一年（1932）
《南开同学录》，民国二十三年（1934）秋
《南开同学录》，民国二十四年（1935）秋季，张伯苓题
《河北省立第一中学校同学录》，民国二十一年（1932）夏季
《达仁学院》
《进修》（1942年）
《天津市私立紫竹林华商公会小学高级十五届、初级十七届同学录》，民国二十八年（1947）七月
《河北省立天津中学民国三十六年（1947）度同学录》
河北省立天津师范学校校刊《津逮》
《河北省立工业学院校友会会员录》
河北省立天津师范学校附属小学第一部校刊《文昌》
河北省立天津师范学校附属小学第一部校刊《文昌》第六期
河北省立天津师范学校附属小学第一部校刊《文昌》第九期
河北省立天津师范学校附属小学第一部校刊《文昌》第十期
河北省立天津师范学校附属小学第一部校刊《文昌》第十一期
河北省立天津师范学校附属小学第一部校刊《文昌》第十二期
《广东中学第十一届高中毕业纪念同学录》（1950年）
《河北省立第二中学初等第三十次毕业纪念录》，民国十九年（1930）六月
《慈泽中学第三届毕业同学录》
《天津志略》
《育才五二班同学录》
《普育女子中小学同学录》（1948年7月）
《天津新学书院同学录》
《天津新学中学1934年班同学录》
《二中1946年班纪念刊》
《直隶省立第一中学第十八周年纪念册》
《河北省立天津师范学校一览》
《天津圣功1939班刊》
《直隶法政专门学校同学录》，民国十年（1921）十二月修，黎元洪题签
《法汉季刊》
《北洋年刊》

《河北省立第一中学1933年第33次毕业生纪念录》
《直隶省立第一中学纪念册》
《中西女中年刊》(1941年)
《天津私立众成商科职业学校初级第七届毕业生同学录》,民国三十六年(1947)七月
《教育部认可直隶省私立法政专门学校同学录》
《河北省立工学院校友录》,民国三十六年(1947)十二月
《直隶省立第一中学校同学录》,民国七年(1918)
《河北省立天津中学校一览》,民国二十五年(1936)十二月,何庆元题
《天津国学研究社》
《津汇年刊》
《河北省立工学院校友录》,民国三十六年(1947)十二月
《国立北洋工学院校友及毕业同学录》,民国二十四年度(1935),李书田题
《市一中四十届毕业同学录》
《河北省私立觉民中学校暨附设完全小学同学录》,民国二十四年(1935)四月
《天津市教育局小学师资短期训练班同学录》,民国二十五年(1936)一月
《天津市私立河东中学同学录》
《河东中学高三毕业生同学录》,1949年6月
《河东中学念二届毕业年刊》
《天津市立第十七小学同学录》
《木斋初中1948年纪念册》
《天津私立平实中学同学录》
《国立北洋工学院土木工程系概况》
《天津严氏女学同学录》,朱家宝题
《直隶第一模范小学》
《天津游览志》
《天津志》
《圣功班刊》,民国三十三(1944)年
《天津指南》,辛亥初版
《河北省师范学校服务手册》
《天津私立慈惠中学校第一届同学录》,民国三十年(1941)夏月,余宗毅题
事务课编:《河北省立天津女子中学校一览》,民国二十九年(1940)五月
《同学录》,1932年河北省立女子师范学院中师部学生自治会出版
《清寒青年工读学校一览》
《河北省立第一师范学校同学录》
《耀华年刊》(1947年)

后 记

《近代天津教育图志》作为天津第一本教育图志，从2011年8月启动，经过编委会、编辑部同仁一年半的辛勤劳作，终于结出了硕果——一部上下两册散发着油香的《近代天津教育图志》，呈现在我们面前。在此向为本图志提供资料、照片的单位及个人、编辑出版人员致以崇高的敬意和衷心的感谢。

天津是中国近代教育的发祥地之一，其近代教育一直居于全国的前列，创造了天津历史的辉煌篇章。把近代天津教育的老照片千方百计搜集起来，加以系统整理，编辑出版，留住历史，留住记忆，留给后人，这是主编多年的愿望。该图志编辑出版圆了我们的梦。从20世纪80年代开始，编者开始搜集天津教育史料，随着史料的挖掘，发现了不少珍贵的近代天津教育的老照片。经过了多年的积累，出版了专著《津门校史百汇》，合著《天津近代教育史》，并为编纂《中华学府志·天津卷》《天津通志》之《基础教育志》《高等教育志》《职业教育志》等提供了大量的文献资料，并使这些资料得到比较好的保存。可是，由于近代天津教育老照片大多散落各处，虽然搜集了一些，但还是不能满足系统整理和编辑出版的要求。

天津腾飞，教育为本。2011年8月，在《天津通史》主编万新平先生的主持下，为了保存天津近代教育的图像与文字资料，为正在进行的《天津通史》编纂工作服务，也为天津正在进行的历史名校建设服务，当然更直接的是为正在筹建的天津教育博物馆提供图像资料，我们开始编辑《近代天津教育图志》，成立了编委会，组成了编辑部。在天津市教委、市教委地方志办公室、区县教育局办公室及有关学校支持下，与天津博物馆、天津市档案馆、天津图书馆、天津招生考试院等单位密切合作，开始了图志的资料征集工作。

在征集过程中，天津文史专家侯福志先生第一个将31帧近代天津教育的电子照片传到编辑部；随之文史专家王勇则、王振良、曲振明等先生也传来了近代天津教育的电子照片；日本友人近藤久义先生，近年来向天津学者和文化机构捐赠了大量照片，有关教育的部分此次也经过精选收入本书。教育名家卢木斋的曾孙卢元楷先生将珍藏的木斋中小学、幼稚园照片，家庭历史照片录像及资料提供给我们；收藏家李刚精心整理出多年收藏的近代天津教育文物，有纪念册、老毕业证书、老照片等，供编辑人员扫描拍照；90多岁高龄的任秉淑老师将珍藏了80来年，上小学时奖励给她（全年级考第一名）的，写有"学无止境""民国二十年七月天津市立第十一小学毕业纪念，校长石承濂赠"的瓷碗找了出来，供我们拍照。类似的实例举不胜举。正是在大家的支持下，我们在一年半的时间里共搜集照片8400多帧，其中单位与个人共提供各种照片（包括教育名家、教育单位、教育文物、教育文献方面的）5700多帧。我们从8400多帧照片中选出了近3000帧，按计划进行了编辑、修整。最后经天津古籍出版社责任编辑孙兰等精心编校成书。

《近代天津教育图志》为天津通史专题研究丛书之一。时限从1860年天津开埠到1949年新中国成立。地域为天津现有城市区划范围,以市区为主,兼顾区县。内容包括致力于发展天津近代新式教育的重要人物、学校、文物、文献等。其中,学校按时间排列包括洋务学堂、高等院校、中等学校、初等学校、幼稚园所与其他教育单位。为使读者对天津近代教育发展的整体面貌有一个清楚的认识,我们绘制了近代天津教育单位分布示意图及近现代天津各时期学校统计表。并在该图志前刊有部分历史名校的老建筑照片及新貌彩照。

《近代天津教育图志》的编辑出版,对总结研究近代天津教育发展的历史经验,促进天津教育事业的和谐发展,具有重要的现实意义。该书内容丰富,史料翔实,具有资料性、可读性、可视性,颇具收藏价值,是展示"近代中国看天津"的窗口,是对青少年进行爱祖国、爱家乡、爱学校教育的好教材。该图志的编辑出版,把经过整理的近代天津教育图片资料系统地保存下来,可谓一项功德无量的事业。但由于时间紧、人手少,编辑人员水平有限,有些珍贵的老照片肯定还没有挖掘出来,图志的编辑也不能都尽人意,我们只是抛砖引玉。愿更多的有志者继续努力,编出更好的图志,以弥补我们的不足。总之,该图志肯定有许多不完善的地方,希望大家阅后提出宝贵意见。

张绍祖

2013 年 5 月 17 日